제2판

저작권법강의

이 도서의 국립중앙도서관 출판예정도서목록(CIP)은 서지정보유통지원시스템 홈페이지(http://seoji.nl.go.kr)와 국가자료공동목록시스템(http://www.nl.go.kr/kolisnet)에서 이용하실 수 있습니다.(CIP제어번호: CIP2017002213)

제2판

저작권법강의

송영식 · 이상정 공저

세창출판사

| 제2판 머리말 |

2016년 3월, 저작권법의 개정이 있었다. 이번 개정판은 이러한 개정법에 맞추기 위한 것이다. 동 개정법에서는 그사이 논란이 되었던 판매용 음반을 상업용 음반으로 변경하였고, 공정 이용 조항의 자구를 수정하였다. 또 새로이 한국저작권보호원에 관한 규정을 두었다. 이에 따라 지난 9월 한국저작권보호원이 설립되었고, 동 보호원은 그사이 한국저작권위원회가 해 오던 일부 기능과 한국저작권단체연합회 소속 저작권보호센터가 해 오던 기능을 맡도록 되었다. 이번 법 개정은 보기에 따라서는 전혀 의미 없는 개정일 수도 있고, 반면 종래의 논란을 잠재우고 새로이 저작권 제도가 발전하는 계기를 마련한 개정일 수도 있다. 아무쪼록 원래의 의도대로 저작권제도가 발전하는 계기가 되었으면 한다.

이번 개정판에서는 초판에서 발견된 오탈자나 부족한 부분을 보완하고, 초판 이후 새로이 나온 중요 판례를 보충하였다. 한 학기용 교재로서 과부족이 없게 하겠다는 원래의 의도가 반분이라도 달성되어 독자들에게 도움이 되었으면 한다.

벌써 2016년이 다 가고 2017년이 다가오고 있다. 2016년은 참으로 다시다난한 한 해였다. 2017년 '붉은 닭'의 해에는 모든 사람들에게 밝음과 희망으로 가득 찬 축복의 한 해가 되었으면 한다.

끝으로 이 책을 항상 애독해 주시는 독자 여러분에게 충심으로 감사드리며, 어려운 출판 사정에도 불구하고 지속적으로 필자들의 책을 출간해 주시는 세창출판사 이방원 사장님과 임길남 상무님 이하 임직원 여러분에게도 깊이 감사드린다. 모든 분들의 행복과 건승을 빈다.

2016년 12월
저자 씀

| 머리말 |

본서는 대학이나 대학원에서 한 학기 강의용으로 마련된 것이다. 필자가 이전에 출간한 「저작권법개설」은 분량이 적지 않아 한 학기용 교재로는 지나치다는 지적을 받아 이제 새로이 한 학기용 교재로 과부족이 없게 한다는 취지에서 집필한 것이다. 이에 본서를 집필함에 있어서는 이전의 「저작권법개설」에 있었던 외국법 관련 설명이나 판례는 특히 필요하다고 생각하는 것을 제외하고는 모두 생략하였다. 아울러 국내 판례도 그 취지가 중복되는 경우에는 이를 생략하였다. 그러나 모든 것이 「저작권법개설」보다 줄어든 것은 아니다. 「저작권법개설」을 집필하는 과정에서는 새로운 판례에 관심을 두어 법조문에 관한 설명은 부족한 곳이 있었는데 이번 기회에 그러한 곳은 보충하였고, 또 짧은 기간이나마 그 사이 새로 나온 판결도 보충하였다. 아울러 설명의 순서도 이전의 「저작권법개설」과는 약간 달리하였다. 「저작권법개설」은 기본적으로 법조문의 순서에 의존했는데 본서에서는 그에 따르면서도 제도의 기능적 측면을 감안하여 설명 순서를 약간 변경하였다. 해서 독자들이 보다 이해하기 쉬운 내용이 되도록 노력하였다. 그러나 그 목적이 얼마나 달성되었는지는 오직 독자들의 판단에 맡길 뿐이다. 많은 비판과 조언을 부탁드린다.

앞으로 시간과 능력, 그리고 독자들이 허용한다면 이전의 「저작권법개설」은 저작권법에 관한 주석과 국내외 이론의 소개 등 보다 상세한 이론서로, 그리고 본서는 강의교재로 발전시키고자 한다. 다양한 목적에 따라 필자들의 저서가 지속적으로 발표될 수 있는 것은 오직 독자들의 성원에 힘입은 것이다. 지금까지 「저작권법개설」에 보여주신 독자들의 성원에 깊이 감사드리며, 본서에 대해서도 변함없는 관심을 부탁드린다.

끝으로 어려운 출판사정임에도 본서를 출간해 주신 세창출판사 이방원 사장님과 임길남 상무님을 비롯한 임직원 여러분에게 감사드리며, 더욱 건승하시기를 빈다.

2015년 7월

필자 씀

| 차　례 |

CHAPTER 1 총　설

CHAPTER 2 저작권법

CHAPTER 3 국제저작권법

제2판

저작권법강의

CHAPTER 1

총 설

| 제1절 | 서 설

Ⅰ. 저작권법의 기본 구조

사람이 자신의 사상이나 감정을 표현한 것을 저작물이라고 하며, 이러한 사상이나 감정을 외부에 표현한 자를 저작자라고 한다. 이러한 저작자를 보호하는 법이 저작권법이며, 저작권법에 의해 저작자에게 주어지는 권리가 저작권이다. 저작권에는 두 가지가 있다. 하나는 자기가 창작한 저작물을 이용하여 경제적 이득을 얻을 수 있는 권리이다. 보통은 제3자에게 이용을 허락하고 허락의 대가를 취득한다. 또 하나의 권리는 저작인격권이다. 저작인격권이란 자기의 정신적 출생자(brain child)인 저작물을 공표할 것인지 말 것인지, 자기 저작물에 자신의 이름을 표시할 것인지 말 것인지, 혹은 자신의 저작물에 변경을 가할 것인지 말 것인지를 결정할 수 있는 권리이다. 말하자면 저작자와 저작물과의 관계를 보호하는 권리이다.

그런데 이러한 저작권에도 일정한 제한이 있다. 왜냐하면 저작권제도란 일차적으로 저작자를 보호하는 제도이지만 저작권제도의 궁극의 목적이 문화발전에 있는 이상 저작자의 이익을 침해하지 않는 범위 내에서 일반인도 특정인의 저작물에 자유롭게 접근할 수 있어야 하기 때문이다. 따라서 법은 일정한 경우에 자유사용이나 강제허락을 규정하며, 일정한 기간이 지나면 저작권이 소멸한다고 규정한다. 이렇게 저작권이 제한되는 경우가 아님에도 저작권자의 허락 없이 저작물을 이용하면 저작권의 침해로 된다. 저작권이 침해되면 저작권자는 침해자에게 침해의 금지나 손해배상을 청구할 수 있고, 침해자를 형사 고소할 수도 있다. 형사적 구제는 물론 민사적 구제도 궁극적으로는 법원을 통해서 얻어진다. 이를 소송이라고 한다. 그러나 소송제도는 강력한 것이기는 하나 비용 · 시간이 들며, 승패가 분명한 것이어서 처음부터 소송에 의존하는 것은 현명하지 못한 경우가 많다. 그래서 양 당사자의 상호 양보를 통해 화해로 이끄는 조정제도가 저작권법에 마련되어 있다. 저작권법상 이러한 역할을 하는 기관이 한국저작권위원회이다.

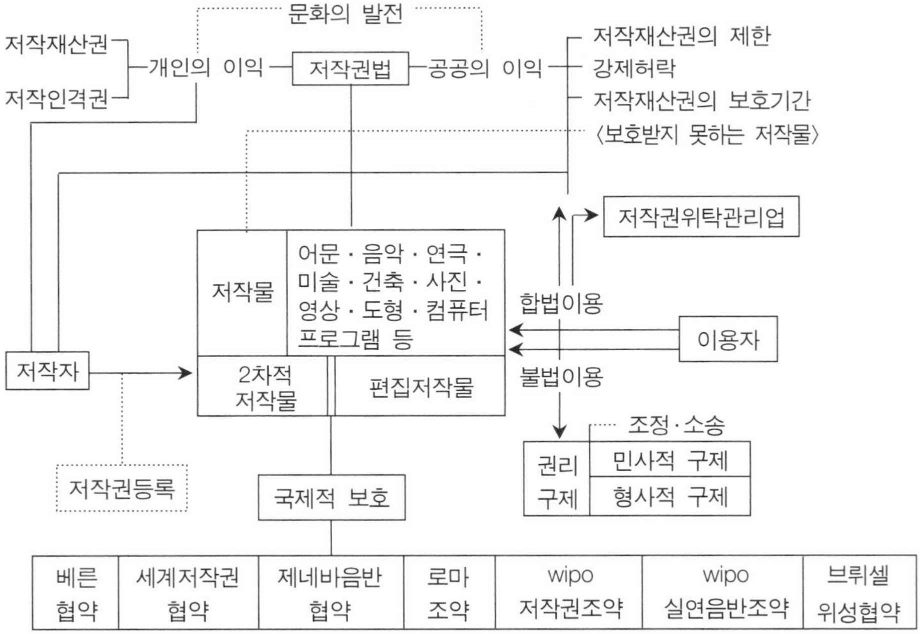

한편 저작권법은 이러한 저작권 이외에도 저작권과 밀접한 관련이 있는 제도를 마련하고 있다. 즉 저작인접권제도, 영상제작자의 보호제도, 배타적 발행권 및 출판권제도, 저작물의 위탁관리업에 관한 것이 그것이다. 저작인접권제도는 저작물을 일반에게 전달하는 자에게 주어진 권리이며, 가수나 배우 등의 실연자 · 음반제작자 · 방송사업자가 가지는 권리이다. 그 밖에 저작물을 이용하여 사업을 하는 자도 그들이 투자한 비용을 안정적으로 회수할 수 있는 방안이 마련되어야 한다. 영상제작자의 권리와 배타적 발행권 및 출판권제도가 그것이다. 또 저작물의 이용은 저작권자와 이용자가 직접 교섭하여 이용할 수도 있으나 제3자가 여러 저작자의 저작물에 관한 저작재산권을 위탁받아 저작재산권을 집중관리하고 이용자는 이 집중관리자(단체)에게서 이용허락을 받아 사용하면 매우 편리할 것이다. 이러한 제도는 저작물이용의 대량적 처리에 필수적이다. 그것이 저작권 위탁관리업이다. 뿐만 아니라 오늘날과 같이 문화교류가 국제적으로 빈번해지면 국제적 보호 없는 저작권 보호는 무의미하다. 우리는 이를 위해 이미 세계저작권협약, 베른협약, 제네바음반협약, 로마조약, WIPO 저작권조약, WIPO 실연음반조약, 브뤼셀위성협약에 가입하였다.

II. 지적소유권과 지적재산법

1. 지적소유권의 의의

저작권은 지적소유권의 하나이다. 지적소유권이란 인간의 지적창작물에 관한 권리와 표지(標識)에 관한 권리를 총칭하는 말이다. 세계지적소유권기구(WIPO) 설립조약 제2조 제8항은 "지적소유권이라 함은 문학 · 예술 및 과학적 저작물, 실연자의 실연, 음반 및 방송, 인간 노력에 의한 모든 분야에서의 발명, 과학적 발견, 디자인, 상표, 서비스표, 상호 및 기타의 명칭, 부정경쟁으로부터의 보호 등에 관련된 권리와 그 밖에 산업, 과학, 문학 또는 예술분야의 지적활동에서 발생하는 모든 권리를 포함한다"고 규정한다.

즉 저작권, 저작인접권, 특허권, 과학적 소유권, 디자인권, 상표권, 상호권이나 서비스표권, 부정경쟁방지법에 의하여 보호되는 원산지 표시나 영업비밀 등 일체의 것, 소위 종래 산업재산권(공업소유권)과 저작권이 모두 지적소유권에 포함된다.

이렇듯 지적소유권은 현재도 대단히 광범위한 권리를 포섭하고 있을 뿐만 아니라, 시간이 경과함에 따라 과거에는 지적소유권으로 보호받지 못하던 것도 지적소유권으로 보호되거나 과학의 발달로 새로이 보호의 필요가 있는 것이 발생할 것이다. 영업비밀(trade secrets)이 전자의 예라면, 반도체집적회로의 회로배치설계권은 후자의 예이다.

또 지적소유권 속에 포함된 하나하나의 권리의 내용도 시간이 지남에 따라 보다 넓어지고 있다. 예컨대 저작권(copyright)은 말 그대로 카피할 권리(right to copy), 즉 복제권을 의미했으나 과학기술의 발전과 더불어 영화화권, 방송권, 전송권 등이 이에 포함되었으며, 새로운 이용방법의 발달과 더불어 대여권이 저작권의 내용으로 포함되기에 이르렀다. 이렇듯 지적소유권은 시간의 경과와 더불어 확장일로에 있는 권리이다.

이상을 이해의 편의를 위하여 도시하면 다음과 같다.

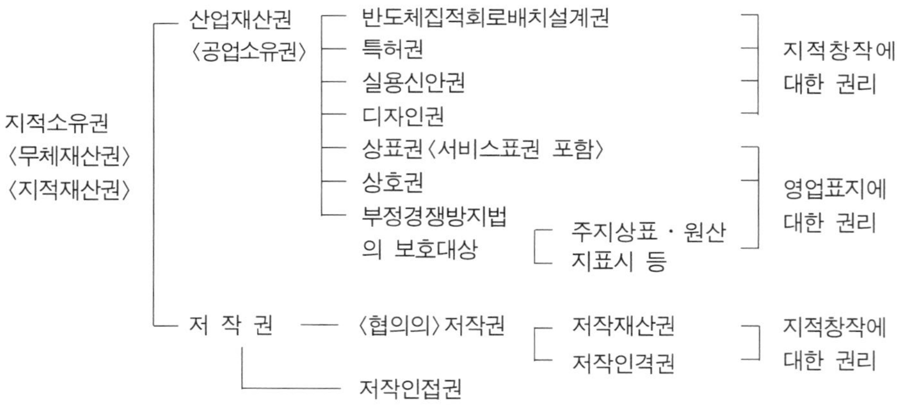

◈ 지적소유권 대 지적재산권

현재 지적소유권이라는 말과 지적재산권이라는 말이 혼용되고 있다. 1980년대 중반에는 지적소유권이라는 말이 유행하다가 1980년대 말 1990년대로 오면 지적재산권이라는 말을 오히려 많이 쓰는 경향이 있다. 지적재산권이니 지적소유권이니 하는 말은 프랑스어 *propriété intellectuelles*, 영어 *Intellectual Property Right*를 번역한 것이다. 모두 같은 의미이며, 본서에서는 두 용어를 혼용하기로 한다.

◈ 지식재산 · 지식재산권에 대하여

1998년 4월부터 특허청은 산업재산권과 저작권 등, 기존의 지적소유권, 지적재산권을 대체하는 용어로서 지식재산권이라는 용어를 사용하여 왔다. 이 용어는 중국의 '知識產權'에서 시사를 받은 것이라고 한다. 최근 성립된 지식재산기본법[1]은 종래부터 사용되던 지적재산권이나 지적소유권이라는 용어 대신 이 용어로 통일할 것 같은 입법태도를 보이고 있다(동법 부칙 2조 참조). 동법에서 "지식재산"이란 인간의 창조적 활동 또는 경험 등에 의하여 창출되거나 발견된 지식 · 정보 · 기술, 사상이나 감정의 표현, 영업이나 물건의 표시, 생물의 품종이나 유전자원(遺傳資源), 그 밖에 무형적인 것으로서 재산적 가치가 실현될 수 있는 것을 말한다고 정의한 후, "지식재산권"이란 법령 또는 조약 등에 따라 인정되거나 보호되는 지식재산에 관한 권리를 말한다고 정의하고 있다(동법 3조 1호, 3호 참조). 또 동법은 "신지식재산"이란 경제 · 사회 또는 문화의 변화나 과학기술의 발전에 따라 새로운 분야에서 출현하는 지식재산을 말한다고 정의한다(동법 3조 2호 참조).

2. 지적소유권제도의 발전

지적소유권제도는 당초 ⅰ) 특허제도, ⅱ) 상표제도, ⅲ) 저작권제도가 3갈래로 서로 상이한 역사적 발전과정을 거쳐 오늘에 이르렀다. 그 중 특허와 상표는 산업재산권법으로 통합되어 저작권법과 함께 지적소유권법 체계를 이루게 되었다.

또 디자인제도는 물품의 미적 외관을 보호하는 제도로서 19세기 초에 탄생한 제도이며, 실용신안제도는 소발명보호를 위하여 19세기 말경에 독일에서 탄생한 제도이다.

한편 20세기의 기술발전으로 새로운 지적재산이 나타났고, 이 중 유전공학 관련 발명 등은 특허법으로, 또 컴퓨터 프로그램, 데이터베이스 등 산업상 재화는 저작권법영역에 들어갔으나 반도체칩의 배치설계와 같은 중간영역에 속하는 것은 특허법으로도, 저작권법으로도 보호하기 힘들어 「반도체 집적회로의 배치설계에 관한 법률」(소위 반도체칩법)이라는 새로운 지적소유권법의 탄생으로 이어졌다.

---

1) 법률 제10629호, 2011.5.19. 제정(시행 2011.7.20).

3. 지적재산법

(1) 서 언

지적재산의 중요성이 강조되면 강조될수록 이에 대한 도용도 증가한다. 말하자면 지적재산권의 침해이다. 따라서 이를 보호하는 법이 탄생되고, 또 그 중요성의 증가와 더불어 이에 대한 법률적인 보호도 강화되어 간다. 또 새로운 지적재산의 증가와 더불어 이를 보호하는 법 역시 계속 증가하여 갈 것이다. 이렇듯 지적재산을 보호하는 법을 총칭하여 지적재산법이라 한다. 지적재산을 보호하는 법을 우리나라에서는 지적재산법, 지적재산권법, 무체재산법, 무체재산권법, 지적소유권법, 지식재산권법 등 다양한 용어로 부르고 있다.

(2) 지적재산법의 성격

지적재산법에는 권리의 발생 · 소멸 등에 관한 공법적 절차규정도 섞여 있지만 그 보호대상인 지적소유권은 유체물에 대한 소유권과 마찬가지로 사권이며 목적물에 대한 권리이므로 본질적으로는 사법의 영역에 속한다.

(3) 현행법의 구조

1) 현재 우리나라에서는 발명을 특허권을 통해 특허법에서 보호하며, 고안은 실용신안권을 통해 실용신안법에서 보호한다. 또 영업비밀은 부정경쟁방지 및 영업비밀보호에 관한 법률(이하 '부정경쟁방지법'이라 한다)에서 보호하고 있다.[2)]

2) 미적 디자인은 ① 응용미술로서 저작권법에서, ② 디자인으로서 디자인보호법에서, ③ 상품형태로서 부정경쟁방지법에서 부정경쟁으로부터 보호한다.

---

2) 부정경쟁방지법은 공정한 경쟁을 보호하는 법이다. 부정경쟁방지법은 최초에는 불법행위법의 특수한 유형으로 발전한 법으로 민법적인 개인보호(Individualschutz)에 근거하고 영업자의 자주적인 경제활동 및 그에 결합된 경쟁자의 경제적 명성과 성공을 보호대상으로 하는 것이었으나 점차로 소비자 및 공중의 이익보호에까지, 그리고 보호대상은 영업비밀의 보호와 신의칙에 반하는 경쟁행위 일반에까지 확대되는 방향에 있다. 그러므로 부정경쟁방지법에 의한 상표, 상호의 보호와 상표법, 상법에 의한 보호는 중복되지만 부정경쟁방지법은 상표 또는 상호 등을 하나의 소유로서, 즉 권리와 법적 지위로 보호하는 것이 아니라 부정한 경쟁행위, 즉 널리 알려진 상표나 상호, 서비스표, 영업표 등의 모용에 의한 혼동초래행위를 금지시키는 체계(행위규범)를 취하고 있어 상표법과는 그 보호내용이나 방법을 달리하고 있다.

3) 상표는 등록을 하면 등록상표로서 상표법에서 보호한다. 또 널리 알려진 주지상표나 상호 등은 부정경쟁방지법에서 보호하고 있다.

4) 저작물과 실연 · 방송 · 음반은 저작권법에서 보호한다.

5) 특허법, 실용신안법, 디자인보호법, 상표법, 저작권법 등 이들을 총칭하여 지적재산법이라고 부르며, 본래적으로 지적재산을 보호하기 위한 법이다. 그러나 민법이나 상법도 보충적으로 지적재산을 보호한다. 특히 민법의 불법행위 규정은 매우 중요한 역할을 한다.

| 제2절 | 저작권법의 연혁

Ⅰ. 저작권제도의 연혁

1. 인쇄술이 가져온 혁명

인쇄술이 발명되기 이전에는 유체재산법(민법)에 의해 지적인 창작품들이 간접적으로 보호되었다. 저작물(예컨대 원고, 조각, 그림 등)의 저작자는 유체물의 소유자가 되어 그 저작물을 다른 사람에게 팔 수 있었다. 중세에는 하나의 저작물을 다량으로 제작하기란 극히 어려운 일이었다. 원고를 복제하려면 손으로 써야만 했기 때문에, 그 양은 극히 제한되었으며, 그 저작물을 이용한다 해도 저작자의 경제적 이익에 손해를 주지는 않는 것이었다. 그러므로 조각이라든가 회화작품들을 모작하는 행위나 표절하는 행위 등은 거의 드물었고, 그러한 행위가 실제적으로 일어났을 경우에는 여론에 의해 호된 비난을 받았다.[3)]

3) 그리스와 로마에서는 표절행위를 비열한 것이라고 비난했고, 그리스인들은 문학작품의 해적행위를 강력히 금지하였다. 당시에는 약간의 금전적 이익도 얻은 것은 사실이나 주로 인격적 이익에 관심이 있었다.

활판 인쇄술이 발명되고 현재 우리들이 알고 있는 바와 같은 인쇄술이 유럽에 소개되었을 당시에는 책이 매우 드물었다. 인쇄기의 발달과 더불어 책을 제작하는 비용이 줄어들었고, 또 책은 보다 널리 이용되게 되었다.

이와 함께 책은 많은 부수를 인쇄하거나 추가로 제작할 수 있었으며 또한 대중에게 반포할 수 있었다.

2. 인쇄특권제도와 검열

인쇄술이 발명된 후 두 가지 양상이 나타났다. 하나는 도서출판업자(stationer; 그 당시에는 도서출판업자들이 저작물의 보급에 관련된 모든 활동－오늘날에는 서로 분리되어 있는 인쇄 · 출판 · 판매 등을 도맡아 했었다)들이 받는 위험부담이 더욱 커졌다는 점이다. 당시 유럽은 르네상스기이며 사람들의 관심은 고대(古代)로 향하여져 있었다. 그러므로 출판에 있어서도 고전의 간행에 중점이 있었다. 고전의 간행에 있어서는 인쇄 · 출판업자는 그 원본의 정리 · 정정에 많은 노력과 비용이 들지만 그 간행 후 얼마나 팔릴지는 전혀 불투명하였고, 인쇄술이 제자리를 잡게 된 15세기 말경에는 저작물에 대한 해적행위가 발생하였다.

한편 영국이나 유럽대륙의 세속적인 통치자들이나 성직자들은 인쇄술이 새롭고 강력한 정치적 · 사회적 영향력을 가지고 그들의 권력을 위협할지도 모른다고 생각하게 되었으며, 따라서 그들은 인쇄물의 반포에 관심을 갖기 시작했다. 이러한 두 가지 문제점은 인쇄특권제도를 생각해냄으로써 그 해결을 보았다. 군주들은 특정인쇄업자에게만 일정한 출판물을 찍어낼 수 있도록 특권을 부여하였다. 이러한 인쇄특권제도를 이용하여 인쇄업자들의 간행물을 통제 · 검열하고 출판을 억압하였다.[4]

---

4) 예컨대 영국에서는 1534년 왕의 명령으로 허가 없는 출판을 금지시켰다. 1556년 런던의 주요 출판업자로 구성된 도서출판업자 조합(stationer's company)은 왕의 허가를 얻어 설립된 단체이며, 그 설립 목적은 프로테스탄트 개혁주의의 만연을 정보유통의 측면에서 규제하기 위하여 멤버의 인쇄사업을 이 조합에 독점시키기 위한 것이었다. 인쇄는 星室法院(Star Chamber)의 명령에 의하였고, 이를 통해 정부 및 교회는 선동적이거나 이단적인 언동을 효과적으로 검열하였다.

3. 최초의 저작권법

17세기는 자유주의 사상의 영향으로 인해 구질서가 허물어져 가는 시대였다. 개인주의 사상이 출현하고 의회제도가 절대군주제를 대신하게 되었다. 따라서 인쇄물에 대한 규제는 점차 완화되었고, 그 결과 인쇄독점제도는 문제가 되었다.

이처럼 군주가 출판을 독점하던 제도가 붕괴되어 가는 혼란한 상황 속에서 영국의 철학자 존 로크(John Locke)는 「市民政府에 관한 二論」[Two Treatises on Civil Government (1690)]에서 저작자의 시간과 노력이 투입된 저작물에 대해서 저작자에게 'Copyright'가 인정되어야 한다고 주장하였다. 1695년 출판독점시대는 공식적으로 막을 내렸고, 규제의 보호막 속에 안주하던 기존의 출판업자들은 새로운 출판업자들과 경쟁하지 않을 수 없게 되었다. 기존의 출판업자들은 그들의 경제적 어려움과 무정부상태가 가져올 혼란에 대해서 의회에 호소하였으며, 의회는 이들의 호소에 귀를 기울였다. 그 결과 1709년 1월 11일 학문을 장려하며 법정기간동안 인쇄된 복제물에 대한 권리를 그 정당한 권리자에게 보장하는 법안이 하원에 제출되었다. 이 법안은 1710년 4월 10일 확정되었고 「앤 여왕 법」으로 알려진 「1709년 저작권법」(8 Anne c. 19)이다. 그러나 이 법을 통해 1731년까지는 독점을 유지하려던 출판업자의 당초의 기대는 현실화되지 못하였다. 왜냐하면 동법이 "유용한 작품을 창작하고 작성한 지식인을 격려"한다고 명시적으로 규정함으로써 동법의 중점은 명백히 출판업자에서 저작권자에게로 옮겨졌다. 결국 이 법은 현대적 의미에 있어서 최초의 저작권법이며, 출판물의 보호를 위해 개인적 권리의 존재를 최초로 인정하는 것이었으며, 저작물과 그 저작물이 화체된 유체물을 명백히 구별하였다.

◈ 앤 여왕 법

■ 전 문(preambles)

종래, 인쇄업자, 출판자, 기타의 자는 저작자 내지 권리자의 동의를 얻지 않고, —아주 자주 그들 혹은 그들 가족의 몰락이라는 희생 위에, 책이나 기타의 서물(Books or other Writings)을,— 인쇄하고 또 인쇄하고, 출판하는 자유를 만끽하여 왔다. 장래에는 그러한 관행을 철폐함으로써 교양 있는 사람들로 하여금 유용한 책을 편집하고 집필시키기 위하여 짐은 본법을 제정하노라.

■ 주요 내용

1. 새로운 저작물을 저작자가 14년간 출판할 수 있는 배타적 권리

2. 저작자 생존의 경우, 14년간의 갱신권

3. 등록의무

a. 서적출판업 조합사무소(Stationer's Hall)에 권리 등록

b. 공적 도서관에 9부의 납본

4. … 다른 출판사, 인쇄업자, 기타 누구든지 권리자의 동의 없이 이 같은 책(들)을 … 인쇄하거나 증쇄(增刷)하거나 혹은 수입(輸入)하는 경우에는 이 같은 위반자는 이 같은 책의 권리자에 대한 관계에서 이들 책들이 몰수되는 것으로 하며, 권리자는 즉시 폐기처분할 수 있다. 아울러 위반자는 그 관리하에 있음이 밝혀진 위반 서적의 각 페이지당 1페니가 벌금으로 부과된다.

그러나 앤 여왕 법은 그 대상이 책으로만 국한되었다. 앤 여왕 법은 책 이외의 다른 저작물, 즉 조각이나 그 밖의 예술작품형태에 대해서는 언급이 없었다. 뿐만 아니라 1709년 법은 책 저작자에게도 충분한 특권을 부여하고 있지 않다는 사실이 곧 밝혀졌다. 저작자에게 자신의 저작물을 인쇄·반포할 수 있는 권리를 부여하는 것만으로는 충분하지 않았다. 거기에는 공공흥행·극화한 각본·번역물 등의 문제가 있었다. 1734년에 판화저작권법(Engraving Copyright Act), 1814년에 조각저작권법(Sculpture Copyright Act)이 각각 제정되었다. 1911년, Common Law 저작권법 등을 폐지하고 새로운 저작권법이 제정되었다.

4. 지적소유권으로서의 저작권

18세기 후반 개인주의 사상의 출현과 보급은 점차적으로 문학적 소유권 개념이 기존의 특권제도를 대신하게 되었다. 1777년 프랑스 루이 16세는 새로운 토대에 입각하여 인쇄와 출판을 규정한 여섯 개의 법령을 공포하였다. 이들 법령은 저작자가 자신의 저작물을 발행하여 판매할 수 있는 권리를 인정하는 것이었다.

프랑스 혁명중에 프랑스에서는 저작권법의 발전에 관한 몇 가지 중요한 조치가 행해졌다. 1789년 8월, 국민의회에서는 개인이나 시 또는 주가 가지고 있던 일체의 특권을 박탈하기로 결정하였다. 저작자와 출판인의 특권은 혼란에 빠지고 말았다. 혁명의 혼란이 가라앉게 되자 저작자의 권리는 공권력을 가진 자의 자의

적인 특허에 의존하는 것이 아니라, 오로지 지적창작이라는 사실에 근거를 둔 자연의 섭리에 의해서 저작자의 권리를 인정하고 승인해야 한다는 인식이 일기 시작하였다.

다시 말하면 육체적 노동에 의해 유체물을 획득한 자가 그 물건에 대해서 소유권을 갖고, 국가의 보호를 받는 것과 같이 정신적 노동에 의해 저작물을 창작한 저작자는 그 저작물에 대해서 소유권을 가지며 국가는 이를 보호해야 할 것이라는 이론이 그것이다. 1791년에 공연에 관한 명령으로 공연권을 보장하였고, 1793년 문학 및 예술의 소유권에 관한 법률(저작권법)을 제정하여 모든 저술가, 작곡가, 화가의 저작물 판매에 관한 독점권을 그의 생존중에 보장하였다.[5] 1902년 작곡가 및 조형미술가를 저작자로 하는 법률, 1910년 복제권 양도에 관한 법률, 1920년 추급권에 관한 법률 등이 제정되어 저작권법 체계를 이루었으나 1957년, 현재의 통일적인 저작권법이 제정되었다.

미국에서도 독립선언 후 각 주는 지적소유권 개념에 기초하여 저작권법을 제정하였다. 예컨대 저작권 보호를 규정한 1789년 3월 17일의 매사추세츠주법에서는 "정신적인 노동에 의해서 생산된 재산보다 더 인간에게 특별한 재산은 없다"라고 규정하고 있다. 다만, 이들 주법의 효력이 당해 주에 한정되어 있는 데서 오는 불편을 제거하기 위하여 1790년 최초의 연방저작권법이 제정되었다.[6] 연방저작권법은 연방헌법 제1조 제8항[7]에 기초한 것이다. 연방저작권법은 1790년법 제정 이후 몇 차례의 소(小)개정을 거쳐 1909년법이 성립되었고, 동법은 1976년 대폭 개정되었다. 미국의 현행법은 1976년법이며, 원칙적으로 저작물을 저작자 사후 70년까지 보호한다.

---

5) 제1조는 다음과 같다: 모든 종류의 문서의 저작자, 음악의 작곡자, 회화나 도안을 판각시킨 화가 및 도안가는 그의 생존기간 중 공화국의 영토 내에서 저작물을 판매하거나 판매시켜 배포하거나 그 소유권의 일부 또는 전부를 양도할 배타적 권리를 가진다.

6) 미국의 1790년 저작권법은 책, 지도, 해도만을 저작물로 보호하였다. 1802년 프린트가, 1831년 음악이, 1856년에 연극이, 1865년에 사진이, 1870년에 그림이, 1897년에 공연이, 1909년에 모든 저작물(writings)이 각 추가되었고, 1980년에는 컴퓨터 소프트웨어에 관한 저작권을 인정하여 오늘에 이르고 있다. 영국, 프랑스, 미국에 있어서의 저작권법 발전과정이 보여주듯이 저작권법의 역사는 그 보호범위 확대의 역사임을 알 수 있다.

7) 연방헌법 §1⑧ "연방의회는 저작자 및 발명자에게, 각각의 저작 및 발명에 대해서, 일정한 기간에 한정해서, 배타적 권리를 부여하는 것에 의해, 과학 및 유용한 기예의 진흥을 촉진하는 권한을 가진다."

독일은 1871년 제2제국의 탄생과 더불어 제국 저작권법이 제정되었으나 그 후 이를 기초로 1901년 문학적 및 음악적 저작물의 저작권에 관한 법률(LUG)과 출판권법이 제정되고 1907년 조형미술 및 사진저작물의 저작권에 관한 법률(KUG)이 제정되어 저작권법 체계를 이루었으며, 현재의 독일 저작권법은 1965년 제정된 것이다.

II. 우리나라의 저작권제도

1. 서 언

중세에 이미 지적창작물 보호제도가 있었던 서구와는 달리 우리나라에서는 지적창작물은 만인 공유이며, 특정개인의 소유물이라는 사상은 전혀 존재하지 아니하였다. 1908년 대한제국 특허령이 시행된 이후에도 이러한 상황이 크게 변하였다는 징후는 보이지 아니한다. 우리는 예전부터 책도둑은 도둑이 아니라고 하여 왔다. 이것은 소유권을 넘어선 지적욕구의 승인이며, 문화발전을 위한 개인소유의 제한이라고 할 것이다. 이러한 분위기는 1980년대 중반 미국의 대한 통상압력의 일환으로 미국의 지적소유권의 보호를 강요하고, 특히 가트(GATT)의 우루과이라운드에서 서비스 등과 더불어 신분야로서 교섭이 시작된 이래 크게 바뀌었으며, 이제는 우리의 주된 관심사항이 되고 있다.

2. 1908년 저작권령

우리나라에서 저작물에 대한 법적 보호가 시작된 것은 1908년 8월 12일 「조선에서의 발명, 의장, 상표 및 저작권에 관한 미일조약」이다. 동 조약 제1조는 일본국 정부는 특허권, 의장권, 상표권 및 저작권에 관하여 일본에서 시행되고 있는 법령을 이 조약의 시행과 동시에 한국에도 시행하며, 미국인에 대하여는 한·일 양국 국민과 동일한 보호를 준다고 규정하고 있다. 이 조약에 따라 저작권령(칙령 제200호)이 공포되어 1908년 8월 16일 당시 일본 저작권법이 한국에 '의용'되게 되었고, 한일합방에 의하여 1910년 8월 29일부터 「저작권법을 조선에서 시행하는 데 관한 건」(칙령 제338호)에 따라 종래의 '의용'에서 '시행'으로 전환되었다.

이렇듯 우리나라에 있어서 저작권법의 역사는 우리나라 국민의 학문·예술에 관한 창작물을 보호함으로써 문화의 발달을 촉진시켜야 한다는 국민적 합의나 국가적 필요성에 의하여 만들어진 것이 아니라 열강에 의한 시장지배의 일환으로 외국인의 저작물을 보호할 필요성 때문에 만들게 되었고, 또한 개정되게 되었다는 점에서 특이한 역사를 가지고 있다.[8] 어쨌든 일본 저작권법은 대한민국정부의 수립 후에도 1957년 1월 28일까지는 우리나라에서 그대로 시행되게 되었다.

3. 1957년 저작권법의 제정

(1) 서　언

대한민국정부의 수립 후 상당한 시일이 경과하여 법제 정비작업의 일환으로 제정된 최초의 저작권법인 1957년 저작권법(1957.1.28. 법률 제432호)은 전 5장(제1장 총칙, 제2장 저작권, 제3장 출판권과 공연권, 제4장 저작권 침해, 제5장 벌칙) 본문 75개조, 부칙 4개조를 합쳐서 전문 79개조로 구성되어 있다. 그 주요한 내용은 다음과 같다.

(2) 주요한 내용

ⅰ) 무방식주의를 채택하며, ⅱ) 저작권의 존속기간은 원칙으로 저작자 생존 중 및 사후 30년까지이고(구법 30조), 번역권의 5년 소멸제도를 채택하며(구법 34조), ⅲ) 외국인의 저작물은 조약에 별단의 규정이 없는 한 국내에서 처음으로 발행된 것 이외에는 보호하지 아니한다고 규정(구법 46조)하는 한편 저작권 보호에 관한 국가간의 조약을 체결하거나 국제적인 조약에 일체 가입하지 아니함으로써 실질적으로 그 보호를 부정하여 왔다. ⅳ) 또한 음반·녹음·필름 등을 공연 또는 방송에 이용하는 것을 비침해행위로 규정하는 등 자유이용의 범위가 상당히 넓었

8) 그렇기는 하나 침략당하고 있는 암울한 시기에도 저작권의 싹은 돋아나고 있었다. 최초의 저작권 소송이 역사가 황의돈 씨에 의해 1924년 제기되었고, 리상준 씨가 그 8년 후인 1932년 음악저작권 침해소송을 제기하였다. 또 1933년에는 '도안'에 대한 보수 청구 소송이 화가 고희동 씨에 의해 제기되었다(자세한 것은, 조선일보, 2012.9.20. A37면 「조선일보에 비친 '신문화의 탄생'(75)」 참조).

고(구법 46조), 이것은 논란의 대상으로 되어 왔다. 특히 구법상 텔레비전 · 라디오 등 방송매체에서의 음반 등의 자유이용이 가능하였으므로 많은 논란이 있었다.

4. 1986년 저작권법의 개정

(1) 서 언

1957년법이 일본의 구저작권법을 모방한 것으로 1960년대 이후 우리나라 산업 · 문화 및 기술수준의 전반적인 향상에 대응하지 못하게 된 것이 자각되게 되었고, 외국저작물의 무분별한 복제 · 번역이 많아 국제적으로 출판물의 해적왕국(海賊王國)이라는 비난이 점증하였기 때문에 1970년대부터 개정논의가 여러 차례 있던 중 1986년 개정에 이르게 되었다. 전면 개정된 1986년 저작권법(1986.12.31. 법률 제3916호)은 전 9장 전문 111개조로 구성되어 있는데 체제 면이라든가 제도적인 면에서는 구법과 비교할 수 없을 만큼 새로우므로 구법의 개정이라고 하기 보다는 새 저작권법의 제정이라 볼 수 있다.

또 우리 정부는 개정 저작권법의 시행(1987.7.1.)과 동시에 세계저작권조약(조약 제936호)과 음반의 무단복제에 대한 음반저작자의 보호에 관한 조약(조약 제937호)에 가입하였다.

(2) 1987년법의 주요내용

1987년 7월 1일부터 시행되게 된 신법은 구법에 비하여 i) 저작물 개념의 확대(컴퓨터 프로그램의 포함), ii) 저작자의 권리강화(보호기간의 연장, 비침해행위의 감축, 벌칙의 강화 등), iii) 저작권과 저작인접권의 구분, iv) 외국인 저작물 보호규정의 보충 및 세계저작권조약(UCC)에의 가입, v) 저작자와 저작물 이용자의 이해조정을 위한 많은 규정의 신설, vi) 저작권 위탁관리업제도와 저작권 심의조정제도의 설치, vii) 저작물인 컴퓨터 프로그램 보호의 특칙을 정하기 위한 별도의 법제정 등 많은 면에서 획기적이다.[9)]

---

9) 이렇게 제정된 컴퓨터프로그램보호법은 2009년 개정으로 저작권법으로 통합되었다. 이에 따라 2009.4.22. 컴퓨터프로그램보호법은 폐지되었다.

5. 1987년 이후의 개정

1987년 법의 대개정 이후에도 다음과 같은 개정을 거쳤다.

구 분	주 요 내 용	공 포 일
제1차 - 제4차	타법 개정에 따른 관련 조문 정비	1989.12.30. - 1993.3.6.
제5차	- 저작인접권 보호기간 연장, 벌칙 상향 조정 등	1994.1.7.
제6차	- 도서관 및 독서진흥법 개정에 따른 관련 법명 정비	1994.3.24.
제7차	- WTO TRIPs 내용 반영 및 베른협약 가입	1995.12.6.
제8차	- 저작권위탁관리업 허가 취소 등의 경우 청문제도 도입	1997.12.13.
제9차	- 전송권 도입, 도서관 면책 범위 확대, 벌칙 상향 조정	2000.1.12.
제10차	- DB제작자 보호, 온라인서비스제공자의 책임 범위 명확화	2003.7.10.
제11차	- 실연자 및 음반제작자에게 전송권 부여	2004.10.16.
제12차	- 도서관법 개정에 따른 관련 법명 정비	2006.10.4.
제13차	- 공중송신 및 디지털음성송신 개념 도입	2006.12.28.
제14차	- 정부조직법 개정에 따른 관련 조문 정비	2008.2.29.
제15차	- 실연자 및 음반제작자에게 공연보상청구권 도입	2009. 3. 25.
제16차	- 저작권법과 컴퓨터프로그램 보호법 통합	2009.4.22.
제17차	- 신문 등의 진흥에 관한 법률 개정에 따른 관련 조문 정비	2009.7.31.
제18차	- 한・EU FTA 합의 사항 반영	2011.6.30.
제19차	- 한・미 FTA 합의 사항 반영	2011.12.2.
제20차	- 청각장애인을 위한 저작재산권 제한 규정 추가	2013.7.16.
제21차	- 공공저작물의 자유이용 허용 등	2013.12.30.
제22차	- 판매용 음반 → 상업용 음반, 한국저작권보호원 설립 등	2016.3.22.

CHAPTER 2

저작권법

| 제1절 | 저작권제도의 목적과 저작물일반

Ⅰ. 저작권제도의 목적

저작권제도는 학문적 또는 예술적 저작물의 저작자를 보호하여 문화발전에 이바지하기 위한 제도이다. 우리 저작권법은 "이 법은 저작자의 권리와 이에 인접하는 권리를 보호하고 저작물의 공정한 이용을 도모함으로써 문화 및 관련 산업의 향상발전에 이바지함을 목적으로 한다"고 규정한다(법 1조).

그러므로 저작권법은 일차적으로 저작자를 보호하는 법이다.[1] 저작자란 저작물을 창작한 자를 말한다(법 2조 2호). 시인 · 소설가 · 화가 등이 쉽게 머리에 떠오른다. 그러나 실은 명절 때 가족이 모여 찍은 가족사진도 저작물이고, 틈틈이 써보는 일기도 저작물이다. 그러므로 우리 모두가 저작자인 셈이다. 저작권법만

1) 특허권이나 저작권 등 지적창작에 관한 권리는 헌법에 기초한다. 헌법 제22조 제2항은 "저작자 · 발명가 · 과학기술자와 예술가의 권리는 법률로써 보호한다"고 규정한다. 또 제127조 제1항은 "국가는 과학기술의 혁신과 정보 및 인력의 개발을 통하여 국민경제발전에 노력하여야 한다"고 규정한다. 이들에 관한 규정은 지적창작권에 대한 헌법적 기초가 된다. 또 이들 권리의 행사는 공공복리에 적합하게 행사하여야 하며(헌법 23조 2항), "국가안전보장 · 질서유지 또는 공공복리를 위하여 제한"할 수 있다(헌법 37조 2항).

큼 우리 가까이 있는 법도 드물다.

한편 저작권법은 이러한 저작자 이외에도 가수나 무용수 · 배우와 같은 실연자나 음반 제작자, 방송사업자도 아울러 보호한다. 가수를 예로 들어보면 아무리 훌륭한 작곡이나 작사가 있더라도 가수가 이를 잘 소화하여 노래를 부르지 않으면 우리의 심금을 울릴 수 없다. 그것은 마치 영어로 된 아무리 훌륭한 문학작품이 있더라도 영어를 잘 모르는 사람에게는 번역이 되어 있지 않으면 아무 쓸모가 없는 것과 비슷하다. 따라서 이들 실연자에게 아무런 권리도 인정하지 않는다는 것은 상식에도 맞지 않는다. 그래서 우리 1957년법에도 연주 · 가창 · 음반은 저작물로 예시되어 있었으나 원래 이들은 저작물이라고 보기는 힘들다. 여기에서 1986년법은 실연자 등이 갖는 권리를 저작인접권이라 하여 저작권 이외의 별도의 권리를 인정하고 있다. 이것은 가창 등은 저작물은 아니나 저작물의 이웃에 있는 것으로 보고 실연자들이 그 자신의 실연에 대해서 갖는 권리를 저작권의 옆에 있는 권리라 하여 저작인접권이라 이름을 붙인 것이다. 음반제작자나 방송사업자의 권리도 모두 저작인접권이다.

그 밖에 저작권법은 저작권자 이외의 제3자의 이익도 도모하여야 한다. 타인 저작물을 인용한다든가, 비평한다든가, 이를 이용하여 교육하지 못한다면 문화발전이란 생각하기 힘들다.

결국 저작권제도의 기본원리는 지식의 성과를 이용하려는 일반공공의 필요와 저작자에게 보답함으로써 창작활동을 자극시키려는 당면한 필요성에 입각해 있다고 할 것이다. 세계인권선언 제27조는 이를 잘 나타낸다.

1) 인간은 누구나 공동체의 문화에 자유롭게 참여하고 예술을 향유하고, 또 과학적 발전과 그 혜택에 함께 참여할 수 있는 권리를 갖는다.

2) 인간은 누구나 자신이 제작한 모든 형태의 과학적 · 문학적 · 예술적 저작물로부터 발생하는 경제적 · 인격적 이익을 보호받을 수 있는 권리를 갖는다.

이러한 공공의 필요와 저작자 이익의 조화를 위하여 저작권법은 저작권에 대해 몇 가지 특유한 제한을 하고 있다. 저작물의 자유이용, 저작물의 강제이용, 일정기간 경과 후 저작권의 소멸이 그것이다.

개인의 이익보호	공공의 이익보호	궁극의 목적
저 작 권 저작인접권	저작재산권의 제한 강제허락 보호기간의 제한	문화 및 관련 산업의 발전

◈ 문화관련 산업의 발전

2009년 개정에서는 제1조의 저작권법의 목적에 "문화 및 관련 산업의 향상발전에 이바지함을 목적으로 한다"고 규정함과 아울러 제2조의2에서 "저작권 보호에 관한 시책 수립 등"에 관하여 규정한다. 이것은 종래 저작권법이 저작자나 저작인접권자 보호를 통해 결과적으로 문화발전을 시키겠다는 소극적인 것에서 문화산업의 발전을 위해 국가가 적극적으로 개입하겠다는 적극주의의 표현이다.

II. 저작권제도의 존재이유

오늘날 형태의 저작권은 비교적 새로운 법적 개념이다. 인류는 오랜 기간 동안 저작권제도 없이도 문화의 꽃을 피워 왔다. 그러므로 저작권제도에 대한 최초의 질문은 '저작권제도는 필요한가'라는 것이다. 아래의 4가지 이유가 저작권제도의 필요성을 긍정한다.[2)]

1. 자연적 정의의 원칙

저작자는 그 인격의 표현인 저작물의 창작자로서 그 저작물을 발표할 것인지 여부, 어떤 형태로 발표할 것인지를 결정할 수 있어야만 하고, 또 그 지적산물에 대해 가해지는 어떤 형태의 침해로부터도 보호되어야 한다. 저작자는 다른 근로자와 마찬가지로 자신의 노력의 열매를 거두어들일 권리가 있다. 그에게 지급되는 사용료(Royalty)는 그의 지적 활동에 대한 임금이다.

---

2) Stephen M. Stewart, *International Copyright and Neighbouring Rights*, Butterworths, 1983, p.3.

2. 경제적 이유

현대사회에 있어서는 저작물을 창작하거나 또는 창작된 저작물을 발행 혹은 배포시키는 데 적지 않은 투자를 필요로 하며 비용의 보상과 합리적인 이득이 예상되지 않는 경우에는 이러한 투자는 일어나지 않을 것이다. 더 나아가서 창작자로부터 이용자에게 저작물이 전달되는 과정에서 창조적으로 기여한 자에게 정당한 보상을 하지 않으면, 부당이득을 방조하는 결과가 될 것이다.

3. 문화적 이유

저작자에 의하여 창작된 저작물은 중요한 민족적 재산을 형성한다. 따라서 창작에 대한 격려와 보상은 민족문화 발전에 기여한다는 공공의 이익과 합치한다.

4. 사회적 이유

다수인에 대한 저작물의 배포는 계급 · 민족 · 연령간의 유대를 형성하고 사회적 결속을 가능케 하므로 저작자는 사회에 봉사하는 셈이다. 저작자의 사상이나 경험이 단시일 내에 많은 사람에게 나누어질 수 있다면 사회의 진보에 도움이 된다.

이상의 네 가지 주장은 상이한 사회 · 정치철학과 상이한 저작권제도에 따라 그 중요성 내지 비중을 달리한다. 독일이나 프랑스와 같은 대륙법계통(author's right system)은 자연적 정의의 원칙에 터잡아 저작권은 저작자의 권리이며, 재산적 성질뿐만 아니라 인격적 성질도 저작권 속에 포함시킨다. 그러나 영국이나 미국 등 영미법계(copyright system)는 기본적으로 경제적 이유에 터잡아 저작권제도의 존재이유를 설명한다. 그러나 이러한 차이가 지나치게 강조될 필요는 없다. 대륙법계라 하더라도 저작권 제도의 중점은 경제적 측면에 있음을 부인할 수 없고, 영미법계도 최근에는 저작권법을 통해 인격적 이익을 보호하기 때문이다.

이하 저작권법을 이해하는 데 가장 긴요한 저작물, 저작자부터 설명해 가기로 한다.

Ⅲ. 저 작 물

1. 의　의

저작물이란 “인간의 사상 또는 감정을 표현한 창작물을 말한다”(법 2조 1호). 2006년 개정 전의 법에서는 “저작물이란 문학 · 학술 또는 예술의 범위에 속하는 창작물을 말한다”고 규정하였던 것을 개정한 것이나 그 실질적 내용이 달라진 것은 아니다.[3)]

(1) 인간의 사상 또는 감정을 표현하여야 한다

우리 구저작권법은 이러한 요건을 규정하고 있지 않았으나 판례는 이것을 저작물의 요건으로 인정하고 있었으며(대법원 1977.12.13.선고 77누76 판결; 1979.12.28.선고 79도1482 판결), 대부분의 입법례도 이것을 요건으로 규정하고 있다.

1) 인간의 표현이어야 한다. 따라서 동물이 만든 것이거나 자연의 현상으로 만들어진 것은 저작물이 아니며 기계에 의해 자동적으로 만들어진 것도 저작물이라 할 수 없다. 코끼리나 원숭이가 훌륭한 작품을 만들었다하더라도 저작물이라고 할 수 없다.

[옆 사진: 그림을 그리는 태국 MAESA 코끼리 훈련소의 코끼리][4)]

2) 사상 · 감정의 표현이어야 한다. 다만, 여기에서의 사상 · 감정은 철학적이거나 숭고한 것을 요하지 않고 지적창작물로서의 저작물에 정신적인 내용이 표현되면 족하다. 인간의 사상 · 감정의 표현이 아닌 사실 그 자체는 저작권법의 보호대상이 아니다.

---

3) 2006년 개정 전의 법에 있었던 ‘문학 · 학술 또는 예술의 범위에 속하는’ 것이란 요건이 삭제되었으나 저작물은 문학 · 학술 또는 예술의 범위에 속하는 것이란 인간의 지적 · 문화적 활동의 모든 영역에 속하는 것을 포함하는 개념이고 따라서 이 점이 현행법이라고 달라질 이유는 없다.

4) 출처: http://news.chosun.com/site/data/html_dir/2008/04/30/2008043001593. html.

(2) 저작물은 사상 또는 감정을 표현한 창작물이다

1) 저작물이 되기 위해서는 사상이나 감정 등이 색채 · 언어 등에 의해 외부로 표현됨으로써 객관적 존재로 되어야 한다. 인간의 두뇌로부터 분리되어 제3자가 이해할 수 있도록, 예컨대 소설이면 원고에 정리되어 있다든지, 음악이면 악보에 표시되어 있다든지 어쨌든 구체적 객관화가 필요하다. 다만, 유체물에 반드시 고정될 필요는 없다.[5)]

2) 저작권법의 보호를 받는 저작물로 되기 위해서는 창작성이 있어야 한다. 이러한 창작성이란 극히 상대적 개념이다. 타인의 저작물에 직접 의거한 것이 아니고 저작자 스스로의 능력과 노력에 의해 만든 것이면 창작성이 있다고 본다.[6)] 무릇 인간의 사상이나 감정은 선인(先人)의 업적을 기초로 하여 또는 그 영향을 받아서 성립하는 것이므로 완전한 독창성이라고 하는 것은 있을 수 없다. 그러므로 저작권법에서 요구되는 창작성이란 특허법에서 요구되는 신규성(novelty)과는 다른 개념이다. 유사한 작품이 그 전에 수없이 존재한다 하더라도 창작성을 인정하는 데는 조금도 지장이 없으며, 심지어는 똑같은 작품이 이미 존재한다 하더라도 마찬가지이다.

또 저작권법의 보호를 받는 저작물이 되기 위해서는 특허법이 요구하는 것과 같은 진보성이 필요한 것도 아니다. 그러므로 표현물의 학문적 가치 혹은 예술적 가치의 고저는 문제가 아니다.

---

5) 영미법처럼 유체물에의 고정(fixation in tangible medium of expression)을 요건으로 하는 입법례도 있으나 베른협약에서는 동맹국의 입법에 맡기고 있다(베른협약 2조 2항). 우리 법은 이를 요건으로 하고 있지 않다(법 2조 1호). 다만, 영상저작물(법 2조 13호)의 경우에는 '기계 또는 전자장치에 의한 재생'을 요건으로 하고 있으므로 유체물에의 고정을 요건으로 한다고 해석된다. 또 미술저작물이나 사진저작물과 같이 원작품이 있는 경우에는 고정이 저작권성립요건이라고 보아야 할 것이다.

6) Greyhound Services Ltd. v. Wilf Gilbert(Staffs) Ltd. ([1994] FRS 723) 판결에서 Aldons판사는 "창작적이라는 말은 창작적인 사상이나 혁신적인 사상을 요구하는 것은 아니며, 그 저작물이 복제된 것이 아니고, 그 저작물이 당해 저작자로부터 유래해야 하는(should originate) 것을 요구하는 데 불과하다는 것은 법률상 확정되어 있다"고 한 후 다음의 Ladbroke 판결을 인용하고 있다. 결국 창작성(originality)이란, 당해 저작물의 기원이 저작자에게 있으며(have originated with him) 타인의 것을 베낀 것은 아니다(have not copied it from another)라는 의미이다[Miller and Davis, Intellectual Property, West Publishing Co. (1990), 289면 참조].

[판례] 「세탁학기술개론」 사건(대법원 1995.11.14.선고 94도2238 판결)

저작권법에 의하여 보호되는 저작물이기 위하여는 … 그 요건으로서 창작성이 요구되나 여기에서 말하는 창작성이란 완전한 의미의 독창성을 말하는 것은 아니며, 단지 어떠한 작품이 남의 것을 단순히 모방한 것이 아니고, 작자 자신의 독자적인 사상 또는 감정의 표현을 담고 있음을 의미할 뿐이어서, 이러한 요건을 충족하기 위하여는 단지 저작물에 그 저작자 나름대로의 정신적 노력의 소산으로서의 특성이 부여되어 있고 다른 저작자의 기존의 작품과 구별할 수 있을 정도이면 충분하다. … 이 사건 원고의 「세탁학기술개론」은 소외 피복관리학과 같은 내용이 상당히 많이 있으나 그것은 책의 성격상 있을 수 있는 정도이고, 전체적인 구성이나 표현형식에 있어서는 앞서 나온 기존의 다른 책자들과 뚜렷이 구별될 수 있으므로 저작물로 보호받을 수 있다.

[영국판례] Ladbroke(Football) Ltd. v. William Hill (Football) Ltd. 사건[(1964) 1 All E. R. 465]

돈을 건 자(punter)가 승·패·무승부여부를 표시할 수 있는 공간을 가진 축구게임 대진표의 단순한 집적(쿠퐁)에 불과한 것도 저작권으로 보호된다고 하는 것이 영국판례이다.

피고는 그것은 누구라도 만들 수 있다고 항변하였다. 이에 대해 귀족원(House of Lords)[7]은 "당신 스스로 할 수 있다면 당신 스스로 하라. 그러나 타인의 저작물을 모방했다면 그에게 대가를 지급하여야 한다"(If you can do it yourself then do it yourself, but if you copy someone else's work you must pay for it)고 답하였다. 똑같은 이유에서 시험지(examination papers), 거리안내도, 시간표 등도 저작물이라고 보았다. 영국법원은 저작물로서 보호의 가치가 있느냐 여부를 극히 실질적으로 판단하고 있다. 즉 복제할 가치가 있는 것은 모두 보호할 가치가 있다고 본다(In this regard the courts tend to take the practical view that what is worth copying is worth protecting).

그러나 단순한 사실의 집적에 불과한 알파벳순의 일반 전화번호부에 대해서 미국 대법원은 저작물성을 인정하지 아니한다. Feist 판결이 그것이다.[8] Feist 사

7) 貴族院은 영국에 있어서 2009년까지는 최상급법원이었다. 2005년 헌법개정법을 통해 귀족원의 사법기능을 담당하는 대법원이 신설되어 2009년부터는 대법원(Supreme Court of the United Kingdom)이 최상급법원이다.

8) Feist Publications, Inc. v. Rural Telephone Service Co., Inc. 사건[499 U.S. 340, 111 Sup. Ct 1282(1991)]

건에서 연방대법원은 사실저작물의 창작성의 기준으로서 '노력과 자본의 투입여부'라고 하는 기존의 기준을 버리고,[9] '구성사실 및 정보(facts)의 선택, 정리 또는 배열'이 창작적인가의 여부를 그 기준으로 채택함으로써, 사실저작물의 창작성의 기준에 관한 항소법원들의 상호 모순되는 판결들에 대해서 중대한 결론을 제시해 주었다. 이로써 특정 부분의 저작물에 있어서는 종래의 '독자적으로 작성되었는가'라는 기준 대신에 '어느 정도의 창조성(creativity)이 있는가'를 가지고 저작물성 여부를 판단하게 되었다.

이후 많은 미국문헌은 창작성에 관하여 ① 독자적으로 제작한 것이며, 남의 것을 베낀 것이 아닐 것(not copied)과, ② 적어도 최소한도의 창조성을 가지고 있을 것(at least minimally creative)을 의미한다고 본다.[10] 이러한 Feist적 접근법은 미국 이외의 국가에서도 통용되고 있다. 우리 문헌 중에도 '창작성=독자적 작성+창조적 개성'이라고 보는 견해가 지배적이다.[11] 편집물과 편집저작물을 구분하는 우리법하에서 단순히 독자적 작성만으로 창작성을 충족한다고 보기는 힘들다. 결국 유력한 견해들과 같이 우리법하에서도 창작성을 인정받기 위해서는 창조적 개성이 필요하나 기능적 저작물이나 사실적 저작물을 제외한 일반저작물의 경우는 독자적으로 작성하면 기본적으로 창조적 개성이 나타난다고 본다.

하여 우리법원은 '대입 본고사 문제지'(대법원 1997.11.25.선고 97도2227 판결), '소비자 권리에 관한 홍보용 팜플렛'(대법원 1991.9.10.선고 91도1597 판결), '편지'(서울민사지법 1995.6.23.선고 94카합9230 판결), '의사가 상담결과를 정리한 서적'(서울지법 서부지원 2002.3.27.선고 2001가합3917 판결), '의사가 워크숍에서 다른 의사들에게 한 주름개선 시술기법 강연'(대법원 2014.2.27. 선고 2012다28745 판결) 등의 사건에서 모두 창작성을 인정하고 있다.

◈ 공서양속 위반과 저작권 보호

저작물의 내용이 공서양속에 위반되어 저작자가 설사 형사상 처벌을 받은 경우라 하

9) Feist 판결은, 편집물 작성을 위한 투자(시간, 비용, 노력)가 법적 보호이익이라고 하는 이른바 '이마의 땀'(sweat of brow) 이론을 부정하였다.

10) Mary LaFRANCE, *Copyright Law* in a nutshell(2nd ed.), 2011, 4면 이하 참조.

11) 이해완, 「저작권법」(제3판), 박영사, 2015, 28면 이하; 오승종, 「저작권법」(제2판), 박영사, 2012, 46면 이하. 또 뒤에서 보는 바와 같이 많은 판례가 이러한 입장을 택하고 있다.

더라도 그 저작물의 저작권 보호에 어떤 영향을 미치는 것은 아니다. 우리법원은 누드 사진 전재 사건 판결[12] 이래 이러한 입장을 고수하고 있다.[13]

2. 저작권의 보호범위

저작물이란 사상이나 감정이 외부로 표현된 것이다. 따라서 저작권으로 보호되는 것은 저작자의 사상 그 자체가 아니라 사상의 표현이다. 예를 들어 한 저작자가 조선방법(造船方法)에 관한 논문을 썼다면 그의 저작권은 그 논문에 대해서 존재하며 다른 사람이 저작자의 승낙 없이 그 논문을 복제하여 판매하였을 때에는 저작자를 보호하긴 하지만, 그러나 다른 사람이 그 논문 속에 들어 있는 아이디어 또는 기술이론을 이용하여 배를 건조하는 것을 막는 것이 저작권 보호는 아니다. 또 부기방식을 설명한 책을 읽고 책에서 설명된 부기방식을 회계장부로 만들어 판매한 경우는 저작권 침해가 아니다[Baker v. Selden 사건(101 U.S. 99, 25 L. Ed 841 (1879)]. 왜냐하면 부기방식은 저작권으로 보호받을 수 없는 아이디어에 해당하기 때문이다. 이를 아이디어/표현 2분법(idea-expression dichotomy)이라고 한다.[14]

---

12) 대법원 1990.10.23.선고 90다카8845 판결.

13) 대법원 2015.6.11.선고 2011도10872 판결: "원심이 음란한 내용이 담긴 영상저작물도 저작권법상의 저작물로 보호될 수 있음을 전제로 하여 이 사건 공소사실을 모두 유죄로 인정한 제1심판결을 유지한 것은 정당"하다.

14) 그러므로 아이디어/표현 2분법에서 아이디어와 표현이라는 말을 문자 그대로, 곧이곧대로 받아들여서는 안 된다. 아이디어는 보호받지 못하는 부분을 나타내는 상징적, 비유적 용어라면 표현은 저작권법으로 보호받는 부분을 나타내는 상징적, 비유적 용어이다(Thus "idea" and "expression" should not be taken literally, but rather as metaphors for a work's unprotected and protected elements respectively: Goldstein, Copyright §2.3.1). 또 최경수, 「저작권법 개론」, 한울, 106면 참조.
또 하나 우리가 흔히 하는 말 중에 정확하지 않은 것으로는 "특허는 아이디어를 보호하지만 저작권은 아이디어를 보호하지 않는다"는 말이다. 후자는 맞는 말이라도 전자는 부정확한 말이다. 즉 특허도 아이디어는 보호하지 않는다. 아이디어 자체가 아닌 그것보다는 일보 진전된 것, 응용된 것만이 특허를 받을 수 있다. 흔히 미국서적에서 말하는 아이디어는 예컨대 아인슈타인의 상대성원리(E=MC2)와 같은 것이고, 그것 자체가 특허적격이 있는 것은 아니다(이에 대해서는 Arther R. Miller/Michael H. Davis, *Intellectual Property*, West, 2007, 20-21면 참조). 그래서 혹자는 저작권은 표현을 보호하지만 특허는 기능을 보호한다고 한다.

♣ Baker v. Selden 사건[15)]

사건개요: Selden은 약식원장("Selden's Condensed Ledger) 혹은 약식부기(Book-keeping Simplified)라고 제목이 붙은 책의 저작권자이다. 그 책은 특이한 부기방식에 대한 해설을 그 내용으로 하는데 표제란과 부기란으로 구성되는 공란의 부기용지가

있었고, 그 방식을 실무에서 어떻게 사용될 수 있는가를 해설하고 있었다. 이 부기방식은 복식부기에 의한 부기와 같은 결과를 나타내었고, 항목 및 표제를 독특하게 배열시킴으로써 회계장부의 한 면에서 혹은 서로 잇대고 있는 두 면에서 하루, 한 주, 또는 한 달에 일어나는 전체적인 활동을 나타낼 수 있었다. Baker는 결과적으로 내용은 Selden과 같지만 부기란 및 표제란을 약간 다르게 배열 사용하는 회계장부를 제작 · 판매하였는데, 이에 Selden은 자신의 책에 따르는 저작권이 Baker의 부기장부의 제작 · 판매에 의하여 침해되었다고 주장하면서 소를 제기하였고, 하급심은 Selden의 주장을 받아들였다. 그러자 Baker가 상고하였다. Selden이 그의 책자에서 저작권을 가짐으로써 그 책에서 해설되는 부기 방식을 사용하는 배타적인 권리가 확보된다고 Selden은 주장하였는데, 그 부기방식을 설명하기 위하여 책에 실린 표제란 및 부기란을 사용하지 않고서는 그 부기방식을 사용할 수 없다는 것이었고, 그 부기방식을 설명하는 표제란 및 부기란은 그 책의 일부로서 그 자체가 저작권에 의하여 보호된다는 주장이었다. 따라서 Selden의 책에서의 표제란 및 부기란을 사용하여 Selden의 부기방식을 사용하게 되면 그 책에서 보호되는 저작권이 침해된다는 것이었다.

판결요지: 이 사건의 쟁점은 Selden이 책에 대한 저작권을 취득함으로써 책에서 예시하고 설명하려고 한 부기방법이나 체계의 사용에도 독점적인 권리를 취득하느냐이다. 미국 연방최고법원은 책에 관한 저작권의 배타적 효력은 책에서 설명하고 있는 부기방식이나 체계에는 미치지 않는다고 보았다. 기술이나 방식(system)을 설명하고 있는 책에 관한 저작권은 그것에 관한 저자의 독특한 설명(explanation)만을 보호하며, 제3자가 그러한 방식의 사용이나 그러한 방식을 사용하기 위해서 필요한 양식(forms)을 사용하는 것을 막지 못한다. 방식 그 자체의 사용이나 그러한 방식의 사용에 필요한 양식의 사용을 저작권으로 금지하려고 하는 것은 특허요건—신규성이나 진보성—에 관한 심사없이 특허 유사의 권리를 허여하는 것과 같다. 저작권은 신규성이 아닌, 창작성에 기초하고 있으며, 설명은 보호하되, 설명되어져 있는 방식의 사용을 보호하는 것은 아니다. 그러므로 Selden이 취득한 저작권은 부기방식이나 그 방식을 사용하는

15) 저작권심의조정위원회, 「저작권에 관한 외국판례선[1]」, 1988, 302-304면.

데 필요한 양식의 사용에는 배타적 효력이 미치지 아니한다(항소심 판결을 파기한다).

◈ Merger Doctrine(융합의 법리, 혼동이론)

앞서 살펴본 Baker v. Selden 판결에서는 '설명'과 '사용'을 구별하면서 이론을 전개하고 있다. 즉 어느 기술(아이디어, 시스템)에 관한 책에 대하여 기술의 '설명'에 대해서는 저작권보호가 미치나, 기술의 '사용'에 대해서는 저작권은 미치지 않는다. 필요하다면 특허를 받으면 별론, 저작권으로 기술의 사용을 막을 수는 없다. 그런데 기술을 '사용'하기 위해서는 통상 그 기술을 '설명'(저작물)해야 한다. 그런데 그 설명방법이 극히 제한된 경우는 어떻게 할 것인가. 이 경우 설명이니까 당연히 저작권이 미치는 것으로 판단하면 (극히) 한정된 설명을 통해 아이디어를 독점하는 꼴이 된다. 그러므로 어떤 방법을 찾아야 한다.

방법 하나는 그러한 설명(표현)에 대해서도 저작권을 긍정하면서 저작권침해의 경우에는 아주 엄격한 기준을 사용해서, 저작권 침해의 인정에는 소극적인 입장이다. 또 하나는 저작권을 부정하는 방법이다. 전자의 입장에 서 있는 미국 판결이 Continental Casualty Co. v. Beardsley 판결이다. 이 판결에서는 타인이 당해 서식 중의 설명을 이용한 행위에 대해서는 그 근저에 있는 아이디어를 이용할 때에 부수적으로 이용한 것에 불과한 것으로서 저작권 침해를 부정했다.

♣ Continental Casuality Co. v. Beardsley, 253 F.2d 702 (2nd Cir. 1958)

사실관계: 원고(Beardsley)는 보험약관과 관련 양식 및 이를 설명하는 소책자를 발간하였다. 경쟁자인 피고(Continental Casuality Co.)는 원고의 양식을 그대로 복제하였으나 그에 대한 설명문은 원고의 것을 베끼지 아니하고 스스로 작성하였다.

판시내용: 제2항소법원은 본건에 있어서도 Baker 사건의 판시를 따라야 한다는 피고의 주장을 배척했으나[16] 다음과 같은 이유로 원고의 청구를 기각하였다.
"보험이나 상거래 분야에 있어서는 바라는 결과를 달성하기 위하여 양식이나 문서 중에 특정한 용어를 사용하지 않을 수 없고, 이러한 용어의 사용은 법적 내지는 상거래상의 개념에 너무나도 밀접하게 결부되어 있기 때문에 이에 대한 저작권침해의 기준은 다음과 같다. 즉 저작권 있는 문구는 가급적 보호하지만 그 용어의 저변에 깔려 있는 생각은 누구라도 자유로이 사용할 수 있어야 한다." 그런데 피고의 양식에 포함되

16) 서식은 보증증서, 분실 · 면책합의의 선서진술서 등을 포함하는 것이며, 포괄보증증서(blanket bond)의 플랜을 설명하는 팸플릿에 함께 담겨져 있었다. Baker 사건에서는 비어 있는 양식(blank form)이 문제로 되었으나 본건에서의 양식(form)은 보험계약을 설명하는 산문이 포함되어 있었던 것이다. 그러므로 시스템의 설명과 시스템의 사용을 구별할 수 있는 것을 전제로 한 Baker 판결은 이 사건에 그대로 적용될 수 없다.

어 있는 용어는 저변에 있는 아이디어를 이용하기 위하여 부수적으로 사용된 데 불과하므로 저작권침해라고는 말할 수 없다.
또 하나인 후자의 입장은 Baker 판결을 전제로 하여 그것을 한층 진전시킨 것으로 예컨대 Morrissey v. Procter & Gamble Co. 판결 등이 있다.

♣ Morrissey v. Procter & Gamble Co. 판결, 379 F.2d 675 (1st Cir. 1967)

Morrissey 판결에서의 원고(Morrissey)는 판촉을 위하여 복권식 내기 시합(sweepstakes)을 고안하였고, 그 때 사용되는 규칙에 대해서 저작권을 가지고 있었다. 유사한 형태의 콘테스트를 운영하면서 Procter & Gamble은 극히 유사한 규칙을 사용하였다. 특히 [규칙 1]로 알려진 내용은 거의 같았다.
그것은 [참가자는 이름, 주소, 사회보험번호를 백지나 상자 표면에 기재하여야 한다; 공식 규칙은 지방 판매점에서도 얻을 수 있다; 자신의 사회보험번호가 없으면 같이 살고 있는 가까운 친척의 사회보험번호로도 응모가 가능하다.] 등을 설명하고 있었다.
원고가 피고가 사용하는 규칙이 자신의 것과 극히 유사하다고 하면서 저작권침해로 제소하자 지방법원은 콘테스트 자체는 저작물성이 없으며, 그로부터 유래하는 게임규칙도 독창적이고 창조적인 근원을 가지고 있지 않으므로 저작권으로 보호받을 수 없다고 판시하였다. 원고가 항소하였다. 문제는 저작권으로 보호될 수 없는 게임을 운영하는 데 부수하는 규칙이 간단한 정보만을 전달하는 것이어서 오직 한정된 방법으로밖에 표현될 수 없다면 그러한 규칙은 저작권으로 보호되는가이다. 법원은 보호될 수 없다고 보았다. 저작물성이 없는 게임의 운영에 부수하는 규칙에 담긴 정보가 너무 간단하여 그것을 표현하는 방법이 소수밖에 없다면 그 규칙은 저작권으로 보호받을 수 없다는 것이었다. 만약 그러한 규칙을 저작권으로 보호한다면 그것은 특정인에게 판촉방법 자체에 저작권을 부여하는 것과 같다. 따라서 이러한 경우에는 제3자가 동일한 표현을 그대로 사용한다고 하더라도 저작권침해가 아니다.
이러한 Morrissey 판결의 고찰방법을 이른바 융합의 법리, 혼동이론(Merger Doctrine)이라고 한다. 그러므로 Merger Doctrine이란 아이디어를 표현하는 경우에 유일 또는 한정된 범위에서밖에 표현할 수 없는 경우에 아이디어와 표현이 혼동(융합: merge)되고 있어 당해 표현은 저작권의 보호를 받을 수 없다는 이론이다.[17]

---

17) 논자나 판례에 따라서는 '그대로 복제하는' 이른바 데드 카피(dead copy)에 대해서는 권리가 미친다고도 설명한다.

♣ Herbert Rosenthal Jewelry Corp. v. Kalpakian, 446 F.2d 738 (9th Cir. 1971)

문제가 된 두 개의 벌모양의 핀

원고는 피고가 보석으로 치장된 벌 모양의 핀의 저작권을 침해했다고 제소하였다. 법원은 원고의 저작권의 유효성을 인정했지만, 실질적 유사성이 없다고 보았다: 기본적으로 문제로 되어 있는 것은, 저작권자의 독점권의 범위, 즉 의회가 얼마나 넓은 범위에서 저작권자에게 다른 사람을 배제시킬 수 있도록 허용했는가 하는 것이다. 우리는 보석 박힌 벌 핀의 생산은, 의회가 특허 없이 공공 시장에 유보해 놓은 영역보다도 큰 사적 영역이라고 본다. 그러므로 보석 박힌 꿀벌 핀은 피고인이 자유로이 베낄 수 있는 아이디어이다. 원고는 피고가 모든 벌 핀들의 제조 및 판매를 할 수 없다는 주장은 하고 있지 않으므로, 보석 박힌 벌 핀이라는 아이디어의 특정한 디자인이나 표현만이 저작권법에 의해 보호된다는 것을 인정하는 데 원고가 동의하는 것으로 보인다. 앞서 언급한 바와 같이, 본 기록상 어려움은 '아이디어'와 '표현'이 구분될 수 없는 것 같이 보인다는 데 있다. 원고 핀이나 피고 핀 사이에 모두 보석 박힌 벌 형태로부터 불가피하게 발생하는 형태 이상의 유사성은 없다. 이렇듯 '아이디어'와 '표현'이 분리 불가능할 때, '표현'을 복사하는 것은 금지되지 아니한다. 왜냐하면 이러한 상황에서 '표현'을 보호하는 것은 특허법에서 부여한 조건과 제한 없이 저작권자에게 '아이디어'의 독점을 부여하는 것이다.

◇ scènes à faire의 법리(흔한 장면, 필수장면, 표준삽화의 법리)

scènes à faire의 법리란 사건, 등장인물, 장면의 묘사 등, 처음에는 설사 창작적인 표현으로서 저작권의 보호를 받을 수 있었던 것이라도, 그 특정한 주제를 표현하기 위해서는 그 장면이나 표현을 사용하는 것이 일반적인 것으로 되었거나 혹은 불가결한 것으로 된 경우에는 저작권보호를 받을 수 없다는 생각이다. 앞의 혼동이론과 유사하나 혼동이론이 주로 사실적 · 기능적 저작물에서 기능한다면 필수장면의 이론은 주로 문예적 저작물에서 기능한다.

Hoehling v. Universal City Studios 사건[18]에서 미국 제2항소법원은 히틀러시대에 만들어진 거대한 비행선 힌덴부르크의 참상을 다룬 책의 저작권이 미치는 범위를 논하면서 필수장면이론을 원용한 바 있다. 즉 이러한 영화에서는 독일식 맥주홀과 '하일, 히틀러'라는 구령, 제2차대전 때 불리어진 독일 노래 예컨대 독일 국가 등은 필수장면이며 이러한 요소에는 저작권이 미치지 않는다고 판시하였다.

Zambito v. Paramount Pictures Co. 사건[19]에서 원고 Zambito는 인디아나존스 제1편

18) 618 F.2d 972(2d Cir.), cert. denied, 449 U.S. 841(1980).

(레이더스—잃어버린 성궤)이 자신이 작성한 시나리오 "Black Rainbow"의 저작권을 침해했다고 주장하면서 소를 제기하였다.

법원은 두 작품의 유사성은 그러한 장르의 두 영화에서 언제나 발견되는 유사성이라고 판시하였다. 즉 뱀이 우글거리는 동굴에 보물이 감추어져 있는 것, 뱀을 쫓기 위하여 불이 사용되는 것, 새들이 갑자기 날아올라 정글에 들어온 사람들을 놀라게 하는 것, 지친 여행자들이 선술집에서 기분전환을 하는 것들은 모두 '레이더스' 같은 주제를 다루는 시나리오에서는 필수적인 요소들이며, 너무나 일반적이어서 법으로 보호받을 수 없다고 판시하였다.

우리 법원도 "소설 등에 있어서 추상적인 인물의 유형 혹은 어떤 주제를 다루는 데 있어 전형적으로 수반되는 사건이나 배경 등은 아이디어의 영역에 속하는 것들로서 저작권법에 의한 보호를 받을 수 없다"고 판시하였다.[20]

◈ 사실상의 표준과 저작권

타자기의 글자 배열표와 마찬가지로 처음에는 여러 가지 방법으로 배열할 수 있었겠지만 특정한 자판배열이 시장에 나와 일정한 시간이 지나면 소비자가 그 자판에 익숙해진다. 그렇게 되면 처음 나온 자판의 배열이 사실상 표준이 되어 후발업자는 그에 따르지 않으면 시장에서 경쟁을 할 수 없는 경우가 자주 있게 된다. 이러한 경우에 그러한 자판에 저작권을 인정하면 그것은 마치 그 자판에 대해 생존중 및 사후 50년간 독점으로 보호하는 꼴이 된다. 일정한 요건을 갖춘 발명에 대해서도 길어야 20년간 보호하는 것과 균형이 맞지 않는다. 법은 저작자의 권리보호에 힘을 기울여야 하나 또 하나의 이상인 공공의 이익도 도외시할 수 없다. 하나의 사상이나 감정을 다양한 방법으로 표현할 수 있다면 특정인이 한 특정한 표현을 타인이 모방한 경우에는 법으로 금지시켜야 하나 특정 사상이나 아이디어를 표현하기 위해서는 그 표현밖에 사실상 없는 경우에는 그 표현에 대해서는 저작권보호를 하여서는 안 될 것이다. 그렇지 않으면 표현의 보호를 통해 아이디어의 독점을 허용하는 꼴이 된다. 사실상의 표준도 그러한 경우의 하나이다. 따라서 이러한 사실상의 표준에 대해서는 법정책적인 측면에서 만인의 공유 영역에 남겨 놓고 창작자는 시장 先行의 이익(lead-time)으로 만족하여야 할 것이다(즉 최초의 개발자로서의 명성을 통해 최초 개발자의 상품을 소비자가 선호하도록 함으로써, 사실상 시장에서 우위를 차지하는 것으로 만족해야 할 것이다).

재미있는 사례에 이충무공 동상 사건(광주고법 1977.10.20.선고 77나15 판결)이 있다. 1970년대 문화공보부에서는 전국 각지에 세워져 있는 충무공 이순신 장군의 조상이 각양각색이어서 적어도 각급학교, 군부대 등 국한된 공개지역에 세워질 위 장군 조상

---

19) Zambito v. Paramount Pictures Co. 788 F.2d 2 (2d Cir. 1985).

20) 대법원 2000.10.24.선고 99다10813 판결; 대법원 2014.6.12.선고 2014다14375 판결; 대법원 2015.3.12.선고 2013다14378 판결 등 참조.

만이라도 학계의 정확한 고증을 거친 통일된 표준형에 의한 조상을 세우고자 그 산하 기관으로 영정심의회를 두고서 그 심의절차를 거쳐 문공부에 등록된 선현원형에 따른 조상만을 위 공개지역에 세우도록 방침을 세운 다음 이를 1975.2. 문공부 고시 제242호 선현조상 복제 및 보급방안으로 공고하였고 이에 신청인이 1975.9. 문공부에 그 고시에 따른 전신입상 270센치(갑주본)의 충무공 이순신 장군을 등록함에 이르렀다. 이로써 등록된 충무공상만을 공개지역에 세울 수 있게 되었다. 이렇게 되자 일정 장소에서 현대미술원이라는 옥호로서 1960년대부터 충무공, 유관순, 세종대왕 등 선현조상의 제조 및 시비 등 각종 기념 물적 조상을 제조·판매하여 오고 있던 乙은 1976.5.2. 주소지관내 각급학교에 그 제작·판매하는 충무공 이순신조상이 문공부 규제에 따른 표준형이라는 뜻을 알리면서 그 제작한 조상구입을 권고하는 내용의 안내장을 발송하는 한편 甲이 앞서 문공부에 등록한 충무공 이순신 장군의 원형과 거의 비슷한 조상을 복제·판매하였다. 이에 甲이 乙이 자신의 저작권 등을 침해하였다는 전제하에 가처분을 신청한 것이 이 사건이다. 광주고등법원은 "문공부가 그 고시 제242호로써 충무공 이순신 장군 조상원형을 규정한 취지는 각급학교, 군부대, 공장내부 등 국한된 공개지역에 보급할 위 장군조상을 통일하고자 한 행정방침에 불과한 것으로서 신청인이 문공부에 그 조상 원형을 등록하였다고 하더라도 이는 행정청이 위와 같이 공개지역에 세워질 조상은 위 등록된 원형에 따른 조상으로 한다는 행정방침을 의미할 뿐이고 그로 인하여 신청인에게 그 등록된 조상원형을 독점적·배타적으로 제작, 판매하는 저작권법상의 저작권 내지 특허법상의 특허권이 인정되는 것이라고는 보아지지 아니하므로 비록 피신청인이 그 제작한 충무공 이순신장군 조상이 문공부에 등록된 위 조상원형인 것 같이 꾸며 그를 판매하였고 그 제작·판매한 조상이 문공부에 등록된 위 조상원형에 유사하였다고 하여도 이를 가지고 신청인의 그 주장과 같은 권리를 침해하는 것이라고는 할 수 없"다고 판시하였다. 물론 위 등록된 이충무공상이 이미 공유로 된 것 중의 하나여서 갑에게 저작권이 발생하지 않았을 수도 있다(창작성 결여). 그렇지 않다면 등록 여하를 불문하고 저작권은 발생한다. 문제는 그러면 이제는 등록된 갑만이 이충무공 동상을 제작·판매할 수 있을 뿐인가. 이렇게 표준화되면 이 충무공을 표현하는 방법은 사실상 하나뿐이고, 결국 표현과 아이디어가 융합(혼동)되어 그 형상에 저작권적 보호를 줄 수 없게 된다고 보아야 할 것이다. 최근 우리 판례들도 "사상이나 감정 또는 사실을 표현하는 방법이 하나밖에 없거나 또는 극히 한정되어 있는 경우에는 누가 저작하여 표현하더라도 거의 마찬가지의 표현이 되지 않을 수 없으므로 표현에 있어 저작자의 개성이 발휘될 여지가 없다. 또한, 표현방법에 있어 선택의 여지가 없지는 않고, 저작자가 스스로 생각하여 표현한 경우에도 그 표현이 평범하고 흔한 것인 경우에는 개성이 발휘되어 있지 않다. 따라서 이와 같은 경우에는 창작성을 갖추지 못하여 저작물로 인정할 수 없다"고 판시하고 있다(서울중앙지법 2007.6.21.선고 2007가합16095 판결).

3. 저작물의 분류

저작물에는 수많은 종류가 있고 분류방법에 따라 여러 가지 설명이 가능하다. 저작권법 제4조 제1항에 구체적 예시로서 규정된 어문저작물, 음악저작물 등 저작물의 내용에 의한 분류 외에 구별의 실익이라는 관점에서 아래와 같이 분류할 수 있다.

(1) 저작자 명의표시의 유무에 의한 분류

1) **실명저작물** 저작자의 실명을 저작물에 표시한 것.

2) **이명(異名)저작물** 저작자의 아호, 필명 등 실명 이외의 명칭이 저작물에 표시되어 있는 것.

3) **무명(無名)저작물** 저작자의 표시가 없는 것.

◈ 구별의 실익

저작자 추정(법 8조 1항 1호), 보호기간(법 39조, 40조) 등이다. 개정 전의 법에서는 「실명등록」 제도(구법 51조)가 있어 이명이나 무명으로 공표된 저작물의 저작자가 실명등록을 하면 그 때부터 실명저작물과 같은 취급을 하였다. 현행법은 제53조에서 저작자등록제도를 두고 있으므로 이것이 구법 하에서의 실명등록제도와 동일한 역할을 하리라고 본다.

(2) 성립순서에 의한 분류

1) **1차적 저작물(원저작물)** 2차적 저작물의 기초로 된 저작물.

2) **2차적 저작물** 원저작물을 번역, 편곡, 변형, 각색, 영화화 기타의 방법으로 창작한 저작물.

◈ 구별의 실익

2차적 저작물은 원저작물을 기초로 하여 작성되었으나 새로운 창작성이 가미되었기 때문에 원저작물과는 별도로 독자적 저작물로서 보호된다(법 5조 1항). 그러나 2차적 저작물이 보호된다는 이유로 원저작물의 저작자의 권리에 영향을 미쳐서는 안 될 것이므로(법 5조 2항) 원저작물 저작자의 2차적 저작물 작성권(법 22조)이 2차적 저작물에 미친다. 따라서 2차적 저작물의 이용에 대해서는 원저작자의 허락이 필요하다.

(3) 공표의 유무에 의한 분류

공표의 유무에 따라 공표저작물과 미공표저작물로 구분된다. 공표란 저작물을 공연·공중송신 또는 전시 그 밖의 방법으로 공중에게 공개하는 경우와 저작물을 발행하는 경우를 말한다(법 2조 25호).

◈ 구별의 실익

공표권은 미공표저작물에 대해서만 문제가 된다(법 11조). 공표저작물은 일정한 조건 아래서 학교교육목적에의 이용, 인용, 영리를 목적으로 하지 아니하는 공연·방송, 사적 사용, 도서관 등에서의 복제, 시험문제로서의 복제, 점자에 의한 복제(법 25조, 28조-33조)가 허용된다. 또 법정허락(법 50조-51조)도 공표된 저작물에 대해서만 적용된다. 또 공표의 시점이 보호기간의 기산점(법 40조-44조)으로 된다.

(4) 저작자의 수에 의한 분류

1) **단독저작물** 저작자가 1인인 저작물.

2) **공동저작물** 저작자가 복수인 단일저작물.

◈ 구별의 실익

공동저작물의 보호기간의 기산점은 공동저작자 중 맨 마지막 사망한 자의 사망시부터 계산되며(법 39조 2항), 그 권리행사에는 원칙적으로 전원의 합의가 필요하다(법 15조, 48조).

(5) 저작물의 결합방법에 의한 분류

저작물의 결합방법에 따라 결합저작물과 공동저작물로 구분된다. 공동저작물이란 2인 이상이 공동으로 창작한 저작물로서 각자의 이바지한 부분을 분리하여 이용할 수 없는 것을 말하며, 각자의 이바지한 부분을 분리하여 이용할 수 있는 것은 결합저작물이다. 판례는 "작성자가 특정부분을 나누어 집필한 것이 아니라 공동의 조사내용을 토대로 공동으로 작성한 보고서와 수록 자료별로 작성자가 특정되어 있으나 전체적으로 통일된 기획에 따라 각자가 작성한 뒤 이를 유기적으로 종합한 전체적인 보고서는 각자의 이바지한 부분을 분리하여 이용할 수 없는 공동저작물에 해당한다."고 본다.[21]

◈ 구별의 실익

i) 공동저작물의 저작권 행사는 공동저작자 전원의 합의에 의하여야 하며(법 15조, 48조 참조), ii) 다른 저작재산권자의 동의가 없으면 그 지분을 양도하거나 질권의 목적으로 할 수 없다(법 48조 참조). iii) 공동저작물에 관한 보호기간은 공동저작자 중 최후사망자 사망 후 70년간 존속한다(법 39조 2항 참조).
이러한 것은 전술한 공동저작물의 특성에 기한 취급이며 각 저작물이 분리하여 이용할 수 있는 결합저작물에는 해당되지 아니한다. 결합저작물에 대해서는, i) 각 저작자가 자기의 저작부분에 관해서 단독으로 저작권 행사를 할 수 있으며, ii) 결합저작물 내의 자기 저작부분에 관한 저작권의 양도, 질권설정은 각자 단독으로 할 수 있다. iii) 결합저작물의 각 저작부분은 각각의 저작자 사후 70년이 경과하면 보호기간이 종료한다.

[판례 1] 뮤지컬이 공동저작물인지 여부(대법원 2005.10.4.고지 2004마639 결정)

뮤지컬은 음악과 춤이 극의 구성 · 전개에 긴밀하게 짜 맞추어진 연극으로서, 각본, 악곡, 가사, 안무, 무대미술 등이 결합된 종합예술의 분야에 속하고 복수의 저작자에 의하여 외관상 하나의 저작물이 작성된 경우이기는 하나, 그 창작에 관여한 복수의 저작자들 각자의 이바지한 부분이 분리되어 이용될 수도 있다는 점에서, 공동저작물이 아닌 단독 저작물의 결합에 불과한 이른바 '결합저작물'이라고 봄이 상당하다.

* 同旨: 뮤지컬 '사랑은 비를 타고' 사건(제1심: 서울중앙지법 2006.4.26.선고, 2005가합485 판결; 항소심: 서울고법 2007.5.22.선고 2006나47785 판결)[22)]

[판례 2] 만화가 공동저작물인지 여부(서울북부지법 2008.12.30.선고 2007가합5940 판결)

만화스토리작가가 창작하여 제공한 스토리 등과 이에 기초한 만화가의 그림 등이 결합하여 완성된 만화는 만화스토리작가와 만화가의 공동저작물이다.

(6) 계속성 유무에 의한 분류

1) 1회적 저작물 단행본 또는 그림, 조각, 건축 등 미술적 저작물과 같이 1회의 발행 또는 공표로서 종료하는 것.

2) 계속적 저작물 계속적으로 발행 또는 공표되는 저작물. 계속적 저작물은 축차간행물(책 · 호 또는 회 등으로 공표하는 저작물)과 순차저작물(일부분씩 순차

21) 서울민사지법 1995.4.28.선고 94가합50354 판결.
22) 저작권위원회, 「한국저작권 판례집[11]」, 2007, 324면 이하.

적으로 공표하여 완성하는 저작물)로 구분된다.

◈ 구별의 실익

계속적 저작물의 경우에는 보호기간의 기산점으로 되는 공표시를 명백히 정할 필요가 있는 데서 인정되는 구별이며, 축차간행물(책 · 호 또는 회 등으로 공표하는 저작물)의 경우는 매책 · 매호 또는 매회의 공표시를 공표시기로 보며, 순차저작물(일부분씩 순차적으로 공표하여 완성하는 저작물)의 경우에는 최종부분의 공표시를 공표시기로 본다(법 43조 참조).

| 제2절 | 여러 가지 저작물

Ⅰ. 서 언

저작물이란 전술한 바와 같이 '인간의 사상 또는 감정을 표현한 창작물'을 말하나 실제문제로 되면 이러한 정의규정만으로는 어떠한 것이 저작권법상 보호를 받는 저작물인가 그 판정기준이 아주 어렵다. 여기에서 정의규정과 별도로 저작권법은 제4조 제1항을 설정하여 보호를 받는 주된 저작물을 표현형식별로 분류하여 열거하고 있다(예시적 열거주의). 따라서 여기에 열거되지 아니한 것도 얼마든지 저작물이 될 수 있다.[23)]

저작권법이 예시하는 저작물의 제 유형은 아래와 같다.

---

23) "그러므로 이 예시가 모두를 커버하고 있는 것은 아니고, 예시에서는 읽을 수 없는 것이라도 저작물일 수 있는 것이 있다. 하나의 예로서는 예컨대 바둑이나 장기의 기보라고 하는 것이 있다. 기보도 나의 理解에서는 대국자의 공동저작물이라고 해석되지만 본조 각호의 어느 장르에도 속하지 않는다. 혹은 …"(加戸守行, 「著作權法逐條講義」, 3판, 114면). 또 박성호, 「저작권법」, 박영사, 2014, 38면.
* 그 사이 기보를 저작물의 하나로 예시하는 법률 개정안이 상정되었고, 현재도 상정되어 있다(후술 '도형저작물' 부분 참조).

II. 저작물의 예시

1. 어문저작물

소설 · 시 · 논문 · 강연 · 연설 · 각본 등 언어나 문자에 의해 표현된 저작물이다. 그러나 단순한 표어, 슬로건(slogan), 캐치프레이즈(catch-phrase), 제호 등에 대해서는 일반적으로 저작물성이 인정되기 힘들다.

◇ 서적 등의 제호 · 제명에 관한 취급[24)]

(1) 단행본의 제호

단행본의 제호는 저작물의 일부가 아니고 그 저작물의 내용을 나타내는 것이다. 제호를 저작권법으로 보호할 것인지 여부에 대해서는 입법례가 나누어진다.

1) 일본, 독일, 미국, 영국　　제호의 저작물성을 인정하지 않는다.

2) 프랑스, 이탈리아, 오스트리아, 스위스　　제호를 저작권으로 보호한다. 프랑스에서는 독창성이 있는 제호를 저작물로서 보호하고 보호기간이 종료한 후에도 혼동의 우려가 있는 동 종류의 다른 저작물에 사용하는 것을 금지한다.[25)] 우리나라 판례는 종래부터 제호를 저작물로 인정하지 아니한다.[26)] 이렇듯 단행본의 제호가 저작권법으로 보호받지 못하므로 이를 상표로 등록하여 보호받으려는 사례가 많다. 과연 제

---

24) 이에 대해 보다 자세한 것은 이상정, "제호의 보호에 관한 판례 · 실무의 경향과 그 비판," 「계간 저작권」 제38호(1997 여름호), 58면 이하 참조.

25) 프랑스 저작권법 제112조의4 제1항 및 제2항.

26) 예컨대 「또복이」 사건(대법원 1977.7.12.선고 77다90 판결), 「세이테마」 사건(서울중앙지법 2006.7.21.선고 2004가합76058 판결), 「품바」 사건(서울고법 1989.4.11.자 89라28 결정), 「애마부인」 사건(서울고법 1991.9.5.고지 91라79 결정); 「자유인」 사건(서울지법 서부지원 1990.9.21.고지 90카6150 결정); 「운전면허학과시험문제집」 사건(대법원 1996.8.23.선고 96다273 판결) 등이 있다. 최근 가요의 제호에 대해서도 저작물성을 부인한 판결이 있었다. 서울중앙지법 2012.7.23.자 2012카합996 결정이다. "신청인은 대중가요 '내가 제일 잘 나가'의 작사자 겸 작곡자인데, 피신청인 삼양라면이 '나가사끼 짬뽕'이라는 명칭의 라면을 인터넷 포털사이트 등에서 '내가 제일 잘나가사끼 짬뽕'이라는 문구를 사용하여 광고를 하자, 신청인은 가요의 제호에 저작물성이 있음을 전제로 이 광고가 저작권침해에 해당한다는 이유로 광고금지가처분 신청을 제기한 사안이다."[남형두, "저작물성, 그 확대와 균형의 역사," 「계간 저작권」(제100호, 2012 겨울호), 한국저작권위원회, 2012.12, 53면 주 30)에서 재인용].

호는 상표등록의 적격이 있는 것인가? 이것은 결국 제호에 출처표시기능이 있는가 하는 문제로 직결된다.

1) 우리나라 특허청은 단행본 서적의 제호가 직접 서적의 내용을 나타내는 경우에는 품질을 나타내는 것에 해당되나(예, 산업재산권법, 민법총칙 등), 그렇지 않은 경우에는 품질표시가 아닌 것으로 보아[예컨대 「土地」, 「氷點」과 같은 소설류의 제목, 삼화영한사전, 홍길동, 생활단어 등: 심사기준 6(11)], 상표등록을 인정하고 있다.

2) 그러나 단행본의 제호는 통상 책의 내용을 표시하는 것에 지나지 아니하며, 지정상품인 서적에 관한 자타상품 식별표지로서의 사용이 아니므로 동일・유사제호를 붙였다 해도 상표권의 침해를 구성하지 아니한다. 즉 "상표법 제51조의 규정에 의하면, 상표권은 등록이 되어 있다 하더라도 품질을 나타내는 보통명칭으로 사용하거나 관용상표인 경우에는 상표권의 효력이 미치지 아니하는바, 서적의 제호를 상표로 등록하고 이 문자를 동일한 서적의 제호로 사용하는 경우에 그것(제호)은 그 해당 저작물의 창작물로서의 명칭 내지는 그 내용을 나타내는 것으로 저작권법에 저촉되지 않는 한 누구나 사용할 수 있어야 할 것이므로 상표법 제51조의 품질을 나타내는 보통명칭 또는 관용상표와 같은 성격을 가진다 할 것이어서 결국 상표권의 효력이 미치지 아니하는 경우에 해당한다."[27)]

(2) 정기간행물의 제호

신문, 잡지, 연보, 연감 등 동일한 제호로 연 1회 이상 계속적으로 발행되는 정기간행물의 제호는 출판사나 편집자의 상품임을 표시하는 기능을 가질 뿐만 아니라 거기에는 편집의 노력 등에 의해 축적된 신용이 화체되고 품질보증기능을 갖는 경우가 많으므로 특별현저성(식별력)이 있으면 상표로 등록될 수 있다. 따라서 식별력이 없는 정기간행물의 제호는 상표 등록 될 수 없음은 물론이다. 예컨대 「주간만화」 사건이 좋은 예이다(대법원 1992.11.27.선고 92후384 판결).

(3) 시리즈물・연속극 등의 제호

단행본의 제호와 달리 시리즈물이나 연속극 등의 경우에는 일정한 경우, 사용을 통한 식별력을 취득한 경우에는 상표등록이 가능하고 따라서 상표법상의 보호를 받을 수 있다. 등록이 없다고 하더라도 부정경쟁방지법의 보호를 받을 수 있다. 좋은 예에 「재능교육」 사건(대법원 1996.5.13.고지 96마217 결정), 「진한 커피」 사건(대법원 2007.1.25.선고 2005다67223 판결) 등이 있다.

결국 저작물의 제호의 보호는 형식적 보호법인 저작권법이나 상표법의 영역이 아니라 구체적인 경우에 소비자의 오인・혼동여부를 가지고 판단하는 부정경

27) 서울민사지법 1994.4.8. 93카합12206 결정. 또 이 사건 가처분 이의에 대한 상고심 판결인 대법원 1995.9.26.선고 95다3381 판결 참조.

쟁방지법 혹은 민법상 불법행위법의 영역이라고 할 것이다. 그 경우 명칭의 주지성과 아울러 저작물의 성질도 아울러 고려되어야 할 것이다.

[판례] '뮤지컬 CATS' 사건(대법원 2015.1.29.선고 2012다13507 판결)

뮤지컬은 각본 · 악곡 · 가사 · 안무 · 무대미술 등이 결합되어 음악과 춤이 극의 구성 · 전개에 긴밀하게 짜 맞추어진 연극저작물의 일종으로서, 제목은 특별한 사정이 없는 한 해당 뮤지컬의 창작물로서의 명칭 또는 내용을 함축적으로 나타내는 것에 그치고 그 자체가 바로 상품이나 영업의 출처를 표시하는 기능을 가진다고 보기는 어렵다. 그러나 뮤지컬은 제작 · 공연 등의 영업에 이용되는 저작물이므로, 동일한 제목으로 동일한 각본 · 악곡 · 가사 · 안무 · 무대미술 등이 이용된 뮤지컬 공연이 회를 거듭하여 계속적으로 이루어지거나 동일한 제목이 이용된 후속 시리즈 뮤지컬이 제작 · 공연된 경우에는, 공연 기간과 횟수, 관람객의 규모, 광고 · 홍보의 정도 등 구체적 · 개별적 사정에 비추어 뮤지컬의 제목이 거래자 또는 수요자에게 해당 뮤지컬의 공연이 갖는 차별적 특징을 표상함으로써 구체적으로 누구인지는 알 수 없다고 하더라도 특정인의 뮤지컬 제작 · 공연 등의 영업임을 연상시킬 정도로 현저하게 개별화되기에 이르렀다고 보인다면, 뮤지컬의 제목은 단순히 창작물의 내용을 표시하는 명칭에 머무르지 않고 부정경쟁방지 및 영업비밀보호에 관한 법률 제2조 제1호 (나)목에서 정하는 '타인의 영업임을 표시한 표지'에 해당한다.

* 同旨: '별이 빛나는 밤에' 사건 판결에서 법원은 '별이 빛나는 밤에'라는 라디오 음악프로그램의 제호를 뮤지컬 제호로 이용하는 것은 부정경쟁방지법 제2조 제1호 (나)목에 해당한다고 보았다(서울 서부지법 2016.5.3.선고 2016카합50133 결정).

2. 음악저작물[28]

음악저작물이란 소리를 통해 인간의 사상과 감정이 표현된 저작물이다. 음악저작물도 창작성이 있어야 저작권법의 보호를 받는다. 음악저작물은 일반적으로 가락(melody), 리듬(rhythm), 화성(harmony)의 3가지 요소로 구성되고, 이 3가지 요소들이 일정한 질서에 따라 선택 · 배열됨으로써 음악적 구조를 이루게 된다. 따라서 음악저작물의 창작성 여부를 판단할 때에는 음악저작물의 표현에 있어서 가장 구체적이고 독창적인 형태로 표현되는 가락을 중심으로 하여 리듬, 화성 등

28) 박성호, "음악저작권의 생성과 발전," 「企業法 · 知識財産法의 새로운 地平」(진산 김문환 선생 정년기념논문집 제2권), 법문사, 2011, 691면.

의 요소를 종합적으로 고려하여 판단하여야 한다.[29] 음의 표현방식은 악기에 의한 것이든, 육성에 의한 것이든 그 여하를 불문하기 때문에 음악저작물에는 교향곡, 오페라(opera), 오페레타(operetta), 재즈(jazz), 샹송(chanson), 민요(folk song) 등등 여러 가지가 포함된다. 이들 중 오페라나 가요곡 등과 같이 악곡만이 아니고 가사도 수반하는 경우는 음악저작물과 어문저작물의 양쪽에 해당된다. 또 이 음악저작물에 있어서도 음의 표현이 악보 등에 고정되어 있을 필요가 없음은 어문저작물에 있어서와 같다. 따라서 악보를 수반하지 아니한 즉흥연주 등도 음악저작물이다. 그러나 전승되어 내려온 민요 등을 적절한 독창적 채보방식에 의하여 연주할 수 있도록 작성한 것은 음악저작물이 아니다. 악보는 음악저작물의 고정수단에 불과하고, 곡을 떠나서 그 자체 독립한 저작물로 볼 수 없기 때문이다.

가사와 악곡과의 관계에 대해서는 공동저작물이라는 견해도 있으나 결합저작물이며, 법적 취급을 별개로 하여야 한다.[30] 흥미로운 것은 일본 실무에서 악곡의 가사에 대한 취급이다. 즉 가라오케 소프트에 악곡만이 들어 있는 경우라도 그 악곡의 가사의 작사자에게도 분배금이 지급되고 있다는 것이다. 그 이유는 가사의 존재가 악곡의 이용가치를 높이기 때문이라는 것이다.[31]

3. 연극저작물

연극 및 무용 · 무언극 등이 포함된 연극저작물이란 사상이나 감정을 동작에 의하여 표현한 것이다. 일본 저작권법은 제10조 1항 3호에서 "무용 또는 무언극 저작물"에 대해서만 규정하며, 미국저작권법은 제102조 (a)(3)에서 연극저작물(이에는 연극에 수반되는 음악이 포함된다)을 (a)(4)에서 '무언극 또는 무용저작물'을 규정한다.[32] 이에 반해 영국저작권법 제3조는 "연극저작물"은 무용 또는 무언극의 저작물을 포함한다고 규정한다. 그러고 보면 우리 저작권법은 제3호는 영국저작

29) 서울고법 1995.12.5.선고 94나9186 판결; 대법원 2015.8.13. 선고 2013다14828 판결.

30) 대법원 2015.6.24.선고 2013다58460,58477 판결.

31) 阿部浩二 편, 「음악 · 영상저작권의 연구」, 學際圖書出版, 1998, 25면.

32) 미국 판례는 연극저작물에 대해서 스토리와 연출의 결합으로 이루어진 것이며, 관중에 대해서 단지 이야기하는 것이 아니고, 관중이 스토리의 대부분이 실제로 일어난 것으로서 보이거나 들리도록 하는 데 그 특징이 있는 저작물이라고 설명하고 있다(Schwartz, International Copyright Law & Practice; United States, 雄松堂出版, 24-25면).

권법과 유사하다.

연극 중 각본 등은 어문저작물(법 4조 1항 1호)에 속하며, 음악은 음악저작물에, 연기 자체는 실연으로서 저작인접물로서 보호를 받기 때문에 무용·무언극 등을 포함하는 연극저작물에서 문제가 되는 것은 연기의 형으로서 이미 구성되어 있는 안무(choreographic works) 그것이다. 여기에서 안무(choreography)란 무도작품의 연출이 아니라 무도저작물의 창작을 가리키는 것이다. 안무도 무보 등에 고정되어 있을 필요가 없다.[33] 한편 저작권법으로 보호되는 것은 발레 등의 안무인 것이며, 사교댄스의 스텝이나 피겨스케이팅, 체조의 마루운동 등의 안무와 같이 스스로의 오락을 위하여 혹은 스포츠 경기를 위한 것은 저작물성이 인정될 수 없다고 본다.[34] 논자에 따라서는 경기 목적이라는 것만으로 저작물성을 부정하는 것은 납득할 수 없다는 견해도 있다.[35][36]

[판례] 이른바 '샤이보이' 사건(서울고등법원 2012.10.24.선고 2011나104668 판결)

이 사건 안무에 사용된 각종 동작의 요소를 개별적으로 분석하면 각종 댄스 장르의 전형적인 춤동작 그리고 이미 공개된 여러 춤에서 발견되는 특징들과 유사한 측면이 있지만 이 사건 안무는 '샤이보이'라는 노래의 전체적인 흐름, 분위기, 가사 진행에 맞게 종합적으로 재구성된 것이고, 4인조 여성 그룹 '시크릿' 구성원의 각자 역할(랩, 노래, 춤 등)에 맞게 춤의 방식과 동선을 유기적으로 구성하였으며, 기존에 알려진 다양한 춤동작도 상당한 창조적 변형이 이루어졌고, 각 춤동작들이 곡의 흐름에 맞게 완결되

---

33) 이에 반해 프랑스, 영국, 미국 등은 고정을 필요로 한다.

34) 尾中普子 외, 「著作權法(전정2판)」, 學陽書房, 1996, 41면. 또 서달주, 「저작권법(제2판)」, 196면 이하는 다음과 같이 설명한다: 스포츠나 서커스는 일반적으로 저작물로서의 보호요건이 결여된 수가 많다. 이런 것들은 특정한 정신적 내용 즉 사상, 느낌, 감정 등을 개성적으로 표현하는 것보다는 특정한 육체적 성과, 즉 힘, 묘기, 완벽성을 중시한다. … 다만 빙상무용과 같은 것은 예술적 무용적 표현의 성질이 전면에 나타나고 스포츠적 관점이 뒤로 후퇴하기 때문에 무용저작물로 성립할 가능성이 있다.

35) 齊藤博, 「著作權法(제3판)」, 82면. 또 中山信弘 저/윤선희 편역, 「저작권법」, 66면은 "저작물성을 인정하면 폐해도 크지만, 불합리가 발생하면 권리남용 등의 일반법리에 의해 해결될 것이다"라고 한다.

36) 무용저작물과 관련해서는 정영미, "무용저작물의 저작권법상 쟁점과 창작 현장의 관습," 「정보법학」(제18권 제1호), 한국정보법학회, 2014.5, 1면 이하; 김근우, "안무(按舞)의 저작물성에 관한 연구," 「지식재산연구」(제9권 제2호), 한국지식재산연구원 · 한국지식재산학회, 2014.6, 257면 이하) 각 참조.

어 있는 점 등을 종합하면 이 사건 안무는 전문 안무가인 원고가 '샤이보이' 노래에 맞게 소녀들에게 적합한 일련의 신체적 동작과 몸짓을 창조적으로 조합 · 배열한 것으로서 원고의 사상 또는 감정을 표현한 창작물에 해당한다.[37]

4. 미술저작물

[Vol. 11. Cloud Image] CU-0053

미술저작물이란 형상 또는 색채에 의해 미적으로 표현되어 있는 저작물이다. 회화 · 서예 · 조각 · 공예 · 응용미술저작물 등이 명시되어 있으나 그 외에도 무대장치 · 만화 · 삽화 등도 미술저작물에 포함된다. 구름이미지와 관련하여 판례는 "이 사건 구름 이미지는 피해자가 1998.3.1.경 직접 타블렛 도구 등을 이용하여 그린 그림으로서, 2001.3.1. 공표되고, 2012.1.26. 한국저작권위원회에 저작권등록을 마친 미술저작물인바, 타인의 구름사진을 단순히 편집한 것에 불과한 것이 아니라 피해자가 직접 타블렛에 구름 형상을 그리고 색채 및 명암을 가미하여 자신만의 창조적 개성을 표현한 것이라 할 것이므로 저작물이라 보는 것이 옳다"고 보았다.[38]

◈ 미술저작물로 인정되지 아니한 경우

[우리의 예] 화가가 그의 미술저작물에 표시한 서명(피카소 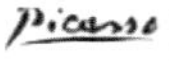)은 그 저작물이 자신의 작품임을 표시하는 수단에 불과하여 특별한 사정이 없는 한 그 자체가 예술적 감정이나 사상의 표현을 위한 것이라고는 할 수 없어 저작권법상의 독립된 저작물이라고 보기 어렵다.[39]

[일본의 예] 카드식 공중전화기의 기록용 자기 테이프에 있어서 자성체에 의하고 형성된 모양(아래 그림 참조)의 미술저작물성을 부인한 일본 하급심 판결[40]은 "미술에 관하여 엄밀하게 정의하는 것은 곤란하나 '공간이나 물건의 형상 · 모양 또는 색채의 전

37) 임광섭, "2012년 10월 저작권 관련 국내 판례," 「저작권 동향」(제2호), 한국저작권위원회, 2013.2.1. 2면에서 재인용. 또 본 판결과 관련해서는 임광섭 정리, "새로 나온 판례," 「저작권 문화」(224호), 2013.4, 36면 참조.

38) '구름 이미지'사건(서울남부지법 2013.2.21.선고 2012고정1314 판결).

39) 대법원 2000.4.21.선고 97후860 판결.

40) 일본 東京지방재판소 平成 12년 3월 31일[1999년 (ワ) 13048호].

부 또는 일부를 창출하거나 또는 이용하는 것에 의해 사람의 시각을 통해서 미적 가치를 표현한 기술 또는 활동'"이라고 정의한다. 또 올림픽 마크나 아사히(Asahi) 로고마크 등도 저작물성을 부인한다.[41]

[영국의 예] Merchandising Corporation of America v. Harpbond 사건[42]에서 얼굴화장이 미술저작물에 해당하는지가 문제되었다. 항소법원의 Lawton 판사는 미술저작물은 관념의 세계에만 머물러 있어서는 안 되며, 구체적 객체의 표면 위에 표현되어야 한다고 본 후 얼굴은 미술저작물을 구현할 수 있는 표면(surface)이 되지 못한다고 보았다.[43]

[미국의 예] John Muller & Inc. v. New York Arrows Soccer Team, Inc. 사건[44]에서 애로우팀을 위해 디자인한 화살 모양 로고의 저작물성을 부인하였다. 저작권청은 등록을 거부하였으며, 제8항소법원은 이를 지지하였다. 법원은 만약 창작자가 당해 로고를 미술저작물로서 등록받고자 한다면 로고의 도형이나 형태 속에 최소한도의 창작성(creativity)이 있어야 하는바, 본 로고에서는 그러한 창작성을 찾을 수 없다고 보았다.

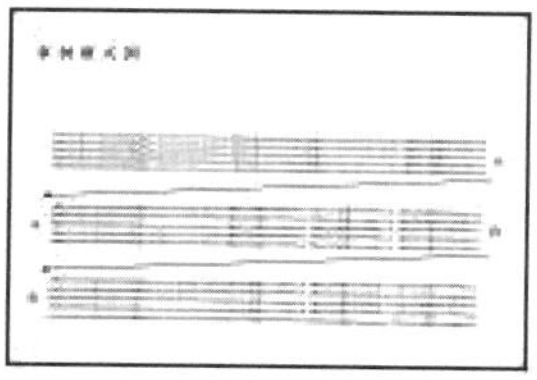
일본의 예

영국의 예

미국의 예

미술저작물의 범위에 응용미술도 포함된다. 응용미술(applied arts)이란 실용품에 응용된 미술을 가리키는 말이다. 우리 법은 응용미술저작물을 "물품에 동일한 형상으로 복제될 수 있는 미술저작물로서 그 이용된 물품과 구분되어 독자성을 인정될 수 있는 것을 말하며, 디자인 등을 포함한다"고 정의한다.

---

41) 올림픽 마크에 대해서는 일본 동경지방재판소 1964.9.25.자 昭和 39(ㅋ)5594 결정, 아사히(Asahi) 로고마크에 대해서는 일본최고재판소 평성 10.6.25. 판결 참조.

42) [1983] FSR 32.

43) 학자들은 미술(저작물)이 아니라기보다는 미술저작물로서 저작권법의 보호를 받기에는 그 창작성의 정도가 너무 사소하거나 미미하기 때문이라고 본다[Bently/Sherman, Intellectual property Law(3d), 2009, 98면 참조].

44) 802 F.2d 989 (8th Cir. 1986).

[판례] '히딩크 넥타이'사건(대법원 2004.7.22.선고 2003도7572 판결)

일명 '히딩크 넥타이'의 도안이 우리 민족 전래의 태극문양 및 팔괘문양을 상하 좌우 연속 반복한 넥타이 도안으로서 응용미술작품의 일종이라면 위 도안은 '물품에 동일한 형상으로 복제될 수 있는 미술저작물'에 해당한다고 할 것이며, 또한 그 이용된 물품과 구분되어 독자성을 인정할 수 있는 것이라면 저작권법 제2조 제11의2호에서 정하는 응용미술저작물에 해당한다.

* 제1심(서울지법 2003.8.14.선고 2003고단3524 판결) 및 항소심(서울지법 2003.11.19.선고 2003노7459 판결)은 저작물성을 부인했으나 대법원은 저작물성을 인정하였다.[45] 한편 본 대법원 판결 이후에 서울중앙지방법원 제8형사부는 벌금형 등을 선고(2005.2.5.선고 2004노2581 판결)하였다.[46]

☞ 미국법이 "그 물품의 실용적인 면과 별도로 구별될 수 있고"라고 규정한 것과 달리 우리 법이 "그 이용된 물품과 구분되어"로 규정하여 해석에 차이가 있는 것같이 보는 견해도 있으나 미국법이 그렇게 규정한 것은 실용적 측면은 저작권법의 보호대상이 아니고 이러한 실용적 측면과 미적 측면이 혼동(merger)되면 보호하지 않는다는 것을 명시한 것이므로 우리라고 달리 보아야 할 것은 아니다. 그러므로 우리도 법문상은 「물품과 구분」으로 되어 있으나 해석은 동일하게 하여야 할 것이다. 다만 「물품과 구분」으로 되어 있다 보니 실제로 '물리적 분리가능성'에 기초한 판결만이 나올 가능성이 높으나 이는 오늘날의 디자인의 경향을 포섭하는 데는 미흡하다 할 것이다.

그사이 응용미술로서 저작권법의 보호 여부가 문제된 것에 글자체, 캐릭터, 상표도안 등이 있다.

(1) 글자체[47] 디자인의 경우

1) 판례를 통한 디지털폰트의 보호 종래 우리 대법원은 인쇄용 활자 등의 문자의 서체의 디자인[48]은 저작물성이 없다고 보았다.[49] 그러나 인쇄서체구현 프

---

45) 평석: 이상정, 「정보법판례백선(1)」, 479면.

46) 자세한 것은, 저작권심의조정위원회, 「한국 저작권 판례집[10]」, 2006, 208면 이하 참조.

47) "글자체"란 기록이나 표시 또는 인쇄 등에 사용하기 위하여 공통적인 특징을 가진 형태로 만들어진 한 벌의 글자꼴(숫자, 문장부호 및 기호 등의 형태를 포함한다)을 말한다(디자인보호법 2조 2호).

48) 타이프 페이스란 다음 각 호에서 정한 한 벌(一組)의 디자인을 말한다.

1. 액센트 기호나 구두점과 같은 부속물을 포함하는 문자 및 그들을 포함하는 문자로서의 알파벳
2. 숫자 및 관용적인 기호나 심벌이나 과학기호 등의 도형적 기호
3. 테두리 장식, 꽃무늬 장식 및 책의 장식모양 등의 장식(ornament)[1973년 '타이프 페이

로그램의 저작물성을 인정하여 복제행위를 (컴퓨터프로그램)저작권침해로 판단하였다.[50] 그러나 글꼴파일에 창작성을 인정한다고 하더라도 글자꼴 그 자체의 저작물성은 인정되지 않으므로 특정 글자꼴을 출력하여 그 출력물을 스캐너 등으로 복사하여 글꼴파일을 독자적으로 만드는 것은 아무리 결과가 동일 · 유사하더라도 (프로그램) 저작권 침해로 되지 않는다(다음 판례 및 서울지법 1999.8.13.선고 98가합3521 판결 참조).

[판례] '100% 우리고기' 사건(서울동부지법 2013.1.18.선고 2012고정494, 2012고단1923 판결)

사실관계: 피고인은 피해자가 저작권을 보유하고 있는 글씨체를 인터넷에서 발견하고 그 글자 이미지를 캡처하여 일종의 문서 작성 프로그램에 붙여 넣은 후 그 문서 작성 프로그램에서 글자 크기를 확대하여 출력한 다음 이를 스캔하여 그림 파일로 저장하고 그 후 포토샵 프로그램으로 그림 파일을 불러들인 다음 필요한 글자의 외곽선에 점을 찍은 작업(서체 아우트라인 패스 작업)을 거친 다음 그 점들을 이어 선이 생기게 하여 글자를 완성하였고 이 글자를 위 회사에서 생산한 제품의 포장지에 무단으로 사용하였다.

법원의 판단: 피고인이 이 사건 글씨체 프로그램 자체를 다운로드하여 그 프로그램을 이용하여 포장지에 쓰일 문자를 디자인한 것이 아니라 위와 같은 방식으로 디자인한 것으로서 이러한 방식의 디자인은 프로그램을 복제한다거나 개작하는 행위에 해당하지 아니한다.

2) 디자인보호법상의 디자인으로 보호 저작권법에 의한 글자체 디자인의

스(type-face)의 보호 및 그 국제기탁에 관한 빈(Wien)협정' 제2조].

■ 폰트란 타이프페이스를 具体的인 記録이나 表示、印刷 등에 利用할 수 있도록 한 하드웨어, 소프트웨어를 말한다. 또 폰트란 활자조판에 필요한 모든 글자, 숫자, 그리고 특수기호들을 포함한 동일한 크기와 모양의 한 벌 전체를 말한다는 설명도 있다. 원래는 [found](금속을 녹여 붓다, 주조하다)에서 유래한 말이다. 폰트는 전통적으로 같은 디자인, 같은 스타일, 같은 크기를 갖는 글자 한 벌을 말하므로 예컨대 10포인트 바스커빌 옛 스타일의 이태릭(10 point Baskerville Old Style Italic)이 폰트이다. 다만 컴퓨터상에서는 (각각의 폰트가 독특한 디자인과 스타일을 가지고 있지만) 어떠한 크기의 것이라도 하나의 단일폰트로부터 만들어질 수 있다.

49) 대법원 1996.8.23.선고 94누5632 판결.

50) 대법원 2001.6.29.선고 99다23246 판결.

보호가 부정된 후, 디자인보호법이 개정되어 2005년 7월 1일부터는 디자인보호법을 통해 보호되고 있다.[51] 특허청통계(물품별 디자인 출원건수)에 의하면 글자꼴은 2005년에는 내국인 10건, 외국인 2건, 2006년에는 내국인 94건, 외국인 4건이 디자인등록출원 되었다.[52]

(2) 캐릭터(character)의 보호

원래 캐릭터라 함은 소설이나 연극, 영화, 만화 등의 인물 · 역할을 뜻하며, 통상은 일종의 아이디어이지만[53] 어느 경우에나 다 그런 것은 아니다. 등장인물에 대해서 보면 그들이 보호받을 수 있는지 여부는 작품 속에서의 개발의 정도(stage of development)와 작품에 대한 중요성에 달려 있다.[54] 다만 실제로 문제로 되는 것은 이러한 캐릭터가 구현된 형태나 명칭이 상품화되는 경우에 관한 것이다. 그러므로 통상 캐릭터 보호라고 하면 캐릭터 그 자체의 보호의 문제라기보다는, 그 캐릭터가 구체화된 도안이나 캐릭터 명칭의 보호문제인 것이다.

① 캐릭터가 형상화되어 도안이 되고, 그것이 미술저작물인 경우에는 저작권

---

51) 보호요건 등 자세한 것은 디자인보호법 참조. 디자인보호법상 효력제한은 다음과 같다. [디자인보호법 제44조 ②] 글자체가 디자인권으로 설정등록된 경우 그 디자인권의 효력은 다음 각호의 1에 해당하는 경우에는 미치지 아니한다.
   1. 타자 · 조판 또는 인쇄 등의 통상적인 과정에서 글자체를 사용하는 경우
   2. 제1호의 규정에 따른 글자체의 사용으로 생산된 결과물인 경우

52) 2014년 7월 현재 글자체 디자인 등록건수는 271건이며, 전체의 0.6%를 차지한다.

53) 부산지법 2005.4.12.자 2005카합77 결정: 저작권의 보호대상이 되는 저작물이란 문학 · 학술 또는 예술의 범위에 속하는 창작물을 말하고, 이 창작물이란 표현(expression) 자체를 지칭하는 것이므로, 소설이나 연극, 영화, 만화 등에 등장하는 인물(실존 인물이나 의인화된 동물을 포함)의 특징, 성격, 역할을 뜻하는 이른바 캐릭터는 일정한 이름, 용모, 역할 등에서 특징을 가진 위 인물이 반복하여 묘사됨으로써 각각의 표현을 떠나 독자의 머리 속에 형성된 일종의 이미지에 해당하여 그 자체가 사상 또는 감정을 창작적으로 표현한 것이라고 할 수 없고, 따라서 캐릭터 그 자체가 저작권의 보호대상이 되는 저작물에 해당된다고 할 수는 없으며, 그 캐릭터가 표현된 구체적인 작품이 저작물(원저작물)이 된다고 보아야 한다.

54) "태왕사신기" 사건(서울중앙지법 2007.7.13.선고 2006나16757 판결): 소설 등 문학작품에 있어서의 등장인물은 그 자체로는 저작권에 의하여 보호되는 표현에 해당한다고 볼 수 없으나, 구체성 · 독창성 · 복잡성을 가진 등장인물이거나, 다른 등장인물과의 상호과정을 통해 사건의 전개과정과 밀접한 관련을 가지면서 보호되는 표현에 해당할 수 있고, 그 등장인물이 작품에서 차지하는 비중이 클수록 이를 차용하는 경우 실질적 유사성이 인정될 가능성이 높아진다. 同旨 판결: 서울중앙지법 2008.6.11.선고 2007가합62777 판결.

법의 보호대상이 되고 저작권자가 캐릭터를 영업자에게 이용케 하는 계약을 통하여 그 권리를 행사할 수 있다. 이러한 이용허락권을 이른바 '상품화권'이라고 한다.[55)]

[판례] 달마시안 사건(대법원 2003.10.23.선고 2002도446 판결)

달마시안 종의 개 101마리라는 설정과 이에 따른 101이라는 숫자 및 달마시안 무늬로 만든 디자인으로 표현된 위 회사의 저작물은 자연계에 존재하는 달마시안 종 일반을 연상시키는 것이 아니라 오로지 위 회사가 창작한 만화영화 속 주인공인 101마리의 달마시안 종의 개만을 연상하게 하며, 달마시안 종의 개가 원래 자연계에 존재한다고는 하지만 위 회사는 달마시안 종의 개에게 만화주인공으로서만이 가질 수 있는 독특한 사랑스러움과 친숙함 등을 느낄 수 있도록 도안함으로써 저작권법에서 요구하는 창작성의 요건을 갖추었으므로, 이는 창작성이 있는 저작물로서 저작권법의 보호대상이 된다.[56)]

② 캐릭터의 제명, 명칭, 실제인물의 성명 등은 저작권의 대상이 되지 아니하므로 이를 상표로서 등록하여 보호받을 수 있는지의 여부가 문제로 된다. 캐릭터의 소유자가 예상되는 상품을 지정상품으로 하여 상표등록을 받아 이를 필요한 자에게 사용허락함에 의하여 권리를 누릴 수 있을 것이다. 이러한 등록 없이 부정경쟁방지법상의 주지상품표지 내지는 주지영업표지로 인정되기 위해서는 당해 캐릭터가 출처표시적 기능을 하여야 한다. 단순히 수요자들의 주목을 끌기 위한 디자인으로 사용된 것만으로는 부족하다.[57)]

(3) 상표도안의 저작물성

상표는 "기호 · 문자 · 도형, 입체적 형상 또는 이들을 결합하거나 이들에 색채를 결합한 것" 등으로 구성된다.[58)] 이 중 도형이나 입체적 형상이 창작성이 있다면 저작권법으로 보호된다.

---

55) 후술 '상품화권' 부분 참조.
56) 평석: 오창섭, 「정보법판례백선(1)」, 454면.
57) 「월트 디즈니」 사건(대법원 1996.9.6.선고 96도139 판결) 참조.
58) 자세한 내용은 상표법 제2조 제1항 제1호 참조.

[판례 1] '청바지 에비수 갈매기 문양' 사건(서울고등법원 2010.8.26.선고 2009나122304 판결)

제1심(서울중앙지방법원 2009.10.29.선고 2008가합117810 판결)은 도안 1을 제외한 나머지에 대해 창작성을 인정했으나 항소심은 모두 창작성을 부정하였다.

도안 1

도안 2

도안 3

(1) 도안 1에 대하여: 도형 자체만으로는 의미하는 바가 분명하지 아니하여 굴곡부를 가진 하나의 선으로 이루어진 다른 도형들과 구별되는 고유한 의미가 담겨져 있는 것으로 보기도 어려우므로 창작성이 인정된다고 볼 수 없다

(2) 도안 2에 대하여: 일본의 전통신인 에비수의 형상 밑에 에비수의 영어철자인 'EVIS'를 결합한 것인데, 에비수 신의 형상 부분은 원고가 창작하기 이전부터 일본 오사카에 위치한 이마미야 에비수 신사의 축제나 그 홍보물 등에서 널리 사용되는 에비수 신의 형상과 실질적으로 동일한 사실을 인정할 수 있고, "EVIS"는 에비수 신의 영어철자에 불과하므로, 위 에비수 신의 형상과 "EVIS"를 결합한 [도안]은 저작권법에 의한 보호를 받을 가치가 있는 정도의 창작성이 있는 저작물이라고 할 수는 없다.

(3) 도안 3에 대하여: 청바지 뒷면 모양에 엉덩이 부분에서 무릎 부분까지 "M"과 유사한 형태의 도형을 삽입한 형태로서 응용미술작품의 일종이라고 할 수 있는데, "M"과 유사한 형태를 제외한 나머지 부분은 청바지 자체로서 [도안]은 그 이용된 물품인 청바지와 구분되어 독자성을 인정할 수 없고, [도안]에서 물품인 청바지와 구분되어 독자성을 인정할 수 있는 "M"과 유사한 형태 부분은 저작권법에 의한 보호를 받을 가치가 있는 정도의 창작성을 인정할 수 없으므로, [도안]은 어느모로 보나 그 창작성이 인정되기 어렵다.

[판례 2] '폭스 헤드' 사건(서울고법 2012.7.25.선고 2011나70802 판결; 대법원 2014.12.11.선고 2012다76829 판결)에서는 여우 머리 또는 영문 'FOX'를 형상화한 도안을 응용미술저작물에 해당한다고 판시하였다.

원고 여우머리 도안의 일부

5. 건축저작물

건축법은 "건축물"이란 토지에 정착(定着)하는 공작물 중 지붕과 기둥 또는 벽이 있는 것과 이에 딸린 시설물, 지하나 고가(高架)의 공작물에 설치하는 사무소·공연장·점포·차고·창고, 그 밖에 대통령령으로 정하는 것을 말한다(건축 2조 1항 2호)고 규정하나, 저작권법상은 이에 한정되는 것은 아니다. 예컨대 수상가옥이라도 저작권법상은 건축저작물로 보는 데 지장이 없다. 또 건축저작물에는 건축물·건축을 위한 모형 및 설계도서가 포함된다. 원래는 응용미술작품에 속하는 것이지만 현재는 독립한 저작물로 보호된다. 건축물에 있어서 기능적 측면은 저작권법에 의한 보호를 받지 못함은 물론이다. 건축저작물은 동일성 유지권에 있어서 특별취급을 받고 있다.[59]

[판례 1] 해운대 등대 사건(서울고등법원 2008.10.29.선고 2008나4461 판결)[60]

원고의 등대도안은 등대의 제작을 위한 일종의 스케치로서 건축구상을 표현하고 있지만, 그 구상의 밀도에 있어서 개략적인 구상 단계에 불과하고, 그 표현에 있어도 건축설계도면이 가지는 기술성, 기능성보다는 형상, 색채, 구도 등의 미적 표현에 중점을 두고 있으며, 원고의 등대도안만으로는 실제로 등대를 건축할 수 없는 사실을 인정할 수 있는바, 위 인정 사실과 건축법의 규정 내용[61] 등에 비추어 보면, 원고의 등대도안은 저작권법 제4조 제1항 제5호에 정한 '설계도서'에 해당한다고 보기는 어렵고, 도형저작물이나 미술저작물에 해당할 뿐이라고 봄이 상당하다.

---

59) 제13조(동일성유지권) ① (생략)
② 저작자는 다음 각호의 어느 하나에 해당하는 변경에 대하여는 이의할 수 없다. 다만, 본질적인 내용의 변경은 그러하지 아니하다.
1. (생략)
2. 건축물의 증축·개축 그 밖의 변형
3. (생략)

60) 제1심판결: 서울중앙지방법원 2007.11.29.선고 2007가합 77724 판결. 출처: 한국저작권위원회, 「한국 저작권 판례집[13]」, 2011, 15면 이하.

61) 건축법은 '설계도서'를 건축물의 건축 등에 관한 공사용의 도면과 구조계산서 및 시방서, 건축설비계산 관계서류, 토질 및 지질 관계서류, 기타 공사에 필요한 서류라고 정의하여(건축법 2조 1항 14호, 건축법 시행규칙 1조의2) 설계도서를 공사에 직접적으로 필요한 도면이나 서류로 규정하고 있다.

[판례 2] '타라 강남지점 인테리어' 사건(서울중앙지법 2012.2.12.선고 2009가합33025 판결)

원고가 피고에게 제시한 제안서에 사무실의 공간을 고객공간, 작업공간, 사무공간으로 구분한 사실은 인정되나, 피고의 기존 매장 중에 이미 안내데스크를 기준으로 고객공간과 내부공간으로 구분한 지점(강남점)이 있었던 사실, 작업 동선에 따른 가구배치에 관하여는 원고와 피고가 협의를 거쳐 위 설계도를 작성한 사실, 피고가 인테리어 시공 입찰에 참여한 업체들에게 가이드라인을 제시하였는데, 위 가이드라인에 내부 작업 공간, 사무실, 셀프 존(고객 대기 공간)을 구분할 것을 요구한 사실을 엿볼 수 있고, 나아가 인쇄나 제본 등을 주로 하는 영업장에서는 작업의 효율성을 위하여 인쇄 장비 등을 한쪽으로 모으고, 사무업무를 보는 책상 등을 그와 구분하여 배치하는 것은 흔히 생각할 수 있는 공간 구성이라 할 수 있는 점 등에 비추어 볼 때, 위와 같은 공간 구분 사실만으로는 위 설계도가 원고가 독창적으로 작성한 것이라고 보기 어렵다.

[판례 3] '골프장 복제' 사건(서울중앙지법 2015.2.13.선고 2014가합520165 판결)

골프장의 경우 연못이나 홀의 위치와 배치, 골프 코스가 돌아가는 흐름(이른바 Routing Plan) 등을 어떻게 정하느냐에 따라 다른 골프장과 구분되는 개성이 드러날 수 있고, 시설물이나 골프 코스의 배치 및 루팅 플랜 등을 정할 때 골프장 부지의 지형, 토양, 일조 방향, 바람, 식생 등 자연적 요소와 진입 도로, 관리 도로, 상수, 오수, 전기, 통신 등의 관로 배치 등을 종합적으로 고려함으로써 골프장의 전체적인 미적 형상을 표현하게 되는바, … 제1, 2, 3 골프장은 클럽 하우스, 연결 도로, 홀(티 박스, 페어웨이, 그린, 벙커, 러프 등), 연못과 그 밖의 부대시설 등의 구성 요소가 골프장 부지 내에서 배치되고 서로 연결됨에 있어 각각 다른 골프장들과 구별할 수 있을 정도로 창조적인 개성이 인정된다 할 것이므로, 저작권의 보호 대상인 저작물에 해당한다.

6. 사진저작물

사진저작물이란 일정한 영상에 의해 표현된 저작물이다. 사진은 빛의 물리적 · 화학적 작용을 이용해서 피사체를 필름 등에 재현하는 방법으로 제작하는 것이나, 이러한 사진의 제작방법과 유사한 방법에 의해 제작된 저작물도 사진저작물에 포함된다. 사진유사의 저작물에는, 예컨대 청사진, 전송사진 기타 인쇄술에 이용하는 Collotype, 사진요철(gravure) 등등 수없이 많다.

사진저작물이 탄생된 당초에는 그 저작물성이 문제되었으나 "어떠한 사진이 아무리 단순한 것일지라도 사진작가의 개인적인 영향력에 관계되는 것이어서 사진작가에 의하여 주관적으로 행하여지는 피사체의 선택, 사진 찍는 위치, 조도 및 촬영속도를 선택함으로써 저작권이 인정되기 위한 독창성이라는 요건을 충족"하므로 저작물로 인정하는 것은 당연하다 할 것이다.[62] 이러한 견해는 미국에서는 사진의 저작물성을 최초로 다룬 Burrow-Giles Lithographic Co. v. Sarony 판결 이래 일관된 것이다. 우리 판례 역시 "저작권법에 의하여 보호되는 저작물에 해당하기 위해서는 문학 · 학술 또는 예술의 범위에 속하는 창작물이어야 할 것인바, 사진의 경우 피사체의 선정, 구도의 설정, 빛의 방향과 양의 조절, 카메라 각도의 설정, 셔터의 속도, 셔터찬스의 포착, 기타 촬영방법, 현상 및 인화 등의 과정에서 촬영자의 개성과 창조성이 있으면 저작권법에 의하여 보호되는 저작물에 해당한다"고 본다.[63] 그러나 실제 적용은 저작물성 인정에 상당히 엄격한 것으로 보인다.[64] 한 견해는[65] 우리 법상 다음의 경우에는 저작물성을 인정할 수 없다고 한다.

i) 사진이나 기타 인쇄물의 단순한 복제에 지나지 않는 것, 예컨대 서화집이나 사진첩 등을 그대로 평면적으로 복제한 경우, ii) 실용만을 목적으로 제작된 사진, 예컨대 주민등록증, 운전면허증, 여권 등 각종증명사진, 속도단속용 자동사진, iii) 기계의 부품 등의 카탈로그 사진 등.

그러나 일본의 澁谷達紀 교수는 셔터를 누르는 것에 지나지 않는 일반인의 사진에도 적어도 i) 피사체의 선정, ii) 촬영방법의 선택(앵글, 셔터 찬스)에 대해서는 표현상의 사상감정이 담겨져 있으므로 안이하게 저작물성을 부정해도 되는 것은 아니라고 한다.[66]

[미국판례] Burrow-Giles Lithographic Co. v. Sarony, 111 U.S. 53 (1884)

원고인 Sarony는 저명한 극작가인 오스카 와일드의 사진을 촬영하였는바, 피고 Burrow-Giles사가 원고의 사진 중 하나(Oscar Wilde No.18)를 대량으로 무단 복제하

---

62) Time Inc. v. Bernard Geis Associates, 293 F. Supp. 130 (S.D.N.Y. 1968).

63) 대법원 2001.5.8.선고 98다43366 판결; 대법원 2006.12.8.선고 2005도3130 판결 참조.

64) 이러한 문제점의 지적 및 사진저작물의 창작성과 관련해서는 이상정, "사진의 저작물성에 관한 일고," 『계간저작권』(제105호: 2014년 봄호), 한국저작권위원회(2014.3), 77면 이하 참조.

65) 권택수, "사진저작물이 저작권법에 의하여 보호되는 저작물에 해당하기 위한 요건," 대법원판례해설 37호, 2001(권영준, 「저작권침해판단론」, 박영사, 2007, 207면에서 재인용).

66) 澁谷達紀, 「지적재산법강의 II(제2판)」, 46면.

여 판매하였다. 피고는 원고의 사진은 피사체를 단순히 기계적인 방법으로 촬영한 것이므로 저작권법이 요구하는 창작성이 없다고 주장하였다. 이에 대해 연방대법원은 원고가 피사체를 단순히 기계적인 방법으로 촬영한 것이 아니라 피사체의 선택, 의상, 포즈, 배경, 조명 등에 있어서 창작성이 있음이 인정된다고 판시하였다.

[판례 1] 햄 제품사진 사건(대법원 2001.5.8.선고 98다43366 판결)[67)]

촬영하기로 한 사진은 피고 회사가 제작, 판매하는 햄제품 자체를 촬영하는 사진(이하 '제품사진'이라 한다)과, 이러한 햄제품을 다른 장식물이나 과일, 술병 등과 조화롭게 배치하여 촬영함으로써 제품의 이미지를 부각시켜 광고의 효과를 극대화하기 위한 사진(이하 '이미지사진'이라 한다)으로 대별된다. 그 중 제품사진은 비록 광고사진작가인 원고의 기술에 의하여 촬영되었다고 하더라도, 그 목적은 그 피사체인 햄제품 자체만을 충실하게 표현하여 광고라는 실용적인 목적을 달성하기 위한 것이고, 다만 이때 그와 같은 목적에 부응하기 위하여 그 분야의 고도의 기술을 가지고 있는 원고의 사진기술을 이용한 것에 불과하며(바로 그와 같은 광고사진의 기술을 이용하기 위하여 광고대행업을 하는 피고보조참가인이 촬영료를 지급하고 광고사진작가인 원고를 이용하여 그와 같은 촬영을 한 것으로 보아야 할 것이다), 거기에 저작권법에 의하여 보호할 만한 원고의 어떤 창작적 노력 내지 개성을 인정하기 어렵다 할 것이다.[68)]

[참고판례] 야마하 사건(서울서부지법 2006.3.22.자 2005카합1848 결정)

하급심 판결이기는 하나 위 판례 이후 저작물성을 인정한 다음과 같은 판결이 있다: 채권자의 사진은 채권자가 판매하는 제품들의 특성을 살리고, 고급 브랜드의 이미지를 효과적으로 표현하기 위해 전문사진촬영업체에 촬영을 의뢰하여 제작한 사진으로

---

67) 또 썸네일 이미지 사진과 관련해서는 후술 대법원 2006.2.9.선고 2005도7793 판결 참조.

68) 평석: 최정환, 「정보법판례백선(1)」, 391면. 또 박익환, "寫眞의 著作權保護," 『계간저작권』(제58권: 2002년 여름호), 저작권심의조정위원회(2002.6.30), 61면 이하; 이해완, 『저작권법』(제3판), 148-149면 참조. 이 판결 이후에 사진의 저작물성이 부인된 판결이 다수 나왔다. 예컨대 성형외과 사건, 고주파수술사진 사건(대법원 2010.12.23.선고 2008다44542 판결), '연예인 사진' 사건(서울중앙지법 2013.12.6.선고 2013나36605 판결) 등이 그것이다. 이들과 관련하여, 이상정, "사진의 저작물성에 관한 일고," 「계간 저작권」(105권, 2014년 봄호), 한국저작권위원회, 77면 이하 참조.

서, 채권자는 상당한 비용과 시간을 들여 이 사건 사진을 제작하였고, 비록 사진의 용도가 제품의 모습 자체를 충실하게 표현하여 광고라는 실용적인 목적을 달성하기 위한 것이라 하더라도 이 사건 사진 촬영을 위하여 투자한 시간과 비용, 선정과정 등 기록상 소명되는 사정에 비추어 볼 때 이 사건 사진은 제작자의 지적 · 정신적 노력이 투입됨으로써 창작성을 지니고 있고 이 사건 설명문 또한 제품의 특징을 설명하기 위한 용어의 조합 등 최소한의 창작성을 지니고 있다고 할 것인데, 채무자는 이 사건 사진 및 설명문을 그대로 복제하여 채무자의 홈페이지에서 사용하고 있으므로, 채무자는 채권자의 이 사건 사진 및 설명문에 대한 저작권을 침해하고 있다고 할 것이다.

[판례 2] 인터넷풍경사진 사건(서울중앙지법 2005.7.22.선고 2005나3518 판결)

프리랜서 사진작가인 원고가 국내의 아름다운 자연풍경을 촬영한 후 이를 자신의 사진집으로 출간하는 한편, 홍보목적으로 인터넷 사이트상에 게시해 놓은 사진들은, 피사체의 선정, 구도의 설정, 빛의 방향과 양의 조절, 카메라 각도의 설정, 셔터의 속도, 셔터찬스의 포착 등과 같은 촬영방법과 현상 및 인화 등의 과정에서 촬영자인 원고의 개성과 창조성이 뚜렷이 반영되어 있다.

* 그 밖에 광고용 책자 사건(대법원 2006.12.8.선고 2005도3130 판결)에서도 사진의 저작물성이 인정되었다.

[판례 3] 성형외과 사건(서울중앙지법 2007.6.21.선고 2007가합16095 판결)

성형외과 병원 홈페이지에 게시한 모발이식 전후의 환자 사진과 온라인 상담내용은 모두 작성자의 개성이나 창조성이 있다고 보기 어려워 저작물성이 인정되지 않으나, 다른 성형외과 원장이 이를 무단으로 도용해 자신의 홈페이지에 게시한 것은 법적으로 보호할 가치 있는 영업활동상의 신용 등의 무형의 이익을 위법하게 침해하는 것이 되어 불법행위를 구성한다.

◈ 사진저작물 보호의 문제점: 초상사진의 저작권 귀속

구저작권법 제13조는 "타인의 촉탁에 의하여 저작된 사진 · 초상의 저작권은 그 촉탁자에게 속한다"고 규정하여 초상 본인의 인격권 문제를 저작권 귀속의 특례를 통해서 해결하고자 하였다. 그러나 초상 본인의 인격권 보호라고 하는 저작권과는 전혀 별도의 요청을 저작권 귀속특례규정으로 해결한다는 것은 입법기술로서는 문제가 있었다. 여기에서 현행법은 이 특례규정을 삭제하고 저작권법 원칙으로 돌아가 저작권은 저작자인 사진작가에게 귀속하는 것으로 변경한 후 초상 본인의 인격권은 제35조 제4항을 신설하여 보호하고 있다.[69] 그러나 이로써 문제가 모두 해결된 것은 아니다. 즉 촉탁

사진이란 원래 촉탁자가 그 사진을 이용하기 위해서 작가에게 부탁한 것인데 저작권이 사진작가에게 있다면 이를 자유로이 이용할 수 없기 때문이다. 결국 구법과 같이 "타인의 촉탁에 의하여 저작된 사진 · 초상의 저작권은 그 촉탁자에게 속한다"라는 규정으로 되돌아가거나 혹은 촉탁사진의 경우에는 촉탁자가 마음대로 사진저작물을 이용할 수 있다고 규정하여야 되는 것 아닐까. 참고로 독일 저작권법 제60조 제1항을 본다.
"제60조(초상) ① 초상의 주문자 또는 그 승계인은 초상을 사진에 의하여 복제하거나 복제시킬 수 있다. 초상에 관하여 사진저작물이 관계되는 때에는 사진 이외의 방법에 의한 복제도 허용된다. 복제본은 무상으로 배포될 수 있다."

7. 영상저작물

영상저작물은 연속적인 영상(음의 수반여부는 가리지 아니한다)이 수록된 창작물로서 그 영상을 기계 또는 전자장치에 의하여 재생할 수 있거나 보고 들을 수 있는 것을 말한다(법 2조 13호).

영상저작물에 대해서는 제작자의 투하자본을 안정적으로 회수할 수 있도록 특례규정이 마련되어 있다.[70]

8. 도형저작물

지도 · 도표 · 설계도 · 약도 · 모형 그 밖의 도형에 의해 표현된 저작물이다.

(1) 지　도

지도란 지구 표면의 전부나 일부를 일정한 축척에 따라 평면 위에 나타낸 도형이다. 지도에는 그 사용목적에 따라 지형도, 지세도, 지질도, 도로지도, 주택지도, 관광지도 등 다양한 표현형식이 존재한다.

지도는 그 작성을 위한 재료가 자연 혹은 객관적으로 존재하는 사실로서 그 재료를 축소한 척도로 평면상에 나타낸 것이므로 저작권법상 보호대상인지 의심하는 견해도 있다. 그러나 현실적으로는 일정한 스페이스 중에 특정한 지표상의

69) 저작권법 제35조 제4항: 위탁에 의한 초상화 또는 이와 유사한 사진저작물의 경우에는 위탁자의 동의가 없는 때에는 이를 이용할 수 없다.
70) 후술, 제2장 제9절 III. 참조.

현상을 집어넣기 위해서는 정도의 차이는 있다고 하더라도 무엇인가의 생략 · 과장 등이 행하여진다. 이러한 지도상에 재료를 표현하려는 행위에 지도 작성자의 개성, 사상, 감정의 표현이 인정되어진다고 하면 여기에 저작물성을 인정하는 것이 된다. 따라서 산악의 상태, 고도, 하천의 상태 등의 지형의 형태, 도시의 존재 등 지도상에 표시되어 있는 모든 것이 자연과학 혹은 준자연과학의 대상이 되는 것으로, 작성자가 선인의 연구 성과를 이용하고 있더라도 그 어느 것을 버리고 어느 것을 여하히 표시하는지는 지도 작성자의 독자의 고려에 의한 것이기 때문에 여기에 작성자의 사상 감정이 표현되면 그 지도는 저작물로 되는 것이다. 즉 지형도에는 지형도 나름의, 도로지도에는 도로지도 나름의 표현방법이 여러 가지 있으며, 각각이 저작자의 사상 · 감정의 표현이기 때문에 지도도 저작물이 되는 것이다.

[판례 1] 대법원 2003.10.9.선고 2001다50586 판결

[1] 일반적으로 지도는 지표상의 산맥 · 하천 등의 자연적 현상과 도로 · 도시 · 건물 등의 인문적 현상을 일정한 축적으로 미리 약속한 특정한 기호를 사용하여 객관적으로 표현한 것으로서 지도상에 표현되는 자연적 현상과 인문적 현상은 사실 그 자체로서 저작권의 보호대상이 아니라고 할 것이어서 지도의 창작성 유무의 판단에 있어서는 지도의 내용이 되는 자연적 현상과 인문적 현상을 종래와 다른 새로운 방식으로 표현하였는지 여부와 그 표현된 내용의 취사선택에 창작성이 있는지 여부가 기준이 된다고 할 것이고, 한편 지도의 표현방식에 있어서도 미리 약속된 특정의 기호를 사용하여야 하는 등 상당한 제한이 있어 동일한 지역을 대상으로 하는 것인 한 그 내용 자체는 어느 정도 유사성을 가질 수밖에 없는 것이다.

[2] 저작자의 지도책들에 있는 표현방식과 그 표현된 내용의 취사선택이 이전에 국내 및 일본에서 발행되었던 지도책들이 채택하였던 표현방식과 그 표현된 내용의 취사선택에 있어 동일 · 유사하거나 국내외에서 보편적으로 통용되는 기호의 형태를 약간 변형시킨 것에 불과하여 창작성을 인정할 수 없다.[71]

71) 평석: 이상정, 「정보법판례백선(1)」, 447면. 원심판결: 서울고법 2001.5.29.선고 2000나16673 판결.

[판례 2] 오니온맵 사건(서울중앙지방법원 2009.5.15.선고 2008가합36201 판결)[72)]

[구글 서치에서 본 onionmap의 예]

각 도시의 여러 구조물 중 주요 관광지나 구조물만을 선택하여 지도에 표시하거나, 전체 도시 중 주요 관광구역 내지 상업구역을 선택·구획하여 지도에 표시하는 방법 및 전체적으로는 평면으로 나타내고 주요 구조물만 3D 등의 입체적인 형태로 표시하고, 위 구조물 등을 실사에 이를 정도로 세밀하게 묘사하는 등의 표현방식은 위 A서비스가 제공되기 이전에 이미 국내외의 디지털 지도에서 널리 사용되고 있던 표현방법인 사실, 위 12개 도시 중 홍콩을 제외한 나머지 도시에 관하여 위 각 도시의 관광청에서 작성한 지도와 원·피고들이 작성한 지도의 표시구역이 거의 일치하는 사실, 피고 甲은 위 A서비스가 제공되기 이전부터 입체 형상의 건물, 물건, 구조물 등의 아이콘을 제작하여 판매하여 오고 있었던 사실이 인정되고, 또한 원고가 작성한 위 A에서 구체적으로 표현한 각 구조물도 실제 건물의 모습을 기초로 이를 그대로 묘사한 것에 불과하여, 위 A에 대하여 독자적인 도형저작물 내지 미술저작물로서의 창작성을 인정할 수는 없다.

[판례 3] '천하유럽' 사건(대법원 2011.2.10.선고 2009도291 판결)

[1] 지도의 창작성 유무를 판단할 때에는 지도의 내용이 되는 자연적 현상과 인문적 현상을 종래와 다른 새로운 방식으로 표현하였는지, 그 표현된 내용의 취사선택에 창작성이 있는지 등이 판단의 기준이 되고, 편집물의 경우에는 일정한 방침 혹은 목적을 가지고 소재를 수집·분류·선택하고 배열하는 등의 작성행위에 편집저작물로서 보호를 받을 가치가 있을 정도의 창작성이 인정되어야 한다.

[2] 검사는 피고인이 갑에게 저작권이 있는 여행책자의 내용을 배열이나 단어 일부를 바꾸는 방법으로 다른 여행책자를 발간·배포함으로써 저작권을 침해하였다고 주장하나, 갑의 여행책자 중 여행지의 역사, 관련 교통 및 위치정보, 운영시간, 전화번호 및 주소, 입장료, 쇼핑, 식당 및 숙박정보 등에 관한 부분은 객관적 사실이나 정보를 별다른 특색 없이 일반적인 표현형식에 따라 있는 그래도 기술한 것에 지나지 않아 창작성을 인정할 수 없고, 지도부분도 자연적 현상과 인문적 현상이 종래의 통상적인 방식과

72) 민사사건은 항소심에서 강제조정 되었다. 또 형사 제1심이나 상고심(대법원 2010.4.15.선고 2009도14298 판결)에서도 문제된 지도의 창작성이 부정되었다(한국저작권위원회, 「한국저작권판례집(13)」, 215면). 형사상고심에 대해 의문을 표시하는 견해는 이해완, 「저작권법」(제3판), 166면.

특별히 다를 것이 없어 창작성을 인정할 수가 없으며, 관광지, 볼거리, 음식 등을 주관적으로 묘사하거나 설명하고 있는 부분의 경우, 유사해 보이는 어휘나 구문이 피고인의 책자에서 일부 발견되기는 하지만, 전체 책자에서 차지하는 질적 · 양적 비중이 미미하여 그 창작적 특성이 피고인의 책자에서 감지된다고 보기는 어렵고, 또한 편집구성 부분의 경우, 갑의 책자는 소재의 수집 · 분류 · 선택 및 배열에 편집저작물로서의 독자적인 창작성을 인정할 수 있으나, 피고인의 책자와는 구체적으로 선택된 정보, 정보의 분류 및 배열 방식 등에서 큰 차이를 보이고 있으므로, 이들 여행책자 사이에 실질적 유사성이 없다고 본다(무죄).

(2) 설 계 도

우리 법은 설계도를 저작물의 하나로 예시하고 있다. 이 중 건축설계도는 건축저작물로 분류됨은 이미 본 바와 같다. 문제는 설계도 중 기계 등 공업제품설계도의 경우이다. 이들의 대부분은 일정한 기술사상을 정해진 작도법에 따라 표현하므로 누가 해도 동일하게 되는 경우가 많다. 즉 설계의 기초가 된 기술사상에는 독창성이 있어도 그 표현과정에 창작성이 인정되지 않는 경우가 대부분이다. 만약 표현과정만의 창작성(이를 '작도상의 창작성'이라 부른다)을 요구한다면 기계설계도의 대부분은 저작물성이 부정될 것이다.73) 결국 공업제품 등 單位 物品 설계도의 보호는 산업재산권법이나 부정경쟁방지법, 불법행위법에 맡길 수밖에 없다. 결과적으로 설계도로서 저작권법의 보호를 받을 수 있는 것은 시스템 설계도나 시가지 설계도 등 개인의 창작의 여지가 있는 도면에 한정되나 이 경우도 기능적 · 기술적 고려—이 부분은 저작권법의 보호대상이 아니다—가 필요하기 때문에 그대로 복제되거나, 거의 그대로 복제된 경우에만 보호되는 약한 저작권(thin copyright)이 될 수밖에 없다.

[판례 1] 수색지구 설계도면 사건(서울지방법원 2000.6.2.선고 99가합12579 판결)

피고들은, 원고의 수색지구 주거지역의 설계도면은 서울시가 현상공모한 '수색지구 기

---

73) 하여 "설계도에 저작물성이 인정된다고 하면 그것은 기계 등의 구조를 2차원의 도면에 표기하기 위한 작도상의 제 연구(諸硏究; 諸工夫)에 창작성이 인정되기 때문" [田村善之, 「著作權法」(제2판), 93면]이라고 하거나, 저작권법의 보호를 받기 위해서는 "설계도 그 자체에 표현상의 사상 감정이 들어가 있는 경우, 예컨대 그것이 음영을 입힌 입체도나 원근법을 사용한 조감도로서 묘사되고 있는 경우"(澁谷達紀, 앞의 책, 40면)라고 한다.

본계획 기술공모'에 응모하여 작성, 제출된 것으로 이는 위 현상공모 과정에서 서울시가 사전에 제시한 수색지구 개발의 기본적인 개발 관념을 보다 상세하게 표현한 것에 불과하며 원고의 독자적인 아이디어의 표현이라고는 보기 어렵다는 취지로 주장한다. 그러나 앞서 인정한 바와 같은 중앙의 수평과 수직의 +자의 교차로, 수평축 하부쪽의 반원형 굴곡 도로, +자 중앙으로부터 방사상으로 뻗어 나간 도로와 건물의 배치 등을 종합하여 볼 때 원고의 이 사건 설계도는 원고의 경험, 사상을 표현함에 있어 그 전체적인 표현이 창작성을 가지는 저작물이라 할 것이고 따라서 저작권법상 보호의 대상이 된다 할 것이다.

* 본건에서 법원은 피고의 행위를 복제권 및 전시권 침해로 보았다. 전시권 침해를 인정한 점에 비추어 미술저작물 등의 하나로 본 것 같다.

[판례 2] '현대방폭' 사건(대법원 2007.8.24.선고 2007도4848 판결)

(1) 어떤 기계장치를 표현하는 설계도와 같은 기능적 저작물에 있어서 구 저작권법은 그 기능적 저작물이 담고 있는 기술사상을 보호하는 것이 아니라, 그 기능적 저작물의 창작성 있는 표현을 보호하는 것이므로, 설령 동일한 기계장치를 표현하는 설계도가 작성자에 따라 정확하게 동일하지 아니하고 다소간의 차이가 있을 수 있다고 하더라도 그러한 사정만으로 그러한 기능적 저작물의 창작성을 인정할 수는 없고 작성자의 창조적 개성이 드러나 있는지 여부를 별도로 판단하여야 할 것이다.

(2) 피해자 현대방폭전기 주식회사의 허락 없이 도면의 주요 부분은 그대로 둔 채 회사 상호 일부에만 수정을 가하여 일신산업전기 주식회사의 인터넷 홈페이지에 게재하였다는 이 사건 도면은 현대방폭이 제작한 실링 휘팅, 케이블 그랜더, 500와트 더블 항공장해 등의 제품도면으로서 위 제품들의 구조, 규격, 기능 등을 당해 기술분야의 통상적인 기술자들이 정확하게 이해할 수 있도록 일반적인 표현방법, 도면작성방법에 따라 표현된 것으로서 누가 작성하더라도 달리 표현될 여지가 거의 없을 뿐 아니라, 설령 작성자에 따라서 다소 다르게 표현될 수 있는 여지가 있다고 하더라도 이 사건 도면에 작성자의 창조적 개성이 드러나 있다고 할 수 없는 것이어서 구 저작권법의 보호대상이라고는 할 수 없고, 이러한 사정은 설령 이 사건 도면을 작성함에 있어서 상당한 정도의 시간과 노력이 들어갔다고 하여 달리 볼 것은 아니다.

* 또 대법원 2009.1.30.선고 2008도29 판결 참조.

◈ 기계설계도에 따라 기계를 제작하는 것은 저작권 침해로 되는가?

저작권법 제2조 제22호의 취지나 특허법, 실용신안법의 취지에 비추어 볼 때 이러한 경우에는 저작권 침해가 아니라고 본다. 마찬가지로 요리책을 보고 요리를 만드는 것,

바둑 기보를 보고 바둑을 두는 것은 저작권 침해가 아니다.

◈ 설계도 등과 관련된 일본 판례의 경향

건설설계도에 대해서는 대략 저작물성을 긍정하는 경향에 있다. 그러나 기계 등, 공업제품의 설계도에 대해서는 저작물성을 인정하는 판례(丸棒矯正機사건)도[74] 있으나, 스모킹 스탠드 사건[동경지재 1997.4.25. 平5(ワ)22205]에서는 설계도면에 묘사된 제품 디자인이 저작권법상 보호되지 않는 것이라는 것을 이유로 디자인의 창작성을 고려할 것 없이, 작도상 · 표기상의 창의연구가 인정될 수 없다고 해서 설계도의 저작물성을 부정했다. 이렇게 되면 설계도에 기해 기계를 제작하는 것은 물론 설계도 그 자체를 모사하는 것을 금지하는 것도 힘들게 되며, 기계 설계도의 보호는 저작권법의 영역을 떠나 산업재산권법, 부정경쟁방지법, 불법행위법의 영역으로 된다.

◈ 바둑의 기보

최근 조훈현 의원을 필두로 24인의 의원에 의해 기보를 저작물로 예시한 개정안이 국회에 상정되었다. 그 내용은 다음과 같다.

저작권법 일부를 다음과 같이 개정한다. 제4조 제1항 제8호 중 "모형 그 밖의"를 "모형 · 기보(棋譜), 그 밖의"로 한다.

이러한 법안이 나오게 된 배경은 다음과 같다. 즉 케이블 TV나 위성방송의 바둑 프로그램, 인터넷 등의 매체를 통하여 기보를 이용한 서비스의 상업적 이용이 증가하고 있으나 이를 이용하여 영업하는 자들, 특히 일부 출판업자나 인터넷 사업자는 기보가 대국자의 우발적 착수를 기록한 것에 불과하다는 이유를 들어 기보의 저작물성을 부인하면서 기보를 무단으로 이용하고 있기 때문이다. 이에 현행법상의 저작물의 예시 조항에 기보를 명시적으로 규정함으로써 기보가 「저작권법」의 보호 대상임을 분명히 하기 위한 것이다.

9. 컴퓨터프로그램저작물

'컴퓨터프로그램저작물'이라 함은 특정한 결과를 얻기 위하여 컴퓨터 등 정보처리능력을 가진 장치(이하 '컴퓨터'라 한다) 내에서 직접 또는 간접으로 사용되는

74) 이 판결에서는 설계도의 저작물성은 긍정했으나, 丸棒矯正機와 같이 실용의 기계는 건축저작물과 달리 그 자체는 저작물로서 보호받는 것이 아니기 때문에 설계도에 따라 기계를 제작하는 행위는 복제가 되지 아니한다고 판시하였다[일본 오사카 지재 평성 4년(1992). 4.30].

일련의 지시·명령으로 표현된 창작물을 말한다(법 2조 16호).[75]

III. 특수한 저작물

1. 2차적 저작물

외국소설을 우리말로 번역한다든지, 클래식 음악을 경음악화한다든지, 소설을 각본화하거나 또는 이를 영화화한다든지 하는 것은 아주 흔한 일이다. 이렇듯 기존의 저작물을 토대로 이것에 새로운 창작성이 가하여져 새로운 저작물이 작성된 경우 이 새로운 저작물을 2차적 저작물이라 한다. 이러한 2차적 저작물은 기존의 저작물(원저작물)과는 별도로 저작권법에 의해 보호된다. 법은 원저작물을 번역·편곡·변형·각색·영상제작 그 밖의 방법으로 작성한 창작물(이하 '2차적 저작물'이라 한다)은 독자적 저작물로서 보호된다고 규정하고 있다.

원 저작물	→ (의거성·창작성) →	2차적 저작물

따라서 2차적 저작물로 보호받기 위해서는 원저작물과는 별도로 새로운 창작성이 가하여져 있어야 한다. 그래야 독자적 저작물로 보호된다. 또 2차적 저작물의 작성은 원작자의 2차적 저작물작성권(법 22조)의 범위에 속하기 때문에 원저작자의 허락을 필요로 한다. 허락없이 작성하면 원저작권자가 가지는 2차적 저작물작성권 침해로 된다. 그러므로 2차적 저작물은 양면성을 가지고 있으며, 말하자면 야누스적 얼굴을 가지고 있는 것이다.

(1) 복제물에 불과한 경우

우선 기존의 저작물에 의거하였지만 ① 기존 저작물에 다소의 수정·증감을 가한 데 불과한 것(예컨대 구두점, 용어의 변경 등)은 기존 저작물의 복제물에 불과하며, 2차적 저작물이 아니다. 또 ② 아날로그 방식으로 녹음된 음반을 디지털 샘플

75) 컴퓨터프로그램저작물에 대한 설명은 별도로 하기로 한다(본서 제2장 제13절 참조).

링의 기법을 이용하여 디지털화하면서 잡음을 제거하는 등으로 실제 연주에 가깝게 하였다는 정도로는 2차적 저작물로 인정하기 부족하고, 이를 재구성하거나 새로운 내용을 첨삭하는 등의 방법으로 독자적인 표현을 부가하여야만 한다.[76)]

(2) 별개의 저작물로 된 경우

반대로 원저작물을 이용하여 이에 의거하였다 하더라도 일반 사회통념상 전혀 별개의 독립적인 새로운 저작물이라고 인정될 정도의 것을 창출하였다면 이는 2차적 저작물이 아니라 독립의 새로운 저작물이라 할 것이다.[77)]

[판례]「행복은 성적순이 아니잖아요」 사건(서울민사지법 1990.9.20.선고 89가합62247 판결)

원고의 이 건 무용극과 피고의 이 건 영화가 우리나라 청소년 교육의 문제점과 경쟁위주의 사회현실을 고발하고 그 해결책을 모색한다는 내용의 주제에 있어 공통점이 있고 소재에 있어서도 수업시간, 가정생활, 친구관계 등 유사한 점이 있으나 그 등장인물이라든지 사건전개 등 실질적 구성면에 있어서는 현저한 차이가 있어, 원고가 주장하는 무용극과 영화 사이에 내재하는 예술의 존재양식 및 표현기법의 차이를 감안하더라도 양자 사이에 원작과 2차적 저작물의 관계를 인정할 만한 실질적 유사성이 있다고 볼 수 없고, 이 건 소설은 피고가 이 건 영화의 시나리오를 기초로 재구성한 저작물로서 이것 역시 이 건 무용극과 실질적 유사성이 없다.

---

76) 대법원 2006.2.10.선고 2003다41555 판결. 그러므로 "피해자가 대중가요 184곡을 컴퓨터를 이용하여 연주할 수 있도록 컴퓨터용 음악으로 편곡(여기서 편곡이라 함은 컴퓨터를 이용하여 음악을 연주할 수 있도록 해 주는 컴퓨터 프로그램이 작동될 때 그 프로그램에 입력인자로 사용될 자료(data)를 미리 약속된 규칙 내에서 작성자의 취향에 따라 다양하게 배열하여 만드는 일련의 과정을 말하는 의미로 사용하였다)하였는데, 그러한 편곡을 위하여는 컴퓨터음악과 관련 컴퓨터 프로그램에 대한 높은 수준의 이해는 물론 시간적으로도 상당한 노력이 요구되고, 편곡자의 독특한 방법과 취향이 그 편곡된 컴퓨터음악에 반영되어 편곡의 차별성과 독창성이 인정되므로 피해자가 편곡한 위 184곡은 원곡을 단순히 컴퓨터음악용 곡으로 기술적으로 변환한 정도를 넘어 고도의 창작적 노력이 개입되어 작성된 것으로 저작권법에 의하여 보호될 가치가 있는 2차적 저작물에 해당한다"(대법원 2002.1.25.선고 99도863 판결).

77)「테레사의 연인」 사건 = 2차적 저작물의 성립요건(서울지법 남부지원 1989.12.8.선고 88가합2442 판결).

(3) 2차적 저작물로 된 경우

따라서 2차적 저작물은 위 (1)과 (2) 사이에 존재한다.

① 표현의 의거성: 판례는 "어떤 저작물이 원작에 대한 2차적 저작물이 되기 위해서는 단순히 사상(idea), 주제(theme)나 소재가 같거나 비슷한 것만으로는 부족하고 두 저작물간에 실질적 유사성(substantial similarity), 즉 사건의 구성(plot) 및 전개과정과 등장인물의 교차 등에 공통점이 있어야 한다."[78]거나 "단순히 사상, 주제, 소재 등이 같거나 유사한 것만으로는 부족하고 두 저작물 사이에 사건의 구성, 전개과정, 등장인물의 교차 등에 공통점이 있어서 새로운 저작물로부터 원저작물의 본질적인 특징 자체를 직접 감득할 수 있어야 한다"고도 한다.[79]

② 표현의 창작성: 2차적 저작물이 되기 위해서는 그 표현에 창작성이 있어야 한다. 그런데 2차적 저작물이 되기 위해 필요한 창작성에 대해서 많은 견해는 "2차적 저작물이 되기 위해서는 보통의 저작물에서 요구하는 창작성보다 더 높은 정도의 창작성이 요구된다. 즉 '실질적인 개변'이 요구된다"고 본다.[80] 이에 대해 "통상의 저작물에 있어서의 창작성의 판단과 기본적으로 구별할 이유가 없다"는 견해[81]도 있다. 우리 다수설이 '실질적인 개변'(substantial variation)을 요구하는 것은 미국 판례의 영향이 아닌가 한다.[82] 특히 Gracen 기준에 의한 것으로 보인다. 그러나 Gracen 기준도 Schrock[83]판결에서 사실상 변경되었다. 또 어찌 보면 모든

---

78) 서울민사지법 1990.9.20.선고 89가합62247 판결.

79) 「애마부인」 사건(서울고법 1991.9.5.고지 91라79 결정); 일본 江差追分사건 판결(일본최고재판소 2001.6.28. 平成11(受)922). 실질적 유사성과 본질적 특징의 감득성은 용어선택의 문제이다["여기서 말하는 유사란, 원저작물의 표현상의 본질적인 특징을 직접 느끼고 인지할 수 있도록 하는 것이라는 특수한 의미이므로, 그 점을 이해한다면 어떠한 용어를 사용한다고 하더라도 이는 용어 선택의 문제에 지나지 않는다."(中山信弘/윤선희 편역, 「저작권법」, 410면)].

80) 오승종, 「저작권법」(제3판), 156면; 정상조 편, 「저작권법 주해」, 박영사, 2007, 246면(이춘수 집필부분); 이해완, 「저작권법」(제3판), 206면.

81) 岡村久道, 「著作權法」, 商事法務, 2010, 94면.

82) 미국 판결에서 2차적 저작물성이 긍정된 경우와 부정된 경우에 대해서는 송영식/이상정, 「저작권법 개설」(제9판), 133-136면 참조.

83) Schrock, Daniel v. Learning Curve International, Inc., No. 08-1296 (7th Cir. 2009): 2차적 저작물에 요구되는 상당한 변화요건을 다른 저작물에 요구되는 창작성보다 고도의 창작성을 요구하는 것으로 이해되어서는 아니 되며, 다른 저작물과 동일한 창작성(originality)으로 충분하다고 판시하였다.

저작물은 극히 적은 예외를 제외하고는 선인의 업적에 기초한 2차적 저작물이다. 2차적 저작물에 요구되는 창작성을 다른 저작물의 경우와 달리 볼 이유는 없다.

한편 2차적 저작물 저작자의 보호는 그 원저작물의 저작자의 권리에 영향을 미치지 아니하므로(법 5조 2항 참조) 제3자가 2차적 저작물을 이용하려는 경우에는 2차적 저작물의 저작자는 물론 원저작자의 허락도 얻어야 한다. 즉 쌍방의 허락을 필요로 한다.

그 경우, 즉 2차적 저작물을 토대로 다시 번역 · 편곡 등으로 작성된 새로운 저작물 역시 2차적 저작물이다(3차적 저작물이 아니다). 1986년법은 1957년법 제5조와는 달리 원저작자의 허락 등 적법요건을 규정하고 있지 아니하므로 적법하게 작성되지 아니하였다 하더라도 2차적 저작물로서 보호받는 데는 지장이 없으나,[84] 허락(법정허락 포함) 없이 2차적 저작물을 작성한다든지, 이렇게 작성된 2차적 저작물을 원저작자의 허락 없이 이용하는 것은 모두 원저작자의 권리를 침해하는 것으로 된다.

[판례 1] 「칵테일 사랑」 사건 = 편곡의 저작물성(서울민사지법 1995.1.18.고지 94카합9052 결정)

주멜로디를 그대로 둔 채 코러스를 부가한 이른바 '코러스 편곡'의 경우에도 창작성이 있는지 여부에 따라 2차적 저작권의 일종인 편곡저작권이 부여될 수 있을 것이다. 「칵테일 사랑」에서 코러스가 상당한 비중을 차지하고 있고, 「칵테일 사랑」의 코러스 부분은 주 멜로디를 토대로 단순히 화음을 넣은 수준을 뛰어넘어 신청인의 노력과 음악적 재능이 투입되어 만들어진 것으로 독창성이 있다고 할 것이므로, 저작권법상 2차적 저작권으로서 보호받을 만한 창작성이 있다.

[판례 2] 「강아지 왈츠」 사건(대법원 1997.5.28.선고 96다2460 판결)

원고는 쇼팽의 강아지 왈츠를 피아노를 배우는 어린이들이 쉽게 연주할 수 있도록 내림 D장조인 원곡을 내림 E장조로 한 음을 높여 변조함으로써 느린 속도로 연주하여도

---

84) 1957년법 제5조는 "타인의 저작물을 그 창작자의 동의를 얻어" 번역한 자는 원저작자의 권리를 해하지 않는 범위 내에서 이를 본법에 의한 저작자로 본다고 규정하고 있었다. 이 조항은 적법성요건을 규정한 것이며, 미국 저작권법 제103조 역시 마찬가지이다. 구법시대 '죽음의 수용소' 사건 판결에서 법원은 허락받지 않은 번역물은 법의 보호를 받을 수 없다고 판시하였다(서울고법 1975.6.13.선고 74나1938 판결).

속도감이 있는 듯한 효과를 내도록 하는 등 원곡을 일부 수정하여 개작곡을 만들었다면 비록 그 창작성의 정도가 높다고 할 수 없을지라도 정신적인 노작으로서의 가치를 보호받을 만한 정도를 구비하였다. 따라서 새로운 저작물로 인정될 정도의 창작성이 있는 수정이나 변경이 가해진 구저작권법상의 개작(현행법상 2차적 저작물: 필자주)에 해당한다.

[판례 3] 해운대 등대 사건(서울고등법원 2008.10.29.선고 2008나4461 판결)[85)]

해운대 APEC 등대[86)]

원고의 등대도안을 기초로 甲이 설계한 이 사건 등대의 전체적인 형상은 원고의 등대도안과 마찬가지로 등대의 하부기초를 꽃잎으로, 등탑을 꽃술로 하여 꽃술의 상부에 등대의 불빛을 밝히도록 하는 모양으로서 등대의 하부기초인 꽃잎은 총 16장으로 4장씩의 꽃잎이 3단으로 이루어져 있고, 등탑의 하단부인 꽃술의 기둥은 사선으로 구성된 아래 기둥과 높낮이가 일정한 곡면으로 된 윗면을 가지는 윗기둥의 두 겹으로 구성되어 있으며, 등대의 상단부인 꽃술 윗부분은 끝에 구를 단 8개의 기둥이 아래로 내려갈수록 좁아지는 원기둥을 형성하고 그 내부에 등이 설치되도록 하는 형상인 사실, 甲이 작성한 설계도면에 따라 피고가 건축한 등대도 이와 동일한 형상이고, 다만 윗기둥의 색상만 원고의 등대도안과 다르게 빨간색으로 도색되어 있는 사실을 인정할 수 있어, 피고가 사용한 설계도서는 원고의 등대도안과 세부적인 표현방식이 다를 뿐 예정하고 있는 건축물의 전체적인 형상은 동일하므로 표현상의 본질적 동일성을 유지하고 있고, 이를 접하는 사람은 그 본질적인 특성을 느껴서 알 수 있으며, 이 사건 등대는 이러한 설계도서에 따라 건축되었으므로 피고가 건축한 등대 또는 피고가 등대를 건축함에 있어 사용한 건축설계도서는 원고의 등대도안의 2차적 저작물에 해당한다고 할 것이다.[87)]

85) 제1심판결: 서울중앙지방법원 2007.11.29.선고 2007가합77724 판결. 출처: 한국저작권위원회, 「한국 저작권 판례집[13]」, 2011, 15면 이하.

86) 사진: 한계레신문 2005.11.10(http://www.hani.co.kr/arti/society/area/78689.html).

87) 이 사건에서는 허락받고 등대를 제작하였다고 보았다(원고는 여러 차례 피고로부터 조형물 제작을 도급받아 이를 수행하였고, 피고로부터 개인전시회 개최 기회를 제공받기도 하였으며, 피고의 부탁에 응하여 아무런 대가도 요구하지 않고 여러 차례 이 사건 등대의 설계도안을 변경하여 원고에게 제공하였음을 알 수 있는바, 이러한 제반 사정에 비추어 보면 원고는 피고와의 긴밀한 협조와 신뢰관계에 터 잡아 피고에게 원고의 등대도안의 이용을 허락하였다고 봄이 상당하다).

[판례 4] '비보이를 사랑한 발레리나' 사건(대법원 2011.5.13.선고 2010도7234 판결)

피해자가 작성한 이 사건 무언극의 시놉시스와 '프리즈'(Freeze) 시놉시스는 우연히 비보이를 만나게 된 발레리나가 비보이로 동화되어 간다는 기본 설정이 실질적으로 유사하나, 이 사건 무언극의 시놉시스는 단순히 '프리즈' 시놉시스에 나타난 기본 설정을 그대로 차용하여 구체적인 상황설정 등에만 다소의 수정·증감이나 변경을 가한 데에 그치지 않고, 구체적인 사건의 전개과정, 등장인물들의 성격과 상호관계 등에 발레리나가 비보이와 동화되어 가는 과정에서의 사랑, 내·외적 갈등 및 그 극복 구조 등을 새로이 추가한 것이어서, 원저작물인 '프리즈' 시놉시스와는 구분되는 새로운 저작물로서 「저작권법」 제5조 제1항 소정의 2차적 저작물에 해당한다 할 것인데, 피고인은 제1심 판시 [범죄일람표 1, 2] 기재와 같이 발레리나가 비보이를 우연히 만나게 되는 장소와 같은 구체적인 상황설정 등에서만 다소 차이가 있을 뿐 이 사건 무언극의 시놉시스 중 위와 같이 '프리즈' 시놉시스에 새롭게 부가된 창작적인 표현형식에 해당하는 부분과 실질적으로 유사한 내용의 공연을 진행함으로써 피해자의 이 사건 무언극의 시놉시스에 관한 저작재산권을 침해하였다. (밑줄: 필자)

◈ 원저작물의 저작권과 번역물에 대한 저작권

원저작물의 저작권이 소멸하였다 하더라도 번역물에 대한 저작권은 번역자 사후 70년까지 존속하며, 원저작자의 허락 없이 번역한 저작물이라 하더라도 원저작자의 저작권 침해는 별론으로 하고, 독자적인 저작권을 가진다. 따라서 원저작자의 허락을 받지 않은 번역물이라 하더라도 제3자가 무단 복제·출판하면 번역저작권의 침해로 된다.

2. 편집저작물

(1) 서 설

2003년 개정법은 편집저작물의 상위개념으로서 편집물이라는 개념을 도입하였다. 편집물이란 저작물이나 부호·문자·음성·음향·영상 그 밖의 형태의 자료(이하 '소재'라 한다)의 집합물을 말하되, 데이터베이스를 포함한다. 데이터베이스란 소재를 체계적으로 배열 또는 구성한 편집물로서 개별적으로 그 소재에 접근하거나 그 소재를 검색할 수 있도록 한 것을 말한다.

편 집 물	창작성 유(有)	데이터베이스	편집저작물로서 저작권으로 보호
		그 밖의 편집물	
	창작성 무(無)	데이터베이스	데이터베이스 제작자 보호
		그 밖의 편집물	보호받지 못함

(2) 편집저작물

백과사전, 문학전집, 판례집, 신문, 잡지 혹은 영어단어장, 직업별 전화번호부 등과 같이 소재의 저작물성을 묻지 않고, 소재의 창작적인 선택 · 배열에 의해 이루어지는 편집물은 그중에 수록되어 있는 개개의 저작물 등과는 별도로 그 전체가 독립한 저작물로서 보호된다. 법은 "편집물로서 그 소재의 선택 · 배열 또는 구성에 창작성이 있는 것"을 '편집저작물'이라고 규정한다(법 2조 18호). 이러한 편집저작물은 독자적인 저작물로서 보호된다(법 6조 1항). 그러나 "편집저작물의 보호는 편집저작물의 구성부분이 되는 소재의 저작권 그 밖의 이 법에 의하여 보호되는 권리에 영향을 미치지 아니한다"(법 6조 2항). 그러므로 잡지에 게재되어 있는 하나의 논문을 이용하는 경우에는 개개 논문 집필자의 허락을 얻으면 족하고 편집자의 허락은 얻을 필요가 없다. 다만, 편집물 전체를 복제하는 등 이용하는 경우에는 편집자와 소재 저작물의 저작자, 양자의 허락을 얻어야 한다.

그 사이 우리법원이 편집저작물로 인정한 경우는 다음과 같다.

1) 신청인이 출판한 20세기 미술의 모험 1, 2권에는 1900년부터 1989년까지의 미술분야에서의 중요사건 및 사실을 연대순으로 선택배열하여 10년 단위로 위 책에 각 분산하여 수록하면서 미술분야가 아닌 문학음악 및 공연예술영화과학기술정치 및 기타의 항목도 함께 대비하여 각 분야의 중요한 역사적 사실을 간략하게 수록한 연표가 들어 있는 사실 등을 인정할 수 있다. 그렇다면 신청인이 번역출판한 20세기 미술의 모험 1, 2권에 실려 있는 연표는 그 원저작물의 저작자가 자신의 축적된 학식과 경험을 바탕으로 하여 그 목적에 적합하도록 자신의 판단에 따라 취사선택한 사항을 수록한 것으로서 그 소재의 선택이나 배열이 독자적인 창작성이 있는 것이라고 볼 여지가 있다['미술연표' 사건(대법원 1993.1.21.자 92마1081 결정)].

2) 이 사건 저작물 「운전면허 학과시험」은 국가의 법령이나 타인의 저작물을 평면적으로 요약하고 기출문제 등을 수집한 것에 그치지 않고, 운전면허 시험안내, 교통법령 요점정리, 자동차 구조 요점정리, 예상문제 및 기출문제 등의 작성·종합·배열 그리고 전체적인 체제에 있어서의 독창성이 있으므로 저작권법상의 편집저작물로서 보호대상이 된다['운전면허 학과시험' 사건(서울민사지법 1995.4.7.선고 94가합63879 판결)].

3) 법인세법편, 조세감면규제법편, 부가가치세법편, 소득세법편의 각 해당 법률조문 순서에 따라 각 조문에 대한 요지, 연혁, 주석, 관련 예규, 판례 항목을 나누어 서술하고, 각 항목의 필요한 부분에 각 해당 법률 등을 열거하고 해설하는 방식으로 여러 저작물 또는 여러 자료나 정보를 특정한 의도 하에 정리·배열하여 만들어 낸 이 건 세법총서는 소재의 선택 및 배열에 창작성을 지닌 편집저작물에 해당한다[「세법총서」의 저작물성(서울민사지법 1995.6.23.선고 94가합67215 판결)].

4) 피해자 발행의 '한국입찰경매정보'지는 법원게시판에 공고되거나 일간신문에 게재된 내용을 토대로 경매사건번호, 소재지, 종별, 면적, 최저경매가로 구분하여 수록하고 이에 덧붙여 피해자 직원들이 직접 열람한 경매기록이나 등기부등본을 통하여 알게 된 목적물의 주요현황, 준공일자, 입주자, 임차금, 입주일 등의 임대차관계, 감정평가액 및 경매결과, 등기부상의 권리관계 등을 구독자가 알아보기 쉽게 필요한 부분만을 발췌·요약하여 수록한 것인 사실을 알아볼 수 있으므로, 위 한국입찰경매정보지는 그 소재의 선택이나 배열에 창작성이 있는 것이어서 독자적인 저작물로서 보호되는 편집저작물에 해당한다[「한국입찰경매정보지」의 편집저작물성(대법원 1996.12.6.선고 96도2440 판결)].

5) 인터넷홈페이지도 그 구성형식, 소재의 선택이나 배열에 있어 창작성이 있는 경우에는 이른바 편집저작물에 해당하여 독자적인 저작물로 보호받을 수 있다고 할 것이므로 피침해사이트로부터 복제하여 침해사이트에 게시하거나 침해사이트의 회원들에게 전자메일을 이용하여 전송한 피침해사이트의 상품정보 등은 온라인디지털콘텐츠산업발전법[88] 소정의 '온라인디지털콘텐츠'에 해당한다고 할 것이고, 그 상품정보 등의 구성형식이나 배열, 서비스 메뉴의 구성 등은 편집저작물로

88) 온라인디지털콘텐츠산업발전법은 2010년 12월 11일부터 콘텐츠산업진흥법으로 대체되었다.

볼 수도 있다['위즈위드' 사건(서울지법 2003.8.19.고지 2003카합1713 결정)].

반면 다음의 경우에는 편집저작물성을 부인하였다.

1) 신구약성경의 내용을 12권으로 분책하고 표지를 3권씩 색상을 달리하고 있는 것(서울고법 1996.8.21.자 96라95 결정).

2) 고려사 역본을 그대로 축소 복제하여 배치한 다음 동일한 면의 좌우 여백에 해당하는 부분에 고려사 역본의 내용에 대응하는 고려사 한문 원본을 대비시킨 것(서울고법 1997.12.9.선고 96나52092 판결).[89]

3) 경마예상지(이에는 경기 진행상황과 예상 결과를 담은 '컴퓨터추리전개도', 유력마를 선정하고 그 마필들의 습성과 능력, 입상 유력사유의 설명, '약식 경주 기록란'이 포함되어 있다)(서울지법 1998.11.6.선고 97가합94348 판결).

4) 일지형태의 법조수첩[전국 법관과 검찰, 헌법재판소, 법제처, 등기소 등 유관기관의 주소와 전화번호, 전국 변호사, 법무사의 주소와 전화번호, 법원 및 등기소의 관할 구역, 민사소송 등 인지액 산정표, 소송진행상황을 메모할 수 있는 여백 등으로 구성된 휴대용 수첩형식의 책자](대법원 2003.11.28.선고 2001다9359 판결).

◈ 편집방침의 결정자[90]

편집저작물은 편집물에 수록된 소재인 저작물의 … 선택 · 배열에 창작성이 인정되기 때문에 저작물로서 보호되는 것에 비추어 보면, 소재에 대해서 창작성이 있는 선택 · 배열을 행한 자가 편집자라고 해석해야 할 것이나 그에 그치지 않고, … 편집방침을 결정하는 것은 소재의 선택 · 배열을 행한 것과 밀접불가분의 관계에 있어 소재의 선택 · 배열의 창작성에 기여하는 것이라고 하여야 하며, 따라서 편집방침을 결정한 자도 당해 편집저작물의 편집자로 될 수 있는 자로 해석하는 것이 상당하다.

♣ coffee break: 공동편집저작물의 저작자

편집저작권과 관련하여 최근 매우 흥미로운 사례가 일본에서 진행되고 있다. 다름 아

89) 이 판결에서는 부정경쟁방지법 위반여부도 다투어졌고, 이 점에 대한 원고 주장은 받아들여졌다.

90) 일본 동경지재 1980.9.17.판결, 日本 有斐閣 著作權判例百選(제1판) 184면 이하.

닌 '著作權判例百選' 사건이다. 사건 내용은 다음과 같다. 일본의 유명한 출판사 有斐閣은 법학 여러 분야에 걸쳐 판례백선(判例百選) 시리즈를 간행하고 있다. '저작권판례백선'도 그중 하나이고, 동 출판사는 2015년, 제5판을 발행하려고 하였다. 그런데 제4판의 편집자였던 Y교수가 자신이 제5판의 편집자에서는 제외된 것에 이의를 제기하면서 출판금지의 가처분을 신청하였다.

2015년 동경지방재판소는 제5판의 수록 예정 판례 116건과 그 해설자가 제4판과 대부분 일치하는 것에 비추어 제5판은 독립한 저작물은 아니며, 제4판의 2차적 저작물에 해당한다고 본 후, 제4판의 편집자였던 Y교수가 편집자에서 제외된 것은 동 교수의 저작권을 침해했다는 이유로 출판금지 가처분을 인정하였다[2016.4.7, 平成28年(モ)제40004호 보전이의신청사건(기본사건 · 2015.10.26, 平成27年(ヨ)第22071호 가처분명령신청사건)]. 실로 저작권에 관한 중요 판례를 소개하는 전문학술지가 저작권침해를 이유로 출판을 할 수 없게 되었던 것이다.

그러나 일본 지적재산고등재판소는 2016년 11월 11일, 그 결정(平成28年(ラ)第10009号 보전이의신청결정에 대한 保全抗告事件)에서 Y교수는 원래 구판의 원안 작성에 구체적으로 관여하지 않고, 실질적으로는 아이디어의 제공이나 조언이 기대되는 정도의 이른바 조언자(adviser)의 지위에 그쳤다(편집진 전체의 의도도 그렇고, Y교수의 실제 기여도 그 정도에 그쳤다)고 지적하면서 출판의 금지를 청구할 권리가 없다고 보았다. 즉 본건과 같이 공동편집저작물에 있어 누가 저작자인지가 문제로 되는 경우, 예컨대 소재의 선택 · 배열은 일정한 편집방침에 따라 행하여지는 것이기 때문에 편집방침을 결정하는 것은, 소재의 선택과 배열을 행하는 것과 밀접불가분한 관계에 있으므로 소재의 선택 · 배열의 창작성에 기여하는 것이라고 말할 수 있다. 그렇다면 편집방침을 결정한 자도 당해 편집저작물의 저작자로 될 수 있다고 하여야 할 것이다. 그러나 반면, 편집에 관한 그 밖의 행위로서 편집방침이나 소재의 선택 · 배열에 대해서 상담을 받고, 의견을 말하는 것이나 다른 사람이 행한 편집방침의 결정, 소재의 선택 · 배열을 소극적으로 받아들이는 것(사후 승인하는 것)은 어느 것도 직접 창작을 하는 행위라고는 말하기 어렵기 때문에 이러한 행위를 한 것에 불과한 자는 당해 편집저작물의 저작자로 될 수 없다는 것이다. 이 결정을 받아 有斐閣은 '著作權判例百選' 제5판을 2016년 12월 13일에 발간하겠다고 예고한 바 있다. 실로 공동편집저작물의 저작자성과 관련된 흥미로운 사례이며, 향후 보다 깊은 검토가 필요하리라고 본다.

◈ 데이터베이스(Data Base)

데이터베이스란 다수의 정보를 체계적으로 정리 통합하여 컴퓨터에 의하여 검색할 수 있는 기계가독형태로 한 정보의 집합체라고 정의할 수 있을 것이다. 우리 저작권법은 "소재를 체계적으로 배열 또는 구성한 편집물로서 개별적으로 소재에 접근하거나 그 소재를 검색할 수 있도록 한 것을 말한다"고 규정한다. 일본 저작권법(2조 1항 10호의 3)은 "논문, 수치, 도형 기타의 정보의 집합물로서, 이들 정보를 전자계산기를 이용해서 검색할 수 있도록 체계적으로 구성한 것"을 말한다고 정의하고 있다. 혹자는 이를 컴퓨터 속에 들어 있는 자료실이라고 비유적으로 표현하기도 한다. 데이터베이스는 통상 i) 정보의 수집 · 선정, ii) 체계의 설정, iii) 정보의 분석 · 가공, iv) 정보의 축적이라는 수순을 거쳐 작성된다.

이러한 데이터베이스 자체를 어떻게 법적으로 보호하느냐 하는 점에 관하여는 크게 두 가지 견해가 있다. 하나는 데이터베이스를 저작권법상의 편집물이나 수집물로 보아 보호하려는 것이다. 미국, 영국이 이에 속한다.

또 하나는 일본과 같이 데이터베이스의 저작물을 일반 편집저작물과는 구별하여 보호하는 것이다. 일본이 데이터베이스 저작물을 일반 편집저작물과 구별하여 보호하는 이유는 편집저작물은 소재의 선택 또는 배열에 창작성을 가지는 저작물을 가리키는데 대해 데이터베이스의 경우는 소재로 되는 정보의 선택 · 배열에 창작성을 가질 뿐만 아니라 문헌 데이터베이스의 경우에는 초록이 작성되는 경우가 많고, 수치정보나 화상처리 데이터베이스의 경우에는 통계적으로 처리한다든지 그래프나 일람표를 만드는 등 가공이 되며, 그 밖에도 원자료의 내용을 분석하여 그 결과 추출된 주제나 중요개념을 표현하는 키워드(key word)가 부여되는 등 단순한 편집저작물과는 다른 창작성이 보여지기 때문이라는 것이다. 우리 현행법은 창작성 있는 데이터베이스를 편집저작물로서 보호한다.

IV. 보호받지 못하는 저작물

1. 국민에게 널리 알려져야 할 저작물

저작물로서의 요건을 충족시키고 있다 하더라도, 사회공공의 이익이라는 견지에서 정책적으로 특정한 저작물을 저작권법의 보호범위 밖에 두고 있다. 국민에게 널리 알려져야 할 성질을 갖는 국가기관 등의 공문서 등은 누구라도 자유로이 이용할 수 없으면 목적을 달성할 수 없으므로 다음의 저작물에는 저작권법에 의한 보호가 미치지 아니한다(법 7조 1호~4호).

1) 헌법 · 법률 · 조약 · 명령 · 조례 및 규칙

2) 국가 또는 지방자치단체의 고시 · 공고 · 훈령 그 밖에 이와 유사한 것

3) 법원의 판결 · 결정 · 명령 및 심판이나 행정심판절차 그 밖에 이와 유사한 절차에 의한 의결 · 결정 등

4) 국가 또는 지방자치단체가 작성한 것으로서 제1호 내지 제3호에 규정된 것의 편집물 또는 번역물

2. 시사보도

인사왕래 · 사망기사 · 화재 · 교통사고 등 단순한 사실의 전달에 불과한 잡보라든가, 시사의 보도는 사상 · 감정의 창작적 표현은 아니므로 이들은 어문저작물로서 보호를 받지 못한다(법 7조 5호).[91] 그러나 보도사진은 이에 포함되지 아니하며,[92] 또 기자의 사상 · 감정이 표출된 보도기사는 저작물로서 저작권법의 보호를 받는다.

[판례] '빨간색 카펫세상' 사건(서울남부지법 2013.12.12.선고 2013가단212558 판결)

[피고는 원고가 저작권을 가지고 있는 뉴스기사를 무단 전재하였다. 문제가 되자 그 저작물성을 다투었다.]

㈎ 저작권법 제7조 제5호는 '사실의 전달에 불과한 시사보도'는 저작권법에 의한 보호를 받지 못한다고 규정하고 있는바, 여기에서의 사실의 전달에 불과한 시사보도라 함은 위 창작성의 의미에 비추어 볼 때 저작권법에 의한 보호를 받을 가치가 없을 정도로 최소한도의 창작성조차 인정되지 않는 경우, 누가 하더라도 같거나 비슷할 수밖에 없는 표현, 즉 저작물 작성자의 창조적 개성이 드러나지 않는 표현을 담고 있는 것을 의미하는 것으로서 인사발령기사, 부고기사, 주식시세, '누가 · 언제 · 어디서 · 무엇을 · 어떻게 · 왜 하였는가'라는 육하원칙에 해당하는 기본적인 사실로만 구성된 간단한 사건 · 사고기사(화재 · 교통사고 등)와 같이 단일한 사항에 대하여 객관적인 사실만을 전하고 있어 그 자체로서 저작물성을 인정할 수 없는 것에 한한다고 할 것이고, 사실을 전달하기 위한 보도기사라고 하더라도 소재의 선택과 배열, 구체적인 용어 선택, 어투, 문장 표현 등에 창작성이 있거나 작성자의 평가, 비판 등이 반영되어 있는 경

---

91) 대법원 2006.9.14.선고 2004도5350 판결(연합뉴스사 사건); 대법원 2009.5.28.선고 2007다354 판결(원심판결: 서울고법 2006.11.29.선고 2006나2355 판결) 등 참조.

92) 그러나 서울중앙지법 2013.12.6.선고 2013나36605 판결 참조.

우에는 저작권법이 보호하는 저작물에 해당한다고 보아야 할 것이다.

(나) 갑 1호증의 기재에 의하면, 이 사건 각 기사는 객관적인 사실의 나열에 그치지 아니하고, 작성자가 직접 선택한 소재이거나 또는 제공된 소재이더라도 일정한 기준에 의하여 간추린 소재를 기사의 내용으로 하고 있으며, 그 소재를 표현할 수 있는 다양한 방법 중에서 작성자가 독자의 이해를 돕기 위하여 선택한 구성 및 배열 방식, 어투, 어휘 등을 사용하여 표현되어 있거나 작성자의 평가, 예상, 전망 등이 반영됨으로써 창조적 개성이 드러나 있으므로, 저작권법의 보호대상이 되는 저작물에 해당한다고 할 것이다.

공개한 법정 · 국회 또는 지방의회에서의 연술
2006년 개정법은 이전까지 보호받지 못하는 저작물로 규정하고 있던 "공개한 법정 · 국회 또는 지방의회에서의 연술"을 보호받는 저작물임을 전제로 하면서 그 저작재산권을 제한하고 있다. 제24조(정치적 연설 등의 이용) 공개적으로 행한 정치적 연설 및 법정 · 국회 또는 지방의회에서 공개적으로 행한 진술은 어떠한 방법으로도 이용할 수 있다. 다만, 동일한 저작자의 연설이나 진술을 편집하여 이용하는 경우에는 그러하지 아니하다.

| 제3절 | 저작자

Ⅰ. 의 의

저작자란 저작물을 창작한 자이다(법 2조 2호). 그 결과,

1) 창작에 동인(動因)을 준 데 불과한 자는 저작자는 아니다. 따라서 소설가나 화가에게 힌트나 테마를 준 자를 저작자라고 말할 수 없다.[93]

---

93) "해양정책론" 사건(대법원 2009.12.10.선고 2007도7181 판결).

2) 저작자의 조수는 저작자가 아니다. 저작물을 작성할 때 저작자의 지휘감독 하에 그의 손발이 되어 작업에 종사한 자는 저작자의 창작활동을 돕는 데 불과하고 스스로의 창의에 기해서 저작에 힘쓰는 자는 아니므로 저작자로는 될 수 없다. 예컨대 편집저작물을 작성함에 있어 편집주간이 정한 편집방향에 의하여 단순히 소재를 배열하고 정리하여 기계적 작업을 담당한 '자료정리요원'은 저작자가 아니다. 그러나 극본 집필에 있어서 보조작가들이 단순히 그 자료수집이나 조언 등의 보조적인 단계에 머물렀던 것이 아니라 작자와 거의 대등한 입장에서 적극적으로 창의를 발휘하고 정신적 노력을 하는 등으로 공동 저작한 것은 공동저작물에 해당한다[「제4공화국」 사건(서울지법 남부지원 1995.10.24.고지 95카합3860 결정)].

그러나 다음의 경우는 저작자라고 볼 수 없다.

① 영상물의 제작을 위한 촬영을 함에 있어 취재인원들에게 숙박시설, 방한복, 식사 등을 제공하고 현지 안내를 해준 사실, 경계가 삼엄하여 취재인원이 접근할 수 없자 취재인원의 부탁으로 카메라를 가지고 도문의 변경지역을 10분정도 촬영하도록 한 사실만으로는 영상물의 공동저작자라고 할 수 없다['두만강 700리' 사건(서울남부지법 2004.5.21.선고 2003가합8504 판결)].

② 창작과정에 전혀 관여하지 아니한 자가 사후에 저작자와 당해 가요의 작곡부분의 보작자(저작권자)로 인정한다는 합의를 하였다고 하더라도 창작에 관여하지 아니한 자는 공동저작자가 될 수 없다['사랑은 아무나 하나' 사건(서울고법 2004.7.7.선고 2003나7219 판결)].

3) 의뢰자는 저작자가 아니다. 그림의 주문자, 건축주 등 저작기회의 제공자는 저작자라고 말할 수 없다. 번역사무실을 차려놓고, 어학에 능통한 자들을 고용하여 번역한 경우에도 저작자는 당해 번역을 한 번역자이며, 번역사무실의 운영자가 아니다.94) 이와 관련하여 도서 등을 출판함에 있어 출판사가 상세한 집필의 방향을 제시한 경우의 저작자가 누구인지가 문제된다. 특히 최근 컴퓨터 서적 등을 제작함에 있어 포함될 내용, 설명의 전개방향을 출판자가 상세히 지시하고 이에 따라 컴퓨터 전문가가 컴퓨터 서적을 작성한 경우 누가 저작자인지 논란이 있다. 집필방향이나 항목을 지시한 정도에 따라 지시자와 집필자가 공동저작자로 되는 경우도 있으나 일반적으로 이 경우의 저작자는 집필방향이나 항목을 지시한

94) 서울민사지법 1994.6.1.선고 94가합3724 판결.

출판자가 아니라 실제로 내용을 집필한 자라 할 것이다. 예컨대 곤충삽화를 제작함에 있어 출판사에서 상세한 편집방침 등의 지시가 있었다고 하더라도 저작자는 당해 삽화를 그린 화가[｢곤충삽화｣ 사건(동경지재 1961.10.25.)]이며, 제작의뢰자가 지도에 넣어야 할 주요 도로, 기타를 지시하고 숲이나 강을 채색하도록 지시 주문하였다고 하더라도 그 저작자는 도형, 무늬에 의하여 구체적으로 표현·제작한 화가이며, 제작주문자는 아니다[｢고속도로 파노라마｣ 사건(동경지재 1964.12.26.)]. 그러나 주문자 측에서 지도의 제도자에게 상세한 지시가 있었을 경우에 해당 지도의 제작자는 제도자가 아니라 주문자라는 판결도 있다[｢현대세계총도｣ 사건(동경지재 1969.3.30.)]. 이 경우는 [주문 회사 乙은 지도 작성에 있어 이것을 기획하고, 그 종업원들이 乙 회사의 업무로서 여러 종류의 조사를 거듭하고, 자료를 수집하며, 기재항목도 세부에 걸쳐 취사선택을 한 후에, 그 기재방법에 대해서도, 수많은 자료를 제공해서 지엽말단에 이르기까지 상세하게 구체적으로 지시하고 있으며, 또 당해 지도가 乙회사의 저작명의에 의해 공표되어야 할 것이었다고 하는 것은 본건 구두변론의 전취지에 의해 명백하기 때문에, 말하자면 통상의 편집지도에 불과한 본건 지도를 저작한 자는 乙회사라고 하여야 하고, 甲은 저작자인 乙회사의 지시에 기해 단순히 제도가(製圖家)로서 제도 작업에 종사한 데에 불과한 자라고 할 수밖에 없다]고 보았다.

4) 문제가 되는 것은 종업원 등이 그의 의무이행으로 저작한 경우이다. 이때에도 저작자는 당해 종업원이며, 그가 원시적으로 저작권을 갖는다고 할 것이다. 다만 법인 등의 명의로 공표되는[95] 업무상저작물의 저작자는 계약 또는 근무규칙 등에 다른 정함이 없는 때에는 그 법인 등이 된다(법 9조). 여기서 업무상저작물이라 함은 법인·단체 그 밖의 사용자(이하 "법인 등"이라 한다)의 기획하에 법인 등의 업무에 종사하는 자가 업무상 작성하는 저작물을 말한다(법 2조 31호).

◈ 영국 저작권(디자인·특허)법(CDPA) 제9조 제3항

(3) in the case of a literary, dramatic, musical or artistic work which is computer-generated, the author shall be taken to be the person by whom the arrangements necessary for the creation of the work are undertaken. (컴퓨터에서 생성한 어문, 연

---

95) 다만, 컴퓨터프로그램저작물(이하 "프로그램"이라 한다)의 경우 공표될 것을 요하지 아니한다.

극, 음악 또는 미술 저작물의 경우에는, 그 저작물의 창작을 위하여 필요한 수단을 강구한 사람을 저작자로 본다.)

♣ 기노 대 르누아르 사건: 미술적 아이디어 제공과 실제 제작

류머티즘이나 안면 신경통에 의해 스스로 조각을 할 수 없었던 만년의 르누아르(Auguste Renoir, 1841-1919)는 저작물에 대한 구상을 제자 기노(Richard Guino, 1890-1973)에게 말하고, 기노로 하여금 조각을 하게 하면서 옆에서 감독을 하였다. 이렇게 제작된 24점의 조각 작품에 대해 르누아르의 단독저작물인지 아니면 르루아르와 기노의 공동저작물인지가 다투어진 사건에서 프랑스 법원은 1973년 공동저작물성을 인정하였다.

II. 저작자 추정

누가 진정한 저작자인가에 대해서 분쟁이 생긴 경우에 제3자로서는 이를 용이하게 판단하기 힘들고, 또 저작자 본인에게는 자명한 것이지만 제3자에게 이를 입증한다는 것도 그리 쉬운 일은 아니다. 여기에서 법은 입증을 용이하게 하기 위하여 저작자 추정규정을 두고 있다. 즉, 다음 각호의 어느 하나에 해당하는 자는 저작자로서 그 저작물에 대한 저작권을 가지는 것으로 추정한다.

1) 저작물의 원작품이나 그 복제물에 저작자로서의 '실명' 또는 이명(예명 · 아호 · 약칭 등. 이하 같다)으로서 널리 알려진 것이 일반적인 방법으로 표시된 자(법 8조 1항 1호)

2) 저작물을 공연 또는 공중송신하는 경우에 저작자로서의 실명 또는 저작자의 널리 알려진 이명으로서 표시된 자(법 8조 1항 2호)

일반적인 방법이란 사회관행에 비추어 보통 저작자의 성명을 표시하는 방법이란 의미이다.

[판례] "사계절 색상이론" 사건(서울고등법원 2005.5.25.선고 2004라293 판결)

자신의 예명 또는 자신이 운영하는 케엠케 색채연구소의 명의를 표시하여 이 사건 저작물을 출판 · 발표하거나 케엠케 색채연구소의 인터넷 홈페이지에 게재한 사실을 인정할 수 있으므로, 특별한 사정이 없는 한 신청인은 이 사건 저작물의 저작자로 추정

된다고 할 것이다.

♣ coffee break: 저작자와 관련된 분쟁

(1) 「꿈꾸는 백마강」의 작사자: 서울민사지법 제12부(재판장 서태영 부장판사)는 1997년 5월 9일 월북작사가 조명암(본명 조영출, 작고) 씨의 외동딸 혜령(51) 씨가 부친이 작사한 노래 네 곡의 저작권을 되돌려 달라며 이 아무개 씨 등을 상대로 낸 저작권 확인소송에서 원고 승소판결을 내렸다.[96]
재판부는 판결문에서 "당시 발표된 음반과 가요계 인사들의 증언 등에 비추어 볼 때 이 노래들의 가사가 30년·40년대 당시 조씨가 '김다인' '이가실' 등의 예명으로 직접 작사한 사실이 인정된다"며 "따라서 이 가사들의 저작권은 조씨의 단독상속권자인 원고에게 있다"고 밝혔다.
30년대 초에 시인으로 등단한 조명암 씨는 해방되기 전까지 20여 년 동안 「무정천리」 「번지 없는 주막」 등 5백여 곡의 대중가요를 작사해 당대 최고의 작사가로 불렸다(한겨레신문 1997.5.10, 27면에서).
(2) 「님은 먼 곳에」의 작사자: 서울고법 민사합의5부(부장판사 이성호)는 2006년 10월 10일, 「님은 먼 곳에」 작사자는 신중현 씨가 아니라 작사가 겸 방송작가인 유호 씨(85. 본명 유해준)라고 판시하였다(법률신문 2006.10.11).
(3) 일본의 경우에도 저작자와 관련된 다툼이 적지 않다. 예컨대 새장 속의 새 사건,[97] 튤립사건[98] 등이 그것이다.

Ⅲ. 저작자와 저작권자

1. 저작권자

저작권자는 저작권의 귀속주체를 말한다. 원칙적으로는 저작자가 저작권자로 된다. 다만, 저작재산권은 양도·상속에 의한 이전이 가능하나 저작인격권은

96) 자세한 것은 서울지법 1997.5.9.선고 96가합48324 판결[저작권심의조정위원회, 「한국 저작권판례집(4)」, 204면 이하] 참조.
97) 이에 대해서는 저작권심의조정위원회, 「저작권에 관한 외국 판례선(3)」, 189면 이하 참조.
98) 이에 대해서는 저작권심의조정위원회, 「저작권에 관한 외국 판례선(2)」, 302면 이하 참조. 이 사건은 1992년 최고재판소 판결(最高裁 平成4年1月16日, 平成3年(オ)第526號 著作權確認請求事件)로 종결되었다.

일신전속적이므로 경우에 따라서 저작재산권자와 저작인격권자의 분리현상이 일어난다.

2. 저작권자 추정

저작자의 표시가 없는 저작물에 있어서는 발행자 · 공연자 또는 공표자로 표시된 자가 저작권을 가지는 것으로 추정한다(법 8조 2항). 다만, 이들이 저작자로까지 추정되는 것은 아니다.

3. 추정의 효과

추정의 효과는 저작자 · 저작권자로 추정되고 있는 자가 반증이 없는 한, 그 저작물의 저작자 · 저작권자로서 취급되는 것이다.

한편 이 추정은 저작자 · 저작권자의 이익을 위해서만이 아니고 그 불이익의 경우에도 인정되며, 또한 저작물의 보호기간의 산정에까지도 미친다.[99]

추정의 효과는 소급하므로 저작명의인은 저작물의 창작시부터 그 저작물의 저작자 · 저작권자인 것으로 추정되며, 반증에 의하여 이 추정이 깨어지는 경우에는 창작시부터 그 저작물의 저작자 · 저작권자가 아닌 것으로 취급된다.

Ⅳ. 특수한 경우

1. 업무상 저작물

저작자는 원래 자연인만이 될 수 있다. 왜냐하면 창작은 사상 또는 감정을 독창적으로 표현하여 외부에 구체화하는 사실행위를 말하기 때문이다. 그러나 저작권법은 법인 등에 대하여도 일정한 요건 하에 저작자로서의 지위를 인정하고 있다. 즉 법인 등의 명의로 공표되는 업무상의 저작물의 저작자는 계약 또는 근무규

99) 하용득, 「저작권법」, 116면.

칙 등에 다른 정함이 없는 때에는 그 법인 등이 저작자로 된다(법 9조). 한편 업무상저작물에 대해서는 "법인·단체 그 밖의 사용자(이하 "법인 등"이라 한다)의 기획하에 법인 등의 업무에 종사하는 자가 업무상 작성하는 저작물을 말한다"고 정의하고 있다(법 2조 31호). 이하 나누어 설명하면 다음과 같다.

1) 법인·단체 그 밖의 사용자(이하 "법인 등"이라 한다)가 저작물의 작성을 기획하였을 것. "법인 등"에는 법인, 권리능력 없는 사단·재단, 자연인인 사용자 등이 모두 포함된다. 이 점에 대한 논란은 없는 것 같다. 문제는 또 하나의 요건인 법인 등의 기획이다. 기획이란 국어사전에 보면 '일을 꾀하여 계획한다'라는 의미로 되어 있다. 그러므로 법인 등의 사용자가 일정한 의도에 기초하여 저작물의 작성을 구상하고, 그 구체적인 제작을 피용자에게 명하는 것을 말한다. 기획단계에서 종업원이 기안하고 이를 사용자가 승낙하였거나 혹은 종업원의 의견발표를 듣고 이를 채택한 경우라고 하더라도 어디까지나 결정은 사용자가 하여야 한다. 그러므로 기획은 저작물 작성 전단계에 이미 존재하고 있어야 한다.[100] 논자에[101] 따라서는 사용자의 기획에 의하지 않고, 피용자가 임의로 작성한 것이라고 하더라도 사용자에 의하여 사후승낙을 얻은 경우라든지 나아가서는 널리 사용자의 의사에 반하지 않는 경우에는 이 요건을 충족하는 것으로 해석하여야 한다는 견해가 있으나 지나친 확대해석이라고 본다. 이렇게 되면 기획이라는 요건이 특별한 적극적 의미를 가지지 않게 되고, 아래의 업무상 작성이라는 요건에 거의 포섭되는 것으로 볼 수 있어 기획을 독립된 요건으로 규정한 취지를 몰각하는 것이 될 것이다. 또 법인 등의 업무종사자를 일정한 직무에 배정하여 그 직무상 당연히 당해 업무종사자에 의한 해당저작물의 작성이 예기되거나 예정되어 있는 경우에는 법인 등의 기획이 있었다고 할 수 있다는 견해[102]도 있으나 이 역시 마찬가지이다.

[판례] '법인 등의 기획'의 의미(대법원 2010.1.14.선고 2007다61168 판결)

구 컴퓨터프로그램 보호법(2009.4.22. 법률 제9625호 저작권법 부칙 제2조로 폐지)

---

100) 齊藤博, 「著作權法(제3판)」, 有斐閣, 125면.

101) 半田正夫, 「著作權法概說」(제11판), 2003, 71면; 박성호, "업무상 작성한 저작물의 저작권 귀속," 「한국저작권논문선(1)」, 저작권심의조정위원회, 1992, 125면.

102) 田村善之, 저작권법개설(제2판), 380면; 金井重彦/小倉秀夫 편저, 著作權法コンメンタール(상권), 259-260면(小畑明彦 집필부분).

> 제5조에서 말하는 '법인 등의 기획'이라 함은 법인 등이 일정한 의도에 기초하여 컴퓨터프로그램저작물의 작성을 구상하고, 그 구체적인 제작을 업무에 종사하는 자에게 명하는 것을 말하는 것으로, 명시적은 물론 묵시적으로도 이루어질 수 있는 것이기는 하지만, 묵시적인 기획이 있었다고 하기 위하여는 위 법규정이 실제로 프로그램을 창작한 자를 프로그램저작자로 하는 같은 법 제2조 제2호의 예외규정인 만큼 법인 등의 의사가 명시적으로 현출된 경우와 동일시할 수 있을 정도로 그 의사를 추단할 만한 사정이 있는 경우에 한정된다고 봄이 상당하다.

2) 저작물이 법인 등의 업무에 종사하는 자에 의하여 작성되었을 것. 「법인 등의 업무에 종사하는 자」의 범위에 대해서는 논란이 있으나 법인 등과 고용관계에 있는 자에 한한다고 본다.[103] 단순히 지휘감독 관계에 있으면 그 계약내용이 위임이든 도급이든 불문한다는 견해도 있으나 이 요건을 그렇게 확대할 것은 아니다. 따라서 외부자에 대한 위탁저작물인 경우는 설사 당해 저작물을 작성함에 있어 지휘감독이 있었다고 하더라도 저작자는 그 저작물을 작성한 수탁자이며 그가 원시적으로 저작권을 취득한다.[104] 다만 고용관계는 일시적이라도 좋다.

3) 업무상 작성되었을 것. 당해 저작물의 작성이 당해 종업원의 직무이어야 한다. 우리법 작성에 참고가 된 일본 저작권법 제15조는 '직무상' 작성한다로 되어 있다.

4) 법인 등의 명의로 공표되는 것일 것. 따라서 공표된 저작물의 저작자의 명의가 단체가 아니고 개인인 경우에는 당해 개인이 저작자임은 물론이다. 2006년 개정 전의 법에서는 법인 등의 명의로 공표'된' 경우라고 규정하고 있었으나 개정법은 공표되기로 예정된 경우도 포함하는 것으로 하였다. 다만, 컴퓨터프로그램저작물의 경우에는 공표될 것을 요하지 아니한다.

5) 계약 또는 근무규칙 등에 다른 정함이 없을 것. 계약 또는 근무규칙에 설사 단체명의로 공표된 경우에도 저작자는 실제로 당해 저작물을 작성한 개인이 된다고 규정하고 있으면 저작자는 단체가 아니라 당해 저작물을 작성한 개인이라는 취지이다. 그러나 단체 자체와 그 구성원의 계약 교섭력의 대소나 힘의 우열관계[力關係]에 비추어 볼 때에는 이 문언은 거의 의미 없는 내용이라고 할 것이다.

---

103) 齊藤博, 앞의 책, 126면.

104) 서울민사지법 1992.6.5.선고 91가합39509 판결; 대법원 1992.12.24.선고 92다31309 판결 참조.

그럴 예정이었다면 차라리 명의를 실제 저작물을 작성한 종업원명의로 공표할 것이다.

◈ 영상저작물에 대한 적용

일본 저작권법 제16조(영화저작물의 저작자)는 "영화저작물의 저작자는 그 영화저작물에서 번안되거나 복제된 소설, 각본, 음악, 기타 저작물의 저작자를 제외하고 제작, 감독, 연출, 촬영, 미술 등을 담당하여 그 영화저작물의 전체적 형성에 창작적으로 기여한 자로 한다. 다만, 전조의 규정의 적용이 있는 경우에는 그러하지 아니하다"고 규정하여 제15조(직무상 작성하는 저작물의 저작자)의 규정을 우선시킨다. 이를 받아 이러한 조항이 없는 우리나라 저작권법 해석에서도 영상저작물 특례규정보다 제9조의 적용을 우선시키는 견해도 있다. 타당하다고 본다.

2. 공동저작물

저작물의 저작자는 1인에 한정되지 아니하므로 2인 이상이 공동으로 창작한 저작물로서 각자의 이바지한 부분을 분리하여 이용할 수 없는 공동저작물의 저작자는 공동하여 창작한 자 전원이 된다. 이에 반해 결합저작물의 경우에는 창작에 관여한 각자가 각 분담부분에 대한 저작자가 된다. 공동저작물이 되기 위해서는 각 저작자간에 하나의 저작물을 창작한다는 공동 인식 내지는 의사가 필요하다는 것이 통설이다.[105)]

[판례] '친정엄마' 사건(대법원 2014.12.11.선고 2012도16066 판결)

여기서 공동창작의 의사는 법적으로 공동저작자가 되려는 의사를 뜻하는 것이 아니라, 공동의 창작행위에 의하여 각자의 이바지한 부분을 분리하여 이용할 수 없는 단일한 저작물을 만들어 내려는 의사를 뜻하는 것이라고 보아야 한다.

이러한 공동의사가 없으면 2차적 저작물이라고 한다. 예컨대 甲의 저작물을

105) 이해완, 「저작권법」(제3판), 333면. 이를 의사설(주관설)이라고 한다. 이에 반해 공동의사는 불필요하며, 객관적으로 보아 당사자 상호간에 다른 당사자의 의사에 반하지 않을 정도의 관계가 있으면 족하다는 객관설도 있다. 이들에 대해 자세한 것은 김원오, "공동저작물의 성립요건을 둘러싼 쟁점과 과제," 「계간 저작권」(제94호), 2011.6, 4면 이하 참조.

乙이 정정·보충한 경우에 甲과 乙 사이에 공동창작의 의사가 있으면 그 저작물은 공동저작물이지만, 이러한 공동의사가 없으면 2차적 저작물이다.[106] 결국 2인 이상이 창작에 관여하더라도 각자 이바지한 부분을 분리하여 이용할 수 없으면 공동저작물, 이용할 수 있으면 결합저작물이 되고, 또 분리하여 이용할 수 없다고 하더라도 공동창작의 의사나 인식이 있으면 공동저작물, 공동창작의 의사가 없으면 2차적 저작물이 된다.

[판례 1] 서울북부지법 2008.12.30.선고 2007가합5940 판결

[1] '공동의 창작행위'는 공동창작의 의사를 가지고 공동저작자 모두 창작에 참여하는 것을 의미하지만, 시간과 장소를 같이 해야만 하는 것은 아니고 상이한 시간과 상이한 장소에서도 공동저작자들이 공동창작의 의사를 가지고 각각 맡은 부분의 창작을 하여 각 기여부분을 분리하여 이용할 수 없는 저작물이 되면 족하며, 각 기여부분을 분리하여 이용할 수 없는 것은 그 분리가 불가능한 경우뿐만 아니라 분리할 수는 있지만 현실적으로 그 분리이용이 불가능한 경우도 포함한다. 또한, 저작물의 원본, 복제물 등에 저작자로서의 실명 또는 이명으로서 널리 알려진 것이 일반적인 방법으로 표시된 자는 그 저작물의 저작자로 추정(저작권법 제8조 제1항 제1호)되지만, 공동으로 저작물의 창작에 기여한 이상 그 저작물에 관하여 공동저작자 중 1인 또는 그 일부만이 저작자라고 표시된 경우에도 다른 공동저작자들은 저작권법상 공동저작자로서의 권리를 주장할 수 있다.

[2] 만화스토리작가가 스토리를 창작하여 시나리오 또는 콘티 형식으로 만화가에게 제공하고 만화가는 이에 기초하여 다양한 모양과 형식으로 장면을 구분하여 배치하는 등 그림 작업을 하여 만화를 완성한 사안에서, 그 만화는 만화스토리작가와 만화가가 이를 만들기 위해 공동창작의 의사를 가지고 각각 맡은 부분의 창작을 함으로써 주제, 스토리와 그 연출방법, 그림 등의 유기적인 결합으로 완성되어 각 기여부분을 분리하여 이용할 수 없는 공동저작물이다.

♣ <u>상기 서울북부지법 2008.12.30.선고 2007가합5940 판결은 그 판결문 중에서 다음과 같이 적고 있다.</u>

"여러 사람이 관여하여 하나의 저작물을 작성하는 경우 관여자들이 그 작성에 기여하

106) 그러나 원저작자 사후 보충·정정하는 '유저보정'(遺著補訂)의 경우는 객관적인 공동창작행위(행위의 공동)는 없었으므로 공동저작물은 될 수 없고, 2차적 저작물이다(박성호, 「저작권법」, 박영사, 2014, 240면).

는 정도, 작성되는 저작물의 성질에 따라 그 저작물이 공동저작물이 될 수도 있고, 2차적 저작물이 될 수도 있다고 할 것인데, 만화저작물의 경우 만화스토리 작성자가 만화작가와 사이에 기획의도 · 전개방향 등에 대한 구체적인 협의 없이 단순히 만화의 줄거리로 사용하기 위해 독자적인 시나리오 내지 소설 형식으로 만화스토리를 작성하고, 이를 제공받은 만화작가가 만화스토리의 구체적인 표현방식을 글(언어)에서 그림으로 변경하면서 만화적 표현방식에 맞게 수정 · 보완하고, 그 만화스토리의 기본적인 전개에 근본적인 변경이 없는 경우에는 만화스토리를 원저작물, 만화를 2차적 저작물로 볼 여지가 있으나, 위에서 살펴본 바와 같이 위 원고들과 피고는 최종적으로 만화작품의 완성이라는 공동창작의 의사를 가지고 있었던 점, 위 원고들의 만화스토리는 피고에게만 제공된 점, 이 사건 만화들은 위 원고들의 만화스토리와 피고의 그림, 장면 설정, 배치 등이 결합하여 만들어지는 저작물인 점, 위 원고들과 피고의 작업과정 등에 비추어 보면 이 사건 만화들은 피고가 위 원고들의 스토리를 변형, 각색 등의 방법으로 작성한 창작물이라기보다 위 원고들이 창작하여 제공한 만화스토리와 피고의 독자적인 그림 등이 유기적으로 어우러져 창작된 위 원고들과 피고의 공동저작물이라고 봄이 상당하다.

[일본판례] '캔디 · 캔디' 사건[일본최고재판소 2001.10.25. 판결, 平成12(受)798]

사실관계: X(원고, 피상고인)는 스토리성이 있는 만화 '캔디 · 캔디'의 원작자이며, Y(피고, 상고인)는 동 만화의 그림 작가이다. 동 만화는 4년에 거쳐 월간소녀만화잡지에 연재되었다. Y가 X와 협의하지 않고 무단히 캔디를 묘사한 리소그래프(석판화)와 그림엽서를 작성 · 판매했기 때문에 X로부터 Y에 대해 본건 場面 그림(연재 만화의 한 장면), 본건 표지그림(본건 만화가 연재된 잡지의 표지그림) 및 본건 원화(리소그래프 및 그림엽서의 원화로서 Y가 작성한 것)에 대해, 본건 만화 및 그림을 공동저작물로 하는 저작자의 권리 또는 2차적 저작물로 하는 원저작자의 권리 확인과 상기 각 그림의 작성 · 복제 · 배포의 금지를 구하는 소를 제기하였다. 제1심, 원심 모두 원고청구를 인용했으므로 Y가 상고하였다.

최고재판소 판단: [상고기각]. 본건 연재만화는 X가 스토리를 창작하고, Y가 그에 맞춰 그림을 그리는 형태로 작성된 것이므로 본건 연재만화는 X작성의 원고를 원저작물로 하는 2차적 저작물이라고 말할 수 있기 때문에 X는 본건 연재만화에 대해서 원저작자로서의 권리를 갖는다. Y의 권리는 X와 Y의 합의에 의하지 않으면 행사할 수 없다고 판단된다. 따라서 X는 Y가 캔디를 묘사한 본건 원화를 합의없이 작성 · 복제 · 배포하는 것을 금지할 수 있다.[107)]

---

107) 자세한 것은 中山信弘 외, 「저작권판례백선」(제4판), 有斐閣, 2009, 114면 이하 참조. 평

[판례 2] '친정엄마' 사건(대법원 2014.12.11.선고 2012도16066 판결)

① 피고인은 자신이 작성한 연극 '친정엄마'의 초벌대본이 고소인에 의하여 수정 · 보완되어 새로운 창작성이 부여되는 것을 용인하였고, 고소인도 피고인과 별개의 연극 대본을 작성할 의도가 아니라 피고인이 작성한 초벌대본을 기초로 이를 수정 · 보완하여 보다 완성도 높은 연극대본을 만들기 위하여 최종대본(이하 '이 사건 저작물'이라고 한다)의 작성 작업에 참여한 점, ② 피고인은 초벌대본이 고소인에 의하여 수정 · 보완되어 연극으로 공연되기까지 극작가의 지위를 유지하면서 대본작업에 관여하였고, 고소인도 이 사건 저작물의 작성 과정에서 피고인으로부터 수정 · 보완작업의 전체적인 방향에 관하여 일정부분 통제를 받기는 하였으나 상당한 창작의 자유 또는 재량권을 가지고 수정 · 보완작업을 하여 연극의 중요한 특징적 요소가 된 새로운 캐릭터 · 장면 및 대사 등을 상당부분 창작한 점, ③ 최종대본은 그 창작적인 표현형식에 있어서 피고인과 고소인이 창작한 부분을 분리하여 이용할 수 없는 단일한 저작물이 된 점 등을 살펴보면, 피고인과 고소인은 이 사건 저작물의 공동저작자로 봄이 타당하다.

[판례 3] '철의 제왕 김수로' 사건(대법원 2016.7.29.선고 2014도16517 판결)

쟁점: 이 사건 드라마는 모두 32회로 구성되어 있다. 원래 甲이 방송사와 드라마의 극본을 집필하는 계약을 맺고, 집필하던 중 6회째에 이르러 방송사의 계약해지 통보를 받았고, 그 후 나머지는 乙이 집필한 것이었다. 甲과 乙이 완성한 이 사건 극본은 공동저작물인가?

법원의 판단: 2인 이상이 시기를 달리하여 순차적으로 창작에 기여함으로써 단일한 저작물이 만들어지는 경우에, 선행 저작자에게 자신의 창작 부분이 하나의 저작물로 완성되지는 아니한 상태로서 후행 저작자의 수정 · 증감 등을 통하여 분리이용이 불가능한 하나의 완결된 저작물을 완성한다는 의사가 있고, 후행 저작자에게도 선행 저작자의 창작 부분을 기초로 하여 이에 대한 수정 · 증감 등을 통하여 분리이용이 불가능한 하나의 완결된 저작물을 완성한다는 의사가 있다면, 이들에게는 각 창작 부분의 상호 보완에 의하여 단일한 저작물을 완성하려는 공동창작의 의사가 있는 것으로 인정할 수 있다. 반면에 선행 저작자에게 위와 같은 의사가 있는 것이 아니라 자신의 창작으로 하나의 완결된 저작물을 만들려는 의사가 있을 뿐이라면 설령 선행 저작자의 창작 부분이 하나의 저작물로 완성되지 아니한 상태에서 후행 저작자의 수정 · 증감 등에 의하여 분리이용이 불가능한 하나의 저작물이 완성되었더라도 선행 저작자와 후행 저작자 사이에 공동창작의 의사가 있다고 인정할 수 없다. 따라서 이때 후행 저작자에

석을 한 中山 교수는 "본건의 최대의 교훈은 다수의 자가 관여한 창작에 관해서는 미리 계약해 두는 것이 중요하다고 하는 점이다."고 적고 있다(위의 책, 115면).

의하여 완성된 저작물은 선행 저작자의 창작 부분을 원저작물로 하는 2차적 저작물로 볼 수 있을지언정 선행 저작자와 후행 저작자의 공동저작물로 볼 수 없다.

3. 대 작(代作)

대작의 경우에는 제8조가 적용되어 일응 저작자 및 저작권자는 대작자가 아니라 저작명의인이다. 그러나 대작자는 자기가 저작자임을 입증함으로써 저작물의 저작시에 소급하여 저작자의 지위를 갖는다.

[판례] 논문대작의 판별기준(대법원 1996.7.30.선고 94도2708 판결)

비록 논문작성자가 지도교수의 지도에 따라 논문의 제목, 주제, 목차 등을 직접 작성하였다고 하더라도 자료를 분석, 정리하여 논문의 내용을 완성하는 일의 대부분을 타인에게 의존하였다면 그 논문은 논문작성자가 주체적으로 작성한 논문이 아니라 타인에 의하여 대작된 것이라고 보아야 한다.

4. 감수, 교열

이때에는 창작에의 기여 정도에 따라 그 취급이 달라진다. 서적의 내용이 권위가 있도록 하기 위하여 저명인의 성명을 차용한 경우에는 저작자가 되지 못한다. 그러나 저작물을 보정, 가필하는 등 창작적으로 참가한 경우에는 저작자와 공동저작자가 된다.

5. 월북(재북)작가의 저작물

대한민국의 주권은 헌법상 북한지역에까지 미치는 것으로, 북한이 세계저작권협약(UCC)에 가입하지 아니하였다 하더라도 북한 저작물은 상호주의와 관계없이 우리 저작권법상의 보호를 받는다.[108] 또 월북작가나 재북작가의 저작물도 대한민국에서 당연히 보호된다. 이들이 사망하면 (남한에 있는) 상속인에게 그 상속지분에 따라 저작권이 상속된다.[109]

---

108) 「이조실록」 사건(1)(서울지법 남부지원 1994.2.14.선고 93카합2009 판결).

6. 외국인의 저작물

외국인 저작물은 우리나라가 가입 또는 체결한 조약에 따라 보호함을 원칙으로 하되 우리나라에 상시 거주하는 외국인(무국적자 및 우리나라에 주된 사무소가 있는 외국법인 포함)의 저작물과 우리나라에서 맨 처음 공표된 외국인 저작물(외국에서 공표된 날로부터 30일 이내에 우리나라에서 공표된 저작물 포함)은 내국인 저작물과 동일하게 보호한다.

다만, 체약국 국민의 저작물이나 우리나라에서 맨 처음 공표된 외국인 저작물이라 하더라도 그 외국에서 대한민국 국민의 저작물을 보호하지 아니하는 경우[110]에는 그에 상응하게 조약 및 이 법에 의한 보호를 제한할 수 있도록 하여 상호주의를 취하고 있다(법 3조 3항 참조). 또 보호되는 외국인의 저작물이라도 그 외국에서 보호기간이 만료된 경우에는 우리 법에 따른 보호기간을 인정하지 아니한다(법 3조 4항).

| 제4절 | 저작권일반 및 등록제도

Ⅰ. 저 작 권

1. 의 의

저작권이란 저작자가 그 자신이 창작한 저작물에 대해서 갖는 권리이다.[111]

---

109) 「두만강」 사건(1) = 북한저작물의 무단출판에 따른 가처분(서울민사지법 1989.7.26.자 89카13962 결정).

110) 보호하지 아니하는 경우뿐만 아니라 보호는 하되 보호의 수준이나 정도가 우리나라 저작권법보다 낮은 경우도 포함한다[허희성, 「2000저작권법축조개설(상)」, 98면].

저작권은 크게 저작재산권과 저작인격권으로 구분된다.[112]

1) 저작재산권은 저작자의 재산적 이익을 보호하고자 하는 권리로서 주로 저작물을 제3자가 이용하는 것을 허락하고 대가를 받을 수 있는 권리이다. 이에는 복제권 · 공연권 · 공중송신권 · 전시권 · 배포권 등이 포함된다.

2) 저작인격권은 정신적 창조물로서 지적재산은 저작자의 인격을 반영하며 인격 밖에 존재하는 물적 재산보다 한층 더 존귀하게 평가되어야 한다. 이와 같은 비금전적인 제2의 권리를 '저작인격권'이라 한다. 이에는 공표권 · 성명표시권 · 동일성유지권 등이 포함된다.

2. 저작권의 발생: 무방식주의

저작권은 저작물을 창작한 때부터 발생하며 어떠한 절차나 형식의 이행을 필요로 하지 아니한다(법 10조 2항). 즉 저작의 사실로부터 저작권이 발생하며, 특별한 절차를 밟거나 형식을 요하지 아니한다는 것이다. 이러한 입법주의를 무방식주의라 하며 우리나라, 일본, 독일, 프랑스 등과 베른협약이 취하는 바이다.

이에 반해 미국(1976년법 시행 이전)과 라틴아메리카의 여러 나라는 저작권의 발생에 저작물의 납본이나 등록 등을 필요로 하며, 이러한 국가들을 방식주의 국가라 한다. UCC는 가입국 국민이 방식주의 국가에서 저작권 향유를 보다 손쉽게 하도록 ⓒ 표시 제도를 마련하고 있다.[113]

3. 저작권의 법적 성격

(1) 저작권은 지적소유권의 일종이다

저작권은 그 객체가 관념적 무체물이라는 점에서 동산, 부동산 등 유체물을 객체로 하는 소유권 등과 구별되나, 그의 brain child인 저작물을 완전히 매각하거

111) 판권은 일본의 福澤兪吉이 copyright를 번역한 말이다. 그러므로 판권과 저작권은 동일한 의미이다.

112) 우리 현행법은 대륙법계인 저작자 권리체계를 택한 결과 저작권에는 저작재산권과 저작인격권이 모두 포함된다(법 10조).

113) ⓒ 표시 제도에 대해서는 본서 제3장 Ⅲ. 2 (4) 참조.

나(저작권의 양도) 사용허락에 의해 처분할 수 있다는 점에서 일반소유권 등과 크게 다를 바 없다.

다만, 인간의 정신에서 기원되었다는 점에서 지적소유권이다. 또 동일한 지적소유권의 범주에 속하는 산업재산권과는 권리의 발생, 성격, 유지, 존속기간, 속지성 등에서 차이가 난다.

◈ 저작권과 산업재산권의 차이

1) 권리의 발생　저작권은 창작과 더불어 권리가 발생하나(무방식주의), 산업재산권은 이를 등록하여야 한다. 등록되기 위해서는 일정한 자가 국가기관인 특허청에 신청하여야 하며(이를 '출원'이라고 한다), 특허청은 출원된 산업재산이 일정한 요건을 갖추고 있는지 여부를 심사하며, 이러한 요건에 합치되는 산업재산의 출원에 대해서만 등록을 허용한다. 그러므로 산업재산권의 경우에는 국가의 행정처분인 특허행위에 의해 권리가 발생한다는 방식을 취한다.

2) 권리의 성격　저작권은 모방금지권이나 산업재산권은 차단효가 있는 독점권이다. 따라서 저작권은 자기 저작물의 도용에 대해서만 권리를 주장할 수 있으며, 아무리 동일·유사하다고 하더라도 독자적으로 창작된 것에 대해서는 권리를 주장할 수 없다. 이에 반해 특허권 등 산업재산권은 그 효력이 당해 발명 등의 모인(冒認)만이 아니고, 독자적으로 되어진 발명 등에 대해서도 권리가 미친다.

3) 권리의 유지　저작권의 유지에는 별다른 의무가 없으나 산업재산권을 유지하기 위해서는 존속기간 중에 일정한 요금을 납부하여야 한다. 또 산업재산권은 일정한 실시의무, 사용의무 등이 있으며, 이러한 의무에 위배되면 강제실시의 대상이 되거나(특허 등의 경우),[114] 불사용으로 인하여 취소된다(상표의 경우).

4) 권리의 존속기간　저작권은 원칙적으로 저작자 사후 70년까지 존속하나 산업재산권의 경우에는 권리가 가장 긴 특허권의 경우도 출원으로부터 20년간 존속한다. 다만, 상표권의 경우는 좀 특이해서 권리의 존속기간은 10년이나 갱신을 통해 영구히 사용할 수 있다. 이것은 상표가 자타상품 식별표지로서 그 자체 산업질서유지에 기여하기 때문이다.

5) 권리의 속지성　경업적 색채가 강한 산업재산권은 그 보호여부가 당해 국가의 산업정책과 밀접한 관련을 가지므로 설사 산업재산권 보호를 위한 파리협약 가입국 사이라고 하더라도 그 보호를 받으려면 보호받고자 하는 당해 국가에 출원·등록하여야 한다. 이에 대해 저작권의 경우에는 협약 가입국 사이에서는 무방식으로, 혹은(당해 국가가 방식주의 국가라면) ⓒ 표시만 하면 얼마든지 보호받을 수 있다. 그런 면에서

114) 디자인권의 경우에는 이러한 의무는 없다.

저작권의 경우는 속지성이 크게 완화되어 있다.

(2) 저작권은 유한한 권리이다

유체물의 소유권은 목적물이 존재하는 한 존속(소유권의 항구성)하나 저작재산권의 존속기간은 유한하다. 예컨대 우리 저작권법은 저작자의 생존기간 및 상속인이 있는 경우 저작자 사망 후 70년간 존속한다고 규정하고 있으며, 그 이후에는 공유(public domain)로 되어 누구라도 자유로이 이용할 수 있다.

(3) 저작권은 배타적 권리이다

저작자는 자기의 저작물을 타인이 허락 없이 이용하는 것을 금지시킬 수 있는 배타적 권리를 가지고 있다. 그러나 저작권은 산업재산권과 같은 차단효가 있는 독점적 권리가 아니므로 우연히 동일내용의 저작물이 다수 작성된 경우에도 작성 선후에 관계없이 모두 저작권을 향유한다.

◈ 우연의 일치

어느 작품이 기존의 특정작품과 극히 유사하더라도(심지어는 똑같다고 하더라도) 우연의 일치인 경우에는 저작권 침해로는 되지 않는다. 예컨대 어느 정물을 여러 사람이 그린 경우 혹은 카메라로 촬영을 한 경우 다른 작품을 복제하거나 모방하지 않더라도 비슷하거나 똑같은 작품이 다수 존재할 수 있다. 이러한 경우는 보통 있을 수 있는 예이나 음악저작물에 관하여 우연의 일치라고 본 특이한 사례도 있다. 「원 레이니 나이트 인 도쿄」 사건이 그것이다(일본 최고재 1978.9.30). 내용은 다음과 같다.
「원 레이니 나이트 인 도쿄」에 대해서 미국 음악출판사의 일본 대리점이 그것은 「꿈 깨진 가로수길」(The boulevard of broken dreams)이라고 하는 곡의 침해라고 제소한 바 제1심 판결에서는 아주 비슷하지만 침해는 아니라고 하였다(동경지재 1968.5.13). 감정작곡가도 둘로 나뉘어져 한쪽은 침해라고, 다른 쪽은 침해가 아니라고 감정하였다. 제2심인 동경고등재판소 판결(1974.12.24)과 제3심인 최고재판소에서는 피고가 원고작품을 본 적도 들은 적도 없다는 사실을 감안하여 결국 우연의 일치라고 판시하였다.

◈ 무의식적 침해(subconscious infringement)

앞서 본 우연의 일치와 구분해야 할 것에 무의식적 침해가 있다. 무의식적 침해란 침해자 자신은 타인의 저작물을 이용한다는 의식이 없었으나 실은 저작권침해가 되는 경우이다. 예컨대 자신이 작품을 제작하면서 이전에 접했던 타인의 저작물을 자신도 모르게 이용하는 경우이다(젊은 시절 외국에서 휴가 중에 어느 노래를 듣고, 그리고 그로부터 20여년 후에 자신도 모르게 이전에 들은 노래와 실질적으로 동일한 노래를 작곡한 경우). 무의식적 침해와 관련하여 유명한 사례에 Bright Tunes Music Corp v. Harrisongs Music, Ltd., 420 F.Supp 177 (SDNY 1976)이 있고, 그 2000년판이 Three Boys Music Corp. v. Bolton, 212 F.3d 477(9th Cir. 2000)이다.

[미국판례] Bright Tunes Music v. Harrisongs Music[115]

이 사건은 George Harrison의 "My Sweet Lord"가 Ronald Mack의 "He's so Fine"을 표절한 것인가가 문제로 된 사건이다. 원고 Bright Tunes Music이 "He's so Fine"에 관한 저작권을 가지고 있다. "He's so Fine"은 1962년 작곡되었고, 재미있어 외우기 쉬운, 기본적으로 매우 짧은 [솔-미-레](이하 '모티프 1'이라 한다)가 4번 반복되는 것으로 되어 있다. '모티프 1'은 가사에 맞추기 위하여 적절히 변경되나 그 후는 또 4번 반복되는 [솔-라-도-라-도]로 이루어진 또 다른 짧은 구절이 뒤따른다(이하 '모티프 2'라 한다). 모티프 그 자체는 어느 것도 새로울 것이 없지만 '모티프 1'의 네 번 반복과 그 후에 잇따르는 '모티프 2'의 4번 반복은 매우 독특한 형식이다. 더욱이 '모티프 2'의 두 번째 사용시에는 장식음이 삽입되어 [솔-라-도-라-레-도]가 된다.

'모티프 1'	'모티프 2'	장식음 삽입 모티프

"My Sweet Lord"는 1970년에 처음 녹음되었고, 가사에 맞도록 약간 변형되었지만 '모티프 1'을 4번 사용하였고, 이어서 따라오는 '모티프 2'는 4번이 아니라 3번 반복 사용되었다. '모티프 2'가 사용되었던 네 번째 자리에는 2번째 반복해서 나오는 대략 같은 길이의 장식음이 있다. 두 노래의 화음은 모두 같다.[116] 비틀스 멤버인 해리슨은 "He's so Fine"을 알고 있었다. 그것은 미국에서 5주 동안 빌보드 차트 1위였다. 해리슨의 고향인 영국에서도 … 1963년 7주 동안 최고 히트 곡 중의 하나였다.

115) 420 F. Supp. 177(S.D.N.Y. 1976).

116) 피고측 감정인은 2개의 곡 사이에 중요한 차이가 있다고 주장한다. 그러나 여기서 주장되고 있는 상위(相違)라고 하는 것은 다른 가사와 많은 음절이 관여하고 있다는 사실로부터 생기는 것이다. 이것에 의해 반복하는 부분이나 구절이 시작하는 부분에 약간의 변화가 생기나 음악의 본질적인 핵의 부분과는 하등 상관이 없다.

[해리슨이 의식적으로 "He's so Fine"을 모방한 것은 아니라는 것이 심리과정에서 밝혀졌다.] 그럼에도 불구하고 "My Sweet Lord"가 가사는 다르지만 "He's so Fine"과 같은 곡이라는 것은 분명하다. 그리고 해리슨은 "He's so Fine"을 접했다는 것도 명백하다. 법에 비추어 이것은 저작권침해이다. 그것이 아무리 무의식적으로 되었다고 하더라도 결론에는 변함이 없다.

(4) 저작권은 권리의 다발(bundle of rights)이다

저작권은, 소유권과 같이 하나의 권리가 있는 것은 아니며, 복제권 · 방송권 · 공연권 · 전시권 등과 같은 다수 권리의 집합이며 권리의 다발이다.[117] 저작권으로 보호받는 저작물의 카테고리 및 저작권의 범위로 알려진 권리의 다발을 이루고 있는 개개의 권리는 기술의 진보에 따라 점차 확장되고 있는 추세이다. 컴퓨터 소프트웨어나 데이터베이스가 저작권에 의해 보호되기 시작했으며, 유선방송권, 전송권, 음악저작물 등의 대여권이 많은 나라에서 입법화된 것은 그 좋은 예이다.

[판례] "살아 있는 동안 꼭 해야 할 49가지" 사건(대법원 2013.7.12.선고 2013다22775 판결)

저작인격권이나 저작재산권을 이루는 개별적인 권리들은 저작인격권이나 저작재산권이라는 동일한 권리의 한 내용에 불과한 것이 아니라 각 독립적인 권리로 파악하여야 하므로 위 각 권리에 기한 청구는 별개의 소송물이 된다.

II. 저작권과 다른 권리와의 관계

1. 저작권과 디자인권

저작권법과 디자인보호법이 문제되는 분야는 주로 미술저작물, 특히 응용미술과의 관계에서 문제가 된다는 것은 이미 설명하였다. 현재 진정한 의미에서의 저작권법과의 조정은 디자인보호법의 어디에도, 또 저작권법에도 규정된 바 없다. 다만, 디자인보호법 제45조는 "디자인권자 · 전용실시권자 · 통상실시권자는

117) 학자에 따라서 전자를 모권, 후자들을 지분권이라 부르기도 하나 자칫 오해의 소지가 있다.

등록디자인 또는 이와 유사한 디자인이 그 디자인등록출원일 전에 발생한 타인의 저작권을 이용하거나 저촉되는 경우에는 저작권자의 허락을 얻지 아니하고는 자기의 등록디자인 또는 이와 유사한 디자인을 업으로서 실시할 수 없다"는 당연한 사리만을 규정하고 있다.

2. 저작권과 상표권

저작권법과 상표법의 관계가 문제되는 분야는 주로 저작물의 제호나 캐치프레이즈, 캐릭터의 보호와 관련된 것이다. 「녹정기」(鹿鼎記) 사건[118]에서 판례는 "서적의 제호를 상표로 등록하고 이 문자를 동일한 서적의 제호로 사용하는 경우에 그것(제호)은 그 해당 저작물의 창작물로서의 명칭 내지는 그 내용을 나타내는 것으로 저작권법에 저촉되지 않는 한 누구나 사용할 수 있어야 할 것이므로 … 결국 상표권의 효력이 미치지 아니하는 경우에 해당한다"고 판시하였다. 한편 저작권법이 응용미술을 보호함으로써 도안화된 상표에 있어서 저작권과 상표권의 충돌이 일어나고 있음은 '폭스 헤드' 사건 등에서 이미 본 바와 같다.

[판례] '개를 산책시키는 여성' 사건(서울중앙지법 2013.4.18.선고 2012가합521324판결)

원고 도안	피고 상표

피고는 원고 도안과 유사한 도안을 상표의 일부로 하여 사용하고 있다. 이에 원고는 피고를 상대로 저작권 침해를 이유로 소를 제기하였다. 법원은 접근가능성에 비추어 피고의 독자적 창작이라는 주장을 배척한 후 원고도안과 피고상표의 앞 부분이 실질적으로 유사함을 이유로 저작권침해를 인정하였다.

⚖ 참고: 상표법 제92조(타인의 디자인권 등과의 관계) ① 상표권자 … 는 그 등록상표를 사용할 경우에 그 사용상태에 따라 … 그 상표등록출원일 전에 발생한 타인의 저작권과 저촉되는 경우에는 지정상품 중 저촉되는 지정상품에 대한 상표의 사용은 … 저작권자의 동의를 얻지 아니하고는 그 등록상표를 사용할 수 없다.

118) 서울민사지법 1994.6.1.선고 94가합3724 판결.

3. 저작권과 소유권

'이휘소' 사건[119]에서 '편지 자체의 소유권은 수신인에게 있지만 편지의 저작권은 통상 편지를 쓴 발신인에게 남는다'는 판시와 같이 저작권과 소유권은 별개의 것이며, 저작물이 표현된 매체의 소유자가 저작권을 가지는 것은 아니다. 이 점은 미국 저작권법 제202조[120]와 같은 명문의 규정이 없더라도 명백하다.

이렇듯 저작권과 소유권이 독립적이고 병렬적인 권리라고 하더라도 현실의 세계에서는 저작물이 담긴 매체의 소유자와 저작권자 사이에서는 적지 않은 긴장관계, 혹은 이해의 대립이 발생한다. 매체의 소유자는 당해 매체를 전면적으로 지배하여 이용을 극대화하려고 하는 반면, 저작권자는 그 이용을 통제하려고 한다. "독일에서는 저작권과 소유권이 충돌하는 경우 이익형량론을 가지고 해결하려고 한다. 즉 자신의 인격과 개성이 나타나 있는 저작물에 관한 저작자의 이익과 소유물을 임의로 관리, 처분할 수 있다는 소유자의 이익을 형량하여 이 긴장관계를 해결하고자 한다."[121] 우리 저작권법에 나타난 소유권과 저작권의 조절에 관한 예를 들어보면 다음과 같다.[122]

① 저작권법 제13조 제2항 2호, 즉 '건축물의 증축 · 개축 그 밖의 변형'을 동일성유지권의 예외로 인정한 점.[123]

② 저작권법 제29조 제2항, 즉 청중이나 관중으로부터 당해 공연에 대한 반대급부를 받지 아니하는 경우에는 판매용음반 또는 판매용영상저작물을 재생하

---

119) 「이휘소」 사건(1)(서울민사지법 1995.6.23.선고 94카합9230 판결).

120) 제202조[저작권(의 소유권)과 대상물의 소유권] 저작권 또는 저작권을 구성하는 배타적 권리의 소유는 당해 저작물이 수록된 대상물의 소유권과 구별된다. 저작물이 최초로 고정된 복제물이나 음반 등 대상물의 소유권의 이전은 그 자체로서 대상물에 수록된 저작권으로 보호되는 저작물에 대한 권리를 이전하는 것이 아니며, 합의가 없는 한 저작권 또는 저작권을 구성하는 배타적 권리의 소유권의 이전은 대상물에 대한 소유권을 이전하는 것이 아니다.

121) 계승균, "저작권과 소유권," 「계간저작권」(제65호), 8면.

122) 저작권과 소유권에 관한 보다 자세한 것은 이상정, "소유권과 저작권의 충돌과 조화에 관한 일고," 「산업재산권」(제33호), 한국산업재산권법학회, 2010.12, 231면 이하 참조.

123) 그러나 저작자가 가지는 동일성유지권이 모두 유체물의 소유자에게 양보되는 것이 아님은 물론이다. 그 전형적인 예가 변경이다. 원작품의 소유자가 원작품에 변경을 가하는 것은 동일성유지권 침해이다.

여 일반공중에게 공연할 수 있도록 한 점.[124)]

③ 저작권법 제35조 제1항.

④ 저작권법 제20조 단서. 즉 최초판매원칙의 승인이 그것이다.[125)]

◈ 저작권과 소유권에 관한 일본 판례의 경향[126)]

顔眞卿自書建中告身帖사건(일본 최고재판소 1984.1.20.) 이전의 하급심판례에는 소유물을 촬영하는 것도 금지시킬 수 있는 권리가 있는 것같이 판시한 것도 있다. 그러나 顔眞卿自書建中告身帖사건을 계기로 물건의 소유권은 유체물에 대한 배타적 지배권능이기 때문에 그 효력은 물건의 점유를 수반하는 유체물의 이용행위에만 미치며, 물건의 촬영을 복제 이용하는 등, 점유침해를 수반하지 않는 물건의 무형적 측면을 이용하는 행위에는 미치지 않는 것이 명백히 되었다. 또 일본 판결은 물건의 이른바 퍼블리시티권도 인정하지 않는다.[127)]

Ⅲ. 저작권제도와 등록

1. 서 언

저작권의 등록이란 저작재산권 이전 등 저작권법상의 소정의 사항을 저작권등록부에 기재하는 것 또는 그 기재를 말한다. 저작권법에는 이러한 저작권 등록 외에도 출판권이나 저작인접권에 대해서도 등록제도가 마련되어 있다(법 63조, 90조 참조). 우리 저작권법은 무방식주의를 채택하고 있으므로 저작권의 등록은 권리발생의 요건이 아님은 물론 저작재산권의 이전 등에 있어서도 효력발생요건이 아니라 대항요건으로 되어 있다. 그렇다고 하더라도 오늘날과 같은 정보사회, 특히 저작물의 대량이용이 필요한 사회에서는 어떠한 저작물이 존재하며, 또 그 권리관계가 어떻게 되어 있는지를 한눈에 알 수 있다면 대단히 편리할 것이다. 이에 1999년 개정법은 "저작권 등록범위의 확대 및 등록절차의 개선을 통하여 저작물

---

124) 다만 그 범위는 대통령령에 의하여 점차 축소되고 있다(저작권법 시행령 제2조 참조).

125) 그러나 대여권에 의해 최초판매의 원칙은 제한을 받는다.

126) 大渕哲也 외, 知的財産權判例集, 有斐閣, 2005, 254-255면.

127) 有名競走馬의 명칭이용사건(일본 최고재판소 2004년 2월 13일 판결).

관련 정보의 효율적 관리 및 활용증대"를 기하고 있다. 그래서인지 과거에 비해 등록 저작물의 수가 크게 증가하고 있다.[128] 향후 법정손해배상청구를 위해서는 등록이 전제로 되어 있는 점 등에 비추어 볼 때 등록건수는 더욱 증가하리라고 본다.

◈ 전산정보처리시스템에 의한 저작권등록 등

* 저작권법 시행령 제24조 내지 제34조의 규정에 의한 등록 및 이와 관련된 업무는 전산정보처리시스템으로 처리할 수 있다(시행령 35조).

* 문화체육관광부장관은 법 제55조 제1항의 규정에 따라 저작권등록부에 기재한 등록에 대하여 등록공보를 발행하거나 정보통신망에 게시하여야 하며, 신청한 자가 있는 경우에는 저작권등록부를 열람하게 하거나 그 사본을 교부하여야 한다(법 55조 3항).

2. 우리 법이 인정하는 등록 및 등록기관

우리법이 인정하는 등록에는 i) 저작자 관련 등록, ii) 저작물 관련 등록, iii) 공표관련 등록, iv) 저작재산권의 변동 등에 관한 등록, v) 기타 대통령령으로 정한 사항에 대한 등록이 있다.

한편 이러한 등록은 문화체육관광부장관이 행하는 것이나 문화체육관광부장관은 대통령령이 정하는 바에 의하여 이 법에 의한 권한의 일부를 저작권위원회에 위탁할 수 있어(법 130조), 현재는 한국저작권위원회가 그 위탁을 받아 업무를 수행하고 있다.

3. 저작권법상의 등록

(1) 저작자 관련 등록

저작자는[129] 자신의 姓名・異名(공표 당시에 異名을 사용한 경우에 한한다)・국적・주소 또는 거소를 등록할 수 있다(법 53조 1항 1호). 저작자가 사망한 경우 저

128) 한국저작권위원회 자료에 의하면 2014년에는 37,000건 이상이 등록되고 있다(구체적인 자료는, http://www.copyright.or.kr/information-materials/statistics/registration/index.do 참조).

129) 종전 법에서는 저작재산권자도 등록할 수 있는 자에 포함되었으나 2006년 개정에서 저작재산권자는 삭제되었다.

작자의 특별한 의사표시가 없는 때에는 그의 유언으로 지정한 자 또는 상속인이 등록할 수 있다. 저작자등록의 효과는 다음과 같다.

1) **추정력** 저작자로 성명이 등록된 자는 그 등록저작물의 저작자로 추정된다. 실명등록이 되어 있는 자는 저작자로 추정되므로 저작자가 아니라고 하는 입증책임은 그것을 다투는 상대방이 부담하게 된다.[130)]

2) **저작권 보호기간의 연장** 이미 본 바와 같이 무명, 이명저작물의 보호기간에는 공표시 기산주의가 채택되어 그 기간은 공표 후 70년으로 되어 있으나(법 40조 1항), 실명등록이 되면 사망시 기산주의로 되어 저작자 사후 70년까지 보호된다(법 40조 2항 2호). 이로써 보호기간 연장의 효과를 가져온다. 정확히는 무명, 이명으로 인한 보호기간상의 불이익이 실명등록으로 시정되었다고 보아야 할 것이다. 또 널리 알려진 이명은 저작권법상 저작자로 추정받게 되며(법 8조 1항), 저작재산권의 존속기간에 있어서도 실명과 동등하게 취급받고 있으므로(법 40조), 실명등록의 실익이 없을 것이나 널리 알려져 있는지 여부에 관한 판단이 반드시 명확한 것은 아니므로 확신이 없는 한 실명등록을 받는 것이 무난하다.

(2) 저작물 · 저작권 등 관련 등록

저작자는 저작물의 제호 · 종류 · 창작연월일을 등록할 수 있다(법 53조 1항 2호). 저작자가 사망한 경우 저작자의 특별한 의사표시가 없는 때에는 그의 유언으로 지정한 자 또는 상속인이 등록할 수 있다(법 53조 2항).

창작연월일이 등록되면 등록된 저작물은 등록된 연월일에 창작된 것으로 추정한다(법 53조 3항). 다만 저작물을 창작한 때부터 1년이 경과한 후에 창작연월일을 등록한 경우에는 등록된 연월일에 창작된 것으로 추정하지 아니한다(법 53조 3항 단서). 또 저작물이 등록되면 당해 저작물이 침해된 경우 법정손해배상을 청구할 수 있다. 즉 등록은 법정손해배상청구를 위한 전제요건이다(법 125조의2 3항). 한편 법 제125조 제4항은 "등록되어 있는 저작권, 배타적 발행권(88조 및 96조에 따

---

130) 그러므로 우리법상 저작자로 추정되는 경우는 본조, 즉 저작권법 제53조 제1항의 경우와 제8조 제1항(저작자 추정)의 경우이다. 본조에 의하여 추정을 받는 자와 제8조에 의해 추정을 받는 자가 같으면 별 문제 없으나 다르면 어느 쪽에 우위를 둘 것인지 문제이다. 이 경우는 어느 쪽도 우위에 둘 수 없고 증거판단의 일반원칙으로 돌아가 법관의 자유심증에 따라 누가 진정한 저작자인지를 판단하여야 한다는 견해가 있다(오승종, 「저작권법」, 903면).

라 준용되는 경우를 포함한다), 출판권, 저작인접권 또는 데이터베이스제작자의 권리를 침해한 자는 그 침해행위에 과실이 있는 것으로 추정한다"고 규정한다.

(3) 공표일 등의 등록

저작자는 저작물의 공표의 여부 및 저작물의 맨 처음 공표된 국가·공표연월일을 등록할 수 있다(법 53조 1항 3호). 저작자가 사망한 경우 저작자의 특별한 의사표시가 없는 때에는 그의 유언으로 지정한 자 또는 상속인이 등록할 수 있다(법 53조 2항). 최초의 공표연월일이 등록되면 등록된 연월일에 맨 처음 공표가 있었던 것으로 추정한다(법 53조 3항).

무명·이명저작물, 단체명의 저작물, 영상저작물 등과 같이 보호기간의 기산점을 공표시로 하는 저작물에 있어서는 공표시점의 추정은 극히 중요하다. 뿐만 아니라 대외적으로는 세계저작권협약의 체약국에 대하여 우리나라를 본국으로 하는 저작물이자 한국 내에서 위 조약이 발효된 뒤에 나온 저작물이라는 사실을 공증하는 효과도 있을 것이며, 대내적으로는 국내에서 최초 발행된 외국저작물이 내국저작물과 동등하게 보호받게 될 경우에 있어서도 이 등록의 추정력이 유력한 작용을 하게 될 것이다.

(4) 기타 대통령령이 정하는 사항의 등록

이상의 세 경우 외에도 대통령령으로 정하는 사항은 등록할 수 있다. 시행령은 다음 세 경우를 규정한다(시행령 24조).

① 2차적 저작물의 경우 원저작물의 제호 및 저작자
② 저작물이 공표된 경우에는 그 저작물이 공표된 매체에 관한 정보
③ 등록권리자가 2명 이상인 경우 각자의 지분에 관한 사항

4. 저작재산권의 변동 등에 관한 등록

1) 저작재산권의 양도 또는 처분제한, 저작권법 제57조에 따른 배타적 발행권 또는 제63조에 따른 출판권의 설정·이전·변경·소멸 또는 처분제한, 혹은 저작재산권, 제57조에 따른 배타적 발행권 또는 제63조에 따른 출판권을 목적으로 하는 질권의 설정·이전·변경·소멸 또는 처분제한은 이를 등록할 수 있으

며, 등록하지 아니하면 제3자에게 대항할 수 없다(법 54조).

2) 저작권도 물권과 같이 배타성을 가지고 있으므로 저작권에 관한 권리관계를 공시하여 거래안전을 도모할 필요가 있다. 다만, 우리 법은 일정한 경우에 등록하지 아니하면 제3자에게 대항할 수 없도록 하는 대항요건주의를 취한다. 이 점은 물권변동에 있어서 성립요건주의를 취하는 민법과 대조적이다. 상속이나 회사의 합병 등 일반승계의 경우에는 등록이 없더라도 제3자에게 대항할 수 있음은 물론이다.

3) 여기에서 제3자라 함은 당사자 및 그의 포괄승계인 이외의 자로서 등록의 흠결을 주장하는 데 대하여 정당한 이익을 가지는 자이다. 따라서 저작권 침해자는 이에 포함되지 아니한다.[131] 따라서 저작재산권을 양도받은 사람은 그 양도에 관한 등록여부에 관계없이 그 저작재산권을 침해한 사람을 고소할 수 있다.[132]

[판례]「영어실력기초」사건 (서울민사지법 1989.5.23.선고 88가51561 판결)

사실관계: 저작자 을은 자기 채무의 변제를 위하여 1973년 원고 갑의 부(정)에게 자신이 저작한 영문법 해설서「영어실력기초」외 7종의 저작권을 양도하였다. 피고 병은 위 책들의 저작권 등록이 아직 을로 되어 있음을 알고 1987년 저작자 을이 피고 병에게 저작권을 양도하는 계약을 체결하고 자기(병) 앞으로 이전등록을 마쳤다. 그 후 병이 이 사건 저작물을 발간하자 갑이 저작권 침해를 주장하였다. 병은 자신이 등록된 저작권자로서 갑의 父(정)의 저작권 양도계약은 10년이 경과하였으므로 등록청구권이 시효로 소멸하였다고 주장하였다.

판결요지: 가. 저작권 중 저작인격권을 제외한 저작재산권의 이전·변동은 당사자간의 양도의사표시만으로 당연히 그 효력이 발생하고 이를 제3자에게 대항하기 위하여는 그 이전등록을 하여야 하는 것이지만(법 52조), 이 경우 제3자라 함은 그 등록의 흠결을 주장함에 법률상 정당한 이익을 가지는 자에 한하고, 정당한 원인 없이 등록을 받은 제3자 또는 불법행위관계에 있는 제3자는 이에 포함되지 아니한다. 소외 을은 이미 이 사건 저작물에 관한 저작권을 양도하고서도 아직 위 원고가 그 이전등록을 하고 있지 아니함을 기화로 위와 같은 사실을 명백히 알고 있던 피고에게 양도한 것이니 위 소외인의 위 이중양도행위는 형사상 처벌되는 배임행위임이 명백하고 피고의 양수행

131)「꼬마철학자」사건(서울민사지법 1988.3.18.선고 87카53920 판결);「이조실록」사건(서울지법 남부지원 1994.2.14.선고 93카합2009 판결).

132) 대법원 2002.11.26.선고 2002도4849 판결; 대법원 2006.7.13.선고 2004다10756 판결.

위는 위 소외인의 위 배임행위에 적극 가담한 행위라고 볼 것이므로 피고와 위 소외인 간의 위 1987년 8월 20일자 저작권의 양도행위는 사회정의 관념에 위배된 반사회적 법률행위로서 무효이고, 이처럼 무효인 양도계약에 터잡아 경과된 피고 명의의 위 각 저작권 양도등록 역시 무효이다.

나. 저작권은 물권과 같은 배타적 효력을 가지는 대세적 권리임에 비추어 그 자체의 효력으로서 스스로 대항요건인 등록을 구비할 권한을 포함한다고 할 것인바, 이러한 사정은 원저작자로부터 저작재산권을 적법히 양도받은 자의 저작권의 경우에도 다를 바 없으므로 그 경우에도 양수인의 저작권에 관하여는 저작권법이 규정하는 존속기간을 경과하여 소멸되지 않는 한 민법상의 소멸시효 규정이 적용될 여지는 없으므로, 적법·유효하게 저작권을 양도받은 저작재산권자는 그 저작권의 파생적 권리의 하나로서 대항요건의 구비를 청구할 권리를 가진다.

5. 등록의 절차

1) 저작권법 제53조 및 제54조의 규정에 의한 등록은 문화체육관광부장관이[133] 저작권 등록부(프로그램의 경우는 프로그램등록부)에 기재하여 행한다(법 55조 1항). 등록 업무를 수행하는 자 및 그 직에 있었던 자는 직무상 알게 된 비밀을 다른 사람에게 누설하여서는 아니 된다(법 55조의2).

2) 등록절차의 세부사항은 저작권법(법 55조 2항~4항)과 저작권법시행령(25조~35조)에 규정되어 있는바, 이를 요약 설명하면 다음과 같다.

① 등록은 당사자 신청주의를 원칙으로 하되 일정한 경우에 촉탁에 의한 등록도 인정한다.

② 등록신청은 저작권 또는 저작인접권 등록신청서를 문화체육관광부장관에게 제출하여야 한다(신청서 제출주의).

③ 실명등록이나 최초 발행·공표일 등록은 저작자가 단독으로 등록을 신청하나 저작권 변동 등에 관한 등록의 경우(법 54조)에는 등록의 진정을 위하여 등록으로 인하여 이익을 받는 등록권리자와 등록으로 인하여 불이익을 받는 등록의무자가 공동으로 신청하여야 한다(공동신청주의). 다만, ㉮ 등록의무자의 승낙서가 첨부된 경우, ㉯ 판결·상속이나 그 밖의 일반승계 또는 촉탁에 의한 등록은 등록권리자 단독으로 신청할 수 있다. 또 ㉰ 법 제105조 제1항에 따른 저작권신탁관리

133) 실제로는 저작권법 제97조의3에 의해 권한을 위임받은 한국저작권위원회.

업자가 법 제54조 제1호에 따라 신탁저작물을 등록할 때에는 저작권신탁관리업자만으로 신청할 수 있으며, ㉱ 등록명의인 표시를 변경하거나 정정하기 위한 등록신청은 등록명의인만으로 할 수 있다(시행령 26조).

④ 문화체육관광부장관은 다음 각 호의 어느 하나에 해당하는 경우에는 신청을 반려할 수 있다. 다만, 신청의 흠결이 보정될 수 있는 경우에 신청인이 당일 이를 보정하였을 때에는 그러하지 아니하다(법 55조 2항).

ⓐ 등록 신청한 사항이 등록할 것이 아닌 때

ⓑ 등록 신청이 문화체육관광부령으로 정한 서식에 적합하지 아니하거나 그 밖의 필요한 자료 또는 서류를 첨부하지 아니한 때

3) 등록부에의 기재가 끝난 후에는 신청인에게 등록증을 발급한다(규칙 8조 참조).

4) 등록공보의 발행 등　문화체육관광부장관은 저작권등록부에 기재한 등록에 대하여 등록공보를 발행하거나 정보통신망에 게시하여야 하며, 신청한 자가 있는 경우에는 저작권등록부를 열람하게 하거나 그 사본을 교부하여야 한다(법 55조 3항).

◈ 등록관청의 심사권한

저작권에 관한 등록의 신청을 받은 등록관청은 저작권에 관한 실체적 권리관계까지 심사할 권한은 없고, 적법한 형식을 갖춘 등록신청서에 의한 신청인지, 그 등록신청서에 법령이 요구하는 각 서류가 첨부되어 있는지 등에 관하여 형식적으로 심사할 권한밖에 없다고 할 것이다.[134]

6. 권리자 등의 인증

예컨대 을이 갑을 권리자로 알고 저작물 이용계약을 체결하고 당해 저작물을 복제·배포·전송 등을 하였는데 실은 갑이 권리자가 아닌 경우에는 을은 아무리 갑을 권리자로 믿은 경우에도 저작권침해로 된다. 또 디지털콘텐츠의 경우 정품인지 여부는 저작권자로부터 이용허락을 받았는지 여부에 따라 좌우되나 서비스

134) 대법원 1990.2.27.선고 89누6822 판결; 대법원 1996.8.23.선고 94누5632 판결.

업체가 저작권처리를 하지 않고 서비스하더라도 네티즌 등은 이를 확인하기 어렵다. 따라서 오늘날과 같이 저작물 등의 거래가 빈번해지면 저작물 등의 거래의 안전과 신뢰보호가 절실히 요청된다. 이에 2006년 개정법은 저작물 이용 활성화와 건전한 이용환경 조성을 위하여 권리자 등의 인증제도를 도입하였다.[135] 인증이란 당해 권리자 등이 틀림없다고 확인하고 이를 증명해 주는 것이며, 법 제2조 33호는 인증은 저작물 등의 이용허락 등을 위하여 정당한 권리자임을 증명하는 것을 말한다고 규정한다.[136] 이러한 인증을 해줄 수 있는 인증기관은 문화체육관광부장관이 지정할 수 있으며 인증기관의 지정 및 인증절차 등에 관하여 필요한 사항은 대통령령으로 정한다(법 56조 1항, 2항). 현재 인증기관으로 지정받을 수 있는 기관은 다음 각 호와 같다(시행령 36조).

1. 한국저작권위원회
2. 저작권신탁관리업자
3. 그 밖에 문화체육관광부장관이 인증업무를 수행할 능력이 있다고 인정하는 법인이나 단체

인증기관은 인증과 관련한 수수료를 받을 수 있으며 그 금액은 문화체육관광부장관이 정한다.

한편 인증은 확인적 효력만 있을 뿐 권리 창설적 효력이 있는 것은 아니다. 따라서 인증기관의 인증을 믿고 거래하였더라도 그것이 실체관계와 부합하지 않는 잘못된 인증인 경우에는 저작권침해로 된다. 예컨대 인증기관이 甲을 권리자라고 하여 乙이 甲과 이용계약을 체결하였는데 실은 권리자가 丙인 경우에는 권리침해로 되고 이에 따른 손해가 발생한다. 이에 시행령은 "인증업무 수행과 관련하여 이용자에게 입힌 손해를 배상할 수 있는 능력이 있을 것"을 지정기관의 자격요건으로 하고 있다(시행령 36조 2항 1호). 그 밖에도 다음 요건을 구비하여야 한다.

① 이용자의 등록정보 관리 및 인증서를 생성·발급하기 위한 설비를 갖출 것(시행령 36조 2항 2호).

---

135) 문화관광부/저작권심의조정위원회, 「개정저작권법 해설」, 2007, 48면.

136) 전자서명법 제2조 제6호는 "인증"이라 함은 전자서명생성정보가 가입자에게 유일하게 속한다는 사실을 확인하고 이를 증명하는 행위를 말한다고 규정한다. 각 법의 목적에 따라 내용이 조금씩 다를 수밖에 없다.

② 인증업무에 관한 시설 및 장비를 안전하게 운영하기 위한 보호설비를 갖출 것(시행령 36조 2항 3호).

| 제5절 | 저작인격권(moral right, droit moral)

Ⅰ. 의 의

저작인격권이란 저작자가 자기의 저작물에 대해서 갖는 인격적 이익의 보호를 목적으로 하는 권리이며, 저작재산권과는 달리 그 성질상 일신전속권이다(법 14조 1항 참조).

오늘날 대다수의 국가는 어떠한 방법으로든 저작인격권을 보호하고 있으며, 베른협약도 성립 당초에는 저작인격권에 관한 규정이 없었으나 1928년의 로마 개정회의에서 명문으로 승인하기에 이르렀다(moral right라는 용어를 사용함).

우리법상 저작인격권에는 공표권, 성명표시권, 동일성 유지권의 3종이 있으며, 각각의 권리에 대해서 추정규정 또는 특례가 마련되어 있다. 또 저작권법상의 규정 중에는 명시된 위의 저작인격권 이외에도 수정증감권 등 실제로 저작자의 인격적 이익을 보호하는 기능을 하는 규정도 있다.

Ⅱ. 공 표 권

1. 의의 및 내용

미공표저작물에 대해서 공표여부를 결정할 권리, 즉 저작물을 공표할 것인가 말 것인가, 공표한다면 언제 어떠한 방법으로 할 것인가를 결정할 수 있는 저작자의 권리를 공표권(법 11조)이라 한다. 여기서 "공표"라 함은 저작물을 공연, 공중송신 또는 전시 그 밖의 방법으로 공중에게 공개하는 경우와 저작물을 발행하는 경우를 말한다(법 2조 25호).

공표권의 내용으로 공표의 방법이 포함되는지 여부에 대해서는 독일이나 프랑스와 같은 명문의 규정은 없지만 포함된다는 것이 우리나라나 일본의 통설이다.[137] 다만 죄형법정주의와의 관계도 있으므로 명문으로 분명히 하는 것이 바람직하다는 견해도 있고,[138] 타당하다고 본다.

이렇듯 공표권은 형식상으로는 무단공표를 금지하고 공표하고자 하는 자에게 공표허락을 하거나 공표조건을 부가하는 소극적인 권리이지만 그 실질은 저작물의 완성여부를 결정하는 저작자의 고유의 권리이다. 저작물이란 일단 공표되어 세상에 나오게 되면 그에 대한 평가가 따르게 되고 따라서 그것은 저작자에게 영향을 미친다. 또 공표된 저작물에 대해서는 인용이 가능하게 되는 등 여러 가지 저작재산권 제한규정의 적용을 받게 된다. 따라서 저작자의 의사에 의하지 아니하고 공표된 저작물은 공표되지 아니한 것으로 본다는 내용을 명시할 필요가 있다.[139]

[판례] Carco v. Camoin 사건[140]

본건에서 미술가 샤를 카무엥(Charles Camoin)은 그대로 공표하면 자신의 명성에 피해를 줄지도 모르는 그림들을 여러 점 버렸다. 작가인 Francis Carco는 그 캔버스들을 주웠고 이를 복원시켜서 자신의 다른 소장품과 함께 1925년에 경매장에서 판매하였다. 카무엥은 그 작품들이 회수되어 파기할 것을 요구했다. 파리항소법원은 카무엥은

---

137) 오승종, 「저작권법」(제2판), 348-349면; 하용득, 「저작권법」, 사단법인 법령편찬보급회, 1988, 138면.

138) 김형렬, 「저작인격권에 관한 연구」, 성균관대학교 박사학위논문, 2009, 89면. 위 논문은 "따라서 입법적인 해결에 의하지 않는다면 공표여부를 제외한 공표시기 · 방법 등에 관한 것은 저작권법상 가급적 민사적 구제만을 인정하거나 계약관계나 다른 일반법에 의해 처리하는 방안이 강구될 수 있을 것으로 생각한다"고 한다.

139) 특허법 제30조는 특허를 받을 수 있는 권리를 가진 자의 의사에 반하여 그 발명이 알려지게 된 경우는 공지되지 아니한 것으로 본다.

140) Judgement of 6 mars 1931(Carco c. Camoin), Cour d'appel Paris, 1931 Recueil Pe'riodique et Critique[D.P.]II.88. (Cheryl Swack, "Safeguarding Artistic Creation and The Cultural Heritage: A Comparison of Droit Moral between France and the United States", *Columbia Journal of Law & the Arts*, (No.22) 1998, 375면에서 재인용.

카르코가 마음대로 복원한 작품들을 시장에서 회수하여 파괴할 권리가 있다고 판시하였다. 법원은 버려진 작품을 주워 모아 점유를 통해 명백히 소유자가 된, 이른바 무주물 선점자라고 하더라도 저작자의 인격권을 박탈하지는 못한다고 판시하였다.

또 하나의 문제는 공표의 동의를 철회할 수 있는지 여부이다. 판례는 부정적이나[141] 철회를 인정하여야 할 것이다. 공표권이란 저작물의 완성여부를 결정하는 저작자의 고유의 권리인데 공표 전에 흠결 등을 발견한 저작자가 이를 철회할 수 있어야 하기 때문이다.[142]

2. 공표 동의의 추정 및 의제

공표권은 저작자와 저작권자가 동일인인 경우에는 크게 문제가 없으나 저작자와 저작재산권자 내지는 저작물 소유자가 분리되어 있는 경우에는 저작자가 갖는 공표권과 저작재산권이나 소유권 행사와의 사이에 조정이 필요하므로 법은 다음과 같은 추정 및 간주규정을 두고 있다.

1) 저작자가 공표되지 아니한 저작물의 저작재산권을 제45조에 따른 양도, 제46조에 따른 이용허락, 제57조에 따른 배타적 발행권의 설정 또는 제63조에 따른 출판권을 설정한 경우에는 그 상대방에게 저작물의 공표를 동의한 것으로 추정한다.

2) 저작자가 공표되지 아니한 미술저작물 · 건축저작물 또는 사진저작물(이하 '미술저작물 등'이라 한다)의 원본을 양도한 경우에는 그 상대방에게 저작물의 원본의 전시방법에 의한 공표를 동의한 것으로 추정한다.

3) 원저작자의 동의를 얻어 작성된 2차적 저작물 또는 편집저작물이 공표된 경우에는 그 원저작물도 공표된 것으로 본다.

4) 공표하지 아니한 저작물을 저작자가 제31조의 도서관 등에 기증한 경우 별도의 의사를 표시하지 않는 한 기증한 때에 공표에 동의한 것으로 추정한다.

---

141) '건축설계도' 사건(대법원 2000.6.13.고지 99마7466 결정).

142) 나라에 따라서는 이미 공표된 후에도 확신의 변경을 이유로 한 철회권(독일 제42조)을 인정하거나 제한 없이 '이용권의 양도에도 불구하고, 양수인이 자신의 저작물을 발행한 뒤에도 저작자는 양수인에 대하여 철회권 또는 취소권을' 가진다(프랑스 제121조의4)고 규정한다.

3. 다른 법과의 관계

(1) 민사집행법 제195조 제12호는 '공표되지 아니한 저작 또는 발명에 관한 물건'은 압류하지 못한다고 규정한다.

(2) 국세징수법 제31조 제10호는 '발명 또는 저작에 관한 것으로서 공표되지 아니한 것'은 압류할 수 없다고 규정한다.

(3) 문제는 「공공기관의 정보공개에 관한 법률」(정보공개법)과의 관계이다. 동법 제9조 제1항 제1호는 '다른 법률 또는 법률에서 위임한 명령에 따라 비밀이나 비공개 사항으로 규정된 정보'를 비공개대상정보의 하나로 들고 있는데 만약 공개대상이 되는 문서에 제3자의 미공표저작물이 포함되어 있는 경우, 이러한 미공표저작물을 '비공개 사항으로 규정된 정보'로 볼 수 있는지 여부이다. 긍정하는 것이 다수설이다.[143] 일본 저작권법 제18조는 그러한 경우에는 공표를 동의한 것으로 보며(제3항), 공표권이 적용되지 아니한다고 규정한다(제4항).

Ⅲ. 성명표시권

저작물의 창작자인 것을 주장할 수 있는 권리, 즉 저작물의 원본이나 그 복제물에 또는 저작물의 공표 매체에 그의 실명 또는 이명(펜네임, 예명)을 표시할 수 있는 저작자의 권리를 성명표시권이라 한다. 저작자는 자기 자신의 저작물에 대하여 저작자임을 주장할 수 있고, 그 저작물에 이름을 붙일 수도 안 붙일 수도 있으며, 실명을 표시하거나 가명이나 이명을 표시하거나 자유롭게 결정할 권리가 있다(법 12조 1항).

[판례] 화가의 서명(대법원 2000.4.21.선고 97후860, 877, 884 판결)

화가가 그의 미술저작물에 표시한 서명은 그 저작물이 자신의 작품임을 표시하는 수단에 불과하여 특별한 사정이 없는 한 그 자체가 예술적 감정이나 사상의 표현을 위한 것이라고는 할 수 없어 저작권법상의 독립된 저작물이라고 보기 어려우나, 이러한 서명은 저작자인 화가가 저작권법 제12조 제1항에 의한 성명표시권에 의하여 자기 저작

143) 오승종, 「저작권법」(제3판), 370면; 박성호, 「저작권법」, 264면.

물의 내용에 대한 책임의 귀속을 명백히 함과 동시에 저작물에 대하여 주어지는 사회적 평가를 저작자 자신에게 귀속시키려는 의도로 표시하는 것이다.

특허에 있어서 발명자 게재권(특허법 42조 1항 4호)과 마찬가지로 공중에게 저작물을 창작자와 연결시켜 주는 명예권 내지 인격권에서 유출되는 권리로 보아 부권(paternity) 또는 성명존중권(right to respect for one's name)이라고 부르기도 한다.

타인의 저작물을 이용하는 자는 저작자가 실명으로 하였으면 실명으로, 익명으로 하였으면 익명으로 그대로 표시를 하여야 한다(법 12조 2항 참조). 다만, 저작물의 성질이나 그 이용목적 및 형태 등에 비추어 부득이하다고 인정되는 경우에는 그러하지 아니하다(법 12조 2항 단서). 예컨대 호텔의 로비나 백화점 등의 매장에서는 분위기 조성을 위해서 배경음악을 방송으로 내보내는 경우가 흔히 있는데, 이러한 경우 하나의 악곡을 방송할 때마다 일일이 작곡가의 이름을 언급하여야 한다면 매우 불편하고 분위기를 해치게 될 것이다. 또 성명표시를 생략하여도 의도적으로 저작자명을 은닉하고자 한 것이라고는 보여지지 않는다. 따라서 이러한 경우라면 "저작물의 성질이나 그 이용목적 및 형태 등에 비추어 부득이하다고 인정되는 경우"에 해당할 것이다.

[판례 1] 윤정아 사건 = 성명표시권 침해(대법원 1989.10.24.선고 88다카29269 판결)

사실관계: 저작자 윤정아가 초등학교 6학년에 재학 중 창작·공표한 산문을 그의 동의 없이 지은이를 3학년 4반 황정아로 바꾸어서 초등학교 교과서에 게재하자 저작자가 성명표시권 위반으로 제소한 사건이다.

판결요지: 가. 구저작권법 제14조(1986.12.31. 법률 제3916호로 개정되기 전의 것)에 의하면, 저작자는 저작물에 관한 재산적 권리에 관계없이, 또한 그 권리의 이전 후에 있어서도 그 저작물의 창작자임을 주장할 권리가 있다고 되어 있고 이는 저작자가 저작자로서의 인격권에 터잡아 저작물의 원작품이나 그 복제물에, 또는 저작물의 공표에 있어서 그의 실명 또는 이명을 표시할 권리가 있다는 것이므로(현행 저작권법 12조, 당원 1989.1.17.선고 87도2604; 1962.10.29.선고 62마12 판결 참조) 저작자의 동의나 승낙 없이 그 성명을 표시하지 않았거나 가공의 이름을 표시하여 그 저작물을 무단복제한 자에 대하여는 특단의 사정이 없는 한 위 귀속권 침해로 인한 정신적 손해의 배상을 청구할 수 있다. 가공의 이름으로 표시한 이유가 교육정책상의 목적에 있었다 하더라도 이러한 사정만으로는 저작자에게 전속되는 창작자임을 주장할 수 있는 귀속

권을 침해하는 정당한 사유가 되지 않으므로 피고는 위 교과서의 편집을 지휘 · 감독하고 그 내용을 최종적으로 결정할 권한을 가진 그 산하 문교부 소속 공무원들의 직무집행상의 과실로 인한 위법행위로 원고가 입은 정신적 손해를 배상할 책임이 있다.

나. 구저작권법 제64조 제1항 제3호는 교과용 도서의 목적을 위하여 정당한 범위 내에서 발췌 · 수집하는 방법에 의하여 복제하는 것은 저작권 침해로 보지 아니한다고 규정하고 있는바, 여기에서의 발췌 · 수집이라 함은 다수의 저작물로부터 필요한 한도로 그 일부씩을 뽑아 모아 이를 일정한 체계로 편찬한다는 뜻이므로 어느 저작물 전부를 거의 그대로 인용하는 것은 위 법조 소정의 이른바 비침해행위가 되지 않는다. 그런데 피고 산하 문교부는 원고의 산문 중 일부 문구에 수정을 가하는 데 그쳤을 뿐 원고의 글을 거의 그대로 옮겨 실었으므로 이는 위 발췌 · 수집에 해당한다고 보기 어렵고, 따라서 피고의 이 사건 산문의 게재행위는 위 법조 소정의 비침해행위가 아니라 저작권자로서 원고가 이 사건 저작물에 관하여 가지는 재산적 권리의 기본인 복제권을 침해한 것이고, 나아가 위 산문을 실은 국어교과서들을 학생들에게 공급함으로써 원고의 발행권(법 18조) 및 출판권(법 19조)을 침해한 것이다.

다. 구저작권법 제17조에 의하면 저작자는 그 저작물의 내용, 형식과 제호를 변경할 권리가 있다고 되어 있고, 이는 저작자가 그 저작물에 관한 인격적 권리에 터잡아 저작물의 동일성을 유지할 권리가 있다는 뜻이므로(현행법 13조 1항 참조) 저작자는 특단의 사정이 없는 한 그 저작물을 임의로 변경한 자에 대하여 위 법조 소정의 변경권 내지 동일성 유지권의 침해로 인한 정신적 손해의 배상을 구할 수 있다. 한편 이른바 원상유지권을 규정한 같은 법 제16조가 뜻하는 것은, 저작자는 그 저작물에 변경을 가하여 그 명예와 성망을 해한 자에 대하여 같은 법 제62조, 제68조, 민법 제764조 등의 규정에 따라 손해배상에 갈음하거나 손해배상과 함께 명예훼손에 적당한 처분을 구할 수 있다는 것일 뿐 위 법조 소정의 명예와 성망을 침해당하지 아니한 저작자는 그 저작물의 동일성 유지권 내지 변경권이 침해되더라도 일체 이로 인한 정신적 손해의 배상을 청구할 수 없게 된다는 것으로 풀이할 수는 없다.

[판례 2] 성명표시권 침해(대법원 1989.1.17.선고 87도2604 판결)

저작물이 아닌 선전광고문에 책자의 저자표시를 하지 않았다거나 공동저자 중 다른 저자의 약력만을 소개하는 행위가 저작자가 자기의 창작물임을 주장할 수 있는 권리를 침해하는 저작권법 제14조에 위반되는 행위라고는 할 수 없다.

[판례 3] 지하철 벽화 사건(서울중앙지법 2006.5.10.선고 2004가합67627 판결)

저작자의 동의나 승낙을 받지 아니하고 미술작품들을 원화로 사용하여 지하철역 장식

벽의 벽화를 만들면서, 그 각 벽화의 작가란에 '작가미상'이라고 표시하거나 아예 작가 표시란을 두지 않았고, 또한 저작자의 연작 작품 중 일부만을 벽화로 만들거나 원작자가 의도하지 않은 방식으로 제작하고 작품의 위·아래를 거꾸로 설계·시공하는 등 저작자의 작품의도를 훼손하여 설치하거나 전시하였다면, 그 작품들을 지하철역사 설계도면에 베껴 그려 넣은 설계업체와 지하철역사 건설공사의 사업주체인 서울특별시로부터 해당 역사를 현물출자 받아 관리·운영하고 있는 서울특별시 도시철도공사는 저작자의 저작재산권 및 저작인격권으로서의 성명표시권, 동일성유지권을 침해하였다.[144]

[판례 4] '데스페라도' 사건(서울고등법원 2008.9.23.선고 2007나127657 판결)

사실관계: 피고들이 텔레비전, 라디오 등에 약 15초 내지 30초 정도의 분량으로 이 사건 광고를 방송하면서 그 배경음악으로 이 사건 음악저작물을 함께 방송하였고, 또한 케이블 TV 등에 비슷한 분량으로 이 사건 광고를 방송하면서 그 배경음악으로 이 사건 음악저작물을 함께 방송함에 있어서, 이 사건 음악저작물의 작사·작곡가로서 저작자인 원고들의 성명을 표시하지 않았다.

법원의 판단: 피고들이 라디오에 이 사건 광고를 방송함에 있어서는, 배경음악으로 나오는 이 사건 음악저작물의 작사·작곡가의 성명을 적정한 방법으로 표시하기가 곤란하다는 점은 피고들이 지적한 바와 같으나, 한편 피고들이 텔레비전, 케이블 TV 등에 이 사건 광고를 방송함에 있어서는, 배경음악으로 나오는 이 사건 음악저작물의 작사·작곡가의 성명을 화면의 하단 부분에 자막처리로 표시하는 등 적정한 방법으로 이를 표시할 수 있다 할 것이다.
따라서 피고들이 텔레비전, 케이블 TV 등에 이 사건 광고의 배경음악인 이 사건 음악저작물을 방송함에 있어서 작사·작곡가로서 저작자인 원고들의 성명을 적정한 방법으로 표시하지 아니한 행위는, 원고들의 성명표시권 침해에 해당한다. [밑줄 및 방점: 필자]

[판례 5] '하늘색 꿈' 사건(대법원 2012.1.12.선고 2010다57497 판결)

원심은 피고 네오위즈인터넷은 그가 운영하는 음악 사이트에서 제공하는 MP3 파일 다운로드, 미리듣기 등의 서비스에서는 '하늘색 꿈'의 작곡자인 원고의 성명을 표시하지 않고, 위 저작물에 관한 가사보기 서비스에서만 작곡자의 성명을 '소외인'으로 잘못

144) 이 판결에 대해서 간단한 평석은 이상정, "타인의 미술작품을 지하철 벽화로 무단 이용한 자의 책임," 「저작권문화」(2006.7), 24면 이하 참조.

표시한 사실을 인정한 다음, '하늘색 꿈'과 관련된 MP3 파일 다운로드, 미리듣기 등의 서비스에 관하여는 위 피고가 원고의 성명표시권을 침해하였다고 인정하면서도 원고가 위 저작물의 작곡자이지 작사자는 아니므로 가사에 대한 저작권자가 아니라는 이유로 위 피고의 가사보기 서비스에 관하여는 원고의 성명표시권을 침해하지 않는다고 판단하였다.
그러나 원심이 인정한 사실과 기록에 의하여 알 수 있는 다음과 같은 사정, 즉 피고 네오위즈인터넷은 그가 운영하는 음악 사이트에서 가사보기 서비스만을 제공하는 것이 아니라 MP3 파일 다운로드, 미리듣기 등의 서비스를 제공하고 있고, 이용자들은 위 서비스를 통하여 음악을 듣고 작사자, 작곡자 등을 알 수 있는 점, 위 피고는 다른 음원제공 서비스에서는 '하늘색 꿈'의 작곡자인 원고의 성명을 전혀 표시하지 않고, 위 저작물에 관한 가사보기 서비스에서만 작곡자의 성명을 '소외인'으로 잘못 표시함으로써 이용자들이 위 저작물에 관한 작곡자를 '소외인'으로 오인하도록 하고 있는 점 등에 비추어 보면, 위 피고가 운영하는 음악 사이트에서 MP3 파일 다운로드, 미리듣기 등의 서비스를 제공하면서 위 저작물에 관한 작곡자를 원고로 표시하여 전체적으로 위 저작물의 작곡자가 원고라고 인식되는 등의 특별한 사정이 없는 한, 가사보기 서비스에서 원고의 성명을 잘못 표시한 것이 원고의 성명표시권을 침해한 것이 아니라고 할 수는 없다.

◈ 성명기재의 순서와 성명표시권

특히 자연과학의 논문에 있어서 복수의 저작자명이 표시된 경우 그 순서를 둘러싸고 다툼이 있을 수 있다. 그러나 적어도 공동저작자로서 표시가 되어 있으면 되며, 표시의 순서는 성명표시권과 관계가 없다.[145]

IV. 동일성 유지권

저작자는 저작물의 내용·형식 및 제호의 동일성을 유지할 권리를 가진다(법 13조 1항).

저작물은 원형 그대로 존재하여야 하고 제3자에 의해 무단히 변경·삭제·개변 등에 의해서 손상되지 않도록 이의를 할 권리가 저작자에게 보장되어 있다. 이를 동일성 유지권(right to the integrity of the work), 저작물 존중권(right to respect for the work), 저작물의 불가침권(right to inviolability of the work)이라고 한다. 아무

145) 일본 동경지재 1996.7.30. '姓名順序交替事件'(齊藤博, 「저작권법」, 141면 참조).

리 고쳐진 내용 · 형식 · 제호가 원래의 것보다 좋게 되었다 하더라도 오자나 탈자의 정정이라면 모르되 저작자의 동의 없는 개변은 인정되지 아니한다. 저작물이란 저작자의 사상 · 감정을 표현한 것이므로 저작물의 수정 · 변경은 저작자만이 할 수 있는 것이기 때문이다.

♣ 바위섬의 사이렌 판결(독)[146]

원고는 1894년 베를린에 살고 있는 피고의 주문에 따라 그녀의 집 계단부에 '바위섬의 사이렌'이라는 프레스코벽화를 그렸다. 피고는 후에 원고의 동의 없이 원래 나체로 그린 프레스코화의 사이렌에게 옷을 입히는 방법으로 덧칠을 하게 하였다.
법원은 프레스코 벽화의 주문자이자 소유자는 자신이 거주하는 계단이 있는 현관에 그려진 벽화를 저작자의 동의 없이 변경할 권능이 없다고 판시하였다. 그 이유는 소유자가 변경을 통해 그림의 예술적 특성을 침해할 수 있고, 소유권의 양도에도 불구하고 예술가에게 존속되고 있는 저작권을 침해하기 때문이다.

다만, ⅰ) 학교교육 목적상 부득이하다고 인정되는 범위 안에서의 표현의 변경, ⅱ) 건축물의 증축 · 개축 그 밖의 변형, ⅲ) 특정한 컴퓨터 외에는 이용할 수 없는 프로그램을 다른 컴퓨터에 이용할 수 있도록 하기 위하여 필요한 범위에서의 변경, ⅳ) 프로그램을 특정한 컴퓨터에 보다 효과적으로 이용할 수 있도록 하기 위하여 필요한 범위에서의 변경, ⅴ) 기타 저작물의 성질이나 그 이용의 목적 및 형태에 비추어 부득이하다고 인정되는 범위[147] 안에서의 변경은 허용되나 그 경우에도 본질적 내용의 변경은 허용되지 아니한다.

예컨대 그림을 사진복제 하는 경우 기술적 제약 때문에 원색대로의 색이 나

---

146) RGZ, 79, 397-Freskogemälde: 계승균, "저작권과 소유권," 「계간저작권」(제65호), 4-5면.

147) "제5호에 대하여도, 앞의 제1 내지 4호의 경우에 준할 정도로 이를 엄격하게 해석해야 할 것인바, 따라서 제5호 소정의 "저작물의 성질, 이용목적 및 형태에 비추어 부득이하다고 인정되는 범위"에 있어서 '부득이하다'고 함은, 저작물 이용에 있어 기술상의 한계나 실연자의 능력상의 한계 등으로 인해 저작물을 변경하여 이용하는 것이 불가피한 경우로서 저작자의 이의 유무가 그 이용 형태에 어떠한 영향을 미칠 수 없어 이를 굳이 보장할 필요가 없거나, 중대한 공익상의 필요에 의해 저작자의 이의권을 부득이 제한하여야 하는 경우를 의미한다고 해석함이 상당하고, 저작물의 무단이용자가 거래실정상의 필요만을 이유로 저작자의 동의를 얻지 아니한 채 임의로 저작물의 일부를 절단하여 이용하는 경우까지 여기에 해당한다고 볼 수는 없다고 할 것이다"(서울고법 2010.6.24.선고 2009나82215 판결).

오지 아니한 경우라든가 극장용 영화를 텔레비전에 방영함에 있어 텔레비전 수상기의 성질상 그 화면의 네 귀퉁이가 잘려진 형으로 되는 경우 등은 부득이 하다고 인정되는 범위 안에서의 개변으로서 허용된다. 그러나 예컨대 극장용 영화를 텔레비전 방영을 위하여 필요한 단축 · 재편집 등을 위해서는 저작자의 동의를 받아야 한다.[148)]

문학작품에 있어서는 구두점이나 느낌표 또는 단어들을 고치는 것도 동일성 유지권의 침해로 된다. 강의를 의뢰한 후 녹화된 강의 내용과 배열을 의뢰자가 바꾼다든지[149)] 나체화에 옷을 입은 것과 같은 효과를 얻기 위하여 그림의 소유자가 그림 위에 색을 칠하거나, 영화제목을 멋대로 바꾸거나, 영화의 결말을 변경하거나,[150)] 흑백영화를 컬러화하거나[151)] 시대나 장소의 배경을 대체하는 것은 모두 동일성 유지권을 침해하는 행위이다. 이처럼 동일성 유지권의 한계는 각 저작물의 성격에 따라 달라진다.

또 영문서적을 한글로 번역한다거나 소설을 영화화하는 것과 같이 표현형식을 변경하는 것과 같은 2차적 저작물 작성행위 그 자체는 저작물 이용에 필연적으로 수반되는 표현의 변경(개작)이므로 동일성 유지권이 미치는 것이 아니다.[152)] 허락받지 아니하고 2차적 저작물을 작성한 경우도 마찬가지이다.

[판례] 'MBC주말특별기획' 사건(서울남부지법 2014.11.14.선고 2014노378 판결)

(저작권법) 법문의 체제 및 내용에 비추어 저작물의 원본이나 복제물 또는 창작성을 갖지 못하는 원저작물의 사소한 변형물이라면 동일성유지권, 성명표시권 등 저작인격

148) '빛은 내 가슴에' 사건(서울고등법원 2001.10.11.선고 2000나36738 판결).

149) '한상진' 사건(서울지법 남부지원 1992.5.14.선고 90가합1404 판결).

150) 서울중앙지방법원 2015.1.16.선고 2013가합85566 판결: 저작자의 동의 없이 저작자가 드라마 중간에 사망하도록 한 N을 하관 직전 관 속에서 살아나도록 줄거리를 변경한 것은 동일성 유지권 침해에 해당한다.

151) 프랑스 법원은 미국 흑백영화의 컬러판의 방영에 대해 사망한 감독의 저작인격권을 인정하여 이의 방영을 금지시켰다[1988년 11월 23일 파리 파기원 판결: 尾中外, 「著作權法(전정 2판)」, 232면].

152) 2차적 저작물을 작성하는 과정에서는 당연히 원저작물의 형식적 동일성이 유지될 수 없게 된다. 그렇다고 이를 동일성유지권 침해라고 하는 것은 2차적 저작물 작성 자체를 부정하는 것으로 된다. 「야록 통일교회사」 사건 판결(서울지법 1998.5.29.선고, 96가합48355 판결); '돌아와요 부산항에'사건(서울서부지법 2006.3.17.선고 2004가합4676 판결); 해운대 등대 사건(서울고등법원 2008.10.29.선고 2008나4461 판결).

권의 대상이 되지만, 비록 어떤 저작물을 기반으로 하였으나 독자적인 창작성을 가지는 것은 2차적 저작물이 되고 2차적 저작물로 성립한 이상 그러한 2차적 저작물을 원저작자의 동의를 받지 않고 무단으로 창작한 경우 저작재산권인 2차적 저작물작성권 침해를 이유로 처벌할 수 있음은 별론으로 하고, 새로운 창작성을 가지는 2차적 저작물에 원저작자를 표시하지 않았고, 원저작물의 동일성을 유지하지 않았다는 이유로 즉 저작인격권 침해로 처벌할 수는 없다고 판단된다(저작권법 제12조에 의하면 저작자는 "저작물의 원본이나 복제물"에 그의 실명 또는 이명을 표시할 권리를 가진다고 규정하고 있을 뿐, "2차적 저작물"에 성명표시권을 가진다고 규정하고 있지 않으며, 저작권법 제13조에 의하면 저작자는 그의 "저작물"에 대하여 동일성유지권을 가질 뿐, 새로운 창작성을 가지는 "2차적 저작물"에 대하여 동일성유지권을 가진다고 규정하고 있지 않다).

그러나 당해 원저작물의 제호[153]나 내용, 또는 내면적 흐름을 왜곡한 경우에는 동일성유지권 침해로 된다. 이에 관한 판례를 본다.

◈ 제호의 변경

[판례 1] 누드사진 전재 사건(대법원 1990.10.23.선고 90다카8845 판결)

사실관계: 일본의 시사주간지에 「한국으로부터의 누드 · 비장의 사진 일거에 대공개」라는 제호로 게재된 한국 여인의 누드를 국내잡지가 게재하면서 「사진예술작품들 일본으로 건너가 포르노성 기획으로 둔갑」이라는 제호로 전재하였다. 이에 제호변경이 동일성 유지권 침해라고 제소하였다.

판결요지: 사진저작물을 인용 · 게재한 잡지의 기사 제호들에 대하여는 사진저작물의 제호를 개변함으로써 제호에 대한 동일성 유지권을 침해한 것이라기보다는 위 잡지들에 게재한 인용저작물의 제호라고 보아야 할 것이기 때문에 제호의 변경이나 개변이 있었다고 볼 수 없다. [원심: 서울고법 1990.2.13.선고 89나32908 판결]

[판례 2] 「가자, 장미여관으로」 사건(서울민사지법 1991.4.26.선고 90카98799 판결)

가. 저작권상 동일성 유지권이란, … 원저작물 자체에 어떤 변경을 가하는 것을 금지

---

153) 예컨대 「Juli '14」를 번역하면서 '누가 세계대전을 제조했는가'로 변경하면 동일성유지권 침해로 된다(일본 東京地裁 1935.12.7. 판결 참조). 따라서 서적의 번역출판을 얻었다고 하더라도 '1914년 7월'이라고 번역하는 경우는 별론 '누가 세계대전을 제조했는가'로 변경하려면 별도의 허락이 필요하다.

하는 내용의 권리라 할 것이므로, 원저작물에 변경을 가하는 것이 아니고 원저작물과 동일성의 범위를 벗어나 전혀 별개의 저작물을 창작하는 경우에는 비록 그 제호가 동일하다 하더라도 원저작물에 대한 동일성 유지권을 침해하는 것으로 볼 수는 없다.
나. 이 사건에서 영화를 제작하는 데 사용하는 시나리오가 채권자가 저작한 시나리오와 전혀 다른 별개의 독창적인 내용의 창작물인 시나리오라면 그 영화가 채권자가 저작한 시나리오에 대한 저작자의 동일성 유지권을 침해하는 것은 아니다.

[판례 3] "이것이 법이다" 사건(서울북부지법 2008.12.30.선고 2007가합5940 판결)

저작자는 그의 저작물의 내용 · 형식 및 제호의 동일성을 유지할 권리를 가지고, 공동저작물의 저작인격권은 저작자 전원의 합의에 의하지 아니하고는 이를 행사할 수 없는바, 피고가 원고 1의 동의 없이 이 사건 만화들을 재출판하면서 그 중 '스와트'를 '이것이 법이다'로, '파운데이션 25시'를 '어게인'으로, '영'을 '바람이라 불리는 사나이'로, '새벽을 기다리며'를 '모두 꿇어'로 각 제목을 변경하였으므로, 피고는 공동저작물인 위 만화에 관하여 원고 1의 제호의 동일성을 유지할 권리를 침해하였다고 할 것이다.

◈ 내용의 변경

■ 어문저작물

[판례 1] '문익환 목사'의 일대기 사건(대법원 1989.10.24.선고 89다카12824 판결)

원저작물을 원형 그대로 복제하지 아니하고 다소의 변경을 가한 것이라고 하여도 원저작물이 재제 또는 동일성이 감지되는 정도이면 복제가 되는 것이고 이와 같은 복제물이 타인의 저작물로 공표되게 되면 원저작자의 성명표시권의 침해가 있었다고 보아야 할 것이고, 원저작물을 복제함에 있어 함부로 그 저작물의 내용, 형식, 제호의 변경을 가한 경우에는 원저작자의 동일성 유지권을 침해한 경우에 해당한다.

* 이 사례와 같이 일부 무단 이용에 있어 복제권 등 저작재산권 침해는 별론으로 하고, 동일성 유지권 등 저작인격권 침해를 인정한 것은 잘못이라고 본다.

[판례 2] 「소설마당」 사건(서울민사지법 1995.9.22.선고 94가합98851 판결;
서울고법 1996.7.12.선고 95나41279 판결)

저작자의 의사에 반하여 … 장편 작품들을 축약하여 게재하였다면 동일성유지권 침해로 인하여 그 저작자들이 입은 정신적 손해를 금전으로 위자할 의무가 있다.[154)]

---

154) 단 이 소송에서는 소제기자가 신탁관리단체이고, 저작인격권은 일신 전속적 권리로서 신

[판례 3] 「제4공화국」 사건(서울지법 남부지원 1995.10.24.고지 95카합3860 결정)

극본집필계약에 있어서 완성된 극본을 변경하거나 이에 절제 기타 개변을 가하여 수정하는 권한은 원칙적으로 그 극본을 집필한 작가에게 있는 것이므로 이를 작가와의 협의 없이 방송사에서 임의로 고치는 것은 특별한 사정이 없는 한 집필계약의 위반이 되어 채무불이행이 됨은 물론 저작인격권의 하나인 동일성 유지권의 침해가 된다.

[판례 4] '교과서 수정' 사건(대법원 2013.4.26.선고 2010다79923 판결)

[1] 저작자는 그의 저작물의 내용·형식 및 제호의 동일성을 유지할 권리를 가지는데(저작권법 제13조 제1항), 저작자가 명시적 또는 묵시적으로 동의한 범위 내에서 저작물을 변경한 경우에는 저작자의 위와 같은 동일성유지권 침해에 해당하지 아니한다. 그리고 저작물에 대한 출판계약을 체결한 저작자가 저작물의 변경에 대하여 동의하였는지 여부 및 동의의 범위는 출판계약의 성질·체결 경위·내용, 계약 당사자들의 지위와 상호관계, 출판의 목적, 출판물의 이용실태, 저작물의 성격 등 제반 사정을 종합적으로 고려하여 구체적·개별적으로 판단하여야 한다.

[2] 행정처분이 아무리 위법하다고 하여도[155] 그 하자가 중대하고 명백하여 당연 무효라고 보아야 할 사유가 있는 경우를 제외하고는 아무도 그 하자를 이유로 무단히 그 효과를 부정하지 못하는 것이므로, 저작자가 출판계약에서 행정처분을 따르는 범위 내에서의 저작물 변경에 동의한 경우에는, 설사 행정처분이 위법하더라도 당연 무효라고 보아야 할 사유가 있다고 할 수 없는 이상 그 행정처분에 따른 계약 상대방의 저작물 변경은 저작자의 동일성유지권 침해에 해당하지 아니한다.

[3] 갑 등과 출판계약을 체결하여 그들이 작성한 원고(原稿) 등으로 교과서를 제작한 을 주식회사가 교육과학기술부장관의 수정지시에 따라 교과서의 일부 내용을 수정하여 발행·배포한 사안에서, 출판계약의 성질과 내용, 갑 등 저작자들과 을 회사가 교과서 검정신청을 하면서 제출한 동의서의 내용과 제출 경위, 갑 등과 을 회사의 지위와 상호관계, 출판의 목적, 교과서의 성격 등 여러 사정에 비추어 갑 등은 출판계약 체결 및 동의서 제출 당시 을 회사에 교육과학기술부장관의 수정지시를 이행하는 범위 내에서 교과서를 변경하는 데 동의한 것으로 봄이 타당하고, 행정처분에 해당하는 위 수정지시를 당연 무효라고 보아야 할 사유가 없으므로, 이를 이행하기 위하여 을 회사가 위 교과서를 수정하여 발행·배포한 것은 교과서에 대한 갑 등의 동일성유지권 침해에 해당하지 않는다.

탁관리의 대상이 아니므로 저작인격권에 기한 손해배상청구는 인정되지 아니하였다.

155) 교과용도서심의회의의 심의를 거치지 아니한 수정지시는 위법이다(대법원 2013.2.15.선고 2011두21485 판결).

■ 음악저작물

[판례 1] '올챙이송' 사건(서울중앙지법 2007.7.23.선고 민사90단독 판결)[156]

원곡에는 '미'로 돼 있는 8분음표 하나를 실수로 '라'로 바꿨다고 하더라도 "음표 하나가 바뀐 동요 '손발체조'는 가사가 있는 부분이 12마디밖에 되지 않는 아주 짧은 곡일 뿐만 아니라 음 하나만 바뀐다 해도 곡 전체 분위기에 상당한 영향을 미칠 수 있는 점을 고려할 때 원고의 저작물에 관한 동일성유지권이 침해됐다고 볼 수 있다."

[판례 2] '금영' 사건(대법원 2015.4.9.선고 2011다101148 판결)

어문저작물이나 음악저작물 · 영상저작물 등의 일부만을 이용하더라도, 부분적 이용이 저작물 중 일부를 발췌하여 그대로 이용하는 것이어서 이용되는 부분 자체는 아무런 변경이 없고, 이용방법도 저작물의 통상적 이용방법을 따른 것이며, 저작물의 이용 관행에 비추어 일반 대중이나 당해 저작물의 수요자가 부분적 이용이 전체 저작물의 일부를 이용한 것임을 쉽게 알 수 있어 저작물 중 부분적으로 이용된 부분이 저작물의 전부인 것으로 오인되거나, 부분적 이용으로 저작물에 표현된 저작자의 사상 · 감정이 왜곡되거나 저작물의 내용이나 형식이 오인될 우려가 없는 경우에는, 그러한 부분적 이용은 저작물 전부를 이용하는 것과 이용하는 분량 면에서만 차이가 있을 뿐이어서 저작자의 동일성유지권을 침해한 것으로 볼 수 없다. 이는 부분적 이용에 관하여 저작재산권자의 이용허락을 받지 않은 경우에도 마찬가지이다.[157]

* 종래 원곡의 일부 이용을 동일성유지권 침해라고 보는 판결도 있었는데 본 판결은 이를 명백히 부정하였다. 타당한 판결이다.

■ 미술저작물

[판례 1] 로티 사건 = 변경에 대한 묵시적 동의를 인정한 판례(대법원 1992.12.24.선고 92다31309 판결)

사실관계: 이 사건의 피신청인인 '주식회사 호텔 롯데'는 산하 사업장의 개점에 앞서 주 고객층인 어린이의 관심을 끌기 위하여, 피신청인의 계열사인 광고대행사를 통해 마스코트 도안을 모집, 이 건의 신청인이 너구리를 주제로 로티라는 이름으로 출품한 작품을 당선작으로 선정하고, 당선료를 지급하였다.
그 후 위 도안을 수정 · 보완하여 기본도안으로 하고 이를 기초로 한 응용도안 개발계약을 체결하면서 피신청인은 그에 따른 작품료를 지급하고, 신청인은 위 응용도안의

156) 연합뉴스 2007.7.23.
157) 同旨: 대법원 2015.4.9.선고 2012다109798 판결(악보미리보기서비스).

저작권 등 모든 권리를 피신청인측에 넘겨주기로 약정하였다.
신청인은 위 계약에 따라 수차례의 수정을 거쳐 기본도안(그림 1)을 확정하고 이를 바탕으로 한 응용도안을 피신청인측에 제출하였으나 피신청인이 불만을 표시, 재차 수정을 요구하여 오자 이를 거부하였다.
이에 피신청인측은 만화영화 제작자 이항재에게 새로운 캐릭터 개발을 의뢰, 개발된 캐릭터(그림 2)에 로티라는 이름을 붙여 이를 이용하면서 상표등록도 마쳤다.
이에 신청인은 저작재산권이 양도되었다 하더라도 신청인이 여전히 보유하고 있는 저작인격권 중 동일성 유지권을 침해한 것이므로 그 사용을 금하는 가처분을 신청하였다.

그림 1

그림 2

판결내용: 신청인이 제작한 너구리 도안은 순수미술작품과는 달리 그 성질상 주문자인 피신청인의 기업활동을 위하여 필요한 경우 변경되어야 할 필요성이 있었고, 위 캐릭터 제작계약에 의하여 피신청인측에서 도안에 관한 소유권이나 저작권 등의 모든 권리는 물론 도안을 변경할 권리까지 유보하고 있었음을 알 수 있었을 뿐 아니라 신청인이 피신청인측의 수정요구에 대해서 몇 차례 수정을 하다가 자기로서는 수정을 하여도 같은 도안밖에 나오지 않는다면서 더 이상의 수정을 거절한 사실까지 보태어 보면, 신청인은 그의 의무인 위 도안의 수정을 거절함으로써 피신청인이 위 도안을 변경하더라도 이의하지 아니하겠다는 취지의 묵시적인 동의를 하였다고 인정함이 상당하다 할 것이다. 따라서 피신청인측이 신청외 이항재로 하여금 신청인이 제작한 너구리 도안을 일부 변경하게 한 다음 변경된 기본도안과 응용도안을 그 기업목적에 따라 사용하고 있다고 하더라도 위 변경은 신청인의 묵시적 동의에 의한 것이므로 저작권법 제13조 제1항에 규정된 동일성 유지권 침해에는 해당되지 아니한다.[158]

[판례 2] '빛의 세계' 사건(서울동부지법 2004.9.30.선고 2004가합4292 판결)

사실관계: 피고는 '올림픽로 및 석촌호수 관광 명소화 사업'의 일환으로 잠실 사거리,

158) 이 판결에 대한 평석은 이상정, "판례평석," 「창작과 권리」 제6호(1997.3), 18면 이하 참조.

잠실 주경기장 앞 송파구청 사거리의 3곳에 발광 광고 조형물을 제작 · 설치하기로 결정하고 공모를 하여 원고의 '빛의 세계'가 최우수 작품으로 선정되었다. 그런데 그 후 피고는 이 사건 조형물에 부착된 고정식 광고판으로는 구청홍보에 한계가 있다고 판단하여 이를 실시간 홍보가 가능한 전광판으로 교체하기로 하고 2003.11. 이 사건 조형물에 전광판을 설치하기 위하여 공익광고물 부분을 철거한 후 그곳에 전광판 및 이를 지지하기 위한 원반형 스테인리스 구조물을 설치하는 공사를 시행하여 2004.3.9. 이를 완료하였다. 이에 원고는 피고를 상대로 소를 제기하였다.

법원의 판단: 이 사건 조형물의 저작자인 원고는 저작권법에 의하여 보호되는 저작인격권으로서 저작물의 내용과 형식 등의 동일성을 유지할 수 있는 권리를 가진다 할 것이고(저작권법 제13조 제1항) 여기서 저작물의 내용이란 저작물에 표현된 사상과 감정을 의미하며 저작물의 형식이란 그 구성과 표현 방법 등을 의미하는 것인바, 피고가 공익광고물 부분을 철거하고 이 사건 조형물에 전광판을 부착하면서 원반형의 스테인리스 구조물을 설치한 것은 원고에 의하여 이 사건 조형물에 반영된 사상과 감정을 훼손하고 이 사건 조형물의 구성 및 표현 방법을 변경하는 것으로서 원고의 동일성유지권을 침해하는 행위에 해당한다 할 것이다.

* 이 사건에서 원고는 변경부분 철거를 요구하였으나 인정되지 아니하였다.

[판례 3] 서울고법 2005.7.26.선고 2004나76598 판결

비록 피고가 원고의 허락 없이 이 사건 사진을 축소하여 썸네일 이미지로 변환시켰으나, 썸네일 이미지는 원래 이미지의 단순한 축소에 불과하여 본질적인 내용에는 변경이 없고, … 이 사건 사진에 대한 썸네일 이미지의 이용 목적 및 그 형태 등을 고려하여 보면, 이는 저작권법 제13조 제2항 제3호가 규정하는 '부득이하다고 인정되는 범위'에 해당한다고 할 수 있으므로 피고가 원고의 이 사건 사진에 관한 동일성유지권을 침해하였다고 할 수 없다.

[판례 4] '만화로 보는 그리스 로마 신화'사건(서울중앙지법 2007.6.22.선고 2005가합53144 판결)

(가) 동일성유지권 침해 여부 이 사건 영화가 제호, 캐릭터의 표현에 있어 원작만화와 다소 차이가 있으나, 이 사건 영화의 제호인 "올림포스 가디언-기간테스 대역습"이 저작자의 동의를 얻어 출간된 원작만화의 이미지 모음집의 제호인 "캐릭터로 보는

그리스 로마신화 올림포스 가디언"에서 유래한 것이고, 양 저작물에서의 캐릭터의 표현의 차이는 저작물의 성질, 형태의 차이로 인해 불가피하게 발생한 것이라고 보이며, 그밖에 이 사건 영화가 원작만화의 저작자인 피고의 명예나 명성 또는 인망을 해하는 방법으로 실질적으로 개변되었다고 볼 만한 아무런 사정도 찾아볼 수 없다.

(나) 성명표시권 침해 여부 영화제작자가 이 사건 영화의 끝부분(엔딩 크레딧)과 광고 포스터에 "원작 甲회사 '만화로 보는 그리스 로마신화'(기획, 글: 丁, 그림: 피고)"이라고 표시함으로써 원작만화의 저작자의 성명을 표시한 사실을 인정할 수 있고, 달리 반증이 없다.

(다) 따라서 원고는 이 사건 영화를 제작함에 있어 원작만화에 대한 피고의 저작인격권을 침해한 바 없다고 하겠다.

■ 영상저작물 등

[판례 1] 「93 서태지 라이브 콘서트」 사건: 자막 삽입이 영상저작물의 수정인지 여부
(서울민사지법 1994.9.2.선고 94가합28760 판결)

가. "영상물에 대한 편집 등 수정을 할 수 없다"는 약정에 공연의 제호나 공연된 각 노래제목에 대한 자막을 삽입하는 행위도 금지되는 행위로 포함되는지에 대하여 살피건대, 영상물에 대한 편집 등 수정행위라 함은 필름의 편집행위 등 수정행위를 의미하고 그 수정행위는 마스터 테이프에 수록된 순서와 달리 공연의 순서를 변경한다든가 원래의 공연장면 중 일부를 삭제하여 공연시간을 보다 단축하거나 또는 공연실황에는 없는 장면 등(예를 들어 상품광고나 회사선전광고, 다른 공연장면 따위)을 다른 외부의 필름으로 삽입하는 등을 의미하고 단순히 영상물의 내용에 따른 설명의 의미로 자막을 삽입하는 행위는 영상물에 대한 동일성을 침해하지 아니하는 한 원고들의 저작권 및 저작인접권을 보호하기 위한 위 영상물의 편집 등 수정행위 금지에 해당되지 않는다고 할 것이다.

나. 피고가 위 영상물에 삽입한 「93 서태지와 아이들 LIVE 콘서트」라는 자막은 보통 비디오 테이프를 제작하는 과정에서 비디오의 시작을 알리는 제호인 점, 다음으로 원고들이 실연한 각 노래명에 대한 자막은 피고가 원고들로부터 비디오 복제권 및 배포권을 취득한 이상 그 판매행위의 고객을 위한 서비스 차원에서 관행적으로 이루어지는 행위임을 감안할 때 피고의 행위는 원고들의 영상물에 대한 동일성을 침해한 것이 아니라고 볼 것이고, 따라서 위 행위는 원고들과 피고가 약정한 영상물의 편집 등 수정행위 금지약정의 위반행위에 해당되지 아니한다.

다. 다음으로 위 영상물에 수록된 공연실황의 노래 중 「이제는」이라는 노래에 대하여 「이 밤이 깊어가지만」이라는 노래명 자막을 잘못 삽입한 행위가 영상물의 편집 등 수

정행위에 포함되지 아니함은 앞서 본 바와 같고, 다만 노래명의 자막을 잘못 삽입한 것은 피고가 위 영상물을 복제함에 있어 원고들의 이미지 등을 실추하지 않게 하기 위하여 상당한 주의를 기울여 양질의 상태로 비디오를 만들어 배포할 의무를 불완전하게 이행한 것이라 할 수 있으나 노래명을 잘못 삽입하게 된 경위에 비추어 볼 때 이 정도의 불완전이행을 이유로 계약을 해제하고 위약금을 청구할 수는 없다.

[판례 2] Pat과 Mat사건=영상저작물의 독점적 이용권자도 금지청구를 할 수 있는지 여부 (서울고법 2002.5.8.선고 2001나58919 판결)

사실관계: X는 외국인 저작권자인 A로부터 「Pat과 Mat」라는 무성(無聲) 애니메이션 시리즈물을 대한민국 내에서 독점적으로 제조·판매할 수 있는 권리를 라이선스 받았다. Y는 무단으로 위 시리즈물에 영어대사와 자막을 삽입한 후 이를 제조 판매하고 있다.

법원의 판단: Y가 저작권자인 A의 승낙 없이 무성용 저작물에 대해 영어대사와 자막을 삽입하여 영상물을 제작한 것은 위 영상저작물의 저작권 침해에 해당한다.[159)]

[판례 3] '인터넷 포털사이트 광고방해 사건'(대법원 2010.8.25.자 2008마1541 결정)

사실관계: 네오콘소프트(이 사건의 채무자)가 제공한 이 사건 프로그램을 설치한 인터넷 사용자들이 네이버를 방문하면 그 화면에 채권자의 광고 대신 같은 크기의 채무자의 배너광고가 나타나거나(이른바 '대체광고 방식'), 화면의 여백에 채무자의 배너광고가 나타나거나(이른바 '여백광고 방식'), 검색창에 키워드를 입력하면 검색결과 화면의 최상단에 위치한 검색창과 채권자의 키워드광고 사이에 채무자의 키워드광고가 나타나는(이른바 '키워드삽입광고 방식') 등으로, 채무자의 광고가 대체 혹은 삽입된 형태로 나타난다. 이에 채권자(네이버운영자)는 채무자의 행위는 법률상 보호할 가치가 있는 이익인 네이버를 통한 채권자의 광고영업 이익을 침해하는 부정한 경쟁행위로서 민법상 불법행위에 해당하며, 아울러 동일성유지권 침해라고 주장하였다.

법원의 판단: 채권자가 그의 컴퓨터프로그램저작물로서 동일성유지권을 침해당하였다고 주장하는 HTML(Hypertext Markup Language, 인터넷 홈페이지의 하이퍼텍스트 문서를 만들기 위해 사용되는 기본 언어) 코드에는, 검색결과를 표시한 텍스트 부분과 이를 화면에 표시하기 위한 일반적인 HTML 태그 정도가 포함되어 있을 뿐 저작권으로 보호할 만한 창작적인 표현까지 포함되어 있다는 점을 소명할 자료가 없고, 나아가 채권자가 사용자의 컴퓨터로 보낸 HTML 파일은 그 내용이 화면에 나타나기 위하여 일시적으로 램(Random Access Memory)상으로 복제되게 되는데, 이때 이 사건 프로

159) 평석: 백창훈, 「정보법판례백선(1)」, 587면.

그램에 의한 채무자의 HTML 코드 역시 램에 올라오면서 채권자의 HTML 코드 자체에는 영향을 미치지 않은 채 이와 별도로 존재할 여지가 있는 반면, 그것이 채권자의 HTML 코드에 삽입되어 채권자의 HTML 코드 자체를 변경시킨다는 점은 이를 소명할 자료가 부족하므로, 채무자의 이 사건 프로그램에 의한 광고행위로 인해 채권자의 HTML 코드에 대한 동일성유지권이 침해되었다고 할 수 없다.[160]

■ 저작물의 파괴와 동일성유지권 침해[161]

저작인격권은 저작자와 무체물인 저작물과의 관계를 보호하는 것으로 당해 저작물이 화체된 유형물과는 원칙적으로 무관하다. 음악저작물을 보호하는 것은 음악저작물이 화체된 악보를 보호하는 것은 아니며, 어문저작물을 보호하는 것은 그것이 처음으로 표현된 원고를 보호하는 것은 아니다. 또 악보가 파기되었다고 음악저작물이 사라지는 것도 아니다. 그러나 저작물의 특성에 따라서는 유체물과 필연적으로 결합되어 있어 당해 저작물의 발생, 변경, 소멸이 당해 유체물의 변경이나 폐기(소멸)에 필연적으로 영향을 받는 경우가 있다. 미술저작물의 경우가 그것이다. 그러므로 미술저작물의 경우는 매체의 파괴가 저작물의 파괴로 이어지는 경우도 있다. 따라서 저작물의 내용이 하나의 작품 속에 화체되어 있는 순수미술작품의 경우는 그 작품에 대한 훼손은 곧바로 저작자의 인격적 이익과 연결된다. 그럼에도 종래 이 부분은 전적으로 소유권의 행사로 보고 저작권법의 관심 밖이었으며, 그 작품의 운명을 소유자에게 일임하였던 것이다. 이러한 종래의 해석론은 매우 안일한 판단이었다고 본다. 그렇다고 파괴가 어느 경우나 동일성유지권 침해로 이어진다고 볼 수도 없다. 소유자의 권리 역시 헌법이 보장하는 재산권이기 때문이다. 모든 파괴를 금지하는 것은 본질적 내용의 침해요, 온 세상이 미술품으로 넘쳐날 것이다. 결국 순수미술작품의 파괴의 경우에는 저작자와 소유자 사이의 이익의 조화, 형량이 필요하다. 또 이러한 내용이 저작권법 등에 반영될 필요가 있다.

[사례] 도라산역 벽화철거 사건

이 사건은 도라산역 벽화철거 및 파괴를 둘러싸고 작가와 국가 사이에 발생한 사건이다. 이 사건 벽화는 작가 이반 씨가 통일부의 요청을 받고 2005~2007년 도라산역의 벽과 기둥에 그린 것으로서 한용운의 생명사상 등을 형상화한 14점으로 구성된 것이었

160) 반면 법원은 불법행위의 성립을 인정하였다. 뿐만 아니라 광고행위를 하는 것의 금지 또는 예방을 청구할 수 있다고 보았다.

161) 이에 대해서는 이상정, "소유자의 작품 파괴와 저작인격권," 「계간 저작권」(제97호), 한국저작권위원회, 2012 봄호(2012.3), 43면 이하 참조.

고, 길이 97m, 폭 2.8m에 이르는 초대형 작품이었다(그림 참조). 그런데 통일부가 2010년 초 이를 철거 후 폐기하였다. 이에 2011년 5월 작가는 국가를 상대로 손해배상청구의 소를 제기하였다. 그러나 제1심 법원은 2012.3.20. 원고 패소판결을 하였고,[162] 항소심은 2012.11.29. 원고 일부승소판결[163]을 하였으나 의연 동일성유지권 침해는 인정하지 않았다. 다만 "국민에 대하여 예술의 자유를 보장하여야 할 뿐 아니라 적극적으로 예술을 보호하고 장려할 책무를 부담하는 국가가 물품관리법 시행령의 관련 규정을 위반하여 이 사건 벽화를 폐기하였고 그 절차가 공론의 장을 충분히 거쳤다고 볼 수도 없으며 원고는 작품의 보존에 대하여 상당한 이익을 가지고 있음에도 원고에게 알리지도 않고 소각한 피고의 이 사건 벽화 폐기 행위는 원고의 인격권을 침해하는 불법행위를 구성한다"는 것이었다. 대법원은 원심판결을 그대로 승인하였다.[164] 그 내용은 다음과 같다.

[1] 저작권법은 공표권(제11조), 성명표시권(제12조), 동일성유지권(제13조) 등의 저작인격권을 특별히 규정하고 있으나, 작가가 자신의 저작물에 대해서 가지는 인격적 이익에 대한 권리가 위와 같은 저작권법 규정에 해당하는 경우로만 한정된다고 할 수는 없으므로 저작물의 단순한 변경을 넘어서 폐기 행위로 인하여 저작자의 인격적 법익 침해가 발생한 경우에는 위와 같은 동일성유지권 침해의 성립 여부와는 별개로 저작자의 일반적 인격권을 침해한 위법한 행위가 될 수 있다.

[2] 공무원의 행위를 원인으로 한 국가배상책임을 인정하기 위하여는 '공무원이 직무를 집행하면서 고의 또는 과실로 법령을 위반하여 타인에게 손해를 입힌 때'라고 하는 국가배상법 제2조 제1항의 요건이 충족되어야 한다. 여기서 '법령을 위반하여'라고 함은 엄격하게 형식적 의미의 법령에 명시적으로 공무원의 행위의무가 정하여져 있음에도 이를 위반하는 경우만을 의미하는 것은 아니고, 인권존중 · 권력남용금지 · 신의성실과 같이 공무원으로서 마땅히 지켜야 할 준칙이나 규범을 지키지 아니하고 위반한 경우를 비롯하여 널리 그 행위가 객관적인 정당성을 결여하고 있는 경우도 포함한다. 예술작품이 공공장소에 전시되어 일반대중에게 상당한 인지도를 얻는 등 예술작품의 종류와 성격 등에 따라서는 저작자로서도 자신의 예술작품이 공공장소에 전시 · 보존될 것이라는 점에 대하여 정당한 이익을 가질 수 있으므로, 저작물의 종류와 성격, 이

162) 서울중앙지법 2012.3.20.선고 2011가합49085 판결.
163) 서울고등법원 2012.11.29.선고 2012나31842 판결.
164) 대법원 2015.8.27.선고 2012다204587 판결.

용의 목적 및 형태, 저작물 설치 장소의 개방성과 공공성의 정도, 국가가 이를 선정하여 설치하게 된 경위, 폐기의 이유와 폐기 결정에 이른 과정 및 폐기 방법 등을 종합적으로 고려하여 볼 때 국가 소속 공무원의 해당 저작물의 폐기 행위가 현저하게 합리성을 잃고 저작자로서의 명예감정 및 사회적 신용과 명성 등을 침해하는 방식으로 이루어진 경우에는 객관적 정당성을 결여한 행위로서 위법하다.

[3] 갑이 국가의 의뢰로 도라산역사 내 벽면 및 기둥들에 벽화를 제작・설치하였는데, 국가가 작품 설치일로부터 약 3년 만에 벽화를 철거하여 소각한 사안에서, 갑은 특별한 역사적, 시대적 의미를 가지고 있는 도라산역이라는 공공장소에 국가의 의뢰로 설치된 벽화가 상당 기간 전시되고 보존되리라고 기대하였고, 국가도 단기간에 이를 철거할 경우 갑이 예술창작자로서 갖는 명예감정 및 사회적 신용이나 명성 등이 침해될 것을 예상할 수 있었음에도, 국가가 벽화 설치 이전에 이미 알고 있었던 사유를 들어 적법한 절차를 거치지 아니한 채 철거를 결정하고 원형을 크게 손상시키는 방법으로 철거 후 소각한 행위는 현저하게 합리성을 잃은 행위로서 객관적 정당성을 결여하여 위법하므로, 국가는 국가배상법 제2조 제1항에 따라 갑에게 위자료를 지급할 의무가 있다.[165)]

Ⅴ. 공동저작물의 저작인격권

1) 공동저작물의 저작인격권은 저작자 전원의 합의에 의하지 아니하고는 이를 행사할 수 없다. 이 경우 각 저작자는 신의에 반하여 합의의 성립을 방해할 수 없다(법 15조 1항).

[판례] 공동저작물에 있어서의 공표권, 신의칙에 반하는 배포금지청구(서울민사지법 1995. 4. 28. 선고 94가합50354 판결)

공동저작물(보고서) 창작에 원고의 기여부분이 차지하는 비중이 극히 미미할뿐더러, 원고가 보고서의 내용에 동의하지 않는다는 뜻의 기재를 해주겠다는 피고측의 제의에 따르더라도 원고의 기본의도는 충분히 달성될 수 있음에도 불구하고 명예훼손으로 손해배상청구를 당할 우려가 있다는 간접적이고 추상적인 이유만을 내세워 여러 공동저작자의 노력이 응집된 공동저작물 전부에 대해, 그것도 원고 스스로 조사보고를 완료

165) 이 사건과 관련하여서는, 이상정, "작품의 파괴와 저작자의 인격적 이익," 「정보법판례백선(Ⅱ)」, 박영사, 2016, 234면 이하 참조.

하여 그 종합보고서가 제작완료된 단계에서 그 공동저작물의 출판, 판매, 배포금지를 구하는 것은 신의칙에 반하는 것으로서 허용될 수 없다.

2) 공동저작물의 저작자는 그들 중에서 저작인격권을 대표하여 행사할 수 있는 자를 정할 수 있다. 이 경우에 대표권에 가하여진 제한이 있을 때에 그 제한은 선의의 제3자에게 대항할 수 없다(법 15조 2항, 3항).

[판례] 저작인격권의 행사 위임의 한계에 관한 대법원 결정(대법원 1995.10.2.고지 94마 2217 결정)[166]

사실관계: 신청인은 본건 저작물에 관한 공동저작권자로서 1967년 10월경, 저작물의 최초의 발행시부터 저작물의 출판권·번역권 등 일체의 재산적 권리를 갑과 을 단체에게 양도하였다. 뿐만 아니라 저작인격권에 대하여도 공동저작물인 관계로 갑과 을 단체에 의한 행사를 포괄적으로 동의하는 취지에서 저작물의 서문 앞면에 영문으로 "이 서적에 관한 모든 권리는 갑과 을에게 배타적으로 귀속된다"고 표시했다. 그 후 갑은 을에게 저작물에 관한 모든 권리를 양도했고, 을은 1969년경 저작물을 재간행함에 있어 저작자 표시에서 신청인을 제외하였고, 이로부터 약 20년 이상 신청인은 이에 대해 어떠한 권리도 주장하지 않았다.

판결내용: 저작인격권은 권한행사에 있어서 이를 대리하거나 위임하는 것이 가능하다 할지라도 이는 어디까지나 저작인격권의 본질을 해하지 아니하는 한도 내에서만 가능하다 할 것이고, 저작인격권 자체는 저작자에게 여전히 귀속되어 있는 것이라고 보아야 할 것이며, 타인이 무단으로 자기의 저작물에 관한 저작자의 성명·칭호를 변경하거나 은닉하는 것은 고의·과실을 불문하고 저작인격권의 침해가 된다고 할 것이다. 이 건에서 저작물에 대한 저작인격권마저 을에게 포괄적으로 위임되었다는 것을 전제로 이를 저작권 침해로 인정하지 아니한다면 이는 실질상 저작인격권의 양도를 인정하는 결과로 되어 저작인격권의 본질을 벗어나는 것이 되므로 허용되어서는 아니 된다.

VI. 저작자 사후의 인격적 이익의 보호

저작인격권은 저작재산권과 달리 일신전속권이며, 양도불가능한 권리이므로

166) 한국언론연구원, 「뉴미디어와 저작권」, 415면.

저작자의 사망과 더불어 소멸하는 것으로 하는 것이 오히려 자연스러울 것이나, 저작자 사후 저작물의 동일성 변경 등에 의해 저작자의 명예가 침해될지도 모르므로 이를 막기 위하여 저작권법은 일정한도에서 저작자의 사후에도 의연 그의 인격적 이익을 보호하는 제도를 별도로 규정하고 있다. 즉 저작자의 사망 후에 그의 저작물을 이용하는 자는 저작자가 생존하였더라면 그 저작인격권의 침해가 될 행위(그 행위의 성질 및 정도에 비추어 사회통념상 저작자의 명예를 훼손하는 것이 아니라고 인정되는 경우는 제외)[167]를 하여서는 아니 되며(법 14조 2항), 이를 보장하기 위하여 저작자가 사망한 후에 그 유족(사망한 저작자의 배우자, 자, 부모, 손, 조부모 또는 형제자매를 말한다)이나 유언집행자는 위와 같은 침해나 침해우려가 있는 경우에 침해정지청구를 할 수 있으며, 고의 또는 과실로 저작인격권을 침해하거나 저작자의 명예를 훼손한 경우 명예회복 등의 청구를 할 수 있다고 규정하고 있다(법 128조).

| 제6절 | 저작재산권

Ⅰ. 서 언

저작권법은 저작물의 이용형태에 따라 각종의 저작재산권을 저작권자에게 인정하고 있다. 저작재산권에는 복제권(법 16조), 공연권(법 17조), 공중송신권(법 18조), 전시권(법 19조), 배포권(법 20조), 대여권(법 21조), 2차적 저작물 작성권(법

167) 「이광수」 사건(대법원 1994.9.30.선고 94다7980 판결): 저작자 사후, 수정한 내용이 주로 해방 후 맞춤법 표기법이 바뀜에 따라 오기를 고치거나 일본식 표현을 우리말 표현으로 고친 것으로서 원고 스스로 또는 위 작품의 출판권을 가진 출판사에서 원작을 수정한 내용과 별로 다르지 않다면 수정행위의 성질 및 정도로 보아 사회통념상 저작자인 원고의 명예를 훼손한 것으로 볼 수 없어 저작자 사망 후의 저작인격권 침해가 되지 않는다.

22조) 등이 있다.

이러한 저작재산권은 물권유사의 배타적 지배권이라고는 하나 물권의 경우와는 달리 저작자 자신이 이 권능을 직접 행사하는 경우는 드물다. 보통의 경우에는 타인, 특히 전문적 사업자로 하여금 이를 이용할 수 있도록 허락하고 그로부터 대가를 취득하는 권리이며, 타인의 무단이용을 금지시킴으로써 권리의 효용을 확보할 수 있는 점에서 다른 지적소유권과 공통적이다. 또한 저작재산권은 저작인격권과 달리 양도가 가능하며, 유체재산권과 달리 독특한 소멸사유를 가지고 있다.

II. 저작재산권의 종류

1. 복 제 권

저작자는 그 저작물을 복제할 권리를 가진다. 복제란 인쇄 · 사진 · 복사 · 녹음 · 녹화 그 밖의 방법으로 일시적 또는 영구적으로 유형물에 고정하거나 다시 제작하는 것을 말하며, 건축물의 경우에는 그 건축을 위한 모형 또는 설계도서에 따라 이를 시공하는 것을 포함한다(법 2조 22호 참조).

그러므로 복제권이란 구체적으로 말하면 소설이나 논문 등을 필사 · 등사 · 복사인쇄 한다든지, 그림이나 조각을 모사, 사진촬영 한다든지, 강연을 녹음한다든지, 음악을 음반에 취입한다든지 하는 행위 등에 미치는 권리이며 저작권 중에서 가장 기본적인 권리라고 말할 수 있다. 이러한 복제의 개념은 디지털 기술의 발전에 따라 디지털 복제도 포함하도록 확대되어야 할 것이므로 아날로그 자료나 디지털 자료를 디지털 방식으로 저장하거나, 스캐닝하거나, 다운로드받거나 모두 복제라고 보아야 할 것이다.

또 건축저작물의 경우에 설계도를 인쇄 · 출판하는 것은 복제로 되지만 설계도서에 따라 이를 시공하는 것에 대해서는 의문이 있을 수 있으므로 이를 해결하기 위하여 이 경우에도 복제권이 미침을 명백히 하고 있다.[168] 아울러 2013년 개

168) 2006년법 이전에는 “각본 · 악보 그 밖의 이와 유사한 저작물의 경우에는 그 저작물의 공연 · 방송 또는 실연을 녹음하거나 녹화하는 것도 복제권의 범위 내”라는 것을 규정하고 있었다.

정법은 일시적 복제도 복제에 해당함을 분명히 하였다. 그러나 모든 일시적 저장을 모두 복제라고 보고 이를 통제하는 것은 문제이므로 많은 입법이나 해석은 이를 설사 복제라 하더라도 검색행위 내지는 훑어보는 행위 등은 이를 공정이용으로 규정하여 저작권의 효력범위 밖에 두고 있다.[169] 우리 저작권법 제35조의2 역시 이에 대한 예외규정을 두고 있다.

[판례 1] 「성경개역판」 사건(서울지법 1997.11.5.고지 97카합2072 결정)

무릇 복수의 번역문이 존재하는 경우 그 번역의 기초로 된 원문이 동일한 것인 한 그 내용이나 용어 자체가 부분적으로 동일한 표현으로 이루어져 있는 것은 당연하다 아니할 수 없고 그렇다고 하여 일방의 번역문이 다른 번역물을 복제한 것이라고 단정할 수는 없다. 어디까지나 저작물을 복제하는 경우라 함은 기존의 저작물에 의거한 것일 뿐만 아니라 그 저작물의 내용 및 형체를 충분히 주지할 수 있도록 게재되어 그와 동일한 것이라고 볼 수 있을 때를 가리키고, 이러한 의거성 내지 동일성의 여부는 구체적으로 원문의 번역에 임하는 기본적 태도를 바탕으로 신중하게 판단하여야 할 것이다.

[판례 2] 서적 '119 소아과' 사건(서울지법 서부지원 2002.3.27.선고 2001가합3917 판결)

다른 사람의 저작물을 무단히 복제하면 복제권의 침해가 되는 것이고 이 경우 저작물을 원형 그대로 복제하지 아니하고 다소의 수정증감이나 변경을 가하더라도 원저작물의 재제 또는 동일성이 인식되거나 감지되는 정도이면 복제로 보아야 할 것이며, 원저작물의 일부분을 재제(再製)하는 경우에도 그것이 원저작물의 본질적인 부분의 재제라면 역시 복제에 해당한다.

[판례 3] 벅스뮤직 사건(서울지법 2003.9.30.고지 2003카합2114 결정)

음반을 컴퓨터압축파일로 변환하는 것은 변환 프로그램에 의하여 기계적으로 이루어지므로 창작성이 포함된다고 볼 여지가 없고, 변환된 컴퓨터압축파일이 컴퓨터의 보조기억장치에 저장되면 인위적인 삭제 등 특별한 사정이 없는 한 유형물에 고정되었다고 볼 만한 영속성을 지니게 되므로 그 파일저장행위도 음반의 복제에 해당한다.[170]

---

169) 미국 1998년 「Digital Millennium Copyright Act」 제3편(Title 3: Computer Maintenance or Repair Copyright Exemption)은 일시적 저장도 복제가 된다는 MAI 판결에 대한 비판을 의식해서 일정한 목적을 위한 복제를 침해로부터 제외시키고 있다. 또 일본 개정저작권법은 보수, 수리 등을 위한 일시적 복제(동법 제47조의4), 송신장해의 방지 등을 위한 복제(동법 제47조의5)는 복제권이 미치지 않는 것으로 규정한다.

[판례 4] '의사시험 기출문제' 사건(서울동부지법 2012.1.19.선고 2011고단1583 판결)

이 사건 시험문제는 저작권법에 의하여 보호되는 저작물에 해당하고, 이와 같은 저작물을 직접 보고 베낀 것은 아니고 수험생들의 기억력을 되살리는 방법 및 인터넷 사이트를 참고하여 이를 복원하여 게재한 경우에도 저작물의 복제에 해당된다.

2. 공 연 권

저작자는 그 저작물을 공연할 권리를 가진다(법 제17조). 공연이란 저작물 또는 실연 · 음반 · 방송을 상연 · 연주 · 가창 · 구연 · 낭독 · 상영 · 재생 그 밖의 방법으로 공중에게 공개하는 것을 말하며, 동일인의 점유에 속하는 연결된 장소 안에서 이루어지는 송신(전송을 제외한다)을 포함한다(법 2조 3호 참조).

그사이 판례는 ① 무도장을 차려놓고 거의 매일 영업을 하면서 고객들로 하여금 무도곡에 맞추어 춤을 출 수 있도록 시판 테이프에 수록된 10여 곡의 대중음악을 사용한 행위,[171] ② 에어로빅을 교습하는 체조교실을 운영하면서 녹음테이프를 오디오에 설치하고, 고객들에게 선곡된 곡에 따라 율동에 의거 체력단련을 시키는 방법으로 음악저작물을 사용하는 행위,[172] ③ 노래방에서 고객들로 하여금 노래방 기기에 녹음 또는 녹화된 음악저작물을 재생하는 방식으로 저작물을 이용하게 한 행위[173]는 모두 공연으로 보았다.

3. 공중송신권

저작자는 자기 저작물을 공중송신할 권리를 가진다. 공중송신이란 저작물, 실연 · 음반 · 방송 또는 데이터베이스(이하 "저작물 등"이라 한다)를 공중이 수신하거나 접근하게 할 목적으로 무선 또는 유선통신의 방법에 의하여 송신하거나 이용에 제공하는 것을 말한다. 2006년 개정에서 신설된 것으로 종래의 방송, 전송, 그리고 새로운 개념인 디지털음성송신은 물론 앞으로 기술발전에 따라 새롭게 등

170) 평석: 문용호, 「정보법판례백선(1)」, 563면.
171) 전주지법 1988.12.7.선고 88가소16995 판결.
172) 광주지법 약식명령 1995.10.16. 95고약11811; 춘천지법 원주지원 약식명령 1992.1.16, 91약2813.
173) 대법원 1996.3.22.선고 95도1288 판결.

장하는 공중에 대한 송신형태도 포함하는 개념이다.

저작권법에서 방송이란 공중송신 중 공중이 동시에 수신하게 할 목적으로 음·영상 또는 음과 영상을 송신하는 것을 말한다. 일반적으로 방송하면 공중파 무선 방송을 연상한다. 그러나 우리법은 유선방송도 방송의 개념 속에 포함하고 있으므로 영업소에 대한 유선음악방송이나 CATV 등도 방송에 속한다.

전송이란 공중송신 중 공중의 구성원이 개별적으로 선택한 시간과 장소에서 접근할 수 있도록 저작물 등을 이용에 제공하는 것을 말하며, 그에 따라 이루어지는 송신을 포함한다.

디지털음성송신이란 공중송신 중 공중으로 하여금 동시에 수신하게 할 목적으로 공중의 구성원의 요청에 의하여 개시되는 디지털 방식의 음의 송신을 말하며,[174] 전송을 제외한다.

공중송신	방 송	예) 지상파방송, 케이블방송, 위성방송, DMB
	전 송	예) Bugsmusic 주문형 서비스, 방송 인터넷 '다시보기', 인터넷 영화관
	디지털음성송신	예) 개인 인터넷방송(Winamp 방송), 지상파방송 동시 웹캐스팅 (Simulcast)
	기타: 기술발전에 따라 새롭게 등장하는 공중에 대한 송신형태	

4. 전 시 권

저작자는 미술저작물 등의 원작품이나 그 복제물을 전시할 배타적 권리를 가진다.[175] 본조에서 말하는 '전시'는 미술저작물·건축저작물 또는 사진저작물(이

---

174) 이렇듯 실시간 음악(음성) 웹캐스팅은 디지털음성송신에 따른 보호를 받게 되는 데 대하여 영상물을 포함하는 실시간형 웹캐스팅은 방송·전송·디지털음성송신·그 밖의 공중송신 중 무엇에 따른 보호를 부여할 것인가가 문제된다. 이에 대해 방송설, 그 밖의 공중송신설, 디지털음성송신설이 주장되고 있다(자세한 것은, 박성호, 「저작권법」, 339면 주323) 참조). 기술적으로는 그 밖의 공중송신에 해당한다. 그러나 보호측면에서서는 영상물이 포함되었다고 하더라도 디지털음성송신의 측면에서 보호하면 되리라고 본다(디지털음성송신설).

175) 저작권법 제11조 제3항 및 제19조는 '전시권'의 보호대상인 저작물을 '미술저작물·건축

하 '미술저작물 등'이라 한다)의 원작품이나 그 복제물 등의 유형물을 일반인이 자유로이 관람할 수 있도록 진열하거나 게시하는 것을 말한다고 할 것이다.[176]

이러한 전시에 미술저작물 등이나 그의 복제물을 일반 공중에게 '직접적으로' 보여주는 직접전시가 포함됨은 물론, 미술저작물 등이나 그의 복제물을 필름, 슬라이드, 텔레비전 영상, 또는 그 밖의 다른 장치나 공정에 의하여 그의 복제물을 보여주는 간접전시도 포함된다.[177] 문제는 인터넷전시이다. 오늘날 인터넷의 일상화로 미술저작물 등을 인터넷에 올리고 이를 통해 미술저작물 등을 감상하거나 광고 · 선전하는 경우도 적지 않다. 이를 통상 '인터넷 전시'라고 부른다. 그러나 이러한 인터넷전시는 저작권법상 전시가 아니라 전송이며, 전송의 법리에 의하여 규율되어야 할 것이다.[178]

한편 이러한 전시권은 저작물이 양도된 경우에는 전람회나 옥외 등 일반공중에게 개방된 장소에서 항시 전시하는 경우에만 그 효력이 미친다(법 35조 참조). 다시 말하면 미술저작물 등의 소유자는 자유로이 전시할 수 있되, 일반공중에게 항시 공개된 장소에 전시하기 위해서는 저작권자의 허락을 얻어야 한다.

저작물 또는 사진저작물(이하 '미술저작물 등'이라 한다)'에 한정하여 열거하고 있으므로, 미술저작물 등 외의 저작물은 전시의 방법으로는 그 저작재산권이 침해되지 아니한다(대법원 2010.9.9.선고 2010도4468 판결).

176) 대법원 2010.3.11.선고 2009다4343 판결

177) 이러한 간접전시를 전시로 포섭할 경우 문제가 되는 것은 공연과의 관계이다. 우리 법은 공연의 개념에 저작물을 '상영 · 재생 그 밖의 방법으로 공중에게 공개하는' 것도 포함하므로 간접전시는 공연의 대상이 된다고 볼 수도 있다. 그러나 공연이란 실연이 개입되지 않고는 생각할 수 없는 개념이다. 논자에 따라서는 "결국 공연권(right of public performance)이란 저작물의 내용을 동작적인 표현으로 일반 공중이 직접 보게 하거나 듣게 할 수 있는 권리를 말한다"거나(윤경, 「저작권법」, 육법사, 2005, 427면), "미술저작물, 건축저작물, 사진저작물의 유형물을 단지 진열 · 게시한 것만으로는 공연이 아니라고 해석함으로써 전시와 공연의 영역을 분명히 구별하는 것이 합리적일 것"이라는 견해도 있다[박준석, "이미지 검색엔진의 인라인 링크 등에 따른 복제, 전시, 전송 관련 저작권침해 책임," 「민사판례연구」(33권 上), 민사판례연구회/박영사, 2011, 674면]. 우리 법의 문면상 간접전시가 공연에 포함될 여지가 있다고 하더라도 공연과 전시는 구분하는 것이 옳고, 입법론으로는 이 점을 분명히 해 둘 필요가 있다.

178) 보다 자세한 내용은 이상정, "展示와 관련된 저작권법상의 쟁점에 관한 일고," 「IT와 법 연구」(6집), 경북대학교 IT와 법연구소, 2012.2, 35면 이하 참조.

◈ 우리법상 전시권 규정의 문제점179)

우리 저작권법은 미술저작물·건축저작물 또는 사진저작물(이하 '미술저작물 등'이라 한다)에 대해서 전시권을 인정한 후 동법 제35조에서 미술저작물 등의 전시 또는 복제에 대한 제한 규정을 두고 있다. 그러나 우리법상 전시권 규정은 세계에서 유례가 없는 입법일 뿐만 아니라 이러한 규정대로 법을 운용하면 지나치게 권리자에게 유리하게 되어 저작권법의 또 하나의 축인 공공의 이익은 무시되고 만다. 다음 표는 주요국의 전시권과 관련된 내용이다.

국가	권리 내용	제한 내용	비 고
우리나라	원작품 및 복제물의 전시	소유자 등에 의한 원작품의 전시	* 복제물의 전시에 대한 제한 규정 없다.
영국	미술저작물 등에 대한 전시권 규정 없다.		
미국	원작품 및 복제물의 전시	일단 판매되면 권리 소진	
일본	미술저작물의 원작품 및 미공표 사진저작물	소유자 등에 의한 원작품 전시	
독일	미공표 미술저작물 및 사진저작물		* 공표되면 전시권 없다.

위 표와 같이 우리법 제정에 참고가 된 일본 저작권법(동법 제25조)도 전시권을 인정하나 미술저작물 또는 아직 발행되지 아니한 사진저작물의 원작품에 대해서만 인정하므로 원작품이 아닌 것에 의한 전시는 언제나 자유이다. 이에 반해 우리의 경우는 원작품이 아닌 것에 의한 전시는 언제나 권리자의 허락을 얻도록 되어 있다.

5. 배 포 권

저작자는 저작물의 원본이나 그 복제물을 배포할 권리를 가진다. 다만, 저작물의 원본이나 그 복제물이 해당 저작재산권자의 허락을 받아 판매 등의 방법으로 거래에 제공된 경우에는 그러하지 아니하다(법 20조).

배포란 저작물의 원본 또는 그 복제물을 공중에게 대가를 받거나 받지 아니하고 양도 또는 대여하는 것을 말한다(법 2조 23호). 따라서 배포란 '유형물의 형태

179) 보다 자세한 내용은 이상정, "우리 저작권법상의 전시권의 문제점," 「경희법학」(41권 2호), 경희법학연구소, 2006.12, 225면 이하 참조.

로' 점유를 이전하는 것을 말하므로 복제물을 웹스토리지에 업로드한 다음 이를 공중의 다운로드가 가능하도록 설정해 놓는 행위는 전송에 해당하며, 배포가 아니다.[180)]

한편 우리 법은 배포권을 인정하되 다만, "저작물의 원본이나 그 복제물이 해당 저작재산권자의 허락을 받아 판매 등의 방법으로 거래에 제공된 경우에는 그러하지 아니하다"는 단서 규정을 두어 소위 최초판매의 법리(first sale doctrine)[181)]를 받아들임으로써 배포권의 행사범위를 제한하고 있다. 즉 저작권자나 그로부터 배포권을 양수한 자가 일단 타인에게 양도한 원본 또는 복제물은 그 원본이나 복제물을 취득한 자가 마음대로 처분할 수 있다. 어느 의미에서는 소유권자의 권리행사라고 할 것이다. 그러나 음반이나 컴퓨터 프로그램에 대해서는 대여권이 인정되므로 음반이나 컴퓨터 프로그램을 대여하는 경우에는 권리자의 허락을 얻어야 한다(법 21조).[182)] 대여권은 최초판매이론에 대한 하나의 예외라고 할 것이다.

6. 대 여 권

저작권법 제20조 단서(최초판매의 원칙)의 규정에 불구하고 저작자는 상업용 음반이나 상업적 목적으로 공표된 프로그램을 영리를 목적으로 대여할 권리를 가진다(법 21조). 나라에 따라서는 일본과 같이 모든 저작물에 대여권을 인정하는 경우도 있다. 또 WTO/TRIPs 제11조(대여권)는 "적어도 컴퓨터 프로그램과 영상저작물에 관하여, 회원국은 저작자나 권리승계인에게 그들이 저작권 보호 저작물의 원본 또는 복제물의 공중에 대한 상업적 대여를 허락 또는 금지할 수 있는 권리를 부여한다. 회원국은 영상저작물에 관하여서는 그러한 대여가 자기나라 저작자와 권리승계인에게 부여된 배타적인 복제권을 실질적으로 침해하는 저작물의 광범

---

180) 벅스뮤직 사건(서울지법 2003.9.30.고지 2003카합2114 결정); 나우필름 사건(서울중앙지법 2008.8.5.자 2008카합968 결정) 참조.

181) 복제권자가 정당한 방법으로 복제물을 판매한 경우 이후의 전전 배포는 자유이고 배포권은 최초의 판매(first sale)에 의하여 소멸하는 원칙이다. 특허권이나 상표권의 소모(소진) 이론과 마찬가지 법리이다.

182) 이것은 우리나라나 일본과 같이 대여권을 배타적 권리로 구성한 경우에 관한 설명이다. 독일과 같이 나라에 따라서는 대여에 대한 일정한 대가를 지급하기만 하면 자유로이 대여할 수 있도록 규정한 나라도 있다. 일종의 법정허락이다.

위한 복제를 초래하지 아니하는 경우, 이러한 의무에서 면제된다. 컴퓨터 프로그램과 관련하여 이러한 의무는 프로그램 자체가 대여의 본질적인 대상이 아닌 경우에는 적용되지 아니한다."고 규정한다. 우리 입법자들은 영상저작물의 경우는 대여를 통해 광범위한 복제가 일어나고 있지 아니한 현실을 반영하여 영상저작물에 관해서는 대여권을 인정하지 아니하였다.

◈ 대여와 공공대출(공대)

여기에서 대여(rental)란 '영리목적으로 일정기간 이용제공'을 의미하고, 공대(public lending)란 '공중이 접근할 수 있는 기관을 통해서 행해지는, 직접적인 영리 이외의 목적으로 일정기간 이용을 위한 제공'을 의미한다. 좀 더 쉽게 말하면, 도서관에서 책을 빌려주는 것은 public lending이며, 비디오 가게에서 테이프를 빌려주는 것은 rental이다.

7. 2차적 저작물 작성권

저작자는 그 저작물을 원저작물로 하는 2차적 저작물을 작성하여 이용할 권리를 가진다(법 22조). 2차적 저작물이란 원저작물을 번역 · 편곡 · 변형 · 각색 · 영상제작 그 밖의 방법으로 작성한 창작물을 말한다(법 5조 참조).

■ 2차적 저작물 작성권과 작성된 2차적 저작물에 대한 저작권

2차적 저작물 작성권과 작성된 2차적 저작물에 대한 저작권은 별개이다. 2차적 저작물 작성권은 원저작물의 저작자가 가지며, 원저작권의 내용의 하나이다. 이에 대해 작성된 2차적 저작물에 대한 저작권은 그 2차적 저작물을 작성한 자(=2차적 저작물의 저작자)가 가지며, 그 내용도 모든 저작권(저작인격권+저작재산권)이다. 다만 2차적 저작물의 이용에 관해서는 후술하는 바와 같이 주의할 점이 있다.

◈ 2차적 저작물 작성권의 범위

[판례] 월트 디즈니 사건 = 2차적 저작물 작성을 허락받은 경우에 원문의 복제 · 배포도 할 수 있는지 여부(대법원 1992.9.22.선고 91다39092 판결)

원저작물을 우리말로 번역하고 해설한 2차적 저작물에 대한 복제 · 배포권을 계약에 의하여 취득한 경우 거기에는 당연히 원저작물의 원문을 포함하여 복제 · 배포할 권리가 포함되어 있다고 할 것이나, 이것이 원문만의 또는 원문 그대로의 복제 · 배포권도

포함되어 있음을 뜻하는 것은 아니다.

8. 그 밖의 권리들

(1) 추 구 권

1) 의 의 미술저작물의 원작품과 작가 및 작곡가의 원고에 대해서는 그 저작자는 저작자가 그 원작품 및 원고를 양도한 후에 행하여지는 그 원작품 및 원고의 매매이익에 관여하는 양도불능의 권리(inalienable right)를 가진다. 이를 추구권[추급권, Droit de suite, Resale (Royalty) Right, Folgerecht]이라 한다. 그러므로 추구권이란 저작자에게 최초판매(first sale) 후에 가치가 증대된 저작물의 원작품의 재공매수입(再公賣收入)으로부터 나온 이익을 분배해 주기 위한 제도이다. 이를 일명 저작자 배당권이라고도 한다.183)

2) 필 요 성 전통적으로 저작권법은 문학 작가를 대상으로 그 복제를 통제할 수 있는 권리를 줌을 목적으로 한 것이다. 그러나 미술가들은 자기의 저작물에 대한 복제로부터의 수입이 주가 아니라 작품의 판매에서 주로 수입을 얻는다. 이 때문에 작품을 일단 타인에게 양도한 후에는 미술가의 저작권은 실제로 유명무실하게 된다. 그러므로 순수미술작가의 보호를 위한 특별한 입법이 필요하다.

뿐만 아니라 미술작품은 무명시절에 싼값에 처분하는 경우가 많은데 그러한 미술작품의 가격은 작가의 명성이 상승함에 따라 상승하는 것이 상례이다. 그러므로 그러한 상승된 이익에 작가가 전혀 참여치 못한다는 것은 불공평하다. 이러한 불합리를 구제하기 위하여 인정된 것이 추구권이다.184)

---

183) 이러한 추구권을 최초로 인정한 나라는 프랑스이며, 현재 50개국 이상이 이를 인정하고 있다.

184) 추구권에 대해서는 다음 문헌 참조: 안경환, "미술저작물 저작자의 추급권,"「계간저작권」(통권 4호), 한국저작권위원회 1988.10; 김원오, "EU 및 그 주요 회권국의 추급권 입법 동향,"「계간저작권」(통권 79호), 한국저작권위원회, 2007.9; 계승균, "독일저작권법상 추급권에 관한 연구,"「창작과 권리」(통권 48호), 세창출판사, 2007.9; 이동기/김솔하, "유럽의 추급권 제도 운영과 우리나라에의 도입 여부에 관한 연구,"「계간저작권」(통권 85호), 한국저작권위원회, 2009.3; 이윤정, "미술저작물 저작자의 권리에 대한 고찰: 추급권을 중심으로," 인하대 대학원(석사학위논문), 2008.2; 박은정, "예술저작품의 추급권에 대한 비교법적 고찰," 숙명여대 대학원(석사학위논문), 2009.6; 권안젤라, "미술저작자의 추급권 도입 방안에 관한 연구," 경희대학교(박사학위논문), 2011.8.

♣ 참고: EU의 추구권

유럽연합(EU)의 지침에 의하면 3000유로 이상으로 거래된 작품에 한하여 추구권이 인정되며, 5만 유로까지는 판매가격의 4%, 20만 유로까지는 3% 식이다. 예컨대 33만 유로에 작품이 팔렸다면 5만 유로까지의 4%(2000유로), 5만 유로에서 20만 유로까지인 15만 유로의 3%(4500유로), 그리고 20만 유로 초과분인 13만 유로의 1%(1300유로)를 배당해야 하므로 모두 7,800유로가 추구권료가 된다.

(2) 상품화권

상품화권이란 일반적으로 만화나 텔레비전에 등장하는 인물이나 동물 등(둘리, 미키마우스 등, 소위 캐릭터)의 그림이나 대학명칭이나 야구팀 등의 명칭을 아동용의 셔츠나 학용품 등의 상품에 이용하여 경제적 이득을 얻는 권리를 말한다. 그러나 상품화권이란 상표권·저작권 등과 같은 독자적인 권리는 아니며, 고객흡인력을 갖는 도형, 캐릭터, 기호 등이 영업적으로 이용되는 경우, 즉 상품화되는 경우 이들 원도형, 캐릭터 등에 대해서 권리를 갖는 자를 보호하기 위해서 안출(案出)된 개념이며, 현행법 아래에서는 상품화된 대상물이 무체재산법 중의 어느 것에 의해 보호되면 당해 법에 의존할 수밖에 없다. 예컨대 캐릭터 등 저작권법의 보호를 받는 저작물을 복제하거나 이를 이용하여 인형 등을 만든 경우에는 저작권법에 의하여 보호를 받는다. 또 단순한 마크나 기호, 야구팀의 명칭 등은 저작권법으로 보호받을 수 없으나 이들이 주지성을 획득한 경우는 부정경쟁방지법의 보호를 받을 수 있다.

(3) 이른바 퍼블리시티권

1) 서　언　　영화배우, 탤런트, 운동선수 등 유명인의 성명이나 초상을 사용해서 이것을 상품 등의 선전에 이용하는 것은 흔한 일이다. 이 경우 당해 유명인이 가지는 권리를 퍼블리시티권이라 한다. 이미 설명한 상품화권과 일맥 상통한다.

탤런트 등 유명인이 매스컴에 등장하는 것은 유명인으로서는 피할 수 없는 일이며, 역으로 탤런트 등이 적극적으로 매스컴을 이용하는 경우도 있으므로 영리목적이 아닌 사적으로 혹은 보도목적으로 유명인의 성명이나 초상을 이용한다든지, 사진을 촬영하는 것은 어느 정도 용인되지 않으면 안 된다.[185] 그러나 탤런트의 사진 등(소위 브로마이드 등)을 상품 등에 무단으로 이용하면 이것은 영리행위이며, 탤런트 등의 허락을 얻지 않으면 사용할 수 없다. 만약 허락 없이 사용하면 유명인의 초상권이나 성명권, 사진저작물의 저작권을 침해하는 것으로 된다. 문제는 이러한 인격권에 의존하지 아니하고 별도의 퍼블리시티권을 인정할 것인지 여부이다.[186]

	권리의 내용		침해의 형태	법적 구제
초상	인격적 이익 (프라이버시권)	함부로 촬영 · 공표되지 않을 권리(일신전속)	정신적 고통을 준다.	금지 · 위자료의 청구 명예회복 청구
	재산적 이익 (퍼블리시티권)	초상의 사용을 독점하는 권리(이용허락가능)	경제적 손실을 준다.	손해배상 · 부당이득 반환청구

2) 이른바 퍼블리시티권 관련 판례 우리나라에서도 그 사이 퍼블리시티권과 관련된 판결이 다수 있었다. 예컨대 아스팔트 사나이 사건(서울지법 1996.9.6.선고 95가합72771 판결: 불인정),[187] '박찬호'사건(서울고법 1998.9.29.자 98라35 결정: 인정, 브로마이드의 발매 · 반포 금지), 임꺽정 광고사건(서울고법 1998.10.13.선고 97나43323 판결: 인정),[188] '코미디언 형상화'사건(서울중앙지법 2005.9.27.선고 2004가단

185) 서울서부지법 2014.7.24.선고 2013가합32048 판결(키워드 검색광고를 통하여 甲 등의 성명권이 침해되었다거나 甲 등이 수인한도를 넘는 정신적인 고통을 받았다고 할 수 없다): "헌법상 인격권 또한 민법의 일반규정 등을 통하여 사법적으로 보장되므로 개인의 동의 없이 성명이 이용됨으로써 개인의 인격적 법익이 위법하게 침해된 것으로 평가할 수 있다면, 개인은 인격적 법익을 침해한 자에 대하여 정신적 고통에 대한 손해배상을 청구할 수 있다. 그러나 인격적 법익의 주체가 배우, 가수, 프로스포츠 선수 등(이하 '연예인 등'이라 한다)인 경우 인격적 법익에 관한 일반이론이 다소 수정되어야 한다. 연예인 등의 직업을 선택한 사람은 직업의 특성상 자신의 성명과 초상이 대중 앞에 공개되는 것을 포괄적으로 허락한 것이므로 위와 같은 인격적 이익의 보호 범위는 일반인에 비하여 제한된다. 그러므로 연예인 등이 자기의 성명과 초상이 권한 없이 사용됨으로써 정신적 고통을 입었다는 이유로 손해배상을 청구하기 위해서는 그 사용이 방법, 태양, 목적 등에 비추어 연예인 등에 대한 평가, 명성, 인상을 훼손 · 저하시키는 경우이거나, 그 밖에 자신의 성명과 초상이 상품 선전 등에 이용됨으로써 정신적 고통을 입었다고 인정될 만한 특별한 사정이 존재하여야 한다."

186) 퍼블리시티권과 관련된 최근까지의 논의에 대해서는 계승균, "퍼블리시티권(the right of publicity) 보호에 관한 소견," 「정보법학」(제17권 제3호), 한국정보법학회, 2013.12, 75면 이하 참조; 홍승기, 「퍼블리시티권에 관한 국내 실태 조사」, 한국저작권위원회, 2012; 김성환, 「퍼블리시티권의 이론과 실제」, 진원사, 2009, 각 참조.

187) 제2심(서울고법 1997.7.22.선고 96나41016 판결: 항소기각).

235324 판결: 인정), '셔틀콕의 황제'사건(서울중앙지법 2007.11.28.선고 2007가합2393 판결: 인정)[189] 등이 그것이다. 최근의 판례나 학설의 동향은 ① 인격적 이익은 인격 그 자체로서 보호를 받을 뿐만 아니라, 인격이 가지는 재산적 가치도 보호된다고 보는 견해, ② 퍼블리시티권을 하나의 독자적인 재산권으로 보는 견해, ③ 퍼블리시티권이 기본적으로 재산권으로서의 성격을 가지고 있으나, 이는 인격권 내지 다른 권리로부터 파생 내지 혼재하고 있다는 견해 등으로 나누어지나[190] 대체로 다음 판결과 같이 볼 수 있을 것이다.

[판례] '배용준 여행상품' 사건(서울중앙지법 2010.9.3.선고 2009가합137637, 11359 판결)

[1] 유명인은 퍼블리시티권을 가지나 퍼블리시티권의 인정경위와 성문법주의를 취하는 우리나라에서 아직까지 퍼블리시티권에 관한 실정법이나 확립된 관습법이 존재하지 않는다는 점에 비추어, 퍼블리시티권은 무제한적으로 인정되는 절대적인 권리가 아니라 공공의 이익 또는 다른 사람들의 이에 상충하는 권리들에 의한 한계가 내재되어 있는 상대적 권리에 지나지 아니한다 할 것이고, 따라서 퍼블리시티권의 침해를 인정함에 있어서는 표현의 자유, 영업의 자유 등의 보장을 위하여 일정한 한계의 설정이 필요하다 할 것이다.

[2] ① 유명인의 성명, 초상 등을 허락 없이 인격적 동일성을 인식할 수 있도록 상업적으로 이용하되, 광고, 게임 속 캐릭터의 사용 등과 같이 유명인의 성명, 초상 등의 경제적 가치 즉, 유명인의 대중에 대한 호의관계 내지 흡입력이 직접 그 사용자의 영업수익으로 전환되었다고 볼 수 있을 정도로 이용하였다고 인정되어야 퍼블리시티권의 침해를 인정할 수 있을 것이며, ② 이와 달리 유명인의 성명, 초상 등을 이용한 상품 내지 서비스를 제공하면서 그 내용에 있어서 유명인의 인격적 동일성 범위 내의 요소가 아

---

188) 이 사건은 원고가 서울방송 드라마 임꺽정에서 분장한 모습을 약품광고에 사용한 사건이다. 확실히 어떤 사람을 알아보게 하는 것은 반드시 그의 진실한 모습을 나타내는 것에 한정되지 아니한다. 예컨대 찰리 채플린과 같이 극중에서 항상 독특한 모습을 하고 있어 그 모습과 찰리 채플린이 밀접하게 결합하고 있는 경우에는 그러한 극중의 독특한 역할에 대해서도 퍼블리시티권을 인정할 수 있을 것이다. 말하자면 상표에 있어서 사용을 통한 식별력(secondary meaning) 취득과 같은 이치이다. 이와 관련하여 주목을 끄는 것이 본 임꺽정 광고사건, 가수 박상민사건(서울고법 2008.6.19.선고 2008노108 판결, 대법원 2009.1.30.선고 2008도5897 판결)과 버나화이트 대 삼성 사건[Vanna White v. Samsung Electronics America, Inc.(미국연방 제9항소법원 1992.8.19.선고 971 F. 2d 1395)] 등이 있다.

189) 원고의 인격으로부터 파생된 것이기는 하나 원고의 인격권과는 독립된 별개의 재산권으로 보았다.

190) 계승균, 앞의 글, 80-81면.

닌 그 외적 요소만을 사용하고, 그 표현에 있어서도 상품 내지 서비스의 설명을 위한 필요 최소한도에 그쳐 유명인의 성명, 초상 등의 경제적 가치가 직접 그 사용자의 영업수익으로 전환되었다고 볼 수 없는 경우에는 퍼블리시티권의 침해가 인정될 수 없다.

무릇 모든 권리에는 한계가 있기 마련이고, 그런 면에서 위 판결은 침해여부를 고객흡입력의 이용이냐, 아니면 단순한 정보제공에 그친 것이냐를 가지고 기준을 삼은 것 같고 대체로 타당하다고 본다. 고객흡입력의 이용이라고 본 판결에는 '유명연예인 성형홍보이용'사건(서울중앙지법 2013.6.20.선고 2012가단335540 판결), '푸딩얼굴인식'사건(서울중앙지법 2013.10.1.선고 2013가합509239 판결, 서울고법 2014.4.3.선고 2013나2022827 판결: 인정),[191] '예쁜코 만들기'사건(서울중앙지법 2012.10.9.선고 2012가단64664 판결) 등이 있다.

반면 '치과병원 휴식공간란'사건(서울중앙지법 2013.9.13.선고 2013가합7344 판결), '성형외과 블로그 게재'사건(서울중앙지법 2013.12.20.선고 2013가합7337 판결) 등은 연예인의 성명, 초상 등의 경제적 가치가 직접 그 사용자의 영업수익으로 전환되었다고 볼 수 없는 경우로서 퍼블리시티권의 침해가 인정될 수 없다고 보았다.

◈ 퍼블리시티권에 대한 일본 최고재판소 판결

일본에서는 2012년, 최고재판소가 퍼블리시티권을 인정하는 판결을 하였다. 이른바 '핑크레이디' 사건 판결이다.[192] 그 사이 하급심 중에서는 퍼블리시티권을 인정하는 판결이 상당히 있었으나 최고재판소 판결은 이것이 처음이다. 이 판결에 의하면 퍼블리시티권은 예능인 등의 성명이나 초상을 무단 이용하면 바로 침해로 되는 것은 아니며, 상품 판매나 광고 이용 등, '오로지 초상 등이 가지는 고객흡인력의 이용을 목적으로 하는' 경우에 한해서 침해가 인정된다.

"사람의 성명, 초상 등은 한 개인 인격의 상징이므로, 당해 개인은 인격권에서 유래하는 이것을 함부로 이용당하지 않을 권리를 가지고 있는 것으로 해석된다. 그리고 초상 등은 상품의 판매 등을 촉진하는 고객흡인력을 가지는 경우가 있고, 이와 같이 고객흡

---

191) 이 판결에서는 물권과 유사한 독점 · 배타적 재산권인 퍼블리시티권을 인정하기는 어렵다고 하면서도 "이 사건 앱과 같이 다른 기업이 영리 목적으로 그 사진을 함부로 사용하는 것은 원고들이 예상하거나 허락한 범위를 넘는 것으로서 원고들의 자기 정보에 대한 통제권 및 초상과 성명이 영리적으로 이용당하지 않을 권리를 정면으로 침해하는 위법한 행위"라고 보고 손해배상을 인정하였다.

192) 일본최고재판소 平成24년(2012년) 2월 2일.

인력을 배타적으로 이용하는 권리(이하 '퍼블리시티권'이라 한다)는 초상 등 그 자체의 상업적 가치에 기초를 두고 있는 것이기 때문에, 위에서 언급한 인격권으로부터 유래하는 권리의 한 내용을 구성하는 것이라고 말하는 것이 가능하다. 다른 한편, 초상 등에 고객흡인력을 가지는 자는 사회의 이목을 집중시키는 자로서, 그 초상 등이 시사보도, 논설, 창작물 등에 사용되는 경우에 그 사용은 정당한 표현행위 등이기 때문에 수인하여야 할 때도 있는 것이다. 따라서 초상 등을 무단으로 사용하는 행위는 (1) 초상 등 그 자체를 독립하여 감상의 대상이 되는 상품 등으로서 사용하거나, (2) 상품 등을 차별화를 할 목적으로 초상 등을 상품에 붙이거나, (3) 초상 등을 상품의 광고에 사용하는 등 '오로지' 초상 등이 가지고 있는 고객흡인력을 이용할 목적으로 한다고 말할 수 있는 경우에 퍼블리시티권을 침해하는 것으로서 불법행위법상 위법하다고 해석하는 것이 상당하다."

3) 이른바 퍼블리시티권 관련 입법 우리나라에서도 그사이 이른바 퍼블리시티권 관련 입법을 위한 법안이 상정된 바 있다.[193] 생존하는 유명인 등의 초상이나 성명 등을 보호하는 것은 퍼블리시티권이라는 별도의 권리를 인정하든, 아니면 인격권의 연장선상에서 인정하든 인정 자체에는 큰 문제가 없다고 본다. 문제는 이러한 퍼블리시티권의 양도성·상속성 문제이다. 종래 퍼블리시티권의 양도성을 인정하는 판결[194]과 학설이 있으나 상속성은 부인하는 것이 지배적 견해인 듯하다. 그러나 오히려 반대로 되어야 하는 것이 옳다고 본다. 즉 법이 저작권과 같이 2원론에 입각하여 구성되어 있다면 별론, 아직 퍼블리시티권은 인격을 떠나서는 생각할 수 없다.[195] 이러한 상황에서 본인이 살아 있음에도 제3자가 배타적으로 퍼블리시티권을 행사하는 것은 허용될 수 없다. 한편 상속성은 본인의 사후, 그 이익의 귀속주체에 대한 문제로서 유족에게 우선적으로 인정되어야 한다. 다만 상속성을 인정한다면 권리의 존속기간 등의 문제도 있다.[196] 이들은 모

193) '초상재산권' 신설을 위한 저작권법 개정안이 박찬숙, 이성헌 의원 등에 의해 대표 발의된 바 있으며, 19대 국회에서는 「인격표지권 보호 및 이용에 관한 법률안」이 길정우 의원에 의해 대표 발의되었다.

194) 서울북부지법 2008.11.27.선고 2008가합3187 판결["플라잉 아이볼(Flying Eyeball)" 사건(II)]: 퍼블리시티권은 유명인뿐 아니라 일정한 경우 일반인에게도 인정될 수 있고, 그 대상도 성명(아호, 예명, 필명 등 포함), 사진, 초상, 기타 개인의 이미지 등을 형상화하는 경우 특정인을 연상시키는 물건 등에 널리 인정될 수 있으며, 일종의 재산권으로서 인격권과 같이 일신에 전속하는 권리가 아니어서 상속이 가능하고 성명이나 초상이 갖는 경제적 가치를 적극적으로 활용하기 위하여 제3자에게 양도할 수 있다고 할 것이다.

195) 그것은 마치 저작권에 관한 일원론(一元論)과 같다.

두 궁극적으로는 입법적으로 해결되어야 할 것이다.

| 제7절 | 저작재산권의 제한

Ⅰ. 서 설

저작권은 18세기 초기 제도하에서는 신성불가침이며 절대적 · 배타적으로 보호받는 권리로 인식되었지만 저작자에 대한 법률상 보호가 국가의 학문 · 예술 또는 지식전달 · 교육의 발전을 방해하거나 과학적 · 기술적 연구나 정보의 전달을 차단해서는 안 될 것이다. 저작권도 다른 재산권과 마찬가지로 권리 자체에 내재하는 제한이 있을 뿐만 아니라 공공복리를 위하여 제한될 수도 있다. 무엇보다도 저작권은 일정한 기간 동안만 경제적인 이익을 독점하는 유한한 권리이다. 존속기간이 종료되면 누구나 자유롭게 이용할 수 있는 공유재산이 된다.

Ⅱ. 자유사용

1. 서 언

특정한 경우 일반공중이 저작권자의 허락을 받지 않고 저작물을 자유로이 사용할 수 있는 것을 자유사용(free use)이라 한다.[197] 우리 저작권법 제2장 제4절 제

---

196) 서울동부지법 2006.12.21.선고 2006가합6780 판결은 퍼블리시티권 및 그 상속성을 인정하면서 저작권법을 유추 적용하여 해당자의 사후 50년으로 해석함이 상당하다고 판시하였다. 이해완, 「저작권법」(제3판), 940-943면은 양도 · 상속부정설이면서도 상속에 관해서 입법론으로는 비교적 짧은 기간 보호는 바람직한 방안일 수 있다고 본다.

2관은 저작재산권의 제한으로 규정하고 있다.

◈ 국제 협약상의 저작권제한

1) 베른협약(9조 2항)　특별한 경우에 있어서 그러한 저작물의 복제를 허용하는 것은 동맹국의 입법에 맡긴다. 다만, 저작재산권의 제한은 ① 저작물의 통상적인 이용과 충돌하지 아니하고, ② 저작자의 합법적인 이익을 부당하게 해치지 아니하는, ③ 특별한 경우에 가능하다. 이들 3요건을 충족시켜야 한다는 데서 이를 이른바 '3단계 테스트'(3 Step Test)라고 한다.[198]

2. 우리법상 저작재산권의 제한

다음의 경우에는 저작재산권자의 허락 없이 저작물을 자유로이 사용할 수 있다.

(1) 재판절차 등에서의 복제(법 23조)

재판절차를 위하여 필요한 경우이거나 입법·행정의 목적을 위한 내부자료로서 필요한 경우에는 그 한도 안에서 저작물을 복제할 수 있다.[199] 본조에 의한 이용은 다른 경우와는 달리 미공표저작물도 이용할 수 있다.[200] 또 복제주체에도 제한은 없다.[201] 다만, 이러한 재판절차 등에서의 복제에는 출처를 명시하여야 하

197) 저작물의 자유사용(free use)을 영국법에서는 fair dealing, 미국법에서는 fair use라 부르며, 입법에 따라서는 저작권의 제한(restrictions) 또는 예외(exceptions)로 규정하고 있다.

198) 유사한 규정에 WTO/TRIPs 제13조, WCT 제10조가 있다.

199) 컴퓨터프로그램의 이용과 관련해서는 별도의 규정(법 제101조의3)이 있다.

200) 내부자료로만 이용되는 한 공표의 문제는 없으나 만약 이것이 공표되면 공표권 침해로 된다(법 38조 참조).

201) 우리나라나 일본의 대다수의 견해는 재판절차에서 이용하기 위한 복제는 법관뿐만 아니라 당사자나 변호인, 증인 등도 이 조항에 의하여 복제할 수 있으나 입법·행정의 목적을 위한 내부자료로 이용하는 경우는 '입법기관이나 행정기관의 직원'에 한정된다고 본다. 일반론으로는 그렇게 이야기할 수 있을지 모르나 민원사무를 생각하면 이러한 견해는 타당치 못하다. 예컨대 의약품 판매를 위하여 식약청에 허가를 신청하는 경우, 그 약효를 입증하는 자료를 제출해야 되는데 그에 필요한 기존 자료를 민원인이 복사하여 제출하였다고 하여 이를 저작권침해로 볼 것은 아니다. 내부자료는 외부자료와 대비되는 개념이고 따라서 행정청 직원이라고 하더라도 외부 홍보자료로 이용하기 위해서 복제하는 것은 허용되지 않지만 행정목적을 위한 내부자료로 이용한다면 복제주체에 제한을 둘 것은 아니다. 여기서 중요한 것은 어떠한 목적으로 복제하였는가이며, 누가 복제하였는가는 아니다. 또 민

며, 그 저작물의 종류와 복제의 부수 및 형태 등에 비추어 당해 저작재산권자의 이익을 부당하게 침해하여서는 아니 된다.

(2) 정치적 연설 등의 이용(법 24조)

공개적으로 행한 정치적 연설 및 법정 · 국회 또는 지방의회에서 공개적으로 행한 진술은 어떠한 방법으로도 이용할 수 있다. 다만, 동일한 저작자의 연설이나 진술을 편집하여 이용하는 경우에는 그러하지 아니하다.

2006년 개정 전의 법은 공개한 법정 · 국회 또는 지방의회에서의 연술을 보호받지 못하는 저작물로 규정하고 있었다(개정 전의 법 7조 6호). 그러나 개정법은 이들도 연술자의 사상 · 감정이 표현된 것으로 저작물이기는 하되, 이들을 널리 알릴 필요상 어떠한 방법으로도 자유롭게 이용할 수 있도록 하였다. 또 구법에서는 "공개한 법정 · 국회 또는 지방의회에서의 연술"로 되어 있었으나 개정법은 여기에 "공개적으로 행한 정치적 연설"을 추가하였다. 다만, 동일한 저작자의 연설이나 진술을 편집하여 이용하는 경우에는 당해 저작자의 허락을 얻어야 한다.[202] 이것은 당해 저작자의 인격적 이익도 고려한 것이다.

(3) 공공저작물의 자유이용(법 24조의2)

1) **국가 또는 지방자치단체의 공공저작물**(제1항)　　2013년 개정법은 "국가 또는 지방자치단체가 업무상 작성하여 공표한 저작물이나 계약에 따라 저작재산권의 전부를 보유한 저작물은 허락 없이 이용할 수 있다"고 규정한다(1항). 자유로이 이용할 수 있는 저작물의 하나는 '국가 또는 지방자치단체가 업무상 작성하여 공표한 저작물'이다. 예컨대 각종 연감이나 백서와 같이 국가나 지방자치단체에서 업무상 작성하여 공표한 저작물은 저작자가 국가 등이고, 또 이것은 공익 목적으로 예산을 투입하여 제작된 저작물이므로 저작재산권의 보호를 배제하고 납세자인 일반 국민들의 자유로운 이용을 보장하는 것이다.[203] 자유로이 이용할 수 있

원인이 허가를 받지 못해 행정소송을 제기하는 경우, 당초 허가를 받기 위해 행정청에 자료를 제출할 때는 복제할 수 없고, 소송 단계로 되어서야 소송의 당사자로 되어 복제할 수 있다고 하는 것은 난센스(nonsense)에 불과하다.

202) 예컨대 제100회 국회에서 갑, 을, 병, 정, … 의원이 한 연설을 모아서 출판하는 것은 자유이나 갑 의원이 한 공개적 연설, 국회 진술 등만을 모아 출판하려면—예컨대 '갑의원 연설집'—갑 의원의 허락을 얻어야 한다.

는 저작물의 또 하나는 '국가 또는 지방자치단체가 계약에 따라 저작재산권의 전부를 보유한 저작물'이다. 저작재산권의 전부를 보유한 저작물이며, 일부를 보유한 것은 이에 해당하지 아니한다. 다만 이러한 저작물이라 하더라도 다음 각 호의 어느 하나에 해당하는 경우에는 그러하지 아니하다"

1. 국가안전보장에 관련되는 정보를 포함하는 경우.

2. 개인의 사생활 또는 사업상 비밀에 해당하는 경우.

3. 다른 법률에 따라 공개가 제한되는 정보를 포함하는 경우.

4. 제112조에 따른 한국저작권위원회에 등록된 저작물로서 「국유재산법」에 따른 국유재산 또는 「공유재산 및 물품 관리법」에 따른 공유재산으로 관리되는 경우. 다만 제4호의 경우는 자유로운 이용을 위하여 필요하다고 인정하는 경우 「국유재산법」 또는 「공유재산 및 물품 관리법」에도 불구하고 대통령령으로 정하는 바에 따라 사용하게 할 수 있다(3항).

2) 공공기관의 공공저작물(제2항) 한편 본조 제2항은 "국가는 「공공기관의 운영에 관한 법률」 제4조에 따른 공공기관이 업무상 작성하여 공표한 저작물이나 계약에 따라 저작재산권의 전부를 보유한 저작물의 이용을 활성화하기 위하여 대통령령으로 정하는 바에 따라 공공저작물 이용활성화 시책을 수립·시행할 수 있다"고 규정한다. 이를 받아 시행령 제1조의3 제1항 제5호는 "자유이용할 수 있는 공공저작물임을 나타내기 위하여 문화체육관광부장관이 정한 표시 기준의 적용에 관한 사항"을 활성화 시책의 하나로 규정한다. 문화체육관광부장관이 정한 표시 기준이 바로 '공공누리'이다. 공공누리(KOGL: Korea Open Government License)란 공공저작물에 대한 자유이용허락 표준 라이선스로 공공저작물의 자유로운 이용기반을 조성하기 위해 정부에서 마련한 것이다. 이용자가 쉽게 그 이용조건을 확인할 수 있도록 이용자가 알기 쉬운 '공공누리 마크'가 다음과 같이 마련되어 있다.

---

203) 저작권법 일부개정법률안(대안), 대안제안 경위 참조.

유형별 아래 조건을 기준으로 모든 저작물은 무료로 이용하실 수 있습니다.	
제1유형: 출처표시	제2유형: 출처표시+상업적 이용금지
제3유형: 출처표시+변경금지	제4유형: 출처표시+상업적 이용금지+변경금지

(4) 학교교육목적 등에의 이용(법 25조)

공표된 저작물을 학교교육목적을 위하여 사용하는 경우 우리 법 제25조는 자유이용(free use)이라고 볼 수 있는 경우와 후술하는 법정허락(statutory licences)의 일종이라고 볼 수 있는 경우를 동일조문에서 규정하고 있다.

1) 고등학교 및 이에 준하는 학교 이하의 학교의 교육목적상 필요한 교과용 도서에는 공표된 저작물을 게재할 수 있되(법 25조 1항) 문화체육관광부장관이 정하여 고시하는 기준에 의한 보상금을 저작재산권자에게 지급하여야 한다.[204] 본 조는 교과용 도서라고 규정하고 있으므로 소위 학습참고서류는 포함하지 아니한다.[205] '교과용 도서'의 의미에 대해서는 「교과용 도서에 관한 규정」 제2조에 규정되어 있고, 동 규정은 현재 대통령령으로 되어 있다.[206]

2) 특별법[207]에 의하여 설립되었거나 「유아교육법」, 「초 · 중등교육법」 또는 「고등교육법」에 따른 학교, 국가나 지방자치단체가 운영하는 교육기관 및 이들 교육기관의 수업을 지원하기 위하여 국가나 지방자치단체에 소속된 교육지원기관은 그 수업 또는 지원 목적상 필요하다고 인정되는 경우에는 공표된 저작물의 일부분을 복제 · 배포 · 공연 · 전시 또는 공중송신할 수 있다.

---

204) 컴퓨터프로그램의 이용과 관련해서는 별도의 규정(법 제101조의3)이 있다.

205) '표준전과'삽화 사건(서울민사지법 1992.6.5.선고 91가합39509 판결).

206) 대통령령 제26709호(2015.12.15. 일부개정, 시행 2015.12.15).

207) 「평생교육법」, 「직업교육훈련촉진법」, 「산업교육진흥 및 산학연협력촉진에 관한 법률」, 「특수교육진흥법」 등. 그러나 「학원의 설립 · 운영 및 과외교습에 관한 법률」에 의한 학원이나 교습소는 제외된다.

다만, 저작물의 성질이나 그 이용의 목적 및 형태 등에 비추어 저작물의 전부를 이용하는 것이 부득이한 경우에는 전부를 이용할 수 있다(법 25조 2항). 이 경우 당해 교육기관이 고등학교 및 이에 준하는 학교 이하의 학교라면 자유사용할 수 있되 대학이나 그 이상의 교육기관이라면 문화체육관광부장관이 정하여 고시하는 기준에 의한 보상금을 지급하여야 한다.[208] 또 교육을 받는 자는 수업목적상 필요하다고 인정되는 경우에는 제2항의 범위 내에서 공표된 저작물을 복제하거나 전송할 수 있다. 이것은 교사뿐만 아니라 학생도 복제하거나 전송할 수 있다는 의미이며, 수업이 교사로부터 학생에게 일방적으로 행해지는 것이 아니라 학생도 교사에게 쌍방향으로 이루어지는 소통과정임을 고려한 것이다.[209]

2006년 개정에서 전송까지 포함시킨 것은 인터넷 환경하에서 원격교육에 대비하기 위한 것이다. 다만 교육기관이 전송을 하는 경우에는 저작권 그 밖에 이 법에 의하여 보호되는 권리의 침해를 방지하기 위하여 복제방지조치 등 대통령령이 정하는 필요한 조치를 하여야 한다. 여기서 말하는 "대통령령이 정하는 필요한 조치"란 다음 각 호의 조치를 말한다.

1. 불법 이용을 방지하기 위하여 필요한 다음 각 목에 해당하는 기술적 조치

가. 전송하는 저작물을 수업을 받는 자 외에는 이용할 수 없도록 하는 접근제한조치

나. 전송하는 저작물을 수업을 받는 자 외에는 복제할 수 없도록 하는 복제방지조치

2. 저작물에 저작권 보호 관련 경고문구의 표시

3. 전송과 관련한 보상금을 산정하기 위한 장치의 설치

또 2009년 개정은 교육기관에 한정하지 않고, 더 나아가 교육기관의 수업을 지원하기 위하여 국가나 지방자치단체에 소속된 교육지원기관은 그 수업 또는 지원 목적상 필요하다고 인정되는 경우에는 공표된 저작물의 일부분을 복제·배포·공연·방송 또는 전송할 수 있다고 규정한다. 이로써 교육지원을 위하여 설립된 국공립연구소 등에서도 교육지원자료를 작성하는 데 필요한 범위에서 저작물 이용이 가능하게 되었다.

---

208) 수업목적 저작물 이용 보상금 기준(2014.2.26. 문화체육관광부고시 제2014-8호).

209) 임원선, 「실무자를 위한 저작권법」(제4판), 한국저작권위원회, 245면.

한편 공표된 저작물을 교육목적 등을 위하여 이용하는 경우에는 부득이 한 범위 안에서 표현의 변경은 가능하나(법 13조 참조), 출처는 명시하여야 한다(법 37조 참조).

3) 교과용 도서에 게재하거나 대학 등에서 복제 · 배포 · 공연 · 방송 또는 전송하는 경우에는 보상금을 지급하여야 하나[210] 저작권자가 가지는 보상을 받을 권리는 문화체육관광부장관이 지정하는 단체를 통하여 행사되어야 한다(법 25조 5항). 지정받은 단체[211]는 그 구성원이 아니라도 보상권리자로부터 신청이 있을 때에는 그 자를 위하여 그 권리행사를 거부할 수 없다. 이 경우 그 단체는 자기의 명의로 그 권리에 관한 재판상 또는 재판 외의 행위를 할 권한을 가진다.

4) 지정받은 단체는 보상금 분배 공고를 한 날부터 3년이 경과한 미분배 보상금에 대하여 문화체육관광부장관의 승인을 얻어 공익목적을 위하여 사용할 수 있다. 법 제25조 제8항에서 "공익목적"이란 다음 각 호의 목적을 말한다(시행령 8조 1항).

1. 저작권 교육 · 홍보 및 연구
2. 저작권 정보의 관리 및 제공
3. 저작물 창작 활동의 지원
4. 저작권 보호 사업
5. 창작자 권익옹호 사업
6. 저작물 이용 활성화 및 공정한 이용을 도모하기 위한 사업

(5) 시사보도를 위한 이용(법 26조)

방송 · 신문 그 밖의 방법에 의하여 시사보도를 하는 경우에 있어서 그 과정에서 보이거나 들리는 저작물은 보도를 위한 정당한 범위 안에서 복제 · 배포 · 공연 또는 공중송신할 수 있다. 예컨대 '국군의 날'에 관한 보도 중에 흘러나오는 행진곡, '아트 페어'에 관한 보도 중에 보여주는 미술작품들이 그 예이다. 다만 보도를 위한 정당한 범위 내이어야 한다. 본조의 적용범위와 관련하여 "특정한 사건을

210) 시행령 제2조(복제 · 공연 등 내역의 제출) 법 제25조 제1항 및 제2항에 따라 저작물을 이용하려는 자는 법 제25조 제5항에 따라 보상을 받을 권리를 행사하는 단체(이하 "보상금수령단체"라 한다)에 복제 · 배포 · 공연 · 방송 및 전송의 내역을 제출하고 그에 해당하는 보상금을 지급하여야 한다.

211) 현재 지정받은 단체는 "한국복제전송저작권협회"이다.

구성하는 저작물에는 해당하지만, 시사보도의 과정에서 보이거나 들리는 저작물에는 해당하지 않는 전형적인 예로는, 미술관의 회화가 도난당한 경우 이를 보도하면서 현재 도난되어 현장에 없는 회화에 대해 과거의 영상을 보여주는 경우를 들 수 있다. 그러한 경우에는 제28조의 인용에 관한 규정을 적용하여야 할 것이다."고 하는 견해가 있다.[212] 이론적으로는 일리 있는 견해이나 그 그림이 현장에 없다는 '빈 공간'을 보여주는 것은[213] 제26조의 문제이고, 과거에 그 자리에 있었던 '그림'을 보여주는 것은 제28조의 문제라는 것은 너무 형식적인 해석이다. 일본법 제41조와 같이 '당해 사건을 구성하는 저작물'이라는 규정이 없더라도 '시사보도를 하는 과정'을 합리적으로 해석하여, 그 과정에서 반드시 필요한 저작물이고, 보여주거나 들려주는 내용이 '정당한 범위' 내라면 제26조에 포함시키는 것이 온당할 것이다.[214]

(6) 시사적인 기사 및 논설의 복제 등(법 27조)

정치 · 경제 · 사회 · 문화 · 종교에 관하여「신문 등의 자유와 기능보장에 관한 법률」제2조의 규정에 따른 신문 및 인터넷신문 또는「뉴스통신진흥에 관한 법률」제2조의 규정에 따른 뉴스통신에 게재된 시사적인 기사나 논설은 다른 언론기관이 복제 · 배포 또는 방송할 수 있다. 다만, 이용을 금지하는 표시가 있는

---

212) 이해완,「저작권법」(제3판), 586면. 同旨, 박성호,「저작권법」, 529면; 오승종,「저작권법」(제3판), 611면.

213) 이것은 처음부터 저작권 문제가 일어날 수 없다. 제26조를 너무 좁게 해석하면 제26조는 거의 무의미한 규정으로 될 것이다. 한편 이해완 교수는 "명화 도난사건을 보도할 때 보도화면에 전시된 그림을 보이는 것"을 본조의 예로 들고 있는데 이것은 벽에 같이 걸려 있었던 다른 그림(도난당하지 아니한 그림)을 지칭하는 것으로 보인다. 그러니까 도난당한 그림은 제28조, 도난당하지 아니한 그림은 제26조가 되는 셈이다. 또 오승종 교수는 "여기서 한 가지 문제로 되는 것은, 예를 들어 어느 유명 인사를 인터뷰하는 과정에서 그 사람의 배경에 미술작품이 걸려 있어서 TV방송이나 사진 중에 그 그림이 필연적으로 보이게 되는 경우를 생각해 볼 수 있다. 이러한 경우는 그것이 본조의 시사보도를 위한 이용에 해당할 수도 있겠지만 그 여부를 따지기 전에 아예 저작물의 이용에 해당하지 않는다고 보는 것도 한 방법이라고 생각된다."고 한다. 일리 있는 견해이다(또 허희성,「2011 신저작권법 축조개설」, 223면). 특히 일본이나 영국의 '부수대상저작물의 이용'을 생각하면 더욱 그렇다. 그러나 그러면 그럴수록 제26조에서 '당해 사건을 구성하는 저작물'을 제외하면 제26조는 형해화(形骸化)된다.

214) 同旨, 장인숙,「저작권법원론」, 91면; 허희성, 앞의 책, 222면.

경우에는 그러하지 아니하다.

이 규정은 이른바 전재(轉載)규정으로 베른 협약 제10조의2 제1항을 본받아 2006년법에 도입된 규정이다.

이용의 대상이 되는 것은 시사적인 기사나 논설이다. 시사적인 것이라고 하더라도 잡지에 게재된 내용이나 방송은 이용할 수 없다.

또 ⓒ표시나 "모든 권리 유보"와 같은 일반적인 표시는 본조 단서에서 말하는 이용을 금지하는 표시에 포함되지 않는다.[215)]

(7) 공표된 저작물의 인용(법 28조)

공표된 저작물은 보도·비평·교육·연구 등을 위하여는 정당한 범위 안에서 공정한 관행에 합치되게 이를 인용할 수 있다. 허용될 수 있는 인용인지의 여부는 그 목적이나 관행에 의하여 정당화될 수 있는 범위 내인지에 달려 있다. 어느 정도가 정당화될 수 있는 범위 내인지에 대해서는 일정한 기준이 정해져 있는 것은 아니다. 일반적으로는 짧은 인용으로 충분하겠지만 경우에 따라서는 미술저작물이나 시에 대한 비평을 하는 경우처럼 저작물 전체를 인용해야 할 필요가 있는 경우도 있을 것이다.[216)] 문제는 요약인용의 경우이다. 요약인용이라고 해도 인용부분이 대단히 짧아 실제로 아이디어의 이용에 불과하다면 문제가 되지 아니하나 만약 2차적 저작물로 될 정도이면 어떻게 될 것인가이다. 일본에서는 요약인용은 허용되지 않는다는 학설이 강하다고 한다.[217)] 반대로 우리의 경우에는 허용된다고 보는 설이 다수설인 듯하다.[218)] 요약인용을 인정해야 할 필요도 있고, 현실적으로도 요약인용이 일어나고 있으므로 인정되어야 할 것이다.[219)] 하급심이기는 하나 요약인용을 인정한 판결도 있다.[220)]

---

215) 임원선, 「실무자를 위한 저작권법」(제4판), 255면.

216) 해서 베른협약에서도 '짧은'(short)이라는 수식어를 인용 앞에 넣자는 제안이 받아들여지지 않았다고 한다(임원선, 위의 책, 258면 주328).

217) 中山信弘 저/윤선희 편역, 「저작권법」, 232면 주55) 참조.

218) 이해완, 「저작권법」(제3판), 601면.

219) 中山信弘 저/윤선희 편역, 앞의 책, 233면. 단 半田正夫 교수는 사회적으로 널리 행해지고 있다고 해서 이를 법적으로 용인해야 할 근거로는 될 수 없다고 한다[齊藤博/半田正夫 편, 「저작권판례백선」(제3판), 有斐閣, 2001, 171면].

220) 서울중앙지법 2008.10.9.선고 2006가합83852 판결.

또 요약인용을 인정한다고 하더라도 '정당한 범위 안에서 공정한 관행에 합치되는지' 여부에 대한 판단을 포기한 것은 물론 아니다. 그렇다면 결국 사례별로 판단될 수밖에는 없다.[221)]

또 하나의 문제는 제35조의3(저작물의 공정한 이용)과의 관계이다. 종래 우리 현행법 제28조가 1957년법 제64조 2호("자기의 저작물 중에 정당한 범위 내에 있어서 절록인용하는 것")와 달라서인지 자신의 저작물 자체가 존재하지 않는 상태에서 오로지 타인의 저작물을 전부 인용하는 '전유(Appropriation)형' 인용도 제28조의 범위에 포함시켜 왔다.[222)] 그러나 통상 "인용이란 자신의 저작물 중에 타인의 저작물을 이용하는 것"으로 이해되었다.[223)] 그렇다면 이제 제28조는 "자기의 저작물(인용저작물) 중에 타인의 저작물(피인용저작물)을 종적 관계로 끌어들이는 '삽입(Insert)형' 인용"[224)]에, 그리고 제35조의3은 '전유(Appropriation)형' 인용에 적용한다는 역할 분담도 생각해 볼 수 있다.[225)]

한편 시행령 제10조(정당한 범위 등의 기준)는 "문화체육관광부장관은 법 제28조에 따른 정당한 범위와 공정한 관행에 관한 지침을 정하여 고시할 수 있다"고 규정한다.[226)]

1) **미국판례**: 미국법상의 공정사용과 인용에 관한 두 사건 　　인용에 관하여 fair use의 여부가 논란되었던 두 사례를 소개하고자 한다. 둘 다 모두 대통령과 관계된 사건이고 그들 사후에 문제가 되었다.

[판례 1] Folsom v. Marsh, 9 Fed Cas. 342(C.C.D.1841)

폴섬은 출판업자로서 일찍이 「워싱턴의 저작」이라는 700페이지에 달하는 서간문 전집을 발행하였다. 그 후 업햄(Upham)은 866페이지의 「워싱턴 전기(Life of Washington in the Form of an Autobiography)」를 마시에 의해서 펴내게 되었는데 그 3분의 1 이상(약 350페이지)이 이전에 발간된 폴섬의 전집물에서 베낀 것이었다. 이에 폴섬이 저

221) 위의 半田正夫 평석, 171면.
222) 후술 '대법원 2006.2.9.선고 2005도7793 판결' 참조.
223) 이해완, 「저작권법」(제3판), 590면. 일본 역시 마찬가지인 것 같다(中山信弘 저/윤선희 편역, 앞의 책, 226면).
224) 본서에서 '전유(Appropriation)형' 인용, '삽입(Insert)형' 인용이라는 용어는 박성호 교수의 용어법에 의한 것이다(박성호, 「저작권법」, 박영사, 2014, 537면).
225) 박성호, 위의 책, 540면 참조.
226) 현재 그러한 지침이 고시된 바는 없다.

작권 침해로 제소하였고, 피고는 항변으로서 "저작자는 원래 저작을 함에 있어서 다른 저작물에서 인용할, 발췌할, 간추릴 혹은 요약할 권리가 있다"고 주장하였다.

스토리 판사는 저작권 침해를 인정하면서 "어떤 저작물 사용이 공정한가 여부를 판단함에 있어서 법원은 사용된 발췌부분의 성질 및 목적, 사용된 저작물의 분량 및 그 가치, 그리고 문제의 사용이 원저작물의 판매에 해를 끼치는 정도, 원저작물을 대체하여 그 이익을 감경시키는 정도 등에 유의하여야 한다"고 판시하였다.

[판례 2] Time Inc. v. Bernard Geis Associates, 293 F. Supp. 130(S.D.N.Y. 1968)

톰슨이라는 사람이 케네디 대통령 암살에 대한 책을 써서 Bernard Geis Associates사를 통해서 발행 배포하고 있었다. 그 책(Six Seconds in Dallas)에는 Time사 발행 Life 잡지에 실린 암살장면 사진이 실려 있었다.

[원고의 사진]

[피고의 목탄화]

원래 피고는 원고의 허락을 얻어 사용하려고 했으나 원고가 허락하지 않자, 원고 사진을 목탄화로 묘사하여 이용하였다. 이에 Time사가 Bernard Geis Associates사를 상대로 저작권 침해소송을 제기한 것이 이 사건이다.

법원은 피고의 fair use 항변을 인정하였다. 즉 케네디 대통령의 암살에 대하여 가능한 한 많은 정보를 얻고자 하는 공공의 관심이 있는데, 톰슨은 그 사건의 인과관계에 관해서 공공의 주목을 끌기에 충분한 추론을 하여 책으로 내어놓았다. 피고는 각개의 사진을 실제로 카피한 사진이 피고의 책을 보다 이해하기 쉬운 것으로 하였고, 또 공중은 그 암살의 진면목을 볼 수 있었기 때문에 피고의 카핑은 공정사용에 해당한다. 또 톰슨의 책은 사진이 실려서 팔리는 것이 아니라 사진에 의해서 보조되는 톰슨의 추론 내지 설명 때문에 팔리며, 원고와 피고는 경쟁관계에 있는 것도 아니므로 사진의 저작권자인 원고에게 손해를 주었다고 보기도 힘들다. 즉 원고 사진의 시장성에 영향을 주었다고 보기 힘들다. 설사 앞으로 원고가 사진첩을 발행하려는 계획이 있더라도 몇 개의 사진을 카피했다고 하여 그 계획에 영향을 미칠지도 의문이며, 경우에 따라서는 톰슨의 책이 원고 사진의 가치를 높여 줄지도 모른다. 결국 피고의 카핑은 공정사용에 해당한다.

이 두 사건의 구별은 극히 교훈적이다. 타임사 사건에 있어서는 법원은 피고 책이 팔리는 것은 저자의 암살사건에 대한 설명이 독창적이어서 공중의 흥미를 끌기 때문이며, 사진은 단순히 저자의 이론을 뒷받침하기 위해서 쓰여졌을 뿐이라고 보았다. 이에 반해 폴섬 사건에서는 피고의 책의 매력은 주로 카피된 자료에서, 또 그것들의 배치 또는 분석의 방법에서보다도 오히려 그 자료 자체의 실체에서 나왔다고 판시하였다.

실로 작품의 핵심이 비평의 이름을 빌려서 도용되는 경우 법원은 피고에 대해 공정사용의 이름을 빌린 그 도용의 정당화를 허용하지 않고 있다.

미국의 법원이 공정사용여부를 결정함에 있어 참작하는 최대의 관심사는 피고의 사용이 원고의 저작권 있는 작품의 잠재적 수요를 얼마나 감소시켰느냐 하는 것이었다.

2) 우리 판례

◈ 적법한 인용으로 판단된 경우

[판례 1] 「김우중, 신화는 있다」 사건(서울민사지법 1995.9.27.고지 95카합3438 결정)

가. 공적 인물인 경우 그 사람은 자신의 사진, 성명, 가족들의 생활상이 공표되는 것을 어느 정도 수인하여야 하는바, 그 사람을 모델로 한 평전의 표지 및 신문광고에 자신의 사진과 성명이 사용되고 평전 내용에 가족관계가 기재되는 것은, 그것이 그 사람의 명예를 훼손시키는 것이 아닌 한 허용되어야 한다.

나. 저작권법 제25조에서 '정당한 범위 안에서의 인용'이란 그 표현형식상 피인용 저작물이 보족, 부연, 예증, 참고자료 등으로 이용되어 인용저작물이 주이고 피인용 저작물이 종인 관계에 있는 것을 말하고, '공정한 관행에 합치되는 인용'이란 피인용 저작물이 인용저작물과 명확히 구별될 수 있도록 신의성실의 원칙에 입각하여 합리적인 방식으로 인용되는 것을 말한다.

다. 인용에 있어서 평전의 경우에는 성질상 모델로 되는 사람의 주요 사건이 다루어져야 하고, 그 모델이 경영인인 경우에는 경영철학 등이 소개될 수밖에 없으며, 그가 저술한 책자나 연설문이 있다면 이를 이용하는 것은 그것이 부종적인 관계에 있는 한 정당한 범위 내의 인용이며, 그 인용방법도 출처를 밝히는 등 비교적 명확하여 공정한 관행에 합치되므로 이 건의 경우에는 정당한 인용에 해당된다.

[판례 2] '러브레터'사건(서울중앙지법 2004.3.18.선고 2004카합344 결정)

가처분신청을 기각하면서 법원은 "인용영화의 등장인물이 비디오로 제작된 피인용영화를 시청하는 장면을 통하여 원작인 피인용영화의 주요장면 중 일부를 보여주는 방법으로 인용영화에 삽입한 것이 신청인의 저작권을 침해하는 것인지 여부"에 관하여 인용부분은 110여 분에 달하는 인용영화의 총 상영시간 중 불과 30초에 불과하다는 사정 등 여러 사정을 감안하여 인용에 해당한다고 볼 여지가 있다고 보았다.

[판례 3] 썸네일 이미지 사용과 인용(대법원 2006.2.9.선고 2005도7793 판결)

'피고인 회사'의 검색사이트에 썸네일 이미지의 형태로 게시된 공소외인의 사진작품들은 공소외인의 개인 홈페이지에서 이미 공표된 것인 점, 피고인 회사가 썸네일 이미지를 제공한 주요한 목적은 보다 나은 검색서비스의 제공을 위해 검색어와 관련된 이미지를 축소된 형태로 목록화하여 검색서비스를 이용하는 사람들에게 그 이미지의 위치정보를 제공하는 데 있는 것이지 피고인들이 공소외인의 사진을 예술작품으로서 전시하거나 판매하기 위하여 이를 수집하여 자신의 사이트에 게시한 것이 아닌 만큼 그 상업적인 성격은 간접적이고 부차적인 것에 불과한 점, 공소외인의 사진작품은 심미적이고 예술적인 목적을 가지고 있다고 할 수 있는 반면 피고인 회사의 사이트에 이미지화된 공소외인의 사진작품의 크기는 원본에 비해 훨씬 작은 가로 3㎝, 세로 2.5㎝ 정도이고, 이를 클릭하는 경우 독립된 창으로 뜬다고 하더라도 가로 4㎝, 세로 3㎝ 정도로 확대될 뿐 원본 사진과 같은 크기로 보여지지 아니할 뿐만 아니라 포토샵 프로그램을 이용하여 원본 사진과 같은 크기로 확대한 후 보정작업을 거친다 하더라도 열화현상으로 작품으로서의 사진을 감상하기는 어려운 만큼 피고인 회사 등이 저작물인 공소외인의 사진을 그 본질적인 면에서 사용한 것으로는 보기 어려운 점, 피고인 회사의 검색사이트의 이 사건 썸네일 이미지에 기재된 주소를 통하여 박범용의 홈페이지를 거쳐 공소외인의 홈페이지로 순차 링크됨으로써 이용자들을 결국 공소외인의 홈페이지로 끌어들이게 되는 만큼 피고인 회사가 공소외인의 사진을 이미지검색에 제공하기 위하여 압축된 크기의 이미지로 게시한 것이 공소외인의 작품사진에 대한 수요를 대체한다거나 공소외인의 사진 저작물에 대한 저작권침해의 가능성을 높이는 것으로 보기는 어려운 점, 이미지 검색을 이용하는 사용자들도 썸네일 이미지를 작품사진으로 감상하기보다는 이미지와 관련된 사이트를 찾아가는 통로로 인식할 가능성이 높은 점 및 썸네일 이미지의 사용은 검색사이트를 이용하는 사용자들에게 보다 완결된 정보를 제공하기 위한 공익적 측면이 강한 점 등 판시와 같은 사정 등을 종합하여 보면, 피고인 회사가 공소외인의 허락을 받지 아니하고 공소외인의 사진작품을 이미지검색의 이미지로 사용하였다고 하더라도 이러한 사용은 정당한 범위 안에서 공정한 관행에 합치되게 사용한 것으로 봄이 상당하다.[원심판결(서울중앙지법 2005.9.23. 선고 2004노1342 판결)을 그대로 인용]

[판례 4] 이른바 '미쳤어' 인용 UCC 동영상 사건(서울남부지법 2010.2.18선고 2009가합18800 판결)

사실관계: 2009년 6월, 한 네티즌이 자신의 5살 난 딸이 당시 한창 인기곡이었던 손담비 씨의 "미쳤어"를 따라 흥얼거린 모습을 UCC로 제작하여 자신의 블로그에 53초 분량의 동영상을 올렸다. 그러자 한국음악저작권협회가 저작권법을 위반했다며 삭제 요청하였고, 이에 대해 네이버가 삭제하자, 원고는 재게시를 요청하였다. 원고가 수 차례에 걸쳐 이 사건 게시물의 재게시를 요청하였으나, 피고 회사는 재게시 요청기간이 도과하였고 원고가 이 사건 게시물이 정당한 권리에 의한 것이라는 소명자료를 제출하지 아니하였다는 이유로 재게시를 거부하였다. 이에 원고는 "원고의 별지 제2목록 기재 게시물이 피고 사단법인 한국음악저작권협회가 신탁받아 관리하는 별지 제1목록 기재 음악저작물의 저작권을 침해하지 않음을 확인한다"는 판결 및 손해배상청구 소송을 제기하였다.

법원의 판단: 이 사건 동영상의 분량(53초) 대부분이 이 사건 저작물의 일부분을 따라 부르면서 실연자인 가수 손담비의 춤동작을 흉내내는 것에 할애된 점은 피고 협회의 주장과 같으나, 이 사건 게시물 전체를 기준으로 보면 이 사건 동영상은 그 일부분에 불과할 뿐 아니라, 이 사건 동영상을 기준으로 보더라도 이 사건 동영상은 총 53초의 분량으로서 처음 15초간은 원고의 다섯 살 된 딸이 부정확한 음정 및 가사로 '내가 미쳤어 내가 미쳤어 정말 미워서 … 못 했어…. 나를 떠-떠떠-나'라며 이 사건 저작물의 후렴구의 일부를 따라하는 것으로 구성되어 있고 그 이후부터는 원고의 딸의 춤동작이 보여질 뿐 노래 자체는 촬영 장소의 안내 방송 및 주위 소음 등으로 가사를 판별하기조차 어려운 상태로 녹음되어 있는바, 이와 같이 이 사건 저작물이 사용된 부분은 이 사건 동영상을 구성하는 여러 요소들 중 일부에 불과할 뿐이고 이를 제외한다고 하더라도 이 사건 동영상은 원고의 어린 딸이 추는 춤과 귀여운 표정 및 행동 등이 기록된 독자적인 존재 의의를 가지는 저작물로 판단되는 점, 원고의 딸이 이 사건 저작물을 가창한 것임을 식별할 수 있는 분량은 이 사건 동영상 중에서 15초 정도로 극히 짧으며, 그마저도 음정, 박자, 화음이 이 사건 저작물과 상당 부분 상이하고 가사조차도 원가사의 일부 단어가 순서를 달리하여 부정확하게 차용되고 있어 결과적으로 이 사건 동영상이 이 사건 저작물을 본질적인 면에서 사용하고 있다고 보기는 어려운 점, 녹음 및 게시 방식에 있어서도 비전문가에 의하여 복제되어 화질, 음질 등의 상태가 비교적 좋지 않고 특별히 상업적으로 포장되어 게시되었다고 볼 수는 없는 점, 그 밖

에 일반 공중의 관념으로 볼 때 이 사건 게시물이 이 사건 저작물의 가치를 침해한다거나 대체한다고 느껴진다거나, 이 사건 게시물이 실제로 피인용저작물인 이 사건 저작물의 시장가치에 악영향을 미치거나 시장수요를 대체할 정도에 이르렀다고 볼 만한 여지가 없고, 오히려 이 사건 저작물의 인지도를 높이는 방향으로 기여한다고 볼 수도 있는 점 등을 종합하면 이 사건 게시물은 이 사건 저작물을 정당한 범위 안에서 공정한 관행에 합치되게 인용한 것으로 판단된다.

나아가 모든 저작물은 기존의 저작물들이 축적되어 이루어진 문화유산에 뿌리를 두고 있어 공동의 자산으로서의 성격을 내포하고 있을 뿐 아니라, 저작물은 널리 향유됨으로써 존재 의의를 가지는 특성이 있어 그 향유 방법을 지나치게 제한하는 것은 오히려 저작권자의 이익에 배치될 가능성이 높은 점, 여기에 표현의 자유 및 문화・예술의 자유를 국민의 기본권으로 보장하고 문화국가 실현을 향해 노력한다는 우리 헌법의 이념, 위에서 본 바와 같이 저작권자의 이익을 보호할 뿐만 아니라 공중의 정당한 권리를 보장하여 문화 및 관련 산업 발전을 달성하고자 하는 저작권법의 입법목적 등을 모두 더하여 보면, 이 사건 저작물을 활용한 UCC 형태의 이 사건 동영상, 게시물 등을 복제하고 공중에 공개하는 것을 제한함으로써 저작권자가 얻는 이익에 비하여 그로 인해 초래될 수 있는 저작권자의 잠재적인 불이익과 표현 및 문화・예술의 자유에 대한 지나친 제약, 창조력과 문화의 다양성의 저해, 인터넷 등의 다양한 표현수단을 통해 누릴 수 있는 무한한 문화 산물의 손실이 더 크다고 판단되므로, 이러한 측면에서도 원고의 이 사건 게시물은 피고 협회가 보유하는 저작재산권이 저작권법으로 정당하게 제한받고 있는 범위 내에서 피고 협회의 저작물을 인용한 것이라고 본다.

* 항소심은 서울고등법원 2010.10.13.선고 2010나35260 판결: 제1심과 마찬가지로 적법한 인용임을 인정한 후, 중단을 요구한 피고에게 20만원의 손해배상을 인정하였다. 보다 자세한 내용은 「한국 저작권 판례집[13]」(한국저작권위원회 간), 375면. 또 중단요구자의 주의의무에 대해서는 본서, 제12절 Ⅴ.2.(3) '고지에 의한 복제・전송의 중단' 부분 참조.

◈ 적법한 인용이 아닌 것으로 판단된 경우[227)]

[판례 1] 누드사진 전재 사건(대법원 1990.10.23.선고 90다카8845 판결)

저작권법 제24조 소정의 시사보도를 위한 이용으로 타인 저작물의 자유이용이 허용되기 위하여는 사회통념과 시사보도의 관행에 비추어 보도의 목적상 정당한 범위 안에

227) 아래 게재하는 사건 외에도, '표준전과'삽화 사건(서울민사지법 1992.6.5.선고 91가합39509 판결), 「이랜드」 사건(서울민사지법 1994.4.18.고지 94카합2872 결정), 「소설마당」 사건(서울민사지법 1995.9.22.선고 94가합98851 판결), 'Be The Reds!' 사건(대법원 2014.8.26.선고 2012도10786 판결), '펼쳐보기 기능'사건(청주지법 2012.10.18.선고 2012고정448 판결) 등이 있다.

서의 이용이어야 한다. 그런데 이 건 잡지에 게재된 사진들을 보면 모두 컬러로 된 양질의 사진이고 사진의 크기나 배치를 보아도 어떤 것은 잡지의 전면 크기이고, 어떤 것은 몇 장의 사진으로 지면의 전부 또는 반 정도를 점하기도 하여 전체적으로 3면의 기사(표제지면 제외) 중 비평기사보다는 사진이 절대적 비중을 차지하는 화보형식으로 구성되어 있어서 위 사진들은 보도의 목적이라기보다는 감상용으로서 인용되었다고 보이므로 결국 보도를 위한 정당한 범위 안에서 이용되었다고 볼 수 없다.

[판례 2] 대입 본고사 문제지 사건(서울민사지법 1994.8.23.자 94카합6795 결정)

피고인들이 제작한 각 과목별 대학입시교재를 보면 각 분야별로 나누어진 각 단원의 서두부분에 '기출문제'라는 표제 하에 대학입시문제를 인용한 후 다시 위 기출문제와 유사한 문제들을 '유제'라는 표제 하에 각 기출문제에 연이어 싣고 있는 형식으로 편집되어 있다. 이러한 편집형식이 정당한 인용에 해당하는가가 문제되었다. 법원은 "인용하고 있는 부분이 각 대학교 본고사 문제의 전부 또는 그 대부분이고, 서적을 발행함에 있어서 나머지 부분과의 관계에서 위 본고사 문제를 꼭 인용할 필요가 있다고 보이지 않을 뿐만 아니라, 동 서적 출판에 의하여 시장수요가 상당부분 대체될 가능성이 있는 점 등에 비추어 보면, 이 사건 대학교 본고사 문제의 인용은 정당한 범위 내에 있다거나 공정한 관행에 합치된다고 보기 어렵다"고 판시하였다.

* 관련된 사건에서 대법원은 "이 경우 반드시 비영리적인 이용이어야만 교육을 위한 것으로 인정될 수 있는 것은 아니라 할 것이지만, 영리적인 교육목적을 위한 이용은 비영리적 교육목적을 위한 이용의 경우에 비하여 자유이용이 허용되는 범위가 상당히 좁아진다"고 판시하였다. 아울러 "이 사건에서 보건대, 피고인1은 대학입시용 문제집을 제작함에 있어서 개개의 문제의 질문을 만들기 위하여 그 질문의 일부분으로서 위 대학입시문제를 인용한 것이 아니라 위 대학입시문제의 질문과 제시된 답안을 그대로 베꼈고, 이로써 문제집의 분량을 상당히 늘릴 수 있었으며, 특히 위 대학입시용 문제집에 학교법인들이 저작권을 갖는 본고사 문제를 전부 수록함으로써 본고사 문제에 대한 일반 수요자들의 시장수요를 상당히 대체하였다고 할 것이므로, 이와 같은 인용을 가리켜 교육을 위한 정당한 범위 안에서의 공정한 관행에 합치되는 인용이라고는 볼 수 없다 할 것이고, 지금까지 어느 누구도 대학 입시문제에 관하여 저작권을 주장한 바 없었다고 하여 결론이 달라진다고 할 수도 없다"고 판시하였다[대법원 1997.11.25.선고 97도2227 판결; 서울지법 1997.8.12.선고 97노50 판결(원심판결); 서울지법 동부지원 1996.12.10.선고 96고단485 판결(제1심판결)].

[판례 3] '스타 UCC' 사건(서울남부지법 2008.6.5.선고 2007가합18479 판결)

피고들은 2007.3.23. 이 사건 프로그램 중 스타의 숨은 이야기를 발굴하는 코너인 '스타 UCC' 편에서 연기자 이순재가 이 사건 영화에 출연한 사실이 있는지를 확인하는 내용을 방송하였다. 그 과정에서 피고들은 원고의 허락 없이 이 사건 영화 중 일부 장면을 3분 정도 방영하였다. 또 피고는 그 무렵 자신의 인터넷 홈페이지(www.sbs.co.kr)를 통하여 유료로 이 사건 프로그램을 방송하다가, 원고의 항의를 받고 중단하였다. 이 사건 영화를 방송한 목적이 시청자들에게 정보와 재미를 주기 위한 것이라고 하더라도 그 이용의 성격은 상업적 · 영리적인 점, 피고가 자신의 인터넷 홈페이지를 통하여 유료로 이 사건 프로그램을 방송한 점, 피고들이 원고로부터 이 사건 영화의 인용에 대한 동의를 받는 것이 어렵지 아니하였던 점 등 이 사건 변론에 나타난 여러 사정을 고려하여 볼 때, 구 저작권법 제28조에 정한 공정이용에 해당하지 않는다.

[판례 4] 이른바 '리프리놀' 사건(대법원 2013.2.15.선고 2011도5835 판결)

사실관계: 甲이 식의약청에 A로부터 수입하여 판매하려는 '리프리놀' 상품의 개별인정형 제품의 판매허가 신청을 하면서 저작권자인 乙 등의 사용허락 없이 "슬관절 및 퇴행성 관절염에서 뉴질랜드산 '초록입 홍합 추출 오일물(LYPRINOL)'의 유효성 및 안정성에 대한 고찰"이라는 타기관 임상연구 논문(이하 '이 사건 논문'이라 함)을 임의로 복제하여 첨부하였다. 이 사건 논문은 丙이 위 약품을 수입하기 위하여 저작권자인 乙 등에게 부탁하여 작성하였고, '최신의학' Vol. 45. No. 5(2002)에 게재되었던 것이다. 당초 수입업자인 丙과 A는 공급가격 문제로 결렬되어 甲이 그 후 수입하게 되었고, 제품 판매를 위해 식의약청에 허가를 받는 과정에서 이미 작성되어 발표된 이 사건 논문을 복사하여 제출한 것이다. 저작권 침해가 문제된 이 사건에서 여러 가지 항변이 제출되었고, 그중 하나가 공정한 인용에 해당한다는 것이었다.

법원의 판단: 피고인의 행위는 이 사건 논문 전체를 그대로 복사하여 신청서에 첨부한 것이므로 구 저작권법 제28조 소정의 '인용'에 해당한다고 보기 어렵고, 가사 피고인의 행위를 그 '인용'으로 본다 하더라도, ① 甲이 '리프리놀—초록입홍합 추출 오일복합물'을 기능성 원료로 인정받음으로써 제품 판매에 상당한 이익을 얻을 것으로 예상되는 점, ② 甲은 기능성 원료의 인정신청을 위한 근거서류로 이 사건 논문 전체를 복제한 것인데, 이와 같은 목적은 이 사건 논문이 작성된 원래의 목적과 같으므로, 이 사건 논문의 복제는 원저작물을 단순히 대체한 것에 불과한 것으로 볼 수 있는 점, ③ 이 사건 논문이 임상연구 결과를 기술한 사실적 저작물이기는 하지만 이 사건 논문의 일부가 아닌 전체가 그대로 복제되어 이용된 점, ④ 이 사건 논문의 복제로 인하여 사단법인 한국복사전송권협회와 같이 복사권 또는 전송권 등을 관리하는 단체가 복제허락을 통

하여 얻을 수 있는 수입에 부정적인 영향을 미치게 될 것으로 보이는 점 등에 비추어 보면, 학술정보 데이터베이스 제공업자로부터 적은 비용으로 손쉽게 이 사건 논문의 복제물을 구할 수 있는 사정까지 엿보이는 이 사건에서, 피고인의 이 사건 논문 복제 행위를 구 저작권법 제28조 소정의 '공표된 저작물의 인용'에 해당하는 행위라고 보기는 어렵다.

(8) 영리를 목적으로 하지 아니하는 공연・방송(법 29조)

학예회의 연극과 같이 i) 영리를 목적으로 하지 아니할 것, ii) 어떠한 명목으로든지 청중이나 관중 또는 제3자로부터 반대급부(예컨대 요금 등)를 받지 아니할 것, iii) 실연자에게 통상의 보수가 지급되지 아니할 것의 3요건이 모두 충족된 경우에는 공표된 저작물을 저작권자의 허락 없이 공연(상업용 음반 또는 상업적 목적으로 공표된 영상저작물을 재생하는 경우를 제외한다) 또는 방송할 수 있다.

한편 분위기 조성을 위하여 음반에 수록된 음악을 이용하는 경우 등과 같이 청중이나 관중으로부터 당해 공연에 대한 반대급부를 받지 아니하는 경우에는 상업용 음반 또는 상업용 영상저작물을 재생하여 일반공중에게 공연할 수 있다. 여기서 문제의 하나는 당해 공연에 대한 반대급부를 받지 아니하는 경우란 어떠한 경우인가이다. 공연요금을 직접 받은 경우가 여기에 포함되며, 영리행위와 연결되는 공연이라도 당해 공연에 대한 대가를 직접 받지 않은 경우는 이에 포함되지 아니한다고 본다.[228] 그러나 그 경우라도 저작권자의 경제적 이익을 해칠 우려가 있으므로 법은 간접적으로 이용하는 경우라고 하더라도 대통령령으로 정하는 경우에는 허락을 받도록 하고 있다.[229]

여기서 하나 특기할 사항은 2016년 개정을 통해 종래의 '판매용 음반' 또는 '판매용 영상저작물'이 '상업용 음반' 또는 '상업적 목적으로 공표된 영상저작물'로 변경되었다는 점이다. 이것은 그사이 '판매용 음반'의 해석과 관련된 문제점을 입법적으로 바로잡고, 음반에 디지털 음원이 포함됨을 명확하게 하기 위함이다.[230]

---

228) 허희성, 「2007 신저작권 축조개설」, 명문프리컴, 2007, 220-221면; 이해완, 「저작권법」(제3판), 639면.

229) 단란주점과 유흥주점에서 하는 공연 등에 대해서는 허락을 받도록 하고 있다(시행령 제11조 참조). 물론 현실적으로는 이들 저작물 등을 신탁관리하는 단체에서 보상을 받고 일괄하여 허락하고 있다.

230) 자세한 것은, 문화체육관광부/한국저작권위원회, 「상업용 음반 바로알기」, 2016 참조.

다음은 그사이 '판매용 음반'과 관련된 대법원 해석이다.

【대법원 판례】[231)]

① 대법원 2012.5.10.선고 2010다87474 [스타벅스 판결][232)]
저작권법 제29조 제2항과 관련하여, '음반'을 음이 고정된 유형물인 CD 자체로 보면서, '판매용 음반'이란 시중에 판매할 목적으로 제작된 음반을 의미하는 것으로 제한하여 해석.

② 대법원 2015.12.10.선고 2013다219616 판결 [현대백화점 판결][233)]
저작권법 제76조의2와 관련하여, '판매용 음반'에는 불특정 다수인에게 판매할 목적으로 제작된 음반뿐만 아니라 어떠한 형태이든 판매를 통해 거래에 제공된 음반이 모두 포함된다고 해석.

③ 대법원 2016.8.24.선고 2016다204653 [하이마트 판결]
저작권법 제29조 제2항과 관련하여, 스타벅스 판결을 인용하여 '판매용 음반'이라 함은 시중에 판매할 목적으로 제작된 음반을 의미하는 것으로 제한하여 해석.

(9) 사적 이용을 위한 복제(법 30조)

공표된 저작물을 영리를 목적으로 하지 아니하고 개인적으로 이용하거나 가정 및 이에 준하는 한정된 범위 안에서 이용하는 경우에는 그 이용자는 이를 복제할 수 있다.[234)] 그러나 복제기술이 발달된 오늘날 사적 사용이라는 이유만으로 어떠한 대가 없이 마음대로 사용하도록 방치하는 것은 커다란 문제이다. 1999년 개정법부터는 "공중의[235)] 사용에 제공하기 위해서 설치된 복사기기에 의한 복제는"

---

231) 위의 책, 4면. 판례 ①③은 '시중에 판매할 목적으로 제작된 음반'으로, ②는 '(시판용) 음반뿐만 아니라 어떠한 형태이든 판매를 통해 거래에 제공된 음반'으로 보았다.

232) 이 판결과 관련해서는 송재섭, "저작권법상 자유이용의 대상이 되는 '판매용 음반'의 범위," *Law & technology*(제7권 제6호), 서울대학교 기술과법센터, 2011.11, 19면 이하; 이상정, "소유권과 관련된 저작권 판결에 관한 일고," 「계간저작권」(2012년 겨울호 통권100권), 한국저작권위원회, 2012.12, 71면 이하; 임원선, "저작권법상 판매용 음반의 의미와 적용," 「계간저작권」(2012년 가을호 통권99권), 한국저작권위원회, 2012.9, 121면 이하; 최승재, "저작권법 제29조 제2항의 '판매용 음반'의 의미," 「판례연구」(제26집), 서울지방변호사회, 2012.9, 225면 이하 각 참조.

233) 이 판결에 관해서는 김정아, "저작인접권자의 공연 보상금 청구," 「정보법 판례백선(II)」, 박영사, 2016, 258면 이하 참조.

234) 컴퓨터프로그램의 이용과 관련해서는 별도의 규정(법 101조의3)이 있다.

사적 사용을 위한 복제에는 해당되지 않음을 명시하여(법 30조 단서), 종래 개인 복제를 사실상 가능하게 하여 준 원인을 일부나마 제거하기는 하였으나 의연 다음과 같은 문제는 남아 있다.

첫째, 회사에서의 복제와 같이 해석상 사적 복제에는 해당하지 아니하여 저작권침해가 되는 경우에도 이러한 복제를 일일이 찾아내어 규제하는 것은 사실상 매우 힘들다.

둘째, 복사기의 보급으로 저작권침해가 발생하는 것은 사실이나 또 일반인도 이러한 문명의 이기를 이용하여 손쉬운 복제가 가능하여야 한다. 결국 일반인의 욕구와 저작권자의 이익을 조화시킬 수 있는 제도가 필요하고, 그래서 논의되는 것이 '복제보상금제도' 및 '복사권센터의 운영'이다. 우리는 종래 독일식인 복제보상금제도를 통해 이 문제를 해결하려고 하였으나 전자업계 등의 반발에 부딪혀 미국이나 일본식의 복사권센터를 운영하여 이 문제를 해결하려고 하고 있다.

◈ 복제보상금제도와 복사권센터: 독일형과 미국형

(1) 복제보상금제도: 독일식 해결책

복제보상금제도란 가정에서 하는 녹음 · 녹화 · 복사에 의해 관계 권리자가 입는 손실을 보상하기 위하여 녹음 · 녹화기 또는 공테이프, 복사기나 종이에 일정한 부과금을 과하는 제도를 말한다. 복제보상금제도와 관련하여 주목되는 것은 독일 저작권법 제53조의 '사적 사용 및 여타 개인적 사용을 위한 복제'와 제54조의 '보상의무'에 관한 규정이다.

■ 2007년 독일 개정법

2007년 개정되기 이전의 법에서는 녹음 · 녹화기 또는 공테이프, 복사기나 종이 등 일정한 기기나 매체에 부과되었고, 기기 등에 대한 보상금은 부속서(별표)를 통해 일률적으로 부과되었다. 그러나 2007년법은 이를 변경하였다. 즉 보상대상이 포괄적으로 되었으며, 법정보상액제도가 폐지되었다. 이에 따라 보상액의 결정주체가 입법자에서 당사자로 변경되었다. 당사자라고 하더라도 개개인이 청구할 수 있는 것은 아니며, 보상금청구권은 오직 저작권집중관리단체를 통해서만 가능하다.[236] 독일 저작권 및 인

---

235) 원래 1999년법에는 "일반공중"이라는 용어를 사용하였다. 그러나 2006년 개정에서 제2조 제32호에 공중이라는 개념정의[공중: 불특정 다수인(특정 다수인을 포함한다)을 말한다]를 두고 종래 저작권법에 규정되었던 일반공중이라는 용어를 모두 공중으로 변경하였다.

236) 독일 저작권법 제54조h. 이에 따라 독일에서 사적복제보상금의 징수 · 분배를 행하고 있

접권의 관리에 관한 법률(저작권관리법) 제13조a에서는 제작자단체와 협상하여 보상금을 정하되, 결렬된 경우에는 실태조사 후 요율을 정할 수 있다고 규정한다.[237]

■ EU 상황

유럽연합 28개 회원국 가운데 영국, 아일랜드 등 5개국을 제외한 나머지 23개국은 비상업적 목적의 사적 복제를 허용하고 있으며 사적 복제로 인한 손해에 대해 저작권자에게 공정한 보상을 할 것을 규정하고 있는 유럽연합 저작권 지침(Directive 2001/29/EC)에 따라 CD, DVD, 프린터, 스캐너 등 복제를 가능하게 하는 매체나 전자 기기의 판매에 대해 '사적 복제 보상금'을 부과하는 제도를 두고 있다고 한다.[238]

(2) 복사권센터: 미국식 해결책

미국 시스템은 독일의 그것과 아주 대조적이다. 독일모델이 법률을 통해서 권리처리를 한다면 미국 모델은 기본적으로는 당사자간의 계약을 통해서 권리처리를 하는 제도이다. 그 중심에는 CCC(Copyright Clearance Center: 저작권처리센터)[239]가 있다. CCC는 "1978년 1월 1일 시행의 미국 개정저작권법의 실시를 용이하게 하기 위하여 서비스 기구가 마련되어야 할 것이다"라는 미국 의회의 권고에 기해서 비영리단체로서 1987년 말 설립되었다. CCC는 중앙집중적인 복사허락 및 지급시스템을 사용자 및 저작권자 또는 출판자에게 제공하는 자로서 기능하고 있다.

는 것이 ZPÜ(Zentralstelle für Private Überspiolungsrechte. 사적복제권센터)다. ZPÜ는 독일 저작권법에 따라 1963년에 설립된 사적인 관리 단체이다. 처음에는 GEMA(음악 저작권협회), GVL(저작인접권협회) 및 VG-WORT(문예저작권협회)의 3단체로 구성되었다. 1988년에 VFF(영화 · 텔레비전프로듀서협회), VGF(영화저작권협회), GWFF(영화 · 텔레비전권보호협회) VG Bildkunst(조형미술저작권협회) 및 GÜFA(영화상영권협회)라는 5개 단체가 추가되었다[박영길(연구 책임) 외, 「"사적복제보상금 제도 도입 및 입법 추진을 위한 연구" 최종보고서」, 동국대학교 비교법연구소, 2008.4, 60면].

237) 독일 저작권관리법 제13조a(기기 및 기록매체를 위한 요율; 투명성) ① 기기 및 저장매체를 위한 보상액은 저작권법 제54a조에 따라 정해진다. 기기 및 저장매체를 위한 요율을 설정하기에 앞서 관리단체는 적절한 보상액과 포괄협약체결에 관하여 관계 제작자단체와 협의하여야 한다. 포괄협약체결에 실패하면, 관리단체는 제13조와는 달리 제14조제5a항에 의한 실제 조사를 마친 후에야 저작권법 제54a조에 따른 보상에 관한 요율을 설정할 수 있다. ② 관리단체는 포괄협약의 상대방에게 포괄보수로부터 나오는 수입 및 수령인들에 대한 지출에 관해 보고한다.

238) 박경화, "유럽의회, 클라우드 서비스에까지 사적 복제 보상금의 적용을 확대하는 결의안 채택," 「저작권 동향」(제7호), 한국저작권위원회, 2014.4.18.

239) http://www.copyright.com. 222 Rosewood Drive Danvers, MA 01923 USA/978-750-8400/Fax 978-750-4470. CCC에 대해 자세한 것은, M. B. Nimmer/David Nimmer, *NIMMER ON COPYRIGHT*, §26.06 참조.

CCC는 기본적으로 두 개의 서비스를 통해서 업무를 수행한다. 하나는 거래보고서비스(Transactional Reporting Service: TRS)이며, 또 하나는 연간허락서비스(Annual Authorizations Service: AAS)이다.

거래보고서비스란 기업이나 사용자가 계속하여 복사를 기록한 후 일정기간마다 CCC에 기록을 제출하고 그에 따라 사용료를 지급하는 것이다.

거래보고서비스는 보고절차가 번잡하므로 1983년, 각 복사(copy)의 계속적 보고 및 반복적인 청구서 송부의 필요를 없애기 위하여 연간허락서비스제도를 마련했다. 연간허락서비스에서는 출판자가 CCC에 복사를 위한 비배타적(非排他的)인 라이센스를 주고, 대신 CCC가 수수료를 징수하여 개개의 출판자에게 이것을 송금한다.

연간허락서비스에서는 조사를 통하여 60일간에 걸친 복사상황이 파악된다.[240] 거래보고서비스가 월말부담인 데 대해 연간허락서비스에서는 일괄하여 연간수수료가 사용자로부터 CCC에 지급되기 때문에 수수료징수가 용이하다. 60일간의 기업규모 조사시스템이 사용 출판물과 복사행위의 빈도를 측정하는 주된 수단이다. 조사된 기업 내의 모든 복사는 CCC에 보고된다. 고도의 컴퓨터를 통한 처리시스템을 활용함으로써 CCC는 書名, 출판자 데이터, 허가상황 및 기타의 정보를 확정한다. 그 후 연간수수료가 60일간의 감사를 기초로 작성된다.

CCC의 연간허락서비스 하에서는 '공정사용'에 해당하는 복사와 같은 예외적으로 허용되는 복사도 모두 자동적으로 조사시스템 속에 포함되었으므로 CCC는 이러한 복사에 대해서는 전체 수수료에서 출판자가 일정한 할인을 하도록 요구하고 있다.

1) 우리 판례

[판례 1] 나우필름 사건(서울중앙지법 2008.8.5.자 2008카합968 결정)

웹스토리지에 공중이 다운로드할 수 있는 상태로 업로드되어 있는 영화 파일을 다운로드하여 개인용 하드디스크 또는 비공개 웹스토리지에 저장하는 행위가 영리의 목적 없이 개인적으로 이용하기 위하여 복제를 하는 경우에는 사적 이용을 위한 복제에 해당할 수 있다. 그러나 업로드되어 있는 영화 파일이 명백히 저작권을 침해한 파일인 경우에까지 이를 원본으로 하여 사적 이용을 위한 복제가 허용된다고 보게 되면 저작권 침해의 상태가 영구히 유지되는 부당한 결과가 생길 수 있으므로, 다운로더 입장에서 복제의 대상이 되는 파일이 저작권을 침해한 불법파일인 것을 미필적으로나마 알고 있었다면 위와 같은 다운로드 행위를 사적 이용을 위한 복제로서 적법하다고 할 수

240) CCC는 새로운 기술분야, 예컨대 스캐너로 읽고, 프린트 아웃 하는 행위에 대해서도 복사허락을 하고 있으나 이러한 디지털 복사의 경우에는 언제나 거래별로 사용허락을 하고 있고, 연간허락서비스를 통한 포괄허락은 하고 있지 않다(NIMMER, 1999, 26-160).

는 없다.(밑줄: 필자)

* 저작권자를 보호하려는 취지는 이해되나 사적 복제를 인정한 법의 내용과 합치되지 아니한다고 본다. 아마도 이것은 독일저작권법 제53조(사적 사용 및 여타 개인적 사용을 위한 복제) 제1항(사적 사용을 위하여 자연인이 저작물을 임의의 매체로 개개 복제하는 행위는, 직·간접적으로 영업목적이 아니며 복제를 위해 명백하게 위법 제작된 모형이 사용되지 않는 한도 내에서 허용된다)의 영향이라고 보나 우리 저작권법은 현재까지는 그렇게 되어 있지 않다. 입법론으로는 몰라도 해석론으로는 무리라고 본다. 다만 최근 입법예고된 저작권법 개정안은 불법복제물임을 알면서 복제하는 행위는 사적 복제로서 면책되지 않도록 명확히 하되, 형사처벌대상에서 배제하고 저작권자의 민사상 손해배상청구권만을 인정하는 것으로 되어 있다.

[판례 2] '엔탈' 사건(서울고등법원 2009.4.30.선고 2008나86722 판결)

엔탈은 2006년 7월 이후로 원고 등 5개 공중파 방송사업자의 방송프로그램을 Divx 코덱으로 압축된 파일로 가입자들에게 전송하는 '인터넷 VCR서비스'를 유료로 제공해 왔다. 마치 VCR처럼 사전에 녹화예약을 신청하도록 하였으며, 녹화 예약한 프로그램은 피고가 설치하여 관리하는 엔탈 녹화시스템(30대의 개인용 컴퓨터, 약 30종의 소프트웨어로 구성)을 통해 녹화가 이루어진다. 이 파일은 서버에 10일간 저장되며, 이용자는 'MY엔탈'란을 클릭하여 다운로드목록을 통해 파일을 확인하고 이를 전송받아 재생할 수 있게 된다. 녹화예약을 하지 않고 방송시간이 끝난 프로그램은 녹화할 수 없고, 이용자들이 녹화되지 않은 방송프로그램을 다운로드할 수는 없다.
원고는 자신이 권리를 가지고 있는 방송프로그램에 대하여 피고가 복제권과 전송권 등을 침해하고 있다고 주장하면서 그 녹화서비스 제공행위의 금지를 구하였다. 이에 대해 피고는 피고의 녹화서비스는 이용자들의 사적 복제행위를 방조하는 것에 불과하다고 다투었으나 법원은 피고의 항변을 받아들이지 않고 엔탈의 위법성을 인정하였다.

[판례 3] 마이티비 사건(서울중앙지법 2010.9.28.자 2009카합4625 결정)

사실관계: 신청인들은 각 방송법에 의한 방송국 허가를 얻어 지상파방송 사업을 영위하고 있다. 피신청인은 인터넷 사이트 'http://www.○○○○○'(이하 '이 사건 사이트'라 한다)에서 '○○○○'라는 명칭으로 가입자들로부터 일정 요금을 지급받고 케이블 방송사로부터 수신한 방송신호를 인터넷망에 적합한 컴퓨터 파일 형식으로 변환하여 전송하는 이른바 '실시간 재전송' 서비스와 가입자들이 원하는 방송프로그램을 저장하여 사후에 시청할 수 있도록 하는 이른바 '예약녹화' 서비스를 제공하고 있다.

법원의 판단: (1) 실시간 재전송 서비스 피신청인이 이 사건 사이트를 통해 가입자를 모집하여 일정한 요금을 지급받고 가입자에게 방송신호 전송 관련 설비 및 프로그

램을 일괄하여 제공하는 방식으로 이 사건 방송프로그램의 전송과정에 개입하는 행위가 송신행위와 수신보조행위 중 어디에 포함되는지에 따라 신청인들의 방송사업자로서의 복제권, 동시중계방송권과 저작권자로서의 전송권에 대한 침해의 성립 여부에 관한 판단이 달라질 수 있으므로, 송신행위와 수신보조행위 사이의 구별이 필요하다. 방송신호를 재전송하는 행위가 '수신보조행위'가 아니라 '송신행위'에 해당하기 위해서는 방송신호를 받아 이를 수신자에게 단순 전달하는 기술적 행위가 있는 것만으로는 부족하고, 사회일반의 관념으로 볼 때 그 행위자가 수신자와는 독립한 지위에서 수신자의 영역으로 방송신호를 송신한 것이라고 평가할 수 있어야 한다. 이 사건 서비스 실시 과정에서 피신청인과 가입자가 수행하는 역할 및 그 비중을 종합해보면, 실질적으로 ○○ hubb를 이용하여 방송신호를 전환 및 전송하는 당사자는 가입자가 아니라 피신청인이라고 봄이 타당하다. 피신청인의 주장처럼 1대의 ○○ hubb가 동시에 다수의 가입자에게 방송신호를 전송할 수는 없다고 하더라도 피신청인이 다수의 ○○ hubb를 이용하여 다수의 가입자에게 방송신호를 전송하고 있는 이상 저작권법 제2조 제10호에서 "공중이 동시에 수신하게 할 목적으로 음 · 영상 또는 음과 영상 등을 송신하는 것"으로 정의된 방송의 요건도 충족하고 있다고 할 수 있다.

(2) 예약녹화 서비스 피신청인이 미리 가입자를 위해 다수의 방송프로그램 녹화장치(pvr)를 구비해 두고 있기 때문에 이 사건 서비스 가입자는 개별적으로 녹화장치를 구입 · 임차 및 설치할 필요가 없는 점, pvr의 설치 및 보관을 위한 공간도 피신청인에 의하여 마련되었고 그 유지 · 관리도 전적으로 피신청인에 의하여 이루어지고 있어 방송프로그램 복제 과정에서 가입자의 역할은 복제 대상이 되는 방송프로그램을 지정하는 것 이외에는 없는 점 등 예약녹화 서비스 실시 과정에서 피신청인과 가입자가 수행하는 역할 및 그 비중을 종합해 보면, 실질적으로 피신청인도 pvr을 이용하여 방송프로그램을 복제 · 저장하는 주체에 해당한다고 봄이 타당하다.

2) 미국 판례

[판례 1] Time-shift 및 Space-shift와 공정사용: VTR에 관한 Betamax 판결과 MP3에 관한 Rio 판결

(1) Betamax 판결: Sony Corp. of America v. Universal City Studios[241]

상고인 Sony는 베타멕스(Betamax) 형식의 VTR을 제조 · 판매하였다. 구매한 소비자는 이 VTR을 이용하여 방영되는 프로를 편리한 시간대에 보기 위하여 녹화하였다(소위 time-shifting). 또 경우에 따라서는 반복하여 시청하기 위하여 녹화하였다(소위

241) 464 U.S. 417(1984).

library building). 원고이자 피상고인인 Universal City Studios는 방영된 프로그램에 대해 저작권을 가지고 있었고, 시간대를 옮기기 위하여 녹화하는 것은 저작권침해가 되며, 따라서 Sony는 침해에 대한 기여책임이 있다고 주장하였다. 미국 대법원은 편리한 시간에 보기 위해서 녹화하는 것은 공정사용(fair use)이며, 따라서 Sony는 기여책임이 없다는 것이었다. 대법원은 시간대를 옮기기 위한 가정에서의 녹화는 비상업적이고, 비영리적이며, (원고가 과거의 손해도 주장하지 않았고) 장래의 손해발생도 예상하기 힘들며, 설사 손해가 있다고 하더라도 극히 미미할 것이라고 보았다.

(2) Rio 판결: Recording Indus. Ass'n of Am. Inc. v. Diamond Multimedia Sys., Inc.[242)]

사실관계: 1998년 10월, "RIAA"는 "실연자 · 음반제작자동맹"(the Alliance of Artists and Recording Companies)과 공동으로 'Rio' 제작사인 Diamond社를 상대로 디지털 저작물의 연속복제를 금지한 1992년의 「가정녹음법」(The Audio Home Recoding Act)의 위반을 이유로 하는 제조 · 판매금지가처분신청(a preliminary injunction) 및 저작권침해소송을 제기하였다.[243)]

이 사건에서 원고는 i) 피고가 소비자들로 하여금 'Rio'를 이용하여 압축 음악파일을 다운로딩 · 재생할 수 있게 함으로써 광범위한 음악 해적행위를 조장하고 있다고 하면서 'Rio'의 판매금지가처분을 청구하였으며, 또한 ii) 'Rio'는 「가정녹음법」의 적용대상인 '디지털녹음'(digital audio recording: DAR)을 위한 기기(device)에 속하는바, 동법은 모든 'DAR기기'에 '연속복제관리장치'(serial copy management system: SCMS)를 설치하고 또한 그 판매에 대하여 일정한 복제보상금을 지급할 것을 규정하고 있음에도 불구하고 피고는 이를 위반하였다고 주장하였다.

이에 대하여 피고는 'Rio'가 「가정녹음법」의 적용대상이 아니라고 항변하였다. 즉, 문제가 되는 디지털녹음을 수행하는 것은 컴퓨터의 하드드라이버이며, 'Rio'는 단지 이미 디지털녹음이 되어 있는 것을 컴퓨터 하드드라이버로부터 단순 복제하여 재생해주는 것일 뿐이라는 것이다.

법원의 판단: 지방법원(The U.S. District Court for the Central District of California)은 우선 판매금지가처분신청에 대해서는 가처분의 요건인 '회복불가능한 손해'의 입증이 부족하다는 이유로 RIAA의 청구를 부인하였다. 그러나 本案訴訟에서는 'Rio'는 「가정녹음법」의 적용대상이 아니라는 피고의 주장을 배척하고 또한 'Rio'는 「가정녹음법」에서 말하는 '연속복제'(serial copying)를 가능하게 한다는 점을 인정하였다. 다만 'Rio'에 「가정녹음법」이 요구하는 SCMS를 부착하도록 하는 것은 컴퓨터 하드드라이

242) 이 판결에 대한 설명은 1999년 10월 26일 정상기 교수가 경희대학교 국제법무대학원에서 발표한 "MP3의 인터넷전송과 저작권자 등의 보호"에 의거함.

243) C.D. Cal., Oct. 26, 1998.

버에 있는 MP3파일이 저작권정보를 보유하고 있지 아니하다는 점을 고려할 때 이는 '무용한 시도'(an exercise in futility)라고 지적하면서 그것이 저작권침해에 해당하는지의 여부에 대해서는 명확한 결론을 유보하였다.

한편, 항소심(the United States Court of Appeals for the 9th Circuit)에서는 MP3재생기는 이미 하드드라이브에 있는 파일을 "공간이동"(space-shift)하는 것에 불과하므로 「가정녹음법」에 저촉되지 아니한다고 판시하여 RIAA의 주장을 배척하였다. 이에 RIAA는 대법원에 상소하였으나, 1999년 8월, 당사자의 법정화해에 따라 소가 취하되었다고 한다.

[판례 2] '에어리오' 사건[AMERICAN BROADCASTING COS., INC., ET AL. v. AEREO, INC., FKA BAMBOOM LABS, INC., 573 U. S. ____ (2014), (U.S. June 25, 2014)]

사실관계: Aereo사가 인터넷을 통해서 이용자가 TV프로그램을 시청할 수 있도록 하는 서비스에 대해 ABC 등 방송사업자 등이 공연권 침해를 이유로 예비적 금지명령(preliminary injunction)을 요구하면서 제소하였다. Aereo[244] 시스템은 Aereo사의 중앙 창고에 설치된 서버, 트랜스코더(transcoder), 10센트 정도 크기의 다수의 안테나로 구성되어 있고, Aereo 시스템의 작동은 다음 순서로 행하여진다.

① 이용자가 현재 방송되고 TV프로그램을 시청하려고 생각하는 경우에는 이용자는 Aereo사 웹사이트에 들어가서 리스트 업(list up)된 TV프로그램으로부터 희망하는 프로그램을 선택한다.

② 서버가 안테나를 선택한다. 당해 안테나는 선택된 프로그램의 시청 중에는 당해 이용자에게만 할당된다. 안테나가 방송을 수신하고, 트랜스코더가 수신한 방송의 신호를 디지털 데이터로 변환한다.

③ 서버는 프로그램의 디지털 데이터를 하드 디스크 내의 당해 이용자에게 할당된 전용 폴더에 보존한다.

④ 프로그램의 몇 초 분량이 녹화되면, 서버가 스트리밍에 의해 녹화된 프로그램 데이터를 인터넷을 통해서 이용자에게 송신한다. 이용자는 그 단말기에서 프로그램을 시청한다. 프로그램 데이터의 녹화, 스트리밍 송신은 프로그램 시청이 끝날 때까지 계속된다. 이용자의 시청은 실제 방송보다 약간 늦다.

Aereo 시스템의 특징은 개개의 이용자마다 할당된 안테나에 의해 수신된 방송프로그램 데이터에 대해, 당해 이용자용의 복제 데이터가 작성되어, 당해 이용자에게 스트리밍 송신되는 것이며, 당해 데이터를 다른 이용자에게 송신하여 사용할 수는 없다는 점

---

244) aereo(이태리어) → aerial(영국 영어) → antenna(미국 영어).

이다. 즉 수신 · 작성된 프로그램 데이터와 이용자의 관계가 1 대 1이라는 것이다.

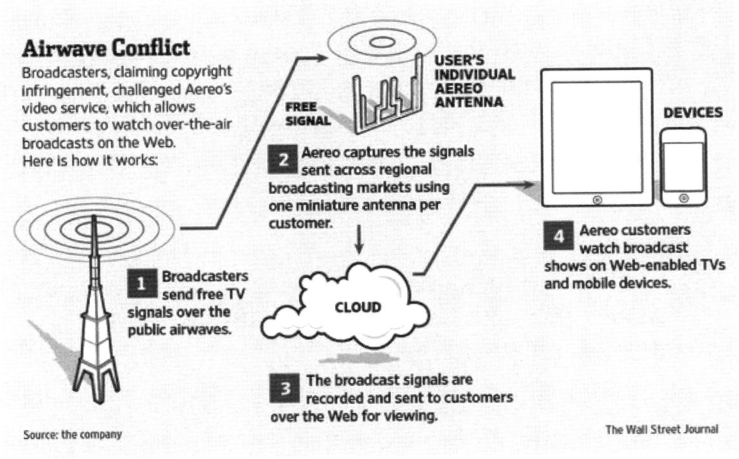

* 자료출처:http://www.wsj.com/articles/supreme-court-rules-against-aereo-sides- with-broad casters-in-copyright-case-1403705891(2014.12.31. 방문)

쟁 점: ① Aereo는 저작권법에서 말하는 「perform」의 주체라고 말할 수 있는가. ② Aereo의 'perform'은 「publicly」하게 행하여졌는가.

이 문제에 대해 Aereo사는 가입자가 직접 선택한 방송 프로그램 저작물만 그 가입자에게 할당된 하드 드라이버에 저장됨과 동시에 송신되는 것이기 때문에 가입자만 수신된 프로그램을 볼 수 있고, 그 프로그램도 그 가입자가 저장한 파일에서만 송신되는 것이기 때문에 공중에게 송신하는 것이 아니라 사적으로 송신하는 것이라고 주장했다.[245)]

법원의 판단: ① 쟁점 1에 대한 판단: 현행 저작권법(1976년 개정저작권법)의 입법자 의사에 비추어 보면, Aereo는 송신주체라고 해야 할 것이다. 1976년 개정 시 의회의 주요한 목적은 그 이전의 2개의 연방대법원의 판결[246)]에서 CATV에 의한 TV프로그램

245) 김인철, "에어리오 저작권 침해 판결," 「저작권 문화」(240호), 한국저작권위원회, 2014.8, 23면.

246) Fortnightly Corp. v. United Artists Television, Inc., 392 U.S. 390(the Court determined that a CATV provider was more like a viewer than a broadcaster); Teleprompter Corp. v. Columbia Broadcasting System, Inc., 415 U.S. 394(The reception and rechanneling of [broadcast television signals] for simultaneous viewing is essentially a viewer function, irrespective of the distance between the broadcasting station and the ultimate viewer).

의 재송신이 구법상의 실연(perform)에 해당하지 아니한다고 판시하고 있었던 것[247]을 뒤집어 이를 저작권법의 규율대상으로 하려고 한 점에 있었다. 1976년 개정 저작권법에 의해 규율 대상으로 된 CATV업자의 행위도 Aereo의 행위도 그 대부분이 저작물인 TV 프로그램을 거의 동시에 이용자에게 시청시키는 서비스를 유상으로 제공하고 있다는 점에서 유사하다. 확실히 CATV와 Aereo 시스템 사이에는 차이점이 있다. 그러나 본건에 있어서 Aereo 시스템의 CATV 시스템과의 유사성으로부터 판단하면 이러한 단순한 기술적인 상위(相違)는 송신주체성의 판단에 결정적인 차이를 주는 것은 아니다. 본건과는 다른 종류의 서비스 · 기술에 관해서 송신주체성을 판단함에 있어, 장치의 운용이나 전송된 콘텐츠의 선택에의 이용자의 관여의 정도가 판단에 영향을 줄 수는 있으나 CATV와 유사한 Aereo 시스템에 대해서는 해당하지 아니한다. Aereo는 저작권법에서 말하는 'perform'의 주체이다. Aereo는 단순히 장비만을 제공하는 업체는 아니다.

② 쟁점 2에 대한 판단: 피고는 자신의 서비스가 공개적인 것이 아니고 사적인 것이라고 주장한다. 그러나 입법목적에 비추어 보면, Aereo 서비스가 TV 프로그램을 이용자의 스크린에 보낸다고 하는 점에서 CATV와 같기 때문에 이러한 기술적 사항의 차이는 문제로 되지 아니한다. 의회는 CATV업자와 마찬가지로 Aereo 서비스 같은 허락되지 아니한 행위로부터 저작권자를 보호하려는 것이다. 친구에게 동일한 내용의 메일을 보내는 경우, 한 사람 한 사람에게 따로 따로 보내든, 수신인 란에 여러 명을 기재한 후 한꺼번에 보내든 법적으로는 동일하다. 어느 주체가 동시에 수신 가능한 영상과 음성을 여러 명에게 전달하고 있는 이상, 전달이 몇 개로 분리되어 있는가하는 분리된 전달의 개수, 또 단일한 복제물을 사용해서 송신했는지 여부, 또 Aereo와 같이 개개의 이용자마다 전용 복제물을 사용해서 송신했는가에 관계없이 그 주체는, 당해 실연을 여러 명에게 송신하고 있다고 말할 수 있다.

공중이란(the public)이란 가족 및 사회적으로 잘 아는 지인의 통상의 범위를 넘는 다수의 사람을 가리킨다. Aereo의 이용자들은 이에 해당한다.

실연의 수령자가 공중에 해당하는가 아닌가의 판단에는 실연의 기초로 저작물과 수령자와의 사이에 사전의 관계(pre-existing relationship)가 고려된다. 예컨대 발레 파킹(valet parking)을 해준 주차요원이 주차 차량의 주인들에게 차를 반환할 때 주차요원이 공중에게 차를 제공하고 있다고는 말하지 않는다. 반대로 자동차 딜러가 고객에게 차를 판매하는 경우에는 그 고객들은 당해 차와의 사이에 아무런 사전 관계가 존재하지 않았기 때문에 딜러가 공중에게 차를 제공했다고 말할 수 있는 것이다. 마찬가지로 실연의 수령자가 실연의 기초로 된 원저작물의 소유자 또는 점유자인 경우에는 업자

247) CATV사업자를 방송자(공연자)로 보지 않고 시청자로 보았다.

가 당해 실연을 수령자에게 제공했다고 하더라도 이것은 '공중'에의 실연이라고는 말할 수 없다. 그러나 Aereo의 이용자는 송신된 실연의 저작물과의 사이에서 이러한 사전 관계를 가지고 있지 않으며, 결국 이들 이용자에의 송신은 '공중'에의 송신이라고 해야 할 것이다.

(10) 도서관 등에서의 복제(법 31조)

1) 「도서관법」에 따른 도서관 및 도서·문서·기록 그 밖의 자료를 공중의 이용에 제공하는 시설 중 대통령령이 정하는 시설(이하 '도서관 등'이라 한다)[248]에서는 다음의 경우에 보관된 자료(제31조 제1항 제1호의 경우에는 제3항의 규정에 의하여 당해 도서관 등이 복제·전송받은 도서 등을 포함한다)를 사용하여 저작물을 복제할 수 있다. 다만, 제1호 및 제3호의 경우에는 디지털 형태로 복제할 수 없다.

① 조사·연구를 목적으로 하는 이용자의 요구에 따라 공표된 도서 등의 일부분의 복제물을 1인 1부에 한하여 제공하는 경우. 이 경우에 디지털도서로부터 복제하는 경우는 문화체육관광부장관이 정하여 고시하는 기준에 의한 보상금을 저작재산권자에게 지급하여야 한다. 다만, 국가, 지방자치단체 또는 고등교육법 제2조의 규정에 의한 학교를 저작재산권자로 하는 도서 등(그 전부 또는 일부가 판매용으로 발행된 도서 등을 제외한다)의 경우에는 그러하지 아니하다. 보상금 지급 등에 관하여는 저작권법 제25조 제5항 내지 제9항의 규정이 준용된다(제31조 제6항).

② 도서관 등이 자료의 자체보존을 위하여 필요한 경우. 그러나 그 도서 등이 디지털 형태로 판매되고 있는 경우에는 그 도서 등을 디지털 형태로 복제할 수 없다.

③ 다른 도서관 등의 요구에 따라 절판 그 밖에 이에 준하는 사유로 구하기 어려운 도서 등의 복제물을 보존용으로 제공하는 경우. 다만 디지털 도서로 제공하는 것은 허용되지 아니한다.

---

248) 법 제31조 제1항 각 호 외의 부분 본문에서 "대통령령이 정하는 시설"이란 다음 각 호의 어느 하나에 해당하는 시설을 말한다(시행령 제12조).

1. 「도서관법」에 따른 국립중앙도서관·공공도서관·대학도서관·학교도서관·전문도서관(영리를 목적으로 하는 법인 또는 단체에서 설립한 전문도서관으로서 그 소속원만을 대상으로 도서관 봉사를 하는 것을 주된 목적으로 하는 도서관은 제외한다)
2. 국가, 지방자치단체, 영리를 목적으로 하지 아니하는 법인 또는 단체가 도서·문서·기록과 그 밖의 자료(이하 "도서 등"이라 한다)를 보존·대출하거나 그 밖에 공중의 이용에 제공하기 위하여 설치한 시설

2) 도서관 등은 컴퓨터를 이용하여 이용자가 그 도서관 등의 안에서 도서 등을 열람할 수 있도록 보관된 도서 등을 복제하거나 전송할 수 있다. 이 경우 동시에 열람할 수 있는 이용자의 수는 그 도서관 등에서 보관하고 있거나 저작권 그 밖에 이 법에 의하여 보호되는 권리를 가진 자로부터 이용허락을 받은 그 도서 등의 부수를 초과할 수 없다. 아울러 도서 등이 디지털 형태로 판매되고 있는 때에는 그 도서 등을 디지털 형태로 복제할 수 없다. 따라서 이 경우는 오로지 구매하여 열람에 제공할 수밖에 없다.

3) 도서관 등은 컴퓨터를 이용하여 이용자가 다른 도서관 등의 안에서 열람할 수 있도록 보관된 도서 등을 복제하거나 전송할 수 있다. 다만, 그 전부 또는 일부가 판매용으로 발행된 도서 등은 그 발행일로부터 5년이 경과하지 아니한 경우에는 그러하지 아니하다. 아울러 그 도서 등이 디지털 형태로 판매되고 있는 경우에는 그 도서 등을 디지털 형태로 복제할 수 없다. 따라서 이 경우는 출력하여 하드카피형태로 제공할 수밖에 없다. 또 복제나 전송의 경우에 문화체육관광부장관이 정하여 고시하는 기준에 의한 보상금을 저작재산권자에게 지급하여야 한다.[249] 다만, 국가, 지방자치단체 또는 고등교육법 제2조의 규정에 의한 학교를 저작재산권자로 하는 도서 등(그 전부 또는 일부가 판매용으로 발행된 도서 등을 제외한다)의 경우에는 그러하지 아니하다.

4) 도서 등을 디지털 형태로 복제하거나 전송하는 경우에 도서관 등은 저작권 그 밖에 이 법에 의하여 보호되는 권리의 침해를 방지하기 위하여 복제방지조치 등 대통령령이 정하는 필요한 조치를 하여야 한다.[250]

5) 「도서관법」 제20조의2에 따라 국립중앙도서관이 온라인 자료의 보존을 위하여 수집하는 경우에는 해당 자료를 복제할 수 있다(법 31조 8항). 2009년 개정에서 본 항을 신설한 것은 정보기술의 비약적 발달에 따라 지식정보의 생산 및 이용 환경이 온라인으로 급속히 확산되고 있으나 온라인 자료에 대한 관리가 미흡한 실정이므로, 국립중앙도서관으로 하여금 온라인 자료를 체계적으로 수집 · 관리하도록 복제근거를 마련하기 위한 것이다.

---

249) 저작권법 제25조 제5항 내지 제9항의 규정은 도서관 보상금의 지급 등에 관하여 준용되므로 보상금은 지정단체인 "한국복사전송권협회"가 일괄하여 보상을 받고 분배하는 형태가 될 것이다. 아울러 3년이 경과한 미분배 보상금은 공익목적을 위하여 사용하게 될 것이다.

250) 도서관 등의 복제방지조치 등 필요한 조치에 대해서는 시행령 13조 참조.

〈도서관 면책규정의 내용〉

허용되는 경우	허용되는 내용	허용되기 위한 요건
1. 이용자가 요구하는 경우	도서 등의 일부분의 복제(디지털복제불가)	디지털도서로부터 출력하는 경우 보상금 지급
	열람할 수 있도록 도서 등을 복제 · 전송	보관 또는 권리자로부터 이용허락을 받은 부수 이내 * 디지털 형태로 판매되고 있는 경우에는 디지털 형태로 복제불가
2. 자체보존을 위하여 필요한 경우	도서 등의 복제	* 디지털복제가능. 단 디지털 형태로 판매되고 있는 경우에는 디지털 형태로 복제불가
3. 다른 도서관 등의 요구	보존용으로 도서 등의 복제	디지털복제불가
	열람을 위한 도서 등을 복제 · 전송	판매용 도서 등은 발행일로부터 5년 경과 * 디지털 형태로 판매되고 있는 경우에는 디지털 형태로 복제불가 * 보상금 지급

(11) 시험문제로서의 복제(법 32조)

학교의 입학시험 그 밖에 학식 및 기능에 관한 시험 또는 검정을 위하여 필요한 경우에는 그 목적을 위하여 정당한 범위 안에서 공표된 저작물을 복제 · 배포할 수 있다.[251] 다만, 영리를 목적으로 하는 경우에는 그러하지 아니하다. 이러한 규정을 둔 이유는 시험문제의 특성상 미리 저작권자의 허락을 얻도록 하는 것은 합리적이 아니며, 시험문제에는 다양한 저작물이 조금씩 이용될 수 있는데 이를 일일이 허락받으라고 하면 그 거래비용을 감당할 수 없기 때문이다. 그러나 예컨대 TOEIC 시험 같이 그 자체가 영리를 목적으로 하는 것이면 본조에 의한 제한에는 해당하지 아니한다. 즉, 허락을 얻어야 한다. 그러나 영리목적 시험도 (사전에 그 내용이 알려지면 그 목적을 달성할 수 없는) 시험이므로 일본에서는 '사후에 상당한 보상금'을 지급하도록 하고 있다.[252]

(12) 시각장애인 등을 위한 복제 등(법 33조)

1) 공표된 저작물은 시각장애인 등을 위하여 점자로 복제 · 배포할 수 있다.

2) 시각장애인 등의 복리증진을 목적으로 하는 시설 중 대통령령이 정하는

---

251) 컴퓨터프로그램의 이용과 관련해서는 별도의 규정(법 101조의3)이 있다.

252) 일본 저작권법 36조 2항.

시설[253](당해 시설의 장을 포함한다)은 영리를 목적으로 하지 아니하고 시각장애인 등의 이용에 제공하기 위하여 공표된 어문저작물을 녹음하거나 대통령령으로 정하는 시각장애인 등을 위한 전용 기록방식[254]으로 복제 · 배포 또는 전송할 수 있다.

3) 제1항 및 제2항의 규정에 의한 시각장애인 등의 범위는 대통령령으로 정한다.

2003년 개정되기 이전의 규정은 앞을 못 보는 사람만을 대상으로 하였지만 독서장애인에는 시각장애인 외에도 기타의 신체적 장애 또는 정신적 장애로 인하여 독서를 할 수 없는 사람이 있음을 감안하여 이 규정의 적용 대상을 시각장애인 등으로 바꾸고 그 범위를 시행령으로 정하도록 하였다.[255]

(13) 청각장애인 등을 위한 복제 등(법 33조의2)

2013년 개정법은 "① 누구든지 청각장애인 등을 위하여 공표된 저작물을 수화로 변환할 수 있고, 이러한 수화를 복제 · 배포 · 공연 또는 공중송신할 수 있"으며(1항), "② 청각장애인 등의 복리증진을 목적으로 하는 시설 중 대통령령으로 정하는 시설(해당 시설의 장을 포함한다)[256]은 영리를 목적으로 하지 아니하고 청각장애인 등의 이용에 제공하기 위하여 필요한 범위에서 공표된 저작물 등에 포함된 음성 및 음향 등을 자막 등 청각장애인이 인지할 수 있는 방식으로 변환할 수 있고, 이러한 자막 등을 청각장애인 등이 이용할 수 있도록 복제 · 배포 · 공연 또는 공중송신할 수 있다"고 규정한다(2항).

본조에서 말하는 청각장애인 등의 범위는 대통령령으로 정한다.[257]

---

253) 시행령 14조.

254) 시행령 제14조 ② 법 제33조 제2항에서 "대통령령으로 정하는 시각장애인 등을 위한 전용 기록방식"이란 다음 각 호의 어느 하나에 해당하는 방식을 말한다.
1. 점자로 나타나게 하는 것을 목적으로 하는 전자적 형태의 정보기록방식
2. 인쇄물을 음성으로 변환하는 것을 목적으로 하는 정보기록방식
3. 시각장애인을 위하여 표준화된 디지털음성정보기록방식
4. 시각장애인 외에는 이용할 수 없도록 하는 기술적 보호조치가 적용된 정보기록방식

255) 시행령 제15조.

256) 시행령 제15조의2.

257) 법 제33조의2에 따른 청각장애인 등의 범위는 「장애인복지법 시행령」 별표 1 제4호에 따른다.

문제는 영화 등의 대사를 수화영상으로 제작하여 보급하는 경우에 원영화도 함께 복제하여 활용할 수 있는가이다. 저작권법은 청각장애인 등을 위하여 저작물을 수화로 변환하거나, 자막 등 청각장애인이 인지할 수 있는 방식으로 변환할 수 있다고 규정할 뿐 원드라마나 영화의 영상까지 이용할 수 있다고 규정하고 있지는 아니하므로 드라마나 영화의 영상을 이용하는 경우에는 별도의 허락을 받아야 한다.[258]

(14) 방송사업자의 일시적 녹음 · 녹화(법 34조)

1) 저작물을 방송할 권한을 가지는 방송사업자는 자신의 방송을 위하여 자체의 수단으로 저작물을 일시적으로 녹음하거나 녹화할 수 있다.

2) 위 규정에 의하여 만들어진 녹음물 또는 녹화물은 녹음일 또는 녹화일로부터 1년을 초과하여 보존할 수 없다. 다만, 그 녹음물 또는 녹화물이 기록의 자료로서 대통령령이 정하는 장소에 보존되는 경우에는 그러하지 아니하다.[259]

(15) 미술저작물 등의 전시 또는 복제(법 35조)

1) **미술저작물 등의 소유자 등에 의한 전시**(법 35조 1항) 그림이나 사진저작물 등의 저작권자는 그 원작품을 타인에게 양도한 후라도 전시권을 의연히 보유하고 있으나(법 19조), 양수인이 취득한 소유권과의 조정상 법은 소유자나 그의 동의를 얻은 자는 저작권자의 허락이 없더라도 그 저작물을 원작품에 의하여 자유로이 전시할 수 있다고 규정한다. 다만, 가로 · 공원 · 건축물의 외벽 그 밖의 일반공중에게 개방된 장소에 항시 전시하는 경우에는 그 저작권자의 허락을 받아야 한다.

2) **공개미술저작물 등의 이용**(법 35조 2항) 가로 · 공원 · 건축물의 외벽 그 밖의 일반공중에게 개방된 장소에 항시 전시되어 있는 동상이나 건축물 등을 사

---

258) 임원선, 「실무자를 위한 저작권법」(제4판), 한국저작권위원회, 2014, 282면.

259) 법 제34조 제2항 단서에서 "대통령령이 정하는 장소"란 다음 각 호의 어느 하나에 해당하는 시설 내를 말한다.

1. 기록의 보존을 목적으로 국가나 지방자치단체가 설치 · 운영하는 시설
2. 방송용으로 제공된 녹음물이나 녹화물을 기록 자료로 수집 · 보존하기 위하여 「방송법」 제2조 제3호에 따른 방송사업자가 운영하거나 그의 위탁을 받아 녹음물 등을 보존하는 시설

진촬영 한다든지 TV방영 한다든지 하는 것은 원칙적으로 자유이다. 다만, 건축물을 건축물로 복제하는 경우, 조각 또는 회화를 조각 또는 회화로 복제하는 경우, 가로 · 공원 등 개방된 장소 등에 항시 전시하기 위하여 복제하는 경우, 판매목적으로 복제하는 경우는 저작권자의 허락을 필요로 한다.

[판례] 호텔라운지에 전시된 미술저작물을 저작권자의 허락을 받지 않고 광고에 사용한 광고회사와 광고주의 책임260)

사실관계: 원고는 미술작가로서 2002.1. 무렵 서울 소재 갑 호텔 1층 라운지의 한쪽 벽면에 평원을 질주하는 말의 군상을 형상화한 설치 작품을 제작하였다. 원고 작품에는 원고의 성명이나 작품의 제목이 표시되어 있지 않았다.
피고 건설회사는 자사의 아파트 브랜드를 홍보하기 위하여 피고 (광고)기획 주식회사에게 위 아파트에 관한 동영상 광고제작을 의뢰하였고, 피고 (광고)기획 주식회사는 위와 같은 피고 건설회사로부터 아파트 방송광고의 대행을 의뢰받은 후 시장조사 등을 거쳐 광고전략을 수립하고, 광고전략에 부합하는 광고시안을 준비하여 광고주인 피고 건설회사에 이를 제시, 설명하고, 피고 건설회사가 최종적으로 광고안을 결정하였고, 이에 따라 피고 (광고) 기획 주식회사는 광고제작사인 프로덕션 A에게 구체적인 광고제작을 위탁하였다.
프로덕션 A의 프로듀서인 乙은 2006.2.9. 원고의 작품이 설치되어 있는 갑 호텔 1층 라운지에서 TV광고 작품을 촬영하였다. 완성된 광고작품의 처음 부분 10초간 원고 작품이 광고출연자의 뒷부분 배경화면으로 나오며, 원고 작품에 대한 저작자의 표시가 되어 있지는 않았다.
피고 건설회사는 위 광고작품을 2006.3.1.부터 TV를 통하여 방영하였고, 인터넷 홈페이지 서버에 올렸다. 그런데 원고로부터 저작권 침해 주장이 제기되자 피고들은 TV광고는 2006.5.24.부터, 인터넷 홈페이지에 올려진 동영상광고는 2006.5.22.부터 그 배경에서 이 사건 작품이 보이지 않도록 삭제하였다.

판결 요지: 가) 원고의 작품에는 비록 그 저작자나 작품의 제목이 표시되어 있지 않았지만, 그 표현 기법, 예술성, 조형미 등에 의하여 외관상 일반 인테리어 장식이 아닌 미술저작물임을 쉽게 알 수 있었다. 광고주와 광고대행회사인 피고들은 동영상광고를 제작함에 있어서는 광고내용이 다른 사람의 저작권을 침해하는 일이 없도록 해야 할 주의의무가 있는데, 광고의 배경으로 나오는 원고 작품이 미술저작물에 해당하는지

260) 서울중앙지법 2007.5.17.선고 2006가합104292 판결. 이 판결에 대한 평석은 하동철, "공중에 개방된 장소의 범위와 저작권의 제한," 「계간 저작권」(제82호), 2008.6, 57-76면.

여부와 이를 그대로 동영상광고의 배경으로 사용함으로써 원고의 저작권을 침해하는지 여부를 고려하지 않고, 만연히 원고의 미술저작물을 단순히 벽면에 설치된 인테리어라고 단정하고 이를 배경으로 하여 동영상광고를 제작하여 방송 내지 전송하였으므로 피고들에게는 위와 같은 주의의무를 다하지 않은 과실이 있다.
나) 저작권법 제32조[261]의 입법취지와 조문의 형식과 구조 등을 고려할 때 저작권법 제32조 제2항에 정해진 '일반 공중에게 개방된 장소'라고 함은 도로나 공원 기타 일반 공중이 자유롭게 출입할 수 있는 '옥외의 장소'와 건조물의 외벽 기타 일반 공중이 보기 쉬운 '옥외의 장소'를 말하는 것이고, '옥내의 장소'는 비록 일반 공중이 자유롭게 출입할 수 있다고 하더라도 일반 공중이 쉽게 볼 수 있는 곳이라고 볼 수 없으므로 이에 해당하지 않는다고 봄이 상당하다. 이와 달리 옥내장소도 일반공중이 자유롭게 출입할 수 있으면 개방된 장소에 포함된다고 해석하게 되면 미술저작물의 소유자가 일반 공중의 출입이 자유로운 건축물 내부의 장소에서 그 미술저작물을 전시하는 경우에도 항상 저작권자의 동의가 필요하다는 불합리한 결과가 초래된다.
이 사건에서 보면, 호텔 1층 라운지는 일반 공중의 출입이 제한되지 아니하여 누구든지 자유롭게 출입할 수 있는 장소에 해당하지만 호텔의 내부공간으로서 저작권법 제32조 제2항의 '일반 공중에게 개방된 장소'에 해당하지 않는다.

♣ 사진 등의 촬영에 수반하여 부수적으로 삽입된 저작물(附隨對象著作物)에 관한 특례: 일본은 2012년 6월 개정을 통해 다음과 같은 내용의 조문을 신설하였다.

> 제30조의2(부수대상저작물의 이용) ① 사진 촬영 · 녹음 또는 녹화(이하 이항에 있어서 「사진의 촬영 등」이라고 한다)의 방법에 의해 저작물을 창작함에 있어 당해 저작물(이하 본조에 있어서 「사진 등 저작물」이라고 한다)에 관한 사진의 촬영 등의 대상으로 되는 사물 또는 음으로부터 분리하는 것이 곤란하기 때문에 부수해서 대상으로 된 사물 또는 음에 관계된 다른 저작물(당해사진 등 저작물에 있어서 경미한 구성부분으로 되는 것에 한한다. 이하 본조에 있어서 「부수대상저작물」이라고 한다)은, 당해 창작에 수반해서 복제 또는 번안할 수 있다. 다만 당해 부수대상저작물의 종류 및 용도와 아울러 당해 복제 또는 번안의 모습에 비추어 보아 저작권자의 이익을 부당하게 해칠 수 있는 경우는 그러하지 아니하다.
> ② 전항의 규정에 의해 복제 또는 번안된 부수대상저작물은 동항에 규정한 사진 등 저작물의 이용에 수반해서 이용할 수 있다. 다만 당해 부수대상저작물의 종류 및 용도와 아울러 당해 이용의 모습에 비추어 저작권자의 이익을 부당하게 해칠 수 있는 경우는 그러하지 아니하다.[262]

3) 미술저작물 등의 전시에 수반하는 복제(법 35조 3항) 회화나 조각 · 사

261) 현행법 제35조에 해당.
262) 이른바 "Be the Reds" 판결(대법원 2014.8.26.선고 2012도10786 판결) 참조.

진 등을 전시하는 원작품 소유자나 그의 동의를 얻어 전시하는 자 또는 미술저작물 등의 원작품을 판매하고자 하는 자는 그 저작물의 해설이나 소개를 목적으로 하는 목록형태의 책자에 이를 복제하여 배포할 수 있다.

[판례] 경매를 위한 미술저작물의 홈페이지 게시와 공중송신권 침해[263)]

사실관계: 이 사건의 원고 5인은 미술저작물인 회화 작품의 작가들이며, 피고 4인은 미술품의 판매와 전자상거래를 목적으로 하는 2개의 회사와 그 대표이사들이다.
피고들은 원고들의 위탁을 받아 해당 작품의 경매를 위하여 작품의 축소 이미지와 함께 경매정보를 그들이 운영하는 홈페이지에 게시하고, 유료회원들에게는 경매정보가 수록된 도록을 제공하고 있었으며, 해당 작품이 경매된 후에도 그 이미지를 제거하지 않고 계속 게시하자 원고들이 피고들에게 저작권법상 공중송신권의 침해를 이유로 손해배상을 청구하였다.

판결요지: 저작권법 제35조 제3항에는 미술저작물 등의 원작품을 판매하고자 하는 자는 그 저작물의 해설이나 소개를 목적으로 하는 목록형태의 책자에 이를 복제하여 배포할 수 있다고 규정하고 있으므로 소유자 등에게 일정 범위의 복제권을 허용하고 있다. 공중송신권은 1986년법 개정당시에는 미처 고려하지 못했던 것으로 보이나, 위 조항의 의미 등을 종합할 때 위 조항은 미술저작물 등의 공중송신에 유추 적용할 수 있으므로 홈페이지에 게시하는 것도 저작권법 제35조 제3항으로 허용되는 것이다.
그러나 인터넷에 게시하는 전송행위는 1회의 제작으로 종료되는 서적 형태의 도록에 비하여, 상당히 지속적이고 전파가능성도 훨씬 커, 판매가 완료된 이후에도 계속 게시하는 것은, 저작물 판매를 위하여 그 저작물의 해설이나 소개를 목적으로 하는 경우에만 허용되는 위 규정에 비추어 허용될 수 없고, 또한 고도의 해상도나 크기를 갖는 파일을 제공하는 것은 원 저작물에 관한 정보제공이라는 목적을 넘어서는 결과에 이르는 것으로 허용될 수 없다.

* 법원은 경매가 종료된 다음 날부터는 이미지를 홈페이지에 게시해서는 안 된다고 보았다.[264)]

♣ 2009년 일본법 개정

일본은 2009년 저작권법을 개정하여 인터넷 옥션 등의 사이트에서 당해 작품의 섬네

263) 서울중앙지법 2008.10.17.선고 2008가합21261 판결.

264) 이 판결에 대한 해설은 허희성, "경매를 위한 미술저작물의 홈페이지 게시와 공중송신권 침해,"「저작권 문화」2009.1, 28-29면.

일 이미지를 게시하여 공중송신하는 것 등은 적법한 것으로 명확히 하였다.[265] 우리도 이와 유사한 법개정이 필요하다고 본다.

4) **예 외**(법 35조 4항) 위탁에 의한 초상화 또는 이와 유사한 사진저작물의 경우에는 위탁자의 동의가 없는 때에는 이를 이용할 수 없다.

(16) 저작물 이용과정에서의 일시적 복제(법 35조의2)

자기 컴퓨터의 램에 일시적으로 잠시 저장하는 것까지 복제라고 볼 수 있느냐에 대해서는 종래 논란이 있었다. 우리가 체결한 한・미 FTA 제18.4조 제1항에서는 복제권 적용대상으로 "전자적 형태의 일시적 저장"을 포함한 일시적 형태의 복제도 포함됨을 명시하고 있다. 컴퓨터프로그램 스트리밍서비스나 외국에 서버를 두고 운영하는 웹캐스팅 등 일시적 저장을 복제로 인정한 것이다.[266] 그러나 모든 일시적 저장을 모두 복제라고 보고 이를 통제하는 것은 문제이므로 많은 입법이나 해석은 이를 설사 복제라 하더라도 검색행위 내지는 훑어보는 행위 등은 이를 공정이용으로 규정하여 저작권의 효력범위 밖에 두고 있다.[267] 우리 저작권법 제35조의2 역시 이에 대한 예외규정을 두고 있다. 다만 "그 저작물의 이용이 저작권을 침해하는 경우에는 그러하지 아니하다"고 규정한단서의 규정과 관련하여서는 적지 않은 논란이 있다. 학설 중에는 "주된 이용이 저작권침해를 구성하지 않을 것"으로 이해한다.[268] 결국 과거에는 예컨대 공연권을 침해하면서 컴퓨터상에 일시적 복제가 일어나더라도 복제권 침해 여부에 대해서는 논란이 있었으나(아마도 복제권 침해는 아니라고 해석하는 견해가 많을지도 모른다), 이제는 복제권의 침해로 된다. 즉 공연권 및 복제권의 침해이다. 그러나 합법적 공연행위 과정에서 일시적 복제가 일어나더라도 복제권 침해가 아니라는 것이 현행법의 취지이다.

---

265) 일본저작권법 제47조의2(미술저작물 등의 양도 등의 신청에 수반하는 복제 등) 보다 자세한 것은, 作花文雄, 「詳解 著作權法」(제4판), ぎょうせい, 2010, 388면 이하 참조.

266) 이에 대해 보다 자세한 것은 김호철, "한・미 FTA 저작권 분야 협상결과 및 국내법 이행 검토," 「계간 저작권」(제86호), 한국저작권위원회, 2009.6, 92면 이하 참조.

267) 미국 1998년 「Digital Millennium Copyright Act」 제3편(Title 3: Computer Maintenance or Repair Copyright Exemption); 일본 개정저작권법 제47조의4(보수, 수리 등을 위한 일시적 복제), 제47조의5(송신의 장해방지 등을 위한 복제) 등.

268) 이해완, 「저작권법」(제3판), 704면.

결국 적법한 이용행위의 과정에서 일시적 복제가 일어나더라도 복제권 침해 문제는 전혀 걱정할 필요가 없다는 것이다.[269)]

(17) 공정한 이용(법 35조의3)

1) 공정한 이용 법리의 도입 저작재산권 제한과 관련하여 그 사이 우리 법은 제4절 제2관(제23조-35조)에서 한정열거적으로 규정하고 있었다. 따라서 이러한 조항에서 열거되지 아니한 사항에 대해서는 침해로 판정되었다. 그러나 디지털 저작물과 인터넷의 등장과 더불어 미처 법에서 열거되지 아니하였지만 허용되어야 할 행위가 예상됨에 따라 미국식의 공정이용제도를 도입해야 한다는 주장이 적지 않았다. 원래 미국의 공정한 이용(fair use)의 법리는 판례법으로 발전되어 오던 것을 1976년 현행법에서 명문화된 것으로,[270)] 우리도 이 법리를 통하여 저작권법을 유연하게 적용함으로써 보다 타당성 있는 결과를 도출해야 한다는 것이었다. 이에 2011년 개정법에서부터 공정이용제도가 명문화되었으며, 2016년 개정은 2011년 법에서 '보도 · 비평 · 교육 : 연구 등' 공정이용의 목적을 삭제하고, 공정이용 판단 시 고려사항 중 '영리 또는 비영리성'을 삭제하였다. 2016년 법 제35조의3은 다음과 같다.

> ① 제23조부터 제35조의2까지, 제101조의3부터 제101조의5까지의 경우 외에 저작물의 통상적인 이용 방법과 충돌하지 아니하고 저작자의 정당한 이익을 부당하게 해치지 아니하는 경우에는 저작물을 이용할 수 있다.
> ② 저작물 이용 행위가 제1항에 해당하는지를 판단할 때에는 다음 각 호의 사항 등을 고려하여야 한다.
> 1. 이용의 목적 및 성격
> 2. 저작물의 종류 및 용도
> 3. 이용된 부분이 저작물 전체에서 차지하는 비중과 그 중요성

---

269) 그 밖에 제101조의3(프로그램의 저작재산권의 제한) 제2항의 예외가 있다. 이것은 컴퓨터의 유지 · 보수를 위하여 그 컴퓨터를 이용하는 과정에서 프로그램(정당하게 취득한 경우에 한한다)을 일시적으로 복제할 수 있다는 것이다.

270) 미국의회가 공정이용을 조문화한 것은 당시의 판례의 법리를 그대로 조문화한 것으로 판례이론을 변경하지도, 축소하지도, 또 확대하지도 않았다["to restate the present judicial doctrine of fair use, not to change, narrow, or enlarge it in any way" H.R. Rep. No. 94-1476, at 66(1976)].

4. 저작물의 이용이 그 저작물의 현재 시장 또는 가치나 잠재적인 시장 또는 가치에 미치는 영향

본조와 미국 저작권법 제107조는 형식상 2가지 점에서 차이가 있다. 하나는 우리법에 "저작물의 통상적인 이용 방법과 충돌하지 아니하고 저작자의 정당한 이익을 부당하게 해치지 아니하는 예외적인 경우에는 저작물을 이용할 수 있다"는 제1항이 있다는 점이다. 그러나 동 조항은 국제조약에 규정된 3단계 테스트를 명문화한 것으로 명문의 유무를 불문하고, 당연히 준수해야 할 규정이므로 실질적인 차이가 나는 것은 아니다. 또 하나는 미국법에는 "비평, 논평, 시사보도, 교수(학습용으로 다수 복제하는 경우를 포함), 학문, 또는 연구 등과 같은 목적을 위하여"라는 목적 조항이 있는데 우리는 2016년 개정으로 이런 내용이 삭제되어 차이가 나는 것 아니냐는 것이다. 그러나 우리 2011년 법은 저작물을 이용할 수 있는 경우로서 보도 · 비평 · 교육 · 연구 '등'을 들고 있어, 앞에 든 보도 · 비평 · 교육 · 연구는 일반적으로 공정이용이 자주 인정되는 영역을 예시한 것이며, 열거되어 있지 않은 다른 부문에서도 얼마든지 공정이용이 있을 수 있다고 보았다. 또 이번에 고려사항 중 '영리 또는 비영리성'을 삭제하였다고 하여 이전과 차이를 가져오는 것도 아니다. 그런 의미에서 우리법과 미국법은 실질적으로 동일하다고 할 것이다.[271]

결국 우리법은 '공정이용'규정이 일반조항이 되고, 그사이 제한규정으로 작용했던 제23-제35조가 개별조항으로 작용할 것이다.

2) 제35조3의 의미 가) 공정이용이란 형식적으로는 저작물의 복제 등 저작권 침해행위에 해당하더라도 저작권법의 궁극적 목적인 '문화의 향상발전'이라는 목표에 비추어 허용되는 행위이다. 우리법 제1조가 저작자의 권리 보호와 함께 '공정한 이용도모'를 규정하고 있어 이러한 정신의 명문화라고 해야 할 것이다. 이것은 마치 우리 형법 제20조가 "기타 사회상규에 위배되지 아니하는 행위는 벌하지 아니한다"고 규정한 것과 일맥상통한다고 할 것이다. 아니 오히려 문화생태계의 활성화를 위하여 그 이상의 역할을 하여야 할 것이다. 결국 어느 것이 공정

271) 2016년 개정에서 흥미로운 차이라면 미국법에는 "위의 모든 사항을 참작하여 내려지는 결정인 경우에, 저작물이 미발행되었다는 사실 자체는 공정사용의 결정을 방해하지 못한다"는 구절이 더 있다는 것이다. 이에 대해서는 후술한다.

이용이고, 어느 것이 아닌지는 궁극적으로는 저작권법의 목적에 비추어 법원이 판단할 사항이다. 그때 고려되어야 할 요소로 법은 이용의 목적 및 성격, 저작물의 종류 및 용도, 이용된 부분이 저작물 전체에서 차지하는 비중과 그 중요성, 저작물의 이용이 그 저작물의 현재 시장 또는 가치나 잠재적인 시장 또는 가치에 미치는 영향 등을 들고 있다.

■ 생산적 사용의 법리와 그 한계[272)]

공정이용에 해당하는 저작물 이용의 한 예로 드는 것에 생산적 사용이라는 것이 있다. 생산적 사용은 타인의 작품에 대해 사회적으로 가치 있는 독자적인 창조적 요소를 부가함으로써 성립된다. 이들은 원작품을 변형하고, 그 과정에서 새로운 정보, 새로운 아름다움, 새로운 식견 및 이해를 창조함으로써 가치를 부가시킨다. 이들이 복제하는 목적은 원작품과 다른 작품을 작성하는 데 있는 것이다. 반면 비생산적인 사용(再現的 사용)은 저작권자가 사용될 것을 의도하고 있는 것과 동일한 본래의 목적으로 사용할 목적으로 유저(user, 사용자)가 소재를 복제하는 경우에 일어난다. 인기 있는 CD를 구입하는 대신에 그것을 컴퓨터에서 복제하는 경우이다. 생산적 사용은 지식과 정보라고 하는 우리의 자산을 증가시키는 것에 의해 저작권법의 기초를 이루는 목적을 보조하는 것이다.

공정이용의 특권은 이러한 생산적 사용에 한정해야 할 것이라고 하는 주장도 있을 수 있다. 그러나 이러한 생산적 사용에 한정되어야 한다는 주장은 미국의 성문법에서도 입법경위에서도 판례법에서도 받아들이고 있지 않다. Betamax 판결[273)]은 이 법리를 명백히 거부하였다. 본 사건에서 피고는 시간대를 옮길(time-shift) 목적으로 '무료'의 TV방송의 사적, 비상업적 녹화를 하였으며, 보도 · 비평 · 교육 · 연구의 어디에도 해당되지 않는다. Betamax 판결이 명백히 한 것은 보도 · 비평 · 교육 · 연구의 어디에도 해당되지 않더라도 공정이용이 될 수 있다는 점을 분명히 한 것이다. 공정이용은 창작자와 소비자, 쌍방의 이익에 봉사하는 것이다. 그러나 일반적으로는 공정이용의 항변은 피고가 저작권자의 작품에 대해서 재현적 사용을 행한 경우보다 생산적 사용을 행한 쪽이 훨씬 입증이 용이함은 물론이다.

나) 또 "다음 각 호의 사항 등"이라는 표현에 비추어 당연한 말이나 제2항의 4

---

272) 이하 マーシャル・A・リーファ- / 牧野和夫(監譯), 「アメリカ著作權法」(LexisNexisアメリカ法 概說 ⑤), LexisNexis, 2008, 675면 이하에 의함.

273) Sony Corp. of America v. Universal City Studios, 464 U.S. 417(1984).

요소는 배타적인 것은 아니며, 법원이 필요하다면 새로운 요소도 고려할 수 있다. 또 이들 4요소는 각각의 요소마다 개별적으로 검토되나, 전체를 종합적으로 보아 저작권법의 목적에 비추어 공정이용인지 여부를 판단하게 된다. 4요소 모두 긍정적으로 판단되어야 공정이용이 되는 것은 아니며, 한두 요소가 부정적으로 판단되었더라도 전체적으로 공정이용으로 판단될 수 있음은 물론이다.[274)]

3) **미국 저작권법 제107조 배타적 권리에 대한 제한: 공정사용** 미국의 공정사용제도는 판례를 통해 발전된 법리이며, 최초로 명언된 것은 1841년 Folsom v. Marsh 사건[275)]이라고 한다. 그 이래 거의 변경됨이 없이 적용되어 왔고, 1841년 Story 판사가 Folsom 사건에서 고려한 요소는 거의 그대로 1976년법에 포섭되었다.

> [제107조] 제106조 및 제106조의 A의 규정에도 불구하고 비평, 논평, 시사보도, 교수(학습용으로 다수 복제하는 경우를 포함), 학문, 또는 연구 등과 같은 목적을 위하여 저작권으로 보호되는 저작물을 복제물이나 음반으로 제작하거나 또는 기타 제106조 및 제106조의 A에서 규정한 방법으로 사용하는 경우를 포함하여 공정사용하는 행위는 저작권 침해가 되지 아니한다. 구체적인 경우에 저작물의 사용이 공정사용이냐의 여부를 결정함에 있어서 다음을 참작하여야 한다.
> (1) 그러한 사용이 상업적 성질의 것인지 또는 비영리적 교육목적을 위한 것인지 등 그 사용의 목적 및 성격
> (2) 저작권으로 보호되는 저작물의 성격
> (3) 사용된 부분이 저작권으로 보호되는 저작물 전체에서 차지하는 양과 상당성, 그리고
> (4) 이러한 사용이 저작권으로 보호되는 저작물의 잠재적 시장이나 가치에 미치는 영향. 위의 모든 사항을 참작하여 내려지는 결정인 경우에, 저작물이 미발행되었다는 사실 자체는 공정사용의 결정을 방해하지 못한다.

이하에서는 공정사용과 관련하여 자주 인용되는 판결인 Harper & Row, Publishers, Inc. v. Nation Enterprises 사건을 살펴본다.

---

274) 이규호/서재권, 「공정이용 판단기준 도출을 위한 사례연구」, 한국저작권위원회, 2009. 12, 137면 이하에는 109개의 미국 판결이 분석되어 있고, 이 중 공정이용으로 판단된 것이 54개이다. 이 중 한두 요소가 부정적이지만 전체적으로 공정이용으로 판단된 것이 45개로, 대부분이 이에 속한다.

275) 9 Fed Cas. 342(C.C.D.1841). 이 판결에 대해서는 제7절 Ⅱ. 2. (7) 참조.

♣ Harper & Row, Publishers, Inc. v. Nation Enterprises[276)]

사실관계: 원고 Harper & Row 사는 포드 대통령의 회고록—A Time to Heal—을 출간하는 권리를 취득하였다. 타임(TIME)지는 출간 직전에 그 원고를 미리 볼 수 있는 기회를 갖고 요약본을 타임지에 게재한다는 계약을 하였다. 포드의 이야기를 담은 타임지의 기사는 회고록이 나오기 약 1주일 전에 발행될 예정이었다. 타임지의 기사가 나오기 직전에 Nation지는 비밀리에 입수한 자료에 기초하여 2,250개의 낱말로 된 기사가 공개되었고 그 결과 타임지는 상고인과의 계약을 취소하였다. Harper & Row 사는 연방지방법원(the District Court for the Southern District of New York)에 Nation을 상대로 저작권법위반 등을 주장하면서 소송을 제기하였다. 지방법원은 피고의 공정사용 항변을 배척하면서 회고록은 Nation의 잡지가 출간될 당시에 저작권으로 보호되며 피고의 행위는 저작권침해라고 판단하였다. 연방 제2항소법원(the Court of Appeals for the Second Circuit)은 Nation의 행위는 공정사용에 의해 허용된다고 판단하여 지방법원판결을 파기하였다. 최고법원이 상고를 허가하였다.

쟁점: 곧 출간될 작품의 일부를 출간하는 것은 공정사용에 해당하는가?

판결요지(연방대법관 O'CONNOR): 공정사용에 해당되지 아니한다.[277)] 곧 출간될 작품의 일부를 출간하는 것은 공정사용에 해당하지 아니한다. 공정사용의 밑바탕에 있는 기본 개념은, 합리적인 저작권자라면 저작물의 사용을 사실상 허락할 것이라고 보이는 상황하에서 저작물을 사용하려는 자가 저작물을 사용하기 위하여 저작권자의 허락을 받을 필요가 없다는 것이다. 이 원칙을 조문화하고 있는 저작권법 제107조는 그것이 판례법을 수정하려는 의도가 없음을 입법사에서 명백히 밝히고 있다. 합리성의 원칙에 비추어 볼 때 어떠한 저작권자도 자신의 저작물을 출간하기에 앞서 다른 사람이 그것을 먼저 출간하도록 허용하지는 않을 것이다. 제107조의 문언에는 그 원칙을 적용함에 있어서 고려해야 할 4개의 요소를 들고 있다. 여기서 가장 특기해야 할 2요소는 사용의 목적과 시장에 미치는 영향이다. 사용목적과 성격을 평가함에 있어서 우리는 Nation이 앞으로 나올 책과 타임지 기사를 앞지르려는 의도를 무시할 수 없다. Nation의 사용은 단지 우연한 결과가 아니라 저작권자가 가지고 있는 상업적으로 가치 있는 최초 발행권을 탈취하려는 의도를 가지고 있다. 저작물을 먼저 출간함으로써 일어날 수 있는 것은 바로 저작권자와의 경제적 경쟁이고, 일반적으로 공정사용은 그런 것이어서는 안될 것이다. 더 나아가서 그러한 사용이 시장에 미치는 영향은 이 사

276) S.Ct 471 U.S. 539 (1985). 이 판결에 대한 보다 자세한 것은 장주영, 「미국저작권판례」, 육법사, 2003, 245-252면; 저작권심의조정위원회, 「저작권에 관한 외국 판례선[1]」, 1988, 265-269면 참조.

277) 6:3으로 다수의견과 반대의견이 나뉘어졌다.

건이 이미 가져왔던 것이 잘 설명하고 있다: 저작물의 시장가치를 현저히 저하시킨다는 것이다(타임지의 계약취소와 12,500불의 지급거절은 침해의 직접적인 결과이다). 그러므로 결론은 자명하다. 거의 모든 경우에 있어서 출간을 기다리는 저작물보다 먼저 출간하는 것은 공정사용이 되지 아니한다는 것이다. 바로 이번 사례가 그것이다. (파기환송)

반대 의견(연방대법관 Brennan): 출간되지 아니한 20만 단어로 구성된 포드대통령의 原稿로부터 300단어를 인용한 Nation이 원고의 저작권을 침해했다고 판시하는 것은 잘못이다. 이 법원은 공정사용의 원칙을 수축시킴과 동시에 창작의 과정을 위협하고, 수정헌법 제1조가 보장하는 사상의 자유로운 흐름을 위협하고 있다. 이것은 의회가 저작권자의 경제적 이익을 보호하기 위한 입법을 하면서 의도했던 것은 아닐 것이다.

■ Harper 판결과 그 후의 변화

앞의 Harper 판결은 공정이용인지 여부를 판단함에 있어서 미공개된 저작물이라는 사실은 그 판단에 부정적으로 작용한다고 보았다. 즉 "미발행(unpublished)이라고 하는 것은 결정적이지는 않지만 공정이용을 부정하는 중요한 요소"(We conclude that the unpublished nature of work is "[a] key, though not determinative, factor" tending to negate the defense of fair use. Senate Report, at 64. /the fact that a work is unpublished is a critical element of its 'nature', /the scope of fair use is narrower with respect to unpublished works.)라고 보았다. Harper 판결은 미발행을 중요한 요소라고는 보았지만 그렇다고 공정이용의 법리가 미발행저작물에는 적용되지 않는다고 판시한 것은 아니다. 그런데 그 후 미국 제2항소법원의 판결들은 미발행 저작물이기만 하면 그 자체로 공정이용을 부정하는 것으로 판시하였다. 이에 의회는 1992년, 제107조를 개정하여 '위의 모든 사항을 참작하여 공정이용이라는 것이 밝혀진 경우에, 저작물이 미발행되었다는 사실 자체는 공정이용의 결정을 방해하지 못한다'(The fact that a work is unpublished shall not itself bar a finding of fair use if such finding is made upon consideration of all the above factors)는 문구를 추가하였다.[278] 그러나 공표권이 인정되고, 대부분의 경우에 공표된 저작물에 대해서만 저작재산권 제한을 인정하는 우리의 경우에는 미발행, 미공표 저작물에 대해서는 공정이용의 법리가 적용되어서는 안될 것이다.

4) 정 리

다음의 여러 요소를 참작하여 공정사용인지 여부를 판단하여야 할 것이다. 다

278) Mary LaFRANCE, Copyright Law, Thomson/West, 2008, 302면.

만 우리가 2011년 이 조항을 도입한 이래 2016년 "현재까지 우리나라에서는 이 조항의 적용을 긍정한 사례는 발견되지 않는다"고 한다.[279] 반면 '리프리놀 논문 사건',[280] '한경닷컴 사건',[281] '함께하는 시민행동 사건',[282] '메가 스터디III 사건',[283] '주권방송 사건'[284] 판결에서는 공정사용 주장을 받아들이지 않았다고 한다.[285]

요소	공정사용을 긍정하는 요소	공정사용을 부정하는 요소
1	* 생산적(변형적: transformative) 이용인가	* 저작물의 내용을 변형함이 없이 그대로 전달하는가
	* 비상업적인 이용인가	* 상업적 이용인가
2	* 피이용저작물이 사실적 저작물(non-fiction)인가	* 피이용저작물이 허구적, 비사실적(fiction) 저작물인가
	* 공개된, 발행된 저작물인가	* 비공개된, 미발행된 저작물인가
3	* 피이용 부분이 소량인가	* 피 이용부분이 대량인가 * 이용저작물(침해저작물)을 기준으로 해서 피이용부분의 분량을 고려하는 것도 배제하는 것은 아니다.[286]
	* 피이용 부분이 이용저작물의 비본질적 부분인가	* 피이용 부분이 이용저작물의 본질적 부분인가
4	제3자에 의한 무제한하고 광범위한 이용행위가 원저작물의 잠재적 시장이나 가치에 실질적으로 불리한 영향을 주는가. Harper사건에서는 원저작물만이 아니고 파생저작물에 대한 잠재적 시장이나 가치도 고려하였다.	

◈ 패러디와 공정이용

1. 의 의

저작재산권, 著作人格權, 특히 동일성유지권, 저작재산권의 제한, 2차적 저작물 작성

279) 이규홍 외, 「저작권과 침해」, 육법사, 2016, 979면.
280) 대법원 2013.2.15.선고 2011도5835 판결.
281) 서울중앙지법 2014.2.11.선고 2013나36100 판결.
282) 사울서부지법 2012.11.1.선고 2012고정1591 판결.
283) 서울중앙지법 2015.2.12.선고 2012가합541175 판결.
284) 서울중앙지법 2016.1.27.선고 2015가합513706 판결.
285) 이규홍 외, 앞의 책, 980-983면 참조.
286) Harper 사건에서는 300자 미만을 이용한 것이지만 미발행 원고로부터 직접 베낀 것은 기사의 약 13%에 이른다고 보고 공정이용을 부정하는 한 요소로 판단하였다. 또 이것은 제1과 제4의 요소에도 영향을 주는 사항이다. 이용저작물의 상당부분이 피이용저작물을 그대로 이용한 것이면 제1요소인 변형적 이용은 그만큼 희박하게 된다. 또 그대로 이용되면 피이용저작물의 대용물로 되어 그만큼 잠재적 시장을 잠식하게 된다.

권 등과 관련하여 특히 문제로 되는 것은 parody 문제이다.[287] 패러디란 그리스語 'parodeia'에서 유래한 말로 본래 "다른 사람의 곡조(ode)에 따라(para) 부르는 노래"라는 뜻이다. 사전적으로는 '우스꽝스러운 효과를 내기 위하여 원작품의 특징적 스타일을 모방하는 문학적 · 예술적 작품'을 말한다. 국어사전에 보면 "① 흉내, ② 엄숙한 作品의 장중한 스타일을 기교로써 모방하면서 그것을 경쾌하고 익살스러운 作品으로 꾸며 야유 풍자하는 것"으로 되어 있다. 패러디는 오늘날 특수한 예술형식의 하나로 보고 있다. 저작권법에서 패러디를 논하는 이유는 저작권침해의 예외로서 패러디를 인정할 수 있는가이다. 그 예외를 인정하여야 하는 이유는 다음과 같다.

첫째, 패러디는 기존의 작품에 비평이나 논평, 풍자 등 새로운 창작을 가미함으로써 인류의 문화유산을 풍부하게 하고, 따라서 문화의 향상발전이라는 저작권법의 목적달성에 기여한다.

둘째, 패러디에 그와 같은 이로운 점이 있음에도 불구하고 보통 패러디라는 것은 엄숙하고 진지한 작품에 대한 풍자 · 비평 · 비꼼 등에서 시작하므로 원저작자로서는 자신의 저작물에 대해서 스스로 패러디를 작성한다거나 아니면 다른 사람에게 자신의 저작물에 대한 패러디를 작성하도록 허락해줄 가능성이 적다.

셋째, 패러디는 원작의 시장적 가치를 침해할 가능성이 거의 없다는 점이다. 원작과 패러디는 전혀 다른 효용가치를 가지는 것이므로 패러디 작품을 감상하였다고 해서 원작소설에 대한 수요가 감소된다고는 생각하기 어렵기 때문이다.

2. 패러디에 관한 각국의 태도

패러디에 관하여 영국 · 미국 등 앵글로색슨 계통의 法制에서는 패러디가 fair use나 fair dealing에 해당하는지 어떤지를 중심으로 論하고 있으며, 독일 등에서는 그것이 자유이용(freie Benutzung)인가 改作(Bearbeitung)인가가 논의된다. 이에 대해 프랑스 著作權法은 명문으로 일정한 요건 하에 자유이용에 해당한다고 규정하고 있다(同法 122조의5 제4호).[288]

3. 적법한 패러디로 인정되기 위한 요건

1) 오늘날 패러디라는 말은 상당히 광범위하게 사용되고 있지만 저작권법에서 패러디를 이야기할 때는 (패러디된) 저작물과 (패러디) 저작물과의 관계만이 문제된다. 따라

---

287) 패러디와 저작권과 관련하여 우리나라에서 발표된 글로는 박성호, "포스트모던시대의 예술과 저작권," 「계간 저작권」, 1993년 봄호, 28면 이하/ 여름호, 35면 이하; 허희성, "패러디와 저작권," 「계간 저작권」, 1998년 봄호, 47면 이하; 엄동섭, "패러디와 저작물의 자유이용," 「창작과 권리」(제10호), 1998년 봄호, 58면 이하 참조.

288) 프랑스 지적재산법 제1부 문학 · 예술적 소유권 제1권 저작권 제122조의5 (4) 장르상의 규칙에 따른 패러디, 혼성모방 및 풍자화.

서 패러디된 原著作物이 필요하다. 이러한 원저작물에는 어문저작물은 물론 음악 · 미술 · 영화 · 연극 등의 저작물이 포함됨은 물론이다.

2) 패러디의 대상은 특정 原作品이며, 오로지 사회일반을 비판할 목적으로 타인의 저작물을 허락 없이 이용하는 것은 적법한 패러디가 될 수는 없다. 원작품에 대한 비판이나 풍자가 간접적으로 원작품이 표현하고자 하는 특정 현상에 대한 패러디로 이어지는 것은 상관없으나 원 작품이 아닌 사회일반을 풍자하기 위해서 타인의 작품을 무단이용할 수는 없다.[289]

3) 그 이용방법이 原著作物을 변화시켜 익살스럽게 또는 우의적(寓意的)으로 빗대거나 풍자할 것이다. 이 요건과 관련하여 미국의 「Suntrust Bank사건 판결」[290]에 따른다면 '익살스럽게 또는 풍자적'이라는 요건은 삭제되어야 할 것이라고 하는 견해도 있다.[291] 많은 패러디 작품에는 유머러스한 면이 많을 것이나 그 작품을 어떻게 받아들이느냐는 독자의 몫으로 두고, 이것을 필요요건으로 할 필요는 없다는 견해도 일리가 있다고 본다.

4) 패러디의 대상이 되는 원작품이 공표되어 있을 것이다. 그 밖에 그 원작품이 널리 알려져 있을 필요가 있는지는 문제이다. 아마도 『바람과 함께 사라지다』 같은 유명한 소설이나 영화, 모나리자의 그림, 김소월의 시 등, 대중적이면 대중적일수록 패러디의 가장 좋은 對象이 될 것이다. 그러나 어느 정도 알려져야 광범위하게 알려졌다고 볼 것인가 하는 것은 매우 애매하고 자의적 판단으로 흐를 가능성이 크다. 결국 널리 알려졌는지 여부는 패러디의 효과로서 남겨두고, 패러디로서 성립되기 위한 요건으로서는 원작품이 공표되었을 것이면 족하다고 본다.

5) 패러디는 원저작물에 의거하고 있기는 하지만 원저작물이 갖는 창작성과는 다른 창작성을 갖지 아니하면 안 된다. 타인의 저작물을 단순히 모방 · 복제하거나 희화화(戱畵化)하고 '이것은 패러디다'라고 주장하는 것만으로는 부족하다.[292] 결국 미국 판결이 들고 있는 변형(transformative)성 요건이며, 새로운 작품이 변형되어 있으면 있을

289) Dr. Seuss Enterprises, L.P. v. Penguin Books USA, Inc., 109 F.3d 1394 (9th Cir. 1997) 참조. 결국 직접패러디는 허용되나 매개패러디(vehicle parody)는 허용되기 힘들다고 본다.

290) Suntrust Bank v. Houghton Miffin Co. 60 U.S.P.Q.2d 1225(11 Cir. 2001).

291) 이에 대해서는 강신하, "미국저작권법상 공정이용의 법리: 패러디에 관한 논의를 중심으로," 「인권과 정의」(Vol. 387), 2008.11, 51면 주9) 참조.

292) "따라서 패러디의 저작권침해 여부 판단시 패러디의 본질과 그 특성을 고려한 판단이 요청되며, 다양한 논리 개발이 우선 현행법 테두리 내에서 이루어져야 할 것이며, 명성에 편승하는 표절작과 진정한 패러디의 옥석을 가려내는 데 신중을 기해야 할 것이다."(김원오, "패러디 항변을 둘러싼 저작권법상 쟁점과 과제," 「계간 저작권」(제56호), 저작권심의조정위원회, 2001 겨울호, 25면). 엄동섭, 앞의 글도 끝에서 "다만 이와 관련하여 … 어떤 희화화이든 간에 희화화되었다는 이유만으로 곧 패러디가 되는 것은 아님을" 환기시키고 있다.

수록 창작성은 크다고 할 것이다.

4. 패러디 관련 판례

이하에서는 우리 판례와 미국 판례를 각각 살펴보는 것으로 한다.

[우리판례] 컴배콤 사건[293)]

1. 사건의 개요 가수 서태지의 1995년 히트곡인 '컴백홈(come back home)'을 가수 이재수가 '컴배콤'으로 바꿔 부르고 뮤직비디오도 제작한 것이다.[294)] 이에 서태지 측은 저작권침해 금지 가처분 신청을 하였다.

2. 법원의 결정 이 사건에 관하여 보건대, … 피신청인들의 이 사건 개사곡은 신청인의 이 사건 원곡에 나타난 독특한 음악적 특징을 흉내 내어 단순히 웃음을 자아내는 정도에 그치는 것일 뿐, 신청인의 이 사건 원곡에 대한 비평적 내용을 부가해 새로운 가치를 창출한 것으로 보이지 아니하고 … 패러디로 보호되는 것은 당해 저작물에 대한 비평이나 풍자인 경우라 할 것이고 당해 저작물이 아닌 사회현실에 대한 것까지 패러디로서 허용된다고 보기 어렵고, 피 신청인들이 상업적 목적으로 이 사건 원곡을 이용하였으며, 이 사건 개사곡이 이 사건 원곡을 인용한 정도가 피신청인들이 패러디로서 의도하는 바를 넘는 것으로 보이고, 이 사건 개사곡으로 인하여 … 원곡에 대한 사회적 가치의 저하나 잠재적 수요의 하락이 전혀 없다고 보기 어려운 점 등 … 여러 사정을 종합하여 보면 … 이 사건 개사곡은 패러디로서 보호받을 수 없는 것이라 하겠다"고 판시, 음반 등 판매금지 가처분신청을 받아들였다.[295)]

[미국판례] Campbell v. Acuff-Rose Music, Inc.[296)]

1. 사건의 개요 줄리아 로버츠, 리처드 기어가 주연한 1990년 헐리웃 영화 "프리티 우먼"(Pretty Woman)은 同名의 테마 송으로도 널리 인기를 모았다. 이 곡은 1964년 로이 오비슨(Roy Orbison)과 윌리엄 디스(William Dees)가 같이 만든 록발라드 "오, 프리티 우먼"(Oh, Pretty Woman)이었는데, 1989년 캠벨, 웡원, 로스, 홉스 등 4인조 인기 랩뮤직 그룹 투 라이브 크루[2 Live Crew; 소속 음반사인 스카이이워커(Skyywalker Records)

---

293) 서울지방법원 2001.11.1.자, 2001카합1837 결정.

294) 문제의 발단에 대해서는 동아일보, 2001.8.6. "[음악] 서태지-이재수 '컴배콤' 패러디논쟁 가열"기사(허엽 · 이승헌 기자) 참조.

295) 이 결정에 대한 간단한 평석은 이해완, 「저작권법」(제3판), 631면 참조. 또 함석천, "패러디, 지적재산권과 표현의 자유," 「저스티스」(제91호), 한국법학원, 2006.6, 68면 참조.

296) 510 U.S. 569; 114 S.Ct. 1164; 1994 U.S. LEXIS 2052.

와 함께 "피고"라 함)는 랩 스타일로 이 곡을 패러디(parody)할 계획을 세웠다. 피고는 원곡의 저작권을 갖고 있는 어커프-로즈 뮤직사(Acuff-Rose Music, Inc.; 이하 "원고"라 함)에 대하여 "원곡의 작곡자와 소유권에 대한 크레딧을 명시하고, 그 사용료를 지급하겠다"는 의사를 밝혔다. 그러나 1964년 원작자로부터 저작권을 양도받아 이를 저작권 보호대상으로 등록해 놓았던 원고측 대리인은 원곡의 이미지를 해친다 하여 패러디하는 것을 거절하였다. 그렇지만 피고가 제작한, (작곡자와 출판사를 각각 오비슨과 디스, 어커프-로즈 음반사로 밝힌) 패러디版 프리티 우먼이 음반, CD 모두 크게 히트를 했다.

"Oh, Pretty Woman" by Roy Orbison and William Dees	"Pretty Woman" as Recorded by 2 Live Crew
Pretty Woman, walking down the street, Pretty Woman, the kind I like to meet, Pretty Woman, I don't believe you, you're not the truth, No one could look as good as you Mercy Pretty Woman, won't you pardon me, Pretty Woman, I couldn't help but see, Pretty Woman, that you look lovely as can be Are you lonely just like me? Pretty Woman, stop a while, Pretty Woman, talk a while, Pretty Woman give your smile to me Pretty Woman, yeah, yeah, yeah Pretty Woman, look my way, Pretty Woman, say you'll stay with me 'Cause I need you, I'treat you right Come to me baby, Be mine tonight Pretty Woman, don't walk on by, Pretty Woman, don't make me cry, Pretty Woman, don't walk away, Hey, O. K. If that's the way it must be, O. K. I guess I'll go on home, it's late There'll be tomorrow night, but wait! What do I see	Pretty woman walkin' down the street Pretty woman girl you look so sweet Pretty woman you bring me down to that knee Pretty woman you make me wanna beg please Oh, pretty woman Big hairy woman you need to shave that stuff Big hairy woman you know I bet it's tough Big hairy woman all that hair it ain't legit 'Cause you look like 'Cousin It' Big hairy woman Bald headed woman girl your hair won't grow Bald headed woman you got a teeny weeny afro Bald headed woman you know your hair could look nice Bald headed woman first you got to roll it with rice Bald headed woman here, let me get this hunk of biz for ya Ya know what I'm saying you look better than rice a roni Oh bald headed woman Big hairy woman come on in And don't forget your bald headed friend Hey pretty woman let the boys Jump in Two timin' woman girl you know you ain't right Two timin' woman you's out with my boy last night Two timin' woman that takes a load off my mind Two timin' woman now I know the baby ain't mine

Is she walking back to me? Yeah, she's walking back to me! Oh, Pretty Woman.	Oh, two timin' woman Oh pretty woman

이에 원고는 1989년 피고를 상대로 저작권침해(copyright infringement) 소송을 제기했다. 1심을 담당한 테네시 중부지구 연방지방법원은 1991년 피고의 패러디곡이 원곡을 공정하게 이용한 것이라고 판단하고 피고 측의 신청에 따라 약식판결(summary judgment)[297]을 선고했다.[298] 그러나 원고 측의 항소를 접수한 제6연방고등법원은 이를 파기였다.[299]

2. 聯邦大法院의 판결　연방대법원은 1994년 3월 본건 상고사건에서 전원일치의 판결로 항소심판결을 파기하였다. 제6연방고등법원이 저작권법에 "저작물을 비판, 평석, 시사보도, 교육, 학문연구, 조사의 목적으로 공정하게 이용하는 것은 저작권법을 침해하는 것이 아니다"라고 규정되어 있음을 들어 피고가 원곡을 패러디하는 것이 금지되어 있지 않다는 피고측의 변론에 대하여 심리를 다하지 않은 오류를 범하였다는 이유에서였다.

즉 본건의 원곡과 패러디 곡을 비교해 들어볼 때 첫 소절의 가사가 같고 원곡의 베이스 樂節을 되풀이하는 것 외에는 전체적으로 가사 내용이 다른, 전혀 구별되는 음악을 만들었음을 간과하였다는 것이다.

연방대법원 판결에 나타난 내용을 정리해 보면 다음과 같다.[300]

① 저작권법상 공정한 이용에 해당하는지 여부는 저작권법의 목적에 비추어 종합적으로 판단해야 할 것이지만, 그 시점에서 패러디한 것이 原작품(original)의 대상을 대체한 것인지, 아니면 새로운 표현 · 의미 · 의도가 덧붙여짐으로써 어느 정도 원작품을 변형한 것인지가 중요하다. 새로운 작품이 變形(transformative)이 되어 있을수록 다른 요건의 비중은 그만큼 줄어들게 된다.

② 패러디한 것이 공정한 이용에 해당하는지 여부를 결정하기 위해서는 우선 패러디된 캐릭터가 합리적으로 패러디로서 이해되는지 여부가 문제가 된다. 패러디가 유머러스한 형태의 비평으로 인정되는 것은 기존 작품을 새롭게 조명함으로써 사회적 편익(social benefit)을 제공할 수 있기 때문이다. 패러디가 質的으로 우수한지 여부는 중

297) 略式판결이란 미국 소송제도상 당사자 간에 사실관계에 대한 다툼이 없을 때 증거조사(discovery)를 거치지 않고 법원이 내리는 판결을 말한다.

298) 754 F.Supp. 1150.

299) 972 F.2d. 1429.

300) 牧山嘉道, "米國エンタテインメント法入門 [2],"「國際商事法務」Vol.26, No.9 (1998), 919-920면.

요하지 않다.

③ 이용 목적 · 성격과 관련하여 패러디의 상업적 성격이나 非營利의 교육 목적인지 여부는 패러디가 공정한 이용에 해당하는지 판단하는 하나의 요소에 불과하다. 이를 통해 모든 상업목적의 허락 없는 이용은 무릇 공정하지 않으며, 당해 저작물의 시장에 악영향을 미친다고 하는 Sony 판결의 假定을 배척하였다.

④ 패러디가 공정한 이용인지 판단할 때 원작품의 성격을 고려하는 것은 패러디가 대개의 경우 일반적으로 알려진 작품을 복제한다는 것 이상으로 거의 의미가 없다.

⑤ 원작품의 이용이 어느 정도의 분량이고 중요성을 가지는지에 대하여 패러디는 원작품을 연상하기 쉽고 원작품의 중심 부분을 겨냥하여 만들어지는 것이므로 문제가 된 작품이 원작품의 중심 부분을 복제한 경우에도 패러디는 공정한 이용이 될 수 있다. 종래 Air Pirates 事件에서는 원작을 어느 정도 사용해도 되느냐에 대해, 원작을 떠올릴 수 있을(conjure up) 정도로 사용해야 한다고 했으나 본 판결에서는 사용된 양을 판단함에 있어서 패러디의 목적, 성질, 변형적인 요소, 시장대체가능성 등을 고려하여 사안별로 결정해야 한다고 했다. 따라서 패러디가 원 저작물을 떠올리는 것보다 더 많은 양을 사용했다고 하더라도 다른 요소를 함께 고려한다면 공정사용의 항변이 성립될 수 있다고 할 것이다.[301)]

⑥ 잠재적 시장 또는 가격에 대한 이용의 효과는 패러디에 있는 원작품의 사용이 전체로서 상업적이라고 하는 사실만 가지고는 손해 받을 염려가 있다고 추정되지 아니한다. 또한, 통렬한 비평이 단순히 원작품의 수요를 억제한다는 사실로 인하여 저작권침해가 되는 것은 아니다.

다만, 케네디 대법관은 主審의 판단에 동의(concurring)하면서도 다음과 같은 의견을 추가하였다. 패러디라 하여 영리를 목적으로 공표되었는지 여부에 관계없이 항상 공정한 이용으로 인정되는 것은 아니다. 오로지 원작을 복제하되 유머러스하거나 아이러니컬한 의견을 덧붙인 것이라야 패러디로서 인정받을 수 있다. 이 요건은 패러디한 사람이 주장할 수 있는 것이 아니고, 객관적으로 원작에 어떤 의미와 가치가 있는 코멘트(valuable commentary)를 한 것이라야 한다.

♣ coffee break: 차용미술과 공정이용

차용이란 실제의 사물 혹은 기존 예술 작품의 소재를 자기 작품 안에 들여오는 행위이다. 기존의 작품을 이용하는 경우에는 저작권 침해여부가 문제된다. 최근 문제된 예에 Cariou v. Prince 사건이 있다. 이것은 프랑스 사진작가 Patrick Cariou가 자신의 사진

---

301) 강신하, "미국저작권법상 공정이용의 법리: 패러디에 관한 논의를 중심으로,"「인권과 정의」(Vol. 387), 2008.11, 59면.

Cariou 작품

Prince 작품

을 이용하여 작품을 제작한 Richard Prince를 상대로 2008년, 저작권침해를 이유로 소를 제기한 것이다. 제1심에서는 저작권침해를 인정하였지만[302] 항소심(제2항소법원)은 이를 파기하였다.[303] 그 이유는 Prince 작품 30점 중 25점은 공정이용에 해당할 만큼 Cariou 작품을 변형하였고, 나머지 5점은 항소심의 새로운 기준에 비추어 공정이용에 해당하는지 여부를 재심리하라는 것이었다. 원고가 상고허가를 신청하였지만 허가신청이 거부되었고, 분쟁은 지방법원으로 환송된 후 2014년 3월 화해로 종결되었다.[304]

(18) 번역 등에 의한 이용(법 36조)

자유사용이 허용된 학교교육목적 등에의 이용(법 25조), 비영리 공연 · 방송(법 29조) 또는 사적 이용을 위한 복제(법 30조) 또는 공정이용(법 35조의3)의 경우에는 그 저작물을 번역 · 편곡 또는 개작하여 이용할 수 있다.

재판절차 등에서의 복제(법 23조), 정치적 연설 등의 이용(법 24조), 시사보도를 위한 이용(법 26조), 시사적인 기사 및 논설의 복제 등(법 27조), 공표된 저작물의 인용(법 28조), 시험문제로서의 복제(법 32조), 시각장애인 등을 위한 복제(법 33조) 등 저작물을 자유이용 할 수 있는 경우에는 그 저작물을 번역하여 이용할 수 있다.

3. 저작권 제한과 출처명시

저작물을 자유이용 할 수 있는 경우라 하더라도 그 이용자는 그 저작물의 출처를 명시하여야 한다. 다만, 제26조, 제29조부터 제32조까지, 제34조 및 제35조의2의 경우에는 그러하지 아니하다(법 37조 1항). 출처의 명시는 저작물의 이용상황에

302) Cariou v. Prince, 784 F.Supp.2d 337 (SDNY 2011).

303) Cariou v. Prince, 714 F. 3d 694 (2d Cir. 2013).

304) 보다 자세한 것은, https://en.wikipedia.org/wiki/Cariou_v._Prince; http://www.artin-americamagazine.com/news-features/news/landmark-copyright-lawsuit-cariou-v-prince-is-settled/ 참조. 또 이상정, 「미술과 법」(제2판), 세창출판사, 2016, 400-403면 참조.

따라 합리적이라고 인정되는 방법으로 하여야 하며,[305] 저작자의 실명 또는 이명이 표시된 저작물인 경우에는 그 실명 또는 이명을 명시하여야 한다(법 37조 2항).

[판례] 대법원 2010.4.29.선고 2007도2202 판결

[1] 구 저작권법(2006.12.28. 법률 제8101호로 전부 개정되기 전의 것) 제34조의 입법 취지와 내용 및 그 밖에 저작자의 성명표시권에 관하여 규정한 같은 법 제12조 제2항에서도 "저작물을 이용하는 자는 그 저작자의 특별한 의사표시가 없는 때에는 저작자가 그의 실명 또는 이명을 표시한 바에 따라 이를 표시하여야 한다"고 규정하는 한편으로, "다만, 저작물의 성질, 그 이용목적 또는 형태 등에 비추어 부득이하다고 인정되는 경우에는 그러하지 아니하다"는 단서규정을 두고 있는 점 등에 비추어 보면, 같은 법 제34조 제2항에 규정된 "저작자의 실명 또는 이명을 명시하여야 한다"는 문언은 저작물의 출처를 명시하는 방법을 예시한 것에 불과할 뿐 어떠한 경우라도 예외 없이 저작자의 실명 또는 이명을 명시하여야 한다는 것은 아니라고 해석함이 상당하고, 저작자의 성명을 포함하여 저작물의 출처가 합리적이라고 인정되는 방법으로 명시되었는지 여부는 저작물의 종류, 성질, 그 이용의 목적 및 형태 등 저작물의 이용상황을 종합적으로 고려하여 판단하여야 한다.

[2] 갑 주식회사가 운영하는 대입 논술학원의 원장인 을이, 위 학원의 홍보용 책자에서 다른 유명 논술학원이 작성한 기출 논술고사 문제에 관한 해제 및 예시 답안을 이용하고 비판하면서 그 출처를 "A학원 모 교재"라고만 표시한 사안에서, 을이 위 해제가 자신의 저작물과 혼동 · 오인될 가능성을 배제했고, 을이 만든 책자가 홍보용이라는 성질상 과장되기 쉬워서 인용된 저작물 저작자의 실명 등을 구체적으로 특정할 경우 자칫 저작자의 명예 등의 권익을 손상할 우려도 전혀 없다고 단정할 수 없는 사정 등을 종합적으로 고려하여 볼 때, 출처명시의무를 위반하였다고 보기 어렵다.

문제는 출처명시의무를 위반한 것이 저작권침해로 되는지 여부이다. 부정하여야 할 것이다.[306]

---

305) 문화체육관광부장관은 법 제37조 제2항에 따른 저작물의 이용 상황에 따른 합리적인 출처 명시 방법에 관한 지침을 정하여 고시할 수 있다(시행령 17조).

306) 이해완, 「저작권법」(제3판), 750면; 오승종, 「저작권법」(제3판), 박영사, 637면. 판결로는 서울고법 2005.7.26.선고 2004나76598 판결.

4. 프로그램저작권에 적용제외

컴퓨터프로그램저작권에 대하여는 제23조 · 제25조 · 제30조 및 제32조를 적용하지 아니한다(법 제37조의2). 이들에 대해서는 별도로 제101조의3 규정을 두고 있다.

5. 저작재산권의 제한과 저작인격권

저작재산권을 제한하는 규정은 저작인격권에 영향을 미치는 것으로 해석되어서는 아니 된다(법 38조). 이 규정은 주의적 규정이다. 즉 저작재산권 제한에 관한 규정(법 2장 4절 2관)은 오로지 저작재산권만을 제한할 뿐이며, 저작인격권까지 제한하거나 또는 저작인격권이 영향을 받거나 하는 것은 아님을 주의적으로 규정한 것이다.

III. 저작물 이용의 법정허락

1. 개　설

저작권자의 허락을 받지 못한 경우라도 저작물의 이용이 공중입장에서 필요불가결한 경우에 적정한 대가(adequate remuneration)를 지급하거나 공탁하고 이를 이용케 할 수 있도록 한 제도가 법정허락 또는 강제허락제도(non-voluntary licences)이다. 강학상으로는 법에서 정한 사유가 있으면 저작권자와의 협의를 거치지 아니하고 소정의 보상금을 지급 또는 공탁하고 그대로 이용할 수 있는 경우를 법정허락(statutory licence)제도라고 하고, 저작권자에게 이용조건을 협상할 수 있도록 보장하고 그것이 잘 안 되는 경우에 소정의 보상금을 지급 또는 공탁함을 조건으로 저작물을 이용할 수 있는 경우를 강제허락(compulsory licence)제도라고 하나 우리 법은 이를 구별하지 아니하고 법정허락이라는 용어를 사용하고 있다.

법정허락은 법에서 정한 사유에 해당하면 일정한 요금(fee)을 권한 있는 기관이 지정한 단체에 지급 또는 공탁하고 저작물을 사용할 수 있는 제도로서 법으로부터 직접 사용권한이 부여되는 점에서 다음의 강제허락과 다르다.

강제허락은 저작권자나 그 대리인과 저작물 사용 희망자 사이에 저작물 사용 교섭이 결렬된 경우, 저작권자의 사용조건을 교섭할 권한을 박탈함이 없이, 권한 있는 행정 또는 사법기관이 보상금을 결정한다는 조건으로 저작권자의 저작물 사용허락을 강제하는 제도로서 반드시 저작권자 또는 그 대리인과 협상하되, 다만 법적 절차를 밟아 적정한 보상을 지급 또는 공탁하고 강제적으로 이용할 수 있는 점이 법정허락과 다르다. 이러한 강제허락제도는 실제로는 저작권자의 교섭력을 약화하는 결과가 된다는 비판이 있으나 새로운 기술의 발달로 새로운 문제 상황을 야기할 때마다 이를 해결하기 위한 부득이한 방법으로 채택되었다.[307]

2. 우리법상 법정허락제도

(1) 강제허락을 할 수 있는 경우

현행 저작권법은 저작재산권자 불명인 저작물의 이용(법 50조), 공표된 저작물의 방송(법 51조) 및 상업용 음반의 제작(법 52조)의 경우에 법정허락을 인정하고 있다.

1) **저작재산권자 불명인 저작물의 이용** ① 누구든지 대통령령이 정하는 기준에 해당하는 상당한 노력을[308] 기울였어도 공표된 저작물(외국인의 저작물을 제외한다)의 저작재산권자나 그의 거소를 알 수 없어 그 저작물의 이용허락을 받을 수 없는 경우에는 일정한 절차를 거쳐 문화체육관광부장관의 승인을 얻고, 문화체육관광부장관이 정한 보상금을 공탁하고 이를 이용할 수 있다(법 50조 1항).

② 저작물을 이용하는 자는 그 뜻과 승인연월일을 표시하여야 한다(법 50조 2항).

③ 법정허락된 저작물이 다시 법정허락의 대상이 되는 때에는 대통령령이 정하는 기준에 해당하는 상당한 노력의 절차를 생략할 수 있다. 다만, 그 저작물에 대한 법정허락의 승인 이전에 저작재산권자가 대통령령이 정하는 절차에 따라 이의를 제기하는 때에는 그러하지 아니하다(법 50조 3항).

---

307) 특허에 있어서 법정실시권 및 강제실시권과 마찬가지 취지로 인정되고 있는 제도로서 공공이익을 고려한 제도이다.

308) 상당한 노력의 기준에 대해서는 시행령 18조 참조.

④ 문화체육관광부장관은 대통령령이 정하는 바에 따라 법정허락 내용을 정보통신망에 게시하여야 한다(법 50조 4항).

2) **공표된 저작물의 방송** 공표된 저작물을 공익상 필요에 의하여 방송하고자 하는 방송사업자가 그 저작재산권자와 협의하였으나 협의가 성립되지 아니하는 경우에는 문화체육관광부장관의 승인을 얻고, 문화체육관광부장관이 정한 보상금을 당해 저작재산권자에게 지급하거나 공탁하고 이를 방송할 수 있다.

3) **상업용 음반의 제작** 상업용 음반이 우리나라에서 처음으로 판매되어 3년이 경과한 경우 그 음반에 녹음된 저작물을 녹음하여 다른 상업용 음반을 제작하고자 하는 자가 그 저작재산권자와 협의하였으나 협의가 성립되지 아니하는 때에는 문화체육관광부장관의 승인을 얻고, 문화체육관광부장관이 정한 보상금을 당해 저작재산권자에게 지급하거나 공탁하고 다른 상업용 음반을 제작할 수 있다(법 52조). 본조는 작가의 전속제에 의한 특정 음악회사 등의 음반제작에 따른 독점권을 배제함으로써 음악의 유통을 촉진하고 음악예술의 향상을 도모하기 위한 것이다.[309]

(2) 강제허락을 인정하지 아니하는 경우

다음의 경우에는 강제허락 승인신청을 기각한다. 기각하는 경우에는 그 사유를 명시하여 신청인과 저작재산권자에게 알려야 한다. 다만, 저작재산권자나 그의 거소를 알 수 없는 경우에는 신청인에게만 알린다(시행령 제22조).

1) 법 제50조부터 제52조까지의 규정에 따른 저작물 이용의 신청 요건을 갖추지 못한 경우

2) 저작물 이용의 승인 전에 저작재산권자나 그의 거소가 확인되었거나 협의가 성립된 경우

3) 저작재산권자가 저작물의 출판이나 그 밖의 이용에 제공되지 아니 하도록 저작물의 모든 복제물을 회수할 경우

4) 해당 저작물이 아니더라도 그 목적을 달성할 수 있다고 인정되거나 저작재산권자가 저작물의 이용을 허락할 수 없는 부득이한 사유가 있다고 인정될 경우

---

309) 허희성, 221면.

Ⅳ. 저작권의 시적 한계

1. 서 설

소유권의 항구성과는 달리 저작권은 일정한 시적 한계를 가지고 있다. 어떤 나라건 저작권법을 제정할 때에는 공공의 이익과 저작자의 이익을 조화시키려고 노력한다. 그 하나의 표현이 저작권의 시적 한계이다.

오늘날 일반적으로 저작자 생존 중 및 사후 50년까지 보호하는 것이 저작권 보호기간으로 되어 있고 베른협약이 채택하는 바이다. 이에 대해 UCC는 저작자 사후 25년으로 되어 있다. 저작권의 보호기간을 저작자의 생존과 연계시킨 것은 저작자나 그의 가족이 모두 저작재산권으로부터 일정한 이익을 받아야 하며, 또한 그의 가족은 저작자 사후 책임지고 또 저작자가 원했던 방법으로 저작자 인격권을 행사하여야 할 입장에 있다는 것이 그 이유이다.

베른협약은 대략 3세대(저작자, 아들, 손자)를 겨냥했고, UCC는 2세대의 보호로 그쳤다. 역사적으로 볼 때 1709년 영국 앤 여왕법은 저작물 출간 후 14년 동안 보호했으며, 이는 특허보호기간과 동일했다. 다만, 저작자가 14년 경과 후에도 살아있다면 다시 14년간을 연장할 수 있었다. 그 후 저작권 보호기간은 서서히 그리고 점차 많은 나라에서 연장되었다.

한편 국제적으로 저작권법이 발효되기 시작한 후 각국의 법은 저작권 보호기간을 서로 다르게 규정하였다. 그리하여 어느 정도 호혜성을 유지하는 한편 자국 저작자의 이익을 꾀할 수 있는 보호기간의 연장을 장려하기 위하여 보호기간 비교의 법칙이 확립되었다.[310)]

보호기간 비교의 법칙의 효과는 보호가 요구된 국가에서 외국인 저작물에 허여된 보호기간은 저작물의 본국에서 허여된 기간보다 장기일 수는 없다는 것이다. 이것은 베른협약이 확립한 내국민대우의 원칙에 대한 중대한 예외이다. 그 결과 저작자 사후 50년의 보호기간을 주는 국가(예, 일본)와 그것을 상회하는 기간을 주

---

310) 베른협약 제7조 제8항: 어떤 경우에도 보호기간은 보호가 요구되는 동맹국의 법령이 정하는 바에 의한다. 다만, 그 국가의 법령에 별단의 정함이 없는 한 보호기간은 저작물의 본국에서 정하여진 보호기간을 초과하는 것은 아니다.

는 국가, 예컨대 독일(사후 70년)과 사이에서, 전자의 저작물은 독일에서 70년의 국내보호기간이 아니고 저작자 사후 50년인 전자의 기간 동안만 보호를 받는다. 다만, 이 비교의 법칙은 강제적인 것이 아니다. 전술한 예에서 독일이 자국의 저작물을 보호하고 있는 기간(즉 70년)으로 일본의 저작물을 보호하는 것은 자유이다.

보호기간의 산정에 관해서는 사망시 기산주의와 공표시 기산주의가 있다. 사망시 기산주의가 원칙이나 저작자의 사망을 기준으로 하여 저작물의 보호기간을 기산할 수 없는 경우도 있다. 예컨대 무명 또는 가명(또는 필명)저작물로서 그 가명 또는 필명이 누구의 가명이나 필명인지 확실히 모르는 경우와 같은 경우이다. 만약 누구의 가명이나 필명인지 확실한 경우에는 사망시 기산주의를 취할 수 있음은 물론이다. 단체명의 저작물과 같은 경우도 저작자의 사망을 기준으로 기산하는 방법은 채택할 수 없다.

2. 보호기간의 원칙

우리 저작권법은 저작재산권은 저작물의 창작시를 시기로 하여(법 10조 2항 참조) 원칙적으로 저작자 생존중 및 저작자 사후(공동저작물의 저작재산권은 맨 마지막으로 사망한 저작자의 사망 후) 70년간 존속한다고 규정한다(법 39조 참조). 보호기간의 계산방법에 대해서는 저작자가 사망한 다음 해부터 기산한다고 규정하고 있다(법 44조 참조). 예컨대 1997년 5월 5일에 사망·창작·공표의 사실이 있었다 하더라도 저작재산권의 보호기간은 1998년 1월 1일부터 기산한다.

3. 보호기간의 특례

(1) 무명 또는 이명저작물 등의 보호기간(법 40조)

무명 또는 널리 알려지지 아니한 이명이 표시된 저작물의 저작재산권은 공표된 때부터 70년간 존속하되 그 기간 내에 i) 저작자의 실명 또는 널리 알려진 이명이 밝혀진 경우나, ii) 저작자의 실명등록이 있는 경우에는 저작자 사후 70년간 존속한다. 다만, 이 기간 내에 저작자가 사망한 지 70년이 경과하였다고 인정할 만한 정당한 사유가 발생한 경우에는 그 저작재산권은 저작자 사망 후 70년이 경과하였다고 인정되는 때에 소멸한 것으로 본다.

(2) 업무상 저작물 및 영상저작물의 보호기간(법 41조, 42조)

업무상 저작물의 저작재산권은 공표한 때부터 70년간 존속한다. 다만, 창작한 때부터 50년 이내에 공표되지 아니한 경우에는 창작한 때부터 70년간 존속한다.

(3) 계속적 간행물 등의 공표시기(법 43조)

신문·잡지와 같은 정기간행물이나 백과사전과 같은 축차간행물의 공표시기는 매책·매호 또는 매회의 공표시를 공표시기로 보며, 수회에 걸쳐 동일 주제에 관한 논문을 발표하는 경우와 같이 일부분씩 순차적으로 공표하여 완성하는 저작물에 있어서는 최종부분이 공표된 때를 공표시기로 보되, 계속되어야 할 부분이 3년 이상 중단된 경우에는 그때까지 공표된 부분 중 맨 뒤의 부분이 공표된 때를 공표시기로 본다.

◈ 2013년 7월 1일 이후의 저작재산권 존속기간

개정 저작권법 부칙 제2조는 "이 법 시행 전에 종전의 규정에 따라 저작권, 그 밖에 이 법에 따라 보호되는 권리의 전부 또는 일부가 소멸하였거나 보호를 받지 못한 저작물 등에 대하여는 그 부분에 대하여 이 법을 적용하지 아니한다"고 규정한다. 따라서 2013년 7월 1일 현재 유효한 저작재산권은 저작자 사후 70년간 존속한다. 예컨대 1962년 사망한 저작자의 저작물은 2012년 12월 31일 소멸하므로 이 법 시행일 당시 소멸한 저작물로서 더 이상 권리보호를 받지 못한다. 그러나 1963년 사망한 자의 저작물은 종전 법대로라면 2013년 12월 31일 종료하나 이 법 시행으로 20년 연장되어 2033년 12월 31일까지 존속하게 된다. 결국 1963년 사망한 저작자부터는 이 법에 의해 사후 70년간의 보호를 받게 된다.

4. 기타의 소멸 원인

저작재산권은 그 보호기간이 만료하면 소멸한다. 그밖에 저작권법은 문화자산으로서의 저작물의 특수성에 비추어 i) 저작재산권자가 상속인이 없이 사망한 경우에 그 권리가 민법 기타의 법률의 규정에 의하여 국가에 귀속되는 경우, ii) 저작재산권자인 법인 또는 단체가 해산되어 그 권리가 민법 기타의 법률의 규정에 의하여 국가에 귀속되는 경우에는 저작재산권은 소멸한다(법 49조).

| 제8절 | 저작인접권

Ⅰ. 서 언

음악이나 연극과 같이 문학적 · 예술적 저작물은 창작자 이외에도 이를 실연하고 녹음 · 방송 등 저작물의 전달에 기여하는 자가 관여하여 이들은 필요불가결한 동반관계를 유지한다. 실로 "실연자는 작곡이나 연극저작물의 운명을 결정하고, 녹음회사는 금방 사라져 버릴 감동을 영원하게 해주며, 방송기관은 거리의 장애를 없애준다."

이렇듯 저작물 창작자의 권리와는 성격이 다르지만 창작자의 이웃에 있는—인접해 있는—이들 보조자들에게도 정당한 이익을 보장해 줄 필요가 있다.

저작인접권(neighbouring rights)이란 이와 같이 저작권에 인접하는(이웃하는) 권리(certain rights called neighbouring on copyrights)라는 의미에서 붙여진 명칭이며, 실연자가 갖는 복제 · 방송 등의 각 독점권과 보상금청구권, 음반제작자가 갖는 복제 · 배포권 등 및 방송사업자 등에 대한 보상청구권, 그리고 방송사업자의 복제 및 동시중계방송권이 그것이다.

한편 이들 3자가 저작인접권으로 보호되기는 하지만 실연자의 권리는 특히 복제기술의 발달에 수반하는 실연자의 기술적 실업을 구제한다고 하는 생활보장적 목적이 강한 데 비해[311] 음반제작자 및 방송사업자의 권리는 주로 독점적 이익의 확보에 의한 기업유지라고 하는 측면이 강조되고 있다.

---

311) "그러나 오늘날의 상황에서는 실연가의 보호의 근거가 기계적 실업대책이라고는 하지 않을 것이다. 실제로 방송으로 음악을 유포시키면 음반의 매출이 증가하여 실연가에게 이익이 된다. … 즉, 실연가의 저작인접권제도는 오늘날은 기계적 실업대책이라기보다는 방송이나 음반에서의 실연의 이용으로부터 생긴 이익의 일부를 실연가와 방송사업자 · 음반제작자와의 사이에 분배할 수 있다는 점에서 의미가 있다고 생각해야 할 것이다."(中山信弘 저/윤선희 편역, 「저작권법」, 377면).

II. 저작인접권의 주체와 객체

1. 주 체

저작인접권의 주체는 실연자, 음반제작자, 방송사업자이다. 실연자란 배우, 무용가, 가수 등 실연을 하는 자 및 실연을 지휘·연출 또는 감독하는 자를 말하며, 음반제작자란 음을 음반에 고정하는 데 있어 전체적으로 기획하고 책임을 지는 자를 말한다. 또 방송사업자란 방송을 업으로 하는 자를 말한다. 2011년 개정법은 저작자추정 등과 마찬가지 취지에서 실연자 등의 추정규정을 두고 있다(법 64조의2). 즉 "이 법에 따라 보호되는 실연·음반·방송과 관련하여 실연자, 음반제작자 또는 방송사업자로서의 실명 또는 널리 알려진 이명이 일반적인 방법으로 표시된 자는 실연자, 음반제작자 또는 방송사업자로서 그 실연·음반·방송에 대하여 각각 실연자의 권리, 음반제작자의 권리 또는 방송사업자의 권리를 가지는 것으로 추정한다"는 것이 그것이다.

2. 객 체

저작인접권의 보호의 객체는 실연·음반 및 방송이다. 다만 저작권법 제64조 제1항에 따라 보호되는 외국인의 실연·음반 및 방송이라도 그 외국에서 보호기간이 만료된 경우에는 이 법에 따른 보호기간을 인정하지 아니한다(법 64조 2항).

(1) 실 연

실연이란 저작물을 연기·무용·연주·가창·구연·낭독 그 밖의 예능적 방법으로 표현하는 것을 말하며, 저작물이 아닌 것을 이와 유사한 방법으로 표현하는 것을 포함한다(예컨대 쇼, 마술, 요술, 곡예, 만담, 흉내내기 등).[312] 이러한 실연이

---

312) 통상 스포츠 경기는 저작권법의 보호대상이 되는 실연이라고 할 수 없으나, 스포츠라 하더라도 리듬체조나 피겨스케이팅 또는 싱크로나이즈드 스위밍 등은 그것이 저작권법상의 실연에 해당하는지에 대해 논란이 있을 수 있다. 긍정하는 견해, 즉 "리듬체조 등은 비록 그것이 스포츠의 한 종목이기는 하지만 여기에는 예술적으로 창작되는 안무가 있고 이를 예

우리 저작권법의 보호를 받기 위해서는 다음의 어느 것인가에 해당하여야 한다(법 64조 1항 1호).

1) 대한민국 국민(대한민국 법률에 의하여 설립된 법인 및 대한민국 내에 주된 사무소가 있는 외국법인을 포함한다. 이하 같다)이 행하는 실연

2) 대한민국이 가입 또는 체결한 조약에 따라 보호되는 실연

3) 우리 저작권법상 저작인접권으로 보호되는 음반에 고정된 실연

4) 우리 저작권법상 저작인접권으로 보호되는 방송에 의하여 송신되는 실연(송신 전에 녹음 또는 녹화되어 있는 실연을 제외한다)

(2) 음 반

음반이란 음이 유형물에 고정된 것(음을 디지털화한 것을 포함한다)을 말한다(법 2조 5호). 그것이 아날로그 형태이든 디지털 형태이든 묻지 아니한다.[313] 다만 음이 영상과 함께 고정된 것을 제외한다. 이러한 음반이 우리 저작권법상 보호를 받기 위해서는 다음의 어느 것인가에 해당하여야 한다.

1) 대한민국 국민을 음반제작자로 하는 음반

2) 음이 맨 처음 대한민국 내에서 고정된 음반

능적 방법으로 표현하는 것이라고 할 수 있으므로 적극적으로 해석하는 것이 바람직하다"는 견해[임원선, 「실무자를 위한 저작권법」(제4판), 323면]가 있는가 하면, "이를 스포츠가 아니라 '쇼'로서 수행할 경우에는 실연에 해당하는 것으로 볼 수 있다. 즉, 같은 행위라도 공연하는 자가 누구인지, 어떤 목적을 가지고 하는지에 따라서 실연으로 볼 수도 있고 그렇지 않을 수도 있다"는 전제에서 "실연이 되려면 단순한 스포츠가 아니라 예술적이거나 아니면 오락적인 성격이 주가 되는 경우이어야 한다고 할 수 있다"는 견해[이해완, 「저작권법」(제3판), 837-838면]가 있다. 실연인지 여부는 '예능적인 방법으로 표현'된 것인지 여부이지 그것을 누가, 어떤 목적으로 했는지는 요건이 아니라고 본다. 전자의 견해에 찬성한다. 또 하나의 문제는 최근 음반제작환경의 변화로 이른바 '컴퓨터 음악'이 기존의 스튜디오에서 녹음하던 연주자의 역할을 대체하는 비중이 커지고 있다는 것이다. 그 경우에 컴퓨터음악의 연주자를 실연자로 인정할 수 있느냐가 문제된다. 어려운 문제이기는 하나 부정하여야 할 것이다. 법에서 말하는 '예능적 방법으로 표현'하는 것은 인간이어야지 기계이어서는 안 된다. 예능이란 예술과 기능이고 그러한 기능이나 기량은 인간의 재능과 노력을 통해 도달하여야 한다. 이를 긍정하는 경우는 이른바 기계적 실업을 구제하겠다고 인정된 실연자의 권리를 정면에서 부정하는 것이다. 컴퓨터 조작을 통한 저작물의 창작은 가능할지언정 그 조작자를 실연자로 인정할 수는 없다고 본다.

313) 음을 고정시킨 컴퓨터 메모리칩도 음반에 해당한다(서울민사지법 1995.6.23.선고 93가합47184 판결).

3) 대한민국이 가입 또는 체결한 조약에 따라 보호되는 음반으로서 체약국 내에서 최초로 고정된 음반

4) 대한민국이 가입 또는 체결한 조약에 따라 보호되는 음반으로서 체약국의 국민(당해 체약국의 법률에 따라 설립된 법인 및 당해 체약국 내에 주된 사무소가 있는 법인을 포함한다)을 음반제작자로 하는 음반

(3) 방　송

방송이란 공중송신 중 공중이 동시에 수신하게 할 목적으로 음·영상 또는 음과 영상 등을 송신하는 것을 말한다. 이러한 방송이 우리 저작권법상의 보호를 받기 위해서는 다음의 어느 것인가에 해당하여야 한다.

1) 대한민국 국민인 방송사업자의 방송

2) 대한민국 내에 있는 방송설비로부터 행하여지는 방송

3) 대한민국이 가입 또는 체결한 조약에 따라 보호되는 방송으로서 체약국의 국민인 방송사업자가 당해 체약국 내에 있는 방송설비로부터 행하는 방송

Ⅲ. 저작인접권의 내용

1. 실연자의 권리

실연자도 인격적 권리와 재산적 권리 모두를 가지고 있다. 인격권 규정은 세계지적재산권기구 실연음반조약(WPPT)에의 가입을 전제로 2006년 개정에서 도입되었다. 다만 개정법은 WPPT와는 달리 청각 실연자에 한정하지 않고 모든 실연자에게 성명표시권과 동일성 유지권을 부여하였다. 이것은 청각 실연자와 시각 실연자를 굳이 차별할 필요가 없으며 독일, 일본, 프랑스 등도 이미 시청각을 불문하고 이를 인정하고 있는 점을 감안한 것이라고 할 수 있다.[314] 이하 차례로 살펴본다.

314) 심동섭, "개정 저작권법 해설," 「계간저작권」(제76호), 2006.12, 55면.

(1) 실연자의 인격권

실연자는 저작자와 달리 공표권은 인정되지 아니하며, 성명표시권과 동일성 유지권만 인정된다.

1) **성명표시권** ① 실연자는 그의 실연 또는 실연의 복제물에 그의 실명 또는 이명을 표시할 권리를 가진다(법 66조 1항). 실연자 인격권이 인정되기 전에도 가수와 같은 주실연자에 대해서는 "가령 그것을 표시하기로 하는 명시적인 약정이 없었다 하더라도 가수는 음악저작물을 음성으로 표현하여 일반대중에게 전달하는 사람으로서, 실제로 노래를 부른 가수의 이름을 표시하는 것이 음반업계의 관행이고, 특히 대중가요에 있어서는 일반대중이 어떤 노래를 그 가수의 이름과 함께 기억하는 것이 현실이므로, … 다른 약정이 없는 한 가수인 신청인의 성명을 표시해야 한다"고 보았으므로[315] 주실연자에 대해서는 법이 인격권을 인정하느냐 여부와 관계없이 실무관행이 크게 바뀔 것은 없다. 문제는 연주자와 같은 부실연자에 관한 것이고, 이제 이들의 성명을 표시하지 않는 것은 다음의 '실연의 성질이나 그 이용의 목적 및 형태 등에 비추어 부득이하다고 인정되는 경우'가 아닌 한 성명표시권 침해로 된다.

② 실연을 이용하는 자는 그 실연자의 특별한 의사표시가 없는 때에는 실연자가 그의 실명 또는 이명을 표시한 바에 따라 이를 표시하여야 한다. 다만, 실연의 성질이나 그 이용의 목적 및 형태 등에 비추어 부득이하다고 인정되는 경우에는 그러하지 아니하다(법 66조 2항). 예컨대 전쟁영화에 등장하는 수많은 액스트라의 이름을 일일이 다 표시할 수는 없을 것이다.[316] 그런 의미에서 법규정의 취지와 그 사이의 실무관행을 고려하여 시행령 등에서 장르별로 표시기준을 정하는 것도 고려해 볼 필요가 있다.

2) **동일성유지권** 실연자는 그의 실연의 내용과 형식의 동일성을 유지할 권리를 가진다. 다만, 실연의 성질이나 그 이용의 목적 및 형태 등에 비추어 부득이하다고 인정되는 경우에는 그러하지 아니한다(법 67조).

종래 실연자 실연의 변경이라는 것은 생각하기 힘들었으나 최근 디지털 기기를 사용하여 인위적으로 가수의 실연 중 일부 음의 높낮이의 변경, 배우의 연기나

---

315) 「카테일사랑」 사건(서울민사지법 1995.1.18.고지 94카합9052 결정).

316) 사실 이러한 경우라면 이들이 실연자인지 여부도 의심스럽다.

표정 변경을 시키는 경우가 용이하게 되었고, 이에 따라 동일성유지권을 인정할 필요가 생겼다. 다만 이러한 실연자의 인격권을 완전하게 행사할 경우 나타나는 부작용을 고려하여 실연의 성질이나 그 이용의 목적 및 형태 등에 비추어 부득이 하다고 인정되는 경우에는 이를 제한할 수 있도록 하였다.

3) 실연자의 인격권의 일신전속성 실연자의 인격권은 실연자 일신에 전속한다(법 68조).

(2) 재산적 권리

1) 복 제 권 실연자는 그의 실연을 복제할 권리를 가진다(법 69조). 실연자가 가지는 이 권리는 본인 스스로의 실연에만 미치고, 그 실연과 유사한 실연이 다른 사람에 의하여 행하여지고 또한 복제된 것에는 미치지 않는 점에서 저작권과는 구별된다.[317]

한편, 실연자가 일단 영상저작물에 출연하여 실연이 당해 영상저작물 중에 녹음·녹화되어 버린 경우는 그 영상저작물의 이용에 관해서는 특약이 없는 한 복제권을 주장할 수 없다(법 100조 3항 참조).

2) 배포권 및 대여권 실연자는 그의 실연의 복제물을 배포할 권리를 가진다(법 70조). 다만, 실연의 복제물이 실연자의 허락을 받아 판매 등의 방법으로 거래에 제공된 경우에는 그러하지 아니하다(법 70조 단서). 법 제70조 단서는 이른바 최초판매의 원칙을 선언한 것이다. 그러나 이러한 최초판매의 원칙에도 불구하고 실연자는 그의 실연이 녹음된 상업용 음반을 영리를 목적으로 대여할 권리를 가진다(법 71조). 다만, 1996년 7월 1일 이전에 개정법에 의하여 회복된 저작물 등이 고정된 판매용 음반을 취득한 경우에는 대여권의 제한을 받지 아니한다(1995년 12월 6일 부칙 4조 4항 참조).

3) 공 연 권 실연자는 그의 고정되지 아니한 실연을 공연할 권리를 가진다. 다만, 그 실연이 방송되는 실연인 경우에는 그러하지 아니하다. 즉 2006년법은 실연자의 생실연(生實演, Live 공연)에 대해 공연권을 신설하였다. 이것은 오늘날 생실연을 확성기나 멀티비전 등을 통하여 실연 장소 이외의 지역에 있는 공중

---

317) '머피의 법칙' 사건(서울지법 1997.2.20.선고 96가단188973 판결); '리메이크'사건(서울중앙지방법원 2010.4.9.선고 2009가합66124 판결).

에게 실시간으로 제공하는 행위(예컨대 세종문화회관에서 유명가수의 라이브 공연을 회관 밖에서 멀티비전을 통해 볼 수 있도록 하는 경우 등)에 대하여 새롭게 권리를 부여하여야 할 필요가 생겼고, 이에 따라 生實演에 대한 공연권을 새로이 부여하였다.[318]

4) **실연방송권** 실연자는 그의 실연을 방송할 권리를 가진다(법 73조). 다만, 실연자의 허락을 받아 녹음된 실연에 대하여는 그러하지 아니하다. 따라서 실연자는 재방송에 대하여는 허락여부를 결정할 권리는 없다. 다만, 이 경우에 보상을 청구할 수 있느냐에 관하여는 견해가 나누이나,[319] 보상하는 것이 타당하다고 본다. 원래 이 부분은 이른바 원 찬스(one chance) 주의[320]에 기초하여 입법한 것으로 보이므로 보상도 할 필요가 없다고도 볼 수 있으나 음반의 2차사용료 청구권과의 균형상 보상을 인정하는 것이 타당하다고 본다.[321] 또 영상저작물의 경우에 특례가 있는 것은 복제권의 경우와 같다(법 100조 3항 참조).

5) **전송권** 실연자는 그의 실연을 전송할 권리를 가진다(법 74조).

6) **음반의 2차사용료 청구권** 음반이란 통상 개인용 또는 가정용으로 사용될 것을 예상하고 판매되고 있다. 그러므로 방송사업자 등이 이들 음반을 영업용으로 사용하는 것은 이 전제를 뛰어 넘은 '2차적 사용'이라고 할 수 있다.

이렇게 음반에 실린 실연이 공연·방송과 같이 2차적으로 사용되면 실연자는 생연주 등의 기회를 상실할 우려도 크므로 방송사업자 등이 실연이 녹음된 판매용음반을 사용하여 송신이나 공연하는 경우에는 그 실연자에게 상당한 보상을

---

318) 심동섭, "개정 저작권법 해설," 「계간저작권」(제76호), 2006.12, 56면.

319) 긍정: 황적인 외, 361면; 하용득, 279면. 반대: 허희성, 286면.

320) 로마협약상의 인접권은 실연, 음반 및 방송 등이 이용목적에 따라 권리행사의 기회를 한번만 부여하는 것이므로 이를 "one chance system"이라고 하며, 이러한 '원 찬스 시스템'이란 용어를 처음으로 사용한 사람은 1969년 당시 일본문화청의 저작권 과장 加戶守行 씨라고 한다. 加戶守行 씨는 당시 일본 저작권법 전면 개정을 위한 국회심사시에 '인접권 협약상 최저한의 보호'란 너무 추상적인 것이므로 좀 구체적인 설명을 하라는 국회의원의 질의에 대하여 간단하게 말한다면 '원 찬스 시스템'이라고 답했다고 한다. 그 이래 加戶守行 씨를 비롯 많은 일본 학자들은 이 용어를 사용하고 있다. 이렇듯 원 찬스 주의는 어느 이용에 대해서 허락을 해준 경우[특정 기회(찬스)에 권리행사한 경우]에는 그것에 수반해서 일정한 다른 이용에 대한 허락권은 잃는다라고 하는 입장이며, 일종의 권리소진, 허락의제라고 생각된다[半田正夫 외, 著作權法 콤멘탈(3), 勁草書房, 2009, 12면].

321) 이 조항의 모델이 되었다고 보이는 일본저작권법 제94조는 보상을 하도록 규정하고 있다.

하도록 규정하고 있다(법 75조 1항, 76조 1항, 76조의2 제1항).

다만, 실연자가 외국인인 경우에 그 외국에서 대한민국 국민인 실연자에게 이들 항의 규정에 의한 보상금을 인정하지 아니하는 때에는 그러하지 아니하다.[322] 또 이러한 2차적 사용료는 개개의 실연자가 청구할 수는 없으며 대한민국 내에서 실연을 업으로 하는 자로 구성된 단체로서 문화체육관광부장관이 지정하는 단체만이 보상을 청구할 수 있다(법 75조 2항, 76조 2항, 76조의2 제2항, 25조 5항).[323]

이러한 단체는 그 구성원이 아닐지라도 보상을 받을 권리를 가진 자로부터 신청이 있을 때에는 그 자를 위하여 그 권리행사를 거부할 수 없으며, 이 경우에 그 단체는 자기의 명의로 그 권리에 관한 재판상 또는 재판 외의 행위를 할 권한을 가진다(법 75조 2항, 76조 2항, 76조의2 제2항, 25조 6항). 또 단체가 보상권리자를 위하여 청구할 수 있는 보상금의 금액은 매년 그 단체와 방송사업자가 협의하여 정하며(법 75조 3항, 76조의2 제2항), 협의가 성립되지 아니하는 경우에 그 단체 또는 방송사업자는 대통령령으로 정하는 바에 따라 저작권법 제112조에 따른 한국저작권위원회에 조정을 신청할 수 있다(법 75조 4항, 76조의2 제2항).[324]

7) **디지털음성송신사업자에 관한 특례** 디지털음성송신사업자가 실연이 녹음된 음반을 사용하여 송신하는 경우에는 상당한 보상금을 그 실연자에게 지급하여야 한다(법 76조). 또 외국인 실연자의 방송보상청구권은 상호주의에 따라 인정하도록 하였으나 디지털음성송신은 인터넷을 기반으로 하고 국경을 초월하여 송신된다는 점을 감안하여 상호주의 적용을 배제하고 내외국인을 불문하고 보상하도록 하였다. 보상청구권은 지정단체가 일괄하여 수령하며, 보상금의 금액은 매년 지정단체와 디지털음성송신사업자가 대통령령이 정하는 기간[325] 내에 협의하여 정하되, 협의가 성립되지 아니한 경우에는 문화체육관광부장관이 정하여 고시하는 금액을 지급한다(법 76조 4항). 문제는 문화체육관광부장관의 고시가 없는 경우에 그 고시의 처분에 관하여 행정소송을 제기하여 다투어야 하는지, 아니면

---

322) 디지털송신사업자의 경우는 방송사업자와 달리 외국인에게도 보상을 하도록 하고 있다[후술 7) 참조].

323) 현재는 '사단법인 한국음악실연자단체연합회'가 지정단체로 되어 있다.

324) 다만 디지털음성송신사업자의 실연자에 대한 보상에 대한 협의가 성립하지 아니하는 경우에는 문화체육관광부장관이 정하여 고시하는 금액을 지급한다[후술 7) 참조].

325) 시행령 제39조(실연자에 대한 디지털음성송신보상금 관련 협의 기간) 법 제76조 제3항에서 "대통령령이 정하는 기간"이란 매년 1월 1일부터 6월 30일까지의 기간을 말한다.

바로 민사소송으로 보상금 지급을 청구할 수 있는지 여부이다. 법원은 "민사소송으로 직접 정당한 액수의 보상금 지급을 구할 수 있고, 법원은 제반 사정을 고려하여 그 정당한 보상금을 정할 수 있다"고 한다.[326)]

8) 상업용 음반의 공연에 대한 보상청구권 실연이 녹음된 상업용 음반을 사용하여 공연을 하는 자는 상당한 보상금을 해당 실연자에게 지급하여야 한다. 다만, 실연자가 외국인인 경우에 그 외국에서 대한민국 국민인 실연자에게 이 항의 규정에 따른 보상금을 인정하지 아니하는 때에는 그러하지 아니하다(법 76조의2). 본조의 '상업용 음반'에는 시판용 음반에 국한되지 아니하고 '디지털 음원'도 포함되며, '사용'에는 판매용 음반을 직접 재생하는 직접사용뿐만 아니라 판매용 음반을 스트리밍 등의 방식을 통하여 재생하는 간접사용도 포함된다는 것이 '현대백화점' 사건에서의 법원의 판결이다.[327)]

9) 공동실연자의 권리행사의 특칙(법 77조) ① 2인 이상이 공동으로 합창·합주 또는 연극 등을 실연하는 경우에 있어서 실연자의 권리(실연자의 인격권은 제외한다)는 공동으로 실연하는 자가 선출하는 대표자가 이를 행사한다. 다만, 대표자의 선출이 없는 경우에는 지휘자 또는 연출자 등이 이를 행사한다.

② 실연자가 권리를 행사하는 경우에 독창 또는 독주가 함께 실연된 때에는 독창자 또는 독주자의 동의를 얻어야 한다.

③ 저작권법 제15조(공동저작물의 저작인격권)의 규정은 공동실연자의 인격권 행사에 관하여 준용한다.

2. 음반제작자의 권리

"음반제작자"는 음반을 최초로 제작하는 데 있어 전체적으로 기획하고 책임을 지는 자를 말한다(법 2조 6호). 만약 가수가 음반에 수록될 곡을 직접 선정하고 스스로 비용을 지출하여 녹음 작업 및 편집 과정을 거쳐 음반의 마스터테이프를 제작한 경우라면 음반제작자는 각 곡의 음원을 유형물인 음반에 고정하는 주된 작업을 직접 담당한 가수라고 할 것이다.[328)] 또한 음이 영상과 함께 고정되어 있

---

326) '현대백화점' 사건(서울고법 2013.11.28.선고 2013나200745 판결).

327) 대법원 2015.12.10.선고 2013다219616 판결.

328) '故 김광석' 사건(서울중앙지법 2006.10.10.선고 2003가합66177 판결).

는 것은 음반의 개념에서 제외되지만, 영상에서 음을 분리하여 음반을 따로 만들었을 경우(이른바 OST음반)에는, 그 분리 이전의 영상물에 현실의 생음을 고정하는 과정에서 기획과 책임을 진 영상제작자에게 음반제작자의 지위가 귀속되며,[329] 라디오 방송물의 고정물도 음반이므로 그것을 최초로 녹음한 방송사업자도 음반제작자로 된다.[330]

음반제작자는 다음과 같은 권리를 가지고 있다.

(1) 복 제 권

음반제작자는 그 음반을 복제할 권리를 가진다(법 78조).

(2) 배포권 및 대여권

음반제작자는 그의 음반을 배포할 권리를 가진다(법 79조). 다만, 음반의 복제물이 음반제작자의 허락을 받아 판매 등의 방법으로 거래에 제공된 경우에는 그러하지 아니하다. 최초판매의 원칙의 선언이며, 이 원칙에 대한 예외로서 대여권을 인정한다(법 80조). 다만, 1996년 7월 1일 전에 개정법에 의하여 회복된 저작물 등이 고정된 상업용 음반을 취득한 경우에는 대여권의 제한을 받지 아니한다.

(3) 전 송 권

음반제작자는 그의 음반을 전송할 권리를 가진다(법 81조).

(4) 음반의 2차적 사용자에 대한 보상청구권

1) 방송사업자 방송사업자가 상업용 음반을 사용하여 방송하는 경우에는 그 음반제작자에게 상당한 보상을 하여야 한다(법 82조 1항). 다만, 음반제작자가 외국인인 경우에 그 외국에서 대한민국 국민인 음반제작자에게 보상금을 인정하지 아니하는 때에는 그러하지 아니하다.

또 이러한 2차적 사용료는 개개의 음반제작자가 청구할 수는 없으며 대한민국 내에서 음반제작을 업으로 하는 자로 구성된 단체로서 문화체육관광부장관이

---

329) 장인숙, 「저작권법원론」, 186면; 이해완, 「저작권법」(제3판), 866면.
330) 허희성, 「2011 신저작권 축조개설」, 명문프리컴, 2011, 443면; 이해완, 위의 책, 866면.

지정하는 단체만이 보상을 청구할 수 있다(법 82조 2항, 25조 5항).[331]

이러한 단체는 그 구성원이 아닐지라도 보상을 받을 권리를 가진 자로부터 신청이 있을 때에는 그 자를 위하여 그 권리행사를 거부할 수 없으며, 이 경우에 그 단체는 자기의 명의로 그 권리에 관한 재판상 또는 재판 외의 행위를 할 권한을 가진다(법 82조 2항, 25조 6항).

2) **디지털음성송신사업자** 디지털음성송신사업자가 음반을 사용하여 송신하는 경우에는 상당한 보상금을 그 음반제작자에게 지급하여야 한다(법 83조 1항).

저작권법 제25조 제5항 내지 제9항 및 제76조 제3항 · 제4항의 규정은 디지털음성송신사업자의 음반제작자에 대한 보상금의 지급 및 금액 등에 관하여 준용한다(법 83조 2항).

3) **상업용 음반을 사용하여 공연하는 자** 상업용 음반을 사용하여 공연을 하는 자는 상당한 보상금을 해당 음반제작자에게 지급하여야 한다. 다만, 음반제작자가 외국인인 경우에 그 외국에서 대한민국 국민인 음반제작자에게 보상금을 인정하지 아니하는 때에는 그러하지 아니하다(법 83조의2 제1항). 또 저작권법 제25조 제5항부터 제9항까지 및 제76조 제3항 · 제4항은 제1항에 따른 보상금의 지급 및 금액 등에 관하여 준용한다(법 83조 제2항).

3. 방송사업자의 권리

방송사업자는 그의 방송을 복제할 권리를 가지며(법 84조), 그의 방송을 동시중계방송할 권리를 가진다(법 85조). 방송사업자는 공중의 접근이 가능한 장소에서 방송의 시청과 관련하여 입장료를 받는 경우에 그 방송을 공연할 권리를 가진다(법 85조의2).

[판례] '유선방송 재송신' 사건(서울고등법원 2011.7.20.선고 2010나97688 판결)

사실관계: 피고들인 종합유선방송사업자가 지상파 방송사업자들이 송신탑을 통해 공중에 송출하는 디지털지상파방송의 방송신호를 피고들이 설치한 안테나 등으로 수신한 후, 실시간으로 방송신호를 직접 또는 디지털 유선방송용 셋톱박스(Set-top Box)를 거쳐 자신들의 방송 권역에 있는 수신자가 보유한 텔레비전에 재송신하자 지상파 방

331) 현재는 '사단법인 한국음원제작자협회'가 지정단체로 되어 있다.

송사업자들은 자신들의 동시중계방송권을 침해하는 행위로서 피고들의 동시재송신 금지를 구하였다. 피고들은 자신들의 동시재송신 행위는 방송법에 의해 허용되었고, 수신자들의 정당한 수신행위를 보조하는 '수신보조행위'에 불과하여 원고들의 저작인접권을 침해하지 않는다고 항변하였다.

법원의 판단: 피고들이 근거로 삼는 방송법 제78조는 그 문언대로 교육방송 등 특정 지상파방송에 대하여 유선종합방송사업자 등의 재송신 의무를 규정하고 이 경우에만 저작권법상 동시중계방송권 침해 책임을 면제한다는 의미에 해당하는 것이지, 나머지 지상파방송의 동시재송신의 적법여부는 방송법이 아닌 저작권법의 적용을 받는다고 하였다.

또한 피고들의 방송수신 보조행위 주장에 대하여, 피고들은 가입자를 상대로 일정한 이용료를 지급받으며, 지상파 방송만의 재전송을 위한 상품은 마련하지 않은 사실 등 지상파 재송신을 통해 상당한 경제적 이익을 얻고 있는 사실 등을 고려할 때 사회통념상 단순히 수신의 영역에 머무르면서 가입자인 수신자의 수신을 보조하는 행위에 불과하다고 볼 수는 없다.

Ⅳ. 보호기간

1. 권리 발생

저작인접권은 다음 경우에 해당하는 때부터 발생하며, 어떠한 절차나 형식의 이행을 필요로 하지 아니한다(법 86조 1항).

1) 실연에 있어서는 그 실연을 한 때

2) 음반에 있어서는 그 음을 맨 처음 그 음반에 고정한 때

3) 방송에 있어서는 그 방송을 한 때

2. 보호기간

저작인접권은 다음 각 호의 어느 하나에 해당하는 때의 다음 해부터 기산하여 70년(방송의 경우에는 50년)간 존속한다(법 86조 2항).

1. 실연의 경우에는 그 실연을 한 때. 다만, 실연을 한 때부터 50년 이내에 실

연이 고정된 음반이 발행된 경우에는 음반을 발행한 때

2. 음반의 경우에는 그 음반을 발행한 때. 다만, 음을 음반에 맨 처음 고정한 때의 다음 해부터 기산하여 50년이 경과한 때까지 음반을 발행하지 아니한 경우에는 음을 음반에 맨 처음 고정한 때

3. 방송의 경우에는 그 방송을 한 때

한편 1987년법 시행일 이전에 공표된 연주 · 가창 · 연출 · 음반 또는 녹음필름 등은 구법(저작자 사망 후 30년)에 의한다(법 부칙 2조 2항 1호).

또한 2011년 제2차 개정법은 부칙 제4조에서 저작인접권 보호기간의 특례를 규정하고 있다. 즉 ① 1987년 7월 1일부터 1994년 6월 30일 사이에 발생한 저작인접권은 그 발생한 때의 다음 해부터 기산하여 50년간 존속하며, ② 1987년 7월 1일부터 1994년 6월 30일 사이에 발생한 저작인접권 중 이미 보호기간 20년이 경과되어 소멸된 저작인접권은 이 법 시행일부터 회복되어, 처음 발생한 때의 다음 해부터 기산하여 50년간 존속한다.

3. 상호주의의 적용

저작권법 제64조 제1항에 따라 보호되는 외국인의 실연 · 음반 및 방송이라도 그 외국에서 보호기간이 만료된 경우에는 이 법에 따른 보호기간을 인정하지 아니한다(법 64조 2항). 즉 우리가 당해 외국인의 본국보다 당해 외국인에 대해서 장기의 보호를 할 필요도 없고, 또 우리 국민도 당해 국가에서는 우리 법보다 짧은 기간의 보호만을 받을 것이므로 상호주의를 선언한 것이다.

Ⅴ. 권리의 제한 · 양도 · 행사 · 소멸

저작인접권은 저작물의 이용과 관련된 권리로서 사회성을 가지므로 저작권이 제한되는 경우에 준해서 제한되며(법 87조), 또 그 양도 · 행사 등에 대해서도 저작권에 준해서 취급되고 있다(법 88조). 아울러 저작물 이용의 법정허락제도도 저작인접권의 법정허락에 준용된다(법 89조). 또 저작권과 동일한 취지에서 등록

제도가 마련되어 있다(법 90조).

VI. 저작권과의 관계

저작인접권에 관한 규정은 저작권에 영향을 미치는 것으로 해석되어서는 아니 된다(법 65조). 이는 2차적 저작물이나 편집저작물에 관한 규정과 마찬가지로 당연한 사리를 밝힌 것이다.

| 제9절 | 제작자

I. 서 설

저작권법은 저작자를 보호하는 법이다. 즉 창작을 보호하는 법이다. 그러나 오늘날 창작 못지않게 중요한 것이 투자이다. 저작권법은 이러한 투자자도 보호한다. 이미 살펴본 음반제작자의 권리도 그 중 하나이다. 그 밖에도 데이터베이스제작자와 영상제작자가 존재한다.

II. 데이터베이스제작자

1. 서 설

데이터베이스를 편집저작물로 보호하려면 그 소재의 선택과 배열에 창작성이 있어야 한다. 그러므로 아무리 자본을 투자하여 데이터베이스를 구축하여도 그 소재의 선택과 배열에 창작성이 없으면 보호받지 못한다.[332] 이는 미국의 Feist 판결에서 본 바와 같다. 그러나 가나다순으로 되어 있는 인명별 전화번호부 같은 것도 필요하다는 것은 누구나 공감하는 바이다. 그런데 이러한 데이터베이스를 작성하여도 법의 보호를 받지 못하고 도용에 대해서 속수무책이라면 어느 누구도 이러한 데이터베이스를 만들려고 하지 않을 것이다. 여기에서 이러한 소재의 선택과 배열에 창작성이 없는 데이터베이스도 보호하여 이에 대한 투자를 유도할 필요가 있다. 이러한 관점에서 2003년 개정법은 데이터베이스제작자의 보호 규정을 신설하였다.

종래 창작성 없는 데이터베이스제작자를 보호하기 위한 방법으로는 물권적인 보호방법과 부정경쟁방지적 보호방법이 있다고 알려졌다. 2003년 개정법은 EU와 마찬가지로 물권적인 보호방법을 채택하였다.

◈ 참고: 데이터베이스 보호를 위한 EU 지침

우리법의 모범이 된 것은 EU의 데이터베이스 지침이다. 동 지침은 1996년 3월 11일 구주의회를 통과하였고, 이에 따라 EU 각국은 1998년 1월 1일까지 법령을 정비하여야 한다. 그 주된 내용은 다음과 같다.

① 데이터베이스에 관하여, 데이터베이스를 구성하는 데이터의 전부 또는 실질적 부분(substantial part)을 추출하는 것과 이것의 재이용을 금지하는 권리를 데이터베이스 작성자에게 부여한다.[333]

② 그 권리의 존속기간은 15년이다.

③ 그 권리는 독자적 권리(sui generis right)이며 저작권이 아니다. 그 보호의 목적은

---

332) 많은 편집물에 있어서 정보를 수집하는 행위는 모아진 정보를 배열하는 행위보다도 훨씬 노력과 시간을 필요로 한다. 배열은 흔히 기능이나 표준적 실천에 의해 규정되어 있기 때문이다. 개인적 창작성은 검색 시스템에 가장 잘 보존되어 있다. 보호를 요하는 것은 데이터의 배열이 아니고, 데이터의 수집이 아니면 안 된다. 그래서 창작성을 데이터베이스의 보호요건으로 하는 저작권법은 보호할 가치가 있는 유용한 데이터베이스의 많은 부분을 보호할 수 없다고 하는 점에서 過小이며, 표준화되는 것이 공공의 이익에 합치하는 체계나 포맷도 보호하게 된다는 점에서 過大라는 지적도 있다(梅谷眞人, 「データベースの法的保護」, 信山社, 1999, 61-62면).

333) 추출이라 함은 데이터베이스의 전부 또는 실질적인 부분을 기타 매체에 어떤 수단이나 형태로 영구적이거나 일시적으로 이동시키는 것을 말하며, 재이용이란 사본 유포, 온라인 전송이나 기타 유형의 전송에 의하여 데이터베이스 내용의 전부 또는 실질적인 부분을 대중에게 공개하는 모든 형식을 말한다.

데이터베이스 작성에 관련된 투자를 보호하기 위한 것이다.

2. 보호받는 데이터베이스

(1) 주 체

데이터베이스의 제작 또는 그 소재의 갱신 · 검증 또는 보충(이하 "갱신 등"이라 한다)에 인적 또는 물적으로 상당한 투자를 한 자로서 다음 각호의 1에 해당하는 자의 데이터베이스는 이 법에 의한 보호를 받는다(법 91조).

1. 대한민국 국민

2. 데이터베이스의 보호와 관련하여 대한민국이 가입 또는 체결한 조약에 따라 보호되는 외국인. 다만 외국인의 본국에서 대한민국 국민의 데이터베이스를 보호하지 아니하는 경우에는 그에 상응하게 조약 및 이 법에 의한 보호를 제한할 수 있다.

또 i) 데이터베이스의 제작 · 갱신 등 또는 운영에 이용되는 컴퓨터프로그램, ii) 무선 또는 유선통신을 기술적으로 가능하게 하기 위하여 제작되거나 갱신 등이 되는 데이터베이스에 대하여는 저작권법 제4장 규정을 적용하지 아니한다(법 92조).

(2) 객 체

데이터베이스란 소재를 체계적으로 배열 또는 구성한 편집물로서 그 소재를 개별적으로 접근 또는 검색할 수 있도록 한 것을 말한다(법 2조 19호). 보호받을 수 있는 데이터베이스는 전자적 데이터베이스에 한하지 않고 모든 형태의 데이터베이스가 해당된다.

3. 데이터베이스제작자의 권리

1) 데이터베이스제작자는 당해 데이터베이스의 전부 또는 상당한 부분을 복제 · 배포 · 방송 또는 전송(이하 이 조에서 "복제 등"이라 한다)할 권리를 가진다.

2) 데이터베이스와 데이터베이스를 구성하는 개별 데이터(소재)와는 별개의 문제이므로 데이터베이스를 보호한다는 것이 데이터베이스를 구성하는 개별소재를 보호하는 것으로 되는 것도 아니며(법 93조 4항), 데이터베이스의 보호는 데이터베이스의 구성부분이 되는 소재의 저작권 그 밖에 이 법에 의하여 보호되는 권리에 영향을 미치는 것도 아니다(법 93조 3항). 또 데이터베이스의 개별 소재는 당해 데이터베이스의 상당한 부분으로 간주되지 아니한다. 다만, 데이터베이스의 개별 소재 또는 그 상당한 부분에 이르지 못하는 부분의 복제 등이라 하더라도 반복적이거나 특정한 목적을 위하여 체계적으로 함으로써 당해 데이터베이스의 통상적인 이용과 충돌하거나 데이터베이스제작자의 이익을 부당하게 해치는 경우에는 당해 데이터베이스의 상당한 부분의 복제 등으로 본다(법 93조 2항 단서).

4. 데이터베이스제작자의 권리제한

저작권법 제23조 · 제28조 내지 제34조 · 제35조의2, 제35조의3, 제36조 및 제37조의 규정은 데이터베이스제작자의 권리의 목적이 되는 데이터베이스의 이용에 관하여 이를 준용한다. 이 경우 "저작물"은 이를 "데이터베이스"로 본다.

또 i) 교육 · 학술 또는 연구를 위하여 이용하는 경우(다만, 영리를 목적으로 하는 경우에는 그러하지 아니하다), ii) 시사보도를 위하여 이용하는 경우에는 누구든지 데이터베이스의 전부 또는 그 상당한 부분을 복제 · 배포 · 방송 또는 전송할 수 있다. 다만, 당해 데이터베이스의 통상적인 이용과 저촉되는 경우에는 그러하지 아니하다(법 94조 2항).

5. 보호기간

1) 데이터베이스제작자의 권리는 데이터베이스의 제작을 완료한 때부터 발생하며, 그 다음 해부터 기산하여 5년간 존속한다(법 95조 1항).

2) 데이터베이스의 갱신 등을 위하여 인적 또는 물적으로 상당한 투자가 이루어진 경우에 당해 부분에 대한 데이터베이스제작자의 권리는 그 갱신 등을 한 때부터 발생하며, 그 다음 해부터 기산하여 5년간 존속한다(법 95조 2항).

6. 데이터베이스제작자 보호와 콘텐츠제작자의 보호

데이터베이스도 콘텐츠임에는 틀림이 없고, 그러한 한 상당한 투자를 한 데이터베이스 제작자는 대부분 상당한 노력을 하여 콘텐츠를 제작한 자의 지위를 겸하게 된다. 그러나 콘텐츠산업진흥법 제4조 제2항은 "콘텐츠제작자가 「저작권법」의 보호를 받는 경우에는 같은 법을 이 법에 우선하여 적용한다"고 규정한다. 따라서 저작권법의 보호를 받는 데이터베이스제작자는 일차적으로 저작권법이 적용되며, 콘텐츠산업진흥법은 보충적으로만 적용될 뿐이다. 또 콘텐츠산업진흥법의 보호를 받으려면 "상당한 노력으로 제작하여 대통령령으로 정하는 방법에 따라 콘텐츠 또는 그 포장에 제작연월일, 제작자명 및 이 법에 따라 보호받는다는 사실을 표시"하여야 한다.

Ⅲ. 영상제작자

(1) 영상저작물에 관한 특례규정의 취지

영상저작물은 종합예술로서, 그 창작에는 원작자, 시나리오 작가, 감독, 배우, 촬영기사, 장치, 의상담당자 등이 관여하여 각각 창작적 기여를 하고 있을 뿐 아니라 그 전체를 기획하고 책임을 가진 자, 즉 영상저작물의 제작자가 별도로 존재한다. 그런데 영상저작물의 창작과정에 실제로 관여한 자들이 모두 저작자로서 각각 권리를 행사하게 되면 영상물제작자는 영상저작물을 원활히 유통시킬 수 없게 되므로 이들 사이의 권리관계를 명확히 해둘 필요가 있다. 이러한 이유로 현행법은 특례를 규정하고 있다.

[판례] 자본 투자자도 영상물제작자인지 여부(이른바 '두사부일체' 사건: 서울고법 2008.7.22.선고 2007나67809 판결)

저작권법이 규정하고 있는 영상제작자는 영상저작물 자체의 창작과정을 기획하고 책임을 지는 자만을 의미하는 것으로 좁게 해석할 수는 없고, 그 외 영상저작물의 제작을 위하여 직접 투자를 하거나 다른 투자자를 유치하고 영상저작물의 제작과 관련된 제반 사무처리 및 회계업무를 담당하는 등 영상저작물의 제작과 관련된 사무적인 업무를 전체적으로 기획하고 책임을 진 자 역시 전체 영상제작에 기여한 정도에 따라 영상제작자에 포함될 수 있다.

(2) 저작물 영상화의 허락

1) 소재저작물의 저작재산권자와 영상저작물 제작자와의 관계 영상저작물은 풍경영화나 기록영화와 같이 기존의 저작물을 전제로 하지 아니하고 창작되는 경우도 있으나 일반적으로 기존의 저작물을 바탕으로 하여 이를 영상제작한 2차적 저작물이 대부분이다. 따라서 기존의 저작물을 영상화하기 위하여는 원저작물의 저작자로부터 그 권리를 양도받거나 이용허락을 받아야 하며, 또한 이와 같이 만들어진 영상저작물의 이용시에도 원저작물의 저작자의 권리가 그대로 미치게 되므로(법 5조 2항 참조) 그의 동의가 필요하다. 그러나 그렇게 되면 영상저작물의 원활한 이용이 곤란하게 된다. 이에 법은 제99조 제1항을 두어 "영상저작물의 제작을 위한 편의와 이용의 편의를 도모한 것이다."[334] 영상화의 대상이 되는 저작물에는 제한이 없다.[335]

2) 영상화허락의 범위 ① 저작물의 저작자가 영상화를 허락한 경우 그 영상저작물의 이용에 관하여 어느 범위까지 허락한 것인지 불분명한 경우가 많고, 또한 영상저작물의 유통을 원활히 할 필요가 있으므로 법은 특례규정, 즉 특약이 없는 때에는 다음의 권리를 포함하여 허락한 것으로 추정한다(법 99조 1항).

i) 영상저작물을 제작하기 위하여 저작물을 각색하는 것

ii) 공개상영을 목적으로 한 영상저작물을 공개상영하는 것

iii) 방송을 목적으로 한 영상저작물을 방송하는 것. 본호에 의해 방송을 목적으로 한 영상저작물은 방송에만 이용할 수 있으며, 그 이외의 방법인 복제·배포·공개상영은 할 수 없다.[336] 아울러 당초 방송 이외의 이용목적을 위하여 제

---

334) 허희성, 「2011 신저작권법축조개설」(하), 명문프리컴, 2011, 489면.

335) '영화음악'사건(서울중앙지법 2013.5.23.선고 2012가합512054 판결; 대법원 2016.1.14.선고 2014다202110 판결). 이에 대해 영상화와 영화제작에의 이용을 다른 개념으로 보고 영상화의 대상이 되는 저작물을 어문저작물에 한정하는 견해가 있다(박성호, 「저작권법」, 480면). 이러한 어문저작물 한정설을 취하는 견해는 "영상화 또는 영상제작이란 2차적 저작물의 작성을 의미하는 것이라고 이해하여야 할 것"이라고 한다. 그러나 앞의 대법원 판결은 "여기서 말하는 '영상화'에는 영화의 주제곡이나 배경음악과 같이 음악저작물을 특별한 변형 없이 사용하는 것도 포함되고, 이를 반드시 2차적 저작물을 작성하는 것으로 제한 해석하여야 할 것은 아니다"라고 한다.

작한 영상저작물을 방송할 수도 없다. 이를 위해서는 별도의 허락을 필요로 한다.[337]

iv) 전송을 목적으로 한 영상저작물을 전송하는 것

v) 영상저작물을 그 본래의 목적으로 복제 · 배포하는 것

vi) 영상저작물의 번역물을 그 영상저작물과 같은 방법으로 이용하는 것. 제5호는 영상저작물을 외국에서 이용하는 경우를 대비하여 둔 규정이다.

② 이 규정은 특약이 없는 경우에 보충적으로 적용되는 해석규정이다.

[판례] '영화음악' 사건(서울중앙지법 2013.5.23.선고 2012가합512054 판결)

공연권이 인정된다고 하더라도 공연사용료는 지급하여야 한다는 주장에 대하여 법원은 "만일 저작권법 제99조 제1항에 의하여 음악저작물의 공연을 허락한다고 하면서도 그에 대하여 별도의 사용료를 다시 지급해야 한다면 사용료의 액수에 따라 사실상 영화의 상영(음악저작물의 공연)이 불가능할 수도 있는데, 이는 저작권법 제99조 제1항의 취지를 몰각하는 것이어서 받아들일 수 없다"고 판단하였다.

3) **영상화의 재허락** 저작재산권자는 그 저작물의 영상화를 허락한 경우에 특약이 없는 때에는 허락한 날로부터 5년이 경과한 때에 그 저작물을 다른 영상물로 영상화하는 것을 허락할 수 있다(법 99조 2항). 이는 역으로 5년간의 독점적 이용을 보장한 것이고, 그 취지는 영상저작물의 제작에 투입된 자본의 회수를 용이하게 하기 위한 것이다. 이 규정 역시 임의규정이므로 특약으로 재허락기간을 조정할 수 있음은 물론이다.

(3) 영상저작물의 저작권 등의 귀속관계

1) **영상저작물의 저작자** 영상저작물의 제작에는 많은 이해관계인이 참여한다 함은 기술(既述)하였다. 이들 이해관계인 중에서 누가 저작권자인가. 미국은 대체로 제작자를 영상저작물의 저작권자로 보며, 프랑스는 반증이 없는 한 시나리오 작가, 각색자, 대사의 저작자, 시청각적 저작물을 위하여 특별히 작곡된 곡(가사유무 불문)의 저작자, 감독을 공동저작자로 추정하며(동법 113조의7 제2항), 일

---

336) 대법원 1985.5.28.고지 84다카2514 결정.
337) 同旨: 김문환 외, 「지적재산권법」, 857면.

본은 원저작자, 시나리오 작가 및 영화 중에 사용하는 음악저작물 · 미술저작물 등의 저작자 등 고전적 저작자(classical authors) 혹은 소재저작물의 저작자와 영화감독, 프로듀서, 촬영감독 및 미술감독 등 현대적 저작자(modern authors)로 나눈 후 현대적 저작자를 영상저작물의 저작자라 한다(동법 16조). 이에 대해 우리 법은 영상저작물의 저작자가 누구이냐에 대하여는 법상 명문의 규정은 없다. 다만, 법 제100조 제1항은 "영상저작물의 제작에 협력할 것을 약정한 자가 그 영상저작물에 대하여 저작권을 취득한 경우에는 그 영상저작물의 이용을 위하여 필요한 권리는 영상제작자에게 양도된 것으로 본다"고 규정하고 있어, 영상저작물의 제작에 협력할 것을 약정한 자가 저작자가 될 수 있음을 간접적으로 시사하고 있다.

그러면 영상저작물의 제작에 협력할 것을 약정한 자는 누구인가. 이는 다른 저작물에서와 마찬가지로 저작권법의 일반원칙에 따라 구체적으로 저작물을 창작한 자가 누구인가(법 2조 2호 참조)에 의하여 저작자를 결정하여야 한다. 즉 이해관계인들 중 "누가 영상저작물을 창작한 자인가" 또는 "누구를 영상저작물을 창작한 자로 볼 것인가" 하는 해석상의 문제로 귀착하는 것이다. 일반적으로는 영상저작물 그 자체의 전체적 형성에 창작적으로 기여한 자, 즉 감독, 프로듀서, 미술감독, 촬영감독 등 독립한 분야의 감독, 필름편집자 등이 공동저작자로 된다고 해석되나 실연감독에 관한 한 우리 법은 실연자로 보고 있으므로(법 2조 4호) 이 경우는 실연자로서의 지위도 아울러 가진다고 할 것이다. 조감독이나 보조 카메라맨 등 보조자는 공동저작자가 될 수 없음은 물론이며, 소설가와 같은 고전적 저작자는 영상화를 허락한 자로서 영상저작물의 저작자로 보기 힘들다.[338)]

2) 영상저작물의 저작권 귀속

① 영상저작물에 대한 저작재산권의 양도추정 개정 전의 법은 "… 그 영상저작물의 이용을 위하여 필요한 권리는 영상제작자에게 양도된 것으로 본다"고 규정하고 있었으나(2003년 개정 전의 법 75조 1항 참조), 개정법은 "특약이 없는 한 그 영상저작물의 이용을 위하여 필요한 권리는 영상제작자가 이를 양도받은 것으로 추정한다"고 개정하여 종래의 논란을 입법적으로 해결하였다.

② "영상저작물의 제작에 사용된 소설, 각본, 미술저작물 또는 음악저작물 등의 저작재산권은 제1항의 규정으로 인하여 영향을 받지 않는다"(법 100조 2항).

---

338) 박성호, "현대저작권법상 영상저작물," 「계간 저작권」(1991 겨울호), 22면.

3) 영상저작물의 저작인접권 귀속 영상제작자와 영상저작물의 제작에 협력할 것을 약정한 실연자의 그 영상저작물의 이용에 관한 제69조의 규정에 의한 복제권, 제70조의 규정에 따른 배포권, 제73조 규정에 따른 방송권 및 제74조 규정에 따른 전송권은 특약이 없는 한 영상제작자가 이를 양도받은 것으로 추정한다(법 100조 3항).

[판례] 가라오케용 LD 음반 제작사건(대법원 1997.6.10.선고 96도2856 판결)

[1] 구 저작권법 제75조 제3항에 의하여 영상제작자에게 양도된 것으로 간주되는 '실연자의 녹음 · 녹화권'의 의미: 구 저작권법(1994.1.7. 법률 제4717호로 개정되기 전의 것) 제75조 제3항에서 영상저작물의 제작에 협력할 것을 약정한 실연자의 그 영상저작물의 이용에 관한 제63조의 규정에 의한 녹음 · 녹화권 등과 제64조의 규정에 의한 실연방송권은 영상제작자에게 양도된 것으로 본다는 특례규정을 두고 있는바, 위 규정에 의하여 영상제작자에게 양도된 것으로 간주되는 '그 영상저작물의 이용에 관한 실연자의 녹음 · 녹화권'이란 그 영상저작물을 본래의 창작물로서 이용하는 데 필요한 녹음 · 녹화권을 말한다.

[2] 영화에 출연한 배우의 가라오케용 LD음반 녹화권이 구 저작권법 제75조 제3항에 의하여 영상제작자에게 양도되는 권리범위에 속하는지 여부: 영화상영을 목적으로 제작된 영상저작물 중에서 특정 배우들의 실연장면만을 모아 가라오케용 엘디(LD)음반을 제작하는 것은, 그 영상제작물을 본래의 창작물로서 이용하는 것이 아니라 별개의 새로운 영상저작물을 제작하는 데 이용하는 것에 해당하므로, 영화배우들의 실연을 이와 같은 방법으로 엘디음반에 녹화하는 권리는 구 저작권법(1994.1.7. 법률 제4717호로 개정되기 전의 것) 제75조 제3항에 의하여 영상제작자에게 양도되는 권리의 범위에 속하지 아니한다.

(4) 영상제작자의 권리

1) 영상제작물의 제작에 협력할 것을 약정한 자로부터 영상제작자가 양도받는 영상저작물의 이용을 위하여 필요한 권리는 영상저작물을 복제 · 배포 · 공개상영 · 방송 · 전송 그 밖의 방법으로 이용할 권리로 하며, 이를 양도하거나 질권의 목적으로 할 수 있다.

2) 실연자로부터 영상제작자가 양도받는 권리는 그 영상저작물을 복제 · 배포 · 방송 또는 전송할 권리로 하며, 이를 양도하거나 질권의 목적으로 할 수 있다. 2003년 개정 전의 법은 영상제작자가 영상저작물의 저작권자나 실연자로부터

일정한 권리를 양도받고, 또 독자적으로 인접권 유사의 권리를 갖는 것으로 구성되어 있었으나 개정법은 영상제작자가 가지는 권리는 저작권자나 실연자로부터 양도받은 그것임을 명백히 하였다. 그러므로 영상제작자는 저작자 등은 아니나 이들로부터 저작재산권 등을 양도받아 저작재산권 등을 가진다. 아울러 영상제작자가 투하자본을 회수할 수 있도록 양수받은 저작재산권 등을 양도하거나 질권의 목적으로 할 수 있음을 명문화하였다.

3) 공동영상제작자의 권리 관계 영상제작자가 가지는 권리는 저작권자나 실연자로부터 양도받은 그것이라면 공동제작자의 권리에는 공동저작물에 관한 제48조가 유추적용된다고도 볼 수 있다.[339] 그러나 통상 영상제작자의 특례를 인정하는 것은 영상저작물 완성 후 원활한 유통을 통한 투하자본의 회수에 중점이 있으므로 그러한 목적에 비추어 보더라도, 또 공동영상제작자 사이에서는 인격적 측면은 전혀 고려할 필요가 없고, 오로지 재산적 이익만을 고려하면 충분한 점에 비추어, 제48조를 유추적용하는 것은 의문이며, 본래의미의 (준)공유관계로 취급하면 되리라고 본다.

| 제10절 | 배타적 발행권 및 출판권

Ⅰ. 배타적 발행권

1. 서 설

한 · 미 FTA가 타결되면서 법이 개정되어 저작물의 출판과 컴퓨터프로그램의 발행에만 인정되던 배타적 권리가 저작물의 다른 형태의 발행 등에 대해서도

339) '두사부일체'사건(서울고법 2008.7.22.선고 2007나67809판결).

배타적 발행권을 설정할 수 있도록 되었다. 이에 따라 프로그램 배타적 발행권은 배타적 발행권에 포섭되었다.[340] 다만 출판권은 출판업계의 의견을 반영하여 기존 출판권에 적용되었던 표지의무, 소멸 후 배포 등은 배타적 발행권의 내용으로 포섭하고 설정에 대해서만 별도의 특례를 유지하고 있다(법 63조, 63조의2).

제57조의 발행 등	[복제 · 배포 + 복제 · 전송] - 출판(제63조)
제63조의 출판	인쇄 그 밖에 이와 유사한 방법으로 문서 또는 도화로 발행

2. 배타적 발행권의 설정과 등록

(1) 설 정

저작물을 발행하거나 복제 · 전송(이하 "발행 등"이라 한다)할 권리를 가진 자는 그 저작물을 발행 등에 이용하고자 하는 자에 대하여 배타적 발행권(법 63조에 따른 출판권은 제외한다)을 설정할 수 있다(법 57조 1항). 또한 저작재산권자는 그 저작물에 대하여 발행 등의 방법 및 조건이 중첩되지 않는 범위 내에서 새로운 배타적 발행권을 설정할 수 있다(법 57조 2항). 다만, 저작재산권자는 복제권 · 배포권 · 전송권에 질권이 설정되어 있는 경우에는 질권자의 허락을 얻지 아니하면 배타적 발행권을 설정할 수 없다(법 57조 4항). 우리 법상 발행이란 "저작물 또는 음반을 공중의 수요를 충족시키기 위하여 복제 · 배포하는 것"(법 2조 24호)을 말하므로 결국 배타적 발행권의 내용은 ① 복제 · 배포, ② 복제 · 전송, ③ 복제 · 배포 · 전송이 될 것이다. 이 중에서 출판의 경우를 제외하므로 예컨대 종이책을 발행하는 경우는 출판권자가, 전자책(e-book)을 발행하는 경우는 배타적 발행권자가 권리를 가지나, 음반이나 컴퓨터 프로그램 등의 경우는 배타적 발행권자가 오프라인에서 배포할 수 있는 권리와 온라인에서 전송할 수 있는 권리를 모두 가지게 된다.

문제는 배타적 발행권도 등록제도가 있지만 대항요건으로 되어 있어 설정 자체는 구두만으로도 가능하다. 하여 문제는 배타적 발행권과 법 제46조의 이용허락과의 구분이다. 즉 어느 경우에 물권적인 배타적 발행권이 설정된 것이고, 어느 경우에 채권적인 이용허락인지를 구분하는 것이다. 학설로서는 "이러한 경우에는

340) 종전의 저작권법 제101조의6(프로그램배타적발행권) 삭제.

계약서의 명칭에 구애받을 것이 아니라 계약의 실질적 내용과 당사자의 의사 등에 비추어 어느 계약에 해당하는지 여부를 판단하여야 할 것이며, 이는 결국 의사해석의 문제에 귀착된다고 할 것이다."[341]거나 혹은 "의심스러울 때에는 저작권자에게 유리하게 해석한다는 원칙에 따라 '배타적 발행권'의 문구가 뚜렷이 포함되지 않은 계약이라면 '독점적인 이용'에 관한 내용이 있다고 하더라도 제57조에 기한 배타적 발행권의 설정이 아니라 제46조에 기한 '독점적 이용허락'에 해당하는 것으로 보는 것이 타당하다고 생각된다."는 견해[342]가 있다. 두 견해가 언뜻 보면 다를 것 같아도 전자가 원칙적인 이야기라면, 후자는 의심스러울 때는 제46조의 이용허락이라고 보자는 것으로 양립 가능한 견해들이라고 본다. 배타적 발행권이 인정되지 아니한 사례를 본다.

[판례] '큐로컴' 사건(대법원 2011.6.9.선고 2009다52304 판결)

원고 큐로컴은 에프엔에스닷컴 주식회사(이하 'FNS.com'이라 한다)를 흡수합병하여 FNS.com이 Bancs에 대하여 가지는 권리를 그대로 양수하였는데, 원고 FNS와 FNS.com 사이의 이 사건 제2 이용허락계약에 의하면 원고 큐로컴이 Bancs에 대한 국내 독점적 사용권 등을 부여받은 사실은 인정되나, 위 계약상 제3자의 청구가 있는 경우 FNS.com은 그 상황을 원고 FNS에 즉시 알려야 하며 그에 대응할 것인지 여부는 원고 FNS가 결정하고, 원고 FNS가 청구에 대응하거나 화해할 경우에는 원고 FNS의 이름과 비용으로 이를 행하는 것으로 약정한 점 등에 비추어 볼 때, 원고 큐로컴이 원고 FNS로부터 Bancs에 대한 프로그램배타적발행권을 설정받았다고 할 수 없다고 판단된다.

(2) 등 록

배타적 발행권의 설정은 후술하는 배타적 발행권의 이전·변경·소멸 또는 처분제한이나 배타적 발행권을 목적으로 하는 질권의 설정·이전·변경·소멸 또는 처분제한과 마찬가지로 이를 등록하지 아니하면 제3자에게 대항할 수 없다. 이러한 배타적 발행권의 설정 등록이 의미를 가지는 경우는 배타적 발행권의 이중설정(二重設定)의 경우와 저작재산권자가 자신의 저작재산권을 제3자에게 양도한 경우이다. 배타적 발행권이 중복하여 설정된 경우는 중첩되는 범위에서 먼저

---

341) 오승종, 「저작권법」(제3판), 877면.
342) 이해완, 「저작권법」(제3판), 798면.

등록한 자가 우선하며, 저작재산권이 양도된 경우, 등록되어 있지 않으면 배타적 발행권자는 자신의 배타적 발행권을 새로운 양수인에게 주장할 수 없다. 물론 등록이 없더라도 권리 침해자에 대해서는 배타적 발행권에 기해 바로 권리를 행사할 수 있다.

3. 배타적 발행권의 내용

배타적 발행권이 설정되면 배타적 발행권자는 저작물을 발행할 독점배타적인 권리를 갖는다. 따라서 저작권자라도 그 이후는 저작물을 원작대로 발행할 수 없게 되는 것은 물론, 그 저작물을 전집 기타의 편집물에 수록하는 것도 허용되지 아니한다. 다만 법은 일정한 경우, 즉 그 저작물의 저작자가 사망한 때에는 그 저작자를 위하여 저작물을 전집 그 밖의 편집물에 수록하거나 전집 그 밖의 편집물의 일부인 저작물을 분리하여 이를 따로 발행 등의 방법으로 이용할 수 있다고 예외를 인정하고 있다(법 59조 2항 참조).

배타적 발행권의 존속기간은 그 설정행위에 특약이 없는 때에는 맨 처음 발행 등을 한 날로부터 3년간 존속한다(법 59조 1항). 다만, 저작물의 영상화를 위하여 배타적 발행권을 설정하는 경우에는 5년으로 한다(법 59조 1항 단서).

배타적 발행권은 재산적 권리이므로 이전성을 가지며, 양도나 질권의 설정도 가능할 이치이나, 저작권법은 "배타적 발행권은 저작재산권자의 동의 없이 이를 양도 또는 질권의 목적으로 할 수 없다"(법 62조)고 하여 일정한 제한을 가하고 있다. 그것은 저작권자는 배타적 발행권자의 지식 · 경험 · 성의 · 자력의 유무 · 신용 등을 고려해서 특정의 배타적 발행권자와 설정계약을 체결하는 것이기 때문에 저작권자의 동의 없이 이를 양도 또는 질권의 목적으로 할 수 없다고 규정한다.

또 배타적 발행권도 저작재산권으로부터 유래하는 권리로서 저작재산권에 대한 제한은 배타적 발행권에도 미친다. 법 제62조 제2항은 "배타적 발행권의 목적으로 되어 있는 저작물의 복제 등에 관하여는 제23조, 제24조, 제25조 제1항부터 제3항까지, 제26조부터 제28조까지, 제30조부터 제33조까지, 제35조 제2항 및 제3항, 제35조의2, 제35조의3, 제36조 및 제37조를 준용한다."고 명정한다. 컴퓨터프로그램의 저작재산권 제한에 관한 '제101조의3 내지는 제101조의5'에 대해서는 언급이 없으나, 프로그램 배타적 발행권에는 이들 규정이 적용된다고 할 것이다.

4. 배타적 발행권자의 의무

1) **9개월 이내에 발행할 의무** 배타적 발행권자는 그 설정행위에 특약이 없는 때에는 배타적 발행권의 목적인 저작물을 복제하기 위하여 필요한 원고 또는 이에 상당하는 물건을 받은 날부터 9개월 이내에 이를 발행 등의 방법으로 이용하여야 한다(법 58조 1항). 9개월의 기간은 원고 등의 인도가 완료된 날로부터 기산된다.

9개월 이내 출판의무를 이행하지 아니한 때에는 6개월 이상의 기간을 정하여 그 이행을 최고하고, 그 기간 내에 이행을 하지 아니한 경우는 소멸을 통고할 수 있다(법 60조 1항 참조).

2) **계속발행의무** 배타적 발행권자는 그 설정행위에 특약이 없는 때에는 관행에 따라 그 저작물을 계속하여 발행 등의 방법으로 이용하여야 할 의무가 있다(법 58조 2항 참조). 계속 발행할 의무를 해태한 경우에는 배타적 발행권 소멸통고의 대상이 된다(법 60조 1항 참조).

3) **저작재산권자 표지의무** 배타적 발행권자는 특약이 없는 때에는 각 복제물에 저작재산권자의 표지를 하여야 한다(법 58조 3항). 법 제58조 제3항에 따른 복제권자의 표지에 수록되는 사항은 다음 각 호와 같다(시행령 38조).

i) 복제의 대상이 외국인의 저작물일 경우에는 복제권자의 성명 및 맨 처음의 발행연도의 표지
ii) 복제의 대상이 대한민국 국민의 저작물일 경우에는 제1호에 따른 표지 및 복제권자의 검인
iii) 출판권자가 복제권의 양도를 받은 경우에는 그 취지의 표시

다만, 「신문 등의 진흥에 관한 법률」 제9조 제1항에 따라 등록된 신문 및 「잡지 등 정기간행물의 진흥에 관한 법률」 제15조 및 제16조에 따라 등록 또는 신고된 정기간행물의 경우에는 복제권자의 표지를 하지 아니한다.

4) **재발행통지의무** 배타적발 행권자는 배타적 발행권의 목적인 저작물을 발행 등의 방법으로 다시 이용하고자 하는 경우에 특약이 없는 때에는 그때마다 미리 저작자에게 그 사실을 알려야 한다(법 59조 2항).

5) **원고반환의무** 원고의 인도는 복제를 행하기 위하여 필요하기 때문에

점유를 이전한 데 불과한 것이다. 따라서 원고의 소유권은 여전히 저작권자에게 있으므로 반환청구시 반환하여야 한다.

6) **기 타** 배타적 발행권의 설정이 유상인 경우에는 배타적 발행권자는 저작권자에게 저작물의 사용료로서 소위 인세를 지급할 의무가 있다. 그 지급방법 및 액수는 당사자의 약정에 의한다.

5. 저작자 등의 권리

1) **저작자 사후 전집 등에 수록할 수 있는 권리** 저작재산권자는 배타적 발행권 존속기간 중 그 배타적 발행권의 목적인 저작물의 저작자가 사망한 때에는 제59조 제1항에도 불구하고 저작자를 위하여 저작물을 전집 그 밖의 편집물에 수록하거나 전집 그 밖의 편집물의 일부인 저작물을 분리하여 이를 따로 발행 등의 방법으로 이용할 수 있다(법 59조 2항).

2) **배타적 발행권 소멸통고권** 저작재산권자는 배타적 발행권자가 원고 또는 이에 상당하는 물건을 받은 날로부터 9개월 이내에 출판하지 아니하거나(법 58조 1항 참조), 계속 발행하지 아니한 경우(법 58조 2항 참조)에는 6월 이상의 기간을 정하여 그 이행을 최고하고 그 기간 내에 이행하지 아니한 때에는 배타적 발행권의 소멸을 통고할 수 있다(법 60조 1항). 또 저작재산권자는 배타적 발행권자가 그 저작물을 발행 등의 방법으로 이용하는 것이 불가능하거나 이용할 의사가 없음이 명백한 경우에는 즉시 배타적 발행권의 소멸을 통고할 수 있다(법 60조 2항). 저작재산권자가 소멸을 통고한 경우에는 배타적 발행자가 통고를 받은 때에 배타적 발행권이 소멸한 것으로 본다(법 60조 3항). 이 경우에 저작재산권자는 배타적 발행권자에 대하여 언제든지 원상회복을 청구하거나 발행 등을 중지함으로 인한 손해의 배상을 청구할 수 있다(법 60조 4항).

3) **수정증감권** 배타적 발행권자가 배타적 발행권의 목적인 저작물을 발행 등의 방법으로 다시 이용하는 경우에 저작자는 정당한 범위 안에서 그 저작물의 내용을 수정하거나 증감할 수 있다(법 59조 1항).

■ 제3자의 침해에 대한 저작권자의 권리

배타적 발행권을 설정한 경우, 그 범위 내에서라면 저작재산권자는 제3자의 침해에 대해 금지청구나 손해배상청구를 할 수 없는가? 부정하여야 할 것이다. 즉 그 범위 내에서라도 금지청구나 손해배상을 청구할 수 있다고 보아야 할 것이다. 다만 손해배상의 경우, 배타적 발행권을 설정함에 있어서 그 사용료를 매출액에 상관없이 일정액으로 정한 경우와 매출액에 연동시킨 경우가 있을 수 있다. 통상 전자의 경우라면 손해가 발생할 수 없으나 제3자의 침해로 원래 정한 사용료조차 배타적 발행권자로부터 받을 수 없는 경우에는 그 손해도 배상받아야 할 것이다. 결국 당연한 말이지만 침해자의 행위로 인하여 실제로 저작재산권자에게 손해가 발생하였는지 여부에 따라 결정해야 할 것이다.[343)]

6. 배타적 발행권 소멸 후의 복제물의 배포

배타적 발행권이 그 존속기간의 만료 또는 그 밖의 사유로 소멸된 경우에는 i) 배타적 발행권 설정행위에 특약이 있는 경우 및 ii) 배타적 발행권의 존속기간 중 저작재산권자에게 그 저작물의 발행에 따른 대가를 지급하고 그 대가에 상응하는 부수의 복제물을 배포하는 경우를 제외하고는 그 배타적 발행권의 존속기간 중 만들어진 복제물을 배포할 수 없다(법 61조 참조).

II. 출판과 출판권: 출판에 관한 특례

1. 출판의 의의

출판이란 인간이 자기의 사상 · 감정을 기록에 의해 다른 사람에게 전달하는 수단이며 인쇄술 기타 이와 유사한 방법에 의하여 저작물을 문서 또는 도화로서 복제 · 배포하는 것을 말한다. 이러한 출판은 본래 저작권의 일부로서 저작자만이 행사할 수 있다. 그러나 일반적으로는 저작권자가 이러한 출판의 권능을 제3자에게 맡길 경우가 많으며, 그 경우 우리 저작권법상 출판권이 설정된 것으로 본다. 법은 “저작물을 복제 · 배포할 권리를 가진 자(이하 ‘복제권자’라 한다)는 그 저작물

---

343) 오승종, 「저작권법」(제3판), 878면; 이해완, 「저작권법」(제3판), 800-801면; 中山信弘 저/윤선희 편역, 「저작권법」, 298-299면 참조.

을 인쇄 그 밖의 이와 유사한 방법으로 문서 또는 도화로 발행(공중의 수요를 충족시키기 위하여 복제 · 배포하는 것; 법 2조 24호)하고자 하는 자에 대하여 이를 출판할 권리(이하 '출판권'이라 한다)를 설정할 수 있다"고 규정한다. 따라서 저작권자가 자기의 저작물에 관하여 제3자에게 출판권을 설정한 경우 출판권의 설정을 받은 자를 출판권자라 하며, 출판권자는 설정기간 동안 당해 저작물을 출판할 수 있는 독점적 권리를 가진다.

따라서 출판권은 물권유사의 권리이며, 마치 부동산에 대한 용익물권과 같은 권리이다.

원래 저작권의 부분적 권능인 출판권을 저작권법상 독립한 권리로서 인정한 것은 '출판자의 권익을 보호하여 그들로 하여금 안전한 지위에 놓이게 함으로써 출판의 원활을 기하기 위하여 출판자에게 준물권적 · 배타적 권리를 부여할 필요가 있기 때문'이다.[344]

출판이 행해진 경우에 일반적으로 세 가지 형태의 계약을 생각해 볼 수 있다. 제1은 보통 출판허락계약이며, 제2는 허락받은 자가 독점적으로 출판할 수 있는 계약이며, 제3은 저작권법 제2장 제7절 이하의 출판권 설정계약이다. 각 계약의 차이는 제1의 경우는 배타성도 없고 제3자의 출판행위를 금지할 권능도 없다. 제2의 경우는 제3자의 출판행위에 대해 저작권자에게 채무불이행의 책임만을 물을 수 있을 뿐 제3자의 이용행위는 금지시킬 수 없다.[345] 제3의 경우가 출판권을 설정하는 것이며, 출판권자는 제3자의 출판행위에 대해서 직접 손해배상은 물론 출판행위 자체도 금지시킬 수 있다.

◈ 소위 매절에 대하여

출판업계에서 매절이라는 용어가 흔히 쓰인다. 그 의미하는 바는 대략 저작물 이용대가를 판매부수에 따라 지급하지 아니하고, 한꺼번에 미리 일괄지급 되는 모든 경우를 통칭하는 개념이다. 국어사전에 의하면 매절이란 "상인이 팔다가 남더라도 반품하지

344) 장인숙, 「저작권법개론」(1960), 172면.

345) 이것은 저작권자가 독점적 출판계약을 체결한 후에 다시 제3자에게 출판허락을 한 경우이다. 그러나 제3자가 무단 출판한 경우에는 달리 보아야 한다. 물론 이 경우도 독점적 출판허락을 받은 자는 채권만을 가질 뿐이므로 자기 권리에 터잡아 제3자에게 직접 금지청구를 할 수는 없다. 그러나 저작권자가 가지고 있는 금지청구권을 代位行使할 수는 있다[「벽면디자인」 서적 사건(서울민사지법 1993.12.29.선고 93카합9920 판결) 등].

않는다는 약속으로 모개로 사는 일"로 정의되어 있다. 이에 유추하여 본다면 결국 매절이란 잘 팔려 이익을 보든 전혀 안 팔려 손해를 보든 일체의 위험부담은 출판자가 하고, 당해 저작물에 관한 권리를 사는 것이며, 실무에서도 대략 이렇게 인식하고 있다. 문제는 저작물에 관한 권리라고 막연히 인식되고 있는 거래내용이 빈번히 저작자쪽 인식과 출판자쪽 인식이 서로 달라 분쟁의 불씨가 되고 있다.
출판자가 위험부담을 한다는 점을 강조하여 그 대가로서 출판자에게 저작재산권 등이 양도된 것으로 출판자 쪽에서 주장할 여지가 전혀 없는 것은 아니나 판매부수에 따른 인세제의 경우에도 인세의 지불이 선급되지 않을 뿐 복제물이 팔리지 않는다고 저작자가 책임을 지는 것도 아닌 이상 위험부담을 전면에 내세우는 것은 근거가 박약하며, 사용료의 선급은 다만 저작의욕을 부추기기 위한 인센티브 이상의 의미는 없다고 볼 것이다. 결국 저작자와 출판자 사이에 행하여진 매절계약의 법적 의미를 어떻게 볼 것인가는 기본적으로 당사자의 의사표시의 해석문제이며, 구체적인 경우에 개별적으로 판단하여야 할 일이나, 출판자가 지급한 대가가 현저히 고액이라는 등 특단의 사정이 없는 한 이를 저작재산권(혹은 복제권 및 배포권)의 양도계약으로는 볼 수 없으며, 독점적인 출판허락이나 출판권 설정계약으로 해석하여야 할 것이다.

[판례] 서울북부지법 2008.12.30.선고 2007가합5940 판결

만화스토리작가가 만화가의 의뢰에 의하여 만화스토리를 작성하여 제공하고 그 대가를 사전에 일괄하여 지급받은 경우, 이는 만화스토리작가가 제공한 만화스토리에 의해 완성된 만화가 출판되는 것에 대한 대가를 일괄 지급받은 것으로서 출판권설정계약 내지 저작권이용허락을 한 것으로 봄이 상당하고, 만화에 대한 저작권을 양도, 포기하였다거나 향후 재출판 또는 인터넷을 통한 온라인 서비스 제공 등 다른 매체를 통한 배포, 전송 등에 대하여도 이용허락을 한 것으로 볼 수는 없다.

2. 출판권의 설정

복제권자는 저작물을 문서 또는 도서로 출판하는 것을 인수한 자에 대해서 출판권을 설정할 수 있다(법 63조 1항). 조문상 복제권자라고 표현한 이유는 출판행위는 저작권자가 갖는 '권리의 다발' 중 복제권의 내용이기 때문이다(법 2조 22호 참조).[346] 따라서 복제권에 질권이 설정되어 있는 경우에는 질권자의 승낙을 얻지 아니하면 출판권을 설정할 수 없다(법 63조 3항).

346) 그렇다고 출판권을 설정한 것이 (저작권자로부터 출판권자에게) 복제권이나 배포권을 양도한 것으로 되는 것은 아니다.

3. 출판권의 내용

(1) 출 판 권

출판권이 설정되면 출판권자는 저작물을 원작 그대로 출판할 독점배타적인 권리를 갖는다. 따라서 저작권자라도 그 이후는 저작물을 원작대로 출판할 수 없게 되는 것은 물론 그 저작물을 전집 기타의 편집물에 수록하는 것도 허용되지 아니한다.

다만, 법은 일정한 경우, 즉 그 저작물의 저작자가 사망한 때에는 그 저작자를 위하여 저작물을 전집 그 밖의 편집물에 수록하거나 전집 그 밖의 편집물의 일부인 저작물을 분리하여 이를 따로 출판할 수 있다고 예외를 인정하고 있다[법 63조의2(59조 2항) 참조].

출판권의 존속기간은 그 설정행위에 특약이 없는 때에는 맨 처음 출판한 날로부터 3년간 존속한다[법 63조의2(59조 1항)].

출판권은 재산적 권리이므로 이전성을 갖는다. 따라서 그 양도 · 입질도 가능하다. 다만, 저작권법은 "출판권은 복제권자의 동의 없이 이를 양도 또는 질권의 목적으로 할 수 없다"[법 63조의2(62조 1항)]고 하여 일정한 제한을 가하고 있다.[347] 그 이유는 저작권자는 출판자의 지식 · 경험 · 성의 · 자력의 유무 · 신용 등을 고려해서 특정의 출판자와 설정계약을 체결하는 것이기 때문에 출판권의 양도 등의 경우에는 저작권자의 이해에 커다란 영향을 미치기 때문이다.

복제권자의 동의 없이 이를 양도 또는 질권의 목적으로 한 경우의 효과에 대해서는 무효라는 설도 있으나 이 규정은 저작권자의 이익을 위해 존재하는 규정이므로 동의 없는 양도의 경우에는 질권자나 새로운 양수인은 자기의 법률상의 지위를 저작권자에게 주장할 수 없으며, 저작권자는 출판권의 소멸을 통고(일종의 해지이다)할 수 있다고 할 것이다(법 60조 2항, 민법 629조 2항 참조). 저작권자는 해지와 아울러 출판권자에게 해지로 인한 손해배상을 청구할 수 있다(민법 551조, 표준계약서 20조 참조). 출판계약이 해지되면 출판권의 양도 및 입질도 무효로 된다.

---

347) 출판권의 양도에 있어서는 저작권자의 동의를 요한다는 저작권법 제50조는 동법 제47조에 의하여 설정된 출판권에 관한 것이고, 동법 제42조에 정한 저작권의 일부로서의 출판권능을 양도받을 경우에는 적용이 없다(대법원 1979.5.15.선고 78다1263 판결).

(2) 출판권자의 의무

1) **원작 그대로 출판할 의무** 출판권자는 저작물을 원작 그대로 출판할 권리를 가짐(법 63조 2항)과 아울러 원작 그대로 출판할 의무를 진다. 이를 어긴 경우에는 저작자의 동일성유지권 침해가 된다.

2) **9개월 이내에 출판할 의무** 출판권자는 복제권자로부터 저작물을 복제하기 위하여 필요한 원고 또는 이에 상당하는 물건(악보나 회화의 원작품뿐만 아니라 원고의 copy, 이미 인쇄가 끝난 논문 등)을 받은 날로부터 9개월 이내에 이를 출판하여야 한다[법 63조의2(58조 1항)]. 9개월의 기간은 원고 등의 인도가 완료된 날로부터 기산된다.

9개월 이내 출판의무를 이행하지 아니한 때에는 6개월 이상의 기간을 정하여 그 이행을 최고하고, 그 기간 내에 이행을 하지 아니한 경우는 소멸을 통고할 수 있다[법 63조의2(60조 1항) 참조].

3) **계속출판의무 등** 출판권자는 그 설정행위에 특약이 없는 때에는 관행에 따라 그 저작물을 계속하여 출판하여야 할 의무가 있다[법 63조의2(58조 2항) 참조]. 계속 출판할 의무를 해태한 경우에는 출판권 소멸통고의 대상이 된다[법 63조의2(60조 1항) 참조].

4) **복제권자 표지의무** 출판권자는 특약이 없는 때에는 각 출판물에 복제권자의 표지를 하여야 한다[법 63조의2(58조 3항)]. 그 방법 등은 배타적 발행권자의 경우와 같다(시행령 38조). 또 신문이나 정기간행물의 경우에 표지를 하지 않아도 되는 점도 배타적 발행권자의 경우와 같다.

5) **再版 통지의무** 출판권자는 출판권의 목적인 저작물을 다시 출판하고자 하는 경우에 특약이 없는 때에는 그때마다 미리 저작자에게 그 사실을 알려야 한다[법 63조의2(59조 2항)].

6) **원고반환의무** 원고의 인도는 복제를 행하기 위하여 필요하기 때문에 점유를 이전한 데 불과한 것이다. 따라서 원고의 소유권은 여전히 저작권자에게 있으므로 반환청구시 반환하여야 한다.

7) **기 타** 출판권의 설정이 유상인 경우에는 출판권자는 저작권자에게 저작물의 사용료로서 소위 인세를 지급할 의무가 있다. 그 지급방법 및 금액은 당사자의 약정에 의한다.

(3) 저작자 및 저작권자의 권리

1) 저작자 사후 전집 등에 수록할 수 있는 권리 출판권 설정 후에는 저작권자라 하더라도 당해 저작물을 출판할 수 없다. 그러나 '그 출판권의 목적인 저작물의 저작자가 사망한 때에는' 설사 출판권의 존속기간 중이라 하더라도 '저작자를 위하여 저작물을 전집 그 밖의 편집물에 수록하거나 전집 그 밖의 편집물의 일부인 저작물을 분리하여 이를 따로 출판할 수 있다'[법 63조의2(59조 2항)].

2) 출판권 소멸통고권 복제권자는 출판권자가 원고 또는 이에 상당하는 물건을 받은 날로부터 9개월 이내에 출판하지 아니하거나[법 63조의2(58조 1항) 참조], 계속 출판하지 아니한 경우[법 63조의2(58조 2항) 참조]에는 6개월 이상의 기간을 정하여 그 이행을 최고하고 그 기간 내에 이행하지 아니한 때에는 출판권의 소멸을 통고할 수 있다[법 63조의2(60조 1항)]. 또 복제권자는 출판권자가 출판이 불가능하거나 출판할 의사가 없음이 명백한 경우에는 즉시 출판권의 소멸을 통고할 수 있다[법 63조의2(60조 2항)]. 복제권자가 소멸을 통고한 경우에는 출판권자가 통고를 받은 때에 출판권이 소멸한 것으로 본다[법 63조의2(60조 3항)].

3) 수정증감권 출판권자가 출판권의 목적인 저작물을 다시 출판하는 경우에 저작자는 정당한 범위 안에서 그 저작물의 내용을 수정하거나 증감할 수 있다[법 63조의2(58조의2 1항)].

(4) 출판권 소멸 후의 출판물의 배포

출판권이 그 존속기간의 만료 또는 그 밖의 사유로 소멸된 경우에는 i) 출판권 설정행위에 특약이 있는 경우 및, ii) 출판권의 존속기간 중 복제권자에게 그 저작물의 출판에 따른 대가를 지급하고 그 대가에 상응하는 부수의 출판물을 배포하는 경우를 제외하고는 그 출판권의 존속기간 중 만들어진 출판물을 배포할 수 없다[법 63조의2(61조) 참조].

(5) 저작권의 소멸과 출판권

상속인 없이 저작자가 사망하거나 저작권을 가진 법인 등 단체가 해산되는 경우 등 예기치 아니한 사유로 저작권이 소멸된 경우에는 저작권에서 파생한 권리는 소멸한다고 하여야 할 것이나 출판권이 등록된 경우에는 당해 등록된 출판권자는 출판권의 존속기간 동안은 독점적으로 출판할 권리를 가진다고 할 것이다.

(6) 기타 문제

1) **판면권(판면의 보호)** 현재 출판자에게는 출판권은 인정되더라도 출판자가 출판한 서적의 판면을 보호하는 권리는 인정되지 않는다. 출판자는 편집, 교정, 식자, 장정, 활자의 선택 등 당해 서적을 제작함에 있어 커다란 정신노동을 하게 된다. 흘려 쓴 원고 등을 가다듬어 일반 독자가 읽기 편하게 만드는 것은 출판자의 몫이다. 사진복제기술이 발전한 오늘날 이러한 출판자의 정신노동을 보호할 필요는 더욱 커진다. 이것은 저작물의 내용과는 무관한 출판업자의 고유의 노력이다. 예컨대 전자(篆字)나 초서체(草書體)로 쓰여진 고문서를 읽기 편하게 출판한 경우에 이를 현대의 자체로 바꾸어 편집한 출판자의 노고는 저작인접권자의 그것 못지않게 보호되어야 한다. 그리하여 영국에서는 typographical arrangement를 최초의 발행으로부터 25년간 보호하며(동법 8조, 15조), 자유중국은 '제판권'(製版權)을 인정하여 10년간 판면의 보호를 하고 있다. 독일은 학술적 정선행위에 기한 고문서의 출판에 대해 출판자에게 10년간 권리를 인정한다. 또 일본에서는 著作權審議會에 제8소위원회를 설치하여 이 문제를 연구하였고, 1990년에 최종보고서를 발표하였다. 출판자의 권리는 출판행위에 의해 저작물의 전달에 있어 수행하고 있는 역할의 중요성을 평가하고, 기술적 진보 등에 대응해서 새로이 출판자의 보호를 도모하는 것이며, 실연가, 음반제작자의 보호와 마찬가지로 저작인접권의 하나로서 자리매김할 수 있을 것이다. 판면을 어떻게 보호할 것인지는 향후 입법과제라 할 것이다.

2) **저작권 침해 저작물의 출판과 출판자의 책임** 표준계약서 등에 의해 출판계약을 체결하면서 계약 문언에 "저작물의 내용에 대해서는 전적으로 저자가 책임을 지며, 출판사는 책임을 지지 않는다"고 약정한 경우에 출판사는 책임을 면할 수 있을 것인가? 우리나라 「소설마당」 사건[348]이나 일본의 「내일의 도시와 태양」 사건[349]에서 보듯이 출판사에게 고의 · 과실이 있는 경우는 그 책임을 면할 수 없다.

348) 서울민사지법 1994.7.29.고지 94카합6025 결정.
349) 일본 동경지재 1978.6.21.

◈ 참고: '출판 분야 표준계약서'[350]

문화체육관광부는 2014년 6월 12일 출판문화 산업의 지속 가능한 발전과 공정한 산업 생태계 조성을 위해 '출판 분야 표준계약서' 7종[351]을 마련해 발표하였다. 그 주된 내용은 다음과 같다.

- 양도계약서의 권리이전 범위를 한정하여 복제권, 공연권, 공중송신권, 배포권 등 저작재산권 종류를 제시하고 이 중에서 선택적으로 양도토록 함.
- 양도계약에 2차적 저작권을 포함하는지의 여부는 별도의 특약으로 규정하도록 해, 2차적 저작권이 작가에게 있음을 다시 한 번 환기함.
- 양도기간을 작가와 출판사가 협의하여 정하도록 하고, 기간종료 후에는 저작재산권이 작가에게 환원토록 하였으며, 환원 불이행 시의 책임을 명확히 함.
- 검인지 및 판매 부수 확인 관련, 작가와 출판사가 검인지 부착 또는 생략에 관한 사항을 협의하여 정하고, 작가는 출판사에게 발행(또는 판매)에 대한 자료를 요청할 수 있도록 함.
- 2차적 저작권과 관련, 저작물이 번역, 각색, 변형 등에 의하여 2차적 저작물로서 연극, 영화, 방송 등에 사용될 경우 모든 권리가 작가에게 있음을 명시하고, 저작권사용료의 징수 등에 관한 사항은 출판사에 위임할 수 있도록 함.
- 출판권의 존속기간 관련, 작가와 출판사가 협의해 정하고, 계약종료 후 어느 한쪽의 해지 통고가 없는 경우 동일한 조건으로 1회(기간은 협의)에 한해 연장할 수 있도록 함.
- 출판물에 대한 정가, 판형, 제책 방식 등은 출판사가 결정하되, 작가가 출판사에 이에 대한 의견을 표시하는 경우 출판사가 적극적으로 작가와 협의토록 함.

---

350) 이하 모두 문화체육관광부 발표자료에 의함(http://www.mcst.go.kr/search/search.jsp?keyword=%ED%91%9C%EC%A4%80%EA%B3%84%EC%95% BD%EC%84%9C).

351) ① 단순 출판허락 계약서, ② 독점 출판허락 계약서, ③ 출판권 설정계약서, ④ 배타적 발행권 설정계약서, ⑤ 출판권 및 배타적 발행권 설정계약서, ⑥ 저작재산권 양도계약서, ⑦ 저작물 이용허락계약서(해외용).

| 제11절 | 저작권의 양도 등과 신탁관리 · 대리중개업

Ⅰ. 서 설

자신의 저작재산권을 이용하는 방법은 여러 가지이다. 통상은 저작물 이용을 원하는 자에게 이용허락을 하는 것이다. 그러나 경우에 따라서는 저작재산권 위에 질권설정할 수도 있으며, 또 저작재산권을 완전히 양도할 수도 있다. 그러나 오늘날 저작물은 대량으로 이용된다. 이를 위해 존재하는 제도가 저작권신탁관리업이다. 이러한 저작권신탁관리업은 다수의 저작재산권자 등이 일일이 자기의 저작물의 이용에 대한 사용료를 청구하는 것도 힘들며, 자기의 저작물이 얼마만큼이나 이용되었는지 확인하기도 어려울 뿐 아니라, 또 저작물 이용자 측에서도 누가 저작재산권자인지 알기 힘들며, 안다 하더라도 일일이 그의 소재를 찾아 교섭하는 것도 몹시 불편하기 때문에 그 필요성이 인정된다. 그러므로 이러한 신탁관리업이나 대리중개업은 거의 모든 나라에 존재하고 있다. 다만, 우리 법제는 이를 법률로써 특히 저작권법 중에서 규율하고 있다는 점에 특색이 있다.

Ⅱ. 저작재산권의 양도 등

1. 저작재산권의 양도

(1) 양 도 성

저작재산권은 전부 또는 일부를 양도할 수 있다(법 45조 1항). 저작재산권의 일부양도가 가능하므로, 예컨대 복제권, 공연권, 공중송신권 등 저작재산권의 내용을 구성하는 지분권을 개별적으로 양도할 수 있는 것은 말할 나위도 없고, 권리를 행사할 수 있는 지역이나 장소를 한정해서 혹은 저작물을 분할해서 양도하는 것도 가능하다. 또 번역권의 경우에는 특정국어에 대한 번역권만 양도하는 것도 가능하다.

다만, 법은 저작재산권의 전부를 양도하는 경우에도 원저작물의 원형을 해칠 우려가 있는 2차적 저작물 등의 작성권은 의연 원저작권자에게 유보되어 있는 것으로 추정하고 있다(법 45조 2항 참조).[352] 저작재산권의 양도에는 특별한 방식이 필요 없다. 등록은 대항요건일 뿐이다(법 54조). 저작권 양도와 관련하여 흥미로운 것은 미국 저작권법 제203조이다(종결권, Termination of transfers and licenses granted by the author). 동조는 저작권이 양도된 경우라도 양도가 된 날로부터 35년이 지나면, 그때부터 5년 이내에는 계약을 해지할 수 있다고 규정한다. 즉 35년이 지나면 다시 찾아올 수 있다는 것이다.

[돌려받은 예]

Scorpio Music et al. v. Willis, 11 Civ. 1557 (BTM), 2012 WL 1598043 (S.D.Ca. May 7, 2012)에서 법원은 빅터 윌리스가 음반제작사로부터 "YMCA" 등 33곡의 저작권을 돌려받을 수 있다고 판시하였다.[353]

(2) 저작재산권의 조건부 · 기한부 양도

저작재산권 양도계약은 준물권계약으로서 조건이나 기한의 부가가 가능하다. 다만 제3자에게 대항하기 위해서는 그 사항을 등록하여야 한다(법 54조).

1) **장래 발생할 저작재산권의 양도** 장래 발생할 저작권의 처분도 가능하다. 따라서 장래 저작재산권이 발생하면 양수인에게 양도키로 하는 채권계약은 물론, 장래 저작권이 발생함과 동시에 저작재산권이 양수인에게 이전된다는 조건부 준물권계약도 유효하다. 문제는 이러한 계약이 자칫 저작자를 지나치게 속박하고, 이를 통해 불공정한 계약으로 될 가능성이 높다는 것이다. 이에 프랑스 저작권법 제131조의1은 "장래의 저작물에 대한 저작권의 포괄적 양도는 무효이다"라고 규정한다. 또 독일저작권법 제40조는 "상세히 정해지지 아니하거나 오직 종

352) 다만, 프로그램의 경우 특약이 없는 한 2차적 저작물작성권도 함께 양도된 것으로 추정한다.

353) 보다 자세한 것은, 이영욱, "공정한 저작권 계약을 위한 입법적 보완방안에 관한 연구"(박사학위논문), 고려대학교 대학원, 2015.2. 110면; http://www. wipo.int/wipo_magazine/en/2012/04/article_0005.html참조(2016.11.12 방문).

류에 의하여 정해지는 장래의 저작물에 대하여 저작자가 용익권을 부여하도록 의무를 부담하는 계약은 서면에 의한 형식을 필요"로 하며, "계약 체결 후 5년이 지나면 양 당사자에 의해 해지될 수 있다"고 규정한다.

2) 저작재산권의 기한부 양도 예컨대 특정 저작물의 저작재산권을 5년을 한도로 양도하는 것과 같이 시간적으로 한정하여 양도하는 것도 가능하다.[354] 다만 제3자에게 대항하기 위해서는 등록하여야 한다.

(3) 새로운 형태의 권리의 귀속

예컨대 1980년대 특정 저작물에 대한 '일체의 권리'를 양도하였는데 인터넷 시대의 도래로 전송권이 신설된 경우, 당해 전송권은 원저작자에게 귀속할 것인가, 아니면 '포괄적으로 양수받은' 저작재산권 양수인에게 귀속할 것인지의 문제이다. 기본적으로 '일체의 권리'란 당시에 존재하는 권리를 일일이 열거하지 않고, 간략히 표현한 것에 불과하므로 새로이 발생하는 권리에 대해서는 원저작자에게 귀속한다고 하여야 할 것이다.[355]

◈ 저작권은 발주기관에 귀속된다는 약관조항의 효력:[356] 무효

공정거래위원회는 조달청 · 용인시 · 안양시 · 대한주택공사 · 한국토지공사의 건축설계경기지침 중 입상작들의 저작권은 발주기관에 귀속된다는 조항을 수정 또는 삭제하도록 조치했다. 건축설계 입상작의 저작권은 설계자에게 있으며, 건축설계경기지침상 입상작들의 저작권은 발주기관에 귀속된다는 약관조항은 무효라는 것이다.

[판례 1]「이것이 법이다」 사건(서울북부지법 2008.12.30.선고 2007가합5940 판결)

[1] 저작권에 관한 계약이 저작권양도계약인지 이용허락계약인지 불분명하여 저작권

---

354) 이와 관련된 자세한 논의는 박성호,「저작권법」, 414면 이하 참조.

355) 결국 저작권 양도나 다음의 이용허락의 문제는 계약 해석의 문제일 뿐만 아니라 입법적 문제이고 이에 대해서는 지속적 연구가 필요하다. 이와 관련된 최근 연구 문헌인, 이영욱, 앞의 논문 참조.

356) 공정거래위원회 홈페이지 뉴스 2009.5.28. 그 밖에도 2014년 8월 7일, 공정거래위원회는 아이디어 공모전 등 약관에서 지식재산권이 주관기관에 귀속된다고 정한 불공정 약관에 대해 시정 명령, 8월 28일 '출판사와 저작자간 저작권 양도계약서 등 시정명령'을 내리는 등 지속적으로 시정명령을 내림으로써 약관을 통한 불공정성은 대부분 사라질 것으로 보인다. 문제는 '구름빵' 사건에서 보듯이 개별계약을 통한 불공정성의 시정이다.

양도 또는 이용허락 되었음이 외부적으로 표현되지 아니한 경우, 저작권자에게 권리가 유보된 것으로 유리하게 추정함이 상당하며, 계약 내용이 불분명한 경우 구체적인 의미를 해석함에 있어 거래관행이나 당사자의 지식, 행동 등을 종합하여 해석함이 상당하다.

[2] 만화스토리작가가 만화가의 의뢰에 의하여 만화스토리를 작성하여 제공하고 그 대가를 사전에 일괄하여 지급받은 경우, 이는 만화스토리작가가 제공한 만화스토리에 의해 완성된 만화가 출판되는 것에 대한 대가를 일괄 지급받은 것으로서 출판권설정계약 내지 저작권이용허락을 한 것으로 봄이 상당하고, 만화에 대한 저작권을 양도, 포기하였다거나 향후 재출판 또는 인터넷을 통한 온라인 서비스 제공 등 다른 매체를 통한 배포, 전송 등에 대하여도 이용허락을 한 것으로 볼 수는 없다.

[판례 2] '서울 1951년 겨울' 사건(서울서부지법 2012.8.17.선고 2010가합8341 판결)

망인(사진작가)이 피고에게 한국 사진 역사 연구에 사용해 달라며 아무런 대가 없이 이 사건 필름을 기증하였다고 하더라도, 저작권과 저작물(복제물)에 대한 소유권은 별개의 것이므로 저작물이 양도되었다고 하여 그 저작권까지 당연히 양도되는 것은 아니라 할 것이며, 이는 어디까지나 양도계약의 해석의 문제라 할 것이다. 저작권에 관한 계약의 해석의 법리에 비추어 볼 때, 망인이 피고에게 아무런 대가 없이 이 사건 필름의 소유권을 양도하였다고 하더라도 그것은 저작물의 이용을 허락한 것으로 볼 수 있을지언정 이를 넘어 다양한 권리를 포함하는 저작권 자체를 양도하였다고 보기는 어렵다.

2. 저작물의 이용허락

저작재산권자는 다른 사람에게 그 저작물의 이용을 허락할 수 있다(법 46조 1항). 허락은 저작재산권자의 이용승낙의 의사표시이며, 따라서 이용권은 계약에 의해서 발생한다.[357] 저작물의 이용허락을 받은 자는 허락을 받은 이용방법 및 조건의 범위 안에서 그 저작물을 이용할 수 있다(법 46조 2항). 피허락자에게 주어진 이용권의 성질은 채권이다. 따라서 저작재산권이 제3자에게 양도된 경우는 이용권자는 양수인에게 자기의 이용권을 주장할 수 없다. 또 제3자의 침해에 대해서도 직접 침해의 금지를 청구할 수는 없다.[358]

---

357) 한국저작권위원회는 그 홈페이지에 다양한 저작권 계약서 양식을 게재하고 일반인이 이를 다운받아 사용할 수 있도록 하고 있다(http://www.copyright.or.kr/help/down/contract.do).

뿐만 아니라 허락에 의하여 저작물을 이용할 수 있는 권리는 신뢰관계에 기초하고 있기 때문에 저작재산권자의 동의 없이는 제3자에게 이를 양도할 수 없다(법 46조 3항).

◈ 이용허락범위의 제한적 해석

허락에 의하여 주어지는 이용권의 범위는 어디까지 미치는 것인가에 대하여는 계약에 명시되지 않는 한 반드시 명확한 것은 아니어서 분쟁이 생길 여지가 많다. 그 경우에는 거래계의 관습이라거나 사회통념에 따라 결정될 수밖에 없으나 우리의 경우는 그 사이 합리적인 저작권 관행이 성립되었다고 볼 수 없어 자칫하면 권리자에게 불리하게 해석되기 쉽다. 특히 새로운 매체의 발달과 더불어 계약 당시에는 전혀 예측하지 못한 이용방식이 나타나고 있으므로 이용계약의 해석도 권리자의 이익이 충분히 보장되는 방향에서 해석되어야 할 것이다. 계약 당시의 상황을 고려하지 않고 매절계약, 전속계약, 일체의 권리의 양도 등의 문언에 현혹되어 기계적으로 해석하면 권리자의 이익을 현저히 해치게 된다. 의심스러운 경우에는 권리자에게 유리하게 해석되어야 함은 물론이지만 계약 당시 양 당사자가 예측하지 못하였던 이용방식에 대해서는 문언여하에 불구하고 당초 계약의 이용허락범위에 포함되지 않는다고 제한적으로 해석되어야 할 것이다.[359]

◈ 참고: 저작권 양도 · 이용허락 표준계약서[360]

문화체육관광부는 2014년 10월 30일, 창작자를 보호하고 저작권 관련 계약 체결을 지원하기 위해 '저작권 양도 · 이용허락 표준계약서'를 마련해 발표했다. 이러한 저작권 양도 · 이용허락 표준계약서를 마련한 이유는 저작물의 종류와 이용 형태가 다양해지고, 저작권 계약 수요가 증가하고 있음에도 그동안 일반적인 저작권 양도와 이용허락을 위한 표준계약서가 없어 개인 창작자는 불리한 계약 내용을 인지하지 못한 채 계약을 체결하는 경우가 많았기 때문이다. 이에 문체부는 공정거래위원회와 협의를 거쳐 개인이 쉽게 사용할 수 있는 '저작권 양도 · 이용허락 표준계약서'와 이에 대한 해설서

---

358) 다만 독점적 이용허락권인 경우는 저작권자를 대위하여 금지청구를 할 수 있다[벽면디자인사건(서울민사지법 1993.12.29.선고 99카합9920 판결); 소리바다사건(대법원 2007.1.25.선고 2005다11626 판결) 참조].

359) 이와 관련하여 독일에서의 '목적양도이론'에 대해서는 박익환, "저작권 계약의 해석에 관한 일 고찰,"「계간 저작권」 제22호, 44면 이하 및 제24호, 29면 이하 각 참조.

360) http://www.mcst.go.kr/web/s_notice/press/pressView.jsp?pSeq=13855. '저작권 양도 · 이용허락 표준계약서'와 해설서는 문화체육관광부 홈페이지와 한국저작권위원회 홈페이지에서 내려 받을 수 있다.

를 마련하였다. 표준계약서는 계약 형태에 따라 양도계약서(2종)와 이용허락 계약서(2종)로 구성되어 있으며, 주요 내용은 다음과 같다

- 개인 창작자가 자신이 가진 권리를 명확히 인지하지 못해 불리한 계약을 체결하는 것을 방지하기 위해 계약서에 복제권, 공연권, 공중송신권 등 저작재산권의 종류를 명시하고 이 중에 양도(이용허락)하려는 권리를 선택하도록 하였다.
- 특히 저작재산권을 전부 양도하는 경우에도 2차적 저작물 작성권은 원칙적으로 창작자에게 있으며, 이를 양도할 경우에는 별도로 특약을 맺도록 했다.
- 계약 금액은 상호 협의하여 지급 방식을 선택할 수 있도록 하고, 창작자에게 제때에 지급될 수 있도록 지급일자 등을 계약서에 명시하도록 하였다.
- 그 밖에도 양도인(권리자)과 양수인(이용자)의 의무, 손해배상, 분쟁해결 절차 등을 규정하여 저작물 이용 시 발생할 수 있는 분쟁을 방지하고자 했다.

◈ 참고: 저작물 이용의 단계[361)]

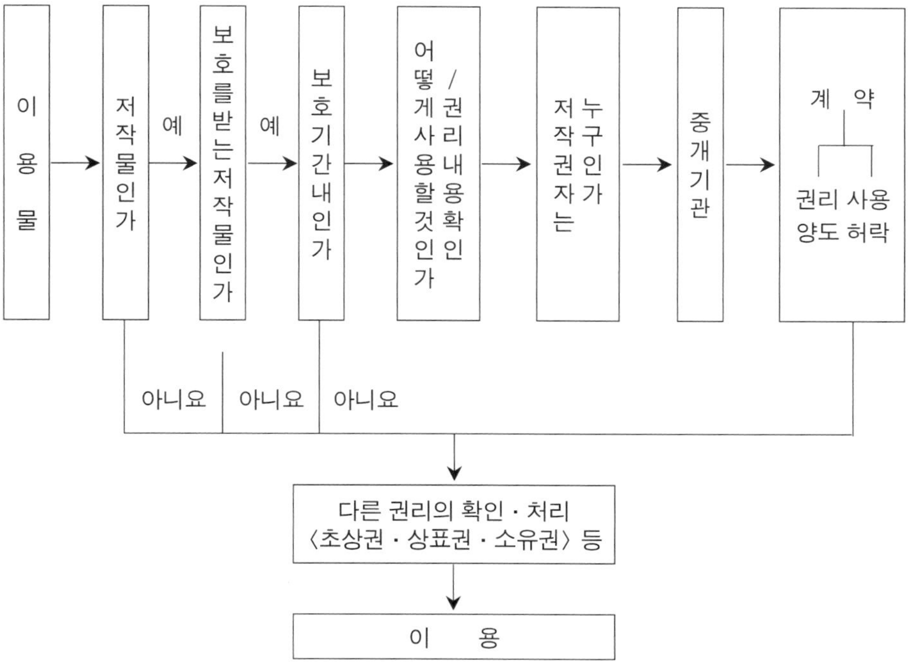

361) 田代貞之 外, 「광고와 저작권」, 29면.

3. 저작권의 질권설정

저작재산권에 대해서는 질권설정이 가능하다(일종의 권리질). 질권이 설정되었다고 하더라도 질권의 목적으로 된 저작재산권은 설정행위에 특약이 없는 한 저작재산권자가 이를 행사한다(법 47조 2항). 저작재산권을 목적으로 하는 질권은 그 저작재산권의 양도 또는 그 저작물의 이용에 따라 저작재산권자가 받을 금전 그 밖의 물건(제57조에 따른 배타적 발행권 및 제63조에 따른 출판권 설정의 대가를 포함한다)에 대하여도 행사할 수 있다. 다만, 이들의 지급 또는 인도 전에 이를 받을 권리를 압류하여야 한다(법 47조 1항).

4. 공동저작물의 저작재산권의 행사

공동저작물의 저작재산권은 그 저작재산권자 전원의 합의에 의하지 아니하고는 이를 행사할 수 없으며, 다른 저작재산권자의 동의가 없으면 그 지분을 양도하거나 질권의 목적으로 할 수 없다.[362] 이 경우 각 저작재산권자는 신의에 반하여 합의의 성립을 방해하거나 동의를 거부할 수 없다(법 48조). 문제는 공동저작자의 일방이 타방의 동의 없이 당해 공동저작물을 스스로 이용하는 경우이다. 학설로서는 "타인에게 이용을 허락하는 경우에 한하지 않고, 스스로 이용하는 경우도 여기에서 말하는 행사에 해당하며, 다른 공유자 전원의 합의가 필요하게 된다."[363]는 견해도 있으나 판례는 그 경우는 설사 타방의 동의가 없더라도 "공동저작물에 관한 저작재산권의 행사방법을 위반한 행위가 되는 것에 그칠 뿐" 저작권 침해로는 되지 아니한다고 한다.[364]

---

362) 공동저작물의 일방 저작재산권자가 다른 저작재산권자의 동의 없이 공동저작물을 타인에게 양도하는 것은 다른 특별한 사정이 없는 한 무효라고 할 것이다(서울중앙지법 2013.11.25.자 2012카합2882 결정).

363) 中山信弘/윤선희, 170면.

364) '친정엄마'사건(대법원 2014.12.11.선고 2012도16066 판결). 반대로 민사사건에서는 침해를 인정하였다(서울남부지법 2013.2.19.선고 2011가합10007 판결).

Ⅲ. 저작권 신탁관리 · 대리중개업

1. 개　설

저작권신탁관리업이란 업으로 저작재산권자, 출판권자, 저작인접권자 또는 데이터베이스제작자 권리를 가진 자를 위하여 그 권리를 신탁받아 이를 지속적으로 관리하는 업을 말하며(저작물 등의 이용과 관련하여 포괄적으로 대리하는 경우를 포함한다), 저작권대리중개업이란 저작재산권자 · 출판권자 · 저작인접권자 또는 데이터베이스제작자의 권리를 가진 자를 위하여 그 권리의 이용에 관한 대리 또는 중개행위를 하는 업을 말한다.

■ 저작권법 제105조의 신탁 및 신탁관리단체의 성질

1) 그 법적 성질은 소위 강학상 신탁법상의 '신탁'에 해당된다고 봄이 상당하고, 따라서 재산권이 외부관계에서뿐만 아니라 내부관계에서도 위탁자로부터 수탁자로 이전되게 되어[365] 수탁자가 재산권의 명의인이 되고 소제기의 권한을 포함하여 모든 재산권의 관리처분권이 수탁자에 속하게 된다.[366]
2) 신탁관리업무가 한국표준산업분류표상의 대리 · 중개 또는 알선업 등의 서비스업에 해당한다고 하더라도 … 그 사업 자체가 수익성을 가진 것이라고 볼 수 없다.[367]
3) 저작권의 신탁관리를 목적으로 설립된 음악저작권협회는 부가가치세가 면제되는 공익을 목적으로 하는 단체에 해당된다고 할 수 없다.[368]

제목	「저작권법」 제2조(포괄적 대리의 범위) 관련 해석 (법제처 2006.4.17.)
회답	음반의 저작재산권자가 소유하거나 소유하게 될 음원의 저작권의 전부 또는 일부를 유무선 기반의 모든 사업자가 사용할 수 있게 허용하는 권한을 대리중개업자에게 일정한 기간동안 독점적으로 위임하고, 그 기간만료 6월 전에 서면에 의한 기간만료통보가 없는 경우에는 그 기간을 1년씩 자동으로 연장하도록 하며, 매출대금의 일정비율을 사무처리를 위한 보수로 지급하도록 하는 등의 내용으로 지적재산권 대리중개계약을 저작권

365) 반면 인격권은 이전되지 아니한다(서울고법 1996.7.12.선고 95나41279 판결).
366) 서울민사지법 1995.9.22.선고 94가합98851 판결; 서울고법 1996.7.12.선고 95나41279 판결; 서울지법 2003.5.28.선고 2002가단123427 판결.
367) 대법원 1996.6.14.선고 95누14435 판결.
368) 대법원 1996.6.14.선고 95누14428 판결.

	대리중개업자와 체결하고, 저작권대리중개업자가 그 계약에 따라 저작물의 이용에 관한 업무를 수행하는 것은 저작권대리중개업자에게 금지된 「저작권법」상의 포괄적 대리에 해당합니다.

제목	「저작권법」 제2조(포괄적 대리의 범위) 관련 해석 (법제처 2008.1.30.)
회답	저작재산권자 등이 관련사업자 및 법무법인과 위임계약을 체결하여 저작권 침해행위에 대응하기 위한 민·형사상 조치 등 저작권 보호 및 이에 부대하는 일체의 행위만을 하는 것은 「저작권법」 제2조 제26호의 저작권신탁관리업에 포함되는 "저작물 등의 이용과 관련하여 포괄적으로 대리하는 경우"에 해당하지 않습니다.

2. 위탁관리업의 허가 등[369)]

저작권신탁관리업을 하려는 자는 대통령령이 정하는 바에 의하여 문화체육관광부장관의 허가를 받아야 하며, 저작권대리중개업을 하고자 하는 자는 대통령령이 정하는 바에 따라서 문화체육관광부장관에게 신고하여야 한다. 다만, 문화체육관광부장관은 「공공기관의 운영에 관한 법률」에 따른 공공기관을 저작권신탁관리단체로 지정할 수 있다(법 105조 1항). 그러나 금치산자, 한정치산자,[370)] 파산선고를 받고 복권되지 아니한 자, 저작권법을 위반하여 벌금 이상의 형의 선고를 받고 그 집행이 종료되거나 집행을 받지 아니하기로 확정된 후 1년이 경과되지 아니한 자 또는 형의 집행유예의 선고를 받고 그 집행유예기간 중에 있는 자, 대한민국 내에 주소를 두지 아니한 자 및 이들이 대표자 또는 임원으로 되어 있는 법인 또는 단체는 허가를 받거나 신고할 수 없다(법 105조 3항). 허위 기타 부정한 방법으로 허가를 받거나 신고를 한 경우에는 취소의 대상이 된다(법 109조 2항). 허가를 받지 아니하고 저작권신탁관리업을 하는 자에 대해서는 1년 이하의 징역 또

369) 우리 저작권법상 규제의 방법: 우리는 저작권법 제105조 이하에서 이들에 대해 2단계의 규제를 하고 있다(허희성, 앞의 책, 209면 참조).
1. 제1단계: 저작권위탁관리업의 허가제 등(저작권법 105조) 및 그 위반자에 대한 제재(저작권법 137조, 138조)
2. 제2단계: 저작권위탁관리업자의 보고의무 등(저작권법 106조, 108조) 및 그 위반자에 대한 제재(저작권법 109조, 저작권법 142조)

370) 우리 민법상 금치산자나 한정치산자 제도는 제한능력자 제도로 대체되었다. 종래의 금치산자에 해당하는 피성년후견인, 한정치산자에 해당하는 피한정후견인이 그것이다.

는 1천만원 이하의 벌금에 처하며(법 137조 4호), 신고를 하지 아니하고 대리중개업을 하는 자 또는 영업의 폐쇄명령을 받고 계속 영업을 하는 경우는 500만원 이하의 벌금에 처한다(법 138조 5호).

한편 이들 신탁관리업자는 저작재산권자 등으로부터 소정의 수수료를 받을 수 있되 그 요율 및 금액은 문화체육관광부장관의 승인을 얻어야 한다.[371] 이 경우, 문화체육관광부장관은 대통령령으로 정하는 바에 따라 이해관계인의 의견을 수렴하여야 한다(법 105조 4항, 5항).

3. 신탁관리업자의 권리와 의무

1) **권 리** 저작권신탁관리업의 허가를 받은 자는 그가 신탁관리하는 저작물 등을 영리목적으로 이용하는 자에 대하여 당해 저작물 등의 사용료 산정에 필요한 서류의 열람을 청구할 수 있다. 이 경우 이용자는 정당한 이유가 없는 한 이에 응하여야 한다(법 107조).

2) **의 무** 신탁관리업자는 원하는 자에게 자신이 관리하는 저작물의 목록을 열람시킬 의무가 있으며(법 106조 1항), 저작물 등의 이용계약을 체결하기 위하여 필요한 정보를 서면으로 제공하여야 한다(법 106조 2항). 또 음반의 사용과 관련하여 문화체육관광부장관은 이용자의 편의를 위하여 필요한 경우 저작권신탁관리업자 및 보상금수령단체에게 통합 징수를 요구할 수 있고, 이들은 정당한 사유가 없는 한 이에 따라야 한다(법 106조 3항). 하나의 음반을 이용하기 위해서는 저작권자, 실연자 및 음반제작자의 허락을 받거나 이들에게 보상하여야 한다. 하나의 음반을 이용함에 있어 이들 각각이 권리행사를 한다면 이용자로서는 매우 번거럽고 중복하여 이용료를 내는 것 같은 느낌을 갖게 된다. 이에 2016년 개정법은 문화체

---

371) 제105조 제5항은 "저작권신탁관리업자가 이용자로부터 받는 사용료의 요율 또는 금액은 저작권신탁관리업자가 문화체육관광부장관의 승인을 얻어 이를 정한다"고 규정하고 있으나, 위 규정은 저작권신탁관리업자가 저작물 이용자들과 이용계약을 체결하고 계약에 따라 사용료를 지급받는 경우에 적용되는 규정일 뿐, 저작권신탁관리업자가 법원에 저작권 침해를 원인으로 민사소송을 제기하여 손해배상을 청구하는 행위를 제한하는 규정이라고 해석되지 않는다. 따라서 설령 위 규정에 따라 승인받은 사용료의 요율 또는 금액이 없더라도 저작권 침해를 원인으로 한 손해배상청구권을 행사하는 데 아무런 장애가 되지 않는다['롯데하이마트' 사건(대법원 2016.8.24.선고 2016다204653 판결)].

육관광부장관이 통합징수를 하도록 요구할 수 있는 법적 근거를 마련하였다.

4. 위탁관리업자에 대한 감독 등

저작권위탁관리업자에 대한 감독은 문화체육관광부장관이 행한다. 문화체육관광부장관은 저작권위탁관리업자에게 저작권위탁관리업의 업무에 관하여 필요한 보고를 하게 할 수 있으며(법 108조 1항), 저작자의 권익보호와 저작물의 이용편의를 도모하기 위하여 저작권위탁관리업자의 업무에 대하여 필요한 명령을 할 수 있다(법 108조 2항). 한편 위탁관리업자가 과당수수료를 받은 경우, 보고의무를 해태하거나 허위보고를 한 경우 및 문화체육관광부장관의 명령을 불이행한 경우, 통합징수 요구를 받고 정당한 사유 없이 이에 따르지 아니한 경우에는 6월 이내의 기간을 정하여 업무의 정지를 명할 수 있으며(법 109조 1항), 이러한 정지명령에도 불구하고 업무를 계속한 경우에는 허가를 취소하거나 영업폐쇄명령을 할 수 있다(법 109조 2항). 영업폐쇄나 허가취소 등의 경우에는 청문을 실시하여야 한다(법 110조 참조).

한편 2006년 개정법은 업무정지처분이나 허가취소보다는 이에 상당하는 제재수단으로 대통령령으로 정하는 바에 따라 직전년도 사용료 및 보상금 징수액의 100분의1의 과징금을[372] 대신 부과할 수 있는 과징금제도를 도입하였다. 이것은 종래 저작물별로 하나의 위탁관리단체에 신탁관리를 허가해주고 있었고, 따라서 신탁관리단체의 업무정지나 허가취소는 그 저작물 전체의 원활한 이용을 저해하고 더 나아가서 저작권자의 이익을 손상시킬 수 있었다. 그러므로 과징금제도는 이에 대한 보완책이다.

◇ 참고: 최초의 음악저작권협회 = SACEM

음악저작권협회의 발상은 프랑스의 SACEM이다. 프랑스에서는 혁명 후 곧 저작권법이 성립되어 복제권이나 연주권을 저작자에게 인정하였다. 그러나 당시의 흥행주는 저작권을 무시하고 사용료를 지급하지도 아니한 채 무단으로 저작물을 이용하였다. 그러한 상황이 저작권법 성립 후 약 반세기 이상 계속되었다. 이것은 저작권협회라고 하는

372) 다만, 징수금액을 산정하기 어려운 경우에는 10억 원을 초과하지 아니하는 범위에서 과징금을 부과 · 징수할 수 있다.

기구를 설립하여 단체에서 저작권료를 징수한다는 생각을 미처 못했기 때문이다.
1847년 작곡가 브루제는 친구 바리조와 함께 샹젤리제의 음악다방 '앙바사돌'에 갔던 바 우연히 자기가 작곡한 곡이 연주되었다. 음식대를 지급할 차례가 되자 그들은 다방 주인이 자기의 음악을 무단연주한 대가를 주지 않는 한 자기들도 음식값을 줄 수 없다고 거절하였다. 그들은 이에 만족하지 않고 센 상사법원에 제소하였다. 법원은 '앙바사돌'에서 브루제의 음악을 연주하는 것을 금지하는 판결을 내렸다. 그러나 주인이 이 판결에 따르지 않았기 때문에 재차 소송을 제기하여 손해배상을 청구하였다.
이 사건을 계기로 바리조, 브루제, 폴 앙이옹의 3명은 출판자 '코롱비에'의 도움을 받아 '음악 작사자 작곡자 저작권사용료 징수 중앙대리기구'를 설립, 221명의 회원을 모집하였다. 1851년 2월, 회원에 대한 최초의 분배가 있었다. 최초의 성공에 힘을 얻은 발기인들은 '음악작사자작곡자출판자협회', 약칭 SACEM을 창설하였다. 1878년 SACEM은 외국에 진출하여 사용료 징수를 개시하였다. 유럽제국의 저작권협회는 SACEM을 모델로 하여 만들어진 것이다(자료: 日本 有斐閣, 「저작권판례백선」, 212면에서).

◇ 우리나라 집중관리단체

현재 저작권 등을 집중관리하는 단체는 13개이다. 이들은 크게 저작권을 관리하는 단체와 저작인접권을 관리하는 단체로 나누어 볼 수 있다.
첫째, 저작권을 관리하는 단체로서 이는 다시 저작물 분야별로 세분된다. 여기에는 음악저작권을 관리하는 '한국음악저작권협회'와 '함께하는 음악저작인협회', 문예 · 학술저작권을 관리하는 '한국문예학술저작권협회', 영상물에 관한 '한국시나리오작가협회', 한국영화제작자협회, 한국영상산업협회, 방송작가의 저작권을 관리하는 '한국방송작가협회', 디지털문화콘텐츠에 관한 한국콘텐츠진흥원이 있다. 이들 단체는 저작권법 제7장에서 규정하는 저작권위탁관리업체로 저작권을 신탁받아 관리하는 신탁관리업을 영위하는 집중관리단체이다.
둘째, 저작인접권 부문에서의 단체이다. 여기에는 실연자의 권리에 관계된 '한국음악실연자단체연합회'와 '한국방송실연자협회', 음반제작자의 권리에 관계된 '한국음반제작자협회'가 있다. '한국음악실연자연합회'와 '한국음반제작자협회'는 신탁관리단체일 뿐만 아니라 저작권법 제75조, 제76조, 제76조의2와 제82조, 제83조, 제83조의2에 의거하여 상업용 음반의 방송사용 등에 대한 사용료청구권을 각기 행사할 수 있는 지정단체이다.
한편 2000년 '한국복사전송권협회'(현 '한국복제전송저작권협회')가 창설되었다. 이것은 공중복사기에 의한 복사가 사적 사용에서 벗어남에 따라 그 권리처리를 하기 위한 것으로 저작권단체, 대한출판문화협회, 학술단체연합회 등이 참여하고 있다. 이 단체는 일본의 복사권센터를 모범으로 한 것인데[373] 일본 복사권센터와 달리 전송권까지 권리처리를 하겠다는 점에 특색이 있다. 또 교과서 보상금 등을 징수할 수 있는 지정단체이다.

| 제12절 | 저작권 침해에 대한 구제

Ⅰ. 권리침해

1. 권리침해의 의의

권리침해라 함은 권원 없이 권리목적물을 이용해서 타인의 권리를 해하는 것이다. 권원 없이 이용한다는 것은 저작권자 등의 승낙 기타 정당한 권한 없이 이용한다는 의미이며, 저작권 제한규정에 의해 자유이용이 인정되는 경우나 법정허락규정에 의해 권한 있는 기관의 허락을 받은 경우 등은 권원 있는 이용이고 저작권 침해를 구성하지 아니한다. 권리목적물이란 저작물, 2차적 저작물 등과 실연·음반·방송 등 저작인접권의 대상을 말한다.

2. 저작권 침해의 형태

저작권법상의 권리침해는 ⅰ) 저작재산권 침해, ⅱ) 저작인격권 침해, ⅲ) 출판권 침해, ⅳ) 저작인접권 침해의 4가지 형태로 분류할 수 있다. 또 저작권자 등의 권리보호에 만전을 기하기 위하여 이들 분류에는 직접 해당하지 아니하나 실질적으로는 이들 침해행위와 동일시할 수 있는 일정한 행위에 대해서도 법은 권리침해행위로 보고 있다(법 124조 참조).

---

373) 일본 복사권센터는 ⅰ) 널리 저작권자로부터 복사 등에 관한 권리행사의 위탁 또는 사무의 위탁을 받아 이것을 관리하며, ⅱ) 이용자와의 사이에 복사이용허락계약을 체결하고, 복사사용료를 징수하며, ⅲ) 징수한 사용료를 권리위탁자에게 분배한다. 복사권센터가 계약의 대상으로 하는 것은 동 센터가 관리하고 있는 저작물인바, 그 복사 대상범위는 소부분, 소 部數의 복사로서 일반 공중에게 배포를 목적으로 하지 않는 것이다.

(1) 저작재산권 침해의 유형

1) 무단이용 저작물의 무단이용에는 완전한 의미에 있어서의 복제, 즉 해적행위가 있고 이 경우는 이론상 문제가 되지 아니한다. 실제로 어려운 문제는 유사한 형태의 침해에 있어 일어난다. 원래 작풍이나 스타일의 모방, 아이디어의 이용은 저작권을 침해하는 것은 아니고 표현의 도용(plagiarism)만이 침해를 구성한다(아이디어/표현 2분법). 또 표현의 형식을 바꾸어도 저작권의 침해이다. 예컨대 소설을 영상화하거나 연극화하는 경우라든가 음악적 저작물의 편곡의 경우 등은 모두 저작권자의 허락을 받아야 하며, 허락 없이 하는 형식의 변환은 저작권 침해이다(법 5조, 22조 참조).

◈ 방송 프로그램의 포맷

방송 등의 표절시비 내지는 외국 방송 프로그램 베끼기와 관련하여 자주 등장하는 용어가 '포맷'이라는 용어이다. 여기서 '포맷이란 프로그램이 기초하고 있는 기본적 아이디어나 전제(a format being the basic idea or premise upon which a program is based)'를 말한다.[374] 프로그램 제작에 관한 전문서적에 의하면 포맷은 프로그램에 대한 약식 기획(informal plan)으로 프로그램의 시작부터 종료까지 연출자가 보고 듣고 할 내용을 이야기하듯 서술해 놓은 것이라고 설명한다.[375] 저작권법 측면에서 문제가 되는 것은 주로 시리즈 물에서 당해 프로그램의 일체성을 확보하고, 당해 프로그램을 다른 프로그램과 구별할 수 있는 고정되고 반복되는 요소이다. 대체로 이들은 저작권법상 보호되기 힘든 아이디어 영역에 속하는 경우가 많을 것이다. 다만 포맷에서 더 나아가 전체적인 줄거리나 에피소드 등이 비슷한 경우에는 저작권침해로 될 가능성이 높다.

한편 이러한 포맷이 저작권법으로 보호되지 못한다고 하더라도 오늘날의 국제적인 관행은 참신하고 새로운 포맷을 대가를 주고 구입하는 경향이 강하다는 사실이다. 미국 판례도 저작권에 의한 보호 여부를 정면에서 언급함이 없이 재산권 이론(property theory)을 통해 보호한 사례가 상당히 있다.

또 최근에는 새롭고 구체적인 포맷은 저작권법으로 보호하여야 한다는 주장이 강하게 일고 있다.

저작권 침해라고 하기 위해서는 두 가지 요건을 충족하여야 한다. 하나는 원

---

374) Nimmer, *Nimmer on Copyright*, §16.02(16-6면). 포맷의 보호와 관련된 우리 문헌으로는 박성호, 「문화산업법」, 한양대학교 출판부, 2012, 163-169면 참조.

375) 김영임, 「TV제작입문」, 68면(이호흥, "저작권법상 '프로그램베끼기'의 한계," 「계간 저작권」, 1999년 봄호, 52면에서 재인용).

고에게 저작권이 있을 것, 또 하나는 피고에 의한 도용이 있을 것이다. 도용하였다는 것을 직접적인 증거에 의하여 입증하기는 곤란하므로 이를 추정할 수 있는 간접사실로서 ⅰ) 피고가 원고저작물을 도용할 수 있는 상당한 기회를 가졌다는 의미에서의 '접근'과, ⅱ) 원고의 저작물과 피고의 저작물간에 있어서 '실질적 유사성'이다.[376]

① 접 근 첫째, 독자적으로 창작한 것이 아니고 저작물을 도용하였다고 볼 만한 증거[이를 미국 판례들은 접근(access)이라고 표현한다]가 있어야 한다. 이는 정황증거에 의하여 판단되지만 원고의 저작물이 널리 알려져 있다거나 피고가 원고의 저작물에 접근할 기회가 있었다거나 유사성이 현저하거나(striking similarity)[377] 또는 공통의 오류(common error, 지도저작물 등에 일부러 오류를 만들어 두는 예도 있다고 한다)가 있다면 access가 사실상 추정된다. 유사성이 크면 클수록 우연의 일치나 독립제작 또는 공통소재나 공유저작물의 이용이라는 항변은 고도의 반증을 요한다.[378]

[판례 1] 「꼬마철학자」 사건(서울민사지법 1988.3.18.선고 87카53920 판결)

원작의 문체가 간결하고 그 내용도 생략과 비약이 심하여 번역을 함에 있어서 원문을 상당히 의역하고 원작에 없는 부분까지 창작하여 첨가한 경우, 제2의 번역물이 원문의 의역부분 및 원문에 없는 창작 · 첨가부분까지도 유사 또는 동일하게 번역된 때에는 표절한 것이 분명하다고 보아야 한다.

376) 법조문 어디에도 없는 '표현의 실질적 유사'까지도 침해로 인정하는 이유는 우리법이 저작권자의 권리로 복제권은 물론 2차적 저작물 작성권까지도 인정하기 때문이다.

377) '선덕여왕'사건(대법원 2014.7.24.선고 2013다8984 판결)에서 대법원은 "덕만공주의 서역 사막에서의 고난, 서역의 문화와 사상의 습득, 덕만공주와 미실의 정치적 대립구도, 덕만공주와 김유신의 애정관계, 미실 세력으로 인한 진평왕의 무력함 등에 대하여 유사한 점이 있으나 구체적인 내용에는 차이가 있고, 주제, 인물의 성격과 역할, 인물 사이의 관계, 줄거리, 구성 역시 차이가 있어 이들이 양 작품 사이의 현저한 유사성을 인정할 수 있는 근거가 되기는 어렵다"고 의거성을 부정하였다. 반면 다음의 '폭스 헤드' 사건에서는 현저한 유사성을 인정하였다.

378) 이때에는 저작권법에 의하여 보호받는 표현뿐만 아니라 저작권법에 의하여 보호받지 못하는 표현 등이 유사한지 여부도 함께 참작될 수 있다(대법원 2007.3.29.선고 2005다44138 판결; 대법원 2014.1.29.선고 2012다73493 판결 참조).

[판례 2] '폭스 헤드' 사건(대법원 2014.12.11.선고 2012다76829 판결)

저작권법이 보호하는 복제권이나 2차적 저작물작성권의 침해가 성립되기 위하여는 대비대상이 되는 저작물이 침해되었다고 주장하는 기존의 저작물에 의거하여 작성되었다는 점이 인정되어야 한다. 이와 같은 의거관계는 기존의 저작물에 대한 접근 가능성, 대상 저작물과 기존의 저작물 사이의 유사성이 인정되면 추정할 수 있고, 특히 대상 저작물과 기존의 저작물이 독립적으로 작성되어 같은 결과에 이르렀을 가능성을 배제할 수 있을 정도의 현저한 유사성이 인정되는 경우에는 그러한 사정만으로도 의거관계를 추정할 수 있다(대법원 2014.5.16.선고 2012다55068 판결, 대법원 2014.7.24.선고 2013다8984 판결 등 참조).

♣ coffee break

다음에 소개하는 '귀신이 산다'는 영화의 저작권 분쟁에는 채권자가 오해할 소지가 없었던 것은 아니다. 판결문에 보면「채권자는 이 사건 소설의 출판 직후인 2003.2.12. 그 영화화를 위하여 채무자 회사의 전무에게 이 사건 소설을 전달하며 제작비에 대한 투자의사를 타진하였으나, 거부한 바 있고, 또 채무자 회사에서 귀신을 소재로 한 영화를 제작하려 한다는 소문을 접하게 된 채권자는 이 사건 영화의 최종대본이 완성되기 전인 2003.12.10. 이 사건 영화의 감독에게 이 사건 소설을 건네주며 저작권 침해 여부를 검토하고 유사한 부분이 있으면 수정해 달라고 요구한 일도 있었다.」는 것이다. 이를 기초로 법원은 두 작품 사이의 의거관계는 추정된다고 보았고, 이것이 이 사건의 발단이 되었다고 짐작된다. 오얏나무 아래에서 갓끈을 고쳐 쓰면 의심받기 십상이다. 그러므로 쓸데없이 의심받지 않도록 주의해야 할 일이다. 다음은 쓸데없는 분쟁을 피하기 위한 유니버설 영화사의 방침이다.[379]

> While we are always happy to hear from you, it is Universal's policy not to accept or consider creative materials, ideas, or suggestions other than those we specifically request. This is to avoid any misunderstandings if your ideas are similar to those we have developed independently.[380]

379) http://www.universalstudios.com/contact_us_hv.php

380) (가역) 당신으로부터 듣는 것은 언제나 우리의 기쁨이기는 하지만 우리가 특별히 부탁한 것 이외의 창작적 자료들이나 아이디어, 또는 제안을 받아들이거나 고려하지 않는 것이 '유니버설'의 방침입니다. 이것은 만약 당신의 생각이 우리가 이미 독자적으로 개발한 생각과 유사한 경우에 일어날 수 있는 오해를 피하기 위한 것입니다.

② 실질적 유사성 둘째, 두 작품 간에 실질적 유사성(substantial similarity)이 있어야 한다. 대비된 저작물이 질적 또는 양적으로 어느 정도로 이용되었으면 저작권 침해가 긍정되는 실질적 유사성이 인정될 수 있는지는 대단히 어려운 문제이다.

i) 당해 저작물의 창작성이 어디에 있고 창작성의 크기가 어느 정도이냐에 따라 달라진다. 실질적 유사성은 창작성 있는 부분, 즉 개인적 연원(individuelle Quelle)인 것에 한정되어야 하므로 창작성이 없는 부분만 유사하다면 저작권 침해는 성립될 수 없다.

ii) 창작적 표현이 유사하여야 하며 아이디어를 이용하였다는 것만으로는 저작권 침해가 성립될 수 없다. 저작물의 구성부분 중 일반 공유재산으로 볼 수 있는 일반적 연원(allgemeine Quelle)인 것은 자유이용이 가능하며, 그것 때문에 유사하게 되었다면 저작권 침해가 아니다(아이디어/표현 2분법).

[판례] O'Neill v. Dell Publishing Co., 630 F. 2d 685 (1st Cir. 1980)

원고가 '어디서도 돌아오지 않았다'(Return to Nowhere)는 제목으로 2차 대전 때 잠수함의 승무원이 잠수함과 함께 빙산에 묻혀 30여년이 지난 뒤 그 잠수함과 함께 수면에 나타난 것을 시간적 충격(time shock)으로 묘사한 소설을 썼다[원고형태로 있으며, 공간(公刊)되지 아니하였다]. 다른 작가가 그 아이디어를 구체화하여 '유령의 배'(Ghost Boat)라는 제목으로 초자연으로의 항해를 묘사하는 시간적 격차(time gap)를 주제(theme)로 소설을 썼다. 제1심 법원은 피고에게 유리하게 판단하면서 "Return to Nowhere"는 "Rip Van Winkle"의 주제를 차용하였다고 보았다. "접근과 복제를 가정하더라도 「Ghost Boat」에 포함된 「Return To Nowhere」의 유일한 부분은 30년 후에 불가사의하게 수면으로 떠오른 2차대전시 실종된 잠수함이라는 아이디어 또는 관념일 뿐"이라고 보았다. 제1심과 항소심 모두 표현의 실질적 유사성(substantial similarity of expression)이 없으므로 저작권 침해가 인정되지 않는다고 판시하였다.

■ 우리 판례에 나타난 아이디어의 예

[판례 1] 한복문양 사건(대법원 1991.8.13.선고 91다1642 판결)

어머니 저고리의 깃, 섶, 소매, 단, 바탕 등에 바탕천과 다른 색의 띠나 일정한 문양을 넣은 띠를 수직 또는 수평으로 덧대어 실용성과 심미감을 더하는 의복제작기법은 삼국시대 이전부터 사용되어 오던 것임을 인정할 수 있으므로 원고의 위 저작물 중 치마

폭 이음새마다 바탕색과 다른 색 띠를 수직으로 덧대거나 띠 안에 무늬를 넣는 방법 자체는 종래의 문화적 유산에 속하는 것[이며, 아이디어 부분에 해당한다].

[판례 2] 희랍어 분석방법 사건 [대법원 1993.6.8.선고 93다3073, 3080(반소) 판결]

저작권자의 강의록에 사용된 것과 동일한 내용의 키 레터(KEY-1etters)를 분석방법론으로 사용하고 그 이론을 이용하여 희랍어의 문법에 관한 자신의 저서에 사용하였지만, 그 분석방법론은 독창적이라 하더라도 보호대상이 아닌 아이디어의 영역에 속한다.

[판례 3] 한글교육교재 「두리두리」 사건(대법원 1996.6.14.선고 96다6264 판결)

신청인이 제작 · 판매하고 있는 한글교육교재 「두리두리」는 그 소재인 글자교육카드의 선택 또는 배열에 창작성이 있다고 할 수 없어 이를 편집저작물로 볼 수 없고, 신청인의 한글교육교재가 채택하고 있는 순차적 교육방식이라는 것은 아이디어에 불과하여 저작물로서 보호받을 수 없다.[381]

[판례 4] '솔섬 사진' 사건(서울중앙지법 2014.3.27.선고 2013가합527718 판결; 서울고법 2014.12.4.선고 2014나2011480 판결)

동일한 피사체를 촬영하는 경우 이미 존재하고 있는 자연물이나 풍경을 어느 계절의 어느 시간에 어느 장소에서 어떠한 앵글로 촬영하느냐의 선택은 일종의 아이디어이다.

원고의 사진: 흑백

피고의 사진: 컬러

그러므로 어느 것이 아이디어이고, 어느 것이 표현인지는 매우 중요하다. 이하에서는 보호받지 못하는 아이디어와 보호받는 아이디어의 표현을 구분하는 방법에 대해서 살펴보기로 한다.

---

381) 아이디어로서 저작권법의 보호를 받을 수 없다고 판시한 사건: 한자 학습방법 사건(일명 '자원부호(字源符號)'사건; 서울고법 2008.6.10.선고 2007나87117판결), 고려수지침요법 사건(서울중앙지법 2008.10.9.선고 2006가합83852판결) 등.

◈ 추상화 기준(abstractions test)

1930년 핸드(Learned Hand) 판사는 Abie's Irish Rose 라는 인기 있는 희곡의 작가가 영화 The Cohens and the Kelly를 제작한 자를 상대로 제소한 니콜스 사건에서 추상화 기준을 설정하였다. 두 작품의 줄거리는 아일랜드계와 유태계 자녀가 그들 부모의 편견 때문에 비밀리에 결혼을 하나 각 작품의 말미에는 손자의 출현으로 서로 화해한다는 내용이다. 두 작품은 이러한 내용과 몇 개의 유태인의 상투적 어구를 제외하면 거의 공통점이 없다.

	(원고 작품) Abie's Irish Rose	(피고작품) The Cohens and the Kelly
가족 배경 및 사상	(신랑측)유태인 홀아비와 아들=며느리가 반드시 유대교인이어야 한다. * 뉴욕거주 (신부측)아일랜드인 홀아비와 딸=사위가 천주교도여야 한다. * 아버지는 캘리포니아거주	신랑측(아일랜드인) 및 신부측(유대인) * 두 가족 모두 뉴욕 빈민가 거주[그 후 신부측은 많은 재산상속을 받아(받은 것으로 알고) 대저택으로 이사] * 양측 부인들 모두 생존
갈등의 시작(起)	종교가 서로 다른 양가 자녀가 결혼함으로써 갈등	애초부터 이웃에 살면서 서로 앙숙; 두 아들 및 개까지도. 그런데 두 집안의 아들딸이 사랑에 빠져 결혼.
갈등의 증폭(承)	두 아버지는 자기의 자식들이 이교도와 결혼한다는 사실을 알고 격분하였고, 결혼을 취소시키려고 하였다.	신부가 손자를 낳자 신랑측 아버지가 손자를 보러 갔으나 유대인이 이를 보지 못하게 하자 서로 싸우다 며느리와 손자를 데리고 가난한 자기 집으로 돌아온다.
화해의 실마리(轉)	1년 후 손자 및 손녀(쌍둥이)의 출생. * 양가의 아버지는 쌍둥이인 줄 모른다.	유대인의 딸과 결혼하려고 했던 변호사는 그것이 불가능하게 되자 유대인에게 실은 유산이 아일랜드인의 것이었음을 밝히며, 상속재산을 나누어 갖자고 제의하나 유대인은 이를 거절한다.
화해(結)	크리스마스를 맞아 손자 및 손녀를 만나볼 생각으로 각기 손자 선물과 손녀 선물을 들고 젊은 부부 집으로 찾아가다 만난 할아버지들은 손자냐 손녀냐를 두고 서로 다투다가 남녀쌍둥이가 태어나 각기 할아버지 이름을 가지고 있다는 사실을 알고 서로 화해한다.	유대인 아버지는 아일랜드인 집으로 가 상속재산에 관련된 사실을 밝히고 재산을 넘겨주려 하자 아일랜드인은 재산을 똑같이 나누어 가지자고 하면서 서로 화해한다.

핸드 판사는 표현으로부터 아이디어를 분리하는 기준을 설정하였고 이것이 추상화 기준이다. 그는 "어느 저작물이라도 그렇지만 특히 희곡에 관해서는 개개의 사건을 점차 제거해 가면 일반성이 증가되어 이러한 일반성이 증가된 많은 패턴들이 어느 작품에나 아주 잘 들어맞게 된다. 아마도 최종적으로 남는 것은 어떠한 연극인가 하는 것, 경우에 따라서는 제목만이 남을지도 모른다. 그러나 이 일련의 추상화 중에서 더 이상 보호가 될 수 없는 지점이 있다"고 보았다. 그것이 아이디어이다. 그런데 이 사건에서 공통된 요소는 유대인 아버지와 아일랜드인 아버지의 다툼, 그들 자식들의 결혼, 손자의 출생 그리고 화해뿐이다. 이것은 저작권으로 보호될 수 없는 아이디어인가, 아니면 저작권으로 보호되는 표현인가. 핸드 판사는 이러한 것은 아이디어이며, 누구든지 이용할 수 있다고 보았다. 아마도 니콜스 사건[382]의 원고를 제외하고는 누구도 이 판결에 동의할 것이다. 확실히 이러한 아이디어, 소재를 가지고 창작활동을 하여 작품을 만드는 것은 작가의 역량이며, 일반인도 동일한 자료를 가지고 작가들이 어떻게 요리하는지를 지켜볼 권리가 있다. 바로 그 부분이 작가의 개성이 표현된 본질적 부분이라고 보아야 할 것이다.[383]

종래 아이디어/표현 2분법이 갖는 이중성 때문에 적지 않은 혼란이 있었다. 즉, 아이디어/표현 2분법의 한 측면은 저작권의 외적 한계와 관련되며, 이것은 특허권 같은 다른 권리와 관계에서 문제된다. 또 하나는 저작권의 내적 한계와 관련된 것이다. 미국에 있어서 전자의 대표적 판례가 Baker v. Selden 사건(101 U.S. 99, 25 L. Ed 841 (1879) 이라면, 후자의 대표적 판례는 앞서 살펴본 니콜스 판결이다.

◈ 유형분석기준(pattern test)

앞의 추상화기준에 대해서는 많은 비판 혹은 보완하는 이론이 주장되었다. 그 중 하나가 Zechariah Chaffee 교수가 주장하는 유형분석기준이다. 니콜스 사건에서 핸드 판사는 아이디어와 아이디어의 표현 사이에는 "누구도 그 경계를 그을 수 없었고 앞으로도 그럴 것이다"고 보았다. 그러나 Chaffee 교수는 "저작자의 생각과 그 생각의 구체적인 표현 어디엔가에 경계선이 있는 것은 틀림이 없다. 저작권법은 저작물의 유형(pattern), … 사건의 진행, 등장인물들의 상호작용의 전개를 보호한다."[384] Nimmer 교수는 유형분석기준을 「로미오와 줄리엣」 및 「웨스트 사이드 스토리」에 적용하여 다

382) Nicols v. Universal Pictures Corporation, 45 F.2d 119(2d Cir. 1930), cert. denied 282 US 902, 52 S.ct. 216 (1931).

383) 독일식으로 표현하면 "개인적 연원" 부분이다.

384) Chaffee, "Reflections on the Law of Copyright," 45 *Colum. L. Rev.* 503, 513(1945), Nimmer, §13.03[A] 13-22에서 재인용. 이 밖에 비판 내지는 보완하는 이론에 대해서는 Nimmer, 위의 책, §13.03(A); 이성호, "저작권침해여부의 판단기준," 「지적재산권법강의」, 302면 이하; 황희철, "컴퓨터프로그램보호법," 「지적재산권법강의」, 355면 각 참조.

음과 같은 13개의 패턴을 이끌어 낸 후 두 작품의 실질적 유사성을 긍정한다.

① 소년 소녀는 모두 적대관계에 있는 집안에 속해 있다.
② 그들은 무도회에서 만난다.
③ 그들은 밤에 발코니에서 사랑을 고백한다.
④ 소녀는 다른 남자와 약혼한다.
⑤ 소년 소녀는 결혼을 맹세한다.
⑥ 적대되는 두 집안사람들이 만나게 되고 그 현장에서 소녀의 사촌이(오빠가) 소년의 가장 친한 친구를 살해한다.
⑦ 이러한 사건은 소년이 폭력을 피하기 위해 친구를 말렸기(stay the hand) 때문에 일어난 것이다.
⑧ 그 보복으로 소년은 소녀의 사촌을(오빠를) 살해한다.
⑨ 그 결과 소년은 망명한다(잠적한다).
⑩ 소녀가 소년을 만나는 계획을 설명하는 편지가 잠적해 있는 소년에게 보내진다.
⑪ 위 편지는 소년에게 전달되지 않는다.
⑫ 소년은 소녀가 죽었다는 잘못된 연락을 받는다.
⑬ 슬픔에 젖어 소년은 자살한다(자신이 살해되도록 한다).

이와 대조적으로 Robert C. Osterberg 등[385)]은 조지 스티븐스 감독의 1953년작 서부영화인 "Shane"과 클린트 이스트우드 감독의 1985년작 서부영화인 "Pale Rider"를 비교하면서 두 작품은 아래와 같이 일반적인 전개과정에서 유사성을 보이지만 세부적으로 너무 다르기 때문에 전체적으로 양자는 확연히 구분된다고 보았다.[386)]

Shane	Pale Rider
① 지역 농부들이 그 지역에 강한 이해관계를 가진 사람(cattle baron)들과 대립한다. ② cattle baron은 농부들을 몰아내기 위하여 비열한 수법을 사용한다. ③ 주인공이 말을 타고 마을로 들어와서 한 농부의 가족들과 함께 머물면서 cattle baron에 맞서 싸울 것을 권유한다. ④ 그 가족의 소년은 주인공을 영웅으로 생각한다. ⑤ cattle baron은 악한 총잡이에게 농부들을 몰	① 지역에서 금을 채광하는 광부들이 그 지역에 강한 이해관계를 가진 채광회사와 대립한다. ② 채광회사들은 광부들을 몰아내기 위하여 비열한 수법을 사용한다. ③ 주인공이 말을 타고 마을로 들어와서 한 광부의 가족들과 함께 머물면서 채광회사에 맞서 싸울 것을 권유한다. ④ 그 가족의 소녀는 주인공을 영웅으로 생각한다. ⑤ 채광회사는 악한 총잡이에게 광부들을 몰아

385) Robert C. Osterberg/Eric C. Osterberg, Substantial Similarity in Copyright Law, PLI, 2008, §4:2(4-5).
386) 보다 자세한 것은 권영준, 「저작권침해판단론」, 박영사, 2007, 179-181면 참조.

아내 줄 것을 부탁한다. ⑥ 주인공과 악당사이에 권총 결투가 벌어진다. ⑦ 마침내 주인공이 승리한 뒤 말을 타고 떠나는데 농부들은 감사하게 생각하고 소년은 슬퍼한다.	내 줄 것을 부탁한다. ⑥ 주인공과 악당 사이에 권총 결투가 벌어진다. ⑦ 마침내 주인공이 승리한 뒤 말을 타고 떠나는데 광부들은 감사하게 생각하고 소녀는 슬퍼한다.

한편 우리법원도 '여우와 솜사탕' 사건[387]에서 "이 사건 1 대본과 이 사건 2 대본 및 드라마의 구체적인 줄거리나 사건의 전개과정을 보면 아래와 같은 차이에도 불구하고 양자 사이에는 실질적 유사성이 인정된다. 즉 [①~(중략)~⑧…] 점 등에 있어서 차이점은 발견되나, 이 사건 2 대본 및 드라마 1회부터 38회까지 사이의 남녀 주인공의 사랑 이야기 부분에 있어, ① 기풍의 측면에서 남자주인공의 집안은 남성위주의 가부장적 분위기이며 여자주인공의 집안은 여성위주의 개방적인 분위기라는 대조적 양상을 띠고 있고, 여자주인공은 모두 학력이 높고(…) 여자주인공 측 집안에서 특히 어머니로부터 큰 기대를 받고 자라온 수재라는 점, ② 여자주인공이 남자주인공에게 먼저 청혼하지만, 남자주인공에게는 여자주인공 이외의 다른 여자친구도 있으며 이 때문에 여자주인공과 마찰을 빚게 되고, 남자주인공은 처음에 결혼을 완강히 반대하며 자유인으로 살겠다고 하지만 결국 결혼을 받아들인다는 점, ③ 남자주인공과 여자주인공의 어머니들은 고교동창 사이로서 여자주인공네가 남자주인공네로 우연히 새집을 지어 이사를 오게 되면서 오랜만에 재회하게 되나, 그들 사이는 껄끄러운 관계라는 점, ④ 여자주인공의 어머니는 장래가 유망한 자신의 딸이 공부를 중단해야 한다는 것 등의 이유로 결혼에 반대하고, 여자주인공의 아버지는 남자주인공을 마음에 들어하고 결혼을 적극 지원하며, 남자주인공의 집에서는 적극적으로 결혼에 찬성한다는 점, ⑤ 주인공 어머니들은 상견례장에서야 비로소 자신들이 서로 사돈이 될 사이라는 것을 알게 되고 결사적으로 결혼에 반대하고, 주인공 어머니들의 갈등은 여고 동창생의 악의 없는 행동으로 더욱 커진다는 점, ⑥ 우여곡절 끝에 결혼을 하기는 하지만 이번에는 주인공 어머니들은 혼수준비과정에서 실랑이를 벌이게 되고, 이 과정에서 남자주인공 아버지는 남자주인공 어머니에게 사치 운운하며 질책을 하게 되며, 결국 혼수를 줄이는 쪽으로 합의를 본다는 점, ⑦ 결혼식을 전후해서 여자주인공 어머니는 딸과의 화해를 시도하지만, 여자주인공은 결혼과정에서의 불만을 표출하면서 그 화해를 받아들이지 않고, 이로 인해 두 모녀의 갈등은 더 깊어진다는 점, ⑧ 여자주인공이 남자주인공의 집안에 들어가 시집살이를 하게 되는데, 여자주인공이 남자주인공 집안의 보수적인 분위기를 바꾸자는 제안을 하게 되고, 시아버지는 며느리의 의견을 대부분 존중하고 변화를 허락하는 점, ⑨ 양가의 어머니들은 서로 질투하는 관계였지만, 자녀들의 결혼 이후 서로를 이해하고, 동정을 하게 되면서 절친하게 마음을 터놓고 지내게 된다는 점, ⑩ 청혼은 여자

387) 서울남부지방법원 2004.3.18.선고, 2002가합4017 판결.

주인공이 먼저 했지만, 결혼 후에는 여자주인공이 주도권을 잡고 남자주인공에 대한 압박을 하면서 남자주인공이 여자주인공에게 상당히 길들여진다는 점, ⑪ 처가에 들른 주인공 부부는 장모에게서 자신의 동서가 될 사람과의 차별을 경험하고 처갓집을 나와버리는 사태가 발생한다는 점, ⑫ 남자주인공의 어머니들은 결혼 이후로 집안에서 자신의 발언권을 강화하고자 노력한다는 점 등이 동일하거나 유사하게 전개되는 사실을 알 수 있는바, 이 부분은 구체적인 줄거리나 사건전개의 측면에서 포괄적, 비문자적 유사성이 인정되는 부분에 해당한다."고 보고 저작권 침해를 인정한다.

결국 유형분석기준에 의하더라도 공통되는 유형이 흔한, 알려진, 과거에 일어난 적이 있는 부분 등에서 공통점이 있는가, 아니면 작자의 창작성이 있는 부분에서 공통성이 있는가에 따라 결론이 달라질 것이고, 이는 다시 아이디어/표현 2분법으로 환원된다.[388] 그러므로 추상화기준을 보완하기 위해서 유형분석기준이 주장되었지만 그 기준이 명백한 것은 아니다. 아울러 이러한 '유형분석기준'이 가장 문제가 되는 것은 줄거리나 등장인물이 있는 어문저작물 등에서는 적용할 수 있으나 비어문저작물에는 적용하기 곤란한 한계가 있다.[389] 해서 추상화기준이나 유형분석기준 외에도 미국에서는 1970년 Roth Greetings Cards 사건에서 제9연방항소법원이 적용한 '전체적인 관념과 느낌을 기준으로 하여 판단하는 방법'(total concept and feel test)[390]이 있는가 하면, 반대로 미국 제1연방항소법원이

388) 위의 '여우와 솜사탕' 사건에서의 12개 요소 중 아마도 하나하나는 우리 사회에서 얼마든지 일어날 수 있는 사례인지도 모른다. 따라서 그 하나하나는 아이디어 부분이다. 그러나 이를 결합시켜 하나의 줄거리를 만듦으로써 원고 작품만의 독창성을 취득했고, 이러한 독창적인 부분을 피고가 그대로 모방했다면 저작권침해 책임을 면할 수 없을 것이다.

389) Aaron M. Broaddus, "ELIMINATING THE CONFUSION: A RESTATEMENT OF THE TEST FOR COPYRIGHT INFRINGEMENT," *DePaul-LCA J. Art & Ent. L.*(Vol 43, 1994-1995), p.57.; Jarrod M Mohler, "TOWARD A BETTER UNDERSTANDING OF SUBSTANTIAL SIMILARITY IN COPYRIGHT INFRINGEMENT CASES," *U. Cin. L. Rev.* (Vol. 68, 1999-2000), p.984.

390) Roth Greetings Cards v. United Cards Co., 429 F.2d 1106(9th Cir. 1970): "그러나 이 문제를 생각함에 있어서는 각 카드의 모든 요소, 즉 문안, 문안의 배열, 그림, 그림과 문안의 연결 등 모든 요소를 전체로서 고려하지 않으면 안 된다. 이들 요소를 전체로서 고려하면 당 법원의 의견으로는 원고의 본 건 카드는 창작적이며, 저작물성이 있다고 말할 수 있다. … 우리에게 '유나이티드의 카드'는 전체적인 관념과 느낌에 있어서 창작성 있는 '로스 카드'와 동일하게 보인다. … 각 카드에서는 피고의 작품은 원고의 작품과 조금은 다르더라도 카드 전체는 통상의 관찰자의 눈으로 보면 (피고 카드는) 원고작품을 모방한 것이라는 것을 알 수 있다." 또 다음의 [미국 판례 1] Krofft v. McDonald 판결 참조. 이 기준은 미국의

'Concrete Machinery' 사건 판결[391]에서 시작하고 Matthews 판결[392] 등에서 채택한 '분석적인 해부를 하여 판단하는 방법'(dissection test)[393] 등이 있다. 그러나 이들도 모두 한계가 있으며, 아이디어와 표현을 구분하는 보편적이고 일의적인 답변은 사실상 불가능하며, 아이디어와 아이디어의 표현 사이에는 "누구도 그 경계를 그을 수 없었고 앞으로도 그럴 것이다"라고 한 핸드 판사의 견해는 정곡을 찌르고 있다고 할 것이다.[394]

많은 법원이 채택하고 있다. 오승종 교수는 Krofft v. McDonald 판결 이래 "그로부터 이 방법은 미국법원에서 실질적 유사성을 판단하는 데 있어서 거의 시금석과 같은 중요한 방법으로 자리잡게 되었다"고 소개하고 있다(오승종, 「저작권법」(제3판), 박영사, 2013, 1121면). 이 방법에 대한 비판에 대해서는 위의 책, 1122-1123면 참조. "또한 Nimmer 교수는, '컨셉'(concept)이라는 것은 원래 저작권법에 의한 보호를 받지 못하는 아이디어의 영역에 속하는 것이며, 거기에 '느낌'(feel)이라는 단어 하나를 덧붙인 것만 가지고는 실질적 유사성 개념을 둘러싸고 난마처럼 뒤얽혀 있는 문제를 명확히 풀어내기가 어렵다고 비판한다."(위의 책, 1123면). 또 Aaron M. Broaddus, 앞의 글, 58면 참조. 해서 현재는 많은 법원이 이 기준을 거부하고 있다고 한다(Aaron M. Broaddus, 59면).

391) 이 판결에서 제1항소법원은 "복제행위의 존재를 판단하기 위해서는 저작권의 보호를 받는 부분과 받지 못하는 부분을 명백히 분리할 필요가 있다고 하였다. 그런 연후에 저작권의 보호를 받는 부분에 비교의 초점을 맞추어 '평균적 관찰자 테스트'(ordinary observer test)에 비추어 피고의 작품이 원고의 작품과 실질적으로 유사한 것이라는 점을 인정할 수 있는지 여부를 판단하여야 한다고 하였다"(오승종, 위의 책, 1124면).

392) 다음 [미국판례 2] 참조.

393) 분석적 방법에 대해서는 다음과 같은 문제가 있다. 즉 종합적 효과(앙상블)의 표현성(expressiveness)을 간과한 채 모든 것을 분해하다 보면 비창작적 부분으로까지 해체해 버릴 가능성이 있다는 것이다. 예컨대 노래를 화음진행(chord progression), 선율, 그리고 기악편성과 같은 구성요소로 분해하여 버리면 대부분의 팝송은 더 이상 창작적인 것으로 분류할 수 없게 된다. 그러나 부분들이 모여서 전체적으로 창작적인 음악저작물을 만들게 되는 것이다. 다시 한 번 '추상화기준'에서와 같은 아이디어와 표현을 구분하는 선을 어디서 그을 것인가 하는 문제에 부딪히게 된다. 분해된 조각을 어느 정도 크기로 잘라야 적당한 크기로 되는 것인가? 이 문제는 답변할 수 있는 것이 아니다. 어떻게 광범위한 저작물의 모든 종류에 적용할 수 있는 보편적 답변을 할 수 있을 것인가. 그러므로 분해적 접근법은 실질적 유사성을 둘러싸고 발생하는 혼란을 해결하는 데는 별로 쓸모가 없다(Jarrod M Mohler, 앞의 글, 988면).

394) 우리 하급심 판결 중에는 「결국 저작자의 권리를 보호함으로써 저작자의 창작 의지를 고취시켜서 우리 사회가 얻을 수 있는 사회적 편익의 크기와 저작자의 권리로 보호됨으로써 더 이상 새로운 창작자들이 그 소재 및 내용을 사용하지 못하게 되어서 더 나은 창작물이 탄생하지 못하는 과정에서 우리 사회가 부담해야 하는 사회적 비용의 크기를 형량해서 내려질 수밖에 없는 것이다」라는 판결(서울중앙지방법원 2006.6.30.선고 2005가단197078 판결)이 있는데 일반론으로는 타당하다고 할 것이다.

이하 참고로 비어문저작물 분야에서의 아이디어/표현과 관련된 두 개의 미국 판결을 살펴보는 것으로 한다.395)

[미국 판례 1] Krofft v. McDonald 판결396)

[원고 Krofft는 재미있는 복장을 한 인물들이 등장하는 TV쇼를 만들었고 인기리에 방영되었다. 피고 McDonalds가 원고 제작 쇼에 나오는 인물을 광고로 이용하고 싶다는 제의를 하였으나 그 교섭이 결렬된 후, 피고가 제작한 일련의 광고방송에 나오는 등장인물들은 Krofft쇼에 나오는 사람들의 복장과 유사한 복장을 하고 있었다. Krofft는 McDonalds 등을 상대로 저작권침해 소송을 제기하였다. [제1심에서 배심원은 3주의 심리를 거친 후 원고 승소 평결을 내렸다.] 항소법원은 외부적 테스트와 내부적 테스트로 구성된 이중 테스트(bifurcated test)를 사용하였는데, 이것은 (1) 아이디어와 표현의 이분법에 따라 보호받지 못하는 아이디어를 구별하는 외부적 테스트(The extrinsic test)와, (2) 표현에 있어서의 실질적 유사성을 판단하는 내부적 테스트(The intrinsic test)이다.

(1) 외부적 테스트에서 아이디어의 유사성을 검사하는 간단한 과정을 거쳐 아이디어가 다르면 더 이상 실질적 유사 여부를 따질 필요가 없다는 것이다. 예컨대 사람의 나체석고상(nude statue)의 경우, 나체상은 말(馬)조각이나 나체화와는 아이디어 자체가 다르므로 외부적 테스트의 단계에서 이미 후자는 전자의 저작권을 침해할 수 없다. 이 사건에서 피고들은 원고들의 … 아이디어를 베꼈다는 사실은 다투지 않는다.

(2) 표현이 실질적으로 유사한지 여부를 판단하는 데 있어서 적용되는 기준은 일반 합리적인 사람의 반응(the response of the ordinary reasonable person)에 의존하는 내부적 테스트라고 말할 수 있다. … 그러나 [피고는] 아이디어의 표현이 너무나도 달라 침해가 아니라고 주장한다. [피고는] Pufnstuf의 구성부분 —등장인물, 배경, 그리고 줄거리—을 분해하고, 이들 부분과 맥도날드 상업광고의 구성부분들과의 차이점을 지적함으로써 이러한 결론에 이르고 있다. 이 방식은 Arnstein판결과 오늘 분석하고 있는 아이디어/표현 2분법을 무시하고 있다. 피고들은 그들이 사용한 표현이 원고들의 것과 실질적으로 유사한지를 판단하

원고 작품

피고 작품

395) Osterberg, 앞의 책, §2.3.1.

396) Sid & Marthy Krofft Televisions, Inc. v. McDonald's Corp., 562 F.2d 1157(9th Cir. 1977); 장주영, 「미국저작권판례」, 육법사, 2003, 204면 이하.

는 데 있어서 유사하지 않은 요소를 열거함으로써 외부적 테스트를 적용하려고 하고 있다. 그러한 외부적 테스트는 부적절하며, 여기서는 내부적 테스트가 적용되어야 한다.

이 사건은 원, 피고들의 작품이 둘 다 어린이들을 시청대상으로 하고 있기 때문에 더욱 내부적 판단을 요구하고 있다. 이것은 젊은 사람들의 마음과 상상력에 대한 각 작품의 영향이라는 특별한 사실적 문제(factual issue)를 제기한다.

피고는 두 작품의 외부적 분석을 시작하기 위하여 이 법원으로 하여금 그들이 인식하고 있었던 내부적 본질을 무시하도록 하고 있다. 예컨대 주요 등장인물인 Pufnstuf과 McCheese 시장을 논하면서 피고는 다음과 같은 지적을 하고 있다.

Pufnstuf은 시장(mayor) 표시가 있는 메달이 늘어진 푸른 (턱시도를 입을 때 조끼 대신 두르는) 허리띠를 맨 황록 드래곤 슈트로 묘사할 수 있는 것을 입고 있음에 반하여, McCheese는 무릎 아래에서 졸라매는 낙낙한 짧은 바지를 입은 분홍빛 공식적 의복—연미복—의 일종을 입고 있다. 그는 그 위에 'mayor'라고 쓰여진 외교관의 장식띠를 하고 있으며, mayor의 M은 맥도날드 상표에 사용되는 금빛 아치의 M으로 구성되어 있다.

그래서 피고는 등장인물을 배경으로부터 제거했을 뿐만 아니라, 의복, 색깔, 형상과 모든 등장인물의 버릇을 분석하기 위하여 등장인물을 더욱 자세히 조사하고 있다. 우리는 어린애는 그만두고라도 통상의 합리적인 사람들이 Pufnstuf가 두른 장식띠와 McCheese 시장이 두른 장식띠가 다르다는 것을 알아차릴 것으로는 믿지 않는다. 침해에 해당하기 위해서는 복사나 밀접한 동일성이 필요하지 않다. "침해는 문자 그대로의 정확한 복제에 제한되지 않으며, 표절을 숨기기 위해 다소간의 변화를 가지면서 작품이 차용되고, 모방되고, 모사되고, 복제되는 다양한 방법을 포함한다."[397]

우리는 Pufnstuf 쇼와 맥도날드 광고의 대표적 샘플을 살펴보았다. 우리에게는 피고의 작품이 원고 작품과 실질적으로 유사하다는 것은 명백하다. 피고 작품은 원고 작품의 전체적인 관념과 느낌(total concept and feel)을 차용하였다(have captured). [제1심 판결 지지.]

* Krofft판결에서 보인 판단방법은 그 후의 판결에서 수정되었다.[398] Shaw v. Lindheim 판결[399]에서 제9순회항소법원은 Krofft 판결의 외부적 테스트에서 보이고 있는 외부적 지표에는 줄거리(plot), 주제(theme), 대화(dialogue), 분위기(mood), 배경설정(setting), 속도(pace), 순서(sequence) 등도 포함되어, 언어저작물에 대해서는 실질적으로 모든 요소가 고려되지 않으면 안 된다고 보고 있어, 「서적, 원고, 극, 영화에 적용되는 외부적 테스트는 이미 단순히 아이디어의 실질적 유사성을 판단하는 것은 아니다」고 보았다. 즉 외부적 테스트

397) Universal Pictures Co., Inc. v. Harold Lloyd Corp.,162 F.2d 354(9th Cir. 1947).
398) 白鳥綱重, 「アメリカ著作權法入門」, 信山社, 187-188면.
399) 이에 대해서는 장주영, 앞의 책, 210면 이하 참조.

의 외부적 지표에는 창조성의 객관적인 징표를 모두 포함하는 것이며, Krofft 판결에서 행한 아이디어/표현에 대한 구분으로부터는 떠나, 외부적 테스트와 내부적 테스트는 표현에 대한 객관적 또는 주관적인 분석이라고 말할 수 있다고 보았다. 따라서 외부적 테스트에서도 아이디어에 대한 실질적 유사성을 보는 것은 아니며, 표현에 대한 유사성을 보는 것이고, 구상, 주제, 대화, 분위기, 배경설정, 속도, 등장인물, 순서, 중요한 등장인물끼리의 관계 등에 있어서 특별한 유사성에 초점을 맞추는 것으로 된다. 두 테스트의 차이는 외부적 테스트는 전문적 견지로부터 객관적인 판단을 하는 것인 데 반해, 내부적 테스트는 통상인의 입장에서 주관적인 판단을 하는 것이라는 점에 있다(객관적 테스트/주관적 테스트). 법원이 일단 외부적 테스트의 각 요소를 분석해서 표현의 객관적인 유사성을 확립했다고 한다면 외부적 테스트로서는 더 이상 판단할 것은 없다. 여기서 남은 문제는 2개 저작물의 관념과 느낌(concept and feel)에 대한 주관적 평가이다.[400]

[미국 판례 2] Matthews v. Freedman, 157 F.3d 25 (1st Cir., 1998)[401]

Matthews는 스스로 디자인한 선물용 T셔츠(T-shirts)를 팔고 있었다. 그 셔츠에는 "Someone Went to Boston and got me this shirt because they love me Very much." 와 같은 글귀가 쓰여 있다. 그리고 글 옆에는 보스톤과 관련된 여러 가지 도안이 그려져 있다. 경쟁자인 Freedman도 "Someone Who Loves Me Went to Boston and Got Me this Shirt."라는 글귀가 새겨진 셔츠를 팔기 시작했다. 그 글귀에는 보스톤과 관련된 다채로운 품목들이 둘러싸고 있다. Matthews는 Freedman을 상대로 침해의 소를 제기하였다. 사실심법원은 원고 청구를 기각하고 원고는 피고에게 변호사 비용 25,000 달러를 지급하도록 명령하였다. Matthews는 항소하였다.
항소법원은 원심을 그대로 認容하였다. 셔츠에 유사한 아이디어가 표현되었지만 창작성 있는 표현을 그대로 복제한 것은 아니므로 침해는 일어나지 않았다. 기초가 된 아이디어는 아무리 창작적이라 하더라도 저작권으로 보호받을 수 없다: 글자의 모양도 다르고 글귀도 다르다; 그리고 글귀 옆에 있는 품목들도 다르다. 저작권법은 패소한 당사자가 승소한 당사자에게 변호사 비용을 변상하도록 법원이 명령할 수 있다고 규정한다. 비록 소송을 경솔하거나 악의로 제기한 것은 아니라고 하더라도 그러한 변상을 명할지 여부는 법원의 재량에 달려 있다.

400) Krofft 판결과 Shaw판결의 기준 및 문제점에 대해서는 권영준, 「저작권침해판단론」, 박영사, 2007, 145면 이하 참조.
401) 이 판결에 대해서는 많은 비판이 있다(Jarrod M Mohler, 앞의 글, 990면 이하 참조).

원고 T-셔츠 디자인

피고 T-셔츠 디자인

[정리] 저작권침해의 요건 사실과 인정방법
1. 원고에 의한 저작권의 보유
2. 피고에 의한 원고 저작물의 복제
  (가) 복제행위의 존재(copying)
    (a) 직접증거, 또는
    (b) 간접증거에 의한 추인 ←
      ① 피고에 의한 원고저작물에의 접근(access)
      ② 원 · 피고저작물 간의 증거적 유사성(probative similarity)
  (나) 복제행위의 위법성[부당한 도용(improper appropriation)]
    (a) 저작권법으로 보호되는 요소를 복제하였을 것(표현의 보호)
    (b) 보호요소의 복제가 실질적일 것[실질적 유사성(substantial similarity)]

iii) 저작물의 창작성과 실질적 유사성 　저작물의 종류는 지극히 다양하다. 그러므로 창작성 있는 모든 저작물이 당연히 보호될 것인가, 저작물의 본질적 속성에 비추어 창작성이 너무 낮은 저작물에 대한 보호가 저작권 정책에 어긋난다고 평가되는 경우 그 보호를 부정할 수 있을 것인가, 그 이론적 근거는 무엇인가 등이 문제로 된다. 일반적으로 소설, 시, 그림, 음악 등 문예저작물은 창작성이 근소하더라도 기지(既知)의 것에 비추어 개성적인 특징이 표현되어 있다면 보호되어야 한다는 것이 통설적 견해이다. 그러나 사실을 수집해 놓은 사실저작물(전화번호부, 지도 등), 기술이나 기능을 서술한 기능저작물(컴퓨터 프로그램, 과학저작물 등), 일상생활용품에 응용된 미적 제품(디자인, 응용미술) 등에 대하여는 보다 높은 수준의 창작성이 필요하고 창작성이 낮은 평범한 수준의 저작물에 대해서는 저작권으로서 보호하여서는 아니 된다는 견해가 대두되고 있다. 그러나 이것은 저작물의 성립요건으로서의 창작성이 있더라도 당해 저작물의 특징에 비추어 창조적 노력이 크면 큰 보호를, 그것이 적으면 적은 보호를 주어야 한다는 원칙에 따라 실질적 유사성을 판단함으로써 적정한 해결이 가능하다고 보여진다. 즉 기능적 저작물의 경우에는 저작물 자체의 창작요소를 분석하여 당시의 기술수준에 비추어 평범하고 통상적인 수준을 넘는 창작성 있는 부분을 엄선하여(기능상 부득이 동일한 표현을 써야 할 경우는 창작성 있는 부분에서 제외) 그 창작적 표현에 대한 복제나 모방만을 저작권 침해로 보는 것이다. 즉 실질적 유사성의 범위를 극히 좁게 해석(예컨대 곤충도감에 실리는 곤충 그림은 누구나 실물과 비슷하게 꼼꼼히 그리므로 유사성이 크다고 해서 저작권 침해가 되기 어렵다. 이 경우는 원판을 그대로 무단복제 하는 것만이 저작권 침해를 구성할 이치이다. 사진도 마찬가지이다)함으로써 학문과 기술에 대한 일반 공중의 자유로운 접근을 보장할 수 있을 것이다.

iv) 여러 저작물에서의 실질적 유사성

㉮ 어문저작물의 경우 ㉠ 부분적 문자적 유사성이 있는 경우 저작물의 특정한 행이나 절, 기타 세부적인 부분이 복제된 경우(이른바 부분적 문자적 유사성, fragmented literal similarity)에는 어느 정도의 양이어야 저작권 침해로 볼 것이냐가 문제된다. 공정한 '인용'의 경우 또는 양적으로 소량인 경우는 물론 저작권 침해가 성립되지 아니하나 당해 저작물의 잠재적 수요를 감소시킬 가능성이 있는 정도라면 저작권 침해를 구성한다고 보아야 할 것이다.

㉡ 부분적 문자적 유사성이 없는 경우 어문저작물이 문장 대 문장으로 대칭되는 유사성이 없더라도 전체로서 포괄적인 유사성이 인정되는 경우(이른바 포괄적 비문자적 유사성, comprehensive nonliteral similarity)에도 실질적 유사성이 긍정될 수 있다. 이 경우는 통상인(ordinary observer)의 입장에서 전체적인 개념과 느낌(total concept and feel)을 중심으로 판단해야 한다(ordinary observer test).[402] 부분적이고 미세한 것, 유사목록과 차이점 목록을 만들어 대비하는 것은 적절하지 못하다. 중요한 것은 두 저작물 사이의 유사성이지 차이점이 아니다. 따라서

---

402) "그러나 '수요자 또는 통상적 관찰자'의 시각에서 판단한다고 해서 여론 조사하듯이 일반인의 느낌을 조사하는 것은 아니다. 문제된 작품의 '수요자'의 시각에서 수요자를 기준으로 '법원'이 창작적 표현에 있어서의 실질적 유사성을 비교해야 한다는 것을 의미할 뿐이다. 일반인의 느낌을 조사하게 되면, 오히려 창작적 표현에 한정하지 않고 아이디어의 유사성까지도 포함해서 판단하는 오류를 범할 수 있기 때문이다"[정상조, "저작권침해의 판단기준으로서의 실질적 유사성," 「정보법판례백선(1)」(박영사, 2006), 526면].

두 저작물 사이의 유사성이 인정되면 피고가 원고 저작물과의 차이점을 강조해도 큰 의미는 없다.

ⓐ 소설과 같은 픽션저작물은 사건구성, 전개과정, 등장인물의 성격부여, 문장표현 등에 있어서 구체적이고 특정적인 점을 추출하여 제거해 나가면 어느 시점에 이르러 일반적인 이야기와 비슷한 경향을 띠게 되므로 그 시점을 포착하여 유사성을 찾아야 한다[추상화 기준(abstractions test)].

[판례 1] 아스팔트 사나이 사건(서울지법 1996.9.6.선고 95가합72771 판결)[403)]

저작권 침해가 인정되기 위하여는 침해자가 저작권이 있는 저작물에 의거하여 그것을 이용하였을 것과 저작권이 있는 저작물과 침해자의 저작물 사이에 실질적인 유사성이 있어야 하는데, 실질적 유사성에는 작품 속의 근본적인 본질 또는 구조를 복제함으로써 전체로서 포괄적인 유사성이 인정되는 경우(이른바 포괄적 비문자적 유사성)와 작품 속의 특정한 행이나 절 또는 기타 세부적인 부분이 복제됨으로써 양 저작물 사이에 문장 대 문장으로 대칭되는 유사성이 인정되는 경우(이른바 부분적 문자적 유사성)가 있다고 할 것인바, … 원고의 위 '사하라 일기'와 피고 1의 이 사건 만화를 비교해 보면, 원고의 위 '사하라 일기'와 이 사건 만화 사이에는 표현형식, 주제, 구성에 있어서는 전체적인 개념과 느낌에 있어 상당한 차이가 있음이 인정되나, 그 구성요소 중 일부 사건, 대화, 사상의 표현에 있어서 공정한 인용 내지 양적 소량의 범위를 넘어서서 원고의 위 '사하라일기'와 동일성이 인정되고, 부분적 문자적 유사성도 인정되는 이상, 위 피고의 이 사건 만화의 일부는 원고의 위 '사하라 일기'에 의거하여 이루어진 것으로서 비록 원고의 위 '사하라 일기'의 일부라고 할지라도 그 본질적인 부분과 실질적 유사성이 있고, 이른바 통상적인 아이디어(idea)의 영역을 넘어서 위 '사하라 일기'의 구체적, 경험적 표현을 무단이용하였다고 보이므로 원고의 위 '사하라 일기'에 대한 저작권을 침해한 것이 된다고 할 것이다.

[판례 2] '귀신이 산다' 사건(서울고법 2005.2.15.자 2004라362 결정)

소설과 영화 사이에 주제를 구체적으로 표현한 줄거리, 사건의 전개, 등장인물의 성격과 상호관계 등 저작자의 창작적인 표현 사이에 포괄적·비문자적 유사성이 인정되지 아니한다. 소설과 영화 사이의 공통적인 요소들은 모두 귀신 혹은 흉가를 소재로 한 기존의 문학작품이나 영화들에서 사용되어 온 추상적인 인물의 유형이거나 대강의 줄거리 또는 통상적인 상황의 전개과정 등을 차용한 것이거나, 특정 주제의 표현에 전형

403) 제2심(서울고법 1997.7.22.선고 96나41016 판결: 항소기각).

적으로 수반되는 사건 또는 배경에 속하는 것들로서 우선 그 창작성을 인정하기 어렵다. 또한, 두 작품 사이의 성격과 유형, 이야기 줄거리, 등장인물의 성격과 상호관계, 사건의 전개 등은 현저히 상이하며, 그러한 차이가 이 사건 영화의 창작적 표현 형식에 해당함과 동시에, 지배적인 특징을 이루고 있는 까닭에 전체적으로 볼 때, 통상의 청중들로 하여금 소설과 영화 사이에 동일한 관념과 느낌을 불러일으킨다고 하기 어렵고, 따라서 이 사건 영화는 이 사건 소설과 실질적으로 동일하다거나 종속적인 관계에 있다고 할 수 없으며, 이 사건 소설과는 별개의 창작성 있는 저작물에 해당한다.

ⓑ 역사물과 같은 논픽션 저작물은 사건구성, 전개과정, 등장인물이 동일하거나 비슷할 수밖에 없으므로 원저작물이 거의 그대로 복제되어야 할 것이다.

[판례] 「까레이스키」 사건(대법원 2000.10.24.선고 99다10813 판결)

두 작품 모두 일제치하에 연해주로 이주한 한인들의 삶이라는 공통된 배경과 사실을 소재로 하고 있어 유사한 면은 있지만, 이는 공통의 역사적 사실을 소재로 하고 있는 데서 오는 결과일 뿐이고, 양자의 실질적 동일성 내지 종속성에 관하여 살펴볼 때 소설 「텐산산맥」은 이야기의 구성이 단조롭고 등장인물의 발굴과 성격도 비교적 단순한 데 반하여, 드라마 「까레이스키」는 등장인물의 수나 성격이 훨씬 다양하고 사건의 전개방식도 더 복잡하며 이야기의 구성이나 인물의 심리묘사 등도 보다 치밀하고, 극 전체의 완성도, 분위기 및 기법 등에 상당한 차이가 있는 점 … 등 전체적으로 볼 때 드라마 「까레이스키」는 원고의 소설과는 완연히 그 예술성과 창작성을 달리 하는 별개의 작품이라 할 수 있고 양자가 실질적으로 동일하다거나 종속적인 관계에 있음을 인정하기 어려워 드라마 「까레이스키」가 소설 「텐산산맥」의 저작권을 침해하였다고 인정되지 않는다.

㉯ 미술저작물 등의 경우 　미술저작물, 건축저작물, 사진저작물, 응용미술품은 유사성이 보편적 특징이나 속성 또는 보편적 제작기법에 기인한 것이라면 저작권 침해를 구성하지 아니한다(이들 저작물은 일반적으로 유사성의 범위가 좁다). 미술작품의 경우에 소재가 같아 결과적으로 유사하게 되더라도 선행저작물의 저작권을 침해하는 것이 아니다.

제1작품

제2작품

위의 작품은 자신이 창작했으나 이미 저작

권을 양도한 작품과 유사한 작품을 그 후에 제작한 것이 제1작품 양수인의 저작권을 침해했는지가 문제로 되었다[Franklin Mint Corp. v. National Wildlife Art Exchange 575 F.2d 62(3d Cir. 1978)]. 법원은 작가에게 유리한 판결을 하여 저작권침해를 부정하였다. 그 근거는 아이디어/표현 이분법이었다.

옆의 사진은 일본 사진작가가 제작한 폐허에 관련된 사진이다. 사진작가 丸田祥三이 1992년 '機械室'이라는 제호의 작품을 발표하자 2001년 小林伸一郎이 '廢墟漂流'라는 제호의 유사한 작품을 발표하였다. 2009년 丸田은 小林을 저작권침해로 제소하였으나 제1심, 항소심, 상고심(2012년 2월 26일 일본최고재판소) 모두 저작권침해가 아니라고 판단하였다.

'機械室'

'廢墟漂流'

반면 다음의 '수박사진'사건(동경고등재판소 2001.6.21.)에서는 저작권침해가 인정되었다. 이 사건은 수박을 쪼개어 옆으로 나란히 한 것을 특징으로 하는 사진의 실질적 유사 여부가 문제로 된 사건이다. 제1심[404]은 원고 청구를 기각하였다. 그러나 항소심인 동경고등재판소는 사진저작물에 있어서 창작성은 최종적으로 사진으로서 나타나 있는 것이 무엇을 가지고 있는가에 의해 판단되어야 할 것이기 때문에 피사체의 선택, 조합, 배치 등에 관한 표현의 창작성도 아울러 고려하지 않으면 안 된다고 판시하였다. 결국 원고(항소인)의 청구를 인용하였다. 사진저작물의 보호범위와 관련하여 피사체도 포함시킬 것인가, 아니면 피사체를 별개로 생각할 것인가의 견해의 대립이 있다.[405] 이미 존재하는 피사체라면 별론(앞의 '솔섬 사진' 사건이나 폐허사진 사건), 사진작가가 창작한 피사체라면 이것도 포함시켜야 할 것이다.[406]

---

404) 동경지방재판소 1999年12月15日(平成11(ワ)8996).

405) 자세한 것은, 中山信弘 저/윤선희 편역, 「저작권법」, 83-85면 참조.

406) 荒竹純一, 「ビジネス著作權法」, 産經新聞出版, 2006, 431면. 또 作花文雄, 앞의 책, 102면은 "제1로는 피사체를 촬영하는 기술적 측면, 제2로는 피사체 자체의 선택 · 구성에 관한 창의연구에 착안할 수 있다. 예컨대 풍경사진이면, 촬영대상물의 선택이나 촬영을 통해 잘라낸 화면의 선택, 계절, 天候, 일시 등 사진의 성과에 영향을 주는 촬영조건의 선택 등에 창작성이 인정되며, 또 인물 모델 사진에 대해서도 배경이나 인물의 의상, 표정이나 포즈의 선택, 물건의 사진에 대해서도 어떠한 배경에, 어떻게 배치하며, 빛을 어떠한 각도에서 비

원고 사진

피고 사진

[판례 1] '실황야구' 사건(대법원 2010.2.11.선고 2007다63409 판결)

원고 실황야구

피고 신야구

피고 주식회사 네오플이 제작한 야구를 소재로 한 게임물인 원심 판시 '신야구'에 등장하는 '신야구' 캐릭터는 '실황야구' 캐릭터와, 귀여운 이미지의 야구선수 캐릭터라는 아이디어에 기초하여 각 신체 부위를 2등신 정도의 비율로 나누어 머리의 크기를 과장하고 얼굴의 모습을 부각시키되 다른 신체 부위의 모습은 과감하게 생략하거나 단순하게 표현하는 한편, 역동성을 표현하기 위해 다리를 생략하되 발을 실제 비율보다 크게 표현한 점 및 각 캐릭터의 야구게임 중 역할에 필요한 장비의 모양, 타격과 투구 등 정지 동작의 표현 등에 있어 유사한 면이 있다. 그러나 이와 같은 표현은 '실황야구' 캐릭터가 출시되기 이전에 이미 만화, 게임, 인형 등에서 귀여운 이미지의 어린아이 같은 캐릭터들을 표현하는 데에 흔히 사용되었던 것이거나 야구를 소재로 한 게임물의 특성상 필연적으로 유사하게 표현될 수밖에 없는 것이라 할 것이므로, 위와 같은 유사점들만으로는 양 캐릭터의 창작적 표현형식이 실질적으로 유사하다고 할 수 없는 반면, '실황야구' 캐릭터 저작자의 창조적 개성이 가장 잘 드러난 부분인 얼굴 내 이목구비의 생김새와 표정 및 신발의 구체적인 디자인 등에서 원심 판시와 같은 상당한 차이가 있어, 양 캐릭터 사이에 실질적 유사성이 인정되지 아니하므로, '신야구' 캐릭터가 '실황야구' 캐릭터를 복제한 것이라고 볼 수 없음은 물론 '실황야구' 캐릭터의 2차적 저작물에 해당한다고도 볼 수 없다.

출 것인지 등 다양한 창작 연구를 해서 화면을 구성하는 바에 창작성이 인정된다"고 한다.

[판례 2] '숭례문 입체 퍼즐' 사건(서울서부지방법원 2015.2.12.선고 2012가합32560 판결)

개별 퍼즐조각을 대상으로 볼 때에, 지붕을 제작하는 퍼즐이 띄는 형태 및 홈의 모양 등이 일정부분 유사하게 표현되고 있으나, 동일한 시대의 지붕제작기법에 따름으로 인한 표현의 선택가능성이 매우 협소한 경우에 해당하여 저작권침해에 이르는 실질적 유사성이 있다고 하기 위해서는 거의 동일한 정도의 유사성이 인정되어야 할 것인데, 개별 퍼즐조각의 구체적인 모양, 크기, 색상이 다르므로 그와 같은 유사성을 인정하기 어렵다.

조립된 전체의 외관을 비교해 볼 때, 지붕 하단의 형태가 유사하나 그 부분이 전체 저작물에서 차지하는 양적, 질적 비중이 절대적이라고 볼 수 없고, 서로 다른 대상을 목적으로 구현되어 상이한 모습을 갖고 있으므로, 실질적 유사성이 있다고 볼 수 없다.

* 이 사건의 고등법원은 앞의 개별 퍼즐 조각은 제1심과 마찬가지로 창작성이 없다고 보았으나 광화문 모형의 완성된 외관은 실제 광화문을 축소하는 데 그치지 않고 이를 넘어서서 상당한 수준의 변경이 있었기 때문에 그 표현의 창작성이 인정된다고 보았다(서울고등법원 2016.5.12.선고 2015나2015274 판결).

㉰ 음악저작물 등의 경우　공연권의 대상이 되는 음악저작물이나 연극저작물 등의 경우에는 악보에 따른 연주, 가창, 실연 등은 저작권침해로 됨은 물론이다. 한편 음악의 창작은 가락[선율(melody)], 화음(harmony), 박자(rhythm), 형식(form)으로 구성된다. 두 음악저작물의 동일·유사성을 판단함에 있어서는 이러한 요소를 모두 고려하여 판단하여야 한다. 다만 개별 音의 高低·長短으로 구성된 멜로디는 리듬이나 하모니에 비하여 상대적으로 선택의 폭이 넓기 때문에 악곡의 창작성은 멜로디 부분에서 전형적으로 나타나게 되며, 따라서 악곡의 3요소 중 가장 큰 보호를 받는 부분이기도 하다.[407] 문제는 어느 정도 길이의 멜로디를 이용하여야 저작권 침해로 볼 수 있는가 이나 이 문제 역시 궁극적으로는 저작자의 창작활동의 인센티브와 일반인의 창작의 자유 사이에서 결정될 수밖에 없다.[408]

---

407) 음악저작물과 관련된 보다 자세한 것은, 오승종, "음악저작물과 계약," 「지적재산권법의 제문제」(梅山송영식선생화갑기념논문집), 686면 참조.

408) 李相京, 「지적재산권소송법」, 692면. "과거 우리나라 공연윤리위원회는 1979.3.8. 제18차 가요·음반전문심의회에서 음반사전심의에 사용할 다음과 같은 창작곡의 표절 결정기준을 세운 바 있다.

1. 주요 동기가 동일 내지 흡사한 경우 표절로 인정함.
2. 가. 주요동기라 함은 4/4, 4/2, 6/8, 5/4 박자는 첫 2소절, 2/4, 2/2,3/8, 3/4 박자는 첫 4소절.

[판례 1] '썸데이' 사건(서울중앙지법 2012.2.10.선고 2011가합70768 판결)

음악 저작물은 크게 가락(melody), 화음(harmony), 리듬(rhythm)으로 구성되는데, 창작성이라는 측면에서 위 요소들 간 비중의 순위를 정하면 위와 같은 순서로 나열할 수 있다. 또한 음악 저작물의 가치는 소리의 전달에 의한 느낌 또는 관념에 있으므로 창작성 또는 실질적 유사성은 듣는 사람의 느낌과 관념을 기준으로 전체적으로 판단되어야 한다. 나아가 음악 저작물은 그 이용 가능한 소재에 한계가 있어 매우 보편적인 음이나 화음의 연속, 리듬의 설정 등은 공유되어야 할 것이므로, 만일 음악 저작물 중 일부가 대중들에 의해 일반적으로 공유되어 온 관용구에 불과하다고 인정될 경우 그 부분은 저작권법에 의해 보호되지 않는다.

* 이 사건에서 원고 대비 부분과 피고 대비 부분의 가락을 구체적으로 표현하여 보면, 아래 악보 중 첫 4마디 부분 기재와 같다.

후렴구 가락 비교 악보

또한 위 각 대비 부분의 가락을 음열 단위로 비교하여 보면, 아래 비교표 기재와 같다.

	1마디	2마디	3마디	4마디
원고 대비 부분	솔미파솔파	-미레-도도미	-솔미파솔파	-미레-도도도
피고 대비 부분	솔미파솔파	-미레-도미미	-솔미파솔파	-미레-도도도

위 악보와 비교표 기재에 의하면, 원고 대비 부분과 피고 대비 부분은, 2마디의 네 번째 음이 원고 대비 부분은 '도'이고, 피고 대비 부분은 '미'인 점만 제외하고 동일하다는 것을 알 수 있다. 그러나 이 사건에서 대법원은 피고가 침해했다고 원고가 주장하는

나. 흡사하다 함은, 박자 분할이 동일하고 한 두음의 음정만 다른 경우를 말함.

3. 주요 동기 이외는 1항 소절 수의 배수를 표절로 인정함. 4/4, 4/2, 6/8, 5/4박자는 첫 4소절, 2/4, 2/2,3/8, 3/4 박자는 첫 8소절.

4. 음형은 동일 내지 흡사하고 박자의 분할 배분만 변경된 것은 표절로 간주함."(권영준, 「저작권침해판단론」, 박영사, 2007, 203면, 주 134에서 재인용).

"그러나 다양한 모습을 가진 음악저작물들 사이의 실질적 유사성 문제에 관하여 위와 같은 기준이 획일적이고 기계적인 모습으로 적용될 수는 없다. 위 기준도 음반사전심사제도가 폐지되고, 한국공연예술진흥협의회의 설립과 더불어 한국공연윤리위원회가 해체되면서 더 이상 사용되지 않고 있다."(*ibid.*)

원고의 저작물의 해당 부분도 제3자의 저작물의 모방으로 보여 창작성이 없으므로 설사 피고가 원고 저작물을 참조하였다고 하더라도 원고 저작권 침해는 아니라고 보았다(대법원 2015.8.13.선고 2013다14828 판결).

[판례 2] '사랑해요 LG송' 사건(서울고법 2012.10.18.선고 2011나103375 판결)

1) 판단기준 음악저작물은 일반적으로 가락(melody, 선율), 리듬(rhythm), 화성(chord)의 3가지 요소로 구성되고, 이 세 가지 요소들이 일정한 질서에 따라 선택·배열됨으로써 음악적 구조를 이루게 되는데, 음악저작물의 경우 인간의 청각을 통하여 감정에 직접 호소하는 표현물로서, 12개의 음을 이용하여 이론적으로는 무수히 많은 배합을 구성할 수 있으나 사람의 가청범위나 가성범위 내에서 사람들이 선호하는 감정과 느낌을 불러일으킬 수 있는 음의 배합에는 일정한 한계를 가질 수밖에 없다는 점도 음악저작물의 실질적 유사성을 판단함에 있어 참작하여야 한다.
위와 같은 기준에 따라 이 사건 음악저작물과 '사랑해요 LG송'의 실질적 유사 여부를 판단함에 있어, 원고는 '사랑해요 LG송'의 여러 버전 중 가야금 버전이 가장 유사하다고 주장하므로, 이를 기준으로 하여 판단하되, 음악저작물에 있어서 저작권법에 의해 보호받은 표현에 해당하지 않는 조(調), 기교적으로 가미될 수 있는 리듬(예를 들어, 8분음표 '♪' 두 개의 음을 점8분음표 '♪'와 16분 음표 '♬'로 변경한 리듬) 및 강약을 제거하고 C장조로 변경한 별지 2 기재 악보를 기준으로 대비한다.

2) 가락과 리듬 원고가 이 사건 음악저작물 '가버린 당신' 중 도입부인 제1~4마디 '솔미미미-라파파파-솔솔라솔레파-미' 부분(이 사건 노래 부분)을 침해했다고 주장하는 '사랑해요 LG송' 부분은, 제1~4마디 '솔미레미-라파미파-솔솔파솔레파-미', 제5마디부터 제8마디 앞 부분까지 '솔미레미-라파미파-솔솔파솔레미-도', 제13마디부터 제16마디의 앞 부분까지 '솔도시도-라파미파-솔솔파솔레미-도' 등인데, 그중 제일 유사한 제1~4마디(이하 '이 사건 대비부분'이라 한다)와 이 사건 노래 부분을 서로 비교한다(이 사건 노래 부분과 이 사건 대비 부분은 비록 이 사건 음악저작물과 '사랑해요 LG송' 중 일부분에 불과하나, 음악저작물 중 일부분이라 할지라도 그 부분만으로도 사람의 감정을 표현한 것으로서 다른 부분과 독립하여 보호받을 가치가 있고 전체 음악저작물 중 중요한 부분에 해당할 경우에는 침해의 대상이 된다고 보아야 한다. 그런데 이 사건 노래 부분은 이 사건 음악저작물 전체 32마디 중 12마디에 해당하고, 이 사건 대비 부분은 '사랑해요 LG송' 전체 16마디 중 12마디에 해당하는바, 이와 같이 전체 음악저작물에서 차지하는 양이 적지 아니할 뿐만 아니라 각 음악저작물의 도입부 네 마디에 해당하고 특히 첫 두 마디는 곡 전체의 모티브를 형성하고 있다는 점에서 충분히 보호받을 부분으로 볼 수 있다).

앞서 살펴본 법리에 따라 살펴보면, 이 사건 노래 부분과 이 사건 대비 부분은 아래 대비표와 같이 모두 코드톤으로 이루어진 선율로서 6도의 음정으로 도약하는 선율 구조를 가지며 리듬의 분할 형태도 동일하다.

〈대비표〉

이 사건 노래 부분

솔 미 미 미 라 파 파 파 솔 솔 라 솔 레 파 미

이 사건 대비 부분

솔 미 레 미 라 파 미 파 솔 솔 파 솔 레 파 미

특히, 이 사건 대비 부분은 이 사건 노래 부분에 비하여 제1마디의 세 번째 음을 '미'에서 '레'로, 제2마디의 세 번째 음을 '파'에서 '미'로 각 바꾸고, 제3마디의 두 번째 음 '솔'을 한옥타브 높였으며, 세 번째 음을 '라'에서 '파'로 바꾼 외에는 이 사건 노래 부분과 모두 동일하여, 위 두 음악저작물의 4마디 15개의 음 중 4개만 변경한 것이므로, 이와 같은 양적 차이만 놓고 보면 이 사건 대비부분은 이 사건 노래 부분과 유사한 것으로 볼 여지도 없지 않다.

그러나 음악저작물의 일부 음만을 변경한 경우에도 변경된 음의 양적 범위뿐만 아니라 어느 음을 어떻게 변경하였는지, 그러한 음의 변경으로 선율의 흐름이 어떻게 바뀌었는지, 이에 따라 다음에 전개될 악곡 부분에는 어떠한 영향을 미쳤는지, 위와 같은 변경으로 곡을 듣는 사람의 감정은 어떻게 달라졌는지도 함께 살펴보아야 한다.

이 사건 노래 부분을 전체적으로 보면, 6도로 상승하는 선율을 두 번 반복하고, 상승의 폭을 높여 8도로 상승한 후 하강국면을 지속하다가 폭이 작은 상승과 하강으로 마무리되는 특징을 갖는다.

이에 비하여 이 사건 대비 부분의 제1마디는 이 사건 노래 부분의 제1마디에서 세 번째 음만 2도 변경한 것이지만 이 사건 노래 부분 제1마디의 '상승 후 지속하는 선율'에서 제1마디 전체가 '솔미레미'와 같이 상승과 하강을 반복하는 형식으로 바뀌었고, 제2마디 역시 이 사건 노래 부분의 제2마디 중 한음을 변경한 것에 불과하지만 '라파미파'와 같이 상승과 하강을 반복하는 형식을 가지게 되었다(---). 특히 제3마디는 이 사건 노래 부분의 제3마디 중 두 번째 음을 한 옥타브 올린 것에 불과하지만 이로써 '상승과 하강의 반복'이라는 제1, 2마디의 선율 흐름을 이어갈 수 있게 되었고, 세 번째 음을

'라'에서 '파'로 바꿈으로써 제3마디의 '(낮은)솔-솔-파-솔-레-미' 6개 음이 모두 상승과 하강을 반복하는 선율을 지속한 후, 제4마디에서도 '미'로 앞서의 '상승과 하강'이라는 특징을 유지한 채 마무리된다. 이처럼 이 사건 대비 부분은 이 사건 노래 부분의 제4마디 15개의 음 중 4개만 변경하였지만, 첫 음부터 마지막 음까지 상승과 하강을 반복하는 선율의 흐름으로 바뀌어 이 사건 노래 부분과는 다른 감정을 가지게 되었다. 즉, 이 사건 노래 부분의 제1마디와 제2마디에서는, $\frac{1}{2}$박자로부터 6도 상승하여 3박자를 지속하는 선율 때문에 상승한 음에서 우러나는 감정의 여운을 충분히 느낄 수 있지만, 이 사건 대비 부분의 제1, 2마디에서는 지속적인 상승과 하강의 반복으로 이러한 여운이 사라져 버렸고, 차분한 감정 대신 역동이면서 밝고 흥겨운 감정을 느낄 수 있게 되었다. 이렇게 이 사건 대비 부분은 위와 같은 변경으로, 이 사건 노래 부분에서 볼 수 있는 두 음 이상이 지속되는 여운—이나 세 음 이상이 하강하는 국면을 가지지 않게 됨으로써, 선율의 흐름이라는 면에서 볼 때 이 사건 노래 부분과는 전혀 다른 전개 형식을 가지게 된 것이다. 나아가 위와 같은 이 사건 노래 부분과 이 사건 대비 부분의 가락의 차이는 그 다음에 전개되는 악곡의 가락에도 영향을 주어, 이 사건 노래 부분은 제10마디 후반부터 제18마디까지 애절한 가락으로 이어지지만, 이 사건 대비 부분은 제8마디 후반부터 제12마디까지 밝고 경쾌하며 흥겨운 가락으로 이어지게 된다. 따라서 이 사건 대비 부분은 이 사건 노래 부분과 리듬은 동일하지만, 가락은 실질적으로 동일하다고 볼 수 없다.

3) 화 성

이 사건 노래 부분과 이 사건 대비 부분은 모두 화성의 진행이 Ⅰ도-Ⅳ도-Ⅴ도-Ⅰ도의 화성으로 진행된다는 점에서 동일하다.

4) 정 리

결국, 이 사건 대비 부분은 이 사건 노래 부분과, 리듬과 화성은 동일하나, 가락의 차이 때문에 이 사건 노래 부분의 일부분을 이용하였다 하더라도 실질적 유사성이 없는 전혀 별개의 독립적인 저작물이라 할 것이므로, 피고의 2차적 저작물 작성권 및 이용권, 저작인격권의 침해는 인정되지 않는다.

◈ 디지털 샘플링

과거의 히트곡 등의 일부를 디지털 정보로 추출·저장하여 이에 적절히 변형을 가한 것을 새로운 작곡·편곡에 이용하는 샘플링 기법이 최근 널리 활용되고 있다. 이것은 무엇보다도 악기의 기술진보에 의해 샘플링이 간단히 행해지도록 되었기 때문이다. 이 경우 허락 없는 샘플링행위가 과연 저작권침해를 구성하는지 여부의 문제가 있고 만약 침해에 해당된다면 원저작자와의 사이에서 原樂曲의 사용에 의한 사용료의 문

제, 저작인격권의 문제가 있고, 개별적으로 허락을 받는 등, 해결이 필요하게 될 것이다.[409)]

㉣ 컴퓨터프로그램의 경우 컴퓨터프로그램의 경우도 아이디어가 보호받지 못함은 물론이다. 이는 저작권법 제101조의2가 밝히고 있다. 또 컴퓨터프로그램은 고도의 기능적 제품이며, 업계의 관행이나 표준, 하드웨어 등의 제약을 받지 않을 수 없으므로 이러한 모든 요소를 제거한 후 양 프로그램을 비교하여 침해 여부를 결정하여야 한다.[410)]

㉤ 편집저작물의 경우 편집저작물을 그대로 또는 창작성이 인정되는 일부분(상당부분)을 그대로 이용하면[411)] 저작권침해로 됨은 물론이다. 그러나 우리 법 제6조는 편집저작물은 독자적 저작물로서 보호된다고 규정하고 있으므로 편집저작물에 대해서도 다른 일반저작물과 동일한 보호범위가 인정된다고 할 수 있을 것이다. 즉 아이디어는 보호되지 아니하고 표현만을 보호한다는 것이다. 문제는 편집저작물에 있어서 어디까지를 표현으로 볼 것이냐이다. 예컨대 '세계사 100 장면'이라는 책을 본 받아 '한국사 100 장면'이라는 책을 만들어도 '세계사 100 장면'의 편집자가 가지고 있는 편집저작권을 침해하는 것은 아니다. 이것은 아이디어이다. 그런데 소재가 다르더라도 레이아웃의 세세한 부분까지 극히 유사하다는 이유로 편집저작권 침해를 인정한 일본 판결도 있다.[412)] 우리 판결 중에는 "출판물의 판형이 동일하고 표지색·도안이 유사하며, 출판사명 또한 서로 유사할뿐더러, 전체적인 구성과 구체적 내용까지도 대동소이한 사실, 먼저 발행된 저작물에서의 해설 오류와 동일한 오류가 침해물에도 존재하는 사실, 저작물이 각종 일간신문 및 여러 극장에서 광고되었고 전국 서점에서 차지하는 시장점유율이 높은 사실 등을 종합하면 피고들이 이 사건 침해물 또는 그 원고, 지형을 각각 제

409) 샘플링과 관련하여서는 다음 문헌 참조: 신동룡, "디지털샘플링에 대한 미국 판례 연구," 「계간 저작권」(제74호), 2006 여름호, 17면 이하; 同, "디지털샘플링에 있어서 최소사용 및 공정사용 원리에 관한 연구," 「계간 저작권」(제76호), 2006 겨울호, 33면 이하; 손경한 편저, 「엔터테인먼트법(하)」, 진원사, 45면 이하(최성준 집필부분). 디지털 샘플링과 관련된 최근의 외국 동향에 대해서는, 박경신, "음악 샘플링과 저작권—미국과 독일의 최근 사례를 중심으로—"[한국저작권위원회, 「저작권 동향」(2016년 제24호), 2016.12.8] 참조.

410) 이에 대해서는 '제13절 컴퓨터프로그램 보호' 부분 참조.

411) 대법원 1993.1.21.자 92마1081 결정('미술연표' 사건) 참조.

412) 會社パンレ事件判決[일본 東京高等裁判所 平成7(1995).1.31.(平成6(ネ)6010)].

작 · 발행할 당시에 이 사건 저작물의 존재를 알았고, 그에 의거하여 제작 · 발행함으로써 저작권을 침해한 것이라고 봄이 상당하다거나[「운전면허 학과시험」 사건(서울민사지법 1995.4.7.선고 94가합63879 판결)], 편집저작권의 침해에 있어서, 후행의 것이 선행된 편집저작물의 내용과 유사하게 서술되어 있으며, 상당부분에 걸친 그대로의 복제와 문장도치 · 재배열 · 변형삭제 등이 존재하고, 심지어 오자가 그대로 표기되어 있다면 저작재산권이 침해된 것이라고 한다[「세법총서」의 저작물성(서울민사지법 1995.6.23.선고 94가합67215 판결)].

2) **부정이용** 저작물에 대하여 허락된 범위 외의 이용도 역시 무단이용으로 되어 저작권 침해를 구성한다. 예컨대 출판을 허락하였는데 출판권자가 무단히 영화제작자와 합의하여 영화화한 경우 등이다.

[판례 1] "봄여름가을겨울" 사건(서울남부지법 2007.4.12.선고 2004가합14681판결)

사실관계: 원고 등은 1988.6~2002.1월까지 피고와 음반계약을 맺고 10장의 음반을 발매했으나 피고가 자신들의 곡을 이용해 2003~2005년 컬러링 등 모바일 · 인터넷 서비스를 제공하고 편집음반을 제작하자 2004년 9월 서울남부지법에 소송을 냈다.

판결요지: 1. 저작인접권 양도계약인지, 이용허락계약인가?

재판부는 원고가 저작인접권자라는 판단 아래 다음과 같이 판시하였다.

"원고들과 피고 사이에 일관되게 유지되어 온 약정이 저작인접권 양도계약인지, 이용허락계약인지 명백하지 아니한데, 이와 같이 당사자의 의사가 외부적으로 표현되지 아니한 경우 저작인접권자에게 권리가 유보됨이 타당하고, 따라서 피고는 원고들로부터 이 사건 각 음반을 복제, 제조, 유통할 수 있도록 저작인접권의 이용허락을 받은 자에 불과하다"고 판시하였다.

2. 이용허락의 범위: 음반 발매 당시 편집음반이나 모바일 · 인터넷 음원 제공 서비스의 활성화를 예견했다면 원고들이 다른 약정을 했을 것으로 보이는 점, 음반에 수록된 음원을 이용해 무제한적으로 편집 앨범을 제작하거나 모바일 · 인터넷 서비스에 제공하는 행위는 원고들의 저작권을 부당하게 침해하는 행위로 보이는 점 등을 고려한다면 피고가 허락받은 저작인접권 범위는 해당 음반의 제조 · 유통 · 판매에 한정돼야 한다.

[판례 2] 대법원 2006.12.22.선고 2006다21002 판결

[1] 음반제작자가 원반(原盤)의 기획, 녹음 및 편집, 홍보 등 대부분의 제작 업무를 담당하면서 그 비용을 부담하였고, 원반에 수록된 곡들의 작사자 및 작곡자가 음반제작자의 기획 · 제작 및 홍보능력에 의지하여 음반제작자에게 별다른 제한을 두지 않고

자신의 음악저작물에 대한 이용을 허락하였다고 보이며, 음악저작물에 대한 이용허락 당시 음반제작자가 별도의 편집음반에 원반에 수록된 곡들을 포함할 수 있다는 정도는 예견할 수 있었다면, 음반제작자가 작사자 및 작곡자의 음악저작물 이용허락을 받아 제작한 원반을 복제하여 편집음반을 제작·판매할 수 있다.

[2] 여러 원반(原盤)에 수록된 곡들을 선정하여 다른 신곡들과 함께 편집음반에 수록하면서 원곡의 일부를 생략한 경우에도, 생략된 부분이 원곡의 저작자들의 창작 부분이 아니라 저작물을 편곡하여 원반을 제작하는 과정에서 프로듀서 등의 창작활동으로 형성된 부분이고, 편집음반에 수록된 곡들이 모두 저작자들이 자신의 저작물을 가창(歌唱)하도록 허락한 가수에 의하여 실연되었다면, 편집음반의 제작이 원곡에 대한 이용허락의 범위를 벗어나지 않았다.

3) **침해의 의제** 저작권 자체의 직접적인 침해는 아니지만 저작권 침해에 직결되는 행위로서 ⅰ) 국외에서 작성된 해적판의 수입행위 등과 같이 수입시에 대한민국 내에서 만들어졌더라면 저작재산권의 침해로 될 물건을 대한민국내에서 배포할 목적으로 수입하는 행위 및, ⅱ) 저작재산권을 침해하는 행위에 의하여 만들어진 물건(ⅰ)의 수입물건을 포함)을 그 사실을 알면서 배포할 목적으로 소지하는 행위를 저작권 침해로 보고 있다(법 124조 1항).

◈ 진정상품의 병행수입

병행수입이란 특정한 권리자에 의해 해외에서 제조·판매된 진정상품이 자회사나 총대리점을 통해 정규적으로 수입되고 있음에도, 이러한 정규의 루트를 통하지 않고 진정상품을 해외에서 구입한 자가 직접 국내에 수입하는 것을 말한다. 이것을 위조상품을 판매하는 black market이라는 용어에 대비하여 gray market이라고 한다.
같은 상품임에도 해외에서 판매되고 있는 가격 쪽이 국내의 정규 루트를 통해서 판매되고 있는 가격보다도 싼 경우에는 내외의 가격차 때문에 병행수입이 일어나기 쉽다.
이러한 병행수입과 관련하여서는 지적소유권의 속지성과 관련하여 여러 가지 논의가 많다. 그러나 저작권의 경우에는 기본적으로는 크게 문제가 되지 않을 것으로 본다. 왜냐하면 저작권법 제20조 단서 등은 최초 판매이론을 명문으로 인정하고 있고, 또 법 제124조는 "수입시에 대한민국 내에서 만들어졌더라면 저작권 그 밖의 이 법에 의하여 보호되는 권리의 침해로 될 물건을 대한민국 내에서 배포할 목적으로 수입하는 행위"라고 하여 침해물의 수입으로 명정하고 있기 때문이다. 다만 최근 수입권이라는 권리를 인정하는 국가가 늘어남에 따라 배포권의 국제 소진은 축소되는 경향에 있다.

4) 기술적 보호조치의 무력화 금지 등 2003년 개정으로 신설되고 2011년 개정된 기술적 보호조치의 무력화 금지(법 104조의2) 및 권리관리정보의 제거·변경 등의 금지(법 104조의3) 규정은 다음과 같다.413)

① 기술적 보호조치의 무력화 "기술적 보호조치"라 함은 ㉮ 저작권, 그 밖에 이 법에 따라 보호되는 권리의 행사와 관련하여 이 법에 따라 보호되는 저작물 등에 대한 접근을 효과적으로 방지하거나 억제하기 위하여 그 권리자나 권리자의 동의를 받은 자가 적용하는 기술적 조치, ㉯ 저작권, 그 밖에 이 법에 따라 보호되는 권리에 대한 침해행위를 효과적으로 방지하거나 억제하기 위하여 그 권리자나 권리자의 동의를 받은 자가 적용하는 기술적 조치를 말한다(법 2조 28호). 원래 디지털저작물은 복제 등이 용이하므로 권리자는 이를 방지하기 위하여 암호화 등 기술적인 조치를 하지만 이러한 기술적 보호조치도 쉽게 제거될 수 있다(자물쇠가 있으면 열쇠가 있기 마련이다). 이에 법은 이러한 기술적 보호조치를 보호하는 규정을 두고 있다.

이러한 기술적 보호조치로는 접근통제형과 복제통제형이 있다. 우리 2011년 개정법은 2003년법과 달리 복제통제형 기술적 보호조치뿐만 아니라 접근통제형 기술적 보호조치도 보호한다.

[판례] '닌텐도 디에스' 사건(대법원 2011.7.14.선고 2010도1441 판결)

원심판결 및 원심이 적법하게 채택한 증거들에 비추어 살펴보면, 이 사건 물품을 '모드칩'이라고 부르든 '어댑터'라고 부르든 이 사건 물품은 이른바 '닥터툴'로서 닌텐도 디에스(DS) 게임기와 불법복제 게임소프트웨어가 저장된 메모리카드를 연결하여 불법복제 게임소프트웨어를 정품으로 인식하게 함으로써 위 게임기에 구축된 기술적 보호조치를 무력화시키는 장치에 해당함이 명백하므로, 같은 취지의 원심의 판단은 정당하다.

[판례] 대법원 2015.7.9.선고 2015도3352 판결

노래반주기 제작업체인 갑 주식회사가 사단법인 한국음악저작권협회에서 음악저작물의 복제·배포에 관한 이용허락을 받아 매월 노래방에 신곡을 공급하면서, 일련의

---

413) 무엇보다도 2011년 제1차 개정법은 종전의「침해의제」규정에서 규정하던 태도를 벗어나「제6장의2 기술적 보호조치의 무력화 금지 등」이라는 별도의 장으로 규정하고 있다.

인증절차를 거치지 않으면 노래반주기에서 신곡파일이 구동되지 않도록 두 가지 방식의 인증수단(이하 '보호조치'라고 한다)을 마련하였는데, 피고인 을 등이 보호조치를 무력화하는 장치를 제조 · 판매하였다는 내용으로 기소된 사안에서, 보호조치는 복제권 · 배포권 등과 관련하여서는 복제 · 배포 등 행위 자체를 직접적으로 방지하거나 억제하는 조치는 아니지만 신곡파일의 재생을 통한 음악저작물의 내용에 대한 접근을 방지하거나 억제함으로써 복제 · 배포 등의 권리를 보호하는 저작권법 제2조 제28호 (가)목의 보호조치에 해당하고, 공연권과 관련하여서는 신곡파일을 재생의 방법으로 공중에게 공개하는 공연행위 자체를 직접적으로 방지하거나 억제하는 저작권법 제2조 제28호 (나)목의 보호조치에 해당한다.

㉮ 행위에 의한 무력화 금지 　　　누구든지 정당한 권한 없이 접근을 통제하는 기술적 보호조치(제2조 제28호 가목)를 고의 또는 과실로 제거 · 변경하거나 우회하는 등의 방법으로 무력화하여서는 아니 된다. 다만, 다음 각호의 어느 하나에 해당하는 경우에는 그러하지 아니하다(법 104조의2 1항).

㉠ 암호 분야의 연구에 종사하는 자가 저작물 등의 복제물을 정당하게 취득하여 저작물 등에 적용된 암호 기술의 결함이나 취약점을 연구하기 위하여 필요한 범위에서 행하는 경우. 다만, 권리자로부터 연구에 필요한 이용을 허락받기 위하여 상당한 노력을 하였으나 허락을 받지 못한 경우에 한한다.

㉡ 미성년자에게 유해한 온라인상의 저작물 등에 미성년자가 접근하는 것을 방지하기 위하여 기술 · 제품 · 서비스 또는 장치에 기술적 보호조치를 무력화하는 구성요소나 부품을 포함하는 경우. 다만, 제2항에 따라 금지되지 않는 경우에 한한다.

㉢ 개인의 온라인상의 행위를 파악할 수 있는 개인 식별 정보를 비공개적으로 수집 · 유포하는 기능을 확인하고, 이를 무력화하기 위하여 필요한 경우. 다만, 다른 사람들이 저작물 등에 접근하는 것에 영향을 미치는 경우는 제외한다.

㉣ 국가의 법집행, 합법적인 정보수집 또는 안전보장 등을 위하여 필요한 경우

㉤ 제25조 제2항에 따른 교육기관 · 교육지원기관, 제31조 제1항에 따른 도서관(비영리인 경우로 한정한다) 또는 「공공기록물 관리에 관한 법률」에 따른 기록물관리기관이 저작물 등의 구입 여부를 결정하기 위하여 필요한 경우. 다만, 기술적 보호조치를 무력화하지 아니하고는 접근할 수 없는 경우에 한한다.

ⓑ 정당한 권한을 가지고 프로그램을 사용하는 자가 다른 프로그램과의 호환을 위하여 필요한 범위 안에서 프로그램코드역분석을 하는 경우

ⓢ 정당한 권한을 가진 자가 오로지 컴퓨터 또는 정보통신망의 보안성을 검사·조사 또는 보정하기 위하여 필요한 경우

ⓞ 기술적 보호조치의 무력화 금지에 의하여 특정 종류의 저작물 등을 정당하게 이용하는 것이 불합리하게 영향을 받거나 받을 가능성이 있다고 인정되어 대통령령으로 정하는 절차에 따라 문화체육관광부장관이 정하여 고시하는 경우.[414] 이 경우 그 예외의 효력은 3년으로 한다.

『기술적 보호조치의 무력화 금지에 대한 예외』 고시

저작권법(이하 "법"이라 한다) 제104조의2 제1항에 따른 법 제2조 제28호 가목의 기술적 보호조치(이하 "접근통제 기술적 보호조치"라 한다)의 무력화 금지에 의하여 특정 종류의 저작물 등을 정당하게 이용하는 것이 불합리하게 영향을 받거나 받을 가능성이 있다고 인정되는 경우를 법 제104조의2 제1항 제8호에 따라 다음과 같이 고시합니다.

2015년 1월 31일
문화체육관광부장관

1. 관련근거: 법 제104조의2 제1항 제8호, 법 시행령 제46조의2
2. 효력기간: 2015.1.31.~ 2018.1.30.
3. 기술적 보호조치의 무력화 금지에 대한 예외

① 합법적으로 제작·취득한 영상물(고화질 영상 기록매체에 수록되었거나 정보통신망을 통해 취득한 경우에 한한다)의 일부를 비평 또는 논평 등의 정당한 목적으로 다음 각 호의 어느 하나에 이용하기 위하여 영상물에 적용된 접근통제 기술적 보호조치를 무력화하는 경우
  1. 영화·미디어 관련 교육
  2. 다큐멘터리 영화의 제작
  3. 비상업적인 영상물의 제작

② 휴대용 정보처리장치(휴대용 전화기를 포함하며 게임 전용기기를 제외한다)의 운영체제와 합법적으로 취득한 응용 프로그램 간의 호환을 위하여, 그 운영체제 및 펌웨어(Firmware)에 적용된 접근통제 기술적 보호조치를 무력화하는 경우

③ 프로그램 복제물 소유자가 무선 통신망에 접속하기 위하여, 휴대용 전화기를 통신망에 접속하도록 하는 프로그램에 적용된 접근통제 기술적 보호조치를 무력화하는 경우. 다만 그 통신망 운영자가

414) 시행령 제46조의2(기술적 보호조치의 무력화 금지에 대한 예외) 문화체육관광부장관은 법 제104조의2 제1항 제8호에 따라 기술적 보호조치의 무력화 금지에 대한 예외를 정하여 고시하는 경우에는 미리 저작물 등의 이용자를 포함한 이해관계인의 의견을 들은 후 위원회의 심의를 거쳐야 한다.

접속을 승인한 경우에 한한다.
④ 휴대용 기록매체에 수록된 저작물에 적용된 기술적 보호조치가 그 매체와 연결된 주된 장치 또는 그 주된 장치의 연결된 다른 장치의 보안을 취약하게 하는 경우에 이를 검사・조사・보정하기 위하여 그 기술적 보호조치를 무력화하는 경우. 다만, 이를 통해 취득한 정보는 보안 강화에 이용되어야 하며, 저작권법 또는 다른 법률의 위반을 용이하게 하지 않는 방법으로 이용되거나 관리되어야 한다.
⑤ 더 이상 제조 또는 시판되지 않는 동글(Dongle)의 손상 또는 결함으로 인하여 프로그램에의 접근이 차단되었을 때, 그 프로그램에 적용된 접근통제 기술적 보호조치를 무력화하는 경우
⑥ 전자적 형태의 어문저작물에 적용된 기술적 보호조치가 다음 각 호의 어느 하나의 기능을 방지하거나 억제하는 경우에 그러한 기능을 가능하게 하기 위하여 접근통제 기술적 보호조치를 무력화하는 경우. 다만, 그 기능을 제공하는 다른 전자적 형태의 동일한 어문저작물이 있는 경우에는 그러하지 아니한다.
1. 낭독 기능 또는 수화기능
2. 텍스트를 대체 형식으로 변환하는 화면 읽기(Screen Reader) 기능

㉯ 장치 등에 의한 무력화의 금지　　누구든지 정당한 권한 없이 다음과 같은 장치, 제품 또는 부품을 제조, 수입, 배포, 전송, 판매, 대여, 공중에 대한 청약, 판매나 대여를 위한 광고, 또는 유통을 목적으로 보관 또는 소지하거나, 서비스를 제공하여서는 아니 된다(법 104의2 2항).

㉠ 기술적 보호조치의 무력화를 목적으로 홍보, 광고 또는 판촉되는 것

㉡ 기술적 보호조치를 무력화하는 것 외에는 제한적으로 상업적인 목적 또는 용도만 있는 것

㉢ 기술적 보호조치를 무력화하는 것을 가능하게 하거나 용이하게 하는 것을 주된 목적으로 고안, 제작, 개조되거나 기능하는 것

그러나 이상의 각호의 하나에 해당하는 경우라도 다음의 경우에는 그러하지 아니하다.

㉠ 접근통제형 기술적 보호조치의 경우에는 저작권법 제104조의2 제1항 제1호・제2호・제4호・제6호 및 제7호에 해당하는 경우(암호 분야의 연구, 미성년자 보호, 국가의 법집행, 프로그램코드 역분석, 보안성을 검사).

㉡ 복제통제형 기술적 보호조치의 경우에는 제104조의2 제1항 제4호 및 제6호에 해당하는 경우(국가의 법집행, 프로그램코드 역분석).

㉰ 침해의 정지・예방 청구 등　　기술적 보호조치를 무력화시킨 자에 대해서는 침해의 정지・예방, 손해배상의 담보 또는 손해배상의 청구를 할 수 있다. 이 경우 저작권법 제123조, 제125조, 제125조의2, 제126조 및 제129조를 준용

한다(법 104조의8).[415)]

② 권리관리정보의 훼손　누구든지 정당한 권한 없이 저작권 그 밖에 이 법에 의하여 보호되는 권리의 침해를 유발 또는 은닉한다는 사실을 알거나 과실로 알지 못하고 다음 각호의 1에 해당하는 행위를 하여서는 아니 된다(법 104조의3. 다만 국가의 법집행, 합법적인 정보수집 또는 안전보장 등을 위하여 필요한 경우에는 그러하지 아니하다).

가. 권리관리정보를 고의로 제거 · 변경 또는 허위 부가하는 행위

나. 권리관리정보가 정당한 권한 없이 제거 또는 변경되었다는 사실을 알면서 그 권리관리정보를 배포하거나 배포할 목적으로 수입하는 행위

다. 권리관리정보가 제거 · 변경되거나 또는 허위로 부가된 사실을 알고 해당 저작물 등의 원본이나 그 복제물을 배포 · 공연 또는 공중송신하거나 배포의 목적으로 수입하는 행위

여기서 권리관리정보라 함은 다음 각목의 1에 해당하는 정보나 그 정보를 나타내는 숫자 또는 부호로서 각 정보가 저작물 등(저작물이나 실연 · 음반 · 방송 또는 데이터베이스)의 원본이나 그 복제물에 부착되거나 그 공연 · 실행 또는 공중송신에 수반되는 것을 말한다(법 2조 29호).[416)]

가. 저작물 등을 식별하기 위한 정보

나. 저작자 · 저작재산권자 · 출판권자 · 프로그램배타적발행권자 · 저작인접권자 또는 데이터베이스제작자를 식별하기 위한 정보

---

415) 법 제104조의8은 제125조의2(법정손해배상의 청구)도 준용하도록 되어 있고, 이에 제125조의2에서 법정손해배상의 산정에 있어 그 기준이 되는 저작물 등은 "위반과 관련된 우회도구 등의 수가 그 기준이 될 수 있을 것"이라는 견해가 있다[임원선, 「실무자를 위한 저작권법」(제4판), 475면 주 576]. 일리 있는 견해이나 저작물 등도 등록된 경우에만 법정손해배상을 청구할 수 있고, 우회도구 등에는 이러한 제도가 없어 과연 이렇게까지 무리하게 해석할 수 있을지는 의문이다. 입법의 불비라고 본다.

416) 2011년 제2차 개정에서는 '전자적 형태의'라는 문구가 삭제되었다. 이것은 모든 형태의 권리관리정보를 보호대상으로 하고 있는 한 · 미 FTA 협정의 이행을 위한 것이다. 종래 전자적이란 전자적(電子的, electronic), 전자적(電磁的, electro-magnetic) 양자를 포괄하는 것으로, 광자기적(magneto-optical) 또는 광학적(optical)인 것 자체로는 전자적인 것이 아니라는 해석이 있었고, 광학식 마크판독장치로 읽을 수 있는 바코드(bar code)나 스마트폰 등으로 읽을 수 있는 QR코드(Quick Response code) 등이 비전자적 권리관리정보의 예로 들 수 있었다. 개정을 통해 이들이 모두 보호의 대상이 되어 저작물의 건전한 유통질서를 확립하게 되었다[한 · 미 FTA 이행을 위한 개정 저작권법 설명자료(2011.12.14), 32면 참조].

다. 저작물 등의 이용방법 및 조건에 관한 정보

권리관리정보를 훼손시킨 자에 대해서는 침해의 정지·예방, 손해배상의 담보 또는 손해배상의 청구를 할 수 있다. 이 경우 저작권법 제123조, 제125조, 제126조 및 제129조를 준용한다(법 104조의4).

◈ 권리관리정보의 기능

근래의 급속한 기술의 진전에 의하여 위와 같은 권리관리정보를 전자적인 방식 등에 의하여, 저작물 등과 함께 전달하거나 저작물 등의 복제물에 첨부하는 것이 가능해지고, 이를 통해 위법한 이용의 발견·입증, 나아가서는 권리처리(승낙권 및 보수청구권의 처리를 가리킨다. 이하 동일)를 효과적으로 할 수 있게 되어가고 있다. 전자를 소극적 기능, 후자를 적극적 기능이라고 부르기로 하자.

가. 소극적 기능　권리관리정보의 소극적 기능으로서는 위법한 이용의 발견·입증 기능을 들 수 있다. 위법 이용의 발견·입증 기능이란 예를 들면, 저작물 등이 위법 복제되어도 권리관리정보도 함께 복제되기 때문에, 저작권자 등은 컴퓨터 등을 이용하여 그 권리관리정보를 간파하는 것에 의하여, 위법 이용의 발견·입증이 용이해졌다. 특히 컴퓨터·네트워크를 통하여 위법 복제물의 탐색을 하는 시스템도 실용화되어 있고, 한층 더 위법 이용을 발견하기 쉬워지고 있다. 이에 따라 저작권자 등은 안심하고 시장에 저작물 등을 제공할 수 있게 되고, 이용자도 다양한 저작물 등을 향수하는 것이 가능해진다.

나. 적극적 기능　권리관리정보의 적극적 기능이란 권리관리정보를 사용하는 것에 의해 저작물 등의 이용자는 권리에 관계하는 정보를 용이하게 입수할 수 있게 되는 것에 머무르지 않고, 권리처리의 일련의 과정을 컴퓨터·네트워크 등을 통하여 용이하게 하는 것이 가능해지고 있다. 이에 따라 저작물 등의 정당한 허락에 근거하는 이용이 촉구되고, 저작권자 등의 권리의 실효성이 확보됨과 아울러, 저작물 등의 이용자에게 있어서도 권리처리에 따르는 곤란이나 부담이 크게 감소하여 저작물 등을 간단하게 이용할 수 있는 상황을 낳는 결과도 가져오게 되었다. 더욱이 권리관리정보가 표준화·집중화되면 저작권관리시스템으로 연결되고, 저작물의 전자상거래에 결정적 역할을 하게 된다.

5) 암호화된 방송 신호의 무력화 등의 금지 등

① 암호화된 방송 신호의 무력화 등의 금지　암호화된 위성방송 또는 유선방송을 불법으로 복호화(復號化)[417]하는 기기 등을 이용하여 무단으로 시청 또는

417) 암호화한 것을 디코딩하는 행위.

청취하거나 이를 가능케 하는 행위를 금지하고 이를 위반하는 경우에 처벌 규정 신설 필요가 있어 2011년 제2차 개정법은 암호화된 방송 신호의 무력화 등의 금지규정을 다음과 같이 두고 있다. 즉 누구든지 다음 각 호의 어느 하나에 해당하는 행위를 하여서는 아니 된다(법 104조의4).

가) 암호화된 방송 신호를 방송사업자의 허락 없이 복호화하는 데에 주로 사용될 것을 알거나 과실로 알지 못하고, 그러한 목적을 가진 장치 · 제품 · 주요 부품 또는 프로그램 등 유 · 무형의 조치를 제조 · 조립 · 변경 · 수입 · 수출 · 판매 · 임대하거나 그 밖의 방법으로 전달하는 행위. 다만, 제104조의2 제1항 제1호 · 제2호 또는 제4호에 해당하는 경우에는 그러하지 아니하다.

제104조의2 제1항 관계 규정
1. 암호 분야의 연구에 종사하는 자가 저작물 등의 복제물을 정당하게 취득하여 저작물 등에 적용된 암호 기술의 결함이나 취약점을 연구하기 위하여 필요한 범위에서 행하는 경우. 다만, 권리자로부터 연구에 필요한 이용을 허락받기 위하여 상당한 노력을 하였으나 허락을 받지 못한 경우에 한한다.
2. 미성년자에게 유해한 온라인상의 저작물 등에 미성년자가 접근하는 것을 방지하기 위하여 기술 · 제품 · 서비스 또는 장치에 기술적 보호조치를 무력화하는 구성요소나 부품을 포함하는 경우. 다만, 제2항에 따라 금지되지 아니하는 경우에 한한다.
4. 국가의 법집행, 합법적인 정보수집 또는 안전보장 등을 위하여 필요한 경우

나) 암호화된 방송 신호가 정당한 권한에 의하여 복호화된 경우 그 사실을 알고 그 신호를 방송사업자의 허락 없이 영리를 목적으로 다른 사람에게 공중송신하는 행위.

이상의 가), 나)의 행위를 한 자는 3년 이하의 징역 또는 3천만원 이하의 벌금에 처하거나 이를 병과할 수 있다(법 136조 2항).

다) 암호화된 방송 신호가 방송사업자의 허락없이 복호화된 것임을 알면서 그러한 신호를 수신하여 청취 또는 시청하거나 다른 사람에게 공중송신하는 행위. 이러한 행위를 한 경우에는 1년 이하의 징역 또는 1천만원 이하의 벌금에 처한다(법 137조 1항 3호의2).

본조에서 말하는 "암호화된 방송 신호"란 방송사업자나 방송사업자의 동의를 받은 자가 정당한 권한 없이 방송(유선 및 위성 통신의 방법에 의한 방송에 한한다)을 수신하는 것을 방지하거나 억제하기 위하여 전자적으로 암호화한 방송 신호를 말한다(법 2조 8호의2).

② 방송전 신호의 송신 금지 누구든지 정당한 권한 없이 방송사업자에게로 송신되는 신호(공중이 직접 수신하도록 할 목적의 경우에는 제외한다)를 제3자에게 송신하여서는 아니된다(법 104조의7).

6) **라벨위조 등의 금지** 누구든지 정당한 권한 없이 다음 각 호의 어느 하나에 해당하는 행위를 하여서는 아니 된다(법 제104조의5).

가) 저작물 등의 라벨을 불법복제물이나 그 문서 또는 포장에 부착 · 동봉 또는 첨부하기 위하여 위조하거나 그러한 사실을 알면서 배포 또는 배포할 목적으로 소지하는 행위

나) 저작물 등의 권리자나 권리자의 동의를 받은 자로부터 허락을 받아 제작한 라벨을 그 허락 범위를 넘어 배포하거나 그러한 사실을 알면서 다시 배포 또는 다시 배포할 목적으로 소지하는 행위

다) 저작물 등의 적법한 복제물과 함께 배포되는 문서 또는 포장을 불법복제물에 사용하기 위하여 위조하거나 그러한 사실을 알면서 위조된 문서 또는 포장을 배포하거나 배포할 목적으로 소지하는 행위

본조에서 말하는 '라벨'이란 그 복제물이 정당한 권한에 따라 제작된 것임을 나타내기 위하여 저작물 등의 유형적 복제물 · 포장 또는 문서에 부착 · 동봉 또는 첨부되거나 그러한 목적으로 고안된 표지를 말한다(법 2조 35호). SW의 경우 CD 케이스 등에 부착되는 조그만 스티커가 라벨의 좋은 예이며, 보통 라이선스 번호가 적혀져 있고 합법적인 복제물 즉 정품임을 증명하기 위한 용도로 사용된다.[418]

본조는 2011년 제2차 개정법에서 신설된 내용이며, 한 · 미 FTA 협정 제18.10조 제28항에 규정되었던 내용이다. 이러한 규정을 둔 이유는 일반적으로 구매자들은 음반이나 영화 DVD, 컴퓨터 프로그램 CD 등이 정품인지 여부를 그에

418) 자료: 한 · 미 FTA 이행을 위한 개정 저작권법 설명자료(2011.12.14), 36면.

첨부되거나 동봉되어 있는 라벨이나 인증서 등으로 구별하므로, 이러한 라벨이나 인증서 등의 위조나 불법유통을 통제함으로써 저작권자가 입는 피해를 최소화할 필요가 있었기 때문이다.[419]

법 제104조의5에 위반한 경우에는 3년 이하의 징역 또는 3천만원 이하의 벌금에 처하도록 되어 있다(법 136조 2항 3호의6).

7) 영상저작물 녹화 등의 금지 누구든지 저작권으로 보호되는 영상저작물을 상영 중인 영화상영관 등에서 저작재산권자의 허락 없이 녹화기기를 이용하여 녹화하거나 공중송신하여서는 아니 된다(법 104조의6).

영화의 경우에는 영화상영관에서의 상영과 DVD 출시 및 인터넷 전송 등 창구별로 출시에 시차를 두게 되는데, 휴대용 디지털 영상촬영 기기의 발달로 인하여 영화 개봉과 동시에 영상저작물이 관객에 의하여 무단으로 녹화되어 인터넷 등을 통하여 무차별 유포되는 경우에는 영상제작자 등 관련 권리자에게 막대한 손해를 입힐 우려가 있어 이를 방지할 필요가 있다.[420]

본조에 위반한 경우는 1년 이하의 징역 또는 1천만원 이하의 벌금에 처하도록 규정하면서, 미수범도 처벌하도록 하였다(제137조). 왜냐하면 도촬행위는 개인에 의해 은밀하게 이루어지는 행위 특성상, 그 실행을 착수하는 행위에 대해서도 처벌하는 것이 불가피하기 때문이다.[421]

일본의 경우 도촬행위 금지와 관련하여 「영화의 盜撮防止에 관한 법률」을 제정(2007.5.30. 법률 제65호)하여 시행하고 있으며, 위반죄에 대하여 10년 이하의 징역 또는 1,000만 円 이하의 벌금에 처하도록 규정하고 있다. 흥미로운 것은 그 내용이 영화관 등의 會場 내에서 행하는 영화의 녹음녹화에 대해서는 일본 저작권법 제30조 제1항의 규정은 적용되지 않으며, 사적 사용의 목적이라도 당해 복제행위는 저작권침해가 된다고 규정한 점이다. 또 사적 사용의 목적이라도 민사상의 책임만이 아니고, 형사상의 책임도 통상의 저작권침해사범과 마찬가지로 부담한다고 규정한 점이다. 이에 비해 미국의 경우는 2005년 예술가의 권리와 절도방지법(ART법)을 통해 저작권법 제2319조 B(영화 상영시설 내에서의 영화의 허락받지 아니한 녹화)에서 우리와 유사한 규정을 두고 있다.[422] 사적 복제에 관한 규정을

419) *Ibid.*
420) *Ibid.* 38면.
421) *Ibid.* 39면.

두고 있는 우리의 규정 방식은 일본식이었어야 하는 것 아닐까.

(2) 저작인격권 침해의 유형

저작자나 실연자의 인격권 침해의 유형은 그 내용을 구성하는 지분권에 따라 i) 공표권 침해(법 11조, 123조), ii) 성명표시권 침해(법 12조, 123조), iii) 동일성 유지권 침해(법 13조, 123조), iv) 저작자 사후의 인격적 이익 침해(법 14조 2항, 123조, 128조)로 분류할 수 있다. 저작인격권의 침해에는 명예훼손 여부를 묻지 않으나, 저작자 사후 인격적 이익의 경우에는 명예를 훼손한 경우에만 구제가 인정된다. 아울러 법은 저작인격권 침해의 간주규정을 두어 저작자의 명예를 훼손하는 방법으로 그 저작물을 이용하는 행위(예컨대 특정 음악저작물을 선정적 무도행위의 배경음악으로 사용하는 행위)를 저작인격권을 침해하는 행위로 본다(법 124조 2항).

구 분	민사구제	형사처벌
생전 저작인격권 침해	명예훼손 불요	명예훼손 필요
사후 저작자의 인격적 이익 침해	명예훼손 필요	명예훼손 필요

(3) 배타적 발행권 · 출판권 침해의 유형

저작권자와의 사이에 배타적 발행권 등이 설정이 되어 있는 경우에 배타적 발행권자나 출판권자 이외의 자가 당해 저작물을 무단발행, 무단출판 하는 것은 배타적 발행권 등이 제한되는 경우(법 62조, 63조의2)를 제외하고는 배타적 발행권 등의 침해로 된다. 즉 배타적 발행권 · 출판권 침해란 권한 없이 배타적 발행권 · 출판권이 설정된 타인의 저작물을 발행 · 출판함으로써 배타적 발행권 등을 침해하는 것이다. 법은 더 나아가서 배타적 발행권 등의 침해의제규정을 두고 있다(법

---

422) (a) 범죄—저작권자의 허락없이, 고의로 영화 상영시설 내에서 그 저작물의 실연으로부터 제17편 법전, 또는 그의 어느 부분에 따라 보호되는 영화 또는 그 밖의 시청각 저작물을 송신하거나 그의 복제물을 만들기 위해 시청각 녹화 장치를 사용하거나 사용하려 한 사람은 누구든지,

(1) 3년 이내의 징역, 이 편에 따른 벌금, 또는 이 둘 모두에 처한다; 또는

(2) 그 범죄가 두 번째 또는 그 이상의 것일 때에는 6년 이하의 징역이나 이 편에 따른 벌금, 또는 이 둘 모두에 처한다.

124조 참조).

(4) 저작인접권 침해의 유형

법이 특히 허용하는 경우를 제외하고 저작인접권자의 허락 없이 실연·음반 및 방송을 무단이용 하는 경우는 저작인접권 침해로 된다. 허락범위 밖의 이용은 범위 외의 부분은 무단이용이므로 저작인접권 침해로 된다. 또 일정한 경우에 침해가 의제됨은 저작권 등과 같다(법 124조 참조).

(5) 링크에 의한 저작권 침해 여부

WWW(world wide web)은 인터넷에서 제공하는 정보검색 서비스로 텍스트만 제공했던 기존의 정보서비스와는 달리 그림, 동화상, 소리 등도 모두 지원하고 있다. 또 하이퍼텍스트 개념을 도입하여 WWW 중에서 강조되고 있는 단어를 링크를 통해 다른 WWW의 하이퍼텍스트로 이동하는 것이 가능하다. 이로써 쉽게 원하는 정보와 관련된 정보를 찾아볼 수 있다. 그리고 갑이라고 하는 WWW 중의 텍스트 '갑 1'로부터 을이라고 하는 WWW 중의 텍스트 '을 1'로 이동할 수 있도록 '갑 1' 속에 '을 1'의 URL[423]을 기재하는 것을 '링크한다'고 한다. 링크하는 것은 갑측의 WWW의 설정만으로 가능하다. 이 경우 문제로 되는 것은 갑이 링크하는 것이 링크가 된 을의 복제권 등 저작권을 침해하는 것은 아닌가 하는 점이다. 링크의 종류에 따라서 학설은 나누어져 있으나 판례는 모든 종류의 링크를 저작권침해가 아니라고 본다.

① 확실히 단순히 링크하는 것만으로는 저작권침해로 볼 수 없다.[424] WWW는 본질적으로 상호 사이트를 접속시키기 위해서 존재하며,[425] 허락을 받은 경우에만 접속을 허용하는 것은 옳지 않다. 웹 사이트에 올려놓았다는 것 자체가 링크를 허용하도록 묵시적 허락을 하였다고도 볼 수 있을 것이다. 또 하이퍼텍스트 링크에는 저작권으로 보호되는 표현은 존재하지 않는다. 단지 웹상 자료의 주소만을 포함하고 있을 뿐이다. 그것은 소위 저작권법으로 보호받을 수 없는 '운영의

---

423) Uniform Resource Locator의 약자. 주소정보가 기재되어 있다.

424) Thomas J. Smedinghoff, *Online Law*, 1996, 22면, 453면.

425) 인터넷은 복수의 컴퓨터에 의해 분산처리를 하도록 한다는 발상에 기초하고 있으므로 다른 컴퓨터와 링크를 하여 정보를 분산 처리하는 것은 처음부터 예상한 일이다.

방법'일 뿐이다.[426)]

② 또 타깃사이트의 홈페이지 또는 메인페이지에 링크하지 않고, 그 세부적인 페이지에 바로 링크하는 경우(소위 심층링크deep link, 직접링크 direct link)도 저작권침해는 아니라고 본다.[427)]

③ 더 나아가서 자신의 웹사이트 내에서 다른 웹사이트의 정보를 볼 수 있게 하는 프레이밍(framing)도 복제나 전송권 침해라고는 말할 수 없다.[428)]

④ 아울러 판례는 웹사이트 이용자가 링크제공자의 웹페이지를 방문했을 때 링크된 내용이 자동적으로 실행되게 하는 인라인 링크도 저작재산권 침해가 아니며, 성명표시권 침해로도 되지 아니한다고 한다.[429)]

⑤ 문제는 인터넷 이용자가 링크 부분을 클릭함으로써 저작권자에게서 이용허락을 받지 아니한 저작물을 게시하거나 인터넷 이용자에게 그러한 저작물을 송신하는 등의 방법으로 저작권자의 복제권이나 공중송신권을 침해하는 웹페이지 등에 직접 연결되는 경우이다. 이 경우도 링크 행위만으로 저작재산권 침해행위의 방조행위에 해당하지 아니한다고 한다.[430)]

【판례】 대법원 2016.5.26.선고 2015도16701 판결

인터넷 링크(Internet link)는 인터넷에서 링크하고자 하는 웹페이지나, 웹사이트 등의 서버에 저장된 개개의 저작물 등의 웹 위치 정보 내지 경로를 나타낸 것에 불과하여, 인터넷 이용자가 링크 부분을 클릭함으로써 링크된 웹페이지나 개개의 저작물에 직접 연결하더라도, 이는 저작권법 제2조 제22호에 규정된 '유형물에 고정하거나 유형물로 다시 제작하는 것'에 해당하지 아니하고, 같은 법 제19조에서 말하는 '유형물을 진열하거나 게시하는 것'에도 해당하지 아니한다. 또한 위와 같은 인터넷 링크의 성질에 비추어 보면 인터넷 링크는 링크된 웹페이지나 개개의 저작물에 새로운 창작성을 인정

426) Jonathan Rosenoer, *CyberLaw*, 1996, 10면.

427) 대법원 2009.11.26.선고 2008다77405 판결.

428) 다만 민법상의 불법행위로 될 가능성은 있다[지오스테크널러지 사건(서울지방법원 2001.12.7.선고 2000가합54067 판결 참조). 즉 저작권침해가 성립하지 않은 경우라도 광고수입의 감소로 영업에 지장을 받는 경우도 적지 않을 것이므로 민사상 불법행위책임을 물을 수도 있을 것이다(高橋和之 외, 「인터넷과 법」, 有斐閣, 183-184면].

429) 대법원 2010.3.11.선고 2009다4343 판결.

430) 대법원 2015.3.12.선고 2012도13748 판결. 이에 대한 비판은 이해완, 「저작권법」(제3판), 494면 이하 참조.

할 수 있을 정도로 수정 · 증감을 가하는 것에 해당하지 아니하므로 2차적 저작물 작성에도 해당하지 아니한다. 이러한 법리는 모바일 애플리케이션(Mobile application)에서 인터넷 링크와 유사하게 제3자가 관리 · 운영하는 모바일 웹페이지로 이동하도록 연결하는 경우에도 마찬가지이다.

II. 민사적 구제제도

1. 서 언

민사적 구제제도의 2대 지주는 침해금지제도(injunction, unterlassung)와 손해배상제도이다. 현행법은 부당이득반환청구권에 관한 규정을 두고 있지 아니하나 부당이득반환청구권을 부정하는 것이 아님은 물론이다. 민법의 부당이득반환청구권에 관한 규정(민법 741조)에 의하여 동 권리를 행사할 수 있음은 당연하다 하겠다.

【판례】 '고성군' 사건(대법원 2016.7.14.선고 2014다82385 판결)

저작권자의 허락 없이 저작물을 이용한 사람은 특별한 사정이 없는 한 법률상 원인 없이 이용료 상당액의 이익을 얻고 이로 인하여 저작권자에게 그 금액 상당의 손해를 가하였다고 보아야 하므로, 저작권자는 부당이득으로 이용자가 저작물에 관하여 이용허락을 받았더라면 이용대가로서 지급하였을 객관적으로 상당한 금액의 반환을 구할 수 있다.

이러한 부당이득의 액수를 산정할 때는 우선 저작권자가 문제 된 이용행위와 유사한 형태의 이용과 관련하여 저작물 이용계약을 맺고 이용료를 받은 사례가 있는 경우라면 특별한 사정이 없는 한 이용계약에서 정해진 이용료를 기준으로 삼아야 한다.

그러나 해당 저작물에 관한 이용계약의 내용이 문제 된 이용행위와 유사하지 아니한 형태이거나 유사한 형태의 이용계약이더라도 그에 따른 이용료가 이례적으로 높게 책정된 것이라는 등 이용계약에 따른 이용료를 그대로 부당이득액 산정의 기준으로 삼는 것이 타당하지 아니한 사정이 있는 경우에는, 이용계약의 내용, 저작권자와 이용자의 관계, 저작물의 이용 목적과 이용 기간, 저작물의 종류와 희소성, 제작 시기와 제작비용 등과 아울러 유사한 성격의 저작물에 관한 이용계약이 있다면 그 계약에서 정한 이용료, 저작물의 이용자가 이용행위로 얻은 이익 등 변론과정에서 나타난 여러 사정을 두루 참작하여 객관적이고 합리적인 금액으로 부당이득액을 산정하여야 한다.

2. 저작권 침해행위 금지청구권

권리자는 침해자에 대하여 침해행위의 금지를 청구할 수 있음과 아울러 침해행위에 의하여 만들어진 물건의 폐기나 그 밖에 필요한 조치를 청구할 수 있다(법 123조).

(1) 청구권자

침해금지청구를 할 수 있는 자는 "저작권 그 밖의 이 법에 의하여 보호되는 권리(제25조 · 제31조 · 제75조 · 제76조 · 제76조의2 · 제82조 · 제83조 및 제83조의2의 규정에 따른 보상을 받을 권리를 제외)를 가진 자"라고 규정하고 있다. 따라서 저작권침해금지청구는 저작재산권자, 저작인격권자, 배타적 발행권자, 출판권자, 저작인접권자가 그 청구권자가 된다. 공동저작물의 각 저작자 또는 각 저작재산권자는 다른 저작자 또는 다른 저작재산권자의 동의 없이 침해금지청구를 할 수 있다(법 129조). 또 저작물에 관하여 독점적 이용허락계약을 체결한 자는 자신의 권리를 보전하기 위하여 필요한 범위 내에서 저작권자를 대위하여 저작권법 제123조에 기한 침해정지청구권 등을 행사할 수 있다[Pat과 Mat 사건(서울고법 2002.5.8.선고 2001나58919 판결), '당나귀 귀' 사건(대법원 2007.3.29.선고 2005다44138 판결) 등 참조].

(2) 청구의 상대방

현실적으로 침해를 하고 있는 자 또는 침해할 우려가 있는 자이다. 법인이나 단체에 의한 침해의 경우에는 원칙적으로 대표자가 침해상대방이 되며, 침해행위가 수인에 의하여 공동으로 행하여지고 있는 경우 또는 침해행위가 서로 다른 형태의 과정으로 세분되어 행하여지고 있는 경우에는 그 모두가 상대방이 될 수 있다.

◈ 누가 침해자인가 = 책임의 주체

1) 카바레 등의 경영자

저작권 사용료 청구소송에서 흔히 피고측에서 제기하는 흔한 항변 가운데 하나가 카바레 등의 경영자가 전속악단과 전속계약을 체결하여 그 악단에서 음악을 청중에게

들려주는 것이므로 악단의 대표가 저작권 사용료의 납부의무를 갖는다는 주장이다. 서울민사지법 80가소3468 사건(속칭 1.2.3.카바레 사건)에서 악단은 업주의 의뢰에 따라 계약을 맺고 업주의 영업을 위하여 연주를 행하는 것이고, 악단이 독자적으로 임차하여 영업을 하지 않고 있을 뿐 아니라 연주곡목의 선정은 일웅 악단에 위임되어 있다고 하더라도 그 음악저작물의 사용은 영업주가 그의 영업계획에 따라 지시할 수 있는 등의 여지가 있는 점 등을 종합하면 영업주가 책임을 져야 한다는 판결이 있었다. 음악저작권자에 대해 연주행위 금지의 의무가 있는 주체는 누구인가라는 문제에 대해서 일본 나고야 지방법원에서도 같은 취지로 가처분 결정을 한바, 그 주문은 "피신청인은 5개 영업소에서 협회관리악곡을 그 영업에 사용하여서는 아니 된다. 피신청인의 각 영업소 내에 있는 연주용 악기 및 악보에 대한 피신청인의 점유를 풀고 신청인이 위임하는 나고야 지방재판소 집달관에게 그 보관을 명한다. 집달관은 피신청인에 대해 제1항의 음악저작물의 연주에 사용하지 않을 것을 조건으로 전항의 연주용 악기 및 악보의 사용을 허용할 수 있다"고 되어 있다.

2) 노래방업주나 가라오케 운영자

우리나라 노래방 사건이나 일본「클럽 · 캐치아이」사건 판결[431]은 일본음악저작권협회가 스낵 경영자에 대해, 저작권침해를 이유로 금지 및 손해배상을 청구한 사안에서 이를 인정하였다. 이 판결의 요지는 "스낵 등의 운영자가 가라오케 장치와 음악저작물인 악곡이 녹음된 가라오케 테이프를 비치해 두고, 고객에게 가창을 권유하며, 고객이 선택한 곡목을 가라오케 테이프로 재생하는 방식으로 연주함으로써 다른 고객의 면전에서 가창하도록 하는 등의 행위를 통해 점포의 분위기를 조정하고 있을 경우에는, 가라오케 운영자는 당해 음악저작물의 저작권의 허락을 얻지 않는 한, 고객에 의한 가창에 따라 그 가창의 주체로서 연주권 침해에 따른 불법행위 책임을 면할 수 없다"는 것이다.[432]

3) 온라인 서비스 제공자

이에 대해서는 별도로 설명하기로 한다.[433]

(3) 폐기청구권 등

저작권 침해금지청구를 함에 있어서는 침해행위에 의하여 만들어진 물건의 폐기나 그 밖에 필요한 조치를 청구할 수 있다(법 123조 2항).

침해행위에 의하여 만들어진 물건이란 무단출판된 인쇄물(그러나 예컨대 어느

431) 일본 최고재판소 1988년 3월 15일 판결.

432) 이렇듯 일본에서는 소위 '가라오케법리'라는 것이 형성되어 있다. 이것은 실제 노래를 부른 것은 고객임에도 업주에게 직접책임을 인정한다.

433) 후술 'V. 침해에 관여된 자의 책임' 참조.

서적 중 사진만이 무단복제되어 사진저작권을 침해한 것이라면 인쇄물 자체의 폐기청구는 과잉청구이고 그중 무단복제된 사진부분만의 폐기를 청구하여야 한다),[434] 무단작성된 연주 음반, 저작자의 허락 없이 저작물의 내용을 개변한 저작복제물 등이다. 그 밖에 필요한 조치에는 장래 침해의 금지를 담보하기 위한 담보제공 등을 생각할 수 있다.

문제는 침해행위를 조성한 무단연주·방송에 사용되는 테이프, 무단방영 되는 필름 등이나 침해행위에 제공된 지형, 주형, plate, 레코드 원반 등도 필요한 조치의 일환으로서 폐기청구를 할 수 있다고 보아야 할 것이냐이다. 긍정하는 것이 타당하다고 본다. 다만, 해적판을 만들기 위한 인쇄기나 복사기, 무단상영에 사용된 영사기 등등은 일반적으로는 폐기청구의 대상이 되는 것은 아니고(과잉청구로 될 수 있음은 특허 등 산업재산권법에서와 마찬가지의 문제가 있다) 정상영업을 아니하고 상습적·직업적 해적출판업자 등의 것만이 대상이 되어야 할 이치일 것이다.

또 건축저작물에 관하여는 건축이 개시된 이후에는 금지청구보다는 손해배상청구에 의하여 해결되어야 온당하다 하겠으나 이러한 점은 앞으로 학설·판례의 발전에 맡길 수밖에 없을 것이다.

한편 공유형 웹스토리지 서비스를 통한 저작권 침해행위와 관련하여 판례는 "웹스토리지 서비스 자체에 대한 금지 청구를 인정하는 경우에는, 자유로운 이용이 보장된 파일의 공유 등 이용자들의 적법한 이용행위 및 이를 통한 서비스 제공자들의 영업활동까지 막게 되는 결과를 초래하여 이용자들의 이용권 및 서비스 제공자들의 영업의 자유를 필요 이상으로 제한하게 되므로 부당"하다고 판시하였다.[435]

(4) 임시처분

저작권법은 저작권 침해금지 가처분 사건에서 저작자의 경제적 형편이 넉넉지 못함을 이유로 '보증금'의 공탁 없이 가처분 결정을 내릴 수도 있도록 규정(법 123조 3항)하고 부당가처분의 경우에 무과실 손해배상책임을 규정(법 123조 4항)하

---

434) '강아지왈츠' 사건(서울고법 1995.12.5.선고 94나9186 판결)에서는 피고는 원고가 편곡저작권을 갖는 곡들이 복제수록된 부분을 책들에서 제거한다면 위 책들을 제작, 발행, 판매 또는 배포할 수 있다고 판시하고 있다.

435) 나우필름 사건(서울중앙지법 2008.8.5.자 2008카합968 결정).

고 있다. 침해행위 금지청구의 본안소송을 제기하기 전에 침해행위의 신속한 금지를 위하여 가처분이 많이 활용된다. 가처분의 경우는 그것이 만족적 가처분이므로 신중한 심리가 필요하여 가처분의 신속성과의 조화가 문제되고 있다.[436] 판례는 그 피보전권리 및 보전의 필요성에 관하여 통상의 보전처분보다 높은 정도의 소명이 요구된다고 본다.[437]

또 현재 우리 법원의 실무에서 저작권 침해금지 가처분에 있어서 미국식의 일방적 가처분(ex parte temporary restraining order)제도는 시행치 아니하고 당사자를 신문하는 절차를 거침이 일반적이다. 명백한 해적행위임이 충분히 소명될 때에는 일방적 가처분제도에 의함이 타당하다고 본다.

◇ 일부의 삭제를 명한 경우

[판례] "그때 그 사람" 사건(서울중앙지법 2005.1.31.고지 2005카합106 결정)

사건의 경위 및 결정 내용: 영화제작사 ㈜엠케이버팔로와 ㈜명필름이 '10 · 26사건'을 소재로 한 영화 '그때 그사람들'(감독 임상수)을 제작하여 상영하려 하자 박 전 대통령의 아들 박지만 씨(당시 47)가 영화제작사 ㈜엠케이버팔로와 ㈜명필름을 상대로 영화상영금지등가처분신청을 하였고, 서울중앙지법 민사50부는 "부마사태시위 장면, 박 전 대통령장례식 장면, 김수환 추기경이 추모하는 장면 등 처음과 마지막 부분에 삽입된 3곳의 다큐멘터리 장면을 삭제한 뒤 상영하라"고 결정했다.

---

436) 서울민사지법 신청부의 실제를 보면 가처분신청서의 접수 후 1~2주일 정도의 기간 내에 심문기일이 지정되고 통상 2 내지 3회의 심문기일을 거쳐 결정이 내려지고 있어 2~3개월 정도면 가처분 결과를 알 수 있다. 가처분은 결정의 형식으로 되어 그 이유기재는 생략됨이 보통이다. 가처분의 주문은 "…을 하여서는 아니 된다"는 식으로 부작위를 명하는 것이므로 그것을 강제하는 실효적인 수단을 결여하여 피신청인이 이를 어기는 경우가 있을 수 있는데 이 경우는 가처분 집행을 위해 심리적 강제방법인 민사집행법 제261조 제1항 소정의 간접강제결정을 구할 수 있다. 예컨대 일본 나고야 지방재판소의 1959년 12월 24일 결정이 그 좋은 예로서 "채권자와 채무자간의 ○○ 가처분 신청사건의 집행력 있는 가처분 결정정본에 기하여 채무자는 본 결정의 고지를 받은 날로부터 5일 이내에 동 가처분 결정에 표시된 음악저작물의 사용을 정지하라. 만약 채무자가 위 기간 내에 전항의 이행을 하지 않을 때에는 위 기간만료 익일부터 1일 금 7만엔의 비율에 의한 금원을 지급하라"고 되어 있다(이해완, "저작권의 침해와 그 구제," 「지적소유권법의 제문제(하)」, 438~439면에서 인용).

437) '임원경제지'사건(서울중앙지법 2013.7.9.자 2012카합2507 결정); 서울중앙지법 2013.11.25.자 2012카합2882 결정.

결정이유: 재판부는 결정문에서 다음과 같이 부분 금지 이유를 밝혔다.
1. "영화가 허구라고 하지만 관객들은 영화 속의 인물이 실제인물을 모델로 한 것임을 알게 된 경우 양자를 동일시하게 되고 영화가 허구라는 사실을 망각하게 되는 경우가 많다."
2. "영화 시작부분과 끝부분에 시위장면 등 다큐멘터리 장면이 비교적 장시간 삽입돼 상영되면 영화가 허구가 아니라 실제라는 인식을 심어줄 수 있어 고인의 인격권을 침해할 소지가 있다. 다만 영화의 일부분이 모델이 된 인물의 인격권을 침해하는 경우 인격권을 침해하는 부분과 그 사유를 특정할 수 있고 그 부분만을 금지시키더라도 어느 정도 인격권의 보호가 가능하다고 판단되면 영화 전체에 대한 상영금지를 명하기보다 그 부분만을 금지시키는 것이 옳다고 할 것이므로 다큐멘터리 장면의 삭제만을 명한다."

* 이 사안에 대한 본안판결(서울중앙지법 2006.8.10.선고 2005가합16572 판결)에서도 금지청구권은 인정되지 않았다. 그 이유는 다음과 같다.
고인인 전직 대통령을 소재로 한 "그때 그사람들"이라는 영화가 특정 장면을 통해 간접적이고 우회적으로 비유적이거나 상징적인 표현을 사용함으로써 고인의 인격적 가치에 대한 사회적 평가를 저하시키는 등 고인의 인격적 법익을 침해하였으나, 고인의 역사적 특수성, 위 영화가 다룬 사건의 역사적 특수성, 영화라는 표현물이 갖는 특수성, 위 영화의 특수성을 종합하여 볼 때, 위 영화로 인한 고인의 인격적 법익에 대한 침해가 영화상영 등을 금지해야 할 정도로 중대, 명백하지는 않다.

◈ 혼동방지 조치를 취하도록 명한 경우

[판례] 실미도사건(서울고법 2005.1.17.고지 2004라439 결정)

서울고등법원 민사5부는 실미도 북파공작훈련병의 유족들이 영화 '실미도'의 제작사를 상대로 낸 영화상영금지가처분 신청사건의 항고심에서 "역사적 사실 그대로 제작된 것처럼 기재된 광고문안을 삭제하지 않고 영화를 상영해서는 안 된다"고 밝혔을 뿐 영화의 특정장면을 삭제하라는 결정은 내리지 않았다.
이 결정은 역사적 사실을 토대로 한 상업영화에 있어서 실제 상황과 배치되는 사실묘사로써 그 모델이 된 인물의 인격권이 침해되었다고 볼 여지가 있다고 하더라도, 영화내용을 실제상황과 혼동하는 것을 효과적으로 방지할 수 있는 적절한 조치를 취하였다면 영화 자체의 상영금지 내지 영화 내용에 대한 직접적인 수정을 구하는 가처분신청을 인용할 수 없다고 한 사례이다.

(5) 권리의 남용금지 및 실효

권리의 행사와 의무의 이행은 신의에 좇아 성실히 하여야 한다. 권리는 남용하지 못한다(민법 2조). 저작권이라고 다를 리 없다. 따라서 권리자가 그 권리행사를 지나치게 게을리하였고, 상대방도 권리자가 더 이상 권리행사를 하지 않으리라고 믿을 만한 정당한 사유가 있게 된 경우에, 새삼스럽게 권리행사를 하는 것이 신의칙(信義則)에 반하는 경우에는, 그 권리행사는 권리남용으로서 허용되지 아니한다. 그러므로 권리행사는 제때에 성실하게 하여야 한다.

◈ 권리의 남용이라고 한 경우

[판례] '에이비엔 아름방송' 사건(수원지법 성남지원 2013.12.10.선고 2012가합8921 판결)

사실관계: 원고들은 이른바 PP(program provider)로서 방송프로그램을 제작·구매하여 이를 시청자에게 제공하면서 방송 채널을 사용하는 방송채널사용사업자이고, 피고는 이른바 SO(system operator)로서 경기도 성남시 방송 구역에 대한 지역사업권을 부여받은 가운데 종합유선방송국을 관리·운영하는 종합유선방송사업자이다. 원고들은 이 사건 방송 저작물에 대하여 피고에게 약 6년 동안 제공하여 왔고, 피고는 위 계약 기간 동안 원고들에게 방송 저작물의 사용료를 매월 정기적으로 지급하였고 원고들은 방송 저작물의 사용료에 대하여 별다른 이의를 제기하지 않았다. 그런데 원고들은 2011.12.2.부터 2011.12.28.까지 3회에 걸쳐 피고에게 위 각 저작물 이용 계약에 대한 해지 통지 내지 갱신 거절의 의사표시를 일제히 하였다. 그러나 피고는 원고들이 송출하는 방송 신호를 수신하여 원고들의 방송 저작물을 계속 이용하고 있다. 이에 원고가 침해정지청구의 소를 제기하였다.

법원의 판단: [저작권자 겸 저작인접권자인 원고들이 2011.12.31.을 계약 만료일로 삼아 저작물 이용 계약에 관한 갱신 거절의 의사표시를 하였으므로 특별한 사정이 없는 이상 피고는 원고들에 대하여 2012.1.1. 이후부터 위 각 방송 저작물을 이용, 송신하지 아니할 부작위의무를 부담한다. 그러나

(가) 방송법은 방송의 공적 책임을 높임으로써 시청자의 권익 보호와 국민 문화의 향상에 이바지함을 그 목적의 하나로 삼고 있고(제1조), 방송은 성별·연령·직업·종교 등을 비롯하여 '지역'을 이유로 방송편성에 차별을 두어서는 안 되며(제6조 제2항), 방송사업자가 다른 방송사업자에게 방송프로그램을 공급할 때에는 공정하고 합리적인 시장가격으로 '차별 없이' 제공해야 하고(제76조 제1항), 방송사업자는 사업자 간의 공정한 경쟁을 저해하거나 저해할 우려가 있는 행위 또는 시청자의 이익을 저해하거나 저해할 우려가 있는 행위의 하나로서 정당한 사유 없이 방송프로그램의 제공을 거부·중단하는 행위를 하여서는 안 된다(제85조의2 제1항 제1호). 방송법상의 이러한 관련 규정에 비추어 보면, 지상파방송사의 계열사로서 방송사업자의 지위에 있는 원

고들이 전국의 종합유선방송사업자 73개 업체 중 유독 피고만을 상대로 약 6년 동안 기존에 해 오던 방송프로그램의 제공을 2012.1.1.의 시점을 기준으로 일제히 거부·중단한 행위는 특별한 사정이 없는 이상 제85조의2 제1항 제1호에 저촉되는 위법 행위에 해당한다. 또 원고들의 이러한 행위는 경기도 성남시 지역 약 백만 명 정도의 시청자들로 하여금 정당한 시청료를 지불하고서도 다른 지역과 차별을 받으면서 SBS의 방송프로그램에 대하여 접근·이용할 수 없는 부당한 상황을 초래하는 것으로서 이러한 상황이 약 2년 동안 지속되어 온 것은 방송의 공익성 이념에 반한다.
그러므로 원고들이 지상파방송사의 계열사들과 연합하여 사업상 유리한 지위를 획득하려는 사업상 목적을 실현하기 위한 방편으로 이 사건 저작권침해 금지 소송을 제기하는 것은 창작에 대한 합리적인 '대가(incentive)' 및 '저작 인격권'이 존중받는 조건하에서는 공중(public)에 대한 문화와 정보의 확산 과정이 널리 권장돼야 한다는 저작권법의 목적과 이념을 훼손하는 행위일 뿐만 아니라 저작권자인 원고들이 법률제도와 공공 정책에 어긋나게 사회적·경제적으로 부당한 이익을 획득하기 위한 방편으로 저작권에 관한 소송 제도를 부당하게 이용하는 행위이다. 결국 위와 같은 제반 사정을 종합하여 보면, 원고들이 피고를 상대로 이 사건 저작권침해 금지 소송을 제기하는 것은 저작권 남용에 해당하여 허용되지 않는다고 할 것이다.

◈ 권리의 남용으로 볼 수 없다고 한 경우

[판례] 벅스 사건(서울지법 2003.9.30.자 2003카합2114 결정)

이 사건 신청이 인용될 경우 저작인접권자인 음반제작자들이나 신청인이 실질적으로 얻는 이익은 적은 데 비해 피신청인이 입는 불이익은 현저하게 크다는 점에서 복제권 침해를 이유로 한 신청인의 방해배제청구는 권리남용에 해당한다고 주장한다. 그러나 권리행사가 권리의 남용에 해당한다고 할 수 있으려면, 주관적으로 그 권리행사의 목적이 오직 상대방에게 고통을 주고 손해를 입히려는 데 있을 뿐 행사하는 사람에게 아무런 이익이 없는 경우이어야 하고, 객관적으로는 그 권리행사가 사회질서에 위반된다고 볼 수 있어야 하는 것이며, 이와 같은 경우에 해당하지 않는 한 비록 그 권리의 행사에 의하여 권리행사자가 얻는 이익보다 상대방이 잃을 손해가 현저히 크다 하여도 그러한 사정만으로는 이를 권리남용이라 할 수 없다.

◈ 권리의 실효가 인정된 경우

[판례] 「애마부인」 사건 = 권리의 실효(서울고법 1991.9.5.고지 91라79 결정)

소설 「애마부인」이 그 자체로서 주지성 있는 상품표지라 하더라도 그 저작자가 위 소설을 원작으로 하여 영화 「애마부인」을 제작할 것을 승낙하였고, 그 후 계속하여 영화 「애마부인」의 2편, 3편, 4편을 제작함에 있어서도 제호의 사용을 묵시적으로 승낙하였거나 아무런 이의도 한 바 없었으며, 상영된 위 각 영화들이 대부분 흥행에 성공하여 위 소설과 별도로 영화로서의 주지성을 이미 획득하고 두 표지가 병존하여 왔다면, 더 이상 소설 「애마부인」이 먼저 사용되어진 표지로서의 우선권을 내세우기 어렵고 이익형량의 원칙에 따라 새로운 영화를 제작하게 된 쪽에서 구별이 가능한 부가어를 덧붙이는 등 혼동위험을 줄일 수 있는 조치를 취하면 족하며, 또 위 저작자의 승낙과 수인으로 영화 「애마부인」으로서의 표지가 보호가치가 있을 정도의 주지성을 나름대로 획득하고 있는데도 그 저작자가 새삼스럽게 우선권을 내세워 새로이 형성된 영화 「애마부인」의 주지성을 부정하려 하는 것은 신의성실의 원칙으로 보아도 허용되지 아니하므로, 영화 「애마부인 5」를 제작·상영하는 행위가 부정경쟁방지법 제2조 제1호 소정의 부정경쟁행위라고 할 수 없다.

◈ 권리의 실효가 인정되지 아니한 경우

[판례] 「토플 시험문제」 사건(서울민사지법 1993.10.25.선고 92가합35610 판결)

우리나라가 세계저작권협약에 가입하여 외국인의 저작물을 보호하는 1987년 10월 1일 이후 상당기간 아무런 권리행사를 하지 아니하였다는 이유만으로는 저작권자가 다시는 그의 저작권을 행사하지 아니할 것이라는 믿음을 주었다고 할 수 없으며, 따라서 그 권리행사가 신의칙(실효의 원칙)에 반한다고 볼 수 없다.

3. 손해배상청구권

(1) 서 언

저작권 침해 등이 일어난 경우에는 저작권자는 침해자에 대하여 그 침해로 인한 손해배상을 청구할 수 있다(법 125조 1항). 공동저작물의 저작재산권자는 자신의 지분의 범위에서 손해배상을 청구할 수 있다(법 129조). 뿐만 아니라 2011년 제2차 개정법을 통하여 우리도 「법정손해배상제도」를 도입하였다. 이하 실손해배상제도와 법정손해배상제도로 나누어 살펴본다.

♣ 저작권 침해에 대한 손해배상에서 고려되어야 할 사항들

유체물의 재산권의 침해에 대한 손해배상과는 달리 지적재산권의 침해의 경우에는 다

음과 같은 고려가 필요하다.

첫째는 그 손해액 산정이 쉽지 않다는 점이다. 유체물의 소유권 침해의 경우는 그 물건 값 등 어느 정도 객관적인 배상액 산정이 가능한데 저작권을 포함한 지적재산권의 침해의 경우는 권리자가 자신이 입은 손해액을 입증하는 것이 결코 쉽지 않다. 이러한 이유에서 저작권법에서는 제125조, 제126조의 특칙을 두고 있다.

둘째는 별도의 제재적 기능을 하는 배상제도가 필요하다는 점이다. 즉 인체나 유체물의 침해에 대한 실손해 배상은 그 자체 전보적 기능과 제재적 기능을 모두 가지고 있으나 ―남의 물건을 손괴한 자가 그 물건 값을 물어주는 경우를 생각해 보자. 그 물건 값은 불법행위자의 재산에서 지급되고 재산의 감소를 가져와 그것만으로 위법행위에 대한 억제적 기능을 한다고 할 것이다―지적재산권 침해는 침해물의 판매 등이 야기한 손해이고, 그 판매 이익은 침해자가 보유하고 있어 피해자에 대한 손해의 전보만으로는 전혀 불법행위를 억제하는 기능을 하지 못한다. 그러므로 그러한 침해행위를 하지 못하게 하려면 실손해의 배상 이외에 별도로 제재적 기능을 하는 배상제도가 필요하다. 이에 징벌적 배상제도는 아니지만 법정배상제도를 한・미 FTA 협정을 계기로 2011년 제2차 저작권법 개정에서 도입하였다.

한편 같은 지적재산권 제도 중에서도 저작권 제도는 또 다른 특색을 가지고 있다. 예컨대 특허권 등 산업재산권의 침해자는 사업자 내지는 영업자인 경우가 보통이나 저작권의 침해자는 사업자뿐만 아니라 일반인인 경우도 적지 않다. 특히 오늘날과 같은 인터넷 상황하에서는 더욱 그러하며, 이러한 상황에 대한 고려도 필요하다. 그런 의미에서 고의나 중과실이 없는 경우에는 손해액의 감경이 가능하도록 규정한 특허법 제128조 제4항 제2문과 같은 규정은 저작권법에서 더 필요한 규정이라고 본다.

(2) 실손해배상제도

1) 요 건 손해배상을 청구하기 위해서는 i) 침해자의 고의・과실, ii) 위법성, iii) 손해발생, iv) 권리침해행위와 손해발생과의 사이에 인과관계의 존재라는 4개의 요건을 갖추어야 한다. 이들은 모두 권리침해를 주장하는 저작권자 등이 입증하여야 한다. 다만 등록되어 있는 저작권, 배타적 발행권(제88조 및 제96조에 따라 준용되는 경우를 포함한다), 출판권, 저작인접권 또는 데이터베이스제작자의 권리를 침해한 자는 그 침해행위에 과실이 있는 것으로 추정한다. 따라서 상대방이 과실 없었음을 입증하여야 하며, 그렇지 못한 경우에는 손해배상책임을 면할 수 없다.[438)]

---

438) 산업재산권과 달리 등록여부를 조사할 필요가 없는 저작권에서 등록된 권리라고 하여 과

2) 손해와 손해액의 산정 손해에는 적극적 손해, 소극적 손해(일실이익), 정신적 손해가 있다.

적극적 손해란 예컨대 침해사실에 대한 조사비용, 침해의 제거 등을 위하여 지출한 비용, 변호사 비용 등 그 침해행위로 인하여 비로소 발생한 비용이다.

소극적 손해란 일실이익이다. 즉 침해행위가 없었더라면 권리자가 얻었을 이익의 상실이다.

정신적 손해는 침해행위로 인하여 받은 정신적 타격·고통의 평가이다. 일반적으로 지적 재산권 침해에 있어서는 재산적 손해를 배상받으면 정신적 고통도 회복된다고 보아야 할 것이다. 따라서 지적재산권 침해행위로 인하여 입게 된 정신적 고통을 위자할 의무가 있다고 인정하기 위해서는 재산적 손해의 배상에 의하여 회복할 수 없는 정신적 손해가 발생하였다는 특별한 사정이 있고, 침해자가 그러한 사정을 알았거나 알 수 있었어야 한다.[439)]

그러나 저작인격권 침해의 경우는 정신적 손해는 침해행위로부터 통상 생기는 손해이며, 예견가능성은 문제되지 아니한다.[440)] 그런데 많은 경우에 하나의 행위가 저작재산권 침해는 물론 저작인격권 침해로 되는 경우가 많아 저작권 침해의 경우에는 위자료 청구가 뒤따르는 경우가 많다. 나아가 저작인격권 등 침해로 인한 위자료는 전체 손해배상 액수의 적정화를 위한 조정적 기능을 담당하는 역할을 하기도 한다.[441)]

한편 손해란 저작권 침해행위가 없었더라면 있었어야 할 이익 상태와 침해행위가 이미 발생한 현재의 이익 상태와의 차액이다. 그러나 그 차액을 산정한다는 것은 쉬운 일이 아니므로 그 입증책임을 권리자에게 지우고 있는 현행법제 하에

실추정 규정을 둔 것은 의문이다.

439) 대법원 1996.11.26.선고 96다31574 판결(일반적으로 타인의 불법행위 등에 의하여 재산권이 침해된 경우에는 그 재산적 손해의 배상에 의하여 정신적 고통도 회복된다고 보아야 할 것이므로, 영업비밀 침해행위로 인하여 영업매출액이 감소한 결과 입게 된 정신적 고통을 위자할 의무가 있다고 하기 위하여는 재산적 손해의 배상에 의하여 회복할 수 없는 정신적 손해가 발생하였다는 특별한 사정이 있고 영업비밀 침해자가 그러한 사정을 알았거나 알 수 있었어야 한다) 참조.

440) 윤경, 「저작권법」, 육법사, 665면 참조.

441) 오승종, 「저작권법」, 박영사, 1303면. 하여 일본의 경우에도 "인용총액이 적은 사건일수록 인용되는 전체 손해배상금액 중에서 위자료 액수의 비율이 높아지는 현상이 발견된다"고 한다(ibid.).

서는 손해배상청구권이 유명무실하게 되는 경우가 많다. 이에 현행 저작권법은 입증의 곤란을 구제하기 위하여 손해액추정규정(법 125조 1항), 최소배상금의 보장(법 125조 2항), 과실의 추정(법 125조 4항), 상당한 손해액 인정(법 126조) 등 권리보호에 상당한 배려를 하고 있다.

가) 손해액 추정 권리를 침해한 자가 침해행위에 의하여 이익을 받았을 때에는 그 이익의 액을 저작재산권자 등이 입은 손해액으로 추정한다(법 125조 1항). 이 경우 이익액은 손해배상을 청구하는 원고가 입증하여야 한다. 논자에 따라서는 손해액 산정을 보다 용이하게 하기 위하여 특허법 제128조 제1항[442]과 같은 규정의 도입을 주장한다.[443] 이러한 규정이 도입되지 않은 현행법 하에서 다음 판례는 시사하는 바가 크다.

[판례] 「야록 통일교회사」 사건(서울지법 1998.5.29.선고, 96가합48355 판결)

피고들은 이 사건 제4저작물을 30,000부 정도 복제하여 배포한 사실, 저작권자가 당해 저작물을 직접 출판하여 판매할 경우 그 이익률은 약 25% 정도인 사실, 이 사건 제4저작물의 소비자 가격은 금 7,000원인 사실을 각 인정할 수 있으므로 피고들이 배상하여야 할 재산상 손해액은 52,500,000원(30,000×7,000×25%)이 된다.

나) 최소배상금의 보장 등 저작재산권자 등이 고의 또는 과실에 의하여 그 권리를 침해한 자에 대하여 그 침해에 의하여 자기가 받은 손해의 배상을 청구하는 경우에 그 권리의 행사로 통상 얻을 수 있는 금액에 상당하는 액을 저작재산권자 등이 받은 손해의 액으로 하여 그 손해배상을 청구할 수 있다(법 125조 2항).[444] 그러나 이것은 최소배상의 보장에 불과할 뿐이고 이러한 배상을 받고도

---

442) 제128조(손해액의 추정 등) ① 특허권자 또는 전용실시권자는 고의 또는 과실로 인하여 자기의 특허권 또는 전용실시권을 침해한 자에 대하여 그 침해에 의하여 자기가 입은 손해의 배상을 청구하는 경우 당해 권리를 침해한 자가 그 침해행위를 하게 한 물건을 양도한 때에는 그 물건의 양도수량에 특허권자 또는 전용실시권자가 당해 침해행위가 없었다면 판매할 수 있었던 물건의 단위수량당 이익액을 곱한 금액을 특허권자 또는 전용실시권자가 입은 손해액으로 할 수 있다.

443) 정충원, 「저작권침해로 인한 손해배상에 관한 연구」(박사학위청구논문), 경희대학교 대학원, 2010, 제4장 3절. 일본은 특허법과 마찬가지로 저작권법에도 이러한 규정을 두고 있다(114조 1항).

444) 그러나 그렇게 되면 사전에 허락을 얻어 지급하는 라이선스료와 무허락으로 침해가 발견

아직 손해가 있을 때에는 "그 초과액에 대해서도 손해배상을 청구할 수 있다." 제125조 제3항은 당연한 규정이라 할 것이다.

다) 손해액추정규정(법 125조 1항)과 최소배상금의 보장(법 125조 2항)의 관계 저작권법 125조 1항에서는 저작재산권을 침해한 자가 침해행위에 의하여 이익을 받았을 때에는 그 이익의 액을 저작재산권자 등이 입은 손해액으로 추정한다고 규정하고 있고, 그 제125조 2항에서는 그 권리의 행사로 통상 얻을 수 있는 금액에 상당하는 액을 손해액으로 하여 그 배상을 청구할 수 있다고 규정하고 있는바, 이는 피해 저작재산권자의 손해액에 대한 입증의 편의를 도모하기 위한 규정으로서 최소한 제2항의 규정에 의한 금액은 보장해 주려는 것이므로, 결국 제1항에 의한 금액과 제2항에 의한 금액 중 더 많은 금액을 한도로 하여 선택적으로 또는 중첩적으로 손해배상을 청구할 수 있다.[445)]

라) 과실의 추정 저작권법은 등록의 장려라는 측면에서 "등록되어 있는 저작권·배타적 발행권(제88조 및 제96조에 따라 준용되는 경우를 포함한다)·출판권·저작인접권 또는 데이터베이스제작자의 권리를 침해한 자는 그 침해행위에 과실이 있는 것으로 추정한다"고 규정한다(125조 4항).

3) 상당한 손해액의 인정 법원은 손해가 발생한 사실은 인정되나 제125조의 규정에 의한 손해액을 산정하기 어려운 때에는 변론의 취지 및 증거조사의 결과를 참작하여 상당한 손해액을 인정할 수 있다(법 126조). 이 조항은 2003년 개정에서 신설된 조항이며, 특허법 제128조 제7항, 상표법 제110조 제6항과 대략 같은 취지이다. 이 조항들은 원래 일본 특허법 등의 규정을 본받은 것인데 일본 특허법 등에서 이러한 규정을 둔 것은 일본 민사소송법 제248조가 "손해가 발생한 것이 인정되는 경우로서 손해의 성질상 그 액을 입증하는 것이 극히 곤란한 때에는 재판소는 변론의 취지 및 증거조사의 결과에 기해 상당한 손해액을 인정할 수 있다"고 규정한 데 기인한다. 즉 지적재산권이 침해된 경우가 이러한 "손해의 성질상 그 액을 입증하는 것이 극히 곤란한 때"에 해당하는지 여부에 대한 논의를 할 것

된 단계에서 지급하는 손해배상액이 같은 금액으로 되는 결과로 된다. 이에 일본에서는 1998년 특허법 개정을 모방하여 2000년, 「통상」이라는 문언을 삭제하고 권리자와 침해자 사이의 구체적 사정을 감안하여 사용료 상당액을 결정할 수 있게 하였다[中山信弘, 「著作權法」, 498면(윤선희 편역본, 439면) 참조].

445) 서울고법 1996.7.12.선고 95나41279 판결; 대법원 1996.6.11.선고 95다49639 판결 참조.

도 없이 바로 지적재산권 침해의 경우에 이러한 규정을 적용하기 위한 것이다. 그러므로 민사소송법에 이러한 규정이 없는 우리로서는 상당히 대담하고 의미 있는 규정이다. 이 규정의 성질에 대해서는 증명도를 경감해서 확신에 도달하지 않은 때라도 상당한 손해액을 인정할 수 있도록 한 규정이라고 보는 견해와 손해액의 산정은 법적 평가를 포함하는 것이며, 이 법적 평가에 있어서 재판관의 재량을 긍정한 규정이라고 보는 견해가 있다.

*** 정리: 저작권법 제125조 제2항, 제126조의 운용**
(대법원 2010.3.11.선고 2007다76733 판결)

구 저작권법(2006.12.28. 법률 제8101호로 전부 개정되기 전의 것) 제93조 제2항(현행법 제125조 제2항)에 따라 손해액을 산정함에 있어 '그 권리의 행사로 통상 받을 수 있는 금액에 상당하는 액'이라 함은 침해자가 저작물의 이용허락을 받았더라면 그 대가로서 지급하였을 객관적으로 상당한 금액을 말하는 것으로서, 저작권자가 침해행위와 유사한 형태의 저작물 이용과 관련하여 저작물이용계약을 맺고 이용료를 받은 사례가 있는 경우라면, 특별한 사정이 없는 한 그 이용계약에서 정해진 이용료를 저작권자가 그 권리의 행사로 통상 받을 수 있는 금액으로 보아 이를 기준으로 손해액을 산정할 수 있고, 저작권자가 그와 같은 저작물 이용계약을 체결하거나 이용료를 받은 적이 전혀 없는 경우라면 일단 그 업계에서 일반화되어 있는 이용료를 손해액 산정의 기준으로 삼을 수 있다. 그런데 그 업계에서 일반화되어 있는 이용료를 기준으로 구 저작권법 제93조 제2항의 규정에 의한 손해액을 산정하기도 어려운 때에는, 법원이 구 저작권법 제94조(현행법 제126조)에 따라 변론의 취지 및 증거조사의 결과를 참작하여 상당한 손해액을 정할 수 있다.

(3) 법정손해배상제도

한 · 미 FTA 협정을 계기로 2011년 제2차 개정법은 미국 저작권법에 규정된 법정손해배상제도를 도입하였다.[446]

◈ 참고: 미국 법정손해제도

미국 저작권법 제504조는 실손해나 침해자의 이득액을 청구하거나 그에 갈음하여 750달러 이상 3만 달러 이하의 법정손해배상액(고의의 경우에는 15만 달러까지 증액)을

446) 법정배상제도와 관련해서는 박성수, "저작권침해와 법정손해배상제도,"「계간 저작권」(제78호), 저작권위원회, 2007.6, 37면 이하 참조.

청구할 수 있어 법원이 적당하다고 인정하는 금액을 배상케 규정하고 있다. 다만 무과실침해, 즉 침해자가 자기의 행위가 권리침해가 된다는 사실을 몰랐고, 인식해야 할 이유도 없었다고 인정되는 경우에는 「합계해서 200달러 이상」은 면제할 수 있다. 또 일본이나 독일의 경우는 법정손해배상금제도를 채택하고 있지 아니하다.

1) 법정손해배상요건 ① 등록된 저작물이어야 한다.

② 등록된 저작물을 고의 또는 과실로 권리를 침해하였어야 한다.

③ 저작재산권자 등이 사실심(事實審)의 변론이 종결되기 전에 법정손해배상을 청구하여야 한다. 실손해배상을 받을 것인지 법정손해배상을 받을지는 당연히 권리자인 원고의 선택에 달려 있다.

2) 법정손해액 산정 법원은 침해된 각 저작물 등마다 1천만원(영리를 목적으로 고의로 권리를 침해한 경우에는 5천만원) 이하의 범위에서 변론의 취지와 증거조사의 결과를 고려하여 상당한 손해액을 인정할 수 있다.

① 침해행위의 태양에는 관계없이 침해된 저작물의 개수를 기준으로 하여 법정손해배상액을 산정한다.

i) 저작물을 기준으로 하므로 동일한 저작물에 대한 동일한 침해자의 다수의 침해행위가 있었다고 하더라도 그 침해행위의 수에 따라 증가되는 것이 아니다. 예컨대 甲이 乙의 곡을 무단으로 10번 공연하였다고 하더라도 1000만원(영리를 목적으로 고의로 권리를 침해한 경우에는 5천만원) 이하의 범위에서 법정손해배상을 청구할 수 있다. 그러나 甲이 乙의 A곡을 3번, B곡을 4번, C곡을 3번 무단으로 공연하였다면 3곡의 저작권을 침해한 것이므로 3000만원(영리를 목적으로 고의로 권리를 침해한 경우에는 1억 5천만원) 이하의 범위에서 법정손해배상을 청구할 수 있다.

ii) 둘 이상의 저작물을 소재로 하는 편집저작물과 2차적 저작물은 법정배상액을 적용하는 경우에는 하나의 저작물로 본다. 예컨대 10개의 악곡이 수록되어 있는 CD를 피고가 복제한 경우와 같은 편집저작물에 있어서는 하나의 저작물로 취급된다.

iii) 또 복수의 저작권자 ―예컨대 작곡자, 작사자― 가 하나의 CD 복제에 대해 각각 권리를 주장하는 경우에도 각각이 법정배상액을 받을 수는 없다.

iv) 또 A가 복제권을, B가 배포권을 가지고 있는 경우에도 하나의 침해행위에는 하나의 배상만이 인정된다.[447]

② 우리법상 손해액 인정은 법원이 한다. 이에 비해 미국의 경우는 법정손해배상청구 여부는 오직 저작권자만이 할 수 있으나 법정배상액의 평가에 대해서 배심심리에 맡길지 여부는 양 당사자 모두 할 수 있다.[448]

3) **미국법과의 차이** 미국 저작권법은 법정손해배상의 경우에 750달러라는 하한선을 규정하고 있으나 우리 법에는 이러한 하한선에 관한 규정이 없다. 우리 입법자는 자칫 하한선을 책정할 경우 침해 행위와 손해 사이의 비례성을 현저히 흔들 수 있음을 우려하였다. 즉 법정손해배상액은 침해건수가 아닌 침해된 저작물 수를 기준으로 하는데, 온라인상에서의 침해는 일반적으로 많게는 수만 건의 저작물이 관련되는 경우가 있어, 하한선을 정할 경우 합리적인 손해배상액과의 괴리가 지나치게 커서 오히려 불합리를 초래할 우려가 있다는 것이다.[449] 그러나 법정손해배상제도를 도입하면서 하한선을 설정하지 않은 것은 제도를 도입한 취지를 반감시키는 것이다.[450] 특히 우리는 제126조에서 법원이 재량으로 '상당한 손해액'을 인정할 수 있어 실손해배상제도와 법정손해배상제도의 경계를 모호하게 하고 있다.[451]

(4) 명예회복을 위하여 필요한 조치

저작인격권의 침해에 대하여는 손해배상청구와 함께 또는 이에 갈음하여 명예회복을 위한 필요한 조치를 청구할 수도 있다(법 127조). 종래 명예회복조치로서 가장 많이 이용되어 오던 사죄광고는 헌법재판소 1991년 4월 1일 선고, 89헌마160 결정에 의하여 헌법위반으로 확정되었다. 따라서 현재는 이 방법을 사용할 수 없다. 그 대안으로는 침해자(피고)의 비용으로 해명광고, 판결문 또는 정정문을 신문지상에 게재하는 방법 등이 제시되고 있다.

---

447) マーシャル・A・リーファ- / 牧野和夫(監譯), 「アメリカ著作權法」(LexisNexisアメリカ法 概說 ⑤), LexisNexis, 2008, 630면.

448) 위의 책, 626면.

449) 한・미 FTA 이행을 위한 개정 저작권법 설명자료, 43면.

450) 이에 대해서는 차상육, "저작권법상 법정손해배상의 비교법적 고찰," 「법학논고」(제47집), 경북대학교 법학연구원, 2014.8, 355면 이하 참조. 또 임원선, 「실무자를 위한 저작권법」(제4판), 한국저작권위원회, 2014, 476면.

451) 해서 "실무에 있어서는 인정손해배상과 유사하게 귀결되는 성향을 보인다. 대구지방법원 2013.11.29.선고 2013가단6923 판결 참조."(임원선, 위의책, 476면, 주 577).

[판례] '경주상징건축물' 사건(서울중앙지법 2012.9.21.선고 2012가합10930 판결)

(1) 저작권법 제127조는 민법 제764조와 같이 손해배상 이외에 명예회복에 필요한 조치를 별도로 청구할 수 있는 근거규정으로 해석함이 상당하므로, 명예회복을 위한 조치를 손해배상과 반드시 병합하여 청구하여야 할 필요는 없고, 손해배상을 구하는 소가 제기되고 그 판결이 확정된 이후라도 명예회복에 필요한 조치를 소구할 수 없게 되는 것은 아니다. 또한 저작권 침해를 이유로 하는 손해배상청구권과 이로 인한 명예회복에 필요한 조치 청구권은 별개의 소송물로서 그중 1개 청구에 관한 판결의 기판력이 다른 청구의 소에 미친다고 볼 수 없다.
(2) 피고 상징건축물은 원고 상징건축물에 의거하여 실질적으로 유사하게 제작되어 원고의 저작권을 침해하였으므로 이로 인하여 훼손된 명예를 회복하기 위하여 적절한 조치를 할 필요가 있는데, 그 수단 중에서는 피고 상징건축물 주위에 원고가 그 저작권자임을 표시하는 것이 피고 상징건축물을 관람하는 사람들에게 직접 그 취지를 알림으로써 저작권자로서의 원고의 명예를 회복하는 데 적절하다고 판단된다.

◈ 저작물이 제3자의 인격적 이익을 침해한 경우의 금지청구와 손해배상청구

[판례] '그때 그 사람' 사건(서울중앙지법 2006.8.10.선고 2005가합16572 판결)

(1) 유족의 사자(死者)에 대한 경애, 추모의 정의 침해를 이유로 영화상영 등의 금지를 명하는 것은, 그 영화로 인해 유족의 고인에 대한 경애, 추모의 정이 형해화되어 영화의 상영 등을 금지하지 않고서는 도저히 침해된 추모의 정을 회복하기 어려울 정도로 현저한 침해를 당하였다는 특별한 사정이 인정될 경우에만 가능하고, 정신적 손해에 대한 배상을 명하는 것은, 위와 같은 정도의 현저한 침해에 이르지 아니하더라도 고인의 유족으로서 감수해야 할 범위를 넘는 경우이면 가능하다.
(2) 피고가 원고에게 지급할 위자료의 액수에 관하여 보건대, 피고는 이 사건 영화의 도입부에 세부적인 사항과 심리묘사는 픽션이라는 내용의 자막을 삽입하면서도, 동시에 실제 사건을 모티브로 하였음을 알리면서, 주요 등장인물들의 호칭, 직책, 역할, 사건 진행 과정에서의 행적을 실제 사건과 매우 유사하게 구성하고, 도입부에서 부마항쟁 다큐멘터리 장면과 함께 고인의 이름을 직접 언급하면서 이 사건 영화의 사건들이 고인의 집권 말기에 벌어진 일들임을 명시적으로 설명하며, 고인의 장례식 다큐멘터리 장면으로 영화를 마무리하여, 극중 허구를 실제 사실로 오인할 가능성이 농후한 편집기법을 사용한 점, 피고는 실제 10 · 26 사건을 연상시키는 방법으로 이 사건 영화에 관한 홍보를 하고, 위와 같은 이 사건 영화의 역사적 현실감이라는 요소를 이 사건 영화의 흥행을 통한 수익창출에 이용한 점, 또 고인과 그 사망 사건의 역사적 가치에 대한 부정적 평가 의도를 대중적 전파력이 큰 매체인 영화를 통해 전달하면서도, 이 사

건 영화의 상영이 임박한 시점에 이르기까지 실제 관련 인물이나 유족들에게 이 사건 영화의 내용에 대하여 양해를 구하는 등 사후 분쟁의 소지를 막고 이 사건 영화로 인해 심리적 상처를 받을 수 있는 사람에 대한 최소한의 인간적 예의를 지킬 수 있는 조치를 전혀 취하지 않은 점, 이 사건 영화는 해외 영화제에서도 소개되었고, 해외 판매용 디브이디가 제작되는 등 그 배포 범위가 국외에까지 이른 점, 그 외 이 사건 영화에서 고인이 차지하는 비중, 이 사건 영화를 본 국내 관객의 수, 피고의 영화계 내 위치와 영향력, 원고의 사회적 지위 및 고인과의 관계 등 이 사건 변론에 나타난 제반 사항을 참작하면, 그 위자료 액수는 1억원으로 정함이 상당하다 할 것이다.

(5) 과실상계

민법 제396조는 과실상계에 대해서 규정한다. 즉 채무불이행에 관하여 채권자에게 과실이 있는 때에는 법원은 손해배상의 책임 및 그 금액을 정함에 이를 참작하여야 한다. 이러한 과실상계규정은 불법행위에도 준용된다.[452] 그렇다면 저작재산권 침해로 인한 손해액을 산정하는 경우에도 마찬가지로 적용되는가? 판례를 본다.

[판례] 대법원 2010.3.11.선고 2007다76733 판결

불법행위로 인한 손해의 발생 또는 확대에 관하여 피해자에게도 과실이 있는 때에는 가해자의 손해배상의 범위를 정함에 있어 당연히 이를 참작하여야 하고, 양자의 과실비율을 교량함에 있어서는 손해의 공평부담이라는 제도의 취지에 비추어 불법행위에 관련된 제반 상황을 충분히 고려하여야 하며, 과실상계사유에 관한 사실인정이나 그 비율을 정하는 것이 사실심의 전권사항이라고 하더라도 그것이 형평의 원칙에 비추어 현저히 불합리하여서는 아니 된다.[453] 이러한 법리는 저작재산권 침해로 인한 손해액을 산정하는 경우에도 마찬가지로 적용된다. 따라서 저작재산권 침해로 인한 손해배상액을 산정하면서 저작재산권자의 복제방지조치 태만 등의 과실상계사유를 전혀 참작하지 아니한 것은 형평의 원칙에 비추어 현저히 불합리한 조치라고 할 것이다.
이 사건 사진작품은 원고가 자신의 웹사이트에 원심 판시의 이미지파일로 만들어 게시함으로써 공개한 것인데, 당시에 이미 다수의 인터넷 포털사이트 운영자에 의하여 인터넷상에 공개된 이미지파일을 이른바 검색로봇이라고 하는 이미지파일 수집 프로그램에 의하여 무작위로 검색하여 필요한 이미지파일을 수집하는 행위가 성행하고 있

452) 민법 제763조 참조.
453) 대법원 2004.2.27.선고 2003다6873 판결, 대법원 2008.9.11.선고 2006다50338 판결.

었고, 원고는 종전에도 여러 인터넷 포털사이트 운영자들을 상대로 이 사건과 유사한 손해배상청구소송을 여러 차례에 걸쳐 제기한 적이 있어, 원고로서도 위와 같은 인터넷 포털사이트 운영자의 이미지파일 수집 과정에서 이 사건 사진작품의 무단 복제·전시·전송이 일어날 수 있음을 충분히 예상할 수 있었을 뿐만 아니라, 이미지파일의 경우 위와 같은 수집 프로그램의 접근을 제한하기 위한 조치를 하거나 워터마크를 삽입하는 등의 방법으로 복제방지조치를 취하는 것이 기술적으로 가능하였음에도 불구하고 이러한 조치를 취하지 않은 잘못이 있고, 위와 같은 원고의 잘못 역시 이 사건 사진작품의 무단 복제·전시·전송으로 인한 손해의 발생 또는 확대의 한 원인이 되었음을 알 수 있다. 그럼에도 불구하고 원심은 위와 같은 사정을 과실상계사유로 전혀 참작하지 아니한 채 피고에게 앞서 본 방식으로 산정한 손해액 전체의 배상을 명하였는바, 이는 형평의 원칙에 비추어 현저히 불합리한 조치라 할 것이다.

(6) 정보의 제공

2011년 제2차 개정법은 제129조의2에서 증거수집을 위한 침해자 정보제공명령제도에 대해 규정한다. 이것은 여러 사람이 관여하고 다양한 경로를 통하여 이루어지는 저작권 침해행위를 방지하고 저작권을 효과적으로 보호하기 위하여, 소송 중에 법원이 침해행위와 관련하여 당사자가 보유하고 있는 정보의 제공을 명할 수 있도록 할 필요가 있어 2011년 제2차 개정법에서 도입한 것이며,[454] 이는 민사소송법상 문서제출명령제도의 특별규정에 해당한다고 할 수 있다.

① 법원은 저작권, 그 밖에 이 법에 따라 보호되는 권리의 침해에 관한 소송에서 당사자의 신청에 따라 증거를 수집하기 위하여 필요하다고 인정되는 경우에는 다른 당사자에 대하여 그가 보유하고 있거나 알고 있는 다음 각 호의 정보를 제공하도록 명할 수 있다.

ⅰ. 침해 행위나 불법복제물의 생산 및 유통에 관련된 자를 특정할 수 있는 정보

ⅱ. 불법복제물의 생산 및 유통 경로에 관한 정보

② 제1항에도 불구하고 다른 당사자는 다음 각 호의 어느 하나에 해당하는 경우에는 정보의 제공을 거부할 수 있다.

ⅰ. 다음 각 목의 어느 하나에 해당하는 자가 공소 제기되거나 유죄판결을 받을 우려가 있는 경우

454) 한·미 FTA 이행을 위한 개정 저작권법 설명자료, 45면.

㉮ 다른 당사자

㉯ 다른 당사자의 친족이거나 친족 관계가 있었던 자

㉰ 다른 당사자의 후견인

ⅱ. 영업비밀(「부정경쟁방지 및 영업비밀 보호에 관한 법률」 제2조 제2호의 영업비밀을 말한다. 이하 같다) 또는 사생활을 보호하기 위한 경우이거나 그 밖에 정보의 제공을 거부할 수 있는 정당한 사유가 있는 경우

③ 다른 당사자가 정당한 이유 없이 정보제공 명령에 따르지 아니한 경우에는 법원은 정보에 관한 당사자의 주장을 진실한 것으로 인정할 수 있다.[455]

④ 법원은 제2항 제2호에 규정된 정당한 사유가 있는지를 판단하기 위하여 필요하다고 인정되는 경우에는 다른 당사자에게 정보를 제공하도록 요구할 수 있다. 이 경우 정당한 사유가 있는지를 판단하기 위하여 정보제공을 신청한 당사자 또는 그의 대리인의 의견을 특별히 들을 필요가 있는 경우 외에는 누구에게도 그 제공된 정보를 공개하여서는 아니 된다.

(7) 소송당사자에 대한 비밀유지명령

소프트웨어 소스코드 등 일반적으로 공개하지 않는 정보가 소송 과정에서 공개되어 소송목적 외에 사용되는 경우에는 당사자에게 큰 손실이 발생할 수 있으므로 영업비밀 소지자는 그 제출을 꺼리게 되고 이것은 실체적 진실발견에 장애요소로 작용하게 된다. 따라서 이를 방지하여 소송의 원활화와 실체적 진실을 발견하기 위해서는 소송당사자의 영업비밀 유지의무가 강력히 요구된다. 이에 2011년 제2차 개정법은 제129조의3, 제129조의4, 제129조의5에서 이에 관한 규정을 신설하였다. 이로써 소송 과정에서 제공된 영업비밀을 보다 엄격하게 보호할 수 있게 되었고, 영업비밀과 관련된 사항이 용이하게 제시되어 심리의 충실을 도모할 수 있게 되었다. 저작권법 제129조의3의 법원의 비밀유지명령을 위반한 경우

---

455) "진실한 것으로 인정할 수 있다"는 의미에 대해서는 판례 · 학설이 나뉜다. 대법원 2007.9.21.선고 2006다9446 판결은 "당사자가 법원으로부터 문서제출명령을 받았음에도 불구하고 그 명령에 따르지 아니한 때에는 법원은 상대방의 그 문서에 관한 주장 즉, 문서의 성질, 내용, 성립의 진정 등에 관한 주장을 진실한 것으로 인정할 수 있음은 별론으로 하고, 그 문서들에 의하여 입증하려고 하는 상대방의 주장사실이 바로 증명되었다고 볼 수는 없으며, 그 주장사실의 인정 여부는 법원의 자유심증에 의하는 것이다"고 한다. 이에 반해 증명하고자 하는 사실 자체를 진실인 것으로 인정할 수 있다는 법정증거설이 있다.

에는 5년 이하의 징역 또는 5천만원 이하의 벌금에 처할 수 있다(법 136조).

4. 공동저작물의 권리침해

공동저작물의 각 저작자 또는 각 저작재산권자는 다른 저작자 또는 다른 저작재산권자의 동의 없이 금지청구를 할 수 있으며, 그 저작재산권의 침해에 관하여 자신의 지분에 관한 손해배상의 청구를 할 수 있다(법 129조). 일반적으로 다른 공유자 또는 제3자가 공유물 전부에 대한 방해의 제거를 청구할 수 있다. 지분은 공유물 전부에 미치는 소유권과 같은 성질을 가지기 때문이다.

이러한 법리는 소유권 이외의 재산권에도 그대로 타당하다(민법 278조 참조). 저작권이라 하여 달리 해석되어야 할 이유는 없다. 그런데 저작권법(15조, 48조)은 공동저작물의 저작인격권 행사 및 저작재산권 행사는 전원의 합의를 요한다고 규정하고 있으므로 권리침해에 대한 금지청구권의 행사는 이와 달리 단독으로 금지청구를 할 수 있고, 손해배상청구권은 각 지분에 따라 개별적으로 발생하므로 명백히 할 필요성이 있어 이와 같은 규정을 둔 것이다.

5. 저작물성이 부정된 경우와 불법행위책임

특허법이나 저작권법 등 지적재산법에서 인정되는 권리침해에는 해당하지 않는 경우에는 일반법인 민법으로 보호될 수 없는 것인가. 일반적으로 지적재산권법에 의한 보호의 대상으로부터 제외되어 있는 사물을 그대로 모방해도 그 행위는 원칙적으로는 위법이라고 볼 수 없다. 만약 그렇지 않다면 일정한 대상을 일정한 요건하에 일정기간 모방금지나 독점권을 주어 보호하고 그 기간이 끝나면 누구나 사용할 수 있게 한다는 지적재산권법의 기본 취지에 배치되기 때문이다. 그러나 경쟁의 세계에서 이러한 법리를 무제한 관철하면 오히려 창작의욕을 감퇴시키고, 공정한 경쟁질서를 해칠 우려가 있다. 적어도 성과물 제작자와 부정한 경쟁을 할 목적만으로 그 타인의 성과물을 그대로 이용하는 행위는 위법이라고 하여야 할 것이다. 그러므로 판례는 저작권법으로 보호되지 않은 대상이라도 일정한 경우에 불법행위 책임을 인정하여 왔다. 예컨대 성형외과의 성과 사진을 경쟁자가 무단 이용한 사건(서울중앙지법 2007.6.21.선고 2007가합16095 판결),[456] 문제해설을 경쟁자가 무단이용한 사건(서울중앙지법 2008.11.14.선고 2007가단70153 판결), 인터넷 포털사이트 광고방해 사건(대법원 2010.8.25.자 2008마1541 결정) '헬로키티' 사건(서울고등법원 2010.1.14.선고 2009나4116 판결, 대법원 2012.3.29.선고 2010다20044 판결) 등이 있다. 우리보다 저작물성을 한정하고 있는 일본의 경우에는 글자체[457]나 (창작성 없는) 데이터베이스[458]를 그대로 이용하는 경우에 불법행위에 의한 손해배상책임을 인정하여 왔다. 그렇기는 하나 역시 불법행위 인정에는 신중을 요한다. 이하 '청바지 에비수 갈매기 문양' 사건 판결(서울고등법원 2010.8.26.선고 2009나122304 판결)을 살펴본다.

[판례] '청바지 에비수 갈매기 문양' 사건(서울고등법원 2010.8.26.선고 2009나122304 판결)

민법 제750조는 "고의 또는 과실로 인한 위법행위로 타인에게 손해를 가한 자는 그 손해를 배상할 책임이 있다"고 규정하고 있는바, 불법행위는 반드시 저작권 등 실정법에 정하여진 권리가 침해되었을 경우에 한하지 아니하고, 법적으로 보호할 가치가 있는 이익에 대하여 선량한 풍속 기타 사회질서에 위반하는 방법으로 침해행위가 이루어진 경우에도 성립된다. 그러나 저작권법이나 부정경쟁방지 및 영업비밀보호에 관한 법률(이하 '부정경쟁방지법'이라 한다) 등의 실정법이 그 입법목적을 달성하기 위해서 필요한 경우에 그리고 필요한 범위 내에서만 저작권 등의 보호나 부정경쟁행위의 금지를 하고, 그 이외의 영역에서는 저작물의 자유로운 이용이나 자유로운 경쟁을 원칙적으로 허용하고 있는 점에 비추어 보면, 실정법상 저작권 등의 침해에 해당되지 않고 부정경쟁방지법 등의 실정법 위반에도 해당되지 않지만 민법상 불법행위에 해당한다고 보아 법적 구제를 부여하는 데에는 명백한 한계가 있다. 따라서 문제된 행위가 권리침해 또는 그에 상응하는 "보호할 만한 가치 있는 법익의 침해"가 있거나 또는 상도덕이나 관습에 반하여 행위태양 자체의 불공정성이 명백한 경우 등과 같이 제한된 경우에 한하여 민법상 불법행위 규정에 의한 법적 구제를 부여하여야 한다.

456) 이러한 경우에도 불법행위 책임을 인정한 것은 잘못된 것이라는 견해는 이상정, "사진의 저작물성에 관한 일고," 「계간 저작권」(제105호), 2014.3, 93면 이하 참조.

457) 사식기용문자반사건(寫植機用文字盤事件)(大阪地裁 1989.3.8).

458) "자동차정비용 시스템 데이터베이스" 사건(東京地裁 2001.5.25).

Ⅲ. 형사적 제재

1. 서 언

저작권법이 규정하는 특정사항에 관한 의무위반에 대해서 저작권법은 벌칙으로 제재를 가하고 있다. 벌칙의 적용에 대해서 형법총칙 및 형사소송법상의 제 규정의 적용이 있음은 말할 나위도 없다. 저작권 범죄에 대해서는 원칙적으로 고의범만이 처벌되나, 저작권법에 과실범 규정이나 미수범 규정이 없는 것은 아니다. 과실범 처벌규정으로는 제104조의4(암호화된 방송 신호의 무력화 등의 금지) 위반의 경우(136조 2항 3호의5), 미수범 처벌규정으로는 제104조의6(영상저작물 녹화 등의 금지) 위반의 경우(137조 2항)가 있다.

2. 권리의 침해죄 등

1) 저작재산권 그 밖의 이 법에 의하여 보호되는 재산적 권리(제93조의 규정에 의한 권리를 제외한다)를 복제 · 공연 · 공중송신 · 전시 · 배포 · 대여 · 2차적 저작물 작성의 방법으로 침해한 자는 5년 이하의 징역 또는 5천만원 이하의 벌금에 처하거나 이를 병과할 수 있다(법 136조 1항). 공동저작물의 경우 공동저작자 상호간에는 그 1인이 설사 단독으로 이용하더라도 권리침해죄는 성립하지 않는다는 것이 판례이다.[459]

2) 제129조의3 제1항에 따른 법원의 명령(비밀유지명령)을 정당한 이유 없이 위반한 자는 5년 이하의 징역 또는 5천만원 이하의 벌금에 처하거나 이를 병과할 수 있다(법 136조 1항).

3) 다음에 해당하는 자는 3년 이하의 징역 또는 3천만원 이하의 벌금에 처하거나 이를 병과할 수 있다(법 136조 2항).

1. 저작인격권 또는 실연자의 인격권을 침해하여 저작자의 명예를 훼손한 자
2. 저작권이나 저작권 변동사항 등에 관한 등록(법 53조, 54조 및 제90조, 제98조

459) 대법원 2014.12.11.선고 2012도16066 판결.

및 제101조의6 제6항의 규정에 의하여 준용되는 경우를 포함한다)을 허위로 한 자

3. 저작권법 제93조에 따라 보호되는 데이터베이스제작자의 권리를 복제 · 배포 · 방송 또는 전송의 방법으로 침해한 자

4. 제103조의3 제4항을 위반한 자, 즉 복제 · 전송자의 정보를 제공받은 자는 해당 정보를 청구 목적 외의 용도로 사용한 경우.

5. 업으로 또는 영리를 목적으로 제104조2 제1항 또는 제2항(기술적 보호조치)을 위반한 자[460]

6. 업으로 또는 영리를 목적으로 제104조3 제1항(권리관리정보)을 위반한 자. 다만, 과실로 저작권 또는 이 법에 의하여 보호되는 권리 침해를 유발 또는 은닉한다는 사실을 알지 못한 자를 제외한다.

7. 제104조의4 제1호 또는 제2호(암호화된 방송신호의 무력화 등의 금지)에 해당하는 행위를 한 자

8. 제104조의5(라벨위조 등의 금지)를 위반한 자

9. 제104조의7(방송전신호의 송신금지)을 위반한 자

10. 제124조 제1항에 따른 침해행위로 보는 행위를 한 자

3. 부정발행 등의 죄(법 137조)

다음에 해당하는 자는 1년 이하의 징역 또는 1천만원 이하의 벌금에 처한다.

1) 저작자 아닌 자를 저작자로 하여 실명 · 이명을 표시하여 저작물을 공표한 자

2) 실연자 아닌 자를 실연자로 하여 실명 · 이명을 표시하여 실연을 공연 또는 공중송신하거나 복제물을 배포한 자

3) 저작자 사망 후의 인격적 이익을 침해한 자(법 14조 2항)

4) 제104조의4 제3호(암호화된 방송 신호가 방송사업자의 허락없이 복호화된 것임을 알면서 그러한 신호를 수신하여 청취 또는 시청하거나 다른 사람에게 공중송신하는 행위)에 해당하는 행위를 한 자

---

460) 닌텐도의 기술적 보호조치를 무력화하는 기기를 수입한 업자에 대하여 실형을 선고한 사례(서울남부지법 2009.6.8.선고 2008고단2104 판결).

5) 제104조의6(영상저작물녹화 등의 금지)을 위반한 자. 이 경우는 미수범도 처벌한다(법 137조 2항).

6) 허가를 받지 아니하고 저작권신탁관리업(법 105조 1항)을 한 자

7) 법 제124조 제4항(저작인격권침해의제)의 규정에 따른 저작권 침해행위로 보는 행위를 한 자[461)]

8) 자신에게 정당한 권리가 없음을 알면서 고의로 제103조 제1항 또는 제3항에 따른 복제 · 전송의 중단 또는 재개요구를 하여 온라인서비스제공자의 업무를 방해한 자

9) 비밀유지의무를 위반한 자

4. 출처명시 위반의 죄 등(법 138조)

초상 본인의 의사에 반하여 초상사진을 이용하거나(법 35조 4항), 출처를 명시하지 아니하거나(법 37조, 87조, 94조), 복제물에 저작재산권자의 표지(법 58조 3항)를 아니한 경우, 재발행시 저작자에게 통지하지 아니하거나(법 58조의2 2항), 신고하지 아니하고 대리중개업을 하거나 영업폐쇄명령을 받고 계속 영업한 자 등에 대하여는 500만원 이하의 벌금에 처한다.

5. 몰수(법 139조)

저작권 그 밖의 이 법에 의하여 보호되는 권리를 침해하여 만들어진 복제물과 그 복제물의 제작에 주로 사용된 도구나 재료로서 그 침해자 · 인쇄자 · 배포자 또는 공연자의 소유에 속하는 것은 몰수한다.

6. 친고죄(법 140조)

저작권 범죄에 대한 공소는 고소가 있어야 한다. 다만, 다음 각 호의 어느 하나에 해당하는 경우에는 그러하지 아니하다.

---

461) 제124조 제1항, 제2항 및 3항의 죄는 제136조의 권리의 침해죄로 처벌한다.

1) 비친고죄의 경우　① 영리를 목적으로 또는 상습적으로[462] 제136조 제1항 제1호 및 제136조 제2항 제3호 및 제4호(제124조 제1항 제3호의 경우에는 피해자의 명시적 의사에 반하여 처벌하지 못한다)에 해당하는 행위를 한 경우(법 140조 1호).[463]

[판례 1] 상습성 판단: 대법원 2013.9.26.선고 2011도1435 판결

'상습적으로'라고 함은 반복하여 저작권 침해행위를 하는 습벽으로서의 행위자의 속성을 말한다고 봄이 상당하고, 이러한 습벽의 유무를 판단함에 있어서는 동종 전과가 중요한 판단자료가 되나 동종 전과가 없다고 하더라도 범행의 횟수, 수단과 방법, 동기 등 제반 사정을 참작하여 저작재산권 침해행위를 하는 습벽이 인정되는 경우에는 상습성을 인정하여야 할 것이며, 한편 양벌규정의 적용에 있어서는 행위자인 법인의 대표자나 법인 또는 개인의 대리인 · 사용인 그 밖의 종업원의 위와 같은 습벽 유무에 따라 친고죄인지 여부를 판단하여야 할 것이다(대법원 2011.9.8.선고 2010도14475 판결 등 참조).

[판례 2] 상습범처벌 규정이 없는 경우의 취급: 대법원 2012.5.10.선고 2011도12131 판결

[1] 저작권법은 제140조 본문에서 저작재산권 침해로 인한 제136조 제1항의 죄를 친고죄로 규정하면서, 제140조 단서 제1호에서 영리를 위하여 상습적으로 위와 같은 범행을 한 경우에는 고소가 없어도 공소를 제기할 수 있다고 규정하고 있으나, 상습으로 제136조 제1항의 죄를 저지른 경우를 가중처벌한다는 규정은 따로 두고 있지 않다. 따라서 수회에 걸쳐 저작권법 제136조 제1항의 죄를 범한 것이 상습성의 발현에 따른 것이라고 하더라도, 이는 원칙적으로 경합범으로 보아야 하는 것이지 하나의 죄로 처단되는 상습범으로 볼 것은 아니다.[464]

[2] 저작재산권 침해행위는 저작권자가 같더라도 저작물별로 침해되는 법익이 다르므로, 각각의 저작물에 대한 침해행위는 원칙적으로 각 별개의 죄를 구성한다. 다만 단일하고도 계속된 범의 아래 동일한 저작물에 대한 침해행위가 일정기간 반복하여 행하여진 경우에는 포괄하여 하나의 범죄가 성립한다고 볼 수 있다.

[3] 2개의 인터넷 파일공유 웹스토리지 사이트를 운영하는 피고인들이 이를 통해 저작

---

462) 2011년 제2차 개정법을 종래 [영리를 위하여 상습적으로]라고 규정되었던 내용이 [영리를 목적으로 또는 상습적으로]로 변경되었다. 이로써 비친고죄에 해당하는 사항이 대폭 증가되었다.

463) 박영길, "저작권법 개정안에 대한 약간의 유감," 「저작권문화」(2005.4), 21면; 또 이상정, "저작권침해죄를 비친고죄로 개정하는 것의 당부," 「디지털재산법연구」(제6호), 2005.12, 75면 이하 참조.

464) 同旨: 대법원 2013.8.23.선고 2011도1957 판결.

재산권 대상인 디지털 콘텐츠가 불법 유통되고 있음을 알면서도 다수의 회원들로 하여금 수만 건에 이르는 불법 디지털 콘텐츠를 업로드하게 한 후 이를 수십만 회에 걸쳐 다운로드하게 함으로써 저작재산권 침해를 방조하였다는 내용으로 기소된 사안에서, 피고인들에게 '영리 목적의 상습성'이 인정된다고 하더라도 이는 고소 없이도 처벌할 수 있는 근거가 될 뿐 피고인들의 각 방조행위는 원칙적으로 서로 경합범 관계에 있고, 다만 동일한 저작물에 대한 수회의 침해행위에 대한 각 방조행위가 포괄하여 하나의 범죄가 성립할 여지가 있을 뿐인데도, 이와 달리 위 사이트를 통해 유통된 다수 저작권자의 다수 저작물에 대한 피고인들의 범행 전체가 하나의 포괄일죄를 구성한다고 본 원심판결에는 저작권법 위반죄의 죄수에 관한 법리오해의 위법이 있다.

② 제136조 제2항 제2호 및 제3호의2부터 제3호의7까지, 제137조 제1항 제1호부터 제4호까지, 제6호 및 제7호와 제138조 제5호의 경우(법 140조 2호)

2) 범죄사실의 특정 정도 고소는 고소인이 일정한 범죄사실을 수사기관에 신고하여 범인의 처벌을 구하는 의사표시이다. 따라서 "피해자가 경찰청 인터넷 홈페이지에 '피고인을 철저히 조사해 달라'는 취지의 민원을 접수하는 형태로 피고인에 대한 조사를 촉구하는 의사표시를 한 것은 형사소송법에 따른 적법한 고소로 보기 어렵다."[465] 또 고소한 범죄사실이 특정되어야 한다. 그러나 특정의 정도는 고소인의 의사가 구체적으로 어떤 범죄사실을 지정하여 범인의 처벌을 구하고 있는 것인가를 확정할 수만 있으면 된다. 하여 '달마시안 캐릭터' 사건에서 법원은 "저작재산권 침해에 대한 고소에 있어서 여러 종류의 모습을 한 저작물 중 하나의 종류를 구체적으로 특정하지 아니하고 저작물을 총칭하는 용어를 기재한 경우 특정 저작물에 대한 저작재산권을 침해하였다는 취지가 포함되어 있다"고 본다.[466]

3) 고소기간 및 고소권자 친고죄인 저작권 침해죄 등에 관하여는 범인을 알게 된 날로부터 6월 이내에 고소를 하여야 하는 기간의 제한이 있다(형사소송법 230조). 고소는 법률상으로 대리행사가 가능하다. 다만 고소권자는 피해자인 침해 당시의 권리자이며, 그 권리자로부터 권리를 양수받은 자는 포함되지 아니한다.[467]

465) 대법원 2012.2.23.선고 2010도9524 판결.
466) 대법원 2003.10.23.선고 2002도446 판결.
467) 대법원 2002.11.26.선고 2002도4849 판결 참조.

7. 양벌규정(법 141조)

법인의 대표자나 법인 또는 개인의 대리인 · 사용인 기타의 종업원이 그 법인 또는 개인의 업무에 관하여 저작권 범죄를 범한 때에는 행위자를 벌하는 외에 그 법인 또는 개인에 대하여도 각 해당 조의 벌금형을 과한다. 다만, 법인 또는 개인이 그 위반행위를 방지하기 위하여 해당 업무에 관하여 상당한 주의와 감독을 게을리하지 아니한 경우에는 그러하지 아니하다.[468] 이렇듯 사용자도 일정한 책임을 지므로 '위반행위를 방지하기 위하여 해당 업무에 관하여 상당한 주의와 감독을 다하기 위한 방편'으로, 또 이러한 감독의무를 다했다는 입증을 위하여 사용자는 「자율준수 프로그램」을 운영하면 좋을 것이다.[469]

IV. 행정적 규제

1. 서 설

2006년 개정시부터 문화체육관광부장관, 시 · 도지사 또는 시장 · 군수 · 구청장에게 불법 복제물을 수거 · 폐기할 수 있도록 하고 온라인상 불법 복제물을 삭제 명령할 수 있는 권한을 갖도록 하되, 온라인상 삭제명령을 이행하지 않는 자에 대해서는 1천만원 이하의 과태료를 부과할 수 있도록 하는 내용이 신설되었다. 이것은 구 「음반 · 비디오물 및 게임물에 관한 법」이나 「출판 및 인쇄진흥법」 등에 흩어져 있던 불법 저작물 수거, 폐기 조항을 모법인 저작권법에 일괄하여 두는 것이 낫다는 판단을 함에 따라 관련 조항을 저작권법에 일괄하여 규정하게 되었던 것이다.[470] 또 오프라인뿐만 아니라 온라인상 불법복제물의 범람으로 문화

---

468) 종래의 양벌규정이 위헌이라는 결정[헌법재판소 2007.11.29.선고 2005헌가10 결정]에 따라 2009년 4월 22일, 단서 규정이 추가되었다.

469) 자율준수프로그램에 대해서는, 임원선, 앞의 책, 486-487면 참조.

470) 심동섭, "개정 저작권법 해설," 「계간저작권(2006 겨울호)」, 62면. 저작권법 제133조 제1항에 대해서는 2006년 개정 논의시 법원의 판결 없이 수거 · 폐기하는 것이 위헌이라는 주장이 있었다. 그러나 위 조항의 정당성을 주장하는 입장에서는 이미 다른 법령에 규정된 것을 저작권법에 통합한 것이라는 점 외에도, 구 음반 · 비디오물 및 게임물에 관한 법률 제24조 제3항 제4호 중 "게임물"에 관한 규정 부분에 대하여 헌법재판소로부터 합헌결정(헌

산업이 크게 위축되고 있는바, 우리 문화산업의 활성화와 건전한 저작물 이용 질서를 확립하기 위하여 불법 복제물에 대해 문화관광부장관의 삭제 또는 중단명령을 신설하였다.[471] 그런데 2009년 개정은 이를 더욱 강화하였다.

2. 이른바 오프라인상에서의 불법복제물의 단속 등

문화체육관광부장관, 특별시장·광역시장·도지사·특별자치도지사 또는 시장·군수·구청장(자치구의 구청장을 말한다)은 저작권 그 밖에 이 법에 따라 보호되는 권리를 침해하는 복제물(정보통신망을 통하여 전송되는 복제물은 제외한다) 또는 저작물 등의 기술적 보호조치를 무력하게 하기 위하여 제작된 기기·장치·정보 및 프로그램을 발견한 때에는 대통령령으로 정한 절차 및 방법에 따라 관계공무원으로 하여금 이를 수거·폐기 또는 삭제하게 할 수 있다(법 133조 1항).

문화체육관광부장관은 수거·폐기 또는 삭제 업무를 대통령령이 정한 단체에 위탁할 수 있다. 위탁할 수 있는 단체는 i) 한국저작권보호원,[472] ii) 그 밖에 불법복제물 등의 수거·폐기 업무를 수행할 능력과 자격이 있다고 문화체육관광부장관이 인정하는 법인 또는 단체이다(시행령 70조 참조). 이 경우 이에 종사하는 자는 공무원으로 본다. 문화체육관광부장관의 권한을 수행하는 공무원 등이 수거·폐기 또는 삭제를 하는 경우 필요한 때에는 관련 단체에 협조를 요청할 수 있다. 수거·폐기를 위한 협조 요청 등을 받을 수 있는 "관련 단체"란 i) 저작권신탁관리업자, ii) 저작권신탁관리업자를 주된 구성원으로 하는 단체, iii) 저작물 등의 창작 및 산업진흥을 목적으로 설립된 법인 또는 단체이다(시행령 71조 참조).

법재판소 2002.10.31.선고 2000헌가12 결정)을 받은 바 있다는 점을 들어 저작권법 제133조 제1항의 위헌 주장을 반박하였다[정상조 편, 「저작권법주해」, 박영사, 2007, 1290면(조정욱 집필부분)].

471) 심동섭, 위의 글, 63면.

472) 2016년 법 개정을 통해 신설된 기관이다. 저작권법 제8장의2(한국저작권보호원) 참조.

3. 이른바 온라인상에서의 불법복제물의 단속 등

(1) 경고 및 삭제 또는 전송중단 명령

문화체육관광부장관은 정보통신망을 통하여 저작권 그 밖에 이 법에 따라 보호되는 권리를 침해하는 복제물 또는 정보, 기술적 보호조치를 무력하게 하는 프로그램 또는 정보(이하 "불법복제물 등"이라 한다)가 전송되는 경우에 저작권보호심의위원회[473]의 심의를 거쳐 대통령령으로 정하는 바에 따라 온라인서비스제공자에게 다음 각 호의 조치를 할 것을 명할 수 있다.

1) 불법복제물 등의 복제 · 전송자에 대한 경고

2) 불법복제물 등의 삭제 또는 전송 중단

(2) 복제 · 전송자의 계정의 정지

1) 문화체육관광부장관은 저작권법 제133조의2 제1항 제1호에 따른 경고를 3회 이상 받은 복제 · 전송자가 불법복제물 등을 전송한 경우에 심의위원회의 심의를 거쳐 대통령령으로 정하는 바에 따라 온라인서비스제공자에게 6개월 이내의 기간을 정하여 해당 복제 · 전송자의 계정[474](이메일 전용계정은 제외하며, 해당 온라인서비스제공자가 부여한 다른 계정을 포함한다. 이하 같다)을 정지할 것을 명할 수 있다(법 133조의2 2항).

2) 명령을 받은 온라인서비스제공자는 해당 복제 · 전송자의 계정을 정지하기 7일 전에 대통령령으로 정하는 바에 따라 해당 계정이 정지된다는 사실을 해당 복제 · 전송자에게 통지하여야 한다(법 133조의2 3항).

(3) 게시판서비스의 정지

1) 문화체육관광부장관은 온라인서비스제공자의 정보통신망에 개설된 게시판(「정보통신망 이용촉진 및 정보보호 등에 관한 법률」 제2조 제1항 제9호의 게시판 중 상업적 이익 또는 이용 편의를 제공하는 게시판을 말한다.[475] 이하 같다) 중 불법복제물 등

---

473) 저작권법 제122조의6 참조.

474) 계정(account)이란 특정 컴퓨터 시스템이나 네트워크에서 허가받은 사용자의 식별 · 관리 및 기밀 보호를 위해 시스템이나 네트워크 관리자가 생성하는 일종의 이용 권한 계좌를 말하며, ID, Password, 정보 접근 권한 정보 등이 이에 해당한다.

의 삭제 또는 전송 중단의 명령이 3회 이상 내려진 게시판으로서 해당 게시판의 형태, 게시되는 복제물의 양이나 성격 등에 비추어 해당 게시판이 저작권 등의 이용질서를 심각하게 훼손한다고 판단되는 경우에는 심의위원회의 심의를 거쳐 대통령령으로 정하는 바에 따라 온라인서비스제공자에게 6개월 이내의 기간을 정하여 해당 게시판 서비스의 전부 또는 일부의 정지를 명할 수 있다(법 133조의2 4항).

2) 명령을 받은 온라인서비스제공자는 해당 게시판의 서비스를 정지하기 10일 전부터 대통령령으로 정하는 바에 따라 해당 게시판의 서비스가 정지된다는 사실을 해당 온라인서비스제공자의 인터넷 홈페이지 및 해당 게시판에 게시하여야 한다(법 133조의2 5항).

(4) 온라인서비스제공자의 통보의무

온라인서비스제공자는 저작권법 제133조의2 제1항에 따른 경고, 삭제 또는 전송 중단명령을 받은 경우에는 명령을 받은 날부터 5일 이내에, 동조 제2항에 따른 정지명령을 받은 경우에는 명령을 받은 날부터 10일 이내에, 제4항에 따른 정지명령을 받은 경우에는 명령을 받은 날부터 15일 이내에 그 조치결과를 대통령령으로 정하는 바에 따라 문화체육관광부장관에게 통보하여야 한다(법 133조의2 6항).

(5) 의견제출 기회의 부여

문화체육관광부장관은 저작권법 제133조의2 제1항, 제2항 및 제4항의 명령의 대상이 되는 온라인서비스제공자와 제2항에 따른 명령과 직접적인 이해관계가 있는 복제 · 전송자 및 제4항에 따른 게시판의 운영자에게 사전에 의견제출의 기회를 주어야 한다. 이 경우 「행정절차법」 제22조 제4항부터 제6항까지 및 제27조를 의견제출에 관하여 준용한다(법 133조의2 7항).

---

475) 여기서 게시판이란 그 명칭과 관계없이 정보통신망을 이용하여 일반에게 공개할 목적으로 부호 · 문자 · 음성 · 음향 · 화상 · 동영상 등의 정보를 이용자가 게재할 수 있는 컴퓨터프로그램이나 기술적 장치를 말한다. 이러한 게시판 중 상업적 이익 또는 이용 편의를 제공하는 게시판만을 대상으로 한 것(원안에는 이러한 제한이 없었다)은 게시판 이용자들의 표현의 자유, 통신의 자유 등과의 충돌을 최소화하기 위해 국회심사과정에서 만들어진 절충적 산물이라고 할 수 있다.

〈2009년 개정법에서 추가된 온라인상 불법복제 근절을 위한 규제방안〉

구분	계정 정지	게시판 서비스 정지
조항	제133조의2 제2항	제133조의2 제4항
주체/객체	문화체육관광부장관 → 온라인서비스제공자(OSP)	문화체육관광부장관 → 온라인서비스제공자(OSP)
업무 절차도	이용자가 불법복제물을 복제 · 전송 ▼ 경고 명령을 위한 심의 요청 ▼ 심의 및 심의결과 통보 ▼ 복제 · 전송자에게 경고 명령 ▼ 불법복제물 반복적 전송 계정 정지 명령을 위한 심의 요청 ▼ 심의 및 심의결과 통보 ▼ 복제 · 전송자의 계정 정지 명령 ▼ 계정 정지 사실 통보	OSP 내에서 불법복제물 유통 ▼ 삭제, 전송중단 명령을 위한 심의 요청 ▼ 심의 및 심의결과 통보 ▼ 삭제, 전송중단 명령 ▼ 3회 이상 명령 대상 및 심각한 저작권 등 이용질서 훼손 인정 게시판 서비스 정지 명령을 위한 심의 요청 ▼ 심의 및 심의 결과 통보 ▼ 게시판의 서비스 정지 명령 ▼ 게시판의 서비스정지 사실 게시
불이행시 제재	1천만원 이하의 과태료	1천만원 이하의 과태료

(6) 온라인서비스제공자에 대한 시정권고

1) 한국저작권위원회는 온라인서비스제공자의 정보통신망을 조사하여 불법복제물 등이 전송된 사실을 발견한 경우에는 이를 심의하여 온라인서비스제공자에 대하여 다음 각 호에 해당하는 시정 조치를 권고할 수 있다.

1. 불법복제물 등의 복제 · 전송자에 대한 경고

2. 불법복제물 등의 삭제 또는 전송 중단
3. 반복적으로 불법복제물 등을 전송한 복제ㆍ전송자의 계정 정지

2) 온라인서비스제공자는 저작권법 제133조 제1항 제1호 및 제2호에 따른 권고를 받은 경우에는 권고를 받은 날부터 5일 이내에, 제1항 제3호의 권고를 받은 경우에는 권고를 받은 날부터 10일 이내에 그 조치결과를 한국저작권보호원에 통보하여야 한다.

3) 한국저작권보호원은 온라인서비스제공자가 제1항에 따른 권고에 따르지 아니하는 경우에는 문화체육관광부장관에게 제133조의2 제1항 및 제2항에 따른 명령을 하여 줄 것을 요청할 수 있다. 이 요청에 따라 문화체육관광부장관이 제133조의2 제1항 및 제2항에 따른 명령을 하는 경우에는 심의위원회의 심의를 요하지 아니한다.

〈온라인서비스제공자(OSP)와 저작권법(정리)〉

1	OSP의 책임제한(이른바 safe harbor 조항)	제102조, 제103조
2	특수한 유형의 OSP의 의무 등	제104조
3	불법복제물의 삭제명령 등/시정권고 등	제133조의2/제133조의3

Ⅴ. 침해에 관여된 자의 책임476)

1. 공동불법행위의 성립여부

(1) 일 반 론

제3자가 타인의 저작물의 모방 등 저작권을 침해한 경우 당해 저작물 작성을 의뢰한 의뢰자나 당해 위법작성 저작물을 출판한 출판자 등이 저작물 작성자와 더불어 공동으로 불법행위책임을 부담하는지 여부가 다투어진다. 특히 오늘날 많은 저작권침해가 인터넷상에서 일어나고 있다. 이 경우에 P2P 서비스제공자나 그

476) 우리나라의 많은 저작권법 해설서에서는 「간접침해」라는 제하에서 설명하고 있다. 예컨대 오승종, 1137면 이하; 이해완, 「저작권법」(제3판), 1106면 이하.

밖의 인터넷서비스제공자가 실제로 직접 침해행위를 한 자와 더불어 공동불법행위책임[477]을 질 것인지가 논의된다. 궁극적으로는 위법 저작물임을 인식할 수 있는 가능성과 위법 저작물의 배포 등을 저지할 수 있는 가능성을 종합하여 판단하여야 할 것이다. 우리 판례 중 소설마당 사건[478]에서는 사용된 저작물이 타인의 것임이 일반인의 입장에서 보아도 알 수 있었을 것이므로 사용에 대한 승낙여부를 조사해야 할 의무가 있다고 보고 공동불법행위책임을 인정했으나, 「하얀나라 까만나라」 사건[479]이나 '춘천시 관광지도'사건[480]에서는 이를 부인하였다. 결국 당해 업계의 전문가인 출판자나 PD, 혹은 편집자에게 이용된 저작물이 혹은 그 존재가 얼마나 알려져 있느냐에 따라 다를 것이다.

한편 "저자는 본 저작물의 내용으로 인하여 타인의 저작권을 침해하거나 또는 명예훼손 기타의 문제가 발생하여 그 결과 출판자(방송사) 또는 제3자에게 손해를 입혔을 경우에는 저자가 책임을 진다"는 계약내용은 저자와 출판사 등과의 사이에서만 효력이 있으며, 침해당한 저작자에게는 효력이 미치지 않음은 물론이다.

(2) 서비스 제공자로서 방조책임이 인정되지 아니한 경우들

우리나라에서는 온라인서비스제공자 등의 책임을 인정하지 아니한 것도 다수 존재한다. 예컨대 「카테일」 사건(서울지법 1999.12.3.선고 98가합111554 판결), 인터넷 동호회 사건(서울중앙지법 2005.3.31.선고 2004가합63304 판결), '세이테마'사건(서울중앙지법 2006.7.21.선고 2004가합76058 판결) 등이 그것이다. 법원은 "시스템 운영자가 서비스를 제공하는 과정에서 이용자들의 파일공유 및 교환 행위에 관여할 수 있는지의 여부와 그 방식 및 정도, 저작권의 침해행위에 대한 운영자의 인식 여부와 그에 따른 시스템에서의 권리보호조치의 내용과 그 정책, 시스템이 파일공유 기능 외에 이용자들의 저작권 침해행위를 용이하게 할 수 있는 다른 기능

---

477) 민법 제760조(공동불법행위자의 책임) ① 수인이 공동의 불법행위로 타인에게 손해를 가한 때에는 연대하여 그 손해를 배상할 책임이 있다.
② 공동 아닌 수인의 행위중 어느 자의 행위가 그 손해를 가한 것인지를 알 수 없는 때에도 전항과 같다.
③ 교사자나 방조자는 공동행위자로 본다.

478) 서울민사지법 1994.7.29.고지 94카합6025 결정.

479) 대법원 1996.6.11.선고 95다49639 판결.

480) 서울중앙지법 2005.8.11.선고 2005가단12610 판결.

을 제공하고 있는지의 여부, 위 운영자가 이용자들의 저작권 침해행위로부터 이익을 얻을 목적이 있거나 향후 이익을 얻을 가능성의 정도 등 구체적 사정을 살펴보아, 위 운영자가 이용자들의 파일공유 등으로 인한 저작권 침해행위를 미필적으로나마 인식하고 있으면서도 이를 용이하게 할 수 있도록 도와주거나, 이러한 침해행위에 도움을 주지 않아야 할 주의의무가 있음에도 이를 위반하는 경우라고 평가되는 경우에만 방조책임이 인정된다고 할 것"이라고 한다.[481]

(3) 서비스 제공자로서 방조책임이 인정된 경우들

방조책임이 인정되기 쉬운 사례에 'P2P 방식'에 의한 경우, '공유 웹사이트' 등이 있다.

1) P2P 방식의 경우 원래 중앙서버가 있는 냅스터 경우는 그리 어렵지 않게 그 책임을 인정할 수 있었다.[482] 말하자면 "냅스터는 실제 물물교환을 주선하는 사람들이 불법적인 물건을 교환할 수 있도록 시설을 제공하는 것과 비슷하다. 사용자들을 연결하는 역할에 적극적이기 때문에 이용자들의 행동에 대해 어느 정도 책임을 질 수 있다." 그러나 "그록스터와 스트림캐스트는 소프트웨어를 보급한 이후, 이용자들이 어떻게 그것을 사용하는지에 대해서는 아무런 권한이 없었다. 이용자들이 그록스터 클라이언트를 이용해서 파일을 검색하거나 전송할 때 그록스터의 컴퓨터에는 어떠한 정보도 전송되지 않았으며 그록스터의 컴퓨터를 통하지도 않았다. 즉 그록스터나 스트림캐스트는 직접적인 지적소유권 침해를 위해 자기네 사이트나 설비를 제공하지 않았다. 만약에 피고가 문을 닫고 자사의 모든 컴퓨터를 꺼버렸다고 하더라도 사용자들은 계속해서 파일을 교환할 수 있을 것이다." 그런 의미에서 책임이 없다는 것이 1심 및 항소심 판결이었다. 그런데 이러한 견해에 찬물을 끼얹은 것이 2005년 6월 27일에 내려진 미국 연방대법원 판결이다.[483]

원고들은 "P2P 소프트웨어 패키지는 저작권을 보유하는 음악 영화의 위법교환을 촉진하는 것을 주요 목적으로 하여 작성되었다. 저작권침해책임은 이용자에게 있지만 P2P 중계 프로그램이나 서비스를 제공한 회사도 해당 프로그램을 이용

---

481) 서울중앙지방법원 2009.7.17.선고 2009가합9022 판결.

482) A&M Records, Inc. v. Napster, 239 F.3d 1004 (9th Cir. 2001).

483) MGM Studios, Inc. et al. v. Grokster, Ltd. et al., 545 US 913 (2005).

해 상용 콘텐츠를 주고받는 행위를 시도한 제3자의 행위에 대해 2차적 책임이 있다"고 주장하였고 연방대법원은 이러한 주장을 그대로 인정하였다. "종전 연방대법원의 Sony 판결이 특허법상의 '상업상 주요한 상품'원칙을 저작권법상의 면책 법리로 차용하였듯이, 작금의 연방대법원은 '유발원칙'(inducement rule) 역시 저작권법에 응용될 수 있다고 본다. 요컨대 저작권을 침해하는 데 자신의 도구(device)를 이용함을 권장할 의도가 있었음이, 명백한 언동이나 여타 침해를 조장하기 위해 취해진 적극적인 조치를 통하여 입증된 경우, 그 도구를 공급한 자는 … 제3자가 그 도구를 이용하여 범한 침해의 결과에 책임이 있다"[484]는 것이다.

우리나라에서는 소리바다 판결이 있다.

[판례] '소리바다' 사건(대법원 2007.1.25.선고 2005다11626 판결)

'소리바다' 서비스 제공자는 그 이용자들이 음반제작자들의 저작인접권을 침해하리라는 사정을 미필적으로 인식하였거나 적어도 충분히 예견할 수 있었음에도 불구하고 소리바다 프로그램을 개발하여 무료로 나누어 주고 소리바다 서버를 운영하면서 그 이용자들에게 다른 이용자들의 접속정보를 제공함으로써, 이용자들이 음악 CD로부터 변환한 MPEG-1 Audio Layer-3(MP3) 파일을 Peer- To-Peer(P2P) 방식으로 주고받아 복제하는 방법으로 저작인접권 침해행위를 실행하는 것을 용이하게 하였으므로 그에 대한 방조책임을 부담한다.

2) '공유 웹사이트' 경우 공유 웹사이트 운영자의 책임을 인정한 예에 '인터넷제국' 사건(서울중앙지법 2001.8.24.선고 2000가합83171 판결), '나우필름'사건(서울중앙지법 2008.8.5.자 2008카합968 결정), '프리챌'사건(서울중앙지법 2009.10.13.선고 2009고단1629 판결), '당구 동영상'사건(서울중앙지법 2014.11.28.선고 2013가합564502 판결) 등이 있다. 대법원 2013.9.26.선고 2011도1435 판결을 보기로 한다.

[판례] 대법원 2013.9.26.선고 2011도1435 판결

저작권법이 보호하는 복제권 · 전송권의 침해를 방조하는 행위란 정범의 복제권 · 전송권 침해를 용이하게 해주는 직접 · 간접의 모든 행위로서, 정범의 복제권 · 전송권

484) 박준석, "이용자의 저작권침해에 따른 인터넷서비스제공자의 민사책임," 서울대학교(2005: 박사학위논문), 247면.

침해행위 중에 이를 방조하는 경우는 물론, 복제권 · 전송권 침해행위에 착수하기 전에 장래의 복제권 · 전송권 침해행위를 예상하고 이를 용이하게 해주는 경우도 포함하며, 정범에 의하여 실행되는 복제권 · 전송권 침해행위에 대한 미필적 고의가 있는 것으로 충분하고, 정범의 복제권 · 전송권 침해행위가 실행되는 일시, 장소, 객체 등을 구체적으로 인식할 필요가 없으며, 나아가 정범이 누구인지 확정적으로 인식할 필요도 없다(대법원 2005.4.29.선고 2003도6056 판결, 대법원 2007.12.14.선고 2005도872 판결 등 참조).[485)]

원심은 그 적법하게 채택된 증거들을 종합하여, 제1심 판시 이 사건 각 사이트에서 불특정 다수의 사이트 이용자들에 의하여 저작재산권자의 동의를 얻지 않은 영화 파일들의 업로드 및 다운로드가 이루어진 사실, 피고인들은 이 사건 각 사이트의 실질적인 운영자로서 위 각 사이트의 운영방식과 이용실태 등을 모두 인식하고 있었음에도 사이트 이용자들에게 영화 파일의 업로드를 유인하거나 다운로드를 용이하게 해주고, 이를 통해 수익을 얻은 사실 등을 인정한 다음, 이러한 사실에 의하면, 피고인들이 이 사건 각 사이트를 운영 · 관리함으로써 제1심 판시 범죄일람표 1, 2, 6, 8 기재와 같이 위 각 사이트 이용자들의 복제권 · 전송권 침해행위를 용이하게 하여 이를 방조하였고, 그에 대한 고의가 있음을 인정할 수 있다고 판단하였다. 원심의 위와 같은 판단은 정당하여 수긍할 수 있다.

2. 온라인서비스제공자의 책임제한

(1) 서 설

오늘날 인터넷 등 정보통신망상에서 많은 저작권 침해가 일어나고 있다. 통신망을 이용한 저작권 침해에 대해서는 타인의 저작물을 무단으로 전송한 직접침해자가 책임을 짐은 당연하나 많은 경우에 직접적 침해자를 찾아내는 것도 쉽지 않고, 설사 알아낸 경우라도 직접침해자는 배상능력이 없는 개인인 경우가 대부분이다. 그러한 이유로 실효성 있는 배상을 위해서 전자게시판 운영자나 통신망사업자(OLSPs: On-Line Service Providers)에게 일정한 책임—간접책임—을 부과하고 있음은 앞서 본 바와 같다. 그러나 이들에게 지나치게 무거운 책임을 인정하면 사업이 위축되고 이것은 정책적으로도 바람직하지 않다. 하여 그 조화가 문제가 되

485) 同旨, 2013.11.28.선고 2013도7681 판결: 이 사건의 경우는 고소가 제기된 후에도 불법복제물이 업로드되어 있어 계속 다운로드 받을 수 있는 상태에 있었고, 피고인은 피해자의 요청에도 불구하고 기술적 조치를 다하지 아니한 경우임.

고 가능한 범위에서 일정한 행위를 한 온라인서비스제공자의 책임을 면제해주어 정보산업을 활성화시키는 것 역시 정책적으로 역점을 두어야 할 부분이다. 이에 우리나라에서는 온라인서비스제공자의 책임 제한에 관한 규정을 두고 있다.

(2) 온라인서비스제공자의 책임제한

온라인서비스제공자는 다음 4가지 행위와 관련하여 저작권, 그 밖에 이 법에 따라 보호되는 권리가 침해되더라도 일정한 조건하에서 그 침해에 대하여 책임을 지지 아니한다(법 102조 1항).[486] 또 온라인서비스제공자가 저작권법 제102조 제1항에 따른 조치를 취하는 것이 기술적으로 불가능한 경우에는 다른 사람에 의한 저작물 등의 복제 · 전송으로 인한 저작권, 그 밖에 이 법에 따라 보호되는 권리의 침해에 대하여 책임을 지지 아니한다(법 102조 2항). 아울러 저작권법 제102조 제1항에 따른 책임 제한과 관련하여 온라인서비스제공자는 자신의 서비스 안에서 침해행위가 일어나는지를 모니터링하거나 그 침해행위에 관하여 적극적으로 조사할 의무를 지지 아니한다(법 102조 3항).

1) **단순도관 서비스**(네트워크 접속서비스)[487] 내용의 수정 없이 저작물 등을 송신하거나 경로를 지정하거나 연결을 제공하는 행위 또는 그 과정에서 저작물 등을 그 송신을 위해 합리적으로 필요한 기간 내에서 자동적 · 중개적 · 일시적으로 저장하는 행위에 대하여 책임을 지지 아니한다. 다만 ㉮ 온라인서비스제공자가 저작물 등의 송신을 시작하지 아니하여야 하며, ㉯ 온라인서비스제공자가 저작물 등이나 그 수신자를 선택하지 아니한 경우이어야 한다. 또 ㉰ 저작권, 그 밖에 이 법에 따라 보호되는 권리를 반복적으로 침해하는 자의 계정(온라인서비스제공자가 이용자를 식별 · 관리하기 위하여 사용하는 이용권한 계좌를 말한다. 이하 이 조, 제103조의2, 제133조의2 및 제133조의3에서 같다)을 해지하는 방침을 채택하고 이를 합리적으로 이행하여야 하며, ㉱ 저작물 등을 식별하고 보호하기 위한 기술조치

486) 이른바 Safe Harbor 조항에 해당한다. 본조는 형사책임에도 적용된다("온라인서비스이용자의 저작권 침해행위에 대하여 온라인서비스제공자의 책임 감경 또는 면제를 규정한 구 저작권법 제102조 제1항, 제2항, 제103조 제5항이 형사상 책임에도 적용된다: 대법원 2013.9.26.선고 2011도1435 판결).

487) 이것은 EC전자상거래지침 제12조의 mere conduit[단순도관(導管)], 미국 저작권법 제512조 (a) Safe Harbers for "Transmission Routing": Limitation for Transitory Communications에 상응하는 조문이다. KT, SK브로드밴드, LG데이콤 등의 서비스가 이에 해당한다.

로서 대통령령으로 정하는 조건[488]을 충족하는 표준적인 기술조치를 권리자가 이용한 때에는 이를 수용하고 방해하지 아니한 경우이어야 한다.

2) 시스템 캐싱(캐싱 서비스)[489]　서비스이용자의 요청에 따라 송신된 저작물 등을 후속 이용자들이 효율적으로 접근하거나 수신할 수 있게 할 목적으로 그 저작물 등을 자동적 · 중개적 · 일시적으로 저장하는 행위에 대하여 책임을 지지 아니한다. 다만 다음 조건을 모두 충족하여야 한다.

㉮ 온라인서비스제공자가 저작물 등의 송신을 시작하지 아니한 경우일 것. ㉯ 온라인서비스제공자가 저작물 등이나 그 수신자를 선택하지 아니한 경우일 것. ㉰ 온라인서비스제공자가 그 저작물 등을 수정하지 아니한 경우일 것. ㉱ 제공되는 저작물 등에 접근하기 위한 조건이 있는 경우에는 그 조건을 지킨 이용자에게만 임시저장된 저작물 등의 접근을 허용한 경우일 것. ㉲ 저작물 등을 복제 · 전송하는 자(이하 "복제 · 전송자"라 한다)가 명시한, 컴퓨터나 정보통신망에 대하여 그 업계에서 일반적으로 인정되는 데이터통신규약에 따른 저작물 등의 현행화[490]에 관한 규칙을 지킨 경우일 것. 다만, 복제 · 전송자가 그러한 저장을 불합리하게 제한할 목적으로 현행화 규칙을 정한 경우에는 그러하지 아니한다. ㉳ 저작물 등이 있는 본래의 사이트에서 그 저작물 등의 이용에 관한 정보를 얻기 위하여 적용한, 그 업계에서 일반적으로 인정되는 기술의 사용을 방해하지 아니한 경우일 것.

---

488) 시행령 제39조의3(표준적인 기술조치) 법 제102조 제1항 제1호 라목에서 "대통령령으로 정하는 조건"이란 다음 각 호의 조건을 말한다.
1. 저작재산권자와 온라인서비스제공자의 의견일치에 따라 개방적이고 자발적으로 정하여질 것.
2. 합리적이고 비차별적인 이용이 가능할 것.
3. 온라인서비스제공자에게 상당한 비용을 부과하거나 온라인서비스 제공 관련 온라인서비스제공자의 시스템 또는 정보통신망에 실질적인 부담을 주지 아니할 것.

489) 이것은 EC전자상거래지침 제13조의 system caching, 미국 저작권법 제512조(b) Safe Harbers for "system caching": Limitation for system caching에 상응하는 조문이다. 본호에서의 캐싱(Caching)이란 정보처리의 효율성과 안정성을 높이기 위해 자주 이용되는 디지털 정보를 캐시(Cache)라 불리는 저장 공간에 임시적으로 저장한 후에 이를 다시 이용하고자 하는 경우 그 정보의 원래의 출처로 다시 가지 않고 임시 저장된 정보를 활용하도록 하는 것을 말한다. OSP의 캐싱은 이용자가 자신의 컴퓨터에서 저작물을 이용하면서 행하게 되는 캐싱과 구별된다.

490) 여기서 현행화란 미국 저작권법 제512조(b)의 "refreshing, reloading, or other updating of the material"에 상응하는 표현이다(한국저작권위원회, 「미국 저작권법」, 2010, 169면 참조).

㉳ 저작권법 제103조 제1항에 따른 복제 · 전송의 중단요구를 받은 경우, 본래의 사이트에서 그 저작물 등이 삭제되었거나 접근할 수 없게 된 경우, 또는 법원 · 관계 중앙행정기관의 장이 그 저작물 등을 삭제하거나 접근할 수 없게 하도록 명령을 내린 사실을 실제로 알게 된 경우에 그 저작물 등을 즉시 삭제하거나 접근할 수 없게 한 경우일 것.

3) **이용자의 요청에 의한 컴퓨터상의 정보**(저장서비스)[491] 복제 · 전송자의 요청에 따라 저작물 등을 온라인서비스제공자의 컴퓨터에 저장하는 행위에 대하여 책임을 지지 아니한다. 다만 다음 조건을 모두 충족하여야 한다.

㉮ 온라인서비스제공자가 저작물 등의 송신을 시작하지 아니한 경우일 것. ㉯ 온라인서비스제공자가 저작물 등이나 그 수신자를 선택하지 아니한 경우일 것. ㉰ 온라인서비스제공자가 침해행위를 통제할 권한과 능력이 있을 때에는 그 침해행위로부터 직접적인 금전적 이익을 얻지 아니한 경우일 것. ㉱ 온라인서비스제공자가 침해를 실제로 알게 되거나 저작권법 제103조 제1항에 따른 복제 · 전송의 중단요구 등을 통하여 침해가 명백하다는 사실 또는 정황을 알게 된 때에 즉시 그 저작물 등의 복제 · 전송을 중단시킨 경우일 것. ㉲ 저작권법 제103조 제4항에 따라 복제 · 전송의 중단요구 등을 받을 자를 지정하여 공지한 경우일 것.

4) **정보검색도구**(검색 서비스)[492] 정보검색도구를 통하여 이용자에게 정보통신망상 저작물 등의 위치를 알 수 있게 하거나 연결하는 행위에 대하여 책임을 지지 아니한다. 다만 다음 조건을 모두 충족하여야 한다.

㉮ 온라인서비스제공자가 저작물 등의 송신을 시작하지 아니한 경우일 것. ㉯ 온라인서비스제공자가 침해행위를 통제할 권한과 능력이 있을 때에는 그 침해행위로부터 직접적인 금전적 이익을 얻지 아니한 경우일 것. ㉰ 온라인서비스제공자가 침해를 실제로 알게 되거나 저작권법 제103조 제1항에 따른 복제 · 전송의 중단요구 등을 통하여 침해가 명백하다는 사실 또는 정황을 알게 된 때에 즉시 그

491) 이것은 EC전자상거래지침 제14조의 Hosting, 미국 저작권법 제512조(c) Safe Harbers for "System Storage": Limitation for Information residing on system or networks at direction of users에 상응하는 조문이다. 저장서비스는 '카페, 블로그, 웹하드 등 일정한 자료를 하드디스크나 서버에 저장, 사용할 수 있게 하는 서비스를 말한다.

492) 이것은 미국 저작권법 제512조(d) Safe Harbers for "Locating Tools": Limitation for Information Location Tools에 상응하는 조문이다. 예컨대 네이버, 다음, 구글 등의 검색 서비스를 말한다.

저작물 등의 복제 · 전송을 중단시킨 경우일 것. ㉣ 저작권법 제103조 제4항에 따라 복제 · 전송의 중단요구 등을 받을 자를 지정하여 공지한 경우일 것.

이상을 표로 정리하면 다음과 같다.[493]

서비스 유형 / 면책요건	도관 서비스	캐싱 서비스	저장 서비스	검색 서비스
저작물의 송신을 개시하지 않을 것(1호 가목)	○	○	○	○
저작물과 수신자를 지정하지 않을 것(1호 나목)	○	○	○	
반복적 침해자 계정 해지 방침(1호 다목)	○	○	○	
권리자의 표준적 기술조치 수용(1호 라목)	○	○	○	
저작물 등을 수정하지 않을 것(2호 나목)		○		
접근조건 준수 이용자만 접근허용(2호 다목)		○		
복제 · 전송자가 제시한 현행화 규칙 준수(2호 라목)		○		
저작물 이용에 관한 정보를 취득하기 위한 기술사용을 방해하지 않을 것(2호 마목)		○		
삭제 · 접근금지 명령이 있는 경우, 이에 따라 삭제 · 접근금지 시킬 것(2호 바목)		○		
침해행위 통제 권한이 있는 경우, 침해행위로부터 직접적인 금전적 이득을 얻지 않을 것(3호 나목)			○	○
침해행위 인지시 해당 저작물 복제 · 전송 중단(3호 다목)			○	○
복제 · 전송 중단 대상자를 지정 · 공시(3호 라목)			○	○

(3) 고지에 의한 복제 · 전송의 중단[494]

1) 온라인서비스제공자(저작권법 제102조 제1항 제1호의 경우는 제외한다)의 서비스를 이용한 저작물 등의 복제 · 전송에 의하여 저작권, 그 밖에 이 법에 의하여 보호되는 자신의 권리가 침해됨을 주장하는 자(이하 "권리주장자"라 한다)는 그 사실을 소명하여 온라인서비스제공자에게 그 저작물 등의 복제 · 전송을 중단시킬 것을 요구할 수 있다(법 103조 1항).[495]

493) 기본출처: 「한-EU FTA 이행 개정 저작권법 해설」, 문화체육관광부 · 한국저작권위원회, 2011.7.8.

494) 이른바 Notice and Take-down 조항에 해당한다.

495) 온라인서비스제공자에 대한 저작권자의 복제 · 전송 중단 요구에 관하여 규정하고 있는 저작권법 제103조는, 온라인서비스를 이용한 저작물의 복제 · 전송에 의하여 자신의 권리가 침해된 저작권자 등을 위하여 재판을 거치지 않고 온라인서비스제공자에게 직접 저작물의 복제 · 전송 중단을 요청하는 신속하고 간이한 권리구제절차 및 그 절차를 이용하기 위한 요건 등을 정하고 있는 것이지, 이와 같은 복제 · 전송의 중단 요구가 저작권자가 온라인서비스제공자에 대하여 온라인서비스를 이용한 저작권 침해에 대한 책임을 묻기 위하여 필요한 권리행사요건이나 온라인서비스제공자가 복제 · 전송을 중단하여야 할 의무의 발

◈ '권리주장자의 주의의무'에 대해 「이른바 '미쳤어' 인용 UCC동영상 사건」 항소심 (서울고등법원 2010.10.13.선고 2010나35260 판결)은 다음과 같이 판시하였다.

저작권법 제103조 제1항에서 저작물 등의 복제 · 전송의 중단을 요구하는 자는 온라인 서비스제공자의 서비스를 이용한 저작물 등의 복제 · 전송에 따라 저작권 그 밖에 이 법에 따라 보호되는 '자신의 권리가 침해되는 사실을 소명하여야' 한다고 규정하고 있는 점에 비추어, 저작권법 제103조 제6항의 저작물 등의 복제 · 전송의 중단 요구에 있어서 '정당한 권리가 없다'는 것은 '자신의 권리가 침해되는 사실을 입증하지 못하였다'는 취지로 해석되어야 하므로, 침해될 권리 자체가 없었던 경우는 물론 침해될 권리가 있더라도 저작물 등의 복제 · 전송이 저작권법에서 규정하고 있는 저작권 제한사유에 해당하여 저작권 그 밖에 저작권법에 따라 보호되는 권리를 침해하는 것이 아닌 경우도 정당한 권리가 없는 경우에 해당한다.

따라서 저작물 등의 복제 · 전송의 중단을 요구한 자에게 저작권 그 밖에 저작권법에 따라 보호되는 권리가 있더라도 그러한 저작물 등의 복제 · 전송이 저작권법 제28조 소정의 공표된 저작물의 인용과 같이 저작권법에서 규정하고 있는 저작권 제한사유에 해당하는 경우에는 복제 · 전송의 중단을 요구한 자는 그러한 요구로 인하여 온라인서비스제공자의 서비스를 이용하여 저작물 등을 복제 · 전송하는 사람이 입은 손해를 배상할 책임이 있고, 단지 자신이 저작권 등의 권리자이고 복제 · 전송자에게 자신이 권리를 가지고 있는 저작물의 이용을 허락한 적이 없다는 사정만으로는 면책될 수 없다. (밑줄: 필자)

2) 복제 · 전송의 중단요구가 있는 경우에는 온라인서비스제공자는 즉시 그 저작물 등의 복제 · 전송을 중단시키고, 중단시킨 날부터 3일 이내에 권리주장자에게 문화체육관광부령으로 정하는 통보서(전자문서로 된 통보서를 포함한다)에 권리주장자가 제출한 복제 · 전송 중단 요청서(복제 · 전송자에 한정하며, 전자문서를 포함한다)를 첨부하여 통보하여야 한다(법 103조 2항, 시행령 41조 1항). 다만 호스팅서비스(법 102조 1항 3호)와 정보검색서비스(법 102조 1항 4호)의 경우에는 복제 · 전송자에게도 이를 통보하여야 한다. 온라인서비스제공자는 복제 · 전송자에게 통보할 때에 자신의 복제 · 전송이 정당한 권리에 의한 것임을 소명하여 복제 · 전송의 재개를 요구할 수 있음을 알려주어야 한다(시행령 41조 2항).

3) 법 제103조 제2항의 규정에 의한 통보를 받은 복제 · 전송자가 자신의 복제 · 전송이 정당한 권리에 의한 것임을 소명하여 그 복제 · 전송의 재개를 요구하

생요건은 아니다(서울중앙지법 2008.8.5.자 2008카합968 결정).

는 경우 온라인서비스제공자는 재개요구사실 및 재개예정일을 권리주장자에게 지체 없이 통보하고 그 예정일에 복제·전송을 재개시켜야 한다. 다만, 권리주장자가 복제·전송자의 침해행위에 대하여 소를 제기한 사실을 재개예정일 전에 온라인서비스제공자에게 통보한 경우에는 그러하지 아니하다(법 103조 3항).

4) 온라인서비스제공자는 저작권법 제103조 제1항 및 제3항의 규정에 의한 복제·전송의 중단 및 그 재개의 요구를 받을 자(이하 "수령인"이라 한다)를 지정하여 자신의 설비 또는 서비스를 이용하는 자들이 쉽게 알 수 있도록 공지하여야 한다(법 103조 4항).

5) 온라인서비스제공자가 저작권법 제103조 제4항에 의한 공지를 하고, 제103조 제2항 및 제3항에 의하여 그 저작물 등의 복제·전송을 중단시키거나 재개시킨 경우에는 다른 사람에 의한 저작권 그 밖에 이 법에 의하여 보호되는 권리의 침해에 대한 온라인서비스제공자의 책임 및 복제·전송자에게 발생하는 손해에 대한 온라인서비스제공자의 책임을 면제한다. 다만, 이 항의 규정은 온라인서비스제공자가 다른 사람에 의한 저작물 등의 복제·전송으로 인하여 그 저작권 그 밖에 이 법에 의하여 보호되는 권리가 침해된다는 사실을 안 때부터 제1항에 의한 중단을 요구하기 전까지 발생한 책임에는 적용하지 아니한다.

6) 정당한 권리 없이 저작권법 제103조 제1항 및 제3항의 규정에 의한 그 저작물 등의 복제·전송의 중단이나 재개를 요구하는 자는 그로 인하여 발생하는 손해를 배상하여야 한다(법 103조 6항).

7) 저작권법 제103조 제1항부터 제4항까지의 규정에 의한 소명, 중단, 통보, 복제·전송의 재개, 수령인의 지정 및 공지 등에 관하여 필요한 사항은 대통령령으로 정한다. 이 경우 문화체육관광부장관은 관계중앙행정기관의 장과 미리 협의하여야 한다.

(4) 온라인서비스제공자에 대한 법원 명령의 범위(법 103조의2)

1) 법원은 법 제102조 제1항 제1호에 따른 요건을 충족한 온라인서비스제공자에게 제123조 제3항에 따라 필요한 조치를 명하는 경우에는 다음 각 호의 조치만을 명할 수 있다.

① 특정 계정의 해지

② 특정 해외 인터넷 사이트에 대한 접근을 막기 위한 합리적 조치

2) 법원은 제102조 제1항 제2호부터 제4호까지의 요건을 충족한 온라인서비스제공자에게 제123조 제3항에 따라 필요한 조치를 명하는 경우에는 다음 각 호의 조치만을 명할 수 있다.

① 불법복제물의 삭제

② 불법복제물에 대한 접근을 막기 위한 조치

③ 특정 계정의 해지

④ 그 밖에 온라인서비스제공자에게 최소한의 부담이 되는 범위에서 법원이 필요하다고 판단하는 조치

(5) 복제 · 전송자에 관한 정보 제공의 청구(법 103조의3)

1) 권리주장자가 민사상의 소제기 및 형사상의 고소를 위하여 해당 온라인서비스제공자에게 그 온라인서비스제공자가 가지고 있는 해당 복제 · 전송자의 성명과 주소 등 필요한 최소한의 정보[496] 제공을 요청하였으나 온라인서비스제공자가 이를 거절한 경우 권리주장자는 문화체육관광부장관에게 해당 온라인서비스제공자에 대하여 그 정보의 제공을 명령하여 줄 것을 청구할 수 있다(법 103조의3 1항). 청구를 위해서는 다음 각 호의 사항을 적은 문화체육관광부령으로 정하는 정보제공청구서에 시행령 제40조 제1항 각 호의 어느 하나에 해당하는 소명자료(전자문서를 포함한다)를 첨부하여 문화체육관광부장관에게 제출하여야 한다(시행령 44조의3).

① 청구인의 성명, 주소 및 전화번호 · 전자우편주소 등 연락처 ② 제기하려는 소의 종류 및 취지 ③ 해당 복제 · 전송자에 의하여 침해되었다고 주장하는 권리의 유형 및 그 침해 사실 ④ 온라인서비스제공자에게 복제 · 전송자의 정보를 요청하였으나 이를 제공할 수 없다는 회신을 받는 등 온라인서비스제공자가 그 정보의 제공을 거절한 사실

2) 문화체육관광부장관은 제1항에 따른 청구가 있으면 제122조의6에 따른 저작권보호심의위원회 심의를 거쳐[497] 온라인서비스제공자에게 해당 복제 · 전

496) 본항에서 말하는 최소한의 정보는 복제 · 전송자의 ① 성명, ② 주소, ③ 해당 복제 · 전송자의 전화번호 · 전자우편주소 등 연락처이다(시행령 44조의2).

497) 저작권보호심의위원회는 법 제103조의3 제2항에 따라 문화체육관광부장관으로부터 심의

송자의 정보를 제출하도록 명할 수 있다(법 103조의3 2항).

3) 온라인서비스제공자는 제2항의 명령을 받은 날부터 7일 이내에 그 정보를 문화체육관광부장관에게 제출하여야 하며, 문화체육관광부장관은 그 정보를 제1항에 따른 청구를 한 자에게 지체 없이 제공하여야 한다(법 103조의3 3항).

4) 제3항에 따라 해당 복제·전송자의 정보를 제공받은 자는 해당 정보를 제1항의 청구 목적 외의 용도로 사용하여서는 아니 된다(법 103조의3 4항).

(6) 특수한 유형의 온라인 서비스제공자의 의무 등

1) 다른 사람들 상호간에 컴퓨터 등을 이용하여 저작물 등을 전송하도록 하는 것을 주된 목적으로 하는 온라인서비스제공자(이하 "특수한 유형의 온라인서비스제공자"라 한다)는 권리자의 요청이 있는 경우 당해 저작물 등의 불법적인 전송을 차단하는 기술적인 조치 등 필요한 조치를 하여야 한다.[498] 이 경우 권리자의 요청 및 필요한 조치에 관한 사항은 대통령령으로 정한다.

㈎ 권리자의 요청(시행령 제45조)

법 제104조 제1항에 따라 권리자가 해당 저작물 등의 불법적인 전송을 차단하는 기술적인 조치 등 필요한 조치를 요청하려면 문화체육관광부령으로 정하는 요청서(전자문서로 된 요청서를 포함한다)에 다음 각 호의 자료(전자문서를 포함한다)를 첨부하여 특수한 유형의 온라인서비스제공자에게 제출하여야 한다. 다만, 권리자가 저작권신탁관리업자이거나 최근 1년 이내에 반복적인 침해행위에 대하여 권리자임을 소명할 수 있는 자료를 이미 제출한 사실이 있는 경우에는 제1호의 자료를 제출하지 아니할 수 있다.

① 권리자임을 소명할 수 있는 다음 각 목 중 어느 하나에 해당하는 자료

㉮ 자신이 그 저작물 등의 권리자로 표시된 저작권 등의 등록증 사본 또는

의 요청을 받은 경우에는 그 요청을 받은 날부터 1개월 이내에 정보제공 여부를 심의하고 그 결과를 지체 없이 문화체육관광부장관에게 통보하여야 한다. 다만, 부득이한 사유로 그 기간 내에 심의를 할 수 없는 경우에는 1회에 한정하여 그 기간을 연장할 수 있다(시행령 44조의4 1항).

498) 저작권법 제104조는 다른 사람들 상호간에 저작물의 전송을 주된 목적으로 하는 특수한 유형의 온라인서비스제공자에 대하여 다른 온라인서비스제공자에 비하여 가중된 의무를 추가로 부과한 것이다(서울중앙지법 2008.8.5.자 2008카합968 결정).

그에 상당하는 자료

㉯ 자신의 성명 등이나 이명으로서 널리 알려진 것이 표시되어 있는 저작물 등의 사본 또는 그에 상당하는 자료

② 차단을 요청하는 저작물 등을 인식할 수 있는 저작물의 제호, 그에 상당하는 문자나 부호(이하 "제호 등"이라 한다) 또는 복제물 등의 자료

(나) 불법적인 전송을 차단하는 기술적인 조치 등 필요한 조치(시행령 제46조)

① 법 제104조 제1항 전단에서 "해당 저작물 등의 불법적인 전송을 차단하는 기술적인 조치 등 필요한 조치"란 다음 각 호의 모든 조치를 말한다.

㉮ 저작물 등의 제호 등과 특징을 비교하여 저작물 등을 인식할 수 있는 기술적인 조치

㉯ 제1호에 따라 인지한 저작물 등의 불법적인 송신을 차단하기 위한 검색제한 조치 및 송신제한 조치

㉰ 해당 저작물 등의 불법적인 전송자를 확인할 수 있는 경우에는 그 저작물 등의 전송자에게 저작권침해금지 등을 요청하는 경고문구의 발송

② ㉮, ㉯의 조치는 권리자가 요청하면 즉시 이행하여야 한다.

2) 문화체육관광부장관은 제1항의 규정에 따른 특수한 유형의 온라인서비스제공자의 범위를 정하여 고시할 수 있다.

♣ 특수한 유형의 온라인서비스제공자의 범위(문화체육관광부 고시 제2009-46호)

저작권자의 이용허락 없이 개인, 가족 및 이에 준하는 한정된 범위가 아닌 공중이 저작물 등을 공유할 수 있도록 하는 웹사이트 또는 프로그램을 제공하는 자로서 다음 각 호의 어느 하나에 해당하는 경우에는 저작권법 제104조의 규정에 의한 특수한 유형의 온라인서비스제공자로 본다.

1. 개인 또는 법인(단체 포함)의 컴퓨터 등에 저장된 저작물 등을 공중이 이용할 수 있도록 업로드 한 자에게 상업적 이익 또는 이용편의를 제공하는 온라인서비스제공자

※ 유형 예시: 적립된 포인트를 이용해 쇼핑, 영화 및 음악감상, 현금교환 등을 제공하거나, 사이버머니, 파일 저장공간 제공 등 이용편의를 제공하여 저작물등을 불법적으로 공유하는 자에게 혜택이 돌아가도록 유도하는 서비스

2. 개인 또는 법인(단체 포함)의 컴퓨터 등에 저장된 저작물 등을 공중이 다운로드 할 수 있도록 기능을 제공하고 다운로드 받는 자가 비용을 지불하는 형태로 사업을 하는 온라인서비스제공자

※ 유형 예시: 저작물 등을 이용시 포인트 차감, 쿠폰사용, 사이버머니 지급, 공간제공 등의 방법으로 비용을 지불해야 하는 서비스
3. P2P 기술을 기반으로 개인 또는 법인(단체 포함)의 컴퓨터 등에 저장된 저작물 등을 업로드 하거나 다운로드 할 수 있는 기능을 제공하여 상업적 이익을 얻는 온라인서비스제공자
※ 유형예시: 저작물등을 공유하는 웹사이트 또는 프로그램에 광고게재, 타사이트 회원가입 유도 등의 방법으로 수익을 창출하는 서비스
4. 개인 또는 법인(단체 포함)의 컴퓨터 등에 저장된 저작물 등을 검색하여 전송할 수 있는 프로그램의 제공을 주된 목적으로 하는 온라인서비스제공자

VI. 대체적 분쟁해결 제도: 조정 및 알선

1. 서　언

저작권법상의 권리침해에 대해서는 궁극적으로 소송을 통해 해결할 수밖에 없으나, 소송제도는 장점 못지않게 단점도 가지고 있다. 이에 저작권법은 소송을 대체하는 분쟁해결제도(ADR: Alterative Dispute Resolution)로서 알선과 조정에 관한 규정을 두고 있다.[499] 즉 알선 · 조정을 하여 당사자 간에 합의가 성립된 경우에는 화해(알선의 경우) 또는 재판상 화해(조정의 경우)와 같은 효력을 인정하는 제도이다. 현행법은 '저작권분쟁 알선 · 조정'을 '한국저작권위원회'의 업무의 하나로 규정하고 있다(법 113조 1호).

2. 조　정

(1) 조정의 의의

조정이라 함은 법관이나 조정위원회가 분쟁관계인 사이에 개입하여 화해로 이끄는 절차를 말하며, 일반적으로 조정기관인 제3자가 독자적으로 분쟁해결을 위한 타협방안(조정안)을 마련하여 당사자의 수락을 권고하는 방식을 택한다.

499) 그 밖에 중요한 ADR에는 중재(仲裁)가 있으나 저작권법에는 아직 도입되어 있지 않다. 그렇다고 저작권분쟁에 중재를 이용할 수 없다는 것은 아니다. 분쟁당사자들이 사전 중재합의를 통해 얼마든지 중재제도를 이용할 수 있다.

당사자가 합의하거나 조정안을 받아들이면 조정은 성립되며, 조정안의 거부 등 합의에 도달하지 못하면 조정불성립으로 끝맺는다. 조정이 성립되어 조정조서가 작성되면 재판상 화해와 같은 효력이 있다.

(2) 조정제도의 장점과 그 한계

조정은 통상의 소송절차에 비하여 다음과 같은 장점을 지니고 있다.

1) 절차를 진행함에 있어 법률상 엄격한 제한이 없으므로 융통성이 있고, 법률지식이 없는 사람도 쉽게 이용할 수 있으며(이해하기 쉬운 절차),

2) 극히 단시일 내에 절차가 끝남이 원칙이고, 이루어진 조정에 대해서는 원칙적으로 상소, 이의신청 기타 불복을 할 수 없으므로 분쟁이 즉시, 종국적으로 해결될 수 있고(신속한 절차),

3) 무엇보다도 신청수수료가 소송사건에 비하여 월등하게 저렴하고, 증거조사 기타 절차상의 비용도 절약할 수 있고(저렴한 비용),

4) 절차가 비공개로 진행되므로 당사자 사이의 분쟁이 널리 알려지는 것을 방지할 수 있으며(비밀의 보장),

5) 사회 각계의 전문가가 분쟁해결에 참여함으로써 그들의 전문적 지식이 폭넓게 반영되며(전문지식의 활용), 이해와 타협으로 당사자 사이의 날카로운 대립감정을 누그러뜨리므로 계속적인 법률관계에 있어서의 분쟁의 해결에 적합하다.

6) 소송제도와 달리 조정제도는 정보(情報)의 흐름을 제한하지 않으며, 실제로 모든 자료의 이용을 장려한다. 소송에 의한다면 법률요건사실밖에 진술할 수 없는 제약이 따르나 조정절차에 의할 때에는 저간의 사정까지 속시원하게 이야기할 수 있어 정신적 위안이 될 뿐만 아니라, 법적 기준에 기초한 해결보다는 고객의 요구에 초점을 두기 때문에 만족의 잠재성이 더 크며 결과에 대한 수용도가 더 높다. 그러므로 조정이 성립되면 채무의 이행이 자율적으로 이루어져 강제집행을 필요로 하지 않는 경우가 많다.

이 외에도 조정은 많은 장점들을 가지고 있다. 그러나 조정은 어디까지나 자주적인 해결방법으로 당사자 중 어느 일방이라도 조정안을 받아들이지 않으면 국가기관들의 노력에도 불구하고 다툼의 해결은 좌절되고, 시간낭비로 되기 쉬운 한계를 지니고 있다.[500)]

(3) 분쟁조정기구

저작권 분쟁의 조정은 '한국저작권위원회'의 업무[501]로 되어 있고, 저작권위원회는 위원장 1인과 부위원장 2인을 포함한 20인 이상 25인 이하의 위원으로 구성되어 있다. 다만, 분쟁조정업무를 효율적으로 수행하기 위하여 위원회에 1인 또는 3인 이상의 위원으로 구성되는 조정부를 두고 있다.[502] 조정부의 위원 중 1인은 변호사 자격이 있어야 한다.

(4) 조정절차

1) 조정의 신청 분쟁의 조정을 받고자 하는 자는 신청의 취지와 원인을 명확히 하여 위원회에 분쟁의 조정을 신청할 수 있다.[503] 권리침해를 받은 자는 물론 그 상대방도 분쟁조정을 신청할 수 있다.

신청은 위원회가 정하는 조정신청서를 위원회에 제출함으로써 하되 소정의 조정비용을 납부하여야 한다.

◈ 조정비용

조정비용은 다음과 같다.

조정 신청금액	기 준	조정 비용
· 100만원 미만	1건당	10,000원
· 100만원 이상 500만원 미만	1건당	30,000원
· 500만원 이상 1,000만원 미만	1건당	50,000원
· 1,000만원 이상	1건당	100,000원
· 금액으로 환산할 수 없는 사건	1건당	50,000원

500) 그 밖의 한계는 후술 저작권 조정제도의 한계 참조.

501) 저작권법 제113조 제1호.

502) 조정부는 원칙적으로 3명의 위원으로 구성한다. 다만, 조정신청 금액이 500만원 이하인 사건에 대하여는 위원회의 위원장이 지정하는 1명의 위원이 조정 업무를 수행할 수 있다(시행령 제60조).

503) 저작권 관련 분쟁이 발생하였을 때 인터넷을 통하여 간편하게 조정신청을 할 수 있다. 한국저작권위원회는 2007년 6월 4일부터 일반인들을 대상으로 하는 '저작권분쟁조정시스템(http://adr.copyright.or.kr)'을 오픈하였다. 종래에는 분쟁조정 신청을 하기 위해서는 민원인들이 위원회를 직접 방문하거나 우편을 보내야 했지만, 이러한 시스템 개통으로 민원인들은 집이나 사무실에서 마우스 클릭만으로 편리하게 조정 신청을 할 수 있게 되었다.

주 1) 신청취지가 피신청인별로 기재된 경우에는 각 금액을 합산한 금액을 조정신청금액으로 한다.

주 2) 신청취지가 금액으로 환산할 수 있는 것과 없는 것이 중복된 경우에는 각각 별개의 건으로 계산한다.

주 3) 신청취지가 금액으로 환산할 수 없는 것이 중복된 경우에는 각각 별개의 건으로 계산한다.

2) 조정의 실시 조정은 담당조정부가 행한다. 필요하다고 인정하는 경우에는 신청인 · 피신청인 등 당사자나 그 대리인 또는 이해관계인의 출석과 의견의 진술을 요구할 수 있으며, 필요한 관계서류의 제출을 요구할 수도 있다.

또 담당조정부는 조정이 성립되지 아니할 것이 명백한 경우가 아닌 한 조정안을 작성하여야 하며, 이를 통해 당사자의 합의를 유도하여야 한다. 조정은 조정신청이 있는 날(신청서 접수일)로부터 3월 이내에 성립하여야 한다. 다만, 특별한 사유가 있는 경우에는 양 당사자의 동의를 얻어 1개월의 범위에서 1회에 한하여 그 기간을 연장할 수 있다(시행령 61조, 다만 감정이 실시되는 경우 감정기간은 이러한 조정기간에 산입하지 아니한다).

3) 조정의 성립과 효력 조정에 의하여 분쟁당사자간에 합의가 성립되고 그 합의사항을 조정조서에 기재하였을 때 조정이 성립된다. 성립된 조정조서는 재판상 화해와 동일한 효력을 가진다.

4) 조정의 집행 조정조서에 기재된 합의사항을 어느 일방이 이행치 않을 경우 대법원규칙 제1198호로서 1992년 3월 2일자로 공포된 「각종 분쟁조정위원회 등의 조정조서 등에 대한 집행문 부여에 관한 규칙」[504)]에 의거 강제집행이 가능하다. 「각종 분쟁조정위원회 등의 조정조서 등에 대한 집행문 부여에 관한 규칙」이란 '민사집행법이 적용되지 아니하는 법률의 규정에 의하여 재판상 화해와 동일한 효력이 있는 문서에 대한 집행문의 부여절차 기타 필요한 사항을' 규정한 대법원규칙이다(동 규칙 1조, 2조 참조).

504) 본 규칙이 성립하기 이전에는 각종 조정위원회의 집행문부여에 관한 규칙에 의거하여 집행문이 부여되었다. 따라서 저작권의 경우에도 「한국저작권위원회조정조서에 대한 집행문부여규칙(대법원규칙 제1051호)」에 의거 집행문이 부여되었다. 그러나 1992년 본 규칙을 제정하여 각종 조정위원회의 집행문부여에 관한 규칙을 통합하고, 기존에 개별적으로 존재하던 각종 조정위원회의 집행문부여에 관한 규칙을 폐지하였다(본 규칙 부칙 제2조 참조).

① 관 할　조서에 대한 집행문부여 신청사건은 그 조서를 작성한 조정위원회의 소재지를 관할하는 지방법원의 관할로 하므로(동 규칙 3조), 저작권 조정조서에 대한 집행문부여 관할법원은 서울중앙지방법원이다.

② 담당기관 및 절차　본 규칙에 의거 집행문부여는 '관할 지방법원의 법원사무관, 법원주사 또는 법원주사보'(이들을 '법원사무관 등'이라고 한다)가 행한다. 집행문부여 신청서를 접수한 법원사무관 등은 집행문부여 신청의 대상이 된 조서를 작성한 조정위원회에 그 조서의 등본의 송부를 촉탁하여 송부받은 후 송부받은 조서의 등본과 신청인이 제출한 조서의 정본[505]을 대조하여 일치함을 확인한 후 집행문을 부여하여야 한다(동 규칙 6조, 7조 참조).

5) 조정의 불성립　조정신청을 하였으나 i) 조정당사자가 정당한 이유 없이 위원회의 출석요구에 응하지 아니한 경우, ii) 조정기간이 경과한 경우, iii) 당사자간에 합의가 성립하지 아니한 경우에는 조정이 성립되지 아니한 것으로 본다(시행령 63조 1항). 조정이 성립되지 아니한 경우에는 그 사유를 조서에 적어야 한다(시행령 63조 2항).

조정이 불성립되었을 때에는 분쟁은 조정 이전 상태로 돌아가므로 당사자는 소송 기타의 방법으로 이를 해결할 수밖에 없게 된다.

6) 조정제도 이용의 현황[506]　우리나라 저작권심의조정제도는 1986년법에 규정되어 비로소 저작권 분야에서도 분쟁조정제도가 도입되었다. 분쟁조정을 담당할 한국저작권위원회[507]는 1987년 7월 발족되었으며, 그 이래 1995년 6월 16일까지 동 위원회는 167건의 분쟁사건을 조정하였다. 그중 조정이 성립된 것이 68건, 불성립 76건, 조정취하 23건 등이었다. 그러나 2001년 이후는 조정이용이 활성화되어 2014년에는 130건의 조정이 신청되는 등 적지 않은 분쟁이 조정으로 해결되고 있다. 또 한국저작권위원회는 자체 조정뿐만 아니라 법원연계조정[508]

---

505) 조서의 정본이란 채권자가 조정위원회로부터 재판상의 화해와 동일한 효력이 있는 것으로서 송달 또는 교부받은 문서를 말한다(동 규칙 4조 참조).

506) 이용현황에 대한 자세한 것은 저작권통계집(http://www.copyright.or.kr/info/publish/statistics.do?hm_seq=95) 참조.

507) 당시 명칭은 '저작권심의조정위원회'이다. 저작권위원회와 컴퓨터프로그램보호위원회가 통합되어 2009.7.23.부로 '한국저작권위원회'로 되었다.

508) 법원에 접수된 소송사건을 첫 변론(준비)기일 전에 조정절차에 회부해 외부 전문조정기관으로 하여금 조정을 진행해 당사자 사이의 합의를 유도하고, 합의가 성사되지 않을 경우 다

도 실시하고 있다.

3. 알 선

알선이란 저작권 등의 분쟁이 원만하게 해결되도록 도와주는 것을 일컫는다. 분쟁해결제도 중에서는 국가기관의 개입정도가 낮은 제도이다. 알선제도를 도입한 것은, 조정이나 중재, 소송 이전에 관계당사자로 하여금 자율적으로 분쟁을 신속하게 해결하도록 하기 위한 것이다. 알선절차는 다음과 같다.

1) 분쟁에 관한 알선을 받으려는 자는 알선신청서를 위원회에 제출하여 알선을 신청할 수 있다.

2) 위원회가 알선의 신청을 받은 때에는 위원장이 위원 중에서 알선위원을 지명하여 알선을 하게 하여야 한다.

3) 알선위원은 알선으로서는 분쟁해결의 가능성이 없다고 인정되는 경우에 알선을 중단할 수 있다.

4) 알선중인 분쟁에 대하여 저작권법에 따른 조정의 신청이 있는 때에는 해당 알선은 중단된 것으로 본다.

5) 알선이 성립한 때에 알선위원은 알선서를 작성하여 관계 당사자와 함께 기명날인하여야 한다.

6) 그 밖의 알선의 신청 및 절차에 관하여 필요한 사항은 대통령령으로 정한다.

시 법원이 돌려받아 재판절차를 진행하는 제도로서, 서울중앙지방법원은 2013년에 한국저작권위원회를 외부분쟁해결기관으로 위촉하여 저작권 관련 소송사건을 맡기고 있다.

| 제13절 | 컴퓨터프로그램 보호

Ⅰ. 보호의 대상

보호의 대상은 컴퓨터 프로그램이다. 프로그램보호법은 프로그램 언어 · 규약 및 해법에는 적용되지 아니하므로 이들은 보호범위 밖에 있다.

1. 컴퓨터 프로그램

'프로그램'이라 함은 특정한 결과를 얻기 위하여 컴퓨터 등 정보처리능력을 가진 장치(이하 '컴퓨터'라 한다) 내에서 직접 또는 간접으로 사용되는 일련의 지시 · 명령으로 표현된 창작물을 말한다(법 2조 16호). 이를 분설하면,

(1) 정보처리능력을 가진 장치를 기능시키는 것일 것

통상 컴퓨터가 가지고 있는 연산 · 제어 · 기억 · 입력 · 출력의 5종류의 기능 중 입력 · 출력의 기능이 없더라도 연산 · 제어 · 기억의 기능만 가지고 있으면 여기에서 말하는 정보처리능력을 가진 장치라고 보여진다(예컨대 전화교환기, 마이크로 프로세서 등). 소위 중앙처리장치(CPU)의 기능만 갖추고 있으면 족하다고 본다. 또 '기능시킨다'라 함은 컴퓨터를 그 용법에 따라 실제로 가동시키는 것을 의미한다.

다만, 소위 '버그'가 있더라도 '버그' 부분만을 바로 고치면 제대로 기능하는 것은 역시 프로그램이다. 그러나 '버그'가 치명적이며 기본적인 것이라서 이를 바로 잡으려면 많은 노력과 창작성이 필요한 경우에는 달리 보아야 할 경우가 많을 것이다.

◈ 버 그(bug)

'버그'란 잘못된 부분, 착오 등의 의미이다. 그 유래는 아래와 같다. Hopper라는 미국 여자해군장교가 하버드대학에서 Mark I 이라고 하는 시험용 기계를 가지고 일을 하고

있을 때 회로가 제기능을 발휘하지 못하고 있었다. 한 동료 개발자가 2인치 길이의 나방을 핀셋으로 회로에서 제거했다. Hopper는 이 벌레를 자신의 연구노트에 테이프로 붙여놓고 이렇게 말했다. "이제부터 컴퓨터로 무언가 할 때 잘 안 되면 그 속에 버그가 있다고 하자"(신관호, 「발명특허」 1984.8, 27면 참조).

(2) 프로그램이란 특정한 결과를 얻을 수 있는 것이 아니면 안 된다

'특정한 결과를 언을 수 있다'란 어떠한 의미를 갖는 하나의 일을 할 수 있다는 의미이다. 그 일의 대소, 가치의 고저는 전혀 문제가 안 된다. 응용프로그램(application program)이 전체로서 하나의 프로그램인 것은 명백하나, 그것이 몇 개의 모듈이나 서브루틴으로 구성되어 있으면 이들도 본래의 프로그램이다.[509)]

(3) 컴퓨터 내에서 직접·간접으로 사용되는 일련의 지시·명령이다

프로그램은 일련의 지시·명령이다. 그러므로 단 하나의 스텝만으로는 프로그램이라고 인정될 수 없을 것이다(몇 스텝이 필요한지는 케이스 바이 케이스로 해결해야 한다). 따라서 지시나 명령의 조합이 프로그램의 본질적인 것이며, 이러한 지시나 명령이 특정한 결과를 얻을 수 있도록 창작적으로 조합되어 있는 것이 필요하다.

또 프로그램이란 컴퓨터 내에서 직접·간접으로 사용되는 것이다. 이것은 프로그램이라고 할 수 있기 위해서는 당해 지시나 명령이 컴퓨터에 대한 것이 아니면 안 된다는 의미이다. 따라서 흐름도(flow chart) 등은 컴퓨터에 대한 지시·명령이 아니므로 프로그램이 아니다.

또 "직접 또는 간접으로 사용되는 일련의 지시·명령으로"에서 직접 또는 간접이란 프로그램이 컴퓨터 내에서 사용되는 방법에 관계없이라는 말로 해석될 수 있고, 따라서 원시프로그램(source program: 컴퓨터에 간접사용)과 목적프로그램(object program: 컴퓨터에 직접사용)이 모두 포함됨을 의미한다.

(4) 프로그램은 표현된 창작물이 아니면 안 된다

이것은 프로그램이 저작물인 한 당연한 규정임과 동시에 저작권적 보호는 아이디어에까지 미치지 아니함을 명백히 한 것이다. 그러나 프로그램의 경우 표현과 아이디어의 구별이 반드시 용이하지는 아니하므로 구체적 침해사건에 있어서

509) '온라인게임 프로그램'사건(서울중앙지법 2006.4.21.선고 2003가합95465 판결).

는 그 경계를 둘러싸고 크게 논란될 여지가 많다.

한편 프로그램의 경우 표현에는 종이에 쓰여진 원시프로그램과 같이 비교적 종래의 표현의 개념에 가까운 것에서부터 종이에 천공한다든지, 자기디스크나 테이프 등에 수납한다든지, 마이크로칩이나 기계장치에 기억시키는 것 등 수없이 많다.

[판례] 대법원 2002.6.28.선고 2001도2900 판결

컴퓨터프로그램 시리얼번호는 컴퓨터프로그램을 설치 또는 사용할 권한이 있는가를 확인하는 수단인 기술적 보호조치로서 컴퓨터프로그램에 특정한 포맷으로 된 시리얼번호가 입력되면 인스톨을 진행하도록 하는 등의 지시, 명령이 표현된 프로그램에서 받아 처리하는 데이터에 불과하여 시리얼번호의 복제 또는 배포행위 자체는 컴퓨터프로그램의 공표, 복제, 개작, 번역, 배포, 발행 또는 전송에 해당하지 아니한다.

2. 프로그램과 소프트웨어(software)

소프트웨어는 하드웨어에 대립되는 개념이며, 결국 컴퓨터의 사용방법 내지는 계산방법이라고 말할 수 있다. 그 중심은 프로그램이나 프로그램만이 소프트웨어는 아니며 시스템 설계서, 흐름도(flow chart), 사용자 매뉴얼(user manual) 등도 모두 소프트웨어에 포함된다.

소프트웨어란 이들을 종합한 추상적 개념이다. 환언하면 소프트웨어란 일정한 작업을 컴퓨터가 할 수 있도록 프로그램을 작성하고 실행시키기 위한 시스템이라고 말할 수 있을 것이다.

한편 설계서 및 흐름도(flow chart) 등은 프로그램과는 구별되므로 프로그램법 보호대상에서 제외된다.

3. 적용제외

우리 저작권법은 프로그램을 작성하기 위하여 사용하고 있는 프로그램 언어 · 규약 및 해법에는 저작권법을 적용하지 아니한다고 규정한다(법 101조의2).

1) '프로그램 언어'라 함은 프로그램을 표현하는 수단으로서의 문자 · 기호 및

그 체계를 말한다.

체계란 주로 문법이나 프로그램 체계에는 자연언어와는 달리 약속사항이 많으며, 이들은 모두 이 체계에 포함된다.

프로그램 언어란 구체적으로는 FORTRAN, COBOL, BASIC 등을 가리킨다. 이들 범용성이 있는 프로그램 언어에 저작권적 보호를 줄 수 없는 것은 마치 어느 사람이 에스페란토어를 고안했다 하더라도 이를 저작권으로 보호할 수 없는 것과 같다.

2) '규약'이라 함은 특정한 프로그램에 있어서 프로그램 언어의 용법에 관한 특별한 약속을 말한다. 구체적으로는 프로그램의 인터페이스(interface)나 프로토콜(protocol)이 그 예이다.

이러한 규약 자체는 스포츠나 게임의 규칙과 같은 것이며, 아무리 독창적이라 하더라도 저작물이 아닌 것은 당연하다. 다만, 프로그램의 경우는 스포츠나 게임의 규칙의 경우와는 달리 네트워크화를 위하여 혹은 호환성을 유지키 위하여 규약에 저작권 보호를 인정치 않는 것은 특히 중요한 의미를 갖는다.

◈ 사용자 인터페이스(user interface)의 보호와 경쟁

컴퓨터 프로그램은 당연한 말이지만 사용자를 전제로 하여 작성되어 있다. 그러므로 프로그램이 그 기능을 완수하기 위해서는 프로그램과 사용자와의 상호작용이 필요하다. 이것은 사용자측에서 보면 사용자는 자기의 목적을 달성하기 위하여는 당해 프로그램의 사용방법을 알아야 한다. 사용방법을 알기 위해서는 무엇보다도 당해 프로그램의 스크린에 표시된 메뉴의 의미를 알고 이에 익숙하게 되어야 한다. 왜냐하면 스크린에 표시된 메뉴화면은 컴퓨터와 사용자를 연결하는 인터페이스이기 때문이다. 인간은 습관의 동물이므로 한번 익숙하게 된 메뉴를 바꾸는 데는 어려움이 따른다. 예컨대 아래한글의 메뉴화면에 익숙한 사용자는 다른 프로그램이 설사 아래한글보다 좋은 기능을 가지고 있더라도 쉽게 그 프로그램으로 변경하려고 하지 아니한다. 그러므로 먼저 프로그램을 작성한 자가 설정한 사용자 인터페이스에 저작권의 보호를 인정하면 경쟁자는 다른 메뉴화면을 작성하여야 하나 기존의 메뉴화면과 다른 메뉴화면을 이용하면 기존의 사용자는 특별한 사정이 없는 한 새로운 프로그램을 선택하지 아니한다. 말하자면 기존의 이용자는 자기가 이용하는 프로그램에 빠져 있는 것이다. 따라서 새로운 작성자가 파고들어갈 시장은 극히 좁게 된다. 즉 신참자의 시장진입이 제한되는 것이다. 이것은 프로그램이 우수해서가 아니라 인간의 습관 때문에 독점력을 획득한 것이다. 또 기존의 작성자는 시장을 독점하여 프로그램의 개량의 필요를 느끼지 않게 된다.

반면 사용자 인터페이스인 스크린 표시에 저작권을 인정하지 않으면 새로운 프로그램 작성자는 기존의 메뉴화면을 이용할 수 있고 사용자는 새로운 프로그램의 사용방법을 새로이 익힐 필요가 없다. 그러므로 화면표시는 그대로 두면서 프로그램의 기능향상을 위한 경쟁이 일어나게 되며, 결과적으로 당해 인터페이스가 표준화되고 효율을 증대시키며, 원치 않는 재훈련도 필요 없게 된다. 타이프라이터의 키보드의 배열을 저작권으로 보호하지 않듯 사용자 인터페이스에도 저작권의 보호를 인정해서는 안 된다.

◈ 애플과 마이크로소프트 간의 GUI(Graphic User Interfaces)에 관한 분쟁510)

제9순회 항소법원은 GUI는 부분적으로 기능적이고, 애플의 GUI의 기본적 아이디어는 제한된 몇 가지 방법에 의해서만 표현될 수 있는 것이므로 두 저작물이 동일하지 않는 한 침해는 있을 수 없다고 판시하였다.

◈ Lotus Development Corp.과 Borland International, Inc. 사이의 메뉴명령체계에 관한 분쟁(1995)511)

제1순회 항소법원은 Lotus의 메뉴명령체계는 저작권으로 보호받을 수 없는 운영방법(method of operation)이라고 판시하였다.

3) '해법'이라 함은 프로그램에 있어서의 지시 · 명령의 조합방법을 말한다. 그러므로 해법이라 함은 소위 알고리즘(algorithm)이며 문제처리의 논리수순을 가리킨다.

알고리즘이란 어떤 문제를 유한개의 절차로 풀기 위해 주어진 입력으로부터 원하는 출력을 유도해내는 정해진 일련의 과정이나 규칙들의 집합이라고 할 수 있다. 예를 들면 π의 값을 어느 일정한 단위까지 구하는 연산절차의 완전한 기술내역(또는 계산방식)이 π값을 구하는 알고리즘이다.

그리고 이 알고리즘을 컴퓨터 언어(computer language)로 표현한 것을 프로그램(program)이라고 부른다.

따라서 어떤 문제를 해결하도록 컴퓨터에게 지시하는 과정이 명확하여야 하며, 반드시 특정한 해답에 도달하는 알고리즘이 성립되어야 이 알고리즘에 따라 프로그램 작성이 가능해지는 것이다. 그러므로 프로그램을 보호하는 법에서 그

510) 이 사건에 대한 보다 자세한 것은 전석진 · 정상조, 「컴퓨터와 법률」, 132면 이하 참조.
511) 이에 대한 보다 자세한 것은 송상현, "컴퓨터 소프트웨어의 법적 보호에 관한 새로운 경향," 후암 곽윤직 선생 고희기념 「민법학 논총」, 제2(1995), 709면 이하 참조.

해법을 보호하지 않는다는 것은 이상하게 느껴질지 모르나 입법자는 아이디어/표현의 2분법에 기해 아이디어 부분에 속하는 알고리즘은 저작권법으로 보호되지 아니한다고 규정하였다.

II. 프로그램 저작물 저작자 및 저작권

1. 저 작 자

프로그램을 창작한 자가 저작자이다. 다만 국가 · 법인 · 단체 그 밖의 사용자(이하 이 조에서 "법인 등"이라 한다)의 기획하에 법인 등의 업무에 종사하는 자가 업무상 창작한 프로그램은 계약이나 근무규칙 등에 달리 정함이 없는 한 그 법인 등을 당해 프로그램의 저작자로 한다(법 9조).[512)]

[판례] 대법원 2013.5.9.선고 2011다69725 판결

비록 원고가 원심 공동피고 2의 요청에 따라 원심 판시 이 사건 프로그램을 개발하였고, 원고가 원심 공동피고 2가 운영하던 참인테리어 사무실에서 원심 판시 이 사건 시스템의 개발 작업을 하면서 참인테리어의 개발부장이라는 직함을 사용하였으며, 원심 공동피고 2가 이 사건 시스템 개발에 드는 비용을 부담하기로 한 사정은 알 수 있으나, 그러한 사정만으로는 이 사건 프로그램의 창작에 관하여 원심 공동피고 2가 전적으로 기획을 하고 자금을 투자하면서 원고의 인력만을 빌려 원고에게 개발을 위탁하였다는 등의 예외적인 사정이 있다고 할 수 없다. 따라서 원고와 원심 공동피고 2 사이의 도급계약에 해당하는 이 사건 프로그램 제작에 관한 계약에 따라 개발된 이 사건 프로그램의 저작자는 주문자인 원심 공동피고 2가 아니라 이를 창작한 원고라고 할 것이다. 나아가 위에서 본 사정만으로는 원고가 원심 공동피고 2에게 이 사건 프로그램에 관한 저작권의 처분권한을 위임하였다고 볼 수 없다.

---

512) 다만 일반저작물과 달리 컴퓨터프로그램저작물의 경우 공표될 것을 요하지 아니한다(법 9조 단서).

2. 프로그램 저작재산권의 제한

(1) 일반적 제한

저작권법 제101조의3조는 다음의 경우에는 그 목적상 필요한 범위 안에서 공표된 프로그램을 복제 또는 사용할 수 있다(다만 프로그램의 종류 · 용도, 프로그램에서 복제된 부분이 차지하는 비중 및 복제의 부수 등에 비추어 프로그램 저작권자의 이익을 부당하게 해하는 경우에는 그러하지 아니하다)고 규정하여 저작권법과 마찬가지로 저작재산권 제한규정을 두고 있다.

① 재판 또는 수사를 위하여 복제하는 경우

② 유아교육법, 초 · 중등교육법, 고등교육법에 의한 학교 및 다른 법률의 규정에 의하여 설립된 교육기관(상급학교 입학을 위한 학력이 인정되거나 학위를 수여하는 교육기관에 한한다)[513]에 교육을 담당하는 자가 수업과정에 제공할 목적으로 복제 또는 배포하는 경우

③ 초 · 중등교육법에 의한 학교 및 이에 준하는 학교의 교육목적을 위한 교과용 도서에 게재하기 위하여 복제하는 경우: 이 경우에는 프로그램을 교과용 도서에 게재하려는 자는 문화체육관광부장관이 정하여 고시하는 기준에 따른 보상금을 해당 저작재산권자에게 지급하여야 한다. 보상금 지급에 대하여는 저작권법 제25조 제5항부터 제9항까지의 규정을 준용한다.

④ 가정과 같은 한정된 장소에서 개인적인 목적(영리를 목적으로 하는 경우를 제외한다)으로 복제하는 경우

⑤ 초 · 중등교육법, 고등교육법에 의한 학교 및 이에 준하는 학교의 입학시험 그 밖의 학식 및 기능에 관한 시험 또는 검정을 목적(영리를 목적으로 하는 경우를 제외한다)으로 복제 또는 배포하는 경우

⑥ 프로그램의 기초를 이루는 아이디어 및 원리를 확인하기 위하여 프로그램의 기능을 조사 · 연구 · 시험 목적으로 복제하는 경우(정당한 권원에 의하여 프로그램을 사용하는 자가 해당 프로그램을 이용중인 때에 한한다). 소위 리버스 엔지리어링을 정면으로 인정하였다.

---

513) 따라서 「학원의 설립 · 운영에 관한 법률」에 의하여 설립된 학원은 컴퓨터프로그램보호법에서 말하는 다른 법률에 의한 교육기관에 해당하지 않는다(대법원 1997.5.23.선고 97도286 판결).

(2) 일시적 복제와 관련된 제한

컴퓨터의 유지 · 보수를 위하여 그 컴퓨터를 이용하는 과정에서 프로그램(정당하게 취득한 경우에 한한다)을 일시적으로 복제할 수 있다(법 101조의3 2항). 문제는 저작권법 제101조의3 제2항에서 프로그램의 '일시적 복제'에 관한 면책규정이 있다는 것은 법 제35조의2에서 규정한 면책규정을 배제하고 컴퓨터프로그램에는 오직 제101조의3 제2항만이 적용되는가이다.

오픈캡처프로그램과 관련된 판결에서 제1심[서울중앙지법 2014.2.21.선고 2013가합25649(본소), 2013가합37857(병합), 2013가합48222(병합), 2013가합70595(반소)]은 "저작권법 제101조의3 제2항은 '컴퓨터의 유지 · 보수를 위하여 그 컴퓨터를 이용하는 과정에서 프로그램(정당하게 취득한 경우에 한한다)을 일시적으로 복제할 수 있다'라고 규정하고 있는바, 이와 같이 별도로 프로그램의 일시적 복제에 관한 면책규정을 도입한 취지에 비추어 볼 때 컴퓨터 프로그램을 이용하는 과정에서의 일시적 복제는 저작권법 제35조의2가 규정한 컴퓨터에서 저작물을 이용하는 경우에는 원활하고 효율적인 정보처리를 위하여 필요하다고 인정되는 범위에 포함되지 않는 것으로 볼 여지가 있다"고 보았으나 항소심[서울고법 2014.11.20.선고 2014나19891(본소), 2014나19907(병합), 2014나19914(병합), 2014나19921(반소)]은 제35조의2가 프로그램의 일시적 복제에도 적용된다고 보았다.

(3) 특수한 제한

1) 멸실 등의 방지를 위한 복제 법은 "프로그램의 복제물을 정당한 권원에 의하여 소지 · 이용하는 자는 그 복제물의 멸실 · 훼손 또는 변질 등에 대비하기 위하여 필요한 범위 안에서 당해 복제물을 복제할 수 있다"고 규정한다(법 105조 1항). 이러한 소위 back-up용 카피는 "당해 프로그램의 복제물을 소지 · 이용할 권리를 상실한 때에는 폐기하여야 한다. 다만, 프로그램의 복제물을 소지 · 사용할 권리가 당해 복제물이 멸실됨으로 인하여 상실된 경우에는 그러하지 아니하다"(법 101조의5 제2항).

2) 호환성확보를 위한 역분석 법은 조사 · 연구 · 시험 목적 외에도 호환성확보를 위해서도 역분석을 인정한다(법 101조의4). 이렇게 얻은 정보는 다음 각 호의 1에 해당하는 경우에는 이를 사용할 수 없다.

i) 호환목적 외의 다른 목적을 위하여 이용하거나 제3자에게 제공하는

경우

ii) 프로그램코드 역분석의 대상이 되는 프로그램과 표현이 실질적으로 유사한 프로그램을 개발 · 제작 · 판매하거나 기타의 프로그램저작권을 침해하는 행위에 이용하는 경우

◈ 리버스 엔지니어링(프로그램코드 逆分析)과 저작권의 제한

리버스 엔지니어링이란 타인의 공업제품을 분석해서 그로부터 기술을 탐지하는 행위이고, 기술발전에 있어서는 필수적인 행위이다. 리버스 엔지니어링을 하는 과정에서는 필연적으로 기존 프로그램을 복제하거나 번역하는 행위 등이 뒤따르지 않을 수 없다. 여기서 이러한 리버스 엔지니어링이 허용될 것인지가 논의된다. 1991년 마련된 EC지침은 이를 명문화시켰다. 종래 이러한 규정이 없는 우리 법 하에서도 이러한 리버스 엔지니어링이 허용될 수 있는지에 대해서는 논란이 많았으나 현행법에서 이를 명문화하였다.

3. 프로그램 저작인격권 및 그 제한

프로그램 저작물의 저작자에게도 공표권 · 성명표시권 · 동일성 유지권 등 저작인격권이 있다(법 11조-13조).

이러한 저작인격권 중 프로그램 저작물에 있어서 특히 문제가 되는 것은 동일성 유지권과의 관계이다.[514] 법은 일반 저작물의 동일성유지권에 인정되는 제한 외에, i) 특정한 컴퓨터 외에는 이용할 수 없는 프로그램을 다른 컴퓨터에 사용할 수 있도록 하기 위하여 필요한 범위 안에서의 변경, ii) 프로그램을 특정한 컴퓨터에 보다 효과적으로 사용할 수 있도록 하기 위하여 필요한 범위 안에서의 변경을 허용한다.

4. 침해와 침해에 대한 구제

(1) 침해행위

일반저작물의 경우와 마찬가지로 타인의 프로그램을 그대로 복제한 경우에

514) 그 밖에 공표권의 경우에 법 "제101조의6에 따른 프로그램배타적발행권의 설정을 한 경우에는 그 상대방에게 저작물의 공표를 동의한 것으로 추정한다"고 규정한다(법 11조 참조).

프로그램 저작권 침해를 인정하는 것은 아무런 문제가 없다. 그러나 타인의 프로그램을 교묘히 이용한 경우에 그것이 저작권 침해로 되는지 여부를 판단하는 것은 결코 쉬운 일이 아니다. 왜냐하면 프로그램도 저작권으로 보호하면 표현부분만 보호되고 아이디어 부분은 보호되지 않아 저작권법으로 보호되는 표현과 보호되지 않는 아이디어를 구분하는 것은 결코 쉬운 일이 아니기 때문이다. 지금 두 개의 프로그램을 예로 들어 설명해보자.515)

프로그램 A

① 학생의 점수를 한 사람씩 차례로 읽는다.

② 그때마다 다 읽은 학생의 수를 고친다.

③ 읽어들인 학생의 점수를 더한다.

④ 전원의 점수를 읽어들였는가 아닌가를 확인한다.

⑤ 득점의 합계를 읽어들인 학생총수로 나눈다.

⑥ 결과를 프린트한다.

```
10 data 10, 12, 17, 22, 6, −1
20 read X1
30 if X1 = −1 goto 70
40 let S = S+X1
50 n = n+1
60 goto 20
70 average = S/n
80 print average
```

[그림 1] 프로그램의 예(A 프로그램) (그림 1, 2는 佐野, 86, 87면에서 재인용)

```
    IF(CSCL(I).LT.10.0) CSCL(I) = 1.0
4 CONTINUE
  OSCL = 0.0
  DO 5 J = 1,N
    IF(DABS(OBJGRA(J)).GT.OSCL) OSCL = DABS(OBJGRA(J))
5 CONTINUE
  OSCL = OSCL/FLOAT(M)
  IF(OSCL.LT.10.0) OSCL = 1.0
*
  OBJFUN = OBJFUN/OSCL
  DO 6 J = 1,N
```

515) 이하의 설명은 佐野 稔, 「소프트웨어와 지적재산권」, 88면 이하에 의함.

```
      OBJGRA(J) = OBJGRA(J)/OSCL
  6 CONTINUE
    DO 7 I = 1,M
      CONFUN(I) = CONFUN(I)/CSCL(I)
      DO 7 J = 1,N
        CONGRA(J,I) = CONGRA(J,I)/CSCL(I)
  7 CONTINUE
   ELSE
    OSCL = 1.0
    DO 8 I = 1.M
      CSCL(I) = 1.0
  8 CONTINUE
   ENDIF
*
   CALL PVAL(ME,MI,M,OBJFUN,CONFUN,PENPAR,PENFUN)
*
* ......Iteration.
*
* ......Print out intermediate results.
  9 IF(LEVEL.GT.0) THEN
     CALL PRNT(N,ME,MI,M,X,U,OBJFUN,CONFUN,PENPAR,
   -            PENFUN,LEVEL,IT)
   ENDIF*
```

[그림 2] 큰 프로그램의 일부

[次木俊秀・福島雅夫, 「FORTRAN77 최적화 프로그래밍」, (岩波書店)에서]

프로그램 B

① 답안용지가 탑재 유닛에 놓여졌는지를 확인한다.

② 답안용지를 1매씩 읽어들이는 유닛에 보낸다.

③ 득점을 읽어들여 득점계산 유닛에 통지한다.

④ 읽어들인 답안용지를 격납 유닛에 받아 넣어둔다(수납).

⑤ 바르게 수납된 것을 인수계산 유닛에 통지한다.

⑥ 인수계산 유닛은 그때까지 기억하고 있던 인수 데이터를 고친다.

⑦ 다 고친 것을 득점계산 유닛에 통지한다. …

⑧ 득점계산 유닛은 …

⑨ …

⑩ …

◈ 두 프로그램의 줄거리의 비교

두 프로그램은 일견 상당히 다른 것같이 보이나 프로그램 B의 ①②③④⑤는 프로그램 A의 ①을 세분하여 말하고 있다. 마찬가지로 B의 ⑥과 ⑦은 A의 ②와 같다. 이하 등등이다. 만약 A 프로그램의 줄거리가 저작권으로 보호되는 표현이라면 B 프로그램은 A 프로그램의 침해로 된다. 만약 B 프로그램의 ①부터 ⑩까지와 같이 세세한 줄거리가 저작권으로 보호받는 표현이라면 A 프로그램의 ①부터 ⑥까지의 수준은 '아이디어'라고 할 수 있기 때문에 B 프로그램은 A 프로그램의 아이디어를 빌린 것에 불과하고 저작권 침해로 되지 아니한다. 그래서

* A 프로그램의 ①부터 ⑥까지의 줄거리는 저작권으로 보호되는 표현이라고 할 수 있는가?

* B 프로그램의 ①부터 ⑩까지의 수준에 이르러야 비로소 표현이라고 말할 수 있는 것인가?

* 이것도 저것도 아니라면 어느 정도의 구체적(혹은 추상적) 줄거리가 표현으로 되는 것인가? 이러한 간단한 예에서조차 그 해답이 분명하지 않은데, 하물며 실제로 운용되고 있는 프로그램끼리의 침해여부를 가리는 것은 매우 어려운 일이다.

[판례] '리습 파일' 사건(대법원 2013.3.28.선고 2010도8467 판결)

비록 리습 파일과 DCL 파일이 '엘콘플랜' 프로그램이나 'InerCAD' 프로그램의 구성요소라고 하더라도 각각의 리습 파일(DCL 파일과 연결되어 있는 경우에는 그 DCL 파일을 포함한 것을 말한다)은 그 표현형식에 창작성이 인정되는 한 그 자체로도 프로그램저작물성을 가진다고 할 것이므로, 리습 파일의 복제 여부는 각각의 리습 파일별로 판단하여야 한다. 그런데 원심이 적법하게 채택하여 조사한 증거 등에 의하면 '엘콘플랜' 프로그램의 구성요소를 이루는 리습 파일들 중 일부 파일과 그에 대응하는 'InerCAD' 프로그램의 리습 파일 간의 유사도가 매우 높은 점이 인정되므로, 특별한 사정이 없는 한 피고인들은 그러한 리습 파일을 복제 · 배포함으로써 '엘콘플랜'의 프로그램저작권을 침해하였다고 할 것이다.

(2) 침해로 보는 행위

침해로 보는 행위 역시 일반 저작물의 경우와 같다. 다만 법은 다른 저작물과 달리 프로그램의 저작권을 침해하여 만들어진 프로그램의 복제물(법 124조 1항 1호의 수입프로그램을 포함한다)을 그 사정을 알면서 취득한 자가 이를 컴퓨터에 업무상 이용하는 행위도 침해로 보는 행위에 포함시킨다(법 124조 1항 3호).

[판례] 대법원 2011.3.10.선고 2009도6256 판결

법인의 직원이 프로그램저작권을 침해하여 만들어진 프로그램의 복제물을 그 사정을 알면서 이를 취득하여 업무상 사용하였을 뿐 법인의 대표자가 이를 직접 취득하여 업무상 사용한 것이 아니라면 그 대표자가 위 법조에서 정한 행위를 하였다고 볼 수는 없고, 설령 법인의 대표자가 직원이 그러한 복제물을 취득하여 업무상 사용하는 것을 알고 방치하였다고 하더라도 행위자인 그 직원과의 공동정범 내지 방조범이 성립하는지는 별론으로 하고, 직접 위 법조의 행위자로서 처벌되는 것은 아니라고 하겠다.

(3) 프로그램저작권 침해에 대한 구제

프로그램저작권 침해에 대해서도 일반 저작권 침해의 경우와 마찬가지로 금지청구, 예방청구, 손해배상청구를 할 수 있다.

5. 프로그램 임치제도

우리나라는 2002년 당시 현행법이었던 컴퓨터프로그램보호법의 개정을 통해 프로그램임치제도를 도입하였다. 이것은 미국의 조건부 제3자 예탁제도(escrow)를 본딴 것이다. 조건부 제3자 예탁계약이란 양도인 또는 채무자가 주변권리나 자료(소프트웨어의 경우 프로그램 사양서, 관리를 위한 자료, 사용자 정보, 소스 코드 등)를 중립의 제3자에게 예탁하고 제3자는 동 계약에서 정한 조건이 성취될 때까지 주변권리 등을 보관하고, 조건이 성취되었을 때 이를 양수인 또는 채권자에게 인도하는 것을 내용으로 한다. 이 계약은 채무자(예탁자)와 수탁자, 수탁자와 채권자(수익자) 간의 신탁유사의 제3자를 위한 계약이다. 지적소유권의 주변권리는 지적소유권자의 영업비밀을 포함하는 경우가 많기 때문에 지적소유권에 대한 담보설정자는 담보권이 실행될 때까지 주변권리를 공개하지 않으려 한다. 그러나 지적소유권에 대한 담보권이 실행되어 제3자에게 양도되는 경우에 주변권리가 포함되지 않는다면 지적소유권의 가치는 상당히 감소하거나 심지어는 가치를 상실하는 경우가 있다. 이러한 문제를 해결하기 위한 방법으로 미국에서 소프트웨어를 중심으로 발달된 제도가 에스크로우 制度이다. 법 제101조의7은 다음과 같이 규정한다.

1) 프로그램저작재산권자와 프로그램의 이용허락을 받은 자는 대통령령이 정하는 자(이하 이 조에서 “수치인”이라 한다)와 서로 합의하여 프로그램의 원시코드

및 기술정보 등을 수치인에게 임치할 수 있다.

2) 프로그램의 이용허락을 받은 자는 제1항의 합의에서 정한 사유가 발생한 때에 수치인에게 프로그램의 원시코드 및 기술정보 등의 제공을 요구할 수 있다.

Ⅲ. 게임용 프로그램의 특수성

프로그램 중에서 현실적으로 중요한 것의 하나는 게임용 프로그램이다. 게임에 있어서 가장 중요한 것은 화면과 음이다. 이들은 영상저작물로서 보호된다.

컴퓨터 게임 화면의 영상 및 게임의 진행에 따른 영상의 변화는 부정경쟁방지법 제2조 제1호 가목의 '상품의 표시'에 해당되며, 주지성을 취득하면 부정경쟁방지법의 보호를 받는다.

CHAPTER 3

국제저작권법

| 제1절 | 종래의 조약들

Ⅰ. 저작권의 국제적 보호의 필요성과 조약의 성립

18세기부터 19세기에 걸친 유럽대륙에서의 민주주의 혁명은 각국 국민간의 교류를 비약적으로 증가시켰다. 이것은 문화면에 있어서도 예외가 아니었으며, 그 결과 국제적인 표절이 성행하게 되었다. 물론 이 시대에는 이미 많은 나라에서 저작권법이 제정되어 있었지만, 그 효력의 범위는 자국민 또는 자국거주자에게만 미치고 외국인 혹은 적어도 타국에 거주하는 외국인에게는 미치지 않는 것이었다.

이러한 사정 아래에서 19세기 말부터 각국의 문학자로서 조직된 국제문예가협회(1878년 창립, 명예회장 Victor Hugo)는 자기들의 저작물을 보호하기 위하여 국내적 및 국제적인 입법을 촉진하는 운동을 적극적으로 전개했다. 그리하여 그 활동의 일환으로서 국제외교회의를 계획하였고(1882년), 스스로 조약의 초안을 기초하였다(1883년). 이 운동의 공적인 중개자는 스위스 정부이며, 스위스 대통령은 각국 정부에 호소하여 국제회의의 준비를 하게 되었다. 이 스위스 대통령의 호소는 일반적으로 환영을 받아 1884년 및 1885년에 회의가 계속된 후 1886년 제3회 회의에서 드디어 베른협약(정식으로 「문학적 및 미술적 저작물의 보호에 관한 베른협약」

이라고 함)이 성립하게 되었다.

베른협약은 1886년 성립한 이래 오늘날까지 2번의 추가의정서와 5번의 개정이 있었다. 한편 베른협약은 개정시마다 회원수의 확대보다는 주로 보호의 질을 향상시키려고 노력했으므로 선진국 위주의 저작권제도로서 보편성(universality)을 잃고 있다는 비판과 함께 2차대전 후 초강대국이 된 미·소와 UN의 회원국이 된 많은 나라가 가입하지 않았다는 약점을 안고 있었다. 그러므로 제2차대전 후 UNESCO는 베른협약과 그 외 다른 저작권조약에 저촉되지 아니하는, 따라서 모든 나라의 가맹을 가능하게 할 새로운 조약을 만들려고 시도한 결과 1952년 9월 6일 제네바에서 성립을 본 것이 UCC이다. 1971년 파리 개정에서 개발도상국의 저작권 보호시 문제점을 감안하여 일부 개정되었다.

이상이 저작물 보호를 위한 베른협약 성립 후의 발전내용이나 최근 이러한 저작권의 국제적 보호환경을 일변시키는 사태가 두 방면에서 발생하였다. 하나는 미국이 지적소유권 보호를 국가의 최우선 정책으로 전환하여 자국의 지적 창작물을 국제적으로 보호받기 위하여 공격적 입장으로 전환하였다는 것이고, 또 하나는 컴퓨터로 대표되는 디지털 기술의 발전이다. 전자에 의하여 성립된 국제규범이 다름 아닌 WTO/TRIPs이고, 후자에 의한 결과가 1996년 12월 스위스 제네바의 외교회의에서 탄생을 본 「세계지적소유권기구 저작권조약 및 실연·음반조약」이다.

II. 문학적 및 예술적 저작물의 보호를 위한 베른협약

1. 베른협약의 특색

베른협약은 1886년에 성립되었고, 독·불 중심의 저작자 권리체계(“droit d'auteur” system)와 영국중심의 저작권 체계(‘copyright’ system)의 결합이었다. 따라서 양 체계의 균형을 위하여 개정시에는 항상 만장일치를 요하도록 규정하였으며, 창설국들이 식민지 종주국들로서, 이들 종주국의 선언만으로 그들 식민지에 조약이 적용되었다. 이러한 두 가지 점은 그 후 이 조약의 진로를 결정하는 중요한 요소로 되었다.

한편 베른협약에 가입하는 국가들이 형성한 베른동맹은 아래와 같은 네 가지 특성을 가지고 있다.

1) 동맹에의 가입이 개방적이다.

2) 몇 개국의 탈퇴나 가입에 관계없이 독립성을 갖는다.

3) 기술의 진보, 정치경제발전에 따라 주기적으로 개정할 수 있다.

4) 현행협약(파리 개정협약)에 가입하는 나라는 물론 파리 개정협약을 비준하고 있는 국가와 동맹관계를 맺게 되지만 한편 1928년 로마 개정협약만 비준하고 있는 국가와도 동맹관계를 맺게 된다(신구협약 병존).

2. 베른협약의 내용

(1) 저작자와 저작물

1) 저 작 자　베른협약에는 저작자에 대하여 아무런 정의규정을 두고 있지 않다.[1] 그것은 저작자의 개념에 관하여 동맹국들 사이에 큰 입장차이가 있음을 고려한 것이다. 따라서 자연인만 저작자가 될 수 있는지, 혹은 법인도 저작자가 될 수 있는지 하는 것은 전적으로 국내법에 맡겨져 있는 사항이다.

2) 저 작 물　① 베른협약은 저작물 자체에 대한 정의 규정은 두고 있지 않지만 다음과 같은 저작물을 예시하면서 "문학 · 예술적 저작물이란 문학 · 학술 및 예술의 범위에 속하는 모든 제작물을 포함한다"고 규정한다.[2]

— 서적, 소책자 및 기타 문서,

— 강의 · 강연 · 설교 및 기타 같은 성격의 저작물,

— 연극 또는 악극저작물,

— 무용저작물과 무언극,

— 가사가 있거나 또는 없는 작곡,

— 영화와 유사한 과정에 의하여 표현된 저작물을 포함하는 영화저작물,

— 소묘 · 회화 · 건축 · 조각 · 판화 및 석판화,

1) 다만 제15조는 저작물의 저작자 및 영상저작물의 제작자 추정규정을 두고 있다. 저작자의 경우는 다른 반대 증거가 없는 한 통상적인 방법으로 저작물상에 그의 성명(실명, 이명)이 표시된 자를 저작자로 보면 된다고 규정한다.

2) 협약 제2조 1항. 예시 중에는 컴퓨터프로그램저작물이 보이지 않으나 이것은 1996년의 「WIPO 저작권조약」에서 규정한다.

— 사진과 유사한 과정에 의해 표현된 저작물을 포함하는 사진저작물,

— 응용미술저작물,

— 도해 · 지도 · 설계도 · 스케치 및 지리학 · 지형학 · 건축학 또는 과학에 관한 3차원 저작물

② 그러나 시사보도나 단순히 언론보도의 성격을 갖는 기타 사실에 대하여는 의무적 보호대상에서 배제하고 있다(베른협약 제2조 8항). 아울러 다자인이나 응용미술을 어떻게 보호할지는 각 동맹국의 입법에 맡기고 있다(베른협약 제2조 7항).

3) 조약상 보호해야 할 저작물(베른협약 3조 1항) 동맹국 국민의 저작물과 동맹국에서 최초로 발행된 저작물 및 동맹국 외의 국가와 동맹 내의 국가에서 동시에 최초로 발행된 저작물은 협약에 의하여 보호되어야 한다. 다만 동맹에 속하지 않는 국가가 어느 동맹국 국민인 저작자의 저작물을 충분히 보호하지 않는 경우는 그 동맹국은 최초의 발행시에 있어서 그 비동맹국의 국민이며 어느 동맹국에도 상시 거소(habitually resident)를 가지고 있지 않은 저작자의 저작물 보호를 제한할 수 있다(베른협약 6조 1항).

(2) 기본원칙

1) 내국민대우와 동맹국민대우(베른협약 5조 1항) 자국민에게 현재 주어지고 있는 또는 장래 주어질 권리와 동등한 권리 및 협약에서 특히 정한 권리를 동맹국민에게도 주어야 한다는 원칙이다. 베른조약이 내국민대우에 그치지 아니하고 동맹국민 대우까지 규정한 것은 어느 동맹국이 자국의 국민에게 적용하는 저작권법에서 지나치게 낮은 수준의 저작권보호만 인정하고 있는 경우에는 다른 동맹국을 '본국'으로 하는 저작물의 저작자에 대해서도 그 정도로만 보호해주어도 되므로 외국 저작자에 대한 적절한 보호(adequate protection)가 되지 못한다. 이에 조약은 이러한 약점을 보완하기 위하여 협약에서 정하는 일정한 수준의 보호에 대해서는 이를 '최소한도 요구되는 보호'로서 모든 동맹국에게 그 적용을 요구하고 있는데 이를 동맹국민대우 또는 '최소보호의 원칙'이라고도 한다.[3] 그러나 이

3) 이러한 최소보호의 원칙과 다음의 무방식주의는 내국민대우의 원칙을 확장(extensions of the principle of national treatment)하는 것이다. 이에 대해 내국민대우의 제한이라고 해야 할 것도 있다. 앞서 본 보복조치(협약 제6조)나 보호기간과 관련된 예외적 상호주의[협약 제7조 8항(본서 제7절 IV. 저작권의 시적 한계 1. 서설) 참조]가 그것이다.

러한 최소보호의 원칙은 자국 저작물에 대해서는 강제되지 아니하며, 외국저작물에 대해서만 적용된다. 왜냐하면 협약은 오로지 국제적인 상황만 다루므로 당해 동맹국을 본국으로 하는 저작물을 어떻게 다룰지는 협약의 관심사항이 아니다(베른협약 5조 3항 참조). 물론 어떤 나라도 자국의 국민이 외국인보다 더 나쁜 대우를 받는 것을 원하지 않을 것이다. 따라서 각국은 적어도 국내법에 의한 저작권보호를 베른협약 수준으로 끌어 올리려고 할 것이다. 이것이 베른협약이 최소한의 권리를 보장하도록 강제하는 숨은 이유이다.

2) **무방식주의**(베른협약 5조 2항 전단) 저작자의 권리향유에는 등록, 납입, 저작권 유보의 표시와 같은 어떠한 방식절차도 필요로 하지 아니한다는 원칙이다.

3) **법정지법**(베른협약 5조 2항 후단) 저작권의 보호범위 및 구제방법에 대해서는 협약의 규정에 의하는 외에 보호가 요구된 국가의 법령, 즉 법정지법에 의한다는 원칙이다.

■ 섭외 저작권 사건에 관한 국제재판관할 및 준거법

베른조약 동맹국 사이의 섭외 저작권 분쟁에 관하여 준거법 결정의 근거를 베른협약 제5조 제2항에서 찾을 것인지, 아니면 국제사법 제24조에서 찾을 것인지에 관하여 다툼이 있으나 두 경우 모두 보호국법주의(=침해지법주의)를 취하는 점은 같다. 한편 보호국법주의를 모든 법률쟁점에 대하여 관철할 것인지(통일설), 아니면 일정한 문제에 대하여는 준거법 결정의 다른 원칙을 취할 것인지(분할설)에 대하여 견해가 나뉜다. 판결 중에는 금지청구 등은 베른협약상의 보호국법주의에 따라 결정하고, 손해배상청구에 대하여는 불법행위지법에 의한 사례가 있다. 이렇듯 분할설을 취하는 판례가 있기는 하나 우리나라 판례의 경향은 통일설의 입장으로 기울고 있는 것으로 보인다.[4)]

4) **소급보호**(베른협약 18조) 베른협약 제18조 제1항은 소급보호의 원칙을 규정한다. 이는 협약이 발효되기 전에 창작된 저작물이라 하더라도 협약 발효시에 저작물 본국에서 보호기간이 만료되어 공유로 된 것을 제외하고는 모든 저작물에 협약이 적용된다는 원칙이다. 다만, 베른협약 제18조 제3항은 "이 원칙의 적용은 그러한 효과를 갖는 기존의 또는 장래 체결될 동맹국들 사이의 특별협약에 담긴 규정들을 따를 것을 조건으로 한다. 그러한 규정이 없는 경우에 각 국가는

---

4) 송영식 · 이상정, 「저작권법개설」(제9판), 719면 이하 참조.

자국에 대하여 이 원칙이 적용될 조건을 규정한다"고 규정하고 있다. 따라서 각국은 자국 사정에 따른 적용조건을 정할 수 있다. 제3항은 소급보호의 완전하고 절대적인 적용을 제한하는 규정이다. 문제는 제3항에 의거하여 소급보호를 규정한 제1항을 배제할 수도 있느냐 혹은 배제는 할 수 없고 오직 소급보호의 원칙이 적용될 조건만을 정할 수 있느냐이다. 전자로 해석하여 소급보호를 배제한 나라도 있으나,[5] 후자의 해석이 옳다고 본다.

(3) 베른협약이 보호하는 10대 권리

베른협약은 인격권, 복제권, 번역권, 공연권, 낭독권, 번안권, 영화화권, 방송권, 녹음권, 추구권 등을 보호한다. 그 간단한 내용 및 보호의 정도는 아래와 같다.

1) 인격권(droit moral)(**베른협약** 6조의2) 저작자는 저작물의 재산적 권리와는 별개로, 또 재산적 권리가 이전된 후에 있어서도 저작물의 창작자인 것을 주장할 권리 및 저작물의 변경·절제 기타의 개변 또는 저작물에 대한 기타의 침해로서 저작자의 명예 또는 성망을 해칠 우려가 있는 행위에 대해서는 이의를 제기할 권리를 갖는다. 저작자 사후 인격권 보호여부는 동맹국의 자유이고, 침해시 구제방법은 동맹국 법령으로 정한다.

2) 재 산 권

〔Group A〕 동맹국이 저작재산권 중 제한 없이 무조건 인정해야 하는 권리에는 복제권, 번역권, 공연권, 낭독권, 번안권, 영화화권이 있다.

〔Group B〕 권리행사에 제한을 가할 수 있는 권리로서 강제허락이 가능한 권리에는 방송권과 음악저작물의 녹음권[6]이 있다.

〔Group C〕 인정여부 자체가 동맹국 법령에 유보된 권리로는 추구권('Droit de suite' in Works of Art and Manuscripts)이 있다.

---

5) 예컨대, 러시아는 1993년 저작권법을 제정하면서 소급보호를 전면 부정하였는데, 1994년 베른협약에 가입하면서도 소급보호 관련 조항을 새로 손질하지 않은 것으로 알려졌다.

6) 녹음은 베른협약상 복제로 본다(베른협약 9조 3항). 따라서 일반저작물이라면 녹음권은 Group A에 속한다. 다만, 음악저작물의 녹음권은 동맹국 국내법령에 의하여 강제허락이 가능하므로 Group B에 속한다.

3. 문 제 점

이 협약에 가입한 동맹국 사이에서는 어떠한 절차나 방식을 갖추고 있지 않더라도 자국민과 동일하게 보호하여야 할 의무를 진다. 저작권의 발생에는 창작만으로 족하고 어떠한 방식도 필요 없도록 한 국내법의 국제적 투영이지만 어쨌든 이 점에서는 산업재산권 보호에 관한 파리협약과 다르다. 따라서 저작권에 있어서는 산업재산권에 비해 보다 용이하게 국제적 보호를 받을 수 있다. 즉 이 조약 하에서 보호를 받기 위해서는 별도의 출원을 필요로 하지 아니하므로 파리협약 하에서와 같은 불편은 없다. 그러나 이 협약도 각국 저작권법의 통일을 강제하고 있는 것은 아니며, 가입국이라 하더라도 일곱 차례의 개정과정에서 비준한 협약이 서로 달라 보호의 정도가 상이할 수 있다.

Ⅲ. 세계저작권협약(Universal Copyright Convention: UCC)

1. UCC의 특색

UCC는 방식주의와 무방식주의를 가교하기 위한 협약이며, 베른협약과 비교할 때 조약상 보호하지 않으면 안 되는 권리내용이 상세하지 않다는 점이 그 특색이다. 즉 UCC는 인격권 보호규정이 없으며, 재산권도 복제권, 상연권, 연주권, 방송권 등 재산적 이익보호를 확보하는 기본적 권리는 보호하나(UCC 4조의2 1항) 이들 권리에 대해서도 이 협약의 정신 및 규정에 반하지 않는 범위에서 국내법으로 예외인정이 가능하다. 또 번역권도 저작물 발행 후 7년이 지나면 일정한 조건 하에서 강제허락이 가능한 점 등 베른협약보다 일반적으로 보호의 정도가 낮다고 할 수 있다.

UCC의 성립으로 인하여 베른협약이 영향을 받는 것을 최소화하기 위하여 본 협약 체약국 중에서 베른협약 동맹국 상호간에 있어서는 베른협약이 우선적으로 적용하도록 UCC는 규정하고 있다(UCC 17조 및 17조에 관한 부속선언).

2. UCC의 기본원칙

(1) 내국민대우(UCC 2조)

체약국이 외국인의 저작물을 보호하는 경우 자국국민에게 하고 있는 보호와 똑같은 보호를 하지 않으면 안 된다는 원칙이다.

(2) 보호해야 할 저작물(UCC 2조)

UCC는 저작물 보호조건으로서 국적주의 및 제1발행지주의를 택한다. 국적주의 및 제1발행지주의란 체약국 국민의 저작물이거나 어떤 체약국에서 처음으로 발행된 저작물을 보호한다는 의미이다. 제1발행에는 동시발행[7]은 포함되지 않는 것이 베른협약과 다르다.

(3) 영구히 공유로 된 저작물 및 저작물에 관한 권리에의 부적용(UCC 7조)

UCC는 보호가 요구되는 당해 체약국에서 협약의 효력발생일에 영구히 공유로 된(permanently in the public domain) 저작물 또는 저작물에 관한 권리에는 UCC가 적용되지 않는다는 소위 불소급원칙을 규정하고 있다.

(4) ⓒ 표시(UCC 3조)

방식주의와 무방식주의를 가교하기 위하여 UCC는 저작물의 모든 복제물에 ⅰ) ⓒ 기호, ⅱ) 저작권자의 성명, ⅲ) 최초의 발행년 등 3개 사항을 표시하면 방식주의 국가에서도 자동적으로 저작권의 보호를 받는다고 규정하고 있다. 그러나 사법상의 구제를 받기 위한 요건은 체약국이 정하는 바에 의한다. 따라서 특정국에서 소를 제기하기 위해서는 당해 국에 개업중인 변호사에 의뢰해야 한다든지, 저작물의 복제물을 일부 납입하도록 되어 있으면 그에 따라야 한다.

(5) 번역에 관한 강제허락제도(UCC 5조)

번역에 관한 강제허락을 얻기 위해서는, ⅰ) 발행 후 7년이 경과하였을 것, ⅱ) 번역서가 없을 것(이미 절판된 경우 포함), ⅲ) 번역권 취득을 위한 노력을 하였

---

7) 베른조약 제3조 제4항 참조.

으나 권리자에 의해 거절되었거나, 권리자와의 연락이 불능일 것, iv) 상당한 대가를 저작권자에게 지급할 것의 4개 요건이 필요하다.

(6) 베른협약보다 단기보호(UCC 4조)

원칙적으로 저작자 생존 중 및 사후 25년 이상 보호하면 족하다.

3. 개발도상국에 대한 특혜(베른협약 부칙 제1조~제4조, UCC 제5조의2~제5조의4)

1971년 파리 개정에서 베른협약과 UCC는 개발도상국을 위하여 저작권의 효력을 제한하는 특별규정을 마련하였다.

IV. 로마협약(International Convention for the Protection of Performers, Producers of Phonogram and Broadcasting Organization)

1. 연 혁

실연자, 음반 제작자 및 방송사업자의 3자를 국제적으로 보호하고자 하는 움직임은 상당히 오래 전부터 있었다. 우선 1928년 베른협약 개정 로마회의에서 열린 저작권전문가위원회에서 실연자를 근로자로서 보호하려는 I.L.O.와 저작권과 밀접한 관련을 갖는 권리로서 보호하려는 베른동맹 사이에 의견의 상위도 생기고, 또 유네스코도 인접권에 적극적 관심을 보이기 시작함으로써 이들 3국제기관은 1961년 10월 로마에서 인접권협약 외교회의를 열고 여기에서 「실연자, 음반제작자 및 방송사업자의 보호에 관한 국제협약」(일반적으로 인접권협약)을 성립시키기에 이르렀다.

2. 인접권협약의 특징

(1) 내국민대우의 원칙

실연자 등의 최저한의 보호에 대해서는 조약상 명문으로 정하고 있으나, 기타의 점에 대해서는 내국민대우의 원칙이 적용된다(로마협약 2조 1항). 다만, 이 원칙이 적용되기 위해서는 실연자에 대해서는 동 협약 제4조, 음반제작자에 대해서는 동 협약 제5조, 방송사업자에 대해서는 동 협약 제6조의 조건을 구비하여야 한다.

(2) 최저한의 보호

실연자에게 주어진 최저한의 권리보호로서는, ⅰ) 실연자의 동의를 얻지 않고 실연을 방송 또는 공중에 전달(다만, 방송 또는 공중에의 전달에 사용되는 실연이 그 자체가 이미 방송된 것이거나 또는 고정물에서 이루어지는 것은 제외)하는 행위나, ⅱ) 실연을 실연자의 동의를 얻지 않고 유형물에 고정하는 행위 및, ⅲ) 최초의 고정 그 자체가 실연자의 동의를 얻지 않고 이루어졌을 때나, 실연자가 동의한 목적과 다른 목적을 위해 복제가 이루어졌을 때 혹은 최초의 고정이 국내법에 의해 인접권 제한규정(로마협약 15조)에 근거하여 이루어졌으나 당해 규정이 정하는 목적과 다른 목적을 위하여 행한 복제 등에 대해서 실연자는 그것을 금지시킬 수 있다(로마협약 7조).

음반제작자에 대해서는 그 음반을 직접 또는 간접으로 복제하는 것을 허락 또는 금지하는 권리 등을 부여하고 있다(로마협약 10조).

또 방송사업자에게는 ⅰ) 방송의 재방송, ⅱ) 방송의 유형물에의 고정, ⅲ) 방송사업자의 동의를 얻지 않고 만들어진 방송의 고정물에의 복제 및 인접권 제한규정(로마협약 15조)에 근거하여 만들어진 방송의 고정물이 규정한 목적과 다른 목적을 위해 행하여지는 복제, ⅳ) 입장료를 지급하고 공중이 입장하는 장소에서 행하여지는 '텔레비전' 방송을 공중에게 전달하는 행위(다만, 이 권리행사에 관한 조건을 정하는 일은 이 권리의 보호가 요구되는 나라의 국내법령에 유보) 등에 대해서 허가 또는 금지하는 권리가 최저한의 보호로써 보장되어 있다(로마협약 13조).

(3) 음반의 2차사용

2차사용이란 상업용 음반을 방송이나 공중전달에 사용하는 것을 말하나 이것을 협약상 여하히 규정할 것인가에 대해서는 외교회의의 최대의 초점이었다.

결국 "상업목적을 위하여 발행된 음반 또는 이와 같은 음반의 복제물이 방송 또는 공중에의 전달에 직접 사용될 경우에는 정당한 단일보수(a single equitable remuneration)가 사용자에 의하여 실연자 혹은 음반제작자 또는 이 양자에게 지급되지 않으면 안 된다. 당사자간에 협약이 없을 경우에 있어서의 이 보수의 지급조건은 국내법령으로서 정할 수가 있다"(로마협약 12조)고 규정하기에 이르렀다.

(4) 보호기간

인접권의 보호기간은 최저 20년으로 한다(로마협약 14조).

Ⅴ. 음반협약(The Phonogram Convention, 1971)8)

1. 성립경위

해적판 음반이 세계적으로 횡행하는 것을 방지하고, 음반의 무단복제물의 작성 · 수입 및 배포로부터 음반 제작자를 보호하기 위하여 1971년 10월, 제네바에서 유네스코와 WIPO가 공동주최한 국제회의에서 채택한 협약이 음반협약이다.

음반 제작자의 보호에 관한 협약으로서는 이미 인접권협약이 성립하고 있었으나, 인접권협약은 음반제작자만이 아니고 실연자 및 방송사업자의 보호도 아울러 꾀하고 있으므로 이 3자의 권리관계가 극히 복잡할 뿐만 아니라, 상업용 음반에 대한 2차 사용료를 지급할 입장에 있는 방송사업자는 동 협약에 가입하는 것을 주저하는 경향이 있어 가입국 수가 그리 많지 않아 현실적으로 해적판 음반의 횡행을 방지하는 데는 별로 도움을 주지 못하고 있었다. 본 협약은 이러한 허점을 메우기 위한 응급처방이다.

8) 정식명은 「Convention for the Protection of Producers of Phonograms Against Unauthorized Duplication of Their Phonograms of 29 Octorber 1971」이다.

2. 본 협약의 특징

(1) 보호의 수단

가급적 많은 나라가 가입하도록 선택할 수 있는 보호수단이 다양하다. 즉 체약국은 i) 저작권 기타 특정권리(저작인접권 등)의 부여에 의한 보호, ii) 부정경쟁방지법에 의한 보호, iii) 형사제재에 의한 보호 중 하나 또는 둘 이상의 보호수단을 선택해서 음반제작자를 보호하면 된다(음반협약 3조).

(2) 보호의 조건

방식주의 국가와 무방식주의 국가와의 가교를 위하여 ⓟ 표시의 방식을 채택하고 있다(음반협약 3조). ⓟ 표시란 음반 또는 재킷(jacket)에 ⓟ의 기호(phonogram의 머리글자)와 최초의 발행년[9](그 외에 음반 또는 재킷에 음반 제작에 관한 권리를 가지고 있는 자의 성명이 표시되어 있지 아니한 경우는 그 명칭도 병기한다)을 기재하는 것이며 저작권에 있어서 ⓒ 표시와 동일한 취지이다.

(3) 보호기간

체약국의 국내법에 맡겨져 있으나 그 기간은 음반에 수록되어 있는 음이 최초로 고정된 해 또는 음반의 최초의 발행년의 말부터 기산해서 20년 이상이어야 한다(음반협약 4조).

VI. 기타 협약

1. 브뤼셀 위성협약(위성에 의하여 송신되는 프로그램 전달 신호의 배포에 관한 협약: Convention relating to the Distribution of Programme-Carrying Signals Transmitted by Satellite, 1974)[10]

통신위성에 의하여 송신되는 프로그램을 내포한 신호의 도용을 방지하고 무

---

9) 보호기간은 음이 최초로 고정된 해 또는 음반이 최초로 발행된 해인 데 비하여 ⓟ 표시는 최초의 발행년만을 기재한다.

10) 다자 조약, 제2079호.

단배포를 방지시키기 위한 협약으로서 체약국에게 '충분한 조치'를 취할 의무를 부과하고 있다. 우리는 2011년 12월 19일 가입하였다(2012년 3월 9일 발효).

2. 저작권 사용료의 이중과세 방지를 위한 다국간협약(Multilateral Convention for the Avoidance of Double Taxation of Copyright Royalties, 1979)

저작권 사용료(royalty)에 대한 이중과세를 방지하여 문예 · 학술의 교류를 원활히 하기 위한 협약이다.

| 제2절 | WTO / TRIPs

Ⅰ. 서 설

1993년 12월 15일 타결되고, 1994년 4월 15일 모로코의 마라케시에서 개최된 각료회의에서 최종문서에 서명된 WTO협정 부속서 1 C로 발효된 TRIPs (Agreement on Trade- Related Aspects of Intellectual Property Rights: TRIPs) 협정은 총 7개 장에 73개 조항으로 구성되어 있다. TRIPs의 내용과 기존의 국제규범을 비교하여 보면 가장 큰 특징은 지적소유권 보호규범의 강화라 할 것이다. 그밖에도 TRIPs는 기존의 규범과는 달리 집행에 관한 문제나 분쟁처리에 대해서도 규정한다. 오히려 TRIPs가 기존 국제규범과의 구별되는 중요한 특색은 이들 집행절차나 분쟁해결절차를 규정하고 있다는 점에 있을 것이고, 이것이 미국이 기존의 국제규범을 이용하지 아니하고 GATT 체제를 이용한 이유이기도 하다.[11] 이하 기본원

11) WTO 전신(前身)은 가트(GATT: General Agreement on Tariffs and Trade: 관세 및 무

칙, 실체규정 중 저작권 관련규정, 집행규정, 분쟁해결규정에 대해서 살펴본다.

II. 기본원칙

1. 회원국은 본 협정을 준수하며, 다른 회원국 국민에 대하여 이 협정에 규정된 대우를 한다.
2. 본 협정상의 지적소유권의 보호수준은 최저한의 보호수준이다. 따라서 회원국은 이보다 높은 수준의 보호는 할 수 있되 이보다 낮은 보호는 할 수 없다.
3. 실체규정, 집행절차규정, 분쟁해결 절차규정과 관련해서 파리협약 제1조에서 제12조까지 및 제19조를 준수한다.
4. 회원국은 타 회원국 국민에 대하여 '내국민 대우', '최혜국 대우'를 하여야 한다.
5. 회원국은 자기 나라의 법 및 규정을 제정 또는 개정함에 있어 이 협정의 규정과 일치하는 범위 내에서 공중의 건강을 보호하고, 자기 나라의 사회경제적 및 기술적 발전에 매우 중요한 분야의 공공의 이익을 증진시키기 위하여 필요한 조치를 취할 수 있다.
6. 이 협정의 규정과 일치하는 범위 내에서 권리자에 의한 지적소유권의 남용 또는 불합리한 무역제한이나 국가간 기술이전에 부정적인 영향을 미치는 관행을 방지하기 위해서 적절한 조치를 할 수 있다.

III. 실체규정

1. 개 설

TRIPs협정의 내용과 기존의 국제규범을 비교하여 보면 가장 큰 특징은 지적

역에 관한 일반협정)이다. 그러나 WTO는 이전의 가트와는 몇 가지 기본적인 차이를 가지고 있다. 무엇보다도 WTO는 단순한 협정이 아니라 구체적인 법인격을 갖는 국제기구로서 제도적으로 국제거래의 자유화를 추진할 수 있는 틀을 갖추고 있다는 점이다.

소유권 보호규범의 강화라 할 것이다. 협정은 기존 지적소유권조약의 위상이나 내용을 감안해서 세 개의 접근방법을 취하고 있다. 즉 제1은 종래의 지적소유권 보호조약을 그대로 두고 거기에 일정한 내용을 덧붙이는 방법으로 저작권, 특허, 상표, 디자인이 이 방법을 택한다. 제2는 기존의 국제규범을 참고하면서 새로운 국제규범을 만드는 방법으로 저작인접권, 지리적 표시, 반도체 집적회로분야가 이에 속한다. 제3은 기존의 국제규범이 존재하지 아니하므로 백지상태에서 새로운 국제규범을 만드는 방법으로 미공개 정보분야이다. 이상의 방법을 사용하여 TRIPs는 제9조에서 제40조까지 실체규정을 두고 있다. 저작권과 관련된 조항은 제9조에서 제14조까지 6개조로 구성되어 있다.

2. 저작권 및 저작인접권 분야에 관한 규정의 내용

(1) 베른협약과의 관계

모든 회원국은 베른협약 제1조에서 제21조까지 및 그 부속서를 준수하여야 한다. 그러나 회원국은 동 협약의 제6조의2(저작인격권의 보호)에 의하여 허여된 또는 그 규정으로부터 발생한 권리와 관련하여 어떠한 권리나 의무를 가지지 아니한다(WTO/TRIPs 9조 1항).

(2) 보호범위

저작권 보호는 표현에는 미치나 아이디어나 절차, 운용방법이나 수학적 개념에는 미치지 아니한다고 규정하고 있다(WTO/TRIPs 9조 2항).

(3) 컴퓨터 프로그램 및 자료편집물

컴퓨터 프로그램은 그것이 소스코드이든 오브젝트코드이든 모두 베른협약에 따른 어문저작물로 보호하며(WTO/TRIPs 10조 1항), 데이터베이스는 그것이 기계적 가독형태이거나 기타의 형태이거나를 불문하고 지적 창작물로 보호한다(WTO/TRIPs 10조 2항).

(4) 대 여 권

컴퓨터 프로그램 또는 영상저작물의 경우 저작자 또는 권리승계인에게 대여권을 인정한다(WTO/TRIPs 11조).

(5) 보호기간

저작권의 보호는 사진저작물과 응용미술저작물을 제외하고는 50년 이상 보호하여야 하되 사망시 기산주의를 채택하지 아니할 경우는 발행연도의 다음해부터 기산하여, 그리고 완성 후 50년 내에 발행되지 않았을 경우에는 완성연도의 다음해부터 기산한다.[12)]

(6) 저작인접권

실연자, 방송사업자와 음반제작자에게 저작인접권을 인정하고, 그러한 권리가 고정·실연 또는 방송이 행해진 연도 말부터 기산하여 50년간 존속함을 규정한다(WTO/TRIPs 14조).

(7) 저작권 및 저작인접권의 제한

TRIPs는 저작권의 제한에 대해서 규정한다(WTO/TRIPs 13조).[13)] 저작인접권에 대해서도 로마협약에 의하여 허용되는 정도까지 조건, 제한, 예외, 유보조항을 규정할 수 있다(WTO/TRIPs 14조 6항).

Ⅳ. 집행규정

집행이라고 하는 것도 알기 어려운 용어이나, 요컨대 지적소유권 보호규범을 담보하기 위한 사법·행정상의 절차에 관한 규율이며, 세관 등 국경조치에 관한 절차도 포함되어 있다. 기존의 지적소유권조약은 오로지 보호규범을 정하는 데에 그치고 있고, 집행은 각국의 국내조치에 맡기고 있다. 그 결과 모처럼 높은 보호수준을 마련하였다고 하더라도 나라에 따라서는 단속이 불충분하다든지 혹은 권

---

12) 협정안은 베른협약을 존중한다고 규정하므로 사망시 기산주의의 경우에는 사망 후 50년 이상 보호되며, 사진저작물이나 응용미술저작물은 25년 이상 보호된다(베른협약 7조).

13) "체약국은 배타적 권리의 제한 및 예외를 권리자의 정당한 이익을 불합리하게 침해하지 않으며, 저작물의 정상적인 사용과 저촉되지 않는 특별한 경우로 한정하여야 한다."

리자가 금지청구나 손해배상청구를 하더라도 별로 효과가 없어 속수무책으로 참을 수밖에 없는 사태가 생긴다. 이러한 기존의 국제규범의 결함에 대해서 TRIPs 협정에서는 민사 · 행정 · 형사의 각 절차, 잠정조치, 국경수제조치에 관한 21개조(WTO/TRIPs 41조~62조)에 달하는 상세한 규정을 두어 집행면에서의 통일적인 국제규율을 하고 있다.

Ⅴ. 분쟁처리규정

기존의 지적소유권조약은 조약의 해석이나 적용에 관해서 체약국간에 다툼이 생긴 경우에는 국제사법재판소에 부탁할 수 있다는 취지를 규정하고 있을 뿐이며, 독자적인 분쟁처리절차를 가지고 있지 않다. 그러나 WTO는 독자적인 분쟁해결절차를 가지고 있고, 이것이 하나의 특색으로 되어 있다. WTO 분쟁해결절차 하에서의 지적소유권 분쟁해결과정을 살펴보면 다음과 같다.[14)]

우선 분쟁당사국은 협의에 의하여 분쟁을 해결할 수 있다. 그러나 협의가 실패하면 분쟁당사국은 분쟁해결기구(Dispute Settlement Body: DSB)에 패널의 설치를 요구할 수 있다. 설치된 패널의 중재에 불만이 있는 경우는 '상설상소기구'에 상소할 수 있다. WTO의 일반 이사회와 같은 지위와 구성을 지닌 분쟁해결기구(DSB)는 패널보고서나 상소기구보고서를 채택하거나 거부할 수 있다. 그러나 역콘센서스 방식을 택하므로, 즉 패널보고서나 상소기구보고서를 거부하려면 합의가 필요하므로, DSB가 패널보고서와 상소기구 보고서의 채택을 거부하는 것은 사실상 불가능하다. 이들 보고서를 기초로 DSB는 TRIPs협정에 위반된 조치의 시정을 명령한다. 경우에 따라서는 DSB는 TRIPs협정에 위반한 분쟁당사국에 대해 보복조치를 허가할 수 있다.

---

14) 박노형, "TRIPs협정의 일고찰(상),"「계간 저작권」제30호, 21면.

| 제3절 | 세계지적소유권기구 저작권조약 및 실연 · 음반조약

Ⅰ. 성립의 경위

1996년 12월 2일부터 12월 20일까지 계속된 외교회의를 통해서 세계지적소유권기구 저작권조약과 세계지적소유권기구 실연 · 음반조약이 성립되었다.

저작권조약과 실연 · 음반조약은 두 가지 기본적인 목적에서 출발하고 있다.[15] 첫째는 기존의 조약에서 미흡한 부분을 보완하는 것이다. 베른협약은 100년 이상의 역사를 통해서 개정을 거듭했으나 저작권 보호를 위하여 간과했거나 불완전했던 부분이 존재하는바, 이를 본 조약을 통해 보완하자는 것이다. 둘째는 기술과 조약간의 공백을 메우자는 것이다. 종래의 베른협약이나 로마협약이 디지털 기술을 염두에 두지 아니하고 제정 · 개정되었음은 물론이다. 그러나 디지털 기술이 저작권 보호에 커다란 영향을 미치고 있는 오늘날 이를 그대로 방치할 수 없음은 당연하다 할 것이다.

Ⅱ. 저작권조약의 내용

1. 베른협약과의 관계

WIPO 저작권조약은 베른협약 제20조 소정의 특별협정이며, 이 조약상의 어떠한 규정도 베른협약에 의하여 당사자가 상호간에 지는 기존의 의무를 훼손하지 아니한다(조약 1조).

원래 베른협약 제20조 소정의 특별협정은 베른협약의 동맹국 사이에서만 체

15) 문화관광부, 「세계지적소유권기구 저작권조약 및 실연 · 음반조약 해설」, 1997.1, 4면.

결되는 것이며, 비동맹국은 가입할 수 없다. 그러나 이 조약은 베른협약의 가맹국이 아니라 하더라도 WIPO 회원국은 이 조약에 가입할 수 있다고 규정한다(조약 17조). 그런 의미에서 이 조약은 일종의 개방협정이다.[16)]

체약당사자는 이 조약에서 규정한 보호에 관하여 베른협약 제2조 내지 제6조의 규정[17)]을 준용하여야 한다.

2. 저작권의 보호범위

저작권의 보호는 표현에는 미치지만 아이디어, 절차, 운용방법 또는 수학적 개념에는 미치지 아니한다(조약 2조). 아이디어/표현의 2분법을 명정하였고, 이는 미국 저작권법의 영향을 잘 나타내는 부분이다.

3. 저작물 종류의 확대와 권리의 확장

(1) 동 조약은 저작물로서 컴퓨터 프로그램과 데이터베이스를 명시한다(조약 4조, 5조).

(2) 동 조약은 저작권으로서 배포권 및 그 권리의 소진, 대여권, 공중전달권에 관하여 언급하고 있다.

(1) 배포권 및 그 권리의 소진

"저작자는 저작물의 원본이나 그 복제물을 판매 또는 기타 소유권의 이전을 통하여 공중의 이용에 제공하는 것을 허락할 배타적인 권리를 가진다"고 규정하여(조약 6조 1항), 배포권을 저작자의 권리로서 명정한다. 이러한 배포권이 최초의 판매 이후에 소진되는지 여부를 결정할 권한은 전적으로 체약국에게 있다. 우리나라는 권리소진을 규정하나(법 20조 단서 참조) 디지털 저작물의 최초판매 후의 자

---

16) 곽영진, 「저작권 보호에 관한 국제협약」, 저작권심의조정위원회, 1997, 57면. 우리는 WIPO 회원국이자 베른협약 가입국으로서 이 조약에 2004년 가입하였다.

17) 베른협약 제2조: 보호를 받는 저작물, 제2조의2: 일정한 저작물의 보호를 제한하는 권능, 제3조: 보호의 요건: 연결점, 제4조: 보충적 기준, 제5조: 내국민대우의 원칙, 제6조: 비동맹국 국민이 만든 저작물에 대한 보호를 제한할 수 있는 가능성.

유양도(권리소진)에 대해서는 재검토되어야 할 것이다.

(2) 대 여 권

i) 컴퓨터 프로그램, ii) 영상저작물, iii) 음반에 대해서 대여권을 인정한다. 다만, 컴퓨터로 수치제어(數値制御)되는 공작기계를 대여하는 것과 같이 '프로그램 그 자체가 대여의 본질적 대상이 아닌 경우'나 영상저작물을 대여하더라도 광범위한 복제가 이루어져 '저작권자의 배타적 복제권을 실질적으로 침해하는 경우가 아닌 경우'에는 대여권을 인정하지 아니할 수 있다.

한편 대여권은 원칙적으로 (물권적인) '배타적 허락권'이나 조약은 음반대여에 대하여, 1994년 4월 15일 당시 이미 (채권적인) 보상청구권으로 규율하고 있었고, 또 '상업적 대여가 저작자의 배타적 복제권을 실질적으로 침해하지 아니하는 한' 보상청구권 방식을 인정한다(조약 7조 3항).

(3) 공중전달권(전송권)

베른협약 제11조 제1항 제2호, 제11조의2 제1항 제1호 및 제2호, 제11조의3 제1항 제2호, 제14조 제1항 제1호, 그리고 제14조의2 제1항의 규정에 영향을 미치지 아니하고, 저작권자는 공중의 구성원이 개별적으로 선택한 장소와 시간에 저작물에 접근할 수 있는 방법으로 공중의 이용에 제공하는 것을 포함하여, 유선 또는 무선의 수단에 의하여 저작물을 공중에 전달하는 것을 허락할 배타적 권리를 가진다(조약 8조).

본조는 기존 베른협약의 공중전달권의 개념을 확대하여 저작물이 통신망을 통해 송신되는 디지털 시대의 이용현황에 대처하기 위한 것이다.

(4) 사진저작물의 보호기간의 확대

사진저작물도 다른 저작물과 마찬가지로 저작자 사후 50년까지 보호된다.

4. 저작권 제한규정의 엄격화

신조약은 권리의 제한과 예외를 엄격히 할 것을 규정한다. 즉 제10조 제2항은 저작권이 제한될 수 있는 경우에도 "저작물의 통상적인 이용과 충돌하거나 저작자의 합법적인 이익을 부당하게 해치지 아니하는 특별한 경우로" 한정하여야 한다고 규정한다.

5. 기술조치 및 권리관리정보에 관한 보호의무

조약은 기술조치에 관한 보호의무와 권리관리정보에 관한 의무를 규정한다. 모두 디지털 의제 관련사항이다.

Ⅲ. 실연·음반조약의 내용

1. 다른 조약과의 관계

WIPO 실연·음반조약은 로마협약상의 방송사업자의 권리를 제외한 부분을 실질적으로 대체하고 있다. 일반원칙으로서는 베른협약과 마찬가지로 내국민대우(조약 4조), 무방식주의(조약 20조), 소급효(조약 22조)의 원칙, 50년간의 존속기간(조약 17조), 권리제한의 허용(조약 16조) 등을 규정한다.

2. 새로운 개념정의

음반, 음반제작자, 방송, 공중전달의 개념을 정의함에 있어 '소리의 표현'(representation of sounds)이라는 개념을 추가하였다. 예컨대 제2조 (b)는 "음반이란 실연의 소리 또는 기타의 소리, 또는 소리의 표현을 고정한 것으로서 영상저작물이나 기타 시청각저작물에 수록된 형태 이외의 고정물을 말한다"라고 음반을 정의하고 있다. 이렇듯 소리의 표현이라는 부분을 추가한 것은 오늘날의 디지털 상황을 포섭하기 위한 것이다.

또 방송의 개념에는 '위성에 의한 송신' 및 (그 해제를 위한 방법이 방송사업자에 의하여 또는 그의 동의를 얻어 공중에게 제공된 경우의) '암호화된 신호의 송신'도 포함한다.

그러나 이러한 방송은 무선의 방법에 의한 경우로 한정되며, 우리법과 같이 유선에 의한 송신은 포함하지 아니한다. 조약은 '방송 이외의 매체'에 의한 경우를 '공중전달'이라는 개념으로 포섭한다.

3. 권리의 확장 · 신설

(1) 실연자의 인격권

음악의 실연 및 음반에 고정된 실연에 관해서 그 실연자는 성명표시권과 동일성 유지권을 가진다(조약 5조 1항). 그 존속기간은 적어도 재산권의 존속기간보다 짧아서는 안 된다(조약 5조 2항 참조).

(2) 방 송 권

실연자는 방송된 실연을 제외하고는 그 실연의 방송권과 공중에의 전달권 및 그 실연을 고정할 수 있는 배타적인 권리를 가진다(조약 6조).

(3) 복 제 권

실연자는 음반에 고정된 실연에 관해서 그 복제를 허락할 배타적 권리를 가진다(조약 7조). 음반제작자는 그 음반을 복제할 수 있는 배타적 권리를 가진다(조약 11조).

(4) 배포권 및 대여권

실연자 및 음반제작자는 배포권(조약 8조, 12조)과 대여권을 가진다(조약 9조, 13조). 또 저작권자의 대여권과 마찬가지로 음반의 복제물의 대여에 대하여 1994년 4월 15일 당시에 "저작자에게 공정한 보상제도를 가지고 있었고, 그 이후로도 이를 유지하고 있는 체약당사자는 음반에 수록된 저작물의 상업적 대여가 저작자의 배타적 복제권을 실질적으로 침해하지 아니하는 한 그 제도를 유지할 수 있다"고 규정한다(조약 9조 2항, 13조 2항).

(5) 공중전달권(전송권)

실연자는 음반에 고정된 실연에 대하여 무선 또는 유선의 방법으로, 그리고 공중의 구성원이 개별적으로 선택한 시간과 장소에, 공중의 이용에 제공하는 것을 허락할 배타적 권리를 가진다(조약 10조). 음반제작자 역시 동일한 권리를 가진다(조약 14조).

(6) 2차 사용료 청구권

실연자 및 음반제작자는 상업용 음반의 방송 또는 공중전달에의 이용에 대해서 보상청구권을 가진다(조약 15조).

(7) 보호기간

실연자에게 부여된 권리는 실연이 음반에 고정된 연도의 말부터 기산하여 적어도 50년의 기간이 종료하는 때까지 존속하며(조약 17조 1항), 음반제작자에게 부여된 권리도 음반이 발행된 연도의 말(음반이 고정으로부터 50년 내에 발행되지 아니한 경우에는 그 고정이 행하여진 연도의 말)부터 기산하여 적어도 50년의 기간이 종료하는 때까지 존속한다(조약 17조 2항).

4. 기술조치에 관한 보호의무 및 권리관리정보에 관한 의무

조약은 WIPO 저작권조약과 마찬가지로 기술조치에 관한 보호의무(조약 18조) 및 권리관리정보에 관한 의무(조약 19조)에 대해서 규정한다.

◇ 우리나라의 국제조약 가입일

1. 세계지적소유권기구(WIPO)설립조약: 1979년 3월 1일
2. 세계저작권조약(UCC): 1987년 10월 1일
3. 음반보호조약: 1987년 10월 10일
4. WTO/TRIPs: 1994년 12월 31일
5. 베른협약: 1996년 8월 21일
6. WCT: 2004년 6월 24일
7. WPPT: 2009년 3월 18일
8. 로마협약: 2009년 3월 18일
9. 브뤼셀 위성협약: 2012년 3월 9일

부 록

저 작 권 법

전문개정 1986.12.31. 법률 제3916호
전부개정 2006.12.28. 법률 제8101호
최종개정 2016.12.20. 법률 제14432호

제1장 총 칙

제1조(목적) 이 법은 저작자의 권리와 이에 인접하는 권리를 보호하고 저작물의 공정한 이용을 도모함으로써 문화 및 관련 산업의 향상발전에 이바지함을 목적으로 한다.

제2조(정의) 이 법에서 사용하는 용어의 뜻은 다음과 같다.

1. "저작물"은 인간의 사상 또는 감정을 표현한 창작물을 말한다.
2. "저작자"는 저작물을 창작한 자를 말한다.
3. "공연"은 저작물 또는 실연·음반·방송을 상연·연주·가창·구연·낭독·상영·재생 그 밖의 방법으로 공중에게 공개하는 것을 말하며, 동일인의 점유에 속하는 연결된 장소 안에서 이루어지는 송신(전송을 제외한다)을 포함한다.
4. "실연자"는 저작물을 연기·무용·연주·가창·구연·낭독 그 밖의 예능적 방법으로 표현하거나 저작물이 아닌 것을 이와 유사한 방법으로 표현하는 실연을 하는 자를 말하며, 실연을 지휘, 연출 또는 감독하는 자를 포함한다.
5. "음반"은 음(음성·음향을 말한다. 이하 같다)이 유형물에 고정된 것(음을 디지털화한 것을 포함한다)을 말한다. 다만, 음이 영상과 함께 고정된 것을 제외한다.
6. "음반제작자"는 음반을 최초로 제작하는 데 있어 전체적으로 기획하고 책임을 지는 자를 말한다.
7. "공중송신"은 저작물, 실연·음반·방송 또는 데이터베이스(이하 "저작물등"이라 한다)를 공중이 수신하거나 접근하게 할 목적으로 무선 또는 유선통신의 방법에 의하여 송신하거나 이용에 제공하는 것을 말한다.
8. "방송"은 공중송신 중 공중이 동시에 수신하게 할 목적으로 음·영상 또는 음과 영상 등을 송신하는 것을 말한다.

8의2. "암호화된 방송 신호"란 방송사업자나 방송사업자의 동의를 받은 자가 정당한 권한 없이 방송(유선 및 위성통신의 방법에 의한 방송에 한한다)을 수신하는 것을 방지하거나 억제하기 위하여 전자적으로 암호화한 방송 신호를 말한다.

9. "방송사업자"는 방송을 업으로 하는 자를 말한다.

10. "전송(傳送)"은 공중송신 중 공중의 구성원이 개별적으로 선택한 시간과 장소에서 접근할 수 있도록 저작물 등을 이용에 제공하는 것을 말하며, 그에 따라 이루어지는 송신을 포함한다.

11. "디지털음성송신"은 공중송신 중 공중으로 하여금 동시에 수신하게 할 목적으로 공중의 구성원의 요청에 의하여 개시되는 디지털 방식의 음의 송신을 말하며, 전송을 제외한다.

12. "디지털음성송신사업자"는 디지털음성송신을 업으로 하는 자를 말한다.

13. "영상저작물"은 연속적인 영상(음의 수반여부는 가리지 아니한다)이 수록된 창작물로서 그 영상을 기계 또는 전자장치에 의하여 재생하여 볼 수 있거나 보고 들을 수 있는 것을 말한다.

14. "영상제작자"는 영상저작물의 제작에 있어 그 전체를 기획하고 책임을 지는 자를 말한다.

15. "응용미술저작물"은 물품에 동일한 형상으로 복제될 수 있는 미술저작물로서 그 이용된 물품과 구분되어 독자성을 인정할 수 있는 것을 말하며, 디자인 등을 포함한다.

16. "컴퓨터프로그램저작물"은 특정한 결과를 얻기 위하여 컴퓨터 등 정보처리능력을 가진 장치(이하 "컴퓨터"라 한다) 내에서 직접 또는 간접으로 사용되는 일련의 지시·명령으로 표현된 창작물을 말한다.

17. "편집물"은 저작물이나 부호·문자·음·영상 그 밖의 형태의 자료(이하 "소재"라 한다)의 집합물을 말하며, 데이터베이스를 포함한다.

18. "편집저작물"은 편집물로서 그 소재의 선택·배열 또는 구성에 창작성이 있는 것을 말한다.

19. "데이터베이스"는 소재를 체계적으로 배열 또는 구성한 편집물로서 개별적으로 그 소재에 접근하거나 그 소재를 검색할 수 있도록 한 것을 말한다.

20. "데이터베이스제작자"는 데이터베이스의 제작 또는 그 소재의 갱신·검증 또는 보충(이하 "갱신 등"이라 한다)에 인적 또는 물적으로 상당한 투자를 한 자를 말한다.

21. "공동저작물"은 2인 이상이 공동으로 창작한 저작물로서 각자의 이바지한 부분을 분리하여 이용할 수 없는 것을 말한다.

22. "복제"는 인쇄·사진촬영·복사·녹음·녹화 그 밖의 방법으로 일시적 또는 영구적으로 유형물에 고정하거나 다시 제작하는 것을 말하며, 건축물의 경우에는 그 건축을 위한 모형 또는 설계도서에 따라 이를 시공하는 것을 포함한다.

23. "배포"는 저작물 등의 원본 또는 그 복제물을 공중에게 대가를 받거나 받지 아니하고 양도 또는 대여하는 것을 말한다.

24. "발행"은 저작물 또는 음반을 공중의

수요를 충족시키기 위하여 복제 · 배포하는 것을 말한다.

25. "공표"는 저작물을 공연, 공중송신 또는 전시 그 밖의 방법으로 공중에게 공개하는 경우와 저작물을 발행하는 경우를 말한다.
26. "저작권신탁관리업"은 저작재산권자, 배타적 발행권자, 출판권자, 저작인접권자 또는 데이터베이스제작자의 권리를 가진 자를 위하여 그 권리를 신탁받아 이를 지속적으로 관리하는 업을 말하며, 저작물 등의 이용과 관련하여 포괄적으로 대리하는 경우를 포함한다.
27. "저작권대리중개업"은 저작재산권자, 배타적 발행권자, 출판권자, 저작인접권자 또는 데이터베이스제작자의 권리를 가진 자를 위하여 그 권리의 이용에 관한 대리 또는 중개행위를 하는 업을 말한다.
28. "기술적 보호조치"란 다음 각 목의 어느 하나에 해당하는 조치를 말한다.
    가. 저작권, 그 밖에 이 법에 따라 보호되는 권리의 행사와 관련하여 이 법에 따라 보호되는 저작물 등에 대한 접근을 효과적으로 방지하거나 억제하기 위하여 그 권리자나 권리자의 동의를 받은 자가 적용하는 기술적 조치
    나. 저작권, 그 밖에 이 법에 따라 보호되는 권리에 대한 침해 행위를 효과적으로 방지하거나 억제하기 위하여 그 권리자나 권리자의 동의를 받은 자가 적용하는 기술적 조치
29. "권리관리정보"는 다음 각 목의 어느 하나에 해당하는 정보나 그 정보를 나타내는 숫자 또는 부호로서 각 정보가 저작권, 그 밖에 이 법에 따라 보호되는 권리에 의하여 보호되는 저작물 등의 원본이나 그 복제물에 부착되거나 그 공연 · 실행 또는 공중송신에 수반되는 것을 말한다.
    가. 저작물 등을 식별하기 위한 정보
    나. 저작권, 그 밖에 이 법에 따라 보호되는 권리를 가진 자를 식별하기 위한 정보
    다. 저작물 등의 이용 방법 및 조건에 관한 정보
30. "온라인서비스제공자"란 다음 각 목의 어느 하나에 해당하는 자를 말한다.
    가. 이용자가 선택한 저작물 등을 그 내용의 수정 없이 이용자가 지정한 지점 사이에서 정보통신망(「정보통신망 이용촉진 및 정보보호 등에 관한 법률」 제2조 제1항 제1호의 정보통신망을 말한다. 이하 같다)을 통하여 전달하기 위하여 송신하거나 경로를 지정하거나 연결을 제공하는 자
    나. 이용자들이 정보통신망에 접속하거나 정보통신망을 통하여 저작물 등을 복제 · 전송할 수 있도록 서비스를 제공하거나 그를 위한 설비를 제공 또는 운영하는 자
31. "업무상저작물"은 법인 · 단체 그 밖의 사용자(이하 "법인 등"이라 한다)의 기획하에 법인 등의 업무에 종사하는 자가 업무상 작성하는 저작물을 말한다.
32. "공중"은 불특정 다수인(특정 다수인을 포함한다)을 말한다.
33. "인증"은 저작물 등의 이용허락 등을 위하여 정당한 권리자임을 증명하는

것을 말한다.

34. "프로그램코드역분석"은 독립적으로 창작된 컴퓨터프로그램저작물과 다른 컴퓨터프로그램과의 호환에 필요한 정보를 얻기 위하여 컴퓨터프로그램저작물코드를 복제 또는 변환하는 것을 말한다.

35. "라벨"이란 그 복제물이 정당한 권한에 따라 제작된 것임을 나타내기 위하여 저작물 등의 유형적 복제물·포장 또는 문서에 부착·동봉 또는 첨부되거나 그러한 목적으로 고안된 표지를 말한다.

36. "영화상영관 등"이란 영화상영관, 시사회장, 그 밖에 공중에게 영상저작물을 상영하는 장소로서 상영자에 의하여 입장이 통제되는 장소를 말한다.

제2조의2(저작권 보호에 관한 시책 수립 등) ① 문화체육관광부장관은 이 법의 목적을 달성하기 위하여 다음 각 호의 시책을 수립·시행할 수 있다.

1. 저작권의 보호 및 저작물의 공정한 이용 환경 조성을 위한 기본 정책에 관한 사항
2. 저작권 인식 확산을 위한 교육 및 홍보에 관한 사항
3. 저작물 등의 권리관리정보 및 기술적 보호조치의 정책에 관한 사항

② 제1항에 따른 시책의 수립·시행에 필요한 사항은 대통령령으로 정한다.

제3조(외국인의 저작물) ① 외국인의 저작물은 대한민국이 가입 또는 체결한 조약에 따라 보호된다.

② 대한민국 내에 상시 거주하는 외국인(무국적자 및 대한민국 내에 주된 사무소가 있는 외국법인을 포함한다)의 저작물과 맨 처음 대한민국 내에서 공표된 외국인의 저작물(외국에서 공표된 날로부터 30일 이내에 대한민국 내에서 공표된 저작물을 포함한다)은 이 법에 따라 보호된다.

③ 제1항 및 제2항에 따라 보호되는 외국인(대한민국 내에 상시 거주하는 외국인 및 무국적자는 제외한다. 이하 이 조에서 같다)의 저작물이라도 그 외국에서 대한민국 국민의 저작물을 보호하지 아니하는 경우에는 그에 상응하게 조약 및 이 법에 따른 보호를 제한할 수 있다.

④ 제1항 및 제2항에 따라 보호되는 외국인의 저작물이라도 그 외국에서 보호기간이 만료된 경우에는 이 법에 따른 보호기간을 인정하지 아니한다.

제2장 저작권

제1절 저작물

제4조(저작물의 예시 등) ① 이 법에서 말하는 저작물을 예시하면 다음과 같다.

1. 소설·시·논문·강연·연설·각본 그 밖의 어문저작물
2. 음악저작물
3. 연극 및 무용·무언극 그 밖의 연극저작물
4. 회화·서예·조각·판화·공예·응용미술저작물 그 밖의 미술저작물
5. 건축물·건축을 위한 모형 및 설계도서 그 밖의 건축저작물
6. 사진저작물(이와 유사한 방법으로 제작된 것을 포함한다)
7. 영상저작물

8. 지도·도표·설계도·약도·모형 그 밖의 도형저작물
9. 컴퓨터프로그램저작물
② 삭제

제5조(2차적 저작물) ① 원저작물을 번역·편곡·변형·각색·영상제작 그 밖의 방법으로 작성한 창작물(이하 "2차적 저작물"이라 한다)은 독자적인 저작물로서 보호된다.
② 2차적 저작물의 보호는 그 원저작물의 저작자의 권리에 영향을 미치지 아니한다.

제6조(편집저작물) ① 편집저작물은 독자적인 저작물로서 보호된다.
② 편집저작물의 보호는 그 편집저작물의 구성부분이 되는 소재의 저작권 그 밖에 이 법에 따라 보호되는 권리에 영향을 미치지 아니한다.

제7조(보호받지 못하는 저작물) 다음 각 호의 어느 하나에 해당하는 것은 이 법에 의한 보호를 받지 못한다.
1. 헌법·법률·조약·명령·조례 및 규칙
2. 국가 또는 지방자치단체의 고시·공고·훈령 그 밖에 이와 유사한 것
3. 법원의 판결·결정·명령 및 심판이나 행정심판절차 그 밖에 이와 유사한 절차에 의한 의결·결정 등
4. 국가 또는 지방자치단체가 작성한 것으로서 제1호 내지 제3호에 규정된 것의 편집물 또는 번역물
5. 사실의 전달에 불과한 시사보도

제2절 저작자

제8조(저작자 등의 추정) ① 다음 각 호의 어느 하나에 해당하는 자는 저작자로서 그 저작물에 대한 저작권을 가지는 것으로 추정한다.
1. 저작물의 원본이나 그 복제물에 저작자로서의 실명 또는 이명(예명·아호·약칭 등을 말한다. 이하 같다)으로서 널리 알려진 것이 일반적인 방법으로 표시된 자
2. 저작물을 공연 또는 공중송신하는 경우에 저작자로서의 실명 또는 저작자의 널리 알려진 이명으로서 표시된 자
② 제1항 각 호의 어느 하나에 해당하는 저작자의 표시가 없는 저작물의 경우에는 발행자·공연자 또는 공표자로 표시된 자가 저작권을 가지는 것으로 추정한다.

제9조(업무상저작물의 저작자) 법인 등의 명의로 공표되는 업무상저작물의 저작자는 계약 또는 근무규칙 등에 다른 정함이 없는 때에는 그 법인 등이 된다. 다만, 컴퓨터프로그램저작물(이하 "프로그램"이라 한다)의 경우 공표될 것을 요하지 아니한다.

제10조(저작권) ① 저작자는 제11조 내지 제13조의 규정에 따른 권리(이하 "저작인격권"이라 한다)와 제16조 내지 제22조의 규정에 따른 권리(이하 "저작재산권"이라 한다)를 가진다.
② 저작권은 저작물을 창작한 때부터 발생하며 어떠한 절차나 형식의 이행을 필요로 하지 아니한다.

제3절 저작인격권

제11조(공표권) ① 저작자는 그의 저작물을 공표하거나 공표하지 아니할 것을 결정

할 권리를 가진다.

② 저작자가 공표되지 아니한 저작물의 저작재산권을 제45조에 따른 양도, 제46조에 따른 이용허락, 제57조에 따른 배타적 발행권의 설정 또는 제63조에 따른 출판권의 설정을 한 경우에는 그 상대방에게 저작물의 공표를 동의한 것으로 추정한다.

③ 저작자가 공표되지 아니한 미술저작물·건축저작물 또는 사진저작물(이하 "미술저작물 등"이라 한다)의 원본을 양도한 경우에는 그 상대방에게 저작물의 원본의 전시방식에 의한 공표를 동의한 것으로 추정한다.

④ 원저작자의 동의를 얻어 작성된 2차적저작물 또는 편집저작물이 공표된 경우에는 그 원저작물도 공표된 것으로 본다.

⑤ 공표하지 아니한 저작물을 저작자가 제31조의 도서관 등에 기증한 경우 별도의 의사를 표시하지 않는 한 기증한 때에 공표에 동의한 것으로 추정한다.

제12조(성명표시권) ① 저작자는 저작물의 원본이나 그 복제물에 또는 저작물의 공표 매체에 그의 실명 또는 이명을 표시할 권리를 가진다.

② 저작물을 이용하는 자는 그 저작자의 특별한 의사표시가 없는 때에는 저작자가 그의 실명 또는 이명을 표시한 바에 따라 이를 표시하여야 한다. 다만, 저작물의 성질이나 그 이용의 목적 및 형태 등에 비추어 부득이하다고 인정되는 경우에는 그러하지 아니하다.

제13조(동일성유지권) ① 저작자는 그의 저작물의 내용·형식 및 제호의 동일성을 유지할 권리를 가진다.

② 저작자는 다음 각 호의 어느 하나에 해당하는 변경에 대하여는 이의(異議)할 수 없다. 다만, 본질적인 내용의 변경은 그러하지 아니하다.

1. 제25조의 규정에 따라 저작물을 이용하는 경우에 학교교육 목적상 부득이하다고 인정되는 범위 안에서의 표현의 변경
2. 건축물의 증축·개축 그 밖의 변형
3. 특정한 컴퓨터 외에는 이용할 수 없는 프로그램을 다른 컴퓨터에 이용할 수 있도록 하기 위하여 필요한 범위에서의 변경
4. 프로그램을 특정한 컴퓨터에 보다 효과적으로 이용할 수 있도록 하기 위하여 필요한 범위에서의 변경
5. 그 밖에 저작물의 성질이나 그 이용의 목적 및 형태 등에 비추어 부득이하다고 인정되는 범위 안에서의 변경

제14조(저작인격권의 일신전속성) ① 저작인격권은 저작자 일신에 전속한다.

② 저작자의 사망 후에 그의 저작물을 이용하는 자는 저작자가 생존하였더라면 그 저작인격권의 침해가 될 행위를 하여서는 아니 된다. 다만, 그 행위의 성질 및 정도에 비추어 사회통념상 그 저작자의 명예를 훼손하는 것이 아니라고 인정되는 경우에는 그러하지 아니하다.

제15조(공동저작물의 저작인격권) ① 공동저작물의 저작인격권은 저작자 전원의 합의에 의하지 아니하고는 이를 행사할 수 없다. 이 경우 각 저작자는 신의에 반하여 합의의 성립을 방해할 수 없다.

② 공동저작물의 저작자는 그들 중에서 저작인격권을 대표하여 행사할 수 있는 자를 정할 수 있다.

③ 제2항의 규정에 따라 권리를 대표하여

행사하는 자의 대표권에 가하여진 제한이 있을 때에 그 제한은 선의의 제3자에게 대항할 수 없다.

제4절 저작재산권

제1관 저작재산권의 종류

제16조(복제권) 저작자는 그의 저작물을 복제할 권리를 가진다.

제17조(공연권) 저작자는 그의 저작물을 공연할 권리를 가진다.

제18조(공중송신권) 저작자는 그의 저작물을 공중송신할 권리를 가진다.

제19조(전시권) 저작자는 미술저작물 등의 원본이나 그 복제물을 전시할 권리를 가진다.

제20조(배포권) 저작자는 저작물의 원본이나 그 복제물을 배포할 권리를 가진다. 다만, 저작물의 원본이나 그 복제물이 해당 저작재산권자의 허락을 받아 판매 등의 방법으로 거래에 제공된 경우에는 그러하지 아니하다.

제21조(대여권) 제20조 단서에도 불구하고 저작자는 상업적 목적으로 공표된 음반(이하 "상업용 음반"이라 한다)이나 상업적 목적으로 공표된 프로그램을 영리를 목적으로 대여할 권리를 가진다.

제22조(2차적 저작물 작성권) 저작자는 그의 저작물을 원저작물로 하는 2차적 저작물을 작성하여 이용할 권리를 가진다.

제2관 저작재산권의 제한

제23조(재판절차 등에서의 복제) 재판절차를 위하여 필요한 경우이거나 입법·행정의 목적을 위한 내부자료로서 필요한 경우에는 그 한도 안에서 저작물을 복제할 수 있다. 다만, 그 저작물의 종류와 복제의 부수 및 형태 등에 비추어 당해 저작재산권자의 이익을 부당하게 침해하는 경우에는 그러하지 아니하다.

제24조(정치적 연설 등의 이용) 공개적으로 행한 정치적 연설 및 법정·국회 또는 지방의회에서 공개적으로 행한 진술은 어떠한 방법으로도 이용할 수 있다. 다만, 동일한 저작자의 연설이나 진술을 편집하여 이용하는 경우에는 그러하지 아니하다.

제24조의2(공공저작물의 자유이용) ① 국가 또는 지방자치단체가 업무상 작성하여 공표한 저작물이나 계약에 따라 저작재산권의 전부를 보유한 저작물은 허락 없이 이용할 수 있다. 다만, 저작물이 다음 각 호의 어느 하나에 해당하는 경우에는 그러하지 아니하다.

1. 국가안전보장에 관련되는 정보를 포함하는 경우
2. 개인의 사생활 또는 사업상 비밀에 해당하는 경우
3. 다른 법률에 따라 공개가 제한되는 정보를 포함하는 경우
4. 제112조에 따른 한국저작권위원회에 등록된 저작물로서 「국유재산법」에 따른 국유재산 또는 「공유재산 및 물품 관리법」에 따른 공유재산으로 관리되는 경우

② 국가는 「공공기관의 운영에 관한 법률」 제4조에 따른 공공기관이 업무상 작성하여 공표한 저작물이나 계약에 따라 저작재산권의 전부를 보유한 저작물의 이용을 활성화하기 위하여 대통령령으로 정하는 바에 따라 공공저작물 이용활성화 시책을 수립·시행할 수 있다.

③ 국가 또는 지방자치단체는 제1항 제4호의 공공저작물 중 자유로운 이용을 위하여 필요하다고 인정하는 경우 「국유재산법」 또는 「공유재산 및 물품 관리법」에도 불구하고 대통령령으로 정하는 바에 따라 사용하게 할 수 있다.

제25조(학교교육 목적 등에의 이용) ① 고등학교 및 이에 준하는 학교 이하의 학교의 교육 목적상 필요한 교과용도서에는 공표된 저작물을 게재할 수 있다.

② 특별법에 따라 설립되었거나 「유아교육법」, 「초·중등교육법」 또는 「고등교육법」에 따른 학교, 국가나 지방자치단체가 운영하는 교육기관 및 이들 교육기관의 수업을 지원하기 위하여 국가나 지방자치단체에 소속된 교육지원기관은 그 수업 또는 지원 목적상 필요하다고 인정되는 경우에는 공표된 저작물의 일부분을 복제·배포·공연·전시 또는 공중송신할 수 있다. 다만, 저작물의 성질이나 그 이용의 목적 및 형태 등에 비추어 저작물의 전부를 이용하는 것이 부득이한 경우에는 전부를 이용할 수 있다.

③ 제2항의 규정에 따른 교육기관에서 교육을 받는 자는 수업목적상 필요하다고 인정되는 경우에는 제2항의 범위 내에서 공표된 저작물을 복제하거나 전송할 수 있다.

④ 제1항 및 제2항에 따라 저작물을 이용하려는 자는 문화체육관광부장관이 정하여 고시하는 기준에 따른 보상금을 해당 저작재산권자에게 지급하여야 한다. 다만, 고등학교 및 이에 준하는 학교 이하의 학교에서 제2항에 따른 복제·배포·공연·방송 또는 전송을 하는 경우에는 보상금을 지급하지 아니한다.

⑤ 제4항의 규정에 따른 보상을 받을 권리는 다음 각 호의 요건을 갖춘 단체로서 문화체육관광부장관이 지정하는 단체를 통하여 행사되어야 한다. 문화체육관광부장관이 그 단체를 지정할 때에는 미리 그 단체의 동의를 얻어야 한다.

1. 대한민국 내에서 보상을 받을 권리를 가진 자(이하 "보상권리자"라 한다)로 구성된 단체
2. 영리를 목적으로 하지 아니할 것
3. 보상금의 징수 및 분배 등의 업무를 수행하기에 충분한 능력이 있을 것

⑥ 제5항의 규정에 따른 단체는 그 구성원이 아니라도 보상권리자로부터 신청이 있을 때에는 그 자를 위하여 그 권리행사를 거부할 수 없다. 이 경우 그 단체는 자기의 명의로 그 권리에 관한 재판상 또는 재판 외의 행위를 할 권한을 가진다.

⑦ 문화체육관광부장관은 제5항의 규정에 따른 단체가 다음 각 호의 어느 하나에 해당하는 경우에는 그 지정을 취소할 수 있다.

1. 제5항의 규정에 따른 요건을 갖추지 못한 때
2. 보상관계 업무규정을 위배한 때
3. 보상관계 업무를 상당한 기간 휴지하여 보상권리자의 이익을 해할 우려가 있을 때

⑧ 제5항의 규정에 따른 단체는 보상금 분배 공고를 한 날부터 3년이 경과한 미분배 보상금에 대하여 문화체육관광부장관의 승인을 얻어 공익목적을 위하여 사용할 수 있다.

⑨ 제5항·제7항 및 제8항의 규정에 따른 단체의 지정과 취소 및 업무규정, 보상금 분배 공고, 미분배 보상금의 공익목

적 사용 승인 등에 관하여 필요한 사항은 대통령령으로 정한다.

⑩ 제2항의 규정에 따라 교육기관이 전송을 하는 경우에는 저작권 그 밖에 이 법에 의하여 보호되는 권리의 침해를 방지하기 위하여 복제방지조치 등 대통령령이 정하는 필요한 조치를 하여야 한다.

제26조(시사보도를 위한 이용) 방송·신문 그 밖의 방법에 의하여 시사보도를 하는 경우에 그 과정에서 보이거나 들리는 저작물은 보도를 위한 정당한 범위 안에서 복제·배포·공연 또는 공중송신할 수 있다.

제27조(시사적인 기사 및 논설의 복제 등) 정치·경제·사회·문화·종교에 관하여 「신문 등의 진흥에 관한 법률」 제2조의 규정에 따른 신문 및 인터넷신문 또는 「뉴스통신진흥에 관한 법률」 제2조의 규정에 따른 뉴스통신에 게재된 시사적인 기사나 논설은 다른 언론기관이 복제·배포 또는 방송할 수 있다. 다만, 이용을 금지하는 표시가 있는 경우에는 그러하지 아니하다.

제28조(공표된 저작물의 인용) 공표된 저작물은 보도·비평·교육·연구 등을 위하여는 정당한 범위 안에서 공정한 관행에 합치되게 이를 인용할 수 있다.

제29조(영리를 목적으로 하지 아니하는 공연·방송) ① 영리를 목적으로 하지 아니하고 청중이나 관중 또는 제3자로부터 어떤 명목으로든지 반대급부를 받지 아니하는 경우에는 공표된 저작물을 공연(상업용 음반 또는 상업적 목적으로 공표된 영상저작물을 재생하는 경우를 제외한다) 또는 방송할 수 있다. 다만, 실연자에게 통상의 보수를 지급하는 경우에는 그러하지 아니하다.

② 청중이나 관중으로부터 당해 공연에 대한 반대급부를 받지 아니하는 경우에는 상업용 음반 또는 상업적 목적으로 공표된 영상저작물을 재생하여 공중에게 공연할 수 있다. 다만, 대통령령이 정하는 경우에는 그러하지 아니하다.

제30조(사적 이용을 위한 복제) 공표된 저작물을 영리를 목적으로 하지 아니하고 개인적으로 이용하거나 가정 및 이에 준하는 한정된 범위 안에서 이용하는 경우에는 그 이용자는 이를 복제할 수 있다. 다만, 공중의 사용에 제공하기 위하여 설치된 복사기기에 의한 복제는 그러하지 아니하다.

제31조(도서관 등에서의 복제 등) ① 「도서관법」에 따른 도서관과 도서·문서·기록 그 밖의 자료(이하 "도서 등"이라 한다)를 공중의 이용에 제공하는 시설 중 대통령령이 정하는 시설(당해 시설의 장을 포함한다. 이하 "도서관 등"이라 한다)은 다음 각 호의 어느 하나에 해당하는 경우에는 그 도서관 등에 보관된 도서 등(제1호의 경우에는 제3항의 규정에 따라 당해 도서관 등이 복제·전송받은 도서 등을 포함한다)을 사용하여 저작물을 복제할 수 있다. 다만, 제1호 및 제3호의 경우에는 디지털 형태로 복제할 수 없다.

1. 조사·연구를 목적으로 하는 이용자의 요구에 따라 공표된 도서 등의 일부분의 복제물을 1인 1부에 한하여 제공하는 경우
2. 도서 등의 자체보존을 위하여 필요한 경우
3. 다른 도서관 등의 요구에 따라 절판 그 밖에 이에 준하는 사유로 구하기 어려

운 도서 등의 복제물을 보존용으로 제공하는 경우

② 도서관 등은 컴퓨터를 이용하여 이용자가 그 도서관 등의 안에서 열람할 수 있도록 보관된 도서 등을 복제하거나 전송할 수 있다. 이 경우 동시에 열람할 수 있는 이용자의 수는 그 도서관 등에서 보관하고 있거나 저작권 그 밖에 이 법에 따라 보호되는 권리를 가진 자로부터 이용허락을 받은 그 도서 등의 부수를 초과할 수 없다.

③ 도서관 등은 컴퓨터를 이용하여 이용자가 다른 도서관 등의 안에서 열람할 수 있도록 보관된 도서 등을 복제하거나 전송할 수 있다. 다만, 그 전부 또는 일부가 판매용으로 발행된 도서 등은 그 발행일로부터 5년이 경과하지 아니한 경우에는 그러하지 아니하다.

④ 도서관 등은 제1항 제2호의 규정에 따른 도서 등의 복제 및 제2항과 제3항의 규정에 따른 도서 등의 복제의 경우에 그 도서 등이 디지털 형태로 판매되고 있는 때에는 그 도서 등을 디지털 형태로 복제할 수 없다.

⑤ 도서관 등은 제1항 제1호의 규정에 따라 디지털 형태의 도서 등을 복제하는 경우 및 제3항의 규정에 따라 도서 등을 다른 도서관 등의 안에서 열람할 수 있도록 복제하거나 전송하는 경우에는 문화체육관광부장관이 정하여 고시하는 기준에 의한 보상금을 당해 저작재산권자에게 지급하여야 한다. 다만, 국가, 지방자치단체 또는 「고등교육법」 제2조의 규정에 따른 학교를 저작재산권자로 하는 도서 등(그 전부 또는 일부가 판매용으로 발행된 도서 등을 제외한다)의 경우에는 그러하지 아니하다.

⑥ 제25조 제5항 내지 제9항의 규정은 제5항의 보상금의 지급 등에 관하여 준용한다.

⑦ 제1항 내지 제3항의 규정에 따라 도서 등을 디지털 형태로 복제하거나 전송하는 경우에 도서관 등은 저작권 그 밖에 이 법에 따라 보호되는 권리의 침해를 방지하기 위하여 복제방지조치 등 대통령령이 정하는 필요한 조치를 하여야 한다.

⑧ 「도서관법」 제20조의2에 따라 국립중앙도서관이 온라인 자료의 보존을 위하여 수집하는 경우에는 해당 자료를 복제할 수 있다.

제32조(시험문제로서의 복제) 학교의 입학시험 그 밖에 학식 및 기능에 관한 시험 또는 검정을 위하여 필요한 경우에는 그 목적을 위하여 정당한 범위에서 공표된 저작물을 복제·배포할 수 있다. 다만, 영리를 목적으로 하는 경우에는 그러하지 아니하다.

제33조(시각장애인 등을 위한 복제 등) ① 공표된 저작물은 시각장애인 등을 위하여 점자로 복제·배포할 수 있다.

② 시각장애인 등의 복리증진을 목적으로 하는 시설 중 대통령령이 정하는 시설(당해 시설의 장을 포함한다)은 영리를 목적으로 하지 아니하고 시각장애인 등의 이용에 제공하기 위하여 공표된 어문저작물을 녹음하거나 대통령령으로 정하는 시각장애인 등을 위한 전용 기록방식으로 복제·배포 또는 전송할 수 있다.

③ 제1항 및 제2항의 규정에 따른 시각장애인 등의 범위는 대통령령으로 정한다.

제33조의2(청각장애인 등을 위한 복제 등) ① 누구든지 청각장애인 등을 위하여 공

표된 저작물을 한국수어로 변환할 수 있고, 이러한 한국수어를 복제·배포·공연 또는 공중송신할 수 있다.

② 청각장애인 등의 복리증진을 목적으로 하는 시설 중 대통령령으로 정하는 시설(해당 시설의 장을 포함한다)은 영리를 목적으로 하지 아니하고 청각장애인 등의 이용에 제공하기 위하여 필요한 범위에서 공표된 저작물 등에 포함된 음성 및 음향 등을 자막 등 청각장애인이 인지할 수 있는 방식으로 변환할 수 있고, 이러한 자막 등을 청각장애인 등이 이용할 수 있도록 복제·배포·공연 또는 공중송신할 수 있다.

③ 제1항 및 제2항에 따른 청각장애인 등의 범위는 대통령령으로 정한다.

제34조(방송사업자의 일시적 녹음·녹화) ① 저작물을 방송할 권한을 가지는 방송사업자는 자신의 방송을 위하여 자체의 수단으로 저작물을 일시적으로 녹음하거나 녹화할 수 있다.

② 제1항의 규정에 따라 만들어진 녹음물 또는 녹화물은 녹음일 또는 녹화일로부터 1년을 초과하여 보존할 수 없다. 다만, 그 녹음물 또는 녹화물이 기록의 자료로서 대통령령이 정하는 장소에 보존되는 경우에는 그러하지 아니하다.

제35조(미술저작물 등의 전시 또는 복제) ① 미술저작물 등의 원본의 소유자나 그의 동의를 얻은 자는 그 저작물을 원본에 의하여 전시할 수 있다. 다만, 가로·공원·건축물의 외벽 그 밖에 공중에게 개방된 장소에 항시 전시하는 경우에는 그러하지 아니하다.

② 제1항 단서의 규정에 따른 개방된 장소에 항시 전시되어 있는 미술저작물 등은 어떠한 방법으로든지 이를 복제하여 이용할 수 있다. 다만, 다음 각 호의 어느 하나에 해당하는 경우에는 그러하지 아니하다.

1. 건축물을 건축물로 복제하는 경우
2. 조각 또는 회화를 조각 또는 회화로 복제하는 경우
3. 제1항 단서의 규정에 따른 개방된 장소 등에 항시 전시하기 위하여 복제하는 경우
4. 판매의 목적으로 복제하는 경우

③ 제1항의 규정에 따라 전시를 하는 자 또는 미술저작물 등의 원본을 판매하고자 하는 자는 그 저작물의 해설이나 소개를 목적으로 하는 목록 형태의 책자에 이를 복제하여 배포할 수 있다.

④ 위탁에 의한 초상화 또는 이와 유사한 사진저작물의 경우에는 위탁자의 동의가 없는 때에는 이를 이용할 수 없다.

제35조의2(저작물 이용과정에서의 일시적 복제) 컴퓨터에서 저작물을 이용하는 경우에는 원활하고 효율적인 정보처리를 위하여 필요하다고 인정되는 범위 안에서 그 저작물을 그 컴퓨터에 일시적으로 복제할 수 있다. 다만, 그 저작물의 이용이 저작권을 침해하는 경우에는 그러하지 아니하다.

제35조의3(저작물의 공정한 이용) ① 제23조부터 제35조의2까지, 제101조의3부터 제101조의5까지의 경우 외에 저작물의 통상적인 이용 방법과 충돌하지 아니하고 저작자의 정당한 이익을 부당하게 해치지 아니하는 경우에는 저작물을 이용할 수 있다.

② 저작물 이용 행위가 제1항에 해당하는지를 판단할 때에는 다음 각 호의 사항

등을 고려하여야 한다.

1. 이용의 목적 및 성격
2. 저작물의 종류 및 용도
3. 이용된 부분이 저작물 전체에서 차지하는 비중과 그 중요성
4. 저작물의 이용이 그 저작물의 현재 시장 또는 가치나 잠재적인 시장 또는 가치에 미치는 영향

제36조(번역 등에 의한 이용) ① 제24조의2, 제25조, 제29조, 제30조 또는 제35조의3에 따라 저작물을 이용하는 경우에는 그 저작물을 번역·편곡 또는 개작하여 이용할 수 있다.

② 제23조·제24조·제26조·제27조·제28조·제32조·제33조 또는 제33조의2에 따라 저작물을 이용하는 경우에는 그 저작물을 번역하여 이용할 수 있다.

제37조(출처의 명시) ① 이 관에 따라 저작물을 이용하는 자는 그 출처를 명시하여야 한다. 다만, 제26조, 제29조부터 제32조까지, 제34조 및 제35조의2의 경우에는 그러하지 아니하다.

② 출처의 명시는 저작물의 이용 상황에 따라 합리적이라고 인정되는 방법으로 하여야 하며, 저작자의 실명 또는 이명이 표시된 저작물인 경우에는 그 실명 또는 이명을 명시하여야 한다.

제37조의2(적용 제외) 프로그램에 대하여는 제23조·제25조·제30조 및 제32조를 적용하지 아니한다.

제38조(저작인격권과의 관계) 이 관 각 조의 규정은 저작인격권에 영향을 미치는 것으로 해석되어서는 아니 된다.

제3관 저작재산권의 보호기간

제39조(보호기간의 원칙) ① 저작재산권은 이 관에 특별한 규정이 있는 경우를 제외하고는 저작자가 생존하는 동안과 사망한 후 70년간 존속한다.

② 공동저작물의 저작재산권은 맨 마지막으로 사망한 저작자가 사망한 후 70년간 존속한다.

제40조(무명 또는 이명 저작물의 보호기간) ① 무명 또는 널리 알려지지 아니한 이명이 표시된 저작물의 저작재산권은 공표된 때부터 70년간 존속한다. 다만, 이 기간 내에 저작자가 사망한 지 70년이 지났다고 인정할 만한 정당한 사유가 발생한 경우에는 그 저작재산권은 저작자가 사망한 후 70년이 지났다고 인정되는 때에 소멸한 것으로 본다.

② 다음 각 호의 어느 하나에 해당하는 경우에는 제1항의 규정은 이를 적용하지 아니한다.

1. 제1항의 기간 이내에 저작자의 실명 또는 널리 알려진 이명이 밝혀진 경우
2. 제1항의 기간 이내에 제53조 제1항의 규정에 따른 저작자의 실명등록이 있는 경우

제41조(업무상저작물의 보호기간) 업무상저작물의 저작재산권은 공표한 때부터 70년간 존속한다. 다만, 창작한 때부터 50년 이내에 공표되지 아니한 경우에는 창작한 때부터 70년간 존속한다.

제42조(영상저작물의 보호기간) 영상저작물의 저작재산권은 제39조 및 제40조에도 불구하고 공표한 때부터 70년간 존속한다. 다만, 창작한 때부터 50년 이내에 공표되지 아니한 경우에는 창작한 때부터 70년간 존속한다.

제43조(계속적간행물 등의 공표시기) ① 제40조 제1항 또는 제41조에 따른 공표시

기는 책·호 또는 회 등으로 공표하는 저작물의 경우에는 매책·매호 또는 매회 등의 공표 시로 하고, 일부분씩 순차적으로 공표하여 완성하는 저작물의 경우에는 최종부분의 공표 시로 한다.

② 일부분씩 순차적으로 공표하여 전부를 완성하는 저작물의 계속되어야 할 부분이 최근의 공표시기부터 3년이 경과되어도 공표되지 아니하는 경우에는 이미 공표된 맨 뒤의 부분을 제1항의 규정에 따른 최종부분으로 본다.

제44조(보호기간의 기산) 이 관에 규정된 저작재산권의 보호기간을 계산하는 경우에는 저작자가 사망하거나 저작물을 창작 또는 공표한 다음 해부터 기산한다.

제4관 저작재산권의 양도·행사·소멸

제45조(저작재산권의 양도) ① 저작재산권은 전부 또는 일부를 양도할 수 있다.

② 저작재산권의 전부를 양도하는 경우에 특약이 없는 때에는 제22조에 따른 2차적 저작물을 작성하여 이용할 권리는 포함되지 아니한 것으로 추정한다. 다만, 프로그램의 경우 특약이 없는 한 2차적 저작물 작성권도 함께 양도된 것으로 추정한다.

제46조(저작물의 이용허락) ① 저작재산권자는 다른 사람에게 그 저작물의 이용을 허락할 수 있다.

② 제1항의 규정에 따라 허락을 받은 자는 허락받은 이용 방법 및 조건의 범위 안에서 그 저작물을 이용할 수 있다.

③ 제1항의 규정에 따른 허락에 의하여 저작물을 이용할 수 있는 권리는 저작재산권자의 동의 없이 제3자에게 이를 양도할 수 없다.

제47조(저작재산권을 목적으로 하는 질권의 행사 등) ① 저작재산권을 목적으로 하는 질권은 그 저작재산권의 양도 또는 그 저작물의 이용에 따라 저작재산권자가 받을 금전 그 밖의 물건(제57조에 따른 배타적 발행권 및 제63조에 따른 출판권 설정의 대가를 포함한다)에 대하여도 행사할 수 있다. 다만, 이들의 지급 또는 인도 전에 이를 압류하여야 한다.

② 질권의 목적으로 된 저작재산권은 설정행위에 특약이 없는 한 저작재산권자가 이를 행사한다.

제48조(공동저작물의 저작재산권의 행사) ① 공동저작물의 저작재산권은 그 저작재산권자 전원의 합의에 의하지 아니하고는 이를 행사할 수 없으며, 다른 저작재산권자의 동의가 없으면 그 지분을 양도하거나 질권의 목적으로 할 수 없다. 이 경우 각 저작재산권자는 신의에 반하여 합의의 성립을 방해하거나 동의를 거부할 수 없다.

② 공동저작물의 이용에 따른 이익은 공동저작자 간에 특약이 없는 때에는 그 저작물의 창작에 이바지한 정도에 따라 각자에게 배분된다. 이 경우 각자의 이바지한 정도가 명확하지 아니한 때에는 균등한 것으로 추정한다.

③ 공동저작물의 저작재산권자는 그 공동저작물에 대한 자신의 지분을 포기할 수 있으며, 포기하거나 상속인 없이 사망한 경우에 그 지분은 다른 저작재산권자에게 그 지분의 비율에 따라 배분된다.

④ 제15조 제2항 및 제3항의 규정은 공동저작물의 저작재산권의 행사에 관하여 준용한다.

제49조(저작재산권의 소멸) 저작재산권이 다

음 각 호의 어느 하나에 해당하는 경우에는 소멸한다.

1. 저작재산권자가 상속인 없이 사망한 경우에 그 권리가 「민법」 그 밖의 법률의 규정에 따라 국가에 귀속되는 경우
2. 저작재산권자인 법인 또는 단체가 해산되어 그 권리가 「민법」 그 밖의 법률의 규정에 따라 국가에 귀속되는 경우

제5절 저작물 이용의 법정허락

제50조(저작재산권자 불명인 저작물의 이용) ① 누구든지 대통령령이 정하는 기준에 해당하는 상당한 노력을 기울였어도 공표된 저작물(외국인의 저작물을 제외한다)의 저작재산권자나 그의 거소를 알 수 없어 그 저작물의 이용허락을 받을 수 없는 경우에는 대통령령이 정하는 바에 따라 문화체육관광부장관의 승인을 얻은 후 문화체육관광부장관이 정하는 기준에 의한 보상금을 공탁하고 이를 이용할 수 있다.

② 제1항의 규정에 따라 저작물을 이용하는 자는 그 뜻과 승인연월일을 표시하여야 한다.

③ 제1항의 규정에 따라 법정허락된 저작물이 다시 법정허락의 대상이 되는 때에는 제1항의 규정에 따른 대통령령이 정하는 기준에 해당하는 상당한 노력의 절차를 생략할 수 있다. 다만, 그 저작물에 대한 법정허락의 승인 이전에 저작재산권자가 대통령령이 정하는 절차에 따라 이의를 제기하는 때에는 그러하지 아니하다.

④ 문화체육관광부장관은 대통령령이 정하는 바에 따라 법정허락 내용을 정보통신망에 게시하여야 한다.

제51조(공표된 저작물의 방송) 공표된 저작물을 공익상 필요에 의하여 방송하고자 하는 방송사업자가 그 저작재산권자와 협의하였으나 협의가 성립되지 아니하는 경우에는 대통령령이 정하는 바에 따라 문화체육관광부장관의 승인을 얻은 후 문화체육관광부장관이 정하는 기준에 의한 보상금을 당해 저작재산권자에게 지급하거나 공탁하고 이를 방송할 수 있다.

제52조(상업용 음반의 제작) 상업용 음반이 우리나라에서 처음으로 판매되어 3년이 경과한 경우 그 음반에 녹음된 저작물을 녹음하여 다른 상업용 음반을 제작하고자 하는 자가 그 저작재산권자와 협의하였으나 협의가 성립되지 아니하는 때에는 대통령령이 정하는 바에 따라 문화체육관광부장관의 승인을 얻은 후 문화체육관광부장관이 정하는 기준에 의한 보상금을 당해 저작재산권자에게 지급하거나 공탁하고 다른 상업용 음반을 제작할 수 있다.

제6절 등록 및 인증

제53조(저작권의 등록) ① 저작자는 다음 각 호의 사항을 등록할 수 있다.

1. 저작자의 실명·이명(공표 당시에 이명을 사용한 경우에 한한다)·국적·주소 또는 거소
2. 저작물의 제호·종류·창작연월일
3. 공표의 여부 및 맨 처음 공표된 국가·공표연월일
4. 그 밖에 대통령령으로 정하는 사항

② 저작자가 사망한 경우 저작자의 특별한 의사표시가 없는 때에는 그의 유언으로 지정한 자 또는 상속인이 제1항 각 호의 규정에 따른 등록을 할 수 있다.

③ 제1항 및 제2항에 따라 저작자로 실명이 등록된 자는 그 등록저작물의 저작자로, 창작연월일 또는 맨 처음의 공표연월일이 등록된 저작물은 등록된 연월일에 창작 또는 맨 처음 공표된 것으로 추정한다. 다만, 저작물을 창작한 때부터 1년이 경과한 후에 창작연월일을 등록한 경우에는 등록된 연월일에 창작된 것으로 추정하지 아니한다.

제54조(권리변동 등의 등록·효력) 다음 각 호의 사항은 이를 등록할 수 있으며, 등록하지 아니하면 제3자에게 대항할 수 없다.

1. 저작재산권의 양도(상속 그 밖의 일반승계의 경우를 제외한다) 또는 처분제한
2. 제57조에 따른 배타적 발행권 또는 제63조에 따른 출판권의 설정·이전·변경·소멸 또는 처분제한
3. 저작재산권, 제57조에 따른 배타적 발행권 및 제63조에 따른 출판권을 목적으로 하는 질권의 설정·이전·변경·소멸 또는 처분제한

제55조(등록의 절차 등) ① 제53조 및 제54조에 따른 등록은 문화체육관광부장관이 저작권등록부(프로그램의 경우에는 프로그램등록부를 말한다. 이하 이 조에서 같다)에 기재하여 행한다.

② 문화체육관광부장관은 다음 각 호의 어느 하나에 해당하는 경우에는 신청을 반려할 수 있다. 다만, 신청의 흠결이 보정될 수 있는 경우에 신청인이 당일 이를 보정하였을 때에는 그러하지 아니하다.

1. 등록 신청한 사항이 등록할 것이 아닌 때
2. 등록 신청이 문화체육관광부령으로 정한 서식에 적합하지 아니하거나 그 밖의 필요한 자료 또는 서류를 첨부하지 아니한 때

③ 문화체육관광부장관은 제1항의 규정에 따라 저작권등록부에 기재한 등록에 대하여 등록공보를 발행하거나 정보통신망에 게시하여야 하며, 신청한 자가 있는 경우에는 저작권등록부를 열람하게 하거나 그 사본을 교부하여야 한다.

④ 제1항 내지 제3항의 규정에 따른 등록, 등록신청의 반려, 등록공보의 발행 또는 게시, 저작권등록부의 열람 및 사본의 교부 등에 관하여 필요한 사항은 대통령령으로 정한다.

제55조의2(비밀유지의무) 제53조부터 제55조까지의 규정에 따른 등록 업무를 수행하는 자 및 그 직에 있었던 자는 직무상 알게 된 비밀을 다른 사람에게 누설하여서는 아니 된다.

제56조(권리자 등의 인증) ① 문화체육관광부장관은 저작물 등의 거래의 안전과 신뢰보호를 위하여 인증기관을 지정할 수 있다.

② 제1항에 따른 인증기관의 지정과 지정취소 및 인증절차 등에 관하여 필요한 사항은 대통령령으로 정한다.

③ 제1항의 규정에 따른 인증기관은 인증과 관련한 수수료를 받을 수 있으며 그 금액은 문화체육관광부장관이 정한다.

제7절 배타적 발행권

제57조(배타적 발행권의 설정) ① 저작물을 발행하거나 복제 · 전송(이하 "발행 등"이라 한다)할 권리를 가진 자는 그 저작물을 발행 등에 이용하고자 하는 자에 대하여 배타적 권리(이하 "배타적 발행권"이라 하며, 제63조에 따른 출판권은 제외한다. 이하 같다)를 설정할 수 있다.

② 저작재산권자는 그 저작물에 대하여 발행 등의 방법 및 조건이 중첩되지 않는 범위 내에서 새로운 배타적 발행권을 설정할 수 있다.

③ 제1항에 따라 배타적 발행권을 설정받은 자(이하 "배타적 발행권자"라 한다)는 그 설정행위에서 정하는 바에 따라 그 배타적 발행권의 목적인 저작물을 발행 등의 방법으로 이용할 권리를 가진다.

④ 저작재산권자는 그 저작물의 복제권 · 배포권 · 전송권을 목적으로 하는 질권이 설정되어 있는 경우에는 그 질권자의 허락이 있어야 배타적 발행권을 설정할 수 있다.

제58조(배타적 발행권자의 의무) ① 배타적 발행권자는 그 설정행위에 특약이 없는 때에는 배타적 발행권의 목적인 저작물을 복제하기 위하여 필요한 원고 또는 이에 상당하는 물건을 받은 날부터 9월 이내에 이를 발행 등의 방법으로 이용하여야 한다.

② 배타적 발행권자는 그 설정행위에 특약이 없는 때에는 관행에 따라 그 저작물을 계속하여 발행 등의 방법으로 이용하여야 한다.

③ 배타적 발행권자는 특약이 없는 때에는 각 복제물에 대통령령이 정하는 바에 따라 저작재산권자의 표지를 하여야 한다.

제58조의2(저작물의 수정증감) ① 배타적 발행권자가 배타적 발행권의 목적인 저작물을 발행 등의 방법으로 다시 이용하는 경우에 저작자는 정당한 범위 안에서 그 저작물의 내용을 수정하거나 증감할 수 있다.

② 배타적 발행권자는 배타적 발행권의 목적인 저작물을 발행 등의 방법으로 다시 이용하고자 하는 경우에 특약이 없는 때에는 그때마다 미리 저작자에게 그 사실을 알려야 한다.

제59조(배타적 발행권의 존속기간 등) ① 배타적 발행권은 그 설정행위에 특약이 없는 때에는 맨 처음 발행 등을 한 날로부터 3년간 존속한다. 다만, 저작물의 영상화를 위하여 배타적 발행권을 설정하는 경우에는 5년으로 한다.

② 저작재산권자는 배타적 발행권 존속기간 중 그 배타적 발행권의 목적인 저작물의 저작자가 사망한 때에는 제1항에도 불구하고 저작자를 위하여 저작물을 전집 그 밖의 편집물에 수록하거나 전집 그 밖의 편집물의 일부인 저작물을 분리하여 이를 따로 발행 등의 방법으로 이용할 수 있다.

제60조(배타적 발행권의 소멸통고) ① 저작재산권자는 배타적 발행권자가 제58조 제1항 또는 제2항을 위반한 경우에는 6월 이상의 기간을 정하여 그 이행을 최고하고 그 기간 내에 이행하지 아니하는 때에는 배타적 발행권의 소멸을 통고할 수 있다.

② 저작재산권자는 배타적 발행권자가 그 저작물을 발행 등의 방법으로 이용하

는 것이 불가능하거나 이용할 의사가 없음이 명백한 경우에는 제1항에도 불구하고 즉시 배타적 발행권의 소멸을 통고할 수 있다.

③ 제1항 또는 제2항에 따라 배타적 발행권의 소멸을 통고한 경우에는 배타적 발행권자가 통고를 받은 때에 배타적 발행권이 소멸한 것으로 본다.

④ 제3항의 경우에 저작재산권자는 배타적 발행권자에 대하여 언제든지 원상회복을 청구하거나 발행 등을 중지함으로 인한 손해의 배상을 청구할 수 있다.

第61조(배타적 발행권 소멸 후의 복제물의 배포) 배타적 발행권이 그 존속기간의 만료 그 밖의 사유로 소멸된 경우에는 그 배타적 발행권을 가지고 있던 자는 다음 각 호의 어느 하나에 해당하는 경우를 제외하고는 그 배타적 발행권의 존속기간 중 만들어진 복제물을 배포할 수 없다.

1. 배타적 발행권 설정행위에 특약이 있는 경우
2. 배타적 발행권의 존속기간 중 저작재산권자에게 그 저작물의 발행에 따른 대가를 지급하고 그 대가에 상응하는 부수의 복제물을 배포하는 경우

第62조(배타적 발행권의 양도·제한 등) ① 배타적 발행권자는 저작재산권자의 동의 없이 배타적 발행권을 양도하거나 또는 질권의 목적으로 할 수 없다.

② 배타적 발행권의 목적으로 되어 있는 저작물의 복제 등에 관하여는 제23조, 제24조, 제25조 제1항부터 제3항까지, 제26조부터 제28조까지, 제30조부터 제33조까지, 제35조 제2항 및 제3항, 제35조의2, 제35조의3, 제36조 및 제37조를 준용한다.

제7절의2 출판에 관한 특례

第63조(출판권의 설정) ① 저작물을 복제·배포할 권리를 가진 자(이하 "복제권자"라 한다)는 그 저작물을 인쇄 그 밖에 이와 유사한 방법으로 문서 또는 도화로 발행하고자 하는 자에 대하여 이를 출판할 권리(이하 "출판권"이라 한다)를 설정할 수 있다.

② 제1항에 따라 출판권을 설정받은 자(이하 "출판권자"라 한다)는 그 설정행위에서 정하는 바에 따라 그 출판권의 목적인 저작물을 원작 그대로 출판할 권리를 가진다.

③ 복제권자는 그 저작물의 복제권을 목적으로 하는 질권이 설정되어 있는 경우에는 그 질권자의 허락이 있어야 출판권을 설정할 수 있다.

第63조의2(준용) 제58조부터 제62조까지는 출판권에 관하여 준용한다. 이 경우 "배타적 발행권"은 "출판권"으로, "저작재산권자"는 "복제권자"로 본다.

제3장 저작인접권

제1절 통 칙

第64조(보호받는 실연·음반·방송) ① 다음 각 호 각 목의 어느 하나에 해당하는 실연·음반 및 방송은 이 법에 의한 보호를 받는다.

1. 실연
   가. 대한민국 국민(대한민국 법률에 따라 설립된 법인 및 대한민국 내에 주된 사무소가 있는 외국법인을 포

함한다. 이하 같다)이 행하는 실연
나. 대한민국이 가입 또는 체결한 조약에 따라 보호되는 실연
다. 제2호 각 목의 음반에 고정된 실연
라. 제3호 각 목의 방송에 의하여 송신되는 실연(송신 전에 녹음 또는 녹화되어 있는 실연을 제외한다)
2. 음반
가. 대한민국 국민을 음반제작자로 하는 음반
나. 음이 맨 처음 대한민국 내에서 고정된 음반
다. 대한민국이 가입 또는 체결한 조약에 따라 보호되는 음반으로서 체약국 내에서 최초로 고정된 음반
라. 대한민국이 가입 또는 체결한 조약에 따라 보호되는 음반으로서 체약국의 국민(당해 체약국의 법률에 따라 설립된 법인 및 당해 체약국 내에 주된 사무소가 있는 법인을 포함한다)을 음반제작자로 하는 음반
3. 방송
가. 대한민국 국민인 방송사업자의 방송
나. 대한민국 내에 있는 방송설비로부터 행하여지는 방송
다. 대한민국이 가입 또는 체결한 조약에 따라 보호되는 방송으로서 체약국의 국민인 방송사업자가 당해 체약국 내에 있는 방송설비로부터 행하는 방송

② 제1항에 따라 보호되는 외국인의 실연·음반 및 방송이라도 그 외국에서 보호기간이 만료된 경우에는 이 법에 따른 보호기간을 인정하지 아니한다.

제64조의2(실연자 등의 추정) 이 법에 따라 보호되는 실연·음반·방송과 관련하여 실연자, 음반제작자 또는 방송사업자로서의 실명 또는 널리 알려진 이명이 일반적인 방법으로 표시된 자는 실연자, 음반제작자 또는 방송사업자로서 그 실연·음반·방송에 대하여 각각 실연자의 권리, 음반제작자의 권리 또는 방송사업자의 권리를 가지는 것으로 추정한다.

제65조(저작권과의 관계) 이 장 각 조의 규정은 저작권에 영향을 미치는 것으로 해석되어서는 아니 된다.

제2절 실연자의 권리

제66조(성명표시권) ① 실연자는 그의 실연 또는 실연의 복제물에 그의 실명 또는 이명을 표시할 권리를 가진다.

② 실연을 이용하는 자는 그 실연자의 특별한 의사표시가 없는 때에는 실연자가 그의 실명 또는 이명을 표시한 바에 따라 이를 표시하여야 한다. 다만, 실연의 성질이나 그 이용의 목적 및 형태 등에 비추어 부득이하다고 인정되는 경우에는 그러하지 아니하다.

제67조(동일성유지권) 실연자는 그의 실연의 내용과 형식의 동일성을 유지할 권리를 가진다. 다만, 실연의 성질이나 그 이용의 목적 및 형태 등에 비추어 부득이하다고 인정되는 경우에는 그러하지 아니한다.

제68조(실연자의 인격권의 일신전속성) 제66조 및 제67조에 규정된 권리(이하 "실연자의 인격권"이라 한다)는 실연자 일신에 전속한다.

제69조(복제권) 실연자는 그의 실연을 복제할 권리를 가진다.

第70조(배포권) 실연자는 그의 실연의 복제물을 배포할 권리를 가진다. 다만, 실연의 복제물이 실연자의 허락을 받아 판매 등의 방법으로 거래에 제공된 경우에는 그러하지 아니하다.

第71조(대여권) 실연자는 제70조의 단서의 규정에 불구하고 그의 실연이 녹음된 상업용 음반을 영리를 목적으로 대여할 권리를 가진다.

第72조(공연권) 실연자는 그의 고정되지 아니한 실연을 공연할 권리를 가진다. 다만, 그 실연이 방송되는 실연인 경우에는 그러하지 아니하다.

第73조(방송권) 실연자는 그의 실연을 방송할 권리를 가진다. 다만, 실연자의 허락을 받아 녹음된 실연에 대하여는 그러하지 아니하다.

第74조(전송권) 실연자는 그의 실연을 전송할 권리를 가진다.

第75조(방송사업자의 실연자에 대한 보상) ① 방송사업자가 실연이 녹음된 상업용 음반을 사용하여 방송하는 경우에는 상당한 보상금을 그 실연자에게 지급하여야 한다. 다만, 실연자가 외국인인 경우에 그 외국에서 대한민국 국민인 실연자에게 이 항의 규정에 따른 보상금을 인정하지 아니하는 때에는 그러하지 아니하다.

② 제25조 제5항 내지 제9항의 규정은 제1항의 규정에 따른 보상금의 지급 등에 관하여 준용한다.

③ 제2항의 규정에 따른 단체가 보상권리자를 위하여 청구할 수 있는 보상금의 금액은 매년 그 단체와 방송사업자가 협의하여 정한다.

④ 제3항에 따른 협의가 성립되지 아니하는 경우에 그 단체 또는 방송사업자는 대통령령으로 정하는 바에 따라 제112조에 따른 한국저작권위원회에 조정을 신청할 수 있다.

第76조(디지털음성송신사업자의 실연자에 대한 보상) ① 디지털음성송신사업자가 실연이 녹음된 음반을 사용하여 송신하는 경우에는 상당한 보상금을 그 실연자에게 지급하여야 한다.

② 제25조 제5항 내지 제9항의 규정은 제1항의 규정에 따른 보상금의 지급 등에 관하여 준용한다.

③ 제2항의 규정에 따른 단체가 보상권리자를 위하여 청구할 수 있는 보상금의 금액은 매년 그 단체와 디지털음성송신사업자가 대통령령이 정하는 기간 내에 협의하여 정한다.

④ 제3항의 규정에 따른 협의가 성립되지 아니한 경우에는 문화체육관광부장관이 정하여 고시하는 금액을 지급한다.

第76조의2(상업용 음반을 사용하여 공연하는 자의 실연자에 대한 보상) ① 실연이 녹음된 상업용 음반을 사용하여 공연을 하는 자는 상당한 보상금을 그 실연자에게 지급하여야 한다. 다만, 실연자가 외국인인 경우에 그 외국에서 대한민국 국민인 실연자에게 이 항의 규정에 따른 보상금을 인정하지 아니하는 때에는 그러하지 아니하다.

② 제25조 제5항부터 제9항까지 및 제76조 제3항·제4항은 제1항에 따른 보상금의 지급 및 금액 등에 관하여 준용한다.

第77조(공동실연자) ① 2인 이상이 공동으로 합창·합주 또는 연극 등을 실연하는 경우에 이 절에 규정된 실연자의 권리(실연자의 인격권은 제외한다)는 공동으로 실연하는 자가 선출하는 대표자가 이를 행사한다. 다만, 대표자의 선출이 없는 경우에는 지휘자 또는 연출자 등이 이를 행사한다.
② 제1항의 규정에 따라 실연자의 권리를 행사하는 경우에 독창 또는 독주가 함께 실연된 때에는 독창자 또는 독주자의 동의를 얻어야 한다.
③ 제15조의 규정은 공동실연자의 인격권 행사에 관하여 준용한다.

제3절 음반제작자의 권리

제78조(복제권) 음반제작자는 그의 음반을 복제할 권리를 가진다.
제79조(배포권) 음반제작자는 그의 음반을 배포할 권리를 가진다. 다만, 음반의 복제물이 음반제작자의 허락을 받아 판매 등의 방법으로 거래에 제공된 경우에는 그러하지 아니하다.
제80조(대여권) 음반제작자는 제79조의 단서의 규정에 불구하고 상업용 음반을 영리를 목적으로 대여할 권리를 가진다.
제81조(전송권) 음반제작자는 그의 음반을 전송할 권리를 가진다.
제82조(방송사업자의 음반제작자에 대한 보상) ① 방송사업자가 상업용 음반을 사용하여 방송하는 경우에는 상당한 보상금을 그 음반제작자에게 지급하여야 한다. 다만, 음반제작자가 외국인인 경우에 그 외국에서 대한민국 국민인 음반제작자에게 이 항의 규정에 따른 보상금을 인정하지 아니하는 때에는 그러하지 아니하다.
② 제25조 제5항 내지 제9항 및 제75조 제3항 · 제4항의 규정은 제1항의 규정에 따른 보상금의 지급 및 금액 등에 관하여 준용한다.
제83조(디지털음성송신사업자의 음반제작자에 대한 보상) ① 디지털음성송신사업자가 음반을 사용하여 송신하는 경우에는 상당한 보상금을 그 음반제작자에게 지급하여야 한다.
② 제25조 제5항 내지 제9항 및 제76조 제3항 · 제4항의 규정은 제1항의 규정에 따른 보상금의 지급 및 금액 등에 관하여 준용한다.
제83조의2(상업용 음반을 사용하여 공연하는 자의 음반제작자에 대한 보상) ① 상업용 음반을 사용하여 공연을 하는 자는 상당한 보상금을 해당 음반제작자에게 지급하여야 한다. 다만, 음반제작자가 외국인인 경우에 그 외국에서 대한민국 국민인 음반제작자에게 이 항의 규정에 따른 보상금을 인정하지 아니하는 때에는 그러하지 아니하다.
② 제25조 제5항부터 제9항까지 및 제76조 제3항 · 제4항은 제1항에 따른 보상금의 지급 및 금액 등에 관하여 준용한다.

제4절 방송사업자의 권리

제84조(복제권) 방송사업자는 그의 방송을 복제할 권리를 가진다.
제85조(동시중계방송권) 방송사업자는 그의 방송을 동시중계방송할 권리를 가진다.
제85조의2(공연권) 방송사업자는 공중의 접근이 가능한 장소에서 방송의 시청과 관련하여 입장료를 받는 경우에 그 방송을 공연할 권리를 가진다.

제5절 저작인접권의 보호기간

제86조(보호기간) ① 저작인접권은 다음 각 호의 어느 하나에 해당하는 때부터 발생하며, 어떠한 절차나 형식의 이행을 필요로 하지 아니한다.

1. 실연의 경우에는 그 실연을 한 때
2. 음반의 경우에는 그 음을 맨 처음 음반에 고정한 때
3. 방송의 경우에는 그 방송을 한 때

② 저작인접권(실연자의 인격권은 제외한다. 이하 같다)은 다음 각 호의 어느 하나에 해당하는 때의 다음 해부터 기산하여 70년(방송의 경우에는 50년)간 존속한다.

1. 실연의 경우에는 그 실연을 한 때. 다만, 실연을 한 때부터 50년 이내에 실연이 고정된 음반이 발행된 경우에는 음반을 발행한 때
2. 음반의 경우에는 그 음반을 발행한 때. 다만, 음을 음반에 맨 처음 고정한 때의 다음 해부터 기산하여 50년이 경과한 때까지 음반을 발행하지 아니한 경우에는 음을 음반에 맨 처음 고정한 때
3. 방송의 경우에는 그 방송을 한 때

제6절 저작인접권의 제한 · 양도 · 행사 등

제87조(저작인접권의 제한) ① 저작인접권의 목적이 된 실연 · 음반 또는 방송의 이용에 관하여는 제23조, 제24조, 제25조 제1항부터 제3항까지, 제26조부터 제32조까지, 제33조 제2항, 제34조, 제35조의2, 제35조의3, 제36조 및 제37조를 준용한다.

② 디지털음성송신사업자는 제76조 제1항 및 제83조 제1항에 따라 실연이 녹음된 음반을 사용하여 송신하는 경우에는 자체의 수단으로 실연이 녹음된 음반을 일시적으로 복제할 수 있다. 이 경우 복제물의 보존기간에 관하여는 제34조 제2항을 준용한다.

제88조(저작인접권의 양도 · 행사 등) 저작인접권의 양도에 관하여는 제45조 제1항을, 실연 · 음반 또는 방송의 이용허락에 관하여는 제46조를, 저작인접권을 목적으로 하는 질권의 행사에 관하여는 제47조를, 저작인접권의 소멸에 관하여는 제49조를, 실연 · 음반 또는 방송의 배타적발행권의 설정 등에 관하여는 제57조부터 제62조까지의 규정을 각각 준용한다.

제89조(실연 · 음반 및 방송이용의 법정허락) 제50조 내지 제52조의 규정은 실연 · 음반 및 방송의 이용에 관하여 준용한다.

제90조(저작인접권의 등록) 제53조부터 제55조까지 및 제55조의2의 규정은 저작인접권 또는 저작인접권의 배타적 발행권의 등록에 관하여 준용한다. 이 경우 제55조 중 "저작권등록부"는 "저작인접권등록부"로 본다.

제4장 데이터베이스제작자의 보호

제91조(보호받는 데이터베이스) ① 다음 각 호의 어느 하나에 해당하는 자의 데이터베이스는 이 법에 따른 보호를 받는다.

1. 대한민국 국민
2. 데이터베이스의 보호와 관련하여 대한민국이 가입 또는 체결한 조약에 따라 보호되는 외국인

② 제1항의 규정에 따라 보호되는 외국인의 데이터베이스라도 그 외국에서 대한

민국 국민의 데이터베이스를 보호하지 아니하는 경우에는 그에 상응하게 조약 및 이 법에 따른 보호를 제한할 수 있다.

제92조(적용 제외) 다음 각 호의 어느 하나에 해당하는 데이터베이스에 대하여는 이 장의 규정을 적용하지 아니한다.
1. 데이터베이스의 제작·갱신 등 또는 운영에 이용되는 컴퓨터프로그램
2. 무선 또는 유선통신을 기술적으로 가능하게 하기 위하여 제작되거나 갱신 등이 되는 데이터베이스

제93조(데이터베이스제작자의 권리) ① 데이터베이스제작자는 그의 데이터베이스의 전부 또는 상당한 부분을 복제·배포·방송 또는 전송(이하 이 조에서 "복제 등"이라 한다)할 권리를 가진다.

② 데이터베이스의 개별 소재는 제1항의 규정에 따른 당해 데이터베이스의 상당한 부분으로 간주되지 아니한다. 다만, 데이터베이스의 개별 소재 또는 그 상당한 부분에 이르지 못하는 부분의 복제 등이라 하더라도 반복적이거나 특정한 목적을 위하여 체계적으로 함으로써 당해 데이터베이스의 통상적인 이용과 충돌하거나 데이터베이스제작자의 이익을 부당하게 해치는 경우에는 당해 데이터베이스의 상당한 부분의 복제 등으로 본다.

③ 이 장에 따른 보호는 데이터베이스의 구성부분이 되는 소재의 저작권 그 밖에 이 법에 따라 보호되는 권리에 영향을 미치지 아니한다.

④ 이 장에 따른 보호는 데이터베이스의 구성부분이 되는 소재 그 자체에는 미치지 아니한다.

제94조(데이터베이스제작자의 권리제한) ① 데이터베이스제작자의 권리의 목적이 되는 데이터베이스의 이용에 관하여는 제23조, 제28조부터 제34조까지, 제35조의2, 제35조의3, 제36조 및 제37조를 준용한다.

② 다음 각 호의 어느 하나에 해당하는 경우에는 누구든지 데이터베이스의 전부 또는 그 상당한 부분을 복제·배포·방송 또는 전송할 수 있다. 다만, 당해 데이터베이스의 통상적인 이용과 저촉되는 경우에는 그러하지 아니하다.
1. 교육·학술 또는 연구를 위하여 이용하는 경우. 다만, 영리를 목적으로 하는 경우에는 그러하지 아니하다.
2. 시사보도를 위하여 이용하는 경우

제95조(보호기간) ① 데이터베이스제작자의 권리는 데이터베이스의 제작을 완료한 때부터 발생하며, 그 다음 해부터 기산하여 5년간 존속한다.

② 데이터베이스의 갱신 등을 위하여 인적 또는 물적으로 상당한 투자가 이루어진 경우에 당해 부분에 대한 데이터베이스제작자의 권리는 그 갱신 등을 한 때부터 발생하며, 그 다음 해부터 기산하여 5년간 존속한다.

제96조(데이터베이스제작자의 권리의 양도·행사 등) 데이터베이스의 거래제공에 관하여는 제20조 단서를, 데이터베이스제작자의 권리의 양도에 관하여는 제45조 제1항을, 데이터베이스의 이용허락에 관하여는 제46조를, 데이터베이스제작자의 권리를 목적으로 하는 질권의 행사에 관하여는 제47조를, 공동데이터베이스의 데이터베이스제작자의 권리행사에 관하여는 제48조를, 데이터베이스제작자의 권리의 소멸에 관하여는 제49조를, 데이터베이스의 배타적 발행권의 설정 등에

관하여는 제57조부터 제62조까지의 규정을 각각 준용한다.

제97조(데이터베이스 이용의 법정허락) 제50조 및 제51조의 규정은 데이터베이스의 이용에 관하여 준용한다.

제98조(데이터베이스제작자의 권리의 등록) 제53조부터 제55조까지 및 제55조의2의 규정은 데이터베이스제작자의 권리 및 데이터베이스제작자의 권리의 배타적 발행권의 등록에 관하여 준용한다. 이 경우 제55조 중 "저작권등록부"는 "데이터베이스제작자권리등록부"로 본다.

제5장 영상저작물에 관한 특례

제99조(저작물의 영상화) ① 저작재산권자가 저작물의 영상화를 다른 사람에게 허락한 경우에 특약이 없는 때에는 다음 각 호의 권리를 포함하여 허락한 것으로 추정한다.

1. 영상저작물을 제작하기 위하여 저작물을 각색하는 것
2. 공개상영을 목적으로 한 영상저작물을 공개상영하는 것
3. 방송을 목적으로 한 영상저작물을 방송하는 것
4. 전송을 목적으로 한 영상저작물을 전송하는 것
5. 영상저작물을 그 본래의 목적으로 복제·배포하는 것
6. 영상저작물의 번역물을 그 영상저작물과 같은 방법으로 이용하는 것

② 저작재산권자는 그 저작물의 영상화를 허락한 경우에 특약이 없는 때에는 허락한 날부터 5년이 경과한 때에 그 저작물을 다른 영상저작물로 영상화하는 것을 허락할 수 있다.

제100조(영상저작물에 대한 권리) ① 영상제작자와 영상저작물의 제작에 협력할 것을 약정한 자가 그 영상저작물에 대하여 저작권을 취득한 경우 특약이 없는 한 그 영상저작물의 이용을 위하여 필요한 권리는 영상제작자가 이를 양도받은 것으로 추정한다.

② 영상저작물의 제작에 사용되는 소설·각본·미술저작물 또는 음악저작물 등의 저작재산권은 제1항의 규정으로 인하여 영향을 받지 아니한다.

③ 영상제작자와 영상저작물의 제작에 협력할 것을 약정한 실연자의 그 영상저작물의 이용에 관한 제69조의 규정에 따른 복제권, 제70조의 규정에 따른 배포권, 제73조의 규정에 따른 방송권 및 제74조의 규정에 따른 전송권은 특약이 없는 한 영상제작자가 이를 양도받은 것으로 추정한다.

제101조(영상제작자의 권리) ① 영상제작물의 제작에 협력할 것을 약정한 자로부터 영상제작자가 양도받는 영상저작물의 이용을 위하여 필요한 권리는 영상저작물을 복제·배포·공개상영·방송·전송 그 밖의 방법으로 이용할 권리로 하며, 이를 양도하거나 질권의 목적으로 할 수 있다.

② 실연자로부터 영상제작자가 양도받는 권리는 그 영상저작물을 복제·배포·방송 또는 전송할 권리로 하며, 이를 양도하거나 질권의 목적으로 할 수 있다.

제5장의2 프로그램에 관한 특례

제101조의2(보호의 대상) 프로그램을 작성하기 위하여 사용하는 다음 각 호의 사항에는 이 법을 적용하지 아니한다.

1. 프로그램 언어: 프로그램을 표현하는 수단으로서 문자·기호 및 그 체계
2. 규약: 특정한 프로그램에서 프로그램 언어의 용법에 관한 특별한 약속
3. 해법: 프로그램에서 지시·명령의 조합방법

제101조의3(프로그램의 저작재산권의 제한) ① 다음 각 호의 어느 하나에 해당하는 경우에는 그 목적상 필요한 범위에서 공표된 프로그램을 복제 또는 배포할 수 있다. 다만, 프로그램의 종류·용도, 프로그램에서 복제된 부분이 차지하는 비중 및 복제의 부수 등에 비추어 프로그램의 저작재산권자의 이익을 부당하게 해치는 경우에는 그러하지 아니하다.

1. 재판 또는 수사를 위하여 복제하는 경우
2. 「유아교육법」, 「초·중등교육법」, 「고등교육법」에 따른 학교 및 다른 법률에 따라 설립된 교육기관(상급학교 입학을 위한 학력이 인정되거나 학위를 수여하는 교육기관에 한한다)에서 교육을 담당하는 자가 수업과정에 제공할 목적으로 복제 또는 배포하는 경우
3. 「초·중등교육법」에 따른 학교 및 이에 준하는 학교의 교육목적을 위한 교과용 도서에 게재하기 위하여 복제하는 경우
4. 가정과 같은 한정된 장소에서 개인적인 목적(영리를 목적으로 하는 경우를 제외한다)으로 복제하는 경우
5. 「초·중등교육법」, 「고등교육법」에 따른 학교 및 이에 준하는 학교의 입학시험이나 그 밖의 학식 및 기능에 관한 시험 또는 검정을 목적(영리를 목적으로 하는 경우를 제외한다)으로 복제 또는 배포하는 경우
6. 프로그램의 기초를 이루는 아이디어 및 원리를 확인하기 위하여 프로그램의 기능을 조사·연구·시험할 목적으로 복제하는 경우(정당한 권한에 의하여 프로그램을 이용하는 자가 해당 프로그램을 이용 중인 때에 한한다)

② 컴퓨터의 유지·보수를 위하여 그 컴퓨터를 이용하는 과정에서 프로그램(정당하게 취득한 경우에 한한다)을 일시적으로 복제할 수 있다.

③ 제1항 제3호에 따라 프로그램을 교과용 도서에 게재하려는 자는 문화체육관광부장관이 정하여 고시하는 기준에 따른 보상금을 해당 저작재산권자에게 지급하여야 한다. 보상금 지급에 대하여는 제25조 제5항부터 제9항까지의 규정을 준용한다.

제101조의4(프로그램코드역분석) ① 정당한 권한에 의하여 프로그램을 이용하는 자 또는 그의 허락을 받은 자는 호환에 필요한 정보를 쉽게 얻을 수 없고 그 획득이 불가피한 경우에는 해당 프로그램의 호환에 필요한 부분에 한하여 프로그램의 저작재산권자의 허락을 받지 아니하고 프로그램코드역분석을 할 수 있다.

② 제1항에 따른 프로그램코드역분석을 통하여 얻은 정보는 다음 각 호의 어느 하나에 해당하는 경우에는 이를 이용할 수 없다.

1. 호환 목적 외의 다른 목적을 위하여 이

용하거나 제3자에게 제공하는 경우
2. 프로그램코드역분석의 대상이 되는 프로그램과 표현이 실질적으로 유사한 프로그램을 개발·제작·판매하거나 그 밖에 프로그램의 저작권을 침해하는 행위에 이용하는 경우

제101조의5(정당한 이용자에 의한 보존을 위한 복제 등) ① 프로그램의 복제물을 정당한 권한에 의하여 소지·이용하는 자는 그 복제물의 멸실·훼손 또는 변질 등에 대비하기 위하여 필요한 범위에서 해당 복제물을 복제할 수 있다.
② 프로그램의 복제물을 소지·이용하는 자는 해당 프로그램의 복제물을 소지·이용할 권리를 상실한 때에는 그 프로그램의 저작재산권자의 특별한 의사표시가 없는 한 제1항에 따라 복제한 것을 폐기하여야 한다. 다만, 프로그램의 복제물을 소지·이용할 권리가 해당 복제물이 멸실됨으로 인하여 상실된 경우에는 그러하지 아니하다.

제101조의6 삭제

제101조의7(프로그램의 임치) ① 프로그램의 저작재산권자와 프로그램의 이용허락을 받은 자는 대통령령으로 정하는 자(이하 이 조에서 "수치인"이라 한다)와 서로 합의하여 프로그램의 원시코드 및 기술정보 등을 수치인에게 임치할 수 있다.
② 프로그램의 이용허락을 받은 자는 제1항에 따른 합의에서 정한 사유가 발생한 때에 수치인에게 프로그램의 원시코드 및 기술정보 등의 제공을 요구할 수 있다.

제6장 온라인서비스제공자의 책임 제한

제102조(온라인서비스제공자의 책임 제한) ① 온라인서비스제공자는 다음 각 호의 행위와 관련하여 저작권, 그 밖에 이 법에 따라 보호되는 권리가 침해되더라도 그 호의 분류에 따라 각 목의 요건을 모두 갖춘 경우에는 그 침해에 대하여 책임을 지지 아니한다.
1. 내용의 수정 없이 저작물 등을 송신하거나 경로를 지정하거나 연결을 제공하는 행위 또는 그 과정에서 저작물 등을 그 송신을 위하여 합리적으로 필요한 기간 내에서 자동적·중개적·일시적으로 저장하는 행위
  가. 온라인서비스제공자가 저작물 등의 송신을 시작하지 아니한 경우
  나. 온라인서비스제공자가 저작물 등이나 그 수신자를 선택하지 아니한 경우
  다. 저작권, 그 밖에 이 법에 따라 보호되는 권리를 반복적으로 침해하는 자의 계정(온라인서비스제공자가 이용자를 식별·관리하기 위하여 사용하는 이용권한 계좌를 말한다. 이하 이 조, 제103조의2, 제133조의2 및 제133조의3에서 같다)을 해지하는 방침을 채택하고 이를 합리적으로 이행한 경우
  라. 저작물 등을 식별하고 보호하기 위한 기술조치로서 대통령령으로 정하는 조건을 충족하는 표준적인 기술조치를 권리자가 이용한 때에는 이를 수용하고 방해하지 아니한 경우

2. 서비스이용자의 요청에 따라 송신된 저작물 등을 후속 이용자들이 효율적으로 접근하거나 수신할 수 있게 할 목적으로 그 저작물 등을 자동적·중개적·일시적으로 저장하는 행위
   가. 제1호 각 목의 요건을 모두 갖춘 경우
   나. 온라인서비스제공자가 그 저작물 등을 수정하지 아니한 경우
   다. 제공되는 저작물 등에 접근하기 위한 조건이 있는 경우에는 그 조건을 지킨 이용자에게만 임시저장된 저작물 등의 접근을 허용한 경우
   라. 저작물 등을 복제·전송하는 자(이하 "복제·전송자"라 한다)가 명시한, 컴퓨터나 정보통신망에 대하여 그 업계에서 일반적으로 인정되는 데이터통신규약에 따른 저작물 등의 현행화에 관한 규칙을 지킨 경우. 다만, 복제·전송자가 그러한 저장을 불합리하게 제한할 목적으로 현행화에 관한 규칙을 정한 경우에는 그러하지 아니한다.
   마. 저작물 등이 있는 본래의 사이트에서 그 저작물 등의 이용에 관한 정보를 얻기 위하여 적용한, 그 업계에서 일반적으로 인정되는 기술의 사용을 방해하지 아니한 경우
   바. 제103조 제1항에 따른 복제·전송의 중단요구를 받은 경우, 본래의 사이트에서 그 저작물 등이 삭제되었거나 접근할 수 없게 된 경우, 또는 법원, 관계 중앙행정기관의 장이 그 저작물 등을 삭제하거나 접근할 수 없게 하도록 명령을 내린 사실을 실제로 알게 된 경우에 그 저작물 등을 즉시 삭제하거나 접근할 수 없게 한 경우
3. 복제·전송자의 요청에 따라 저작물 등을 온라인서비스제공자의 컴퓨터에 저장하는 행위
   가. 제1호 각 목의 요건을 모두 갖춘 경우
   나. 온라인서비스제공자가 침해행위를 통제할 권한과 능력이 있을 때에는 그 침해행위로부터 직접적인 금전적 이익을 얻지 아니한 경우
   다. 온라인서비스제공자가 침해를 실제로 알게 되거나 제103조 제1항에 따른 복제·전송의 중단요구 등을 통하여 침해가 명백하다는 사실 또는 정황을 알게 된 때에 즉시 그 저작물 등의 복제·전송을 중단시킨 경우
   라. 제103조 제4항에 따라 복제·전송의 중단요구 등을 받을 자를 지정하여 공지한 경우
4. 정보검색도구를 통하여 이용자에게 정보통신망상 저작물 등의 위치를 알 수 있게 하거나 연결하는 행위
   가. 제1호 가목의 요건을 갖춘 경우
   나. 제3호 나목부터 라목까지의 요건을 갖춘 경우

② 제1항에도 불구하고 온라인서비스제공자가 제1항에 따른 조치를 취하는 것이 기술적으로 불가능한 경우에는 다른 사람에 의한 저작물 등의 복제·전송으로 인한 저작권, 그 밖에 이 법에 따라 보호되는 권리의 침해에 대하여 책임을 지지 아니한다.

③ 제1항에 따른 책임 제한과 관련하여 온라인서비스제공자는 자신의 서비스 안

에서 침해행위가 일어나는지를 모니터링 하거나 그 침해행위에 관하여 적극적으로 조사할 의무를 지지 아니한다.

제103조(복제 · 전송의 중단) ① 온라인서비스제공자(제102조 제1항 제1호의 경우는 제외한다. 이하 이 조에서 같다)의 서비스를 이용한 저작물 등의 복제 · 전송에 따라 저작권, 그 밖에 이 법에 따라 보호되는 자신의 권리가 침해됨을 주장하는 자(이하 이 조에서 "권리주장자"라 한다)는 그 사실을 소명하여 온라인서비스제공자에게 그 저작물 등의 복제 · 전송을 중단시킬 것을 요구할 수 있다.

② 온라인서비스제공자는 제1항에 따른 복제 · 전송의 중단요구를 받은 경우에는 즉시 그 저작물 등의 복제 · 전송을 중단시키고 권리주장자에게 그 사실을 통보하여야 한다. 다만, 제102조 제1항 제3호 및 제4호의 온라인서비스제공자는 그 저작물 등의 복제 · 전송자에게도 이를 통보하여야 한다.

③ 제2항에 따른 통보를 받은 복제 · 전송자가 자신의 복제 · 전송이 정당한 권리에 의한 것임을 소명하여 그 복제 · 전송의 재개를 요구하는 경우 온라인서비스제공자는 재개요구사실 및 재개예정일을 권리주장자에게 지체 없이 통보하고 그 예정일에 복제 · 전송을 재개시켜야 한다. 다만, 권리주장자가 복제 · 전송자의 침해행위에 대하여 소를 제기한 사실을 재개예정일 전에 온라인서비스제공자에게 통보한 경우에는 그러하지 아니하다.

④ 온라인서비스제공자는 제1항 및 제3항의 규정에 따른 복제 · 전송의 중단 및 그 재개의 요구를 받을 자(이하 이 조에서 "수령인"이라 한다)를 지정하여 자신의 설비 또는 서비스를 이용하는 자들이 쉽게 알 수 있도록 공지하여야 한다.

⑤ 온라인서비스제공자가 제4항에 따른 공지를 하고 제2항과 제3항에 따라 그 저작물 등의 복제 · 전송을 중단시키거나 재개시킨 경우에는 다른 사람에 의한 저작권 그 밖에 이 법에 따라 보호되는 권리의 침해에 대한 온라인서비스제공자의 책임 및 복제 · 전송자에게 발생하는 손해에 대한 온라인서비스제공자의 책임을 면제한다. 다만, 이 항의 규정은 온라인서비스제공자가 다른 사람에 의한 저작물 등의 복제 · 전송으로 인하여 그 저작권 그 밖에 이 법에 따라 보호되는 권리가 침해된다는 사실을 안 때부터 제1항에 따른 중단을 요구받기 전까지 발생한 책임에는 적용하지 아니한다.

⑥ 정당한 권리 없이 제1항 및 제3항의 규정에 따른 그 저작물 등의 복제 · 전송의 중단이나 재개를 요구하는 자는 그로 인하여 발생하는 손해를 배상하여야 한다.

⑦ 제1항부터 제4항까지의 규정에 따른 소명, 중단, 통보, 복제 · 전송의 재개, 수령인의 지정 및 공지 등에 관하여 필요한 사항은 대통령령으로 정한다. 이 경우 문화체육관광부장관은 관계중앙행정기관의 장과 미리 협의하여야 한다.

제103조의2(온라인서비스제공자에 대한 법원 명령의 범위) ① 법원은 제102조 제1항 제1호에 따른 요건을 충족한 온라인서비스제공자에게 제123조 제3항에 따라 필요한 조치를 명하는 경우에는 다음 각 호의 조치만을 명할 수 있다.

1. 특정 계정의 해지
2. 특정 해외 인터넷 사이트에 대한 접근

을 막기 위한 합리적 조치

② 법원은 제102조 제1항 제2호부터 제4호까지의 요건을 충족한 온라인서비스제공자에게 제123조 제3항에 따라 필요한 조치를 명하는 경우에는 다음 각 호의 조치만을 명할 수 있다.

1. 불법복제물의 삭제
2. 불법복제물에 대한 접근을 막기 위한 조치
3. 특정 계정의 해지
4. 그 밖에 온라인서비스제공자에게 최소한의 부담이 되는 범위에서 법원이 필요하다고 판단하는 조치

제103조의3(복제·전송자에 관한 정보 제공의 청구) ① 권리주장자가 민사상의 소제기 및 형사상의 고소를 위하여 해당 온라인서비스제공자에게 그 온라인서비스제공자가 가지고 있는 해당 복제·전송자의 성명과 주소 등 필요한 최소한의 정보 제공을 요청하였으나 온라인서비스제공자가 이를 거절한 경우 권리주장자는 문화체육관광부장관에게 해당 온라인서비스제공자에 대하여 그 정보의 제공을 명령하여 줄 것을 청구할 수 있다.

② 문화체육관광부장관은 제1항에 따른 청구가 있으면 제122조의6에 따른 저작권보호심의위원회의 심의를 거쳐 온라인서비스제공자에게 해당 복제·전송자의 정보를 제출하도록 명할 수 있다.

③ 온라인서비스제공자는 제2항의 명령을 받은 날부터 7일 이내에 그 정보를 문화체육관광부장관에게 제출하여야 하며, 문화체육관광부장관은 그 정보를 제1항에 따른 청구를 한 자에게 지체 없이 제공하여야 한다.

④ 제3항에 따라 해당 복제·전송자의 정보를 제공받은 자는 해당 정보를 제1항의 청구 목적 외의 용도로 사용하여서는 아니 된다.

⑤ 그 밖에 복제·전송자에 관한 정보의 제공에 필요한 사항은 대통령령으로 정한다.

제104조(특수한 유형의 온라인 서비스제공자의 의무 등) ① 다른 사람들 상호 간에 컴퓨터를 이용하여 저작물 등을 전송하도록 하는 것을 주된 목적으로 하는 온라인서비스제공자(이하 "특수한 유형의 온라인서비스제공자"라 한다)는 권리자의 요청이 있는 경우 해당 저작물 등의 불법적인 전송을 차단하는 기술적인 조치 등 필요한 조치를 하여야 한다. 이 경우 권리자의 요청 및 필요한 조치에 관한 사항은 대통령령으로 정한다.

② 문화체육관광부장관은 제1항의 규정에 따른 특수한 유형의 온라인서비스제공자의 범위를 정하여 고시할 수 있다.

제6장의2 기술적 보호조치의 무력화 금지 등

제104조의2(기술적 보호조치의 무력화 금지) ① 누구든지 정당한 권한 없이 고의 또는 과실로 제2조 제28호 가목의 기술적 보호조치를 제거·변경하거나 우회하는 등의 방법으로 무력화하여서는 아니 된다. 다만, 다음 각 호의 어느 하나에 해당하는 경우에는 그러하지 아니하다.

1. 암호 분야의 연구에 종사하는 자가 저작물 등의 복제물을 정당하게 취득하여 저작물 등에 적용된 암호 기술의 결함이나 취약점을 연구하기 위하여 필

요한 범위에서 행하는 경우. 다만, 권리자로부터 연구에 필요한 이용을 허락받기 위하여 상당한 노력을 하였으나 허락을 받지 못한 경우에 한한다.
2. 미성년자에게 유해한 온라인상의 저작물 등에 미성년자가 접근하는 것을 방지하기 위하여 기술 · 제품 · 서비스 또는 장치에 기술적 보호조치를 무력화하는 구성요소나 부품을 포함하는 경우. 다만, 제2항에 따라 금지되지 아니하는 경우에 한한다.
3. 개인의 온라인상의 행위를 파악할 수 있는 개인 식별 정보를 비공개적으로 수집 · 유포하는 기능을 확인하고, 이를 무력화하기 위하여 필요한 경우. 다만, 다른 사람들이 저작물 등에 접근하는 것에 영향을 미치는 경우는 제외한다.
4. 국가의 법집행, 합법적인 정보수집 또는 안전보장 등을 위하여 필요한 경우
5. 제25조 제2항에 따른 교육기관 · 교육지원기관, 제31조 제1항에 따른 도서관(비영리인 경우로 한정한다) 또는 「공공기록물 관리에 관한 법률」에 따른 기록물관리기관이 저작물 등의 구입 여부를 결정하기 위하여 필요한 경우. 다만, 기술적 보호조치를 무력화하지 아니하고는 접근할 수 없는 경우에 한한다.
6. 정당한 권한을 가지고 프로그램을 사용하는 자가 다른 프로그램과의 호환을 위하여 필요한 범위에서 프로그램코드역분석을 하는 경우
7. 정당한 권한을 가진 자가 오로지 컴퓨터 또는 정보통신망의 보안성을 검사 · 조사 또는 보정하기 위하여 필요한 경우
8. 기술적 보호조치의 무력화 금지에 의하여 특정 종류의 저작물 등을 정당하게 이용하는 것이 불합리하게 영향을 받거나 받을 가능성이 있다고 인정되어 대통령령으로 정하는 절차에 따라 문화체육관광부장관이 정하여 고시하는 경우. 이 경우 그 예외의 효력은 3년으로 한다.

② 누구든지 정당한 권한 없이 다음과 같은 장치, 제품 또는 부품을 제조, 수입, 배포, 전송, 판매, 대여, 공중에 대한 청약, 판매나 대여를 위한 광고, 또는 유통을 목적으로 보관 또는 소지하거나, 서비스를 제공하여서는 아니 된다.
1. 기술적 보호조치의 무력화를 목적으로 홍보, 광고 또는 판촉되는 것
2. 기술적 보호조치를 무력화하는 것 외에는 제한적으로 상업적인 목적 또는 용도만 있는 것
3. 기술적 보호조치를 무력화하는 것을 가능하게 하거나 용이하게 하는 것을 주된 목적으로 고안, 제작, 개조되거나 기능하는 것

③ 제2항에도 불구하고 다음 각 호의 어느 하나에 해당하는 경우에는 그러하지 아니하다.
1. 제2조 제28호 가목의 기술적 보호조치와 관련하여 제1항 제1호 · 제2호 · 제4호 · 제6호 및 제7호에 해당하는 경우
2. 제2조 제28호 나목의 기술적 보호조치와 관련하여 제1항 제4호 및 제6호에 해당하는 경우

제104조의3(권리관리정보의 제거 · 변경 등의 금지) ① 누구든지 정당한 권한 없이 저작권, 그 밖에 이 법에 따라 보호되는

권리의 침해를 유발 또는 은닉한다는 사실을 알거나 과실로 알지 못하고 다음 각 호의 어느 하나에 해당하는 행위를 하여서는 아니 된다.

1. 권리관리정보를 고의로 제거 · 변경하거나 거짓으로 부가하는 행위
2. 권리관리정보가 정당한 권한 없이 제거 또는 변경되었다는 사실을 알면서 그 권리관리정보를 배포하거나 배포할 목적으로 수입하는 행위
3. 권리관리정보가 정당한 권한 없이 제거 · 변경되거나 거짓으로 부가된 사실을 알면서 해당 저작물 등의 원본이나 그 복제물을 배포 · 공연 또는 공중송신하거나 배포를 목적으로 수입하는 행위

② 제1항은 국가의 법집행, 합법적인 정보수집 또는 안전보장 등을 위하여 필요한 경우에는 적용하지 아니한다.

제104조의4(암호화된 방송 신호의 무력화 등의 금지) 누구든지 다음 각 호의 어느 하나에 해당하는 행위를 하여서는 아니 된다.

1. 암호화된 방송 신호를 방송사업자의 허락 없이 복호화(復號化)하는 데에 주로 사용될 것을 알거나 과실로 알지 못하고, 그러한 목적을 가진 장치 · 제품 · 주요부품 또는 프로그램 등 유 · 무형의 조치를 제조 · 조립 · 변경 · 수입 · 수출 · 판매 · 임대하거나 그 밖의 방법으로 전달하는 행위. 다만, 제104조의2 제1항 제1호 · 제2호 또는 제4호에 해당하는 경우에는 그러하지 아니하다.
2. 암호화된 방송 신호가 정당한 권한에 의하여 복호화된 경우 그 사실을 알고 그 신호를 방송사업자의 허락 없이 영리를 목적으로 다른 사람에게 공중송신하는 행위
3. 암호화된 방송 신호가 방송사업자의 허락 없이 복호화된 것임을 알면서 그러한 신호를 수신하여 청취 또는 시청하거나 다른 사람에게 공중송신하는 행위

제104조의5(라벨 위조 등의 금지) 누구든지 정당한 권한 없이 다음 각 호의 어느 하나에 해당하는 행위를 하여서는 아니 된다.

1. 저작물 등의 라벨을 불법복제물이나 그 문서 또는 포장에 부착 · 동봉 또는 첨부하기 위하여 위조하거나 그러한 사실을 알면서 배포 또는 배포할 목적으로 소지하는 행위
2. 저작물 등의 권리자나 권리자의 동의를 받은 자로부터 허락을 받아 제작한 라벨을 그 허락 범위를 넘어 배포하거나 그러한 사실을 알면서 다시 배포 또는 다시 배포할 목적으로 소지하는 행위
3. 저작물 등의 적법한 복제물과 함께 배포되는 문서 또는 포장을 불법복제물에 사용하기 위하여 위조하거나 그러한 사실을 알면서 위조된 문서 또는 포장을 배포하거나 배포할 목적으로 소지하는 행위

제104조의6(영상저작물 녹화 등의 금지) 누구든지 저작권으로 보호되는 영상저작물을 상영 중인 영화상영관 등에서 저작재산권자의 허락 없이 녹화기기를 이용하여 녹화하거나 공중송신하여서는 아니 된다.

제104조의7(방송전 신호의 송신 금지) 누구

든지 정당한 권한 없이 방송사업자에게로 송신되는 신호(공중이 직접 수신하도록 할 목적의 경우에는 제외한다)를 제3자에게 송신하여서는 아니 된다.

제104조의8(침해의 정지·예방 청구 등) 저작권, 그 밖에 이 법에 따라 보호되는 권리를 가진 자는 제104조의2부터 제104조의4까지의 규정을 위반한 자에 대하여 침해의 정지·예방, 손해배상의 담보 또는 손해배상이나 이를 갈음하는 법정손해배상의 청구를 할 수 있으며, 고의 또는 과실 없이 제104조의2 제1항의 행위를 한 자에 대하여는 침해의 정지·예방을 청구할 수 있다. 이 경우 제123조, 제125조, 제125조의2, 제126조 및 제129조를 준용한다.

제7장 저작권위탁관리업

제105조(저작권위탁관리업의 허가 등) ① 저작권신탁관리업을 하고자 하는 자는 대통령령이 정하는 바에 따라 문화체육관광부장관의 허가를 받아야 하며, 저작권대리중개업을 하고자 하는 자는 대통령령이 정하는 바에 따라 문화체육관광부장관에게 신고하여야 한다. 다만, 문화체육관광부장관은 「공공기관의 운영에 관한 법률」에 따른 공공기관을 저작권신탁관리단체로 지정할 수 있다.

② 제1항의 규정에 따라 저작권신탁관리업을 하고자 하는 자는 다음 각 호의 요건을 갖추어야 하며, 대통령령으로 정하는 바에 따라 저작권신탁관리업무규정을 작성하여 이를 저작권신탁관리허가신청서와 함께 문화체육관광부장관에게 제출하여야 한다. 다만, 제1항 단서에 따른 공공기관의 경우에는 제1호의 요건을 적용하지 아니한다.

1. 저작물 등에 관한 권리자로 구성된 단체일 것
2. 영리를 목적으로 하지 아니할 것
3. 사용료의 징수 및 분배 등의 업무를 수행하기에 충분한 능력이 있을 것

③ 다음 각 호의 어느 하나에 해당하는 자는 제1항의 규정에 따른 저작권신탁관리업 또는 저작권대리중개업(이하 "저작권위탁관리업"이라 한다)의 허가를 받거나 신고를 할 수 없다.

1. 금치산자·한정치산자
2. 파산선고를 받고 복권되지 아니한 자
3. 이 법을 위반하여 벌금 이상의 형의 선고를 받고 그 집행이 종료되거나 집행을 받지 아니하기로 확정된 후 1년이 경과되지 아니한 자 또는 형의 집행유예의 선고를 받고 그 집행유예기간 중에 있는 자
4. 대한민국 내에 주소를 두지 아니한 자
5. 제1호 내지 제4호의 어느 하나에 해당하는 자가 대표자 또는 임원으로 되어 있는 법인 또는 단체

④ 제1항의 규정에 따라 저작권위탁관리업의 허가를 받거나 신고를 한 자(이하 "저작권위탁관리업자"라 한다)는 그 업무에 관하여 저작재산권자 그 밖의 관계자로부터 수수료를 받을 수 있다.

⑤ 제4항의 규정에 따른 수수료의 요율 또는 금액 및 저작권신탁관리업자가 이용자로부터 받는 사용료의 요율 또는 금액은 저작권신탁관리업자가 문화체육관광부장관의 승인을 얻어 이를 정한다. 이 경우 문화체육관광부장관은 대통령령으

로 정하는 바에 따라 이해관계인의 의견을 수렴하여야 한다.

⑥ 문화체육관광부장관은 제5항에 따른 승인의 경우에 제112조에 따른 한국저작권위원회의 심의를 거쳐야 하며 필요한 경우에는 기간을 정하거나 신청된 내용을 수정하여 승인할 수 있다.

⑦ 문화체육관광부장관은 제5항의 규정에 따른 사용료의 요율 또는 금액에 관한 승인 신청이 있는 경우 및 승인을 한 경우에는 대통령령이 정하는 바에 따라 그 내용을 공고하여야 한다.

⑧ 문화체육관광부장관은 저작재산권자 그 밖의 관계자의 권익보호 또는 저작물 등의 이용 편의를 도모하기 위하여 필요한 경우에는 제5항의 규정에 따른 승인 내용을 변경할 수 있다.

제106조(저작권신탁관리업자의 의무) ① 저작권신탁관리업자는 그가 관리하는 저작물 등의 목록을 대통령령이 정하는 바에 따라 분기별로 도서 또는 전자적 형태로 작성하여 누구든지 적어도 영업시간 내에는 목록을 열람할 수 있도록 하여야 한다.

② 저작권신탁관리업자는 이용자가 서면으로 요청하는 경우에는 정당한 사유가 없는 한 관리하는 저작물 등의 이용계약을 체결하기 위하여 필요한 정보로서 대통령령으로 정하는 정보를 상당한 기간 이내에 서면으로 제공하여야 한다.

③ 문화체육관광부장관은 음반을 사용하여 공연하는 자로부터 제105조 제5항에 따른 사용료를 받는 저작권신탁관리업자 및 상업용 음반을 사용하여 공연하는 자로부터 제76조의2와 제83조의2에 따라 징수하는 보상금수령단체에게 이용자의 편의를 위하여 필요한 경우 대통령령으로 정하는 바에 따라 통합 징수를 요구할 수 있다. 이 경우 그 요구를 받은 저작권신탁관리업자 및 보상금수령단체는 정당한 사유가 없으면 이에 따라야 한다.

④ 저작권신탁관리업자 및 보상금수령단체는 제3항에 따라 사용료 및 보상금을 통합적으로 징수하기 위한 징수업무를 대통령령으로 정하는 자에게 위탁할 수 있다.

⑤ 저작권신탁관리업자 및 보상금수령단체가 제4항에 따라 징수업무를 위탁한 경우에는 대통령령으로 정하는 바에 따라 위탁수수료를 지급하여야 한다.

⑥ 제3항에 따라 징수한 사용료와 보상금의 정산 시기, 정산 방법 등에 관하여 필요한 사항은 대통령령으로 정한다.

제107조(서류열람의 청구) 저작권신탁관리업자는 그가 신탁관리하는 저작물 등을 영리목적으로 이용하는 자에 대하여 당해 저작물 등의 사용료 산정에 필요한 서류의 열람을 청구할 수 있다. 이 경우 이용자는 정당한 사유가 없는 한 이에 응하여야 한다.

제108조(감독) ① 문화체육관광부장관은 저작권위탁관리업자에게 저작권위탁관리업의 업무에 관하여 필요한 보고를 하게 할 수 있다.

② 문화체육관광부장관은 저작자의 권익보호와 저작물의 이용편의를 도모하기 위하여 저작권위탁관리업자의 업무에 대하여 필요한 명령을 할 수 있다.

제109조(허가의 취소 등) ① 문화체육관광부장관은 저작권위탁관리업자가 다음 각 호의 어느 하나에 해당하는 경우에는 6월 이내의 기간을 정하여 업무의 정지를 명

할 수 있다.

1. 제105조 제5항의 규정에 따라 승인된 수수료를 초과하여 받은 경우
2. 제105조 제5항의 규정에 따라 승인된 사용료 이외의 사용료를 받은 경우
3. 제108조 제1항의 규정에 따른 보고를 정당한 사유 없이 하지 아니하거나 허위로 한 경우
4. 제108조 제2항의 규정에 따른 명령을 받고 정당한 사유 없이 이를 이행하지 아니한 경우
5. 제106조 제3항에 따른 통합 징수 요구를 받고 정당한 사유 없이 이에 따르지 아니한 경우

② 문화체육관광부장관은 저작권위탁관리업자가 다음 각 호의 어느 하나에 해당하는 경우에는 저작권위탁관리업의 허가를 취소하거나 영업의 폐쇄명령을 할 수 있다.

1. 거짓 그 밖의 부정한 방법으로 허가를 받거나 신고를 한 경우
2. 제1항의 규정에 따른 업무의 정지명령을 받고 그 업무를 계속한 경우

제110조(청문) 문화체육관광부장관은 제109조 제2항의 규정에 따라 저작권위탁관리업의 허가를 취소하거나 영업의 폐쇄를 명하고자 하는 경우에는 청문을 실시하여야 한다.

제111조(과징금 처분) ① 문화체육관광부장관은 저작권위탁관리업자가 제109조 제1항 각 호의 어느 하나에 해당하여 업무의 정지처분을 하여야 할 때에는 그 업무정지처분에 갈음하여 대통령령으로 정하는 바에 따라 직전년도 사용료 및 보상금 징수액의 100분의 1 이하의 과징금을 부과·징수할 수 있다. 다만, 징수금액을 산정하기 어려운 경우에는 10억원을 초과하지 아니하는 범위에서 과징금을 부과·징수할 수 있다.

② 문화체육관광부장관은 제1항에 따라 과징금 부과처분을 받은 자가 과징금을 기한 이내에 납부하지 아니하는 때에는 국세체납처분의 예에 의하여 이를 징수한다.

③ 제1항 및 제2항에 따라 징수한 과징금은 징수주체가 건전한 저작물 이용 질서의 확립을 위하여 사용할 수 있다.

④ 제1항에 따라 과징금을 부과하는 위반행위의 종별·정도 등에 따른 과징금의 금액 및 제3항의 규정에 따른 과징금의 사용절차 등에 관하여 필요한 사항은 대통령령으로 정한다.

제8장 한국저작권위원회

제112조(한국저작권위원회의 설립) ① 저작권과 그 밖에 이 법에 따라 보호되는 권리(이하 이 장에서 "저작권"이라 한다)에 관한 사항을 심의하고 저작권에 관한 분쟁(이하 "분쟁"이라 한다)을 알선·조정하며, 권리자의 권익증진 및 저작물 등의 공정한 이용에 필요한 사업을 수행하기 위하여 한국저작권위원회(이하 "위원회"라 한다)를 둔다.

② 위원회는 법인으로 한다.

③ 위원회에 관하여 이 법에서 정하지 아니한 사항에 대하여는 「민법」의 재단법인에 관한 규정을 준용한다. 이 경우 위원회의 위원은 이사로 본다.

④ 위원회가 아닌 자는 한국저작권위원회의 명칭을 사용하지 못한다.

제112조의2(위원회의 구성) ① 위원회는 위원장 1명, 부위원장 2명을 포함한 20명 이상 25명 이내의 위원으로 구성한다.

② 위원은 다음 각 호의 사람 중에서 문화체육관광부장관이 위촉하며, 위원장과 부위원장은 위원 중에서 호선한다. 이 경우 문화체육관광부장관은 이 법에 따라 보호되는 권리의 보유자와 그 이용자의 이해를 반영하는 위원의 수가 균형을 이루도록 하여야 하며, 분야별 권리자 단체 또는 이용자 단체 등에 위원의 추천을 요청할 수 있다.

1. 대학이나 공인된 연구기관에서 부교수 이상 또는 이에 상당하는 직위에 있거나 있었던 자로서 저작권 관련 분야를 전공한 자
2. 판사 또는 검사의 직에 있는 자 및 변호사의 자격이 있는 자
3. 4급 이상의 공무원 또는 이에 상당하는 공공기관의 직에 있거나 있었던 자로서 저작권 또는 문화산업 분야에 실무경험이 있는 자
4. 저작권 또는 문화산업 관련 단체의 임원의 직에 있거나 있었던 자
5. 그 밖에 저작권 또는 문화산업 관련 업무에 관한 학식과 경험이 풍부한 자

③ 위원의 임기는 3년으로 하되, 연임할 수 있다. 다만, 직위를 지정하여 위촉하는 위원의 임기는 해당 직위에 재임하는 기간으로 한다.

④ 위원에 결원이 생겼을 때에는 제2항에 따라 보궐위원을 위촉하여야 하며, 그 보궐위원의 임기는 전임자 임기의 나머지 기간으로 한다. 다만, 위원의 수가 20명 이상인 경우에는 보궐위원을 위촉하지 아니할 수 있다.

⑤ 위원회의 업무를 효율적으로 수행하기 위하여 분야별로 분과위원회를 둘 수 있다. 분과위원회가 위원회로부터 위임받은 사항에 관하여 의결한 때에는 위원회가 의결한 것으로 본다.

제113조(업무) 위원회는 다음 각 호의 업무를 행한다.

1. 분쟁의 알선 · 조정
2. 제105조 제6항의 규정에 따른 저작권위탁관리업자의 수수료 및 사용료의 요율 또는 금액에 관한 사항 및 문화체육관광부장관 또는 위원 3인 이상이 공동으로 부의하는 사항의 심의
3. 저작물 등의 이용질서 확립 및 저작물의 공정한 이용 도모를 위한 사업
4. 저작권 보호를 위한 국제협력
5. 저작권 연구 · 교육 및 홍보
6. 저작권 정책의 수립 지원
7. 기술적 보호조치 및 권리관리정보에 관한 정책 수립 지원
8. 저작권 정보 제공을 위한 정보관리 시스템 구축 및 운영
9. 저작권의 침해 등에 관한 감정
10. 삭제
11. 법령에 따라 위원회의 업무로 정하거나 위탁하는 업무
12. 그 밖에 문화체육관광부장관이 위탁하는 업무

제113조의2(알선) ① 분쟁에 관한 알선을 받으려는 자는 알선신청서를 위원회에 제출하여 알선을 신청할 수 있다.

② 위원회가 제1항에 따라 알선의 신청을 받은 때에는 위원장이 위원 중에서 알선위원을 지명하여 알선을 하게 하여야 한다.

③ 알선위원은 알선으로는 분쟁해결의

가능성이 없다고 인정되는 경우에 알선을 중단할 수 있다.

④ 알선 중인 분쟁에 대하여 이 법에 따른 조정의 신청이 있는 때에는 해당 알선은 중단된 것으로 본다.

⑤ 알선이 성립한 때에 알선위원은 알선서를 작성하여 관계 당사자와 함께 기명날인하여야 한다.

⑥ 알선의 신청 및 절차에 관하여 필요한 사항은 대통령령으로 정한다.

제114조(조정부) ① 위원회의 분쟁조정업무를 효율적으로 수행하기 위하여 위원회에 1인 또는 3인 이상의 위원으로 구성된 조정부를 두되, 그중 1인은 변호사의 자격이 있는 자이어야 한다.

② 제1항의 규정에 따른 조정부의 구성 및 운영 등에 관하여 필요한 사항은 대통령령으로 정한다.

제114조의2(조정의 신청 등) ① 분쟁의 조정을 받으려는 자는 신청취지와 원인을 기재한 조정신청서를 위원회에 제출하여 그 분쟁의 조정을 신청할 수 있다.

② 제1항에 따른 분쟁의 조정은 제114조에 따른 조정부가 행한다.

제115조(비공개) 조정절차는 비공개를 원칙으로 한다. 다만, 조정부장은 당사자의 동의를 얻어 적당하다고 인정하는 자에게 방청을 허가할 수 있다.

제116조(진술의 원용 제한) 조정절차에서 당사자 또는 이해관계인이 한 진술은 소송 또는 중재절차에서 원용하지 못한다.

제117조(조정의 성립) ① 조정은 당사자 간에 합의된 사항을 조서에 기재함으로써 성립된다.

② 제1항의 규정에 따른 조서는 재판상의 화해와 동일한 효력이 있다. 다만, 당사자가 임의로 처분할 수 없는 사항에 관한 것은 그러하지 아니하다.

제118조(조정비용 등) ① 조정비용은 신청인이 부담한다. 다만, 조정이 성립된 경우로서 특약이 없는 때에는 당사자 각자가 균등하게 부담한다.

② 조정의 신청 및 절차, 조정비용의 납부방법에 관하여 필요한 사항은 대통령령으로 정한다.

③ 제1항의 조정비용의 금액은 위원회가 정한다.

제119조(감정) ① 위원회는 다음 각 호의 어느 하나에 해당하는 경우에는 감정을 실시할 수 있다.

1. 법원 또는 수사기관 등으로부터 재판 또는 수사를 위하여 저작권의 침해 등에 관한 감정을 요청받은 경우
2. 제114조의2에 따른 분쟁조정을 위하여 분쟁조정의 양 당사자로부터 프로그램 및 프로그램과 관련된 전자적 정보 등에 관한 감정을 요청받은 경우

② 제1항의 규정에 따른 감정절차 및 방법 등에 관하여 필요한 사항은 대통령령으로 정한다.

③ 위원회는 제1항의 규정에 따른 감정을 실시한 때에는 감정 수수료를 받을 수 있으며, 그 금액은 위원회가 정한다.

제120조(저작권정보센터) ① 제113조 제7호 및 제8호의 업무를 효율적으로 수행하기 위하여 위원회 내에 저작권정보센터를 둔다.

② 저작권정보센터의 운영에 필요한 사항은 대통령령으로 정한다.

제121조 삭제

제122조(경비보조 등) ① 국가는 예산의 범위에서 위원회의 운영에 필요한 경비를

출연하거나 보조할 수 있다.

② 개인 · 법인 또는 단체는 제113조 제3호 · 제5호 및 제8호의 규정에 따른 업무수행을 지원하기 위하여 위원회에 금전 그 밖의 재산을 기부할 수 있다.

③ 제2항의 규정에 따른 기부금은 별도의 계정으로 관리하여야 하며, 그 사용에 관하여는 문화체육관광부장관의 승인을 얻어야 한다.

제8장의2 한국저작권보호원

제122조의2(한국저작권보호원의 설립) ① 저작권 보호에 관한 사업을 하기 위하여 한국저작권보호원(이하 "보호원"이라 한다)을 둔다.

② 보호원은 법인으로 한다.

③ 정부는 보호원의 설립 · 시설 및 운영 등에 필요한 경비를 예산의 범위에서 출연 또는 지원할 수 있다.

④ 보호원에 관하여 이 법과 「공공기관의 운영에 관한 법률」에서 정한 것을 제외하고는 「민법」의 재단법인에 관한 규정을 준용한다.

⑤ 이 법에 따른 보호원이 아닌 자는 한국저작권보호원 또는 이와 비슷한 명칭을 사용하지 못한다.

제122조의3(보호원의 정관) 보호원의 정관에는 다음 각 호의 사항이 포함되어야 한다.

1. 목적
2. 명칭
3. 주된 사무소에 관한 사항
4. 임직원에 관한 사항
5. 이사회의 운영에 관한 사항
6. 제122조의6에 따른 저작권보호심의위원회에 관한 사항
7. 직무에 관한 사항
8. 재산 및 회계에 관한 사항
9. 정관의 변경에 관한 사항
10. 내부규정의 제정 및 개정 · 폐지에 관한 사항

제122조의4(보호원의 임원) ① 보호원에는 원장 1명을 포함한 9명 이내의 이사와 감사 1명을 두고, 원장을 제외한 이사 및 감사는 비상임으로 하며, 원장은 이사회의 의장이 된다.

② 원장은 문화체육관광부장관이 임면한다.

③ 원장의 임기는 3년으로 한다.

④ 원장은 보호원을 대표하고, 보호원의 업무를 총괄한다.

⑤ 원장이 부득이한 사유로 직무를 수행할 수 없을 때에는 정관으로 정하는 순서에 따라 이사가 그 직무를 대행한다.

⑥ 「국가공무원법」 제33조 각 호의 어느 하나에 해당하는 사람은 제1항에 따른 보호원의 임원이 될 수 없다.

제122조의5(업무) 보호원의 업무는 다음 각 호와 같다.

1. 저작권 보호를 위한 시책 수립지원 및 집행
2. 저작권 침해실태조사 및 통계 작성
3. 저작권 보호 기술의 연구 및 개발
4. 「사법경찰관리의 직무를 수행할 자와 그 직무범위에 관한 법률」 제5조 제26호에 따른 저작권 침해 수사 및 단속 사무 지원
5. 제133조의2에 따른 문화체육관광부장관의 시정명령에 대한 심의
6. 제133조의3에 따른 온라인서비스제공

자에 대한 시정권고 및 문화체육관광부장관에 대한 시정명령 요청
7. 법령에 따라 보호원의 업무로 정하거나 위탁하는 업무
8. 그 밖에 문화체육관광부장관이 위탁하는 업무

第122조의6(심의위원회의 구성) ① 제103조의3, 제133조의2 및 제133조의3에 따른 심의 및 저작권 보호와 관련하여 보호원의 원장이 요청하거나 심의위원회의 위원장이 부의하는 사항의 심의를 위하여 보호원에 저작권보호심의위원회(이하 "심의위원회"라 한다)를 둔다.

② 심의위원회는 위원장 1명을 포함한 5명 이상 10명 이내의 위원으로 구성하되, 이 법에 따라 보호되는 권리 보유자의 이해를 반영하는 위원의 수와 이용자의 이해를 반영하는 위원의 수가 균형을 이루도록 하여야 한다.

③ 심의위원회의 위원장은 위원 중에서 호선한다.

④ 심의위원회의 위원은 저작권, 문화산업 및 법률 등에 대하여 학식과 경험이 풍부한 사람 중에서 문화체육관광부장관이 대통령령으로 정하는 바에 따라 위촉한다.

⑤ 심의위원회 위원의 임기는 3년으로 하되, 연임할 수 있다.

⑥ 그 밖에 심의위원회의 구성과 운영에 필요한 사항은 대통령령으로 정한다.

제9장 권리의 침해에 대한 구제

第123조(침해의 정지 등 청구) ① 저작권 그 밖에 이 법에 따라 보호되는 권리(제25조 · 제31조 · 제75조 · 제76조 · 제76조의2 · 제82조 · 제83조 및 제83조의2의 규정에 따른 보상을 받을 권리를 제외한다. 이하 이 조에서 같다)를 가진 자는 그 권리를 침해하는 자에 대하여 침해의 정지를 청구할 수 있으며, 그 권리를 침해할 우려가 있는 자에 대하여 침해의 예방 또는 손해배상의 담보를 청구할 수 있다.

② 저작권 그 밖에 이 법에 따라 보호되는 권리를 가진 자는 제1항의 규정에 따른 청구를 하는 경우에 침해행위에 의하여 만들어진 물건의 폐기나 그 밖의 필요한 조치를 청구할 수 있다.

③ 제1항 및 제2항의 경우 또는 이 법에 따른 형사의 기소가 있는 때에는 법원은 원고 또는 고소인의 신청에 따라 담보를 제공하거나 제공하지 아니하게 하고, 임시로 침해행위의 정지 또는 침해행위로 말미암아 만들어진 물건의 압류 그 밖의 필요한 조치를 명할 수 있다.

④ 제3항의 경우에 저작권 그 밖에 이 법에 따라 보호되는 권리의 침해가 없다는 뜻의 판결이 확정된 때에는 신청자는 그 신청으로 인하여 발생한 손해를 배상하여야 한다.

第124조(침해로 보는 행위) ① 다음 각 호의 어느 하나에 해당하는 행위는 저작권 그 밖에 이 법에 따라 보호되는 권리의 침해로 본다.
1. 수입 시에 대한민국 내에서 만들어졌더라면 저작권 그 밖에 이 법에 따라 보호되는 권리의 침해로 될 물건을 대한민국 내에서 배포할 목적으로 수입하는 행위
2. 저작권 그 밖에 이 법에 따라 보호되는 권리를 침해하는 행위에 의하여 만들

어진 물건(제1호의 수입물건을 포함한다)을 그 사실을 알고 배포할 목적으로 소지하는 행위
3. 프로그램의 저작권을 침해하여 만들어진 프로그램의 복제물(제1호에 따른 수입 물건을 포함한다)을 그 사실을 알면서 취득한 자가 이를 업무상 이용하는 행위

② 저작자의 명예를 훼손하는 방법으로 저작물을 이용하는 행위는 저작인격권의 침해로 본다.

③ 삭제

제125조(손해배상의 청구) ① 저작재산권 그 밖에 이 법에 따라 보호되는 권리(저작인격권 및 실연자의 인격권을 제외한다)를 가진 자(이하 "저작재산권자 등"이라 한다)가 고의 또는 과실로 권리를 침해한 자에 대하여 그 침해행위에 의하여 자기가 받은 손해의 배상을 청구하는 경우에 그 권리를 침해한 자가 그 침해행위에 의하여 이익을 받은 때에는 그 이익의 액을 저작재산권자 등이 받은 손해의 액으로 추정한다.

② 저작재산권자등이 고의 또는 과실로 그 권리를 침해한 자에 대하여 그 침해행위에 의하여 자기가 받은 손해의 배상을 청구하는 경우에 그 권리의 행사로 통상 받을 수 있는 금액에 상당하는 액을 저작재산권자 등이 받은 손해의 액으로 하여 그 손해배상을 청구할 수 있다.

③ 제2항의 규정에 불구하고 저작재산권자 등이 받은 손해의 액이 제2항의 규정에 따른 금액을 초과하는 경우에는 그 초과액에 대하여도 손해배상을 청구할 수 있다.

④ 등록되어 있는 저작권, 배타적 발행권(제88조 및 제96조에 따라 준용되는 경우를 포함한다), 출판권, 저작인접권 또는 데이터베이스제작자의 권리를 침해한 자는 그 침해행위에 과실이 있는 것으로 추정한다.

제125조의2(법정손해배상의 청구) ① 저작재산권자 등은 고의 또는 과실로 권리를 침해한 자에 대하여 사실심(事實審)의 변론이 종결되기 전에는 실제 손해액이나 제125조 또는 제126조에 따라 정하여지는 손해액을 갈음하여 침해된 각 저작물등마다 1천만원(영리를 목적으로 고의로 권리를 침해한 경우에는 5천만원) 이하의 범위에서 상당한 금액의 배상을 청구할 수 있다.

② 둘 이상의 저작물을 소재로 하는 편집저작물과 2차적 저작물은 제1항을 적용하는 경우에는 하나의 저작물로 본다.

③ 저작재산권자 등이 제1항에 따른 청구를 하기 위해서는 침해행위가 일어나기 전에 제53조부터 제55조까지의 규정(제90조 및 제98조에 따라 준용되는 경우를 포함한다)에 따라 그 저작물 등이 등록되어 있어야 한다.

④ 법원은 제1항의 청구가 있는 경우에 변론의 취지와 증거조사의 결과를 고려하여 제1항의 범위에서 상당한 손해액을 인정할 수 있다.

제126조(손해액의 인정) 법원은 손해가 발생한 사실은 인정되나 제125조의 규정에 따른 손해액을 산정하기 어려운 때에는 변론의 취지 및 증거조사의 결과를 참작하여 상당한 손해액을 인정할 수 있다.

제127조(명예회복 등의 청구) 저작자 또는 실연자는 고의 또는 과실로 저작인격권 또는 실연자의 인격권을 침해한 자에 대

하여 손해배상에 갈음하거나 손해배상과 함께 명예회복을 위하여 필요한 조치를 청구할 수 있다.

제128조(저작자의 사망 후 인격적 이익의 보호) 저작자가 사망한 후에 그 유족(사망한 저작자의 배우자 · 자 · 부모 · 손 · 조부모 또는 형제자매를 말한다)이나 유언집행자는 당해 저작물에 대하여 제14조 제2항의 규정을 위반하거나 위반할 우려가 있는 자에 대하여는 제123조의 규정에 따른 청구를 할 수 있으며, 고의 또는 과실로 저작인격권을 침해하거나 제14조 제2항의 규정을 위반한 자에 대하여는 제127조의 규정에 따른 명예회복 등의 청구를 할 수 있다.

제129조(공동저작물의 권리침해) 공동저작물의 각 저작자 또는 각 저작재산권자는 다른 저작자 또는 다른 저작재산권자의 동의 없이 제123조의 규정에 따른 청구를 할 수 있으며 그 저작재산권의 침해에 관하여 자신의 지분에 관한 제125조의 규정에 따른 손해배상의 청구를 할 수 있다.

제129조의2(정보의 제공) ① 법원은 저작권, 그 밖에 이 법에 따라 보호되는 권리의 침해에 관한 소송에서 당사자의 신청에 따라 증거를 수집하기 위하여 필요하다고 인정되는 경우에는 다른 당사자에 대하여 그가 보유하고 있거나 알고 있는 다음 각 호의 정보를 제공하도록 명할 수 있다.

1. 침해 행위나 불법복제물의 생산 및 유통에 관련된 자를 특정할 수 있는 정보
2. 불법복제물의 생산 및 유통 경로에 관한 정보

② 제1항에도 불구하고 다른 당사자는 다음 각 호의 어느 하나에 해당하는 경우에는 정보의 제공을 거부할 수 있다.

1. 다음 각 목의 어느 하나에 해당하는 자가 공소 제기되거나 유죄판결을 받을 우려가 있는 경우
   가. 다른 당사자
   나. 다른 당사자의 친족이거나 친족 관계가 있었던 자
   다. 다른 당사자의 후견인
2. 영업비밀(「부정경쟁방지 및 영업비밀보호에 관한 법률」 제2조 제2호의 영업비밀을 말한다. 이하 같다) 또는 사생활을 보호하기 위한 경우이거나 그 밖에 정보의 제공을 거부할 수 있는 정당한 사유가 있는 경우

③ 다른 당사자가 정당한 이유 없이 정보제공 명령에 따르지 아니한 경우에는 법원은 정보에 관한 당사자의 주장을 진실한 것으로 인정할 수 있다.

④ 법원은 제2항 제2호에 규정된 정당한 사유가 있는지를 판단하기 위하여 필요하다고 인정되는 경우에는 다른 당사자에게 정보를 제공하도록 요구할 수 있다. 이 경우 정당한 사유가 있는지를 판단하기 위하여 정보제공을 신청한 당사자 또는 그의 대리인의 의견을 특별히 들을 필요가 있는 경우 외에는 누구에게도 그 제공된 정보를 공개하여서는 아니 된다.

제129조의3(비밀유지명령) ① 법원은 저작권, 그 밖에 이 법에 따라 보호되는 권리(제25조, 제31조, 제75조, 제76조, 제76조의2, 제82조, 제83조, 제83조의2 및 제101조의3에 따른 보상을 받을 권리는 제외한다. 이하 이 조에서 같다)의 침해에 관한 소송에서 그 당사자가 보유한 영업비밀에 대하여 다음 각 호의 사유를 모두

소명한 경우에는 그 당사자의 신청에 따라 결정으로 다른 당사자, 당사자를 위하여 소송을 대리하는 자, 그 밖에 해당 소송으로 인하여 영업비밀을 알게 된 자에게 해당 영업비밀을 해당 소송의 계속적인 수행 외의 목적으로 사용하거나 해당 영업비밀에 관계된 이 항에 따른 명령을 받은 자 외의 자에게 공개하지 아니할 것을 명할 수 있다. 다만, 그 신청 시까지 다른 당사자, 당사자를 위하여 소송을 대리하는 자, 그 밖에 해당 소송으로 인하여 영업비밀을 알게 된 자가 제1호에 따른 준비서면의 열람 및 증거조사 외의 방법으로 해당 영업비밀을 이미 취득한 경우에는 그러하지 아니하다.

1. 이미 제출하였거나 제출하여야 할 준비서면 또는 이미 조사하였거나 조사하여야 할 증거(제129조의2 제4항에 따라 제공된 정보를 포함한다)에 영업비밀이 포함되어 있다는 것
2. 제1호의 영업비밀이 해당 소송수행 외의 목적으로 사용되거나 공개되면 당사자의 영업에 지장을 줄 우려가 있어 이를 방지하기 위하여 영업비밀의 사용 또는 공개를 제한할 필요가 있다는 것

② 제1항에 따른 명령(이하 "비밀유지명령"이라 한다)의 신청은 다음 각 호의 사항을 적은 서면으로 하여야 한다.

1. 비밀유지명령을 받을 자
2. 비밀유지명령의 대상이 될 영업비밀을 특정하기에 충분한 사실
3. 제1항 각 호의 사유에 해당하는 사실

③ 비밀유지명령이 결정된 경우에는 그 결정서를 비밀유지명령을 받은 자에게 송달하여야 한다.

④ 비밀유지명령은 제3항의 결정서가 비밀유지명령을 받은 자에게 송달된 때부터 효력이 발생한다.

⑤ 비밀유지명령의 신청을 기각하거나 각하한 재판에 대하여는 즉시항고를 할 수 있다.

제129조의4(비밀유지명령의 취소) ① 비밀유지명령을 신청한 자나 비밀유지명령을 받은 자는 제129조의3 제1항에서 규정한 요건을 갖추지 못하였거나 갖추지 못하게 된 경우 소송기록을 보관하고 있는 법원(소송기록을 보관하고 있는 법원이 없는 경우에는 비밀유지명령을 내린 법원을 말한다)에 취소를 신청할 수 있다.

② 비밀유지명령의 취소신청에 대한 재판이 있는 경우에는 그 결정서를 그 신청인과 상대방에게 송달하여야 한다.

③ 비밀유지명령의 취소신청에 대한 재판에 대하여는 즉시항고를 할 수 있다.

④ 비밀유지명령을 취소하는 재판은 확정되어야 그 효력이 발생한다.

⑤ 비밀유지명령을 취소하는 재판을 한 법원은 비밀유지명령의 취소신청을 한 자와 상대방 외에 해당 영업비밀에 관한 비밀유지명령을 받은 자가 있는 경우에는 그 자에게 즉시 비밀유지명령의 취소 재판을 한 취지를 통지하여야 한다.

제129조의5(소송기록 열람 등 신청의 통지 등) ① 비밀유지명령이 내려진 소송(비밀유지명령이 모두 취소된 소송은 제외한다)에 관한 소송기록에 대하여 「민사소송법」 제163조 제1항의 결정이 있었던 경우, 당사자가 같은 항에 규정하는 비밀 기재 부분의 열람 등을 해당 소송에서 비밀유지명령을 받지 아니한 자를 통하여 신청한 경우에는 법원서기관 · 법원사무

관 · 법원주사 또는 법원주사보(이하 이 조에서 "법원사무관 등"이라 한다)는 「민사소송법」 제163조 제1항의 신청을 한 당사자(그 열람 등의 신청을 한 자는 제외한다)에게 그 열람 등의 신청 직후에 그 신청이 있었던 취지를 통지하여야 한다.

② 제1항의 경우 법원사무관 등은 제1항의 신청이 있었던 날부터 2주일이 지날 때까지(그 신청 절차를 행한 자에 대한 비밀유지명령 신청이 그 기간 내에 행하여진 경우에 대하여는 그 신청에 대한 재판이 확정되는 시점까지를 말한다) 그 신청 절차를 행한 자에게 제1항의 비밀 기재 부분의 열람 등을 하게 하여서는 아니 된다.

③ 제2항은 제1항의 열람 등의 신청을 한 자에게 제1항의 비밀 기재 부분의 열람 등을 하게 하는 것에 대하여 「민사소송법」 제163조 제1항의 신청을 한 당사자 모두의 동의가 있는 경우에는 적용하지 아니한다.

제10장 보 칙

제130조(권한의 위임 및 위탁) 문화체육관광부장관은 대통령령으로 정하는 바에 따라 이 법에 따른 권한의 일부를 특별시장 · 광역시장 · 도지사 · 특별자치도지사에게 위임하거나 위원회, 보호원 또는 저작권 관련 단체에 위탁할 수 있다.

제131조(벌칙 적용에서의 공무원 의제) 위원회의 위원 · 직원, 보호원의 임직원 및 심의위원회의 심의위원은 「형법」 제129조 내지 제132조의 규정을 적용하는 경우에는 이를 공무원으로 본다.

제132조(수수료) 이 법에 따라 다음 각 호의 어느 하나에 해당하는 사항의 신청 등을 하는 자는 문화체육관광부령으로 정하는 바에 따라 수수료를 납부하여야 한다.

1. 제50조 내지 제52조의 규정에 따른 법정허락 승인(제89조 및 제97조의 규정에 따라 준용되는 경우를 포함한다)을 신청하는 자
2. 제53조부터 제55조까지의 규정에 따른 등록(제90조 및 제98조에 따라 준용되는 경우를 포함한다) · 등록 사항의 변경 · 등록부 열람 및 사본의 교부를 신청하는 자
3. 제105조의 규정에 따라 저작권위탁관리업의 허가를 신청하거나 신고하는 자

제133조(불법 복제물의 수거 · 폐기 및 삭제) ① 문화체육관광부장관, 특별시장 · 광역시장 · 도지사 · 특별자치도지사 또는 시장 · 군수 · 구청장(자치구의 구청장을 말한다)은 저작권 그 밖에 이 법에 따라 보호되는 권리를 침해하는 복제물(정보통신망을 통하여 전송되는 복제물은 제외한다) 또는 저작물 등의 기술적 보호조치를 무력하게 하기 위하여 제작된 기기 · 장치 · 정보 및 프로그램을 발견한 때에는 대통령령으로 정한 절차 및 방법에 따라 관계공무원으로 하여금 이를 수거 · 폐기 또는 삭제하게 할 수 있다.

② 문화체육관광부장관은 제1항의 규정에 따른 업무를 대통령령이 정한 단체에 위탁할 수 있다. 이 경우 이에 종사하는 자는 공무원으로 본다.

③ 문화체육관광부장관은 제1항 및 제2항에 따라 관계 공무원 등이 수거 · 폐기

또는 삭제를 하는 경우 필요한 때에는 관련 단체에 협조를 요청할 수 있다.

④ 삭제

⑤ 문화체육관광부장관은 제1항에 따른 업무를 위하여 필요한 기구를 설치·운영할 수 있다.

⑥ 제1항부터 제3항까지의 규정이 다른 법률의 규정과 경합하는 경우에는 이 법을 우선하여 적용한다.

제133조의2(정보통신망을 통한 불법복제물 등의 삭제명령 등) ① 문화체육관광부장관은 정보통신망을 통하여 저작권이나 그 밖에 이 법에 따라 보호되는 권리를 침해하는 복제물 또는 정보, 기술적 보호조치를 무력하게 하는 프로그램 또는 정보(이하 "불법복제물 등"이라 한다)가 전송되는 경우에 심의위원회의 심의를 거쳐 대통령령으로 정하는 바에 따라 온라인서비스제공자에게 다음 각 호의 조치를 할 것을 명할 수 있다.

1. 불법복제물 등의 복제·전송자에 대한 경고
2. 불법복제물 등의 삭제 또는 전송 중단

② 문화체육관광부장관은 제1항 제1호에 따른 경고를 3회 이상 받은 복제·전송자가 불법복제물 등을 전송한 경우에는 심의위원회의 심의를 거쳐 대통령령으로 정하는 바에 따라 온라인서비스제공자에게 6개월 이내의 기간을 정하여 해당 복제·전송자의 계정(이메일 전용 계정은 제외하며, 해당 온라인서비스제공자가 부여한 다른 계정을 포함한다. 이하 같다)을 정지할 것을 명할 수 있다.

③ 제2항에 따른 명령을 받은 온라인서비스제공자는 해당 복제·전송자의 계정을 정지하기 7일 전에 대통령령으로 정하는 바에 따라 해당 계정이 정지된다는 사실을 해당 복제·전송자에게 통지하여야 한다.

④ 문화체육관광부장관은 온라인서비스제공자의 정보통신망에 개설된 게시판(「정보통신망 이용촉진 및 정보보호 등에 관한 법률」 제2조 제1항 제9호의 게시판 중 상업적 이익 또는 이용 편의를 제공하는 게시판을 말한다. 이하 같다) 중 제1항 제2호에 따른 명령이 3회 이상 내려진 게시판으로서 해당 게시판의 형태, 게시되는 복제물의 양이나 성격 등에 비추어 해당 게시판이 저작권 등의 이용질서를 심각하게 훼손한다고 판단되는 경우에는 심의위원회의 심의를 거쳐 대통령령으로 정하는 바에 따라 온라인서비스제공자에게 6개월 이내의 기간을 정하여 해당 게시판 서비스의 전부 또는 일부의 정지를 명할 수 있다.

⑤ 제4항에 따른 명령을 받은 온라인서비스제공자는 해당 게시판의 서비스를 정지하기 10일 전부터 대통령령으로 정하는 바에 따라 해당 게시판의 서비스가 정지된다는 사실을 해당 온라인서비스제공자의 인터넷 홈페이지 및 해당 게시판에 게시하여야 한다.

⑥ 온라인서비스제공자는 제1항에 따른 명령을 받은 경우에는 명령을 받은 날부터 5일 이내에, 제2항에 따른 명령을 받은 경우에는 명령을 받은 날부터 10일 이내에, 제4항에 따른 명령을 받은 경우에는 명령을 받은 날부터 15일 이내에 그 조치결과를 대통령령으로 정하는 바에 따라 문화체육관광부장관에게 통보하여야 한다.

⑦ 문화체육관광부장관은 제1항, 제2항

및 제4항의 명령의 대상이 되는 온라인서비스제공자와 제2항에 따른 명령과 직접적인 이해관계가 있는 복제·전송자 및 제4항에 따른 게시판의 운영자에게 사전에 의견제출의 기회를 주어야 한다. 이 경우 「행정절차법」 제22조 제4항부터 제6항까지 및 제27조를 의견제출에 관하여 준용한다.

⑧ 문화체육관광부장관은 제1항, 제2항 및 제4항에 따른 업무를 수행하기 위하여 필요한 기구를 설치·운영할 수 있다.

第133조의3(시정권고 등) ① 보호원은 온라인서비스제공자의 정보통신망을 조사하여 불법복제물 등이 전송된 사실을 발견한 경우에는 심의위원회의 심의를 거쳐 온라인서비스제공자에 대하여 다음 각 호에 해당하는 시정 조치를 권고할 수 있다.

1. 불법복제물 등의 복제·전송자에 대한 경고
2. 불법복제물 등의 삭제 또는 전송 중단
3. 반복적으로 불법복제물 등을 전송한 복제·전송자의 계정 정지

② 온라인서비스제공자는 제1항 제1호 및 제2호에 따른 권고를 받은 경우에는 권고를 받은 날부터 5일 이내에, 제1항 제3호의 권고를 받은 경우에는 권고를 받은 날부터 10일 이내에 그 조치결과를 보호원에 통보하여야 한다.

③ 보호원은 온라인서비스제공자가 제1항에 따른 권고에 따르지 아니하는 경우에는 문화체육관광부장관에게 제133조의2 제1항 및 제2항에 따른 명령을 하여 줄 것을 요청할 수 있다.

④ 제3항에 따라 문화체육관광부장관이 제133조의2 제1항 및 제2항에 따른 명령을 하는 경우에는 심의위원회의 심의를 요하지 아니한다.

第134조(건전한 저작물 이용 환경 조성 사업) ① 문화체육관광부장관은 저작권이 소멸된 저작물 등에 대한 정보 제공 등 저작물의 공정한 이용을 도모하기 위하여 필요한 사업을 할 수 있다.

② 제1항에 따른 사업에 관하여 필요한 사항은 대통령령으로 정한다.

③ 삭제

第135조(저작재산권 등의 기증) ① 저작재산권자 등은 자신의 권리를 문화체육관광부장관에게 기증할 수 있다.

② 문화체육관광부장관은 저작재산권자 등으로부터 기증된 저작물 등의 권리를 공정하게 관리할 수 있는 단체를 지정할 수 있다.

③ 제2항의 규정에 따라 지정된 단체는 영리를 목적으로 또는 당해 저작재산권자등의 의사에 반하여 저작물 등을 이용할 수 없다.

④ 제1항과 제2항의 규정에 따른 기증 절차와 단체의 지정 등에 관하여 필요한 사항은 대통령령으로 정한다.

제11장 벌 칙

第136조(벌칙) ① 다음 각 호의 어느 하나에 해당하는 자는 5년 이하의 징역 또는 5천만원 이하의 벌금에 처하거나 이를 병과할 수 있다.

1. 저작재산권, 그 밖에 이 법에 따라 보호되는 재산적 권리(제93조에 따른 권리는 제외한다)를 복제, 공연, 공중송신, 전시, 배포, 대여, 2차적 저작물 작

성의 방법으로 침해한 자
2. 제129조의3 제1항에 따른 법원의 명령을 정당한 이유 없이 위반한 자

② 다음 각 호의 어느 하나에 해당하는 자는 3년 이하의 징역 또는 3천만원 이하의 벌금에 처하거나 이를 병과할 수 있다.

1. 저작인격권 또는 실연자의 인격권을 침해하여 저작자 또는 실연자의 명예를 훼손한 자
2. 제53조 및 제54조(제90조 및 제98조에 따라 준용되는 경우를 포함한다)에 따른 등록을 거짓으로 한 자
3. 제93조에 따라 보호되는 데이터베이스제작자의 권리를 복제·배포·방송 또는 전송의 방법으로 침해한 자

3의2. 제103조의3 제4항을 위반한 자
3의3. 업으로 또는 영리를 목적으로 제104조의2 제1항 또는 제2항을 위반한 자
3의4. 업으로 또는 영리를 목적으로 제104조의3 제1항을 위반한 자. 다만, 과실로 저작권 또는 이 법에 따라 보호되는 권리 침해를 유발 또는 은닉한다는 사실을 알지 못한 자는 제외한다.
3의5. 제104조의4 제1호 또는 제2호에 해당하는 행위를 한 자
3의6. 제104조의5를 위반한 자
3의7. 제104조의7을 위반한 자
4. 제124조 제1항에 따른 침해행위로 보는 행위를 한 자
5. 삭제
6. 삭제

제137조(벌칙) ① 다음 각 호의 어느 하나에 해당하는 자는 1년 이하의 징역 또는 1천만원 이하의 벌금에 처한다.

1. 저작자 아닌 자를 저작자로 하여 실명·이명을 표시하여 저작물을 공표한 자
2. 실연자 아닌 자를 실연자로 하여 실명·이명을 표시하여 실연을 공연 또는 공중송신하거나 복제물을 배포한 자
3. 제14조 제2항을 위반한 자

3의2. 제104조의4 제3호에 해당하는 행위를 한 자
3의3. 제104조의6을 위반한 자
4. 제105조 제1항에 따른 허가를 받지 아니하고 저작권신탁관리업을 한 자
5. 제124조 제2항에 따라 침해행위로 보는 행위를 한 자
6. 자신에게 정당한 권리가 없음을 알면서 고의로 제103조 제1항 또는 제3항에 따른 복제·전송의 중단 또는 재개요구를 하여 온라인서비스제공자의 업무를 방해한 자
7. 제55조의2(제90조 및 제98조에 따라 준용되는 경우를 포함한다)를 위반한 자

② 제1항 제3호의3의 미수범은 처벌한다.

제138조(벌칙) 다음 각 호의 어느 하나에 해당하는 자는 500만원 이하의 벌금에 처한다.

1. 제35조 제4항을 위반한 자
2. 제37조(제87조 및 제94조에 따라 준용되는 경우를 포함한다)를 위반하여 출처를 명시하지 아니한 자
3. 제58조 제3항(제63조의2, 제88조 및 제96조에 따라 준용되는 경우를 포함한다)을 위반하여 저작재산권자의 표지를 하지 아니한 자

4. 제58조의2 제2항(제63조의2, 제88조 및 제96조에 따라 준용되는 경우를 포함한다)을 위반하여 저작자에게 알리지 아니한 자
5. 제105조 제1항에 따른 신고를 하지 아니하고 저작권대리중개업을 하거나, 제109조 제2항에 따른 영업의 폐쇄명령을 받고 계속 그 영업을 한 자

제139조(몰수) 저작권, 그 밖에 이 법에 따라 보호되는 권리를 침해하여 만들어진 복제물과 그 복제물의 제작에 주로 사용된 도구나 재료 중 그 침해자·인쇄자·배포자 또는 공연자의 소유에 속하는 것은 몰수한다.

제140조(고소) 이 장의 죄에 대한 공소는 고소가 있어야 한다. 다만, 다음 각 호의 어느 하나에 해당하는 경우에는 그러하지 아니하다.

1. 영리를 목적으로 또는 상습적으로 제136조 제1항 제1호, 제136조 제2항 제3호 및 제4호(제124조 제1항 제3호의 경우에는 피해자의 명시적 의사에 반하여 처벌하지 못한다)에 해당하는 행위를 한 경우
2. 제136조 제2항 제2호 및 제3호의2부터 제3호의7까지, 제137조 제1항 제1호부터 제4호까지, 제6호 및 제7호와 제138조 제5호의 경우
3. 삭제

제141조(양벌규정) 법인의 대표자나 법인 또는 개인의 대리인·사용인 그 밖의 종업원이 그 법인 또는 개인의 업무에 관하여 이 장의 죄를 범한 때에는 행위자를 벌하는 외에 그 법인 또는 개인에 대하여도 각 해당조의 벌금형을 과한다. 다만, 법인 또는 개인이 그 위반행위를 방지하기 위하여 해당 업무에 관하여 상당한 주의와 감독을 게을리하지 아니한 경우에는 그러하지 아니하다.

제142조(과태료) ① 제104조 제1항에 따른 필요한 조치를 하지 아니한 자에게는 3천만원 이하의 과태료를 부과한다.

② 다음 각 호의 어느 하나에 해당하는 자에게는 1천만원 이하의 과태료를 부과한다.

1. 제103조의3 제2항에 따른 문화체육관광부장관의 명령을 이행하지 아니한 자
2. 제106조에 따른 의무를 이행하지 아니한 자
3. 제112조 제4항을 위반하여 한국저작권위원회의 명칭을 사용한 자

3의2. 제122조의2 제5항을 위반하여 한국저작권보호원의 명칭을 사용한 자

4. 제133조의2 제1항·제2항 및 제4항에 따른 문화체육관광부장관의 명령을 이행하지 아니한 자
5. 제133조의2 제3항에 따른 통지, 같은 조 제5항에 따른 게시, 같은 조 제6항에 따른 통보를 하지 아니한 자

③ 제1항 및 제2항에 따른 과태료는 대통령령으로 정하는 바에 따라 문화체육관광부장관이 부과·징수한다.

④ 삭제

⑤ 삭제

부 칙

〈법률 제14432호, 2016.12.20.〉

이 법은 공포한 날부터 시행한다.

| 찾아보기 |

【저자소개】

宋 永 植

서울대학교 법과대학 졸업
제10회 사법시험 합격
서울대학교 사법대학원 수료
서울민사지방법원 판사 등 역임
변호사, 지적재산법 판례연구회 회장
[저서] 「송영식 지적소유권법」(공저) 외 다수
[논문] "특허법 제155조를 둘러싼 문제점" 외 다수

李 相 珵

서울대학교 법과대학 졸업
서울대학교 대학원 수료(석사 · 박사)
경희대학교 법학전문대학원 명예교수
한국디지털재산법학회 고문, 한국저작권법학회 고문
한국저작권위원회 위원, 국가지식재산위원회 위원
[저서] 「송영식 지적소유권법」(공저), 「산업디자인과 지적소유권법」 외 다수
[논문] "상표권침해에 대한 민사적 구제" 외 다수

제2판 저작권법강의

2015년 8월 25일 초 판 발행
2017년 2월 20일 제2판 발행

저 자 송영식 · 이상정
발행인 이 방 원
발행처 세창출판사
서울 서대문구 경기대로 88 냉천빌딩 4층
전화 723-8660 팩스 720-4579
E-mail: edit@sechangpub.co.kr
Homepage: www.sechangpub.co.kr
신고번호 제300-1990-63호

정가 30,000 원

ISBN 978-89-8411-663-4 93360